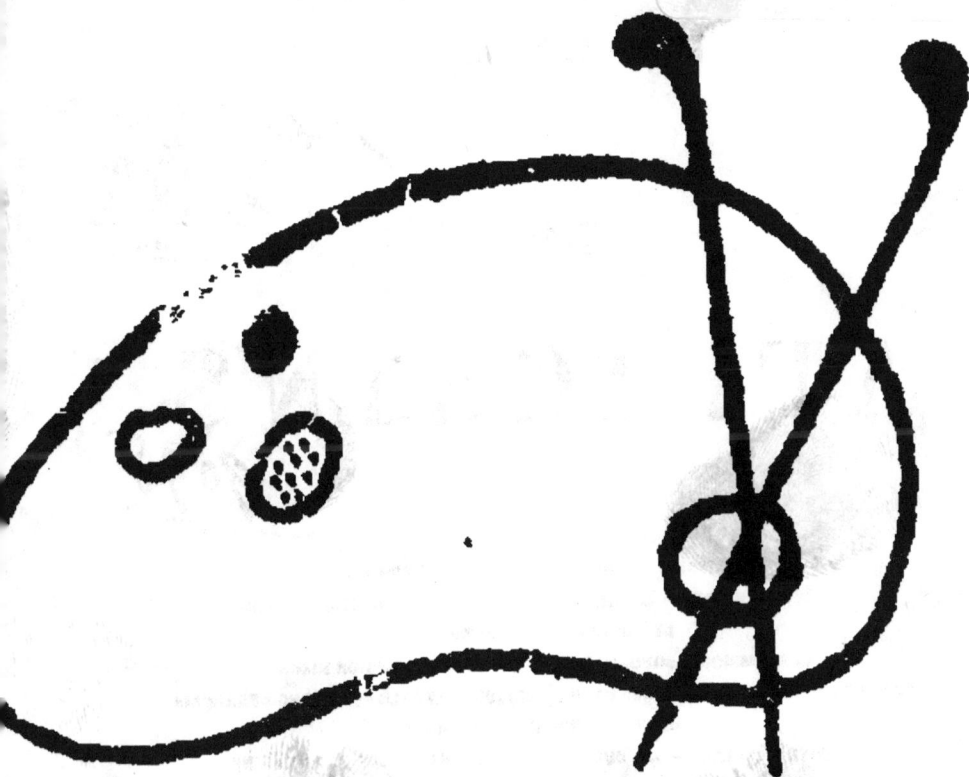

HARRY ALIS

NOS AFRICAINS

LA MISSION CRAMPEL — LA MISSION DYBOWSKI
LA MISSION MIZON — LA MISSION MONTEIL — LA MISSION MAISTRE
LE SOUDAN — LE DAHOMEY
LES MISSIONS SOUDANAISES — LA SECONDE MISSION MIZON
ET LES PUISSANCES EUROPÉENNES DANS L'AFRIQUE CENTRALE — LE CONGO FRANÇAIS
OBOCK — LE SOUDAN FRANÇAIS
LA COTE D'IVOIRE — LE SUD-ALGÉRIEN — LES CABLES SOUS-MARINS
QUELQUES REMARQUES

OUVRAGE ILLUSTRÉ DE 104 GRAVURES

PARIS
LIBRAIRIE HACHETTE ET Cie
79, BOULEVARD SAINT-GERMAIN, 79

1894

EXTRAIT DU CATALOGUE

VOYAGES ILLUSTRÉS FORMATS GRAND IN-8° ET IN-8°, *brochés*.

LIS (Harry) : *A la conquête du Tchad*. 1 vol. in-8 jésus, contenant 20 gr. et 4 cartes. 5 fr.

— *Nos Africains*. 1 vol. in-8, contenant 100 gr. et 4 cartes.................................... 12 fr.

MICIS (E. de) : *Constantinople*. 1 vol. in-8 jésus, traduit de l'italien par Mme Colomb, et illustré de 183 gravures, d'après les dessins de Biseo. Broché.................................... 15 fr.

INGER (G.) : *Du Niger au golfe de Guinée*. 2 volumes in-8 jésus, contenant 200 gravures et 30 cartes.................................... 30 fr.

ONVALOT (Gabriel) : *De Paris au Tonkin à travers le Tibet inconnu*. 1 vol. in-8 jésus, contenant 1 carte et 108 gravures d'après les photographies du Prince Henri d'Orléans. 20 fr.

HANTRE (Mme) : *A travers l'Arménie russe*. 1 volume grand in-8 jésus, contenant 151 gravures et 2 cartes.................................... 20 fr.

OUDREAU (Henri) : *Chez nos Indiens*. 4 années dans la Guyane française (1887-1891) 1 vol. in-4 jés., contenant 98 gr. et une carte. 20 fr.

AIREAUX (E.) : *La vie et les mœurs à la Plata*. 2 vol. avec 48 gr. et 2 cartes hors texte. 15 fr.

EMANCHE (G.) : *Au Canada et chez les Peaux-Rouges*. 1 vol. in-8 jésus, contenant 9 gravures et 1 carte.................................... 5 fr.

IXON (Hepworth) : *La conquête blanche*, voyage aux Etats-Unis. 1 vol. in-8, contenant 118 gravures et 2 cartes.................................... 10 fr.

ALLIENI (Le commandant) : *Voyage dans le Soudan français* (Haut-Niger et pays de Ségou). 1 vol. in-8, contenant 140 gravures, 2 cartes et 15 plans. Broché............ (*épuisé*).

— *Deux campagnes au Soudan français*. 1 volume contenant 60 grav., 9 cartes et 1 plan.. 15 fr.

ARNIER (Fr.) : *Voyage d'exploration en Indo-Chine*, effectué par une commission française présidée par le capitaine de frégate Doudart de Lagrée. Nouvelle édition, abrégée par L. Garnier. 1 vol. in-8 jésus, contenant 209 gravures sur bois d'après les croquis de M. Delaporte, avec 2 cartes.................................... 15 fr.

IRAUD (Victor) : *Les lacs de l'Afrique équatoriale*. 1 vol. in-8 jésus, contenant 150 gravures et 2 cartes.................................... 15 fr.

AYES (Le Dr) : *La Terre de désolation*. 1 vol. in-8, contenant 40 gravures sur bois et 1 carte.................................... 10 fr.

OCQUARD (Le Dr) : *Une Campagne au Tonkin*. 1 vol. in-8 jésus, contenant 247 gravures et 2 cartes.................................... 20 fr.

EPHSON (A.-J.-M.) : *Emin Pacha et la rébellion de l'équateur*. 1 volume in-8, contenant 37 gravures et 1 carte.................................... 10 fr.

LENZ (Dr) : *Timbouctou*, voyage au Maroc, au Sahara et au Soudan. 2 vol. in-8, contenant 54 gravures et 1 carte.................................... 15 fr.

LIVINGSTONE (David) : *Explorations dans l'intérieur de l'Afrique australe*. 1 vol. in-8, contenant 45 gravures et 2 cartes........ 10 fr.

— *Dernier journal*. 2 volumes in-8, contenant 60 gravures sur bois et 2 cartes...... 20 fr.

LIVINGSTONE (David et Charles) : *Explorations du Zambèze et de ses affluents*. 1 vol. in-8, contenant 47 gravures et 4 cartes.... 10 fr.

LUMHOLTZ (Carl) : *Au pays des cannibales*. Voyage d'exploration chez les indigènes de l'Australie orientale. 1 vol. in-8, contenant 134 gravures et 2 cartes.................................... 15 fr.

MAISTRE (C.) : *A travers l'Afrique centrale*. 1 vol. in-8 jésus, contenant 60 gravures et une carte.................................... 20 fr.

NACHTIGAL (Dr) : *Sahara et Soudan : Tripolitaine, Fezzan, Tibesti, Kanem, Borkou, et Bornou*. 1 vol. avec 90 gravures et 1 carte. 10 fr.

NANSEN (Fridtjof) : *A travers le Grönland*. 1 vol. contenant 101 gravures et 1 carte..... 20 fr.

NORDENSKIOLD : *Voyage de la Vega autour de l'Asie et de l'Europe*. 2 volumes in-8 jésus, contenant 293 grav. sur bois, 3 grav. sur acier et 18 cartes.................................... 30 fr

— *La seconde expédition suédoise au Grönland*. 1 vol. in-18 jésus, contenant 139 gravures sur bois et 5 cartes.................................... 15 fr.

PALGRAVE : *Une année de voyage dans l'Arabie centrale* (1862-1863). 2 vol. Accompagnés du portrait de l'auteur, d'une carte et de 4 plans.................................... 10 fr.

PAYER (Le lieutenant) : *L'expédition du Tegetthoff*. 1 vol. in-8, contenant 68 gravures et 2 cartes.................................... 10 fr.

PETERS (Dr) : *A la recherche d'Emin-Pacha*. 1 vol. in-8 jésus, contenant 70 grav. et une carte.................................... 20 fr.

PIASSETSKY (P.) : *Voyage à travers la Mongolie et la Chine*. 1 volume in 8 jésus, contenant 90 gravures et 1 carte.................................... 15 fr.

PRJEVALSKI : *Mongolie et pays des Tangoutes*. 1 vol. in-8, illustré de 42 gravures et accompagné de 4 cartes.................................... 10 fr.

SCHWEINFURTH (Dr) : *Au cœur de l'Afrique*. 2 vol. in-8, contenant 139 gr. et 2 cartes. 20 fr.

SERPA PINTO (Le major) : *Comment j'ai traversé l'Afrique*. 2 vol. in-8, contenant 160 grav. et 5 cartes.................................... 20 fr.

SPEKE (Le capitaine) : *Journal de la découverte des sources du Nil*. 1 vol. in-8, contenant 3 cartes et 78 gravures d'après les dessins du capitaine Grant.................................... 10 fr.

6016-94. — Coulomm. Imprimerie Éd. Crété.

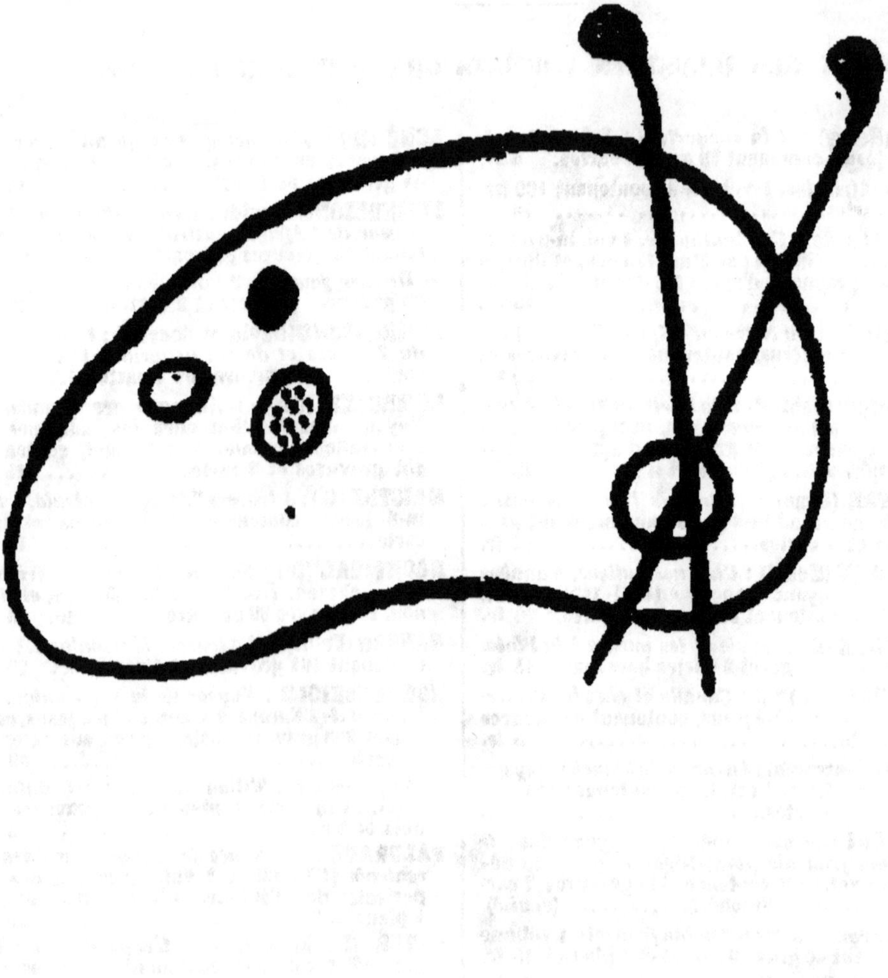

Fin d'une série de documents en couleur

NOS AFRICAINS

HARRY ALIS

NOS AFRICAINS

LA MISSION CRAMPEL — LA MISSION DYBOWSKI
LA MISSION MIZON — LA MISSION MONTEIL — LA MISSION MAISTRE
LE SOUDAN — LE DAHOMEY
LES MISSIONS SOUDANAISES — LA SECONDE MISSION MIZON
ET LES PUISSANCES EUROPÉENNES DANS L'AFRIQUE CENTRALE — LE CONGO FRANÇAIS
OBOCK — LE SOUDAN FRANÇAIS
LA COTE D'IVOIRE — LE SUD-ALGÉRIEN — LES CABLES SOUS-MARINS
QUELQUES REMARQUES

OUVRAGE ILLUSTRÉ DE 104 GRAVURES

PARIS
LIBRAIRIE HACHETTE ET Cie
79, BOULEVARD SAINT-GERMAIN, 79

1894

A

M. LE PRINCE AUGUSTE D'ARENBERG

DÉPUTÉ

PRÉSIDENT DU COMITÉ DE L'AFRIQUE FRANÇAISE

Hommage de son dévoué collaborateur.

Paris, août 1894.

LA
MISSION CRAMPEL

Dans mon précédent volume, *A la Conquête du Tchad*, j'ai raconté comment Paul Crampel avait conçu le grandiose projet de traverser l'Afrique depuis le Congo jusqu'à la Méditerranée, et de créer ainsi le symbole de l'union sur les rives du Tchad, en une seule vaste possession française, de l'Algérie-Tunisie, du Sénégal et du Congo.

Aux dernières nouvelles que nous avions alors reçues (mai 1891), la mission était en bonne voie; elle avait quitté l'Oubangui et, après avoir traversé les pays fétichistes et franchi la ligne de partage des eaux qui sépare le bassin du Congo de celui du Chari (affluent du Tchad), elle avait atteint les pays musulmans. Tous les blancs étaient bien portants.

Voici quelle était l'origine de ces nouvelles.

M. de Brazza avait télégraphié de Libreville la substance du rapport suivant, qui lui avait été adressé par M. Ponel, chef de zone dans le Haut-Oubangui :

Bangui, 12 mai 1891.

Le caporal Samba-Sibi, matricule 211, chef des gardes-pavillon au village de Bembé, a ramené à Bangui, le 8 courant, sept hommes appartenant à la mission, régulièrement renvoyés, ainsi que le prouve la lettre de M. Nebout, chef de caravane, qui leur sert de feuille de route.

Pas de lettres du chef de mission, non plus que des agents qui lui restent, MM. Biscarrat et Nebout. J'y supplée par les renseignements qu'ont donnés les hommes revenus, notamment le Sénégalais Samba-Sako, dont le livret est excellent.

M. Crampel et son avant-garde sont arrivés à El-Kouti (Baguirmi), à deux jours du cours inférieur du Chari, après vingt-deux jours de marche effective et soixante-trois jours de voyage.

Les arrêts dont la marche a subi les contre-coups sont de diverses natures : manque de porteurs, fatigue de M. Crampel, dont la blessure ancienne gêne la marche, difficulté du terrain et enfin traversée d'une région déserte, remplie de fauves, où l'avant-garde a traîné sept jours, vivant de chasse, trouvant à peine l'eau indispensable pour ne pas mourir de soif.

Au sortir de cette région, M. Crampel rencontra des noirs mahométans qui le guidèrent par une bonne route jusqu'à El-Kouti. Il y fut reçu avec honneur par des hommes à figure voilée. Le Sénégalais Samba-Sako y demeura dix jours, puis fut congédié et revint sur Bembé avec M. l'ingénieur Lauzière, qui contracta la dysenterie en route et mourut à Dapa.

Pendant quatre jours, les grandes plaines vallonnées sont la caractéristique du pays, les habitants appartiennent à la race langouassie. Voici les notes descriptives sommaires prises sur les dires des Sénégalais :

Un grand marigot d'un passage difficile le troisième jour.

Route pierreuse et grand marigot pénible le quatrième jour.

Le cinquième jour le pays s'élève, les pentes sont abruptes, l'eau est plus rare, on entre dans le pays des Sabangas, grands, forts, ayant des armes superbes, en guerre constante avec les Arabes. Ce sont les derniers habitants avec lesquels on ait pu se mettre en relations.

Au bout de quatre jours vers le Nord 1/5 Ouest, grandes montagnes plus hautes que le Mayombé, dénudées, désertées par les habitants, dont les rares villages, juchés dans des positions presque inabordables, se vidaient à l'approche de la caravane. Quatre jours suffiront à franchir cette ligne de faîte, la plaine reprit, déserte, et c'est là que les épreuves, que des désertions se produisirent. Le vieux sergent Bouna, médaillé militaire, y mourut ; les Toucouleurs de l'escorte, entre autres Amady-Paté, désertèrent au nombre de cinq ; deux, Ouri-Dialo et Demba-Ba, revinrent. Les autres rôdent dans le pays.

Dans cette région, au bord d'un des bras du Chari qu'ils suivirent, les deux derniers jours de disette, on tua un lion et un rhinocéros; ces animaux sont, paraît-il, assez nombreux pour que M. Crampel ait cru devoir doubler les sentinelles.

Au sortir de ce désert, ils tombèrent sur quelques cultures et trouvèrent un assez gros village de noirs convertis au mahométisme qui les accueillirent par les formules d'usage, leur donnèrent des guides. Ceux-ci, par une route entretenue, les conduisirent à la ville de Youssouf, nommée El-Kouti, où M. Crampel s'installa pour attendre le gros de la caravane.

Les cases sont en terre, rondes avec toits pointus, comme au Sénégal ; on rencontre des chameaux, des mulets, des ânes ; les chevaux manquent, mais il est facile de s'en procurer. Les Arabes sont armés de fusils Spencer, Remington, Martini, de fusils à piston, de fusils à pierre arabes et européens.

Les habitants d'El-Kouti étaient plus nombreux que toute la mission réunie. Le pavillon français a été hissé, salué de salves matin et soir, après l'heure de la prière. Le chef arabe a prié M. Crampel de prendre un costume arabe et lui en a envoyé un fort beau dans sa case.

Des estafettes sont parties dans toutes les directions portant des pavillons et des lettres en double texte — arabe et français — dans le Baguirmi, le Ouadaï, le Bornou, jusque chez les Touareg du Sud, à qui Ischekkad adressait un message spécial.

Les Sénégalais ajoutaient que le reste de la mission devait, depuis lors, avoir rallié El-Kouti.

Le 10 juin 1891, l'Agence Reuter faisait publier en France les dépêches suivantes :

Londres, le 10 juin.

Suivant des avis privés reçus à Liverpool de Loango, que nous publions sous toutes réserves, M. Crampel et ses compagnons, qui partirent pour l'intérieur en juillet 1890, auraient été massacrés par les indigènes du pays de Matonga.

Liverpool, le 10 juin.

Des avis particuliers reçus aujourd'hui de Loango, sud-ouest de l'Afrique, confirment qu'un terrible désastre a frappé l'expédition française qui est partie pour l'intérieur en juillet dernier, sous la direction de M. Crampel.

Le but de l'expédition ne fut pas divulgué au moment du départ. On savait qu'elle devait s'avancer dans la direction de Khartoum. Rien n'a transpiré sur cette expédition jusqu'à ce que, il y a quelques jours, le bruit est parvenu à Mayumba que tous les membres de l'expédition avaient été massacrés par les indigènes du pays de Matonga. Les blancs qui se trouvaient parmi l'expédition ont été mangés par les cannibales.

Une seconde expédition est partie de Loango en avril pour s'assurer du sort des explorateurs.

Cette dépêche commet évidemment une erreur en laissant entendre que l'expédition de Crampel allait dans la direction de Khartoum. Le but qu'elle se proposait était d'atteindre le lac Tchad.

Tous les détails étaient faux dans ces dépêches. Il n'y a pas de ligne télégraphique à Loango, et si les nouvelles étaient venues par la poste elles auraient dû être connues de M. Dybowski, qui se trouvait justement à cette époque à Loango. Quant à la mission Dybowski, elle avait été organisée, non pas pour « s'assurer du sort des explorateurs », mais pour affermir leur œuvre.

Néanmoins une cruelle anxiété poignait le cœur de tous ceux qui s'intéressaient à la mission Crampel : si les détails étaient faux, n'y avait-il pas cependant quelque chose de fondé dans le fait même du massacre de la mission?

Bientôt cette anxieuse incertitude elle-même disparut : Le sous-secrétaire d'État aux colonies avait télégraphié à M. de Brazza pour lui demander confirmation ou démenti.

Le gouverneur général du Congo répondit le 13 juin :

La nouvelle relative au massacre de la mission Crampel est inventée. En cas d'événements imprévus, le poste de Bangui avait les moyens, malgré les basses eaux, de nous faire parvenir des nouvelles de l'expédition en deux mois au plus.

Le dernier courrier arrivé de Bangui a apporté des nouvelles satisfaisantes de la mission Crampel et de M. Ponel, chef du poste de Bangui, qui l'accompagne.

Le démenti était formel. Cependant il ne réussit point à chasser le funeste pressentiment qui s'était glissé dans le cœur des parents et des amis des membres de la mission Crampel. Depuis assez longtemps on ne recevait plus de nouvelles directes d'eux. On attendait avec anxiété qu'une lettre vint nous rassurer.

Hélas! la première nouvelle qui arriva était mauvaise : Une lettre du courrier de la maison Daumas nous apprit la mort du pauvre Orsi. Ce malheureux garçon était le quatrième officier de la mission; il avait, nous disait-on, succombé sur les rives de l'Oubangui, aux atteintes de la dysenterie.

Peu de temps après, c'était le tour de l'ingénieur Maurice Lauzière.

Lors de la nouvelle du massacre, j'avais vu accourir chez moi le père de ce malheureux jeune homme. J'avais été vivement impressionné par le désespoir muet de cet homme énergique. Ce fut à moi qu'incomba l'affreuse mission de lui apprendre la mort de son fils adoré. Je le fis, les larmes aux yeux, impuissant à consoler une douleur que je comprenais si bien....

Je ne connaissais point Maurice Lauzière, mais les lettres de Crampel m'avaient appris à l'aimer.

Maurice Lauzière, lorsqu'il avait été recommandé à Crampel, était ingénieur de l'*Association normande des appareils à vapeur*, à Rouen. Sous une apparence douce et un peu frêle, il était en réalité solide et d'une énergie calme et persévérante. Mais quoi!... de même qu'Orsi, c'était son premier voyage en Afrique et sans doute le début était trop rude....

Dans ses lettres, Crampel me parlait toujours de Maurice Lauzière en termes particulièrement affectueux (1). C'était son

(1) Voici d'ailleurs les notes que Crampel m'avait laissées sur Maurice Lauzière : *Lauzière* (Pierre-Marie-Maurice). Né à Paris le 4 juillet 1865. Sorti de l'École centrale le 7 août 1887, avec diplôme d'ingénieur des arts et manufactures : connaissances sérieuses en minéralogie. Ayant donné sa démission de l'*Association normande des appareils à vapeur*, prend quelques leçons à l'observatoire de Montsouris; instruit par M. le lieutenant de vaisseau Mizon, sur autorisation de l'amiral Mouchez; travaille encore à Dakar avec les officiers de la rade et, à Libreville, avec les

meilleur collaborateur scientifique. C'était lui qui avait dressé l'importante carte du Haut-Oubangui que j'ai publiée dans mon précédent livre et, si les géographes sont justes, cela doit attacher son nom à cette région.

PORTRAIT DE M. LAUZIÈRE.
(Dessin de Mme Paule Crampel, d'après une photographie.)

Cependant, la triste nouvelle de la mort de Lauzière avait quelque chose de rassurant pour le sort des autres membres de la mission. En effet, la même dépêche qui apportait cette nouvelle disait que Crampel était parvenu chez les musulmans du Baguirmi et qu'il y avait reçu un excellent accueil.... Nous avions le droit de croire que l'ère des malheurs était passée ; que tout au moins l'histoire du massacre était fausse...

Aussi n'hésitai-je point à partir pour Rochefort, où le *Comité de l'Afrique française* m'avait délégué pour le représenter au congrès des Sociétés de géographie. J'acceptai même de faire une conférence sur *la Mission Crampel et les tentatives de pénétration vers le Tchad*. Des affiches apposées sur tous les murs de la ville l'annonçaient pour le 5 août.

officiers du capitaine de frégate Rouvier. Connaît parfaitement l'usage du sextant et du théodolite. — Très travailleur. Petit, maigre, d'apparence frêle, mais nerveux et de moral bien trempé.

Mme Paule Crampel, la jeune femme de l'explorateur, qui se rendait à Bordeaux, avait tenu à accompagner ma famille à Rochefort.

Le 5 août, à dix heures du matin, j'allais me rendre au congrès, lorsqu'on me remit un télégramme chiffré du Comité de l'Afrique française qui me communiquait la dépêche suivante, arrivée de Libreville la nuit même :

D'après les dernières nouvelles reçues par Dolisie, le 15 juillet, Crampel, qui se serait porté en avant, aurait été assassiné le 9 avril avec Ben-Saïd et deux *tirailleurs. Biscarrat, demeuré au quartier général*, aurait été également assassiné. L'arrière-garde en débandade est arrivée à Bangui. La canonnière *Oubangui*, avec Nebout, est attendue à Brazzaville le 16 juillet.

Dybowski, à Brazzaville, *demande* des instructions par la dépêche suivante : « Désastre Crampel certain. J'irai continuer, sauf instructions contraires. »

On me chargeait en même temps de prévenir Mme Crampel et l'on me priait de revenir à Paris pour délibérer sur les décisions à prendre.

Quelle abominable nouvelle ! J'étais atterré. Il fallait absolument contremander la conférence, qui devait avoir lieu le soir même, et pourtant il était indispensable d'éviter toute publicité avant que les familles fussent prévenues. Que faire ?

J'avertis confidentiellement M. Milne-Edwards, le président du congrès, et mon vieil ami M. Gauthiot, secrétaire général de la Société de géographie commerciale. Ils se chargèrent d'expliquer mon brusque départ par un deuil subit.... C'était, certes, un deuil bien cruel.

Restait à prévenir Mme Crampel. J'en avais doublement le devoir : d'abord parce qu'on me le recommandait de Paris et parce que j'avais promis à la courageuse jeune femme de lui dire toujours la vérité, sans ces illusoires précautions qui ne conviennent qu'aux âmes faibles.

Pour rien au monde je ne voudrais repasser par un pareil moment !

A dix heures, j'avais reçu le télégramme. A midi nous étions en wagon, en route pour Paris. L'affreux voyage ! Nous évitions même de nous regarder, de peur de toujours lire dans nos yeux l'idée fixe, l'affreuse idée de la mort de notre ami cher, là-bas, dans les pays inconnus... et de quelle mort ! Lui si beau, si jeune, si vaillant !

Il ne suffisait pas à Mme Paule Crampel de son propre martyre. Tandis que nous nous arrêtions à Paris, il fallait qu'elle continuât jusqu'à Aire-sur-la-Lys, dans le Pas-de-Calais, pour être à son tour messagère de désespoir auprès des parents et de la sœur de Crampel.

Je retrouve, dans mes papiers, ces notes qui révèlent assez bien notre état d'esprit à ces heures pénibles :

10 août 1891.

« Se peut-il que ce soit vrai ! Que tant d'intelligence, de sang-froid, de loyauté, de séduction, de courage, n'aient point empêché Paul Crampel de tomber là-bas, à vingt-sept ans, sous le fer d'une brute noire !

» La vision qui m'obsède est celle d'un de ces dîners intimes qui nous réunissaient, il y a deux ans. L'inébranlable volonté de Crampel avait fait le grand sacrifice à l'Idée : et maintenant nous tous qui l'aimions, nous étant inclinés — non sans résistance — devant son ferme dessein, nous l'aidions de toutes nos forces et, chassant nos appréhensions, nous tâchions de ne point assombrir ces derniers jours de vie commune.

« ... Je vois encore, dans la salle à manger décorée des compositions de Mme Paule Crampel, sa belle tête d'apôtre, égayée par moments d'un rire d'enfant, lorsque la petite Niari faisait quelque réflexion bizarre. Le bon docteur Bougier offrait à la Pahouine ravie un plateau à musique — admirable fétiche. Mizon, non moins passionné que Crampel pour « la Conquête du Tchad », discutait avec lui le « plan » et, par instants, on consultait le Targui Ischekkad, qui pour répondre, d'un geste de prédicateur, rejetait sur l'épaule son voile noir et appuyait ses explications d'une mimique énergique.

« Les partis chez nous sont divisés sur la politique coloniale, mais seulement parce qu'elle fournit un terrain d'opposition. Agrandir en Afrique la zone d'influence française, ne rien demander pour cela à l'État, travailler dans l'intérêt de tous et ne compromettre que nous — qui pouvait le trouver mauvais ? C'était la pensée de Crampel, c'était notre rêve. Étions-nous des illuminés et des fous ?

« Non, nous n'étions que des enthousiastes. Nous avions dans l'âme — peut-être parce que Crampel nous l'avait communiquée — une parcelle de ces élans désintéressés qui parfois, dans l'histoire, ont réalisé de grandes choses. Nous avions la vision d'un avenir plus proche qu'on ne pense où les nations européennes, repoussées des autres continents affranchis, livreraient en Afrique la bataille économique du xxe siècle, et nous voulions que la France eût sa part — la plus belle. Nous voulions que, de l'autre côté de la mer, elle fût, à travers le Sahara, par delà le Tchad mystérieux, prolongée jusqu'au Congo.... Des sociétés, des journaux, des milliers de gens en Angleterre, en Allemagne, poursuivent le même idéal pour leur patrie. Nous, en France, nous étions presque seuls. Qui, en dehors de nous, se préoccupait alors de pareils mythes?

« Oh! l'enthousiasme ne couvrait point nos yeux d'un voile d'illusions. La partie à jouer était grosse : mais, envers et contre tous, Crampel avait résolu de donner sa vie comme enjeu. Il n'était pas en notre pouvoir de l'en empêcher. Nous ne pouvions que le seconder, accroître autant que possible ses chances de succès.

« Des personnes qui hier encore ignoraient l'existence de Crampel et du Tchad, expliquent doctement par suite de quelles fautes notre malheureux ami a trouvé la mort; d'autres, qu'on eût vainement implorées, il y a deux ans, pour nous secourir, estiment que les ressources de la mission n'étaient pas suffisantes. Tout cela est la très vieille histoire : Grand homme quand on réussit, imprudent quand on échoue.... Le fond reste le même, mais l'épithète varie avec le succès.

« Si Stanley fût mort sur les rives du Nyanza, il n'eût été, lui aussi, au regard des critiques, qu'un imprudent, un illusionné. Et pourtant, il n'en avait pas moins traversé la Grande Forêt. Si Crampel a succombé, il n'en a pas moins, pour la seconde fois, parcouru une région africaine encore vierge du pas des blancs. Il a fait des relevés géographiques, signé des traités.

« Il a travaillé pour la science et pour la France. Mais surtout il a montré la *Voie*. « Que je revienne ou *que je meure*, disait-il autour de la petite table, mon action sera le symbole de l'œuvre à accomplir. »

« Où sont maintenant les convives? Le docteur Bougier, notre aîné — aîné de trente-six ans — a disparu le premier. Il n'a pourtant point cherché la mort, celui-là.... Et trois jours après que nous l'avions accompagné à sa dernière demeure, je recevais pour lui une lettre de Crampel où, continuant une plaisanterie, la petite Niari avait écrit une dédicace à « son mari » et Ischekkad, quelques mots en *tifinar*. Quelle cruelle douleur nous avons éprouvée déjà, ce jour-là....

« C'est l'avant-dernière lettre qui me soit parvenue de Crampel : ayant accompli une œuvre considérable, pacifié le Haut-Oubangui et dressé la carte de la région, il allait entrer dans l'inconnu. Jusqu'alors, il ne s'était pas écarté d'une ligne, dans l'exécution, du plan qu'il s'était tracé au départ. Ni la fièvre, ni la marche, ni les abandons, ni les privations n'avaient pu l'abattre. Peu après, il m'envoyait ce dernier mot : « Adieu.... Dieu veuille que ce ne soit pas pour toujours. »

« Et maintenant la douloureuse terre d'Afrique n'a pas encore complètement révélé son mystère. Comment, au juste, est-il tombé là-bas, ce jeune homme si vaillant et si noble, qu'il ennoblit la race encore capable de produire de tels caractères? Que sont devenus la petite Pahouine Niari et le Targui Ischekkad? Sont-ils, comme le pauvre Biscarrat, énergique et expérimenté pourtant, tombés eux aussi sous les coups des noirs? Ce Saharien aux yeux luisants, en qui nous avons tous gardé notre confiance, aurait-il trempé dans quelque trahison?

« Et Mizon? Lui, non plus, n'a pu résister au violent désir d'aller là-bas vers le Tchad, travailler à l'œuvre commune. Attaqué, blessé, abandonné aux mains de trafiquants anglais, dans l'une des régions les plus insalubres du monde, il n'en a pas moins continué sa marche. Et il est là-bas, luttant obscurément, opiniâtrement, sans que la France ait le moindre souci de ces enfants qui meurent pour elle!

« C'est si loin, tous ces pays-là! Et puis, n'y a-t-il pas, à notre porte, Yvette Guilbert et M. Kam-Hill, et n'est-ce pas assez pour notre gloire!

« Ah! pauvres, pauvres chers amis, connus ou inconnus, Crampel, Orsi, Lauzière, Biscarrat, Mizon, Monteil, Ménard, les morts ou les survivants, sachez au moins que, dès ce début, nous avons été quelques-uns ici qui avons senti battre, en vous, le cœur de la vraie France!

« Pareils aux sacrifices antiques, il semble qu'il ait fallu tant d'existences précieuses en holocauste pour que l'attention publique s'éveillât et vous rendît justice. Maintenant, cela semble chose faite et la lecture des journaux montre que nous ne sommes plus seulement quelques-uns à comprendre le devoir. Qui, d'ailleurs, pourrait hésiter encore, devant l'exemple que nous donnent les parents des victimes, ceux qui les aiment le mieux, qui les pleurent et les pleureront toujours :

« Mon pauvre fils est mort, me disait M. Lauzière. Soit. Notre vie est brisée et notre unique consolation est de savoir qu'il a succombé dans une entreprise patriotique, fidèle jusqu'au bout à ce qu'il s'était assigné comme un Devoir. Ah! s'il avait pu mourir plus utilement encore, être, au jour du danger, aux côtés du chef qu'il avait choisi!... *Que du moins leur sacrifice ne soit pas en pure perte et que leur œuvre soit continuée....* »

« Et Mme Crampel, cette jeune et charmante femme, frappée au début de la vie d'un coup si cruel. Elle qui avait pour son mari un amour, un culte si absolus! Je n'éprouve aucun embarras à trahir ici le secret de son âme, parce que les sentiments qui ont à la fois une telle noblesse et une si vraie simplicité ne redoutent point la lumière. Lorsque l'abominable nouvelle est venue jeter sur elle le voile d'une éternelle douleur, sa seconde pensée a été de répondre au vœu de Paul Crampel jusque dans la mort et de songer à son entreprise. Elle m'écrivait hier :

« Pendant les dernières heures que nous avons passées ensemble, Paul et moi, j'avais pu me maîtriser et, au départ, ses derniers mots ont été : « Merci d'avoir été brave ». Je vous assure que, quoi qu'il arrive, je tâcherai d'agir toujours de façon qu'il pût me répéter ces mots s'il avait à juger mes actes.

« ... Je ne fais plus qu'un vœu, c'est de voir relever le drapeau tombé de ses mains.... Je n'ai plus d'autre désir que de voir son œuvre, sa dernière pensée échapper à l'abandon.... Je souffre de n'être rien, de ne rien pouvoir. Oh! si ma faible voix pouvait être entendue!... Si je le pouvais, j'adresserais au pays, à qui il a sacrifié sa vie, une instante prière : N'abandonnez pas ce qu'il a commencé, ne laissez pas recueillir à d'autres le prix de son sang. Il aimait sa patrie, il est mort pour elle : qu'elle ne dédaigne pas le sacrifice qu'il lui a fait.... Pauvre, pauvre cher ami! Dans sa vie si courte, il n'a trouvé que peines et luttes, et lorsqu'il s'était mis tout entier dans une grande tâche, il faut qu'il tombe avant d'atteindre le but, avec la dernière souffrance, peut-être, de penser qu'on ne le suivra pas. Oh! ceci n'est pas juste!... »

Ah! les abominables journées que nous avons tous passées là!

ISCHEKKAD ET NIARINZHE A PARIS.
(Dessin de Mme Paule Crampel, d'après nature.)

Et combien nous maudissions la cruelle Afrique qui nous avait ravi ces braves cœurs!

Mais quoi! ils nous avaient montré l'exemple en donnant leur existence pour une idée patriotique. Il ne fallait pas, du moins, que leur généreux sacrifice fût inutile. Il fallait que leur œuvre fût continuée.

Les centaines de visites et de lettres qui m'arrivaient de tous côtés attestaient combien l'émotion était grande et générale en

France.... Les journaux, d'ailleurs la reflétaient assez bien. Ce n'étaient, de toutes parts, qu'objurgations au Comité de l'Afrique française de prendre en mains l'affaire et de délivrer Crampel ou de le venger.

Je dis « délivrer ». Bien des doutes, en effet, persistaient. Notre premier soin avait été de télégraphier à Libreville pour demander un supplément de renseignements. Le 6 août, le gouverneur général télégraphiait :

« Les preuves matérielles de la mort de Crampel manquent. »

Et quelques jours plus tard :

D'après les dernières nouvelles de Brazzaville, 26 juillet, M. Dolisie (administrateur de Brazzaville) partage le doute déjà exprimé. Voici un extrait de sa lettre : « Un enfant de Loango, domestique de Ben-Saïd, s'est présenté auprès de Biscarrat le 23 mai et lui a raconté l'assassinat de Crampel et de Ben-Saïd. Cet enfant a été reconnu par des musulmans venant d'El-Kouti soi-disant comme porteurs, pour aider Biscarrat, lesquels attendaient l'arrivée de Nebout pour tuer les deux blancs ensemble. La reconnaissance de l'enfant aurait précipité l'événement. Biscarrat a reçu un coup de couteau, l'enfant a été également tué ainsi qu'un Krouman. Thomas (?) est le seul homme pouvant me raconter tout cela. »

Le retour de Nebout est inexplicable. Le désastre total de la mission demeure douteux. La canonnière *Djoué* est partie le 20 juillet pour Bangui avec M. Brunache, commandant l'avant-garde de Dybowski, et le chef de poste Bobichon, qui vont fonder un poste à 200 kilomètres sur la route de Crampel. La relation avec l'Oubangui sera sérieusement gardée. La canonnière *Alima* est également partie le 20 avec MM. Brégeot, Briquez, Fraisse et Nebout, qui retourne en avant. M. Dybowski désire partir fin août avec la canonnière *Oubangui*, à destination d'El-Kouti. Il recevra la dépêche seulement à Bangui.

Cette dépêche, à laquelle fait allusion le télégramme du gouverneur général du Congo, est celle qu'avait répondue le Comité de l'Afrique française à l'interrogation de M. Dybowski.

Le Comité de l'Afrique française (1) s'était en effet réuni, le 13 août. Étaient présents :

MM. le prince d'Arenberg, le général de Galliffet, le général Borgnis-Desbordes, le général Derrécagaix, l'amiral Vignes, le marquis de Moustier, le capitaine Le Chatelier, Henry Pereire, Templier, Renoust des Orgeries, Milne-Edwards, le capitaine Binger, Patinot, Percher.

Voici le compte rendu de la séance, d'après le *Bulletin du Comité* :

(1) Voir dans *A la conquête du Tchad*, l'historique de la formation de ce Comité.

M. le président examine la situation créée par la mort de Paul Crampel. Il a écrit au nom du Comité à la famille du malheureux explorateur; mais il reste à savoir ce que l'on va faire : l'opinion et la presse invitent le Comité à continuer son œuvre et il est nécessaire de s'entendre sur les moyens à employer.

Après une discussion à laquelle prennent part MM. le capitaine Le Châtelier, les généraux Borgnis-Desbordes, Derrécagaix et de Galliffet, il est convenu d'adresser aux journaux une circulaire pour les prier de venir en aide au Comité et de recevoir les souscriptions destinées à renforcer l'expédition Dybowski et à en organiser une nouvelle. Le texte de la circulaire, rédigé par M. le secrétaire général, est adopté, ainsi que celui des instructions télégraphiques à envoyer à M. Dybowski.

Suit le texte de la circulaire :

Le Comité de l'Afrique française, après avoir rendu un solennel hommage à la mémoire de ceux qui se sont sacrifiés dans l'Afrique centrale pour la cause de la patrie, a donné pour instructions à la mission Dybowski, qu'il avait précédemment envoyée dans le but d'appuyer la mission Crampel, de se porter immédiatement au coude nord de l'Oubangui, au point d'où Crampel est parti pour se diriger vers le Tchad.

La mission Dybowski prendra solidement position, entrera en rapport avec les indigènes, en évitant de s'engager, recueillera le personnel de la mission Crampel et, s'il se peut, les documents de cette mission. Les événements ayant démontré qu'elle n'est point, dans sa forme actuelle, la mission Crampel une fois disparue, en situation de pénétrer vers l'intérieur, elle gardera, jusqu'à nouvel ordre, une attitude expectante.

D'autre part, le Comité de l'Afrique française, prenant en considération l'opinion unanimement exprimée par la presse et le vœu ardent des parents des généreux jeunes gens qui se sont dévoués à une si noble cause, est d'avis que la grande entreprise conçue par Paul Crampel doit être continuée et que la pénétration doit être poursuivie.

Cela ne peut se faire qu'avec des forces suffisantes, par conséquent des ressources considérables. Le Comité croit qu'il importe de conserver aux entreprises dirigées vers le Tchad le caractère privé, et il est persuadé que l'initiative des particuliers suffit, sans qu'on ait à engager les finances de l'État.

Le Comité de l'Afrique française est obligé, pour faire face aux nécessités de la situation, de faire appel au concours de la presse française tout entière et du public. Une souscription nationale peut seule lui donner les moyens d'action qui lui manquent.

C'est l'opinion et la presse anglaise qui ont aidé Stanley à traverser l'Afrique et à jeter les bases de l'État indépendant ; c'est l'opinion et la presse allemande qui ont aidé le major de Wissmann à fonder un empire allemand dans l'Afrique orientale. Serons-nous moins énergiques et moins persévérants ?

Le Comité de l'Afrique française est prêt à continuer son œuvre et à organiser une expédition de l'Oubangui vers le Tchad. Il demande à la presse et au public de lui en fournir les moyens et il ouvre dans ce but une souscription nationale.

Voici d'autre part le texte du télégramme envoyé à M. Dybowski :

Le Comité de l'Afrique française remercie M. Dybowski de son énergie. Il a confiance en M. Dybowski comme M. Dybowski peut avoir confiance en lui.

Enfin, le Comité a voté la résolution suivante :

M. Dybowski se portera immédiatement au coude nord de l'Oubangui, prendra solidement position, entrera en rapport avec les indigènes, recueillera le personnel et les documents de la mission Crampel. M. Dybowski attendra là de nouvelles instructions en travaillant avec la circonspection nécessaire à l'œuvre de pénétration dont l'opinion, en France, réclame unanimement la continuation.

Ici je dois faire un aveu. La presse, qui avait été si ardente à pousser à l'action le Comité de l'Afrique française, ne lui prêta qu'un très mince concours. Sans doute, son appel fut publié, mais non pas de la façon qu'il eût convenu, avec cette insistance, cette mise en lumière qui assurent le succès des œuvres de charité qu'elle entreprend. Et pourtant quelle entreprise d'intérêt public plus évidente, plus désintéressée, que celle du Comité ? Si le domaine de la France est agrandi d'immenses territoires, je regrette que cela ne soit pas entièrement dû à la presse.

Si je note cette remarque, particulièrement triste pour un vieux journaliste, c'est parce que bien souvent des enthousiastes ont reproché au Comité de ne pas faire appel au concours de la presse. Hélas ! combien de fois cet appel a-t-il été fait sans résultat !

Mais si la presse nous mesurait parcimonieusement son concours, heureusement le public n'oubliait pas. Les souscriptions arrivaient de toutes parts. Il en était de particulièrement touchantes : dans certains quartiers de Paris, des groupes d'ouvriers, de petits commerçants, d'employés, souscrivaient par 1 fr. et 2 francs.

En même temps qu'il cherchait à réunir des ressources, le Comité s'occupait de constituer l'expédition de renfort. Il avait décidé d'en confier le commandement à M. Maistre, que son voyage à Madagascar (1) avait désigné à son attention.

(1) En qualité de second de M. Catat; voir aux pièces annexes.

Avant de résumer l'œuvre des expéditions Dybowski et Maistre, successivement envoyées par le Comité de l'Afrique française pour continuer l'œuvre de Crampel, je crois devoir reproduire ici le rapport officiel et le *Journal intime* du survivant de l'expédition, M. Albert Nebout, ainsi que l'*Avant-propos* dont j'avais fait précéder cette publication dans le *Tour du Monde*.

RAPPORT DE M. A. NEBOUT, CHEF DE CARAVANE.

« Le 1er janvier 1891, M. Crampel quittait le village banziri de Diou-Koua-Mossoua, pour rejoindre M. Biscarrat à notre campement d'avant-garde de Makobou, à 18 kilomètres de l'Oubangui. Il emmenait avec lui MM. Lauzière, Mohammed-ben-Saïd, le Targui Ischekkhad-ag-Râli et la jeune Mfan Niarinzhe.

« Je restai près de la rivière avec M. Orsi. Ce dernier, déjà atteint de la maladie qui devait l'emporter quelques jours plus tard, était trop faible pour marcher.

« J'étais chargé de l'arrière-garde.

« M. Crampel devait aller au nord, prendre contact avec des musulmans qui, au dire des indigènes, devaient se trouver à environ six jours de marche. Il espérait pouvoir ramener des animaux ou une grosse équipe de porteurs. Notre caravane comprenait 230 charges, et nous n'avions que soixante-dix-huit porteurs.

« Au campement de Makobou, M. Crampel achève un courrier pour l'Europe, et le 3 janvier, en m'envoyant ce courrier, il me fait dire de rallier Makobou aussitôt que l'état de santé de M. Orsi le permettra. Le 5 janvier, notre campement de l'Oubangui est évacué, et avec M. Orsi, je rejoins M. Biscarrat à Makobou.

« M. Crampel était parti, continuant sa marche vers le nord.

« Au village du chef langouassi Barao, à 40 kilomètres de Makobou, il établit un second campement, laisse M. Lauzière, et continuant toujours, fait un troisième campement à 36 kilomètres de Barao, au bord de la petite rivière Zanvouza, près du village d'un chef N'Daqwa, nommé Zououli (5° 46′ 50″ lat. N.).

« Le 12 janvier, M. Biscarrat part avec tous nos porteurs, rejoindre M. Lauzière.

« Le 18 janvier, nos porteurs reviennent prendre de nouvelles charges, et leur contremaître me remet une lettre-circulaire de M. Crampel :

Camp de la rivière Zanvoura, 12 janvier, 4 heures soir.

Le chef de la mission, P. Crampel, à M. Lauzière, ingénieur attaché à la mission, pour communiquer à MM. Nebout, Biscarrat, Orsi.

Monsieur, j'ai l'honneur de vous informer de la bonne arrivée de votre convoi. Malheureusement, la vue des caisses a fort excité les envies, et ce matin, — le payement ne s'est pas fait sans difficultés — quoique ayant donné à chaque porteur une brasse d'étoffe et soixante cauris (beaucoup pour deux jours de travail, mais je tenais à contenter les premiers engagés), je n'ai point satisfait les exigences. Je crois que le recrutement d'autres « volontaires » va devenir impossible.

Ce recrutement d'ailleurs importe moins, maintenant que je commence à être fixé sur le voisinage des Tourgous. Je n'attends que vous et M. Biscarrat pour repartir. Vous m'accompagnerez encore dans cette définitive reconnaissance. Comme nous resterons absents pendant au moins huit ou dix jours et qu'il faut que nous soyons peu nombreux, M. Nebout pourra, sans trop de temps perdu pour la marche générale en avant, effectuer les transports. J'espère, d'après les renseignements recueillis, revenir ici avec quelques animaux.

Je confie à M. Nebout, chef de caravane, la direction générale en mon absence.

Le mieux est que M. Biscarrat vienne prendre la surveillance du camp ici, que M. Orsi garde le poste de transit (Barao) et que M. Nebout reste à l'arrière. — M. Nebout pourra toutefois modifier ce plan.

Je prie instamment chacun de vous, messieurs, de ne point se départir d'une grande défiance à l'égard des N'Daqwas. Le bruit des affaires de Makobou est venu : je suis sûr que les marques extérieures d'une garde constante pourront seules contenir les mauvaises dispositions des indigènes.

Le camp de Barao a trop peu d'hommes en ce moment. Ce n'est qu'en montrant du monde que nous enlèverons aux N'Daqwas l'envie d'attaquer. Ceux-ci ne sont, en effet, nullement effrayés par nos fusils, qu'ils ne connaissent pas.

Je désire que chaque poste fixe ait un minimum de douze hommes et que jamais les Loangos ne soient envoyés seuls en convois.

Les vivres pour Européens sont ici d'une rareté extrême. Ne pas oublier d'acheter en venant cabris et poules.

Sur la route, une poule moyenne = huit et dix cauris, un cabri moyen de trente à quarante. Ce sont du moins les prix qu'on a faits au premier convoi. — Il serait bon aussi d'envoyer, dès maintenant, sardines et endaubage.

Je fais partir, à destination du camp de Barao, tout ce que j'ai de porteurs disponibles. Chacun a sa ration. — M. Lauzière ne doit rien comme nourriture : Cette équipe, ayant pris charge à Barao, me reviendra de suite : M. Lauzière peut lui donner « moutettes » et bidons. Un des porteurs, moins chargés, recevra le sac du Sénégalais Amady Pâté : Samba-Sako et Ouri rapporteront le leur.

Je regrette, monsieur, de ne pouvoir vous donner de détails de route (1). (Je remets cinq cents cauris à Samba-Sako pour M. Lauzière : c'est la seule marchandise ayant cours ici et sur la route.) L'homme dont vous me parlez est également venu ici ; j'ai pu lui causer utilement. En somme, nos guides nous ont jusqu'ici bien conduits, sauf les premiers (N'Dourous et Langouassis), qui nous ont fait faire un crochet vers l'Est et qui nous auraient égarés si je n'avais changé la direction de notre reconnaissance. En partant d'ici nous devons aller plein Nord.

Recevez, monsieur, les assurances de mes meilleurs sentiments.

P. Crampel.

« Pour obéir aux instructions de cette lettre, je quitte Makobou le 16 janvier et vais rejoindre M. Biscarrat au campement de Barao. — M. Lauzière avait déjà quitté ce camp le 13 janvier pour aller rejoindre M. Crampel. — M. Orsi, trop affaibli pour marcher, avait dû rester à Makobou, qu'il gardait avec quatorze Sénégalais.

« Le 17 janvier, je reçois de nouvelles instructions de M. Crampel :

Camp de la rivière Zanvouza, 16 janvier, midi.

Le chef de mission, P. Crampel, à M. Nebout, chef de caravane, par M. Biscarrat.

Monsieur,

J'ai l'honneur de vous informer que je charge M. Biscarrat de commencer la tâche suivante, assez délicate :

M. Lauzière me rend compte que deux femmes, les nommées Nandou et Diguépa, ont disparu. Cédant peu à peu à la pression exercée sur elles par les Langouassis, elles se seraient laissé persuader enfin et enlever. En suite de ce fait, le chef Barao se serait éloigné pendant deux jours.

J'ai interrogé ici les autres femmes. Elles m'ont dit : 1° que, leur pays d'origine étant très loin, aucune d'elles ne pouvait songer à l'atteindre; 2° que toutes détestaient leurs maîtres Ouaddah, et qu'aucune ne voudrait les rejoindre ; 3° que les Langouassis et les N'Daqwas leur font constamment des propositions de fuite et de mariage; 4° que Nandou, Diguépa, comme aussi la femme de Demba-ba, avaient eu avec leurs maris de petites querelles ; que les Langouassis avaient évidemment profité d'un moment de mauvaise humeur des deux premières pour les attirer et les garder.

Étant donné le rôle certain des Langouassis dans l'affaire, nous ne pouvons laisser passer — moins pour les femmes elles-mêmes que pour le mauvais effet (considérable ici déjà).

La politique des noirs entre eux serait en cas semblable — vous le savez — très simple : prendre deux femmes jeunes du village de Barao ; sans leur faire aucun mal, les détenir, et annoncer que leur mise en liberté suivra immé-

(1) Même foule et même tapage. — Heureusement, j'ai pu louer quelques outils indigènes et le camp sera terminé aujourd'hui.

diatement le retour des disparues. Le moyen réussit toujours quand celui qui l'emploie est assez fort ou considéré pour ne pas craindre une attaque.

On pourrait encore — mais cela me semble moins rapide et plus dangereux — s'assurer de la personne du chef, responsable en somme, et tenir la même conduite.

Je laisse M. Biscarrat libre de prendre tel parti que lui conseilleront les circonstances et sa propre expérience. Il s'agit de retrouver les deux disparues : voilà le but. Mais il ne faut pas qu'une action violente ou simplement prématurée mette en danger la sécurité des camps, des convois, et arrête le recrutement des porteurs indigènes.

On patientera, au besoin, jusqu'à l'arrivée de tout ou partie du camp de Makobou. En tous cas, qu'on n'en arrive à la force qu'en extrême ressource. Encore ne donnerais-je pas cette autorisation finale si M. Biscarrat n'avait été amené à commencer ainsi et si nous n'étions engagés, par cela même, à trancher au lieu d'éluder les quelques difficultés de ce début.

Je ne puis préciser davantage la part de M. Biscarrat dans cette affaire, puisque je ne sais combien durera son temps de séjour à Barao. Si — ce que je désire le plus — M. Orsi vient de suite remplacer M. Biscarrat, que M. Biscarrat parte aussitôt sans s'occuper de la question des femmes. A votre arrivée à Barao, vous régleriez vous-même, aidé de M. Orsi, cette affaire. Si, au contraire, M. Biscarrat, non relevé par M. Orsi, reste quelque temps encore à Barao, qu'il commence ledit règlement, procédant avec toute la prudence recommandée plus haut, mais avec fermeté.

J'insiste cependant pour que M. Orsi fasse effort et ne reste pas plus longtemps à Makobou, si cette lettre l'y trouve encore. Son retard m'immobilise ici de la façon la plus contraire à nos intérêts généraux. Je ne puis, en effet, partir chez les Tourgous que quand un Européen sera venu ici prendre la surveillance : je ne compte pas M. Lauzière, dont le départ avec moi est chose des plus utiles.

A titre de renseignement probable, j'espère que l'opération si longue, pénible et ingrate du transport de nos bagages d'un camp à l'autre se fera pour la dernière fois exclusivement à dos d'homme entre Barao et ici.

Fort occupé, je ne puis ce matin, à mon regret, écrire deux lettres. J'adresse à M. Biscarrat, qui voudra bien vous transmettre, après avoir pris connaissance.

Recevez, monsieur, l'assurance de mes sentiments les meilleurs.

P. Crampel.

Je vous envoie, porteurs de ce courrier, quelques hommes (cinq) que vous pourrez garder et employer. Je vous prie de m'expédier au plus tôt cinq forts Loangos, quinze Bassas et ceux des Sénégalais que j'avais au départ de Makobou et qui nous restent encore.

Je remets à Thomas 10 brasses d'étoffe, quelques colliers et deux mille cauris pour M. Biscarrat, afin qu'il tâche d'engager des porteurs indigènes pour transport entre Makobou et Barao. Je donne ici $1^m,20$ à chacun comme objet principal du payement. — Mon camp ici est solidement installé. Rien ne presse pour le transport de Barao audit camp, car je dois rester au moins dix jours absent. Vous pouvez donc mettre tout le temps à votre règlement de l'affaire des femmes si cela est nécessaire.

« Le 18 janvier, M. Biscarrat part avec vingt-cinq porteurs pour rejoindre M. Crampel à Zanvouza. M. Lauzière seul l'attend à ce campement. M. Crampel était déjà parti à un jour plus loin, laissant l'ordre verbal d'attendre son retour à Zanvouza.

« Le 20 janvier, M. Lauzière m'informe qu'il quitte Zanvouza pour rejoindre M. Crampel et que leur absence durera environ vingt jours :

Campement, rivière Zanvouza, 5° 46' 30" Nord.
(Lettre écrite du 20 janvier, matin.)

Mon cher camarade,

Je ne puis plus, hélas ! espérer que nous nous rencontrerons bientôt : je vais rejoindre M. Crampel, qui est à un jour d'ici, et ira probablement à dix-huit jours de là trouver les Tourgous, aussitôt qu'il aura le nécessaire. Biscarrat nous apporte des ballots d'étoffe dont nous voulons nous servir et il manque deux caisses (*malles marquées Orsi et Latouche de la case*), plus une caisse très importante, petite, jaune foncé, ce que vous savez mieux que moi (deux caisses ne feraient peut-être pas mal, M. Crampel n'en demande qu'une, mais...); complétez avec bidons de cartouches et caisses laissées par moi en magasin. M. Biscarrat vous enverra demain les hommes avec lettres de service : ceci est entre nous.

J'espère que le changement de campement fera diversion aux idées tristes. Quoi que vous en pensiez, elles ne sont jamais nécessaires. Qu'elles s'envolent au bruit des ondes murmurantes du ruisseau de Barao, pâle image de la tumultueuse Zanvouza ! Si ma case a des trous, ils ne sont que dans les parois (raison d'aération). Le tout a subi l'épreuve de la plus furieuse tornade. Entre nous, il serait bon d'évacuer Makobou. Nous y sommes bien près de la côte, quoique cela nous vaille un courrier inattendu. Je renvoie un petit mot : faites-le parvenir; je joins un timbre pour vous, si vous voulez profiter de l'occasion.

M. Crampel a envoyé de l'étoffe à Biscarrat dans cette intention : vous pouvez taper dans les barrettes pour louer porteurs indigènes. Après la fin des cauris employer les barrettes en ration (*ordre Crampel*). Ici le fil de cuivre commence à prendre : on achète une poule pour 0m,50 environ.

Nous serons probablement assez longtemps partis : quinze à vingt jours, et vous pouvez transporter tranquillement entre Barao et Zanvouza. M. Crampel réclame onze à douze Sénégalais, quarante porteurs Bassas ou Loangos ; vous voyez ce qu'il vous reste pour trois postes. Il a en plus vingt charges portées par les indigènes. Espérons qu'on trouvera toujours pour elles des porteurs.

Je ne sais ce que le courrier lui annonce, mais cela ne peut que le décider à aller plus vite. Actuellement, il a l'intention d'aller jusque chez les Tourgous d'un coup, chercher des montures.

Vous trouverez que le service étouffe dans cette lettre les sentiments personnels, mais c'est à titre de renseignement pur et simple : faites-en ce que vous voudrez.

Je ne cause guère non plus depuis votre départ, et je néglige par cela même les observations d'indigènes. Ici, même race que chez vous.

Le pauvre Orsi va-t-il réellement mieux ? Il serait grand temps. Envoyez-lui mes amitiés.

Je vous serre amicalement la main.

Votre tout dévoué,

LAUZIÈRE.

« Aussitôt rejoint par M. Lauzière, M. Crampel poursuit sa marche sans retard. Il emmène MM. Lauzière, Mohammed-ben-Saïd, Ischekkad-ag-Râli, Niarinzhe.

« Il est escorté par neuf Sénégalais et suivi par trente-cinq porteurs, avec environ trente « charges » de marchandises diverses.

« Entre temps, les transports s'effectuaient entre Makobou et Barao.

« Le 23 janvier, deux Sénégalais viennent de Makobou m'informer que M. Orsi, très malade, ne peut me rejoindre. Confiant aussitôt la garde du camp au caporal sénégalais, je pars pour secourir M. Orsi, mais j'arrive trop tard, et j'apprends, le 29 janvier, à mon arrivée à Makobou, que notre malheureux camarade était mort au village de Diou-Koua-Mossoua, où il s'était fait transporter. Un billet de M. le chef de station Fondère m'informait en même temps que le corps avait été dirigé sur le poste de Bangui. Je retourne aussitôt à Barao et j'envoie un billet à M. Crampel pour l'informer de ce triste événement.

« Pendant douze jours, nos hommes transportent le bagage de Barao à Zanvouza, où j'arrive le 14 février ; depuis le 22 janvier, M. Biscarrat n'avait reçu aucune nouvelle de M. Crampel et n'avait pu lui faire parvenir mon courrier.

« Jusqu'à la fin de février, nous attendons le retour de M. Crampel, sans inquiétudes sinon sans impatience, car nous avions pu nous convaincre que les musulmans étaient plus éloignés qu'on ne le supposait d'abord ; mais dans les premiers jours de mars, inquiets de ce long silence, de cette absence si prolongée, nous résolûmes de ne pas attendre plus longtemps et, le 10 mars, M. Biscarrat partait sur les traces de M. Crampel, emmenant dans cette reconnaissance dix-huit Sénégalais et seize porteurs ; je restais seul au camp de Zanvouza.

« Enfin, le 21 mars, le laptot sénégalais Samba-Sako, suivi de cinq porteurs, arrive au camp, porteur d'une lettre de M. Crampel :

25 février 1891.

[Courrier parti à 9 heures matin.]

Cher monsieur et ami, je vous envoie ce courrier pour vous donner patience, en attendant M. Lauzière, qui partira dans une quinzaine.

Je vous saurai gré d'avoir supporté cette longue inaction plus encore que je ne vous féliciterais d'une action brillante. La conduite de notre arrière-garde contrastera complètement, j'espère, avec celle, si triste, de la mission Stanley.

Il eût été bien désirable qu'un Européen fût avec moi. Maudite soit la dysenterie de M. Orsi et trois fois maudit votre pied!

Je ne vous donne aucun détail. M. Lauzière vous dira le pourquoi. Beaucoup de fatigues, de privations. On n'a point supporté cela sans peine et l'épreuve sérieuse m'a tout l'air de commencer seulement.

M. ALBERT NEBOUT.
(Gravure de Thiriat, d'après une photographie.)

M. Lauzière ne peut partir avant une quinzaine d'ici. Il sera suivi d'une équipe de porteurs qu'on complétera, s'il le faut, avec des indigènes recrutés de village à village.

Cette équipe d'ici, faisant deux opérations dans un même voyage, cherchera sans doute à acheter de l'ivoire : vous pouvez dès maintenant prévenir les N'Daqwas à ce sujet.

Préoccupez-vous surtout, cher monsieur, d'amasser un gros approvisionnement de vivres. Nous avons beaucoup souffert, car on ne nous prévenait pas, ou on nous prévenait mal au départ des villages, et il y a de vrais déserts à traverser. Nous avons eu faim et je désire que vous ne fassiez pas si triste connaissance.

Achetez du mil, surtout, tant que vous pourrez. Jugez de l'urgence par ceci :

Depuis le 1er février, je n'ai eu qu'une poule. Les hommes sont restés une fois trois jours, une autre fois trois jours et demi sans manger. Depuis fin janvier, nous vivons surtout de chasse. Les tables d'Européens n'ont presque que de la viande séchée; les hommes sont à la demi-ration, souvent moins.

Ici, même misère.

Achetez avec du cuivre. Je vous autorise à vous servir au besoin d'un bidon de sel. M. Lauzière vous apportera tous autres renseignements.

Un peu de bleu, pour vous, maintenant, dans ce sombre tableau : J'ai enfin trouvé quelques endroits où l'on peut chasser autrement « qu'à la casquette ». Ce n'est point encore ce pays où les prairies disparaissent sous les troupeaux d'antilopes. — Mais comme il y a peu d'hommes, il y a réellement beaucoup de gibier.

De beaux coups sont enregistrés au tableau : Nombreuses antilopes de toutes tailles, sangliers, grands singes, un rhinocéros bicornis énorme... J'ai chassé moi-même pour procurer de la viande. Il ne m'est arrivé que deux ou trois fois de sortir dans cette intention; le reste du temps, je marchais soit en tête, soit en queue de la colonne. Je m'inscris cependant en première ligne avec une gazelle, deux antilopes de la taille d'un âne, deux bubales de la taille d'un cheval, un superbe lion blessé mortellement, mais que nous n'avons pu rejoindre, et, bien entendu, quantités de menues bêtes. Préparez votre kropatchek !!!

M. Lauzière vous apportera la décision concernant Samba-Sako et les invalides.

Bon courage, je vous serre très affectueusement la main.

P. Crampel.

« Cette lettre m'annonçait la prochaine arrivée de M. Lauzière, que devait suivre une équipe de porteurs musulmans. Le laptot me donna quelques renseignements : Après vingt-cinq jours de marche, M. Crampel était arrivé à un village nommé El-Kouti, à environ 500 kilomètres de la rivière Oubangui. Ce village, établi depuis peu en cet endroit, était occupé par des musulmans. Leur chef, Snoussi, se disait vassal du sultan du Ouadaï ; près de lui étaient trois marabouts, qui passaient leurs journées en prière. Seuls ces quatre personnages seraient originaires du Ouadaï; le reste de la population est un ramassis d'esclaves, volés en tous pays et convertis à l'islamisme. Ils sont vêtus de costumes arabes faits avec des étoffes d'Europe. Pour armes, ils ont des fusils doubles, de chasse, à piston ; quelques carabines se chargeant par la culasse et dont plusieurs tirent la cartouche Gras ; enfin, ceux qui n'ont pas d'armes à feu sont armés de lances de hast, dont le fer, énorme, est emmanché à un très long bambou.

« M. Crampel est reçu avec honneur. Les musulmans l'accueillent par des salves, puis leur chef, les ayant placés sur un seul rang, les présente à M. Crampel. Ils ont un pavillon blanc dont la hampe est armée d'un fer de lance : l'étoffe est couverte d'une longue inscription en caractères arabes ; au-dessus est dessiné en rouge le croissant de l'Islam.

« Pendant trois jours, ils apportent des vivres ; mais, passé ce temps, ils déclarent qu'étant très pauvres ils ne peuvent nourrir plus longtemps la caravane. Les privations vont commencer.

« Le laptot avait quitté El-Kouti le 25 février. M. Lauzière devait se mettre en route quinze jours après lui, attendant un courrier que M. Crampel préparait pour l'Europe, quand un événement vint précipiter son départ.

« Le 27 février, au matin, quatre laptots sénégalais, déjà découragés par les privations, désertent avec armes et bagages. Sans plus attendre, M. Lauzière part le même jour à leur poursuite, suivi d'environ douze porteurs et de quelques musulmans qui avaient offert leur concours. Il peut rejoindre les fugitifs, mais sans réussir à les capturer. Il ressaisit deux fusils et le bagage que ces misérables ont abandonné dans le trouble causé par l'approche de la petite troupe. Après avoir retourné à M. Crampel les objets saisis, M. Lauzière continue pour venir me rejoindre ; mais, atteint de fièvre et de dysenterie, il est obligé de s'arrêter au village de M'Poko vers le 9 mars.

« M. Biscarrat, parti le 10 de Zanvouza, a dû s'arrêter le 17 en prenant connaissance d'un ordre remis par M. Crampel à Samba-Sako :

Au cas où ce courrier rencontrerait un Européen en route, entre le camp de Zanvouza et moi, cet Européen devra s'arrêter aussitôt et attendre M. Lauzière qui va bientôt se rendre d'ici au camp dit de l'arrière-garde.

P. Crampel.

« Il était alors (Biscarrat) au village d'un chef N'Gapou, nommé Yabanda, à l'entrée d'une grande brousse, courant du nord au sud, et qui s'étend entre le village de Yabanda et M'Poko, sur une largeur de près de 100 kilomètres.

« M. Biscarrat apprend la maladie de M. Lauzière ; il envoie vers lui deux Sénégalais, mais ils reviennent vers lui, trois jours après, ayant perdu le sentier. Il en envoie deux autres qui, huit jours plus tard, lui apportent les plus tristes nouvelles : notre malheureux camarade, emporté par la terrible maladie, était mort quelques jours après son arrivée à M'Poko. Le corps fut enterré par les soins du chef de village et la tombe couverte par une sorte de « case ». Dans cette occasion, comme par la suite, les indigènes ont fait preuve des meilleurs sentiments envers nous. Les porteurs, à l'exception de deux, atteints de la variole, retournent vers M. Crampel, remportant les bagages et les papiers de service.

« C'est le 30 mars que je reçois de M. Biscarrat la sombre nouvelle de la mort de notre excellent camarade. Supposant que M. Crampel, aussitôt la connaissance de ce malheur, enverra des ordres, M. Biscarrat se rend à M'Poko pour les y attendre. Mais, ne voyant rien venir, il reviendra à ma rencontre.

« Le 1er avril, le caporal sénégalais Amady Samba, accompagné du laptot Lamine-Ifra, suivi de neuf porteurs, arrivait à M'Poko, m'apportant une lettre de M. Crampel ; ces gens, partis d'El-Kouti le 26 mars, n'ont pas rencontré sur leur route les porteurs de M. Lauzière.

« M. Biscarrat écrit à M. Crampel pour lui annoncer la mort de MM. Orsi et Lauzière, et lui rendre compte que les porteurs de M. Lauzière sont retournés vers El-Kouti. Lamine-Ifra, accompagné d'un autre laptot, porte la lettre. Amady-Sambo continue vers Zanvouza, où il arrive le 13 avril.

« Crampel, lassé des retards que mettent les musulmans à lui fournir les porteurs promis depuis si longtemps, me donne l'ordre de commencer le transport du bagage vers El-Kouti :

El-Kouti, 21 mars 1891.

Le chef de la mission, P. Crampel, à M. A. Nebout, chef de caravane.

Monsieur,

J'ai l'honneur de vous confirmer dans votre commandement de toute la caravane, pendant la marche entre Zanvouza et El-Kouti. Votre mission était jusqu'alors toute de temporisation prudente. Elle devient moins ingrate, mais beaucoup plus délicate et difficile.

Par suite d'événements que je ne puis vous écrire (affaire des déserteurs, razzia non encore revenue, etc.), je renonce à l'espoir de trouver immédiatement des porteurs. J'aurai, dans huit jours, beaucoup de monde, mais, comme votre venue est chose absolument urgente, je me décide à vous envoyer ce qui est aujourd'hui disponible. Partez de suite en vous servant d'indigènes. J'expédierai, bien entendu, aussitôt que possible, l'équipe attendue ; mais n'auriez-vous fait que trois ou quatre jours de marche quand celle troupe vous rejoindre, ce pas en avant n'en serait pas moins d'une grande utilité.

Vous pourrez, j'espère, trouver au début des porteurs sur place. Je ne prévois pas de difficulté insurmontable, puisque le pays est peuplé : ce ne sera qu'une question de persuasion (au besoin de pression) et de prix.

Je vous remets à ce sujet, monsieur, une latitude qui vous prouve ma confiance. Songez qu'une grande quantité de marchandises vous sera indispensable (je puis maintenant juger ce que sera souvent la fameuse hospitalité !). Soyez énergique, mais faites sans hésiter les sacrifices nécessaires. N'ayez recours à l'intimidation qu'en cas de mauvaise volonté injustifiée devant un prix convenable.

Prenez donc, pour les payements, un ballot d'étoffes de Rouen ; servez-vous, si possible, du laiton ; puisez dans les caisses bois doublées zinc, ne réservant absolument que les grands couteaux suédois et les limes ; ouvrez quelques petites caisses jaunes en fer-blanc (Conza) et disposez des perles et chaînes cuivre. Au besoin, payez un peu plus, mais marchez !

La démoralisation par découragement du personnel venu avec moi est extrême. J'ai dû désarmer tout le monde. Surveillez, au début du moins, très strictement les hommes que je vous envoie ; ils essayeront probablement de voler et de déserter. — Malgré toutes les difficultés, je me maintiens et je me maintiendrai ici ; mais hâtez-vous.

Nous n'avons d'ailleurs — j'en ai la conviction — qu'un moment pénible à passer. Ayez confiance en mon action ici : je commence à voir s'ouvrir les portes. Amenez sans encombre personnel et matériel, et tout ira bien.

Après réflexion, je n'envoie aucun courrier à l'administration du Congo. Je n'ai rien à lui dire qui l'intéresse immédiatement et il y aurait plus d'inconvénients pour nous que d'avantages à donner de nos nouvelles. Remettez à Samba-Sako la liste des malades que vous renverrez. Mentionnez la désertion des Sénégalais, si vous pensez que nous ne pourrons les rattraper, et dites à ce sujet qu'au cas où ils se présenteraient à Bangui, on veuille les diriger par première occasion sur Libreville, pour y être jugés selon ordre qui viendra du département.

Relativement au payement de la solde des malades ou incapables, je vous envoie le livret de Samba-Sako.

Veuillez payer du 1er juin 1890 au 1er mars 1891 :

N'Sama au taux de 15 francs par mois. Rapatriable au Gabon.
Samiel — 20 francs — — —
Waléby, dit Kari 20 francs — — —
Dobès (pris par charité à Loango, où il est rapatriable), 20 francs.
Samyl, pris par charité à Loango, 20 francs (si vous jugez ce dernier dans la nécessité de rentrer).

Nous serons généreux ainsi pour ces hommes dont les punitions dépassent l'avoir. Il est bien entendu que c'est sur leur désir formel que vous leur offrez le mode de payement par marchandises convertissables (par eux) en ivoire. Vous donnerez à chacun un certificat constatant le droit de propriété de x francs valeur ivoire. Ils auront chance, grâce à cette précaution, d'arriver sans encombre.

J'ai traité souvent cette question de règlement de comptes avec eux. C'est, nous a-t-il semblé, le moyen le plus prompt et le plus simple, pour les intéressés, de toucher leur solde. Si les dits intéressés ne s'en déclaraient point satisfaits, renvoyez-les purement et simplement, en leur disant qu'ils ne seront payés qu'à mon retour à la côte.

Je vous écris au milieu d'une foule venue pour le départ des hommes; il m'est difficile de vous dire avec plus de détails ce qui est à faire. J'espère ne rien oublier d'essentiel; votre expérience propre et votre bonne volonté suppléeront à tout l'omis.

Bon courage donc, monsieur. A bientôt. Recevez les assurances de mes sentiments les meilleurs.

P. CRAMPEL.

J'envoie à M. Lauzière des instructions relatives au cas où un Européen malade ne pourrait continuer. Je m'adresse pour cette question à M. Lauzière, parce que nous en avons causé et qu'il est au courant de l'affaire. Il n'agirait, bien entendu, qu'après vous avoir informé et s'être mis d'accord avec vous.

A titre personnel, je vous informe que — pour vous faire plaisir — j'ai prié qu'on avise madame votre mère de votre bon état de santé à la date du 1er mars courant.

P. C.

25 mars, matin.

Je n'ai plus une seule feuille de papier. Excusez-moi, n'est-ce pas? Des retards toujours et toujours des désertions. Veillez bien sur ceux que je vous envoie. Moins pour les empêcher de fuir que pour rendre impossibles les vols — qu'ils tenteront certainement.

La mauvaise saison commence : c'est une des raisons qui doivent vous presser, car les maladies vont, paraît-il, devenir fréquentes. Je suis repris de fièvre gastrique, à cause, sans doute, de la mauvaise nourriture.

Avec son insouciance ordinaire, Saïd n'avait emporté que peu de quinine; avec l'égoïsme que vous lui connaissez, il a tout consommé sans me prévenir, de sorte qu'il ne reste pas ici un centigramme du précieux médicament. Vous pourriez envoyer d'avance quelques hommes sûrs et leur confier un flacon du dit, plus ma petite caisse bleue zinc de conserves (celle que nous avons faite à Bangui).

Je vous recommande de ne pas marcher par petits paquets : comme le bruit s'est répandu de la lâcheté et de la mauvaise volonté de nos hommes, il se peut très bien que l'on cherche à attaquer.

Les hommes que je vais vous envoyer dans quelques jours feront, affirment-ils, le chemin *aller* en douze jours, celui *retour* en quinze. Notre personnel ne pourrait, je le crains, suivre cette allure. Si vous laissez prendre les devants à l'équipe indigène, encadrez-la sérieusement avec au moins la moitié des Sénégalais et un ou deux Européens. Vous feriez bien, je crois (1), de l'accompagner vous-même, car il y aura probablement tentatives de détournement en route. Ne lui confiez que caisses cadenassées et pas de poudre ni de fusils. Surveillance minutieuse pour les fusils : nos hommes ont été jusqu'à vouloir vendre ici leurs carabines.

(1) Bien entendu, faites ce qui vous semblera le plus utile.

Retirez, bien entendu, la carabine de Samba-Sako et les fusils de tous ceux partis avec lui.

Depuis le départ de M. Lauzière, ont déserté les nommés Grand-Bassa, N'Goma, tous deux repris ; Kokeleu, Djim, Nicolas, Taty. Vous voyez que la situation n'est pas gaie. Saïd, malade, m'appelle à chaque instant pour me dire « qu'il est flambé » ; Ischekkad, qui commence à s'aigrir, redevient ce qu'il était à Comba....

Venez au plus vite : vous comprenez l'urgence. Pour moi, loin d'avoir quelque découragement, j'ai plus que jamais confiance, car bon contact est pris avec les musulmans. Si tout notre personnel nous abandonnait, je marcherais quand même avec les quelques fidèles, changeant simplement la manière de voyager.

Je reste ici avec cinq hommes... C'est raide !

Bien à vous,

P. Crampel.

Mars 26, midi.

Razzia non encore revenue.

26 mars 1891 (3 heures soir).

Liste des hommes qui partent au convoi :

Deux Sénégalais : Lamine, Amady-Sambo ;

Neuf Bassas et Loangos ;

Onze hommes du personnel de la mission ;

(Si l'on retrouve Djim, Kokeleu..., je charge Bouhie de me les ramener : cela ferait dix hommes seulement à recevoir) ;

Deux musulmans de Snoussi.

Ces deux hommes n'iront pas jusqu'au camp de Zanvouza ; ils s'arrêteront à deux jours de Zououli et attendront le convoi total. J'en suis très ennuyé, mais je ne puis réagir contre cette peur du dernier moment. Songez qu'une armée du Ouadaï est venue à dix jours d'ici pour nous attaquer. J'ai immédiatement envoyé un courrier.

Aussitôt l'arrivée de nos hommes, partez avec Daqwas et tous contingents possibles.

P. Crampel.

Ne soyez pas tendre avec les deux Sénégalais ; sans leur rien dire, surveillez-les. En toute autre occasion, ils auraient déjà mérité des punitions extrêmes.

P. C.

Je le répète : dans quelques jours, une grosse équipe vous sera envoyée. — Bon courage dans toutes ces difficultés.

Au cas probable où les hommes qui partent aujourd'hui voudraient retourner aussitôt charge prise, donnez-leur une escorte peu nombreuse, mais sûre. — Je dis « peu nombreuse », car ces malandrins ont autant de susceptibilité ombrageuse que peu de foi et loi.

Vous leur confierez, entre autres choses, la caisse pharmacie. — La santé va mal ici.

Demba-Ba, Sadio et deux Bassas que j'avais envoyés chasser l'éléphant, auxquels j'avais permis cinq jours, n'ont pas paru depuis neuf jours ??? Je ne veux cependant pas croire encore à la désertion.

P. C.

21 mars, 8 heures 3/4.

Pis que les nègres!

Le vrai, voici : Quelques jours avant notre venue à Zououli, une caravane de musulmans a été attaquée dans un des villages suivants (sur la route). Deux hommes d'ici ont été blessés, tout l'ivoire volé. (Note : bien fait, mais enfin...)

Les musulmans disent maintenant qu'ils n'iront plus jamais chez les N'Daqwas. Je les décide, en autorisant *M. Nebout* et ses compagnons à tâcher de rentrer en possession des pointes volées.

Pas de tués, n'est-ce pas? Je serais au désespoir qu'il y en eût, mais nous avons absolument besoin de cela, qui ramènera tous les musulmans à nous.

J'engage ma parole que vous ferez le possible.

Prenez ivoire et tout ce qui est mangeable. Ne permettez à aucun prix la capture d'hommes, femmes et enfants.

Restez au besoin deux ou trois jours sur les lieux.

P. Crampel.

Les musulmans n'ont, bien entendu, à vous désigner qu'un petit peuple de « villages ». Rien d'autre sur la route.

J'ajoute qu'à un jour et demi de Zououli j'ai failli moi-même être attaqué. Je comprends maintenant la confiance des Daqwas.

P. C.

« Avec M. Lauzière et Amady-Sambo, M. Crampel avait renvoyé environ vingt-quatre hommes : il ne conservait avec lui que douze hommes, et bientôt les désertions réduiront ce chiffre de moitié.

« Amady-Sambo complète les renseignements fournis par Samba-Sako :

« Depuis le jour de son arrivée à El-Kouti jusqu'au moment du départ de Amady-Sambo, M. Crampel avait toujours conservé de bonnes relations avec les musulmans. Ils venaient chaque jour l'entretenir au campement et lui apportaient de petits cadeaux.

« M. Crampel avait tout d'abord eu l'intention de pousser plus au Nord, jusqu'au sultan dont lui parlait Snoussi; mais ce dernier l'en dissuada, prétendant que le sultan se fâcherait si on entrait dans ses États sans autorisation.

« M. Crampel alors envoya trois courriers : le premier au sultan du Ouadaï, le second au sultan du Baguirmi, et le troisième, pour l'Europe, était adressé à M. le gouverneur général de l'Algérie. Il assiste lui-même au départ de ces courriers, puis se résigne à attendre la réponse, mais réclamant chaque jour l'équipe promise. Snoussi avait envoyé tous ses hommes en razzia et il affirmait à M. Crampel qu'il lui donnerait autant d'hommes qu'il voudrait au retour du razzi.

« Quelques mois auparavant, les musulmans avaient apporté du Nord un certain nombre de chevaux, de chameaux, de bœufs et d'ânes. Toutes ces bêtes étaient mortes pendant un hivernage, à l'exception d'une vingtaine d'ânes que M. Crampel demanda ; mais ils lui furent refusés sous différents prétextes.

« De loin en loin, des caravanes viennent du Nord à El-Kouti prendre le produit du commerce ou plutôt des brigandages des hommes de Snoussi.

« Quelques pauvres villages sont restés près d'El-Kouti et payent aux musulmans un tribut : du mil et du miel ; mais la majorité des indigènes s'est enfuie, s'éloignant de ces redoutables voisins.

« Le 14 avril, au lendemain de la réception des ordres, je commence, sans retard, le mouvement en avant.

« Le 16 avril, j'expédie trois porteurs vers M. Crampel, portant une caisse de conserves et de médicaments ; deux Sénégalais les escortaient.

« Je fis l'impossible pour aller vite, car je comprenais combien était critique la situation de notre chef ! Mais au début, pour 200 charges, je n'eus que quarante-huit porteurs. Ce nombre fut porté à cinquante-cinq quand tous les hommes renvoyés par M. Crampel m'eurent rejoint, car, épuisés par les privations, ils s'étaient échelonnés sur la route.

« Le nombre des volontaires indigènes était toujours restreint et ils ne consentaient guère à porter à plus de 15 ou 20 kilomètres de leur village. Enfin, le 30 avril, je rejoignais M. Biscarrat au village de Yabanda, à l'entrée de la grande brousse. Dans les bonds successifs du transport, j'avais dû établir cinq campements et mettre seize jours pour parcourir 98 kilomètres.

« Le lendemain, 1er mai, M. Biscarrat part avec tous nos porteurs et trente-quatre indigènes, et le 5 mai il arrive à M'Poko.

« Dans la soirée du 5 mai, le jeune domestique Kokeleu, au service de M. Crampel, vient se rendre à mon campement. Après une correction motivée par sa mauvaise conduite, Kokeleu avait déserté le 25 mars. Repris, il abandonna de nouveau son maître le 1er avril ; mais il est arrêté à M'Poko par les indigènes, d'après des ordres laissés par M. Biscarrat. Il s'enfuit une troisième fois, mais vient se rendre à moi : un peu de morale le rend à de meilleurs sentiments et il me promet de retourner avec moi vers M. Crampel, sans chercher à s'enfuir.

« Il me donne sur l'état de santé de M. Crampel des détails alarmants.

« Il m'affirme que, le 30 mars, un courrier était venu vers M. Crampel, envoyé par le sultan du Ouadaï; ce chef ouvrait la route et invitait M. Crampel à venir le trouver, ou à lui envoyer un de ses « blancs ».

« M. Biscarrat, à son arrivée à M'Poko, trouve une troupe de cinquante musulmans, commandés par le lieutenant de Snoussi, Aly-Diaba; ils venaient à notre rencontre prendre des charges, mais s'étaient arrêtés, n'ayant pas voulu traverser la brousse.

« M. Biscarrat me renvoie nos porteurs et cherche à décider les musulmans à pousser jusqu'à mon campement, pour enlever, d'un seul voyage, tout le bagage; mais Aly-Diaba ne lui donne que douze hommes, commandés par un sous-chef nommé Tom.

« M. Biscarrat m'écrit pour me faire part des bruits que les indigènes font courir : M. Crampel aurait été assassiné, avec M. Saïd, par les musulmans, et les laptots tués ou enchaînés.

Mon cher camarade,

Les bruits les plus alarmants courent ici : plusieurs N'Gapous m'ont affirmé que les Snoussis auraient assassiné M. Crampel, la plupart de ses hommes, et enchaîné le reste.

Les lettres que nous apportent les Snoussis nous éclaireront peut-être sur ce qu'il y a de faux et de sombre dans ces racontars.

Cependant, comme ces bruits prennent de la consistance, je garde C... et un autre Bassa, qui tous deux connaissent la route d'El-Kouti et que j'enverrai aux renseignements.

Ils devront arriver au camp de M. Crampel de nuit, et s'assurer de la vérité. Comme ils sont très bons marcheurs, ils seront de retour avant que vous arriviez.

Ici, beaucoup de difficultés pour les rations, à cause du séjour des Snoussis (voilà six jours qu'ils flânent par ici). Le chef, Aly-Diaba, a cinquante hommes, qui, avec vos cinquante porteurs, vous permettraient de ne faire qu'un voyage, j'espère.

Bonne poignée de mains, et à vous,

BISCARRAT.

Le courrier part aujourd'hui, 7 mai, à midi. Il faut, pour des hommes chargés, cinq jours de marche.

... Au dernier moment, Aly-Diaba ne part plus. Il envoie à sa place le sieur Tom et douze hommes seulement!!!

Quelle bande de fripouillards!

D.

Aly-Diaba tient à rester auprès de moi avec le restant de ses hommes.

« C'est le 10 mai que je reçois ces nouvelles, par le retour de nos porteurs; en même temps qu'eux arrivent les treize hommes de Snoussi. Tom me remet une lettre de M. Crampel, qui m'annonce son départ d'El-Kouti, pour se rendre chez un sultan, au Nord, et la venue de l'équipe des porteurs que devra accompagner le caporal Demba-Ba.

8 avril 1891.

Cher monsieur,

Je ne puis rester plus longtemps dans un endroit où la tristesse et les privations font de moi un squelette.

Je pars chez un grand sultan — à 200 kilomètres Nord, environ. Mon voyage ne durera guère que vingt-cinq jours; je serai donc revenu ici avant que vous arriviez vous-même. Cette excursion aura trois résultats essentiels : 1° acheter des animaux; 2° nous ouvrir définitivement la route; 3° rapporter des vivres.

Je pars avec cinq hommes, et quels hommes!

Je laisse gardien du poste Ischekkad. Demba-Ba reste avec lui jusqu'à l'arrivée du razzi. Il reconduira vers vous l'équipe qui vous sera alors donnée.

Inutile de vous le répéter, cher monsieur, n'est-ce pas? faites l'impossible pour aller vite. Vous me trouverez en triste état : je compte bien sur votre présence pour me remettre.

Bien vôtre,

P. Crampel.

« .... Je demande à Tom pourquoi Demba-Ba n'est pas venu! Il ne sait pas... il raconte que Snoussi lui a donné une femme... Je lui demande aussi si M. Crampel a reçu les deux premiers courriers envoyés par M. Biscarrat : il prétend que les laptots ont dû s'arrêter en chemin, l'un d'eux étant très malade. Il affirme aussi ne pas avoir rencontré les cinq courriers qui portaient des médicaments à M. Crampel. — (?)

« Le 12 mai, je renvoie vers M'Poko nos porteurs chargés; les musulmans n'ont pas voulu partir avec eux.

« Ils prétendent qu'ils vont réussir à recruter des indigènes pour enlever le reste du bagage; — depuis leur arrivée, ils parcourent tous les villages des environs.

« Dans cette même journée, le chef Yabanda et nombre d'indigènes viennent me confirmer les sombres nouvelles envoyées par M. Biscarrat. Ces gens m'affirment que les musulmans cherchent à soulever les indigènes contre moi, leur promettant une partie des marchandises; que Tom se vante de me tuer aussitôt que je serai à M'Poko. Ils insistent avec force et paraissent désolés de mon incrédulité.

« Le 13 mai, des N'Gapous, venus de M'Poko, affirment avoir vu entre les mains des musulmans les couvertures blanches ayant appartenu à M. Crampel. Ils affirment aussi que les deux premiers courriers envoyés par M. Biscarrat ont été saisis en route par les musulmans, de même que les porteurs retournés après la mort de M. Lauzière. Les cinq hommes envoyés par moi auraient eu le même sort, et le Bassa Sibry, cherchant à s'évader, aurait eu la mâchoire fracassée d'un coup de feu.

« J'étais bien un peu inquiet de l'absence inexpliquée de Sembaba, mais je ne pouvais, je ne voulais croire à ces épouvantables nouvelles.

« La dernière lettre de M. Crampel, datée par erreur du 3 mars, mais écrite du 3 avril, ne m'est parvenue que le 10 mai. Je demande à Tom le motif de ce retard? — Il me répond qu'au moment où M. Crampel se mettait en route, Aly Siaba était encore en razzia avec sa troupe et que ce n'est qu'au retour qu'il a pris la lettre confiée à Ischekkad pour me l'apporter.

« Enfin, le 14 mai, les treize musulmans se décident à repartir pour M'Poko, après avoir pris charge. Je les fais escorter par quatre Sénégalais.

« Le chef Yabanda me déclare qu'il envoie deux hommes à M'Poko, pour inviter les N'Gapous de ce village à ne se mêler en rien aux affaires des musulmans, de ne pas prendre parti pour eux. Il me conseille, puisque je ne veux pas le croire, d'arrêter tout le bagage à M'Poko et d'aller à El-Kouti, avec tous nos hommes armés, nous convaincre de la vérité.

« La persistance de ces bruits, la quantité de détails qu'on me donne commence à ébranler ma confiance; et mes huit Sénégalais, qui d'abord accueillaient ces nouvelles avec des railleries, commencent à s'inquiéter.

« Le 22 mai, nos porteurs reviennent et me remettent deux

lettres de M. Biscarrat (n°s 12 et 13.) Les bruits continuent toujours.

M'Poko, le 19, à 8 heures matin.

Mon cher camarade,

Je compte ici 141 charges : il vous en reste donc, au maximum, 42, plus 6 porteurs de vivres pour vous ou pour les hommes, ce qui nous donne 48. Je crois ne pas vous gêner en en gardant quatre pour mon bagage personnel, car si les N'Gapous nous tiennent *parole*, je pourrai me mettre en route pour El-Kouti demain 20 mai.

Quoique le caporal Demba-Ba ne soit pas revenu, ce qui m'inquiète un peu, je ne peux pas croire les Snoussis assez bêtes pour avoir tué les nôtres avant que nos bagages ne soient chez eux.

C'est pourquoi, si je le peux, je n'hésite pas à partir de l'avant.

A vous.

Biscarrat.

M'Poko, le 19 mai 1891, 3 heures soir.

Mon cher camarade,

Je comptais partir demain matin avec 120 porteurs N'Gapous et tout le bagage.

Ces hommes étaient même venus amarrer leurs charges, quand tout à coup N'Gapous de se fourrer sur les montagnes et Snoussis de les poursuivre.

Le bruit venait de circuler plus fort que jamais que M. Crampel était tué et Demba-Ba aux fers, ainsi que les autres Sénégalais.

Les Snoussis, pour mettre fin à tous ces bruits qui font que personne ne veut s'aventurer avec nous jusqu'à El-Kouti, insistent pour que je leur donne deux Sénégalais qui, avec deux des leurs, iront me chercher Demba-Ba.

Si nous ne recevons pas d'animaux, nous ne sommes pas encore rendus!...

Biscarrat.

« Le 24 mai, à cinq heures du matin, je quitte Yabanda avec le reste du bagage. Nous avançons rapidement, et le 26 mai j'étais près de M'Poko (30 kil. environ), quand, à deux heures du soir, j'aperçois, venant à notre rencontre, le bassa Thomas, cuisinier de M. Biscarrat. Il me raconte aussitôt que la veille, à huit heures du matin, les hommes de Snoussi ont assassiné M. Biscarrat.

« Je l'interroge et j'apprends les événements terribles que je me refusais à croire : la mission détruite, puis la mort de mon dernier camarade.

« Le 23 mai, un jeune Loango nommé M'Bouiti, domestique de M. Saïd, était venu se réfugier à M'Poko ; il venait d'El-Kouti et apprenait à M. Biscarrat l'assassinat de M. Crampel.

« Peu après que notre chef, décidé à aller chez le sultan, eut écrit la lettre qui m'annonçait son départ et l'eut confiée au Targui Ischekkad, il fut appelé dans un village par Snoussi. Il s'y rend, accompagné de M. Saïd. Frappés traîtreusement à coups de couteau, ils sont achevés à coups de fusil. Puis, dépouillé de leurs vêtements, le corps entièrement ouvert, ils sont traînés dans la brousse par les assassins, et les corps sont abandonnés.

« Le domestique M'Bouiti est fait prisonnier.

« Ischekkad, courant vers le village aux premiers coups de feu, est saisi et enchaîné.

« Les Sénégalais Demba-ba et Sadio veulent prendre leurs fusils, mais tombent frappés avant d'avoir pu en faire usage. Les porteurs sont amarrés.

« Aly-Diaba s'empare de la lettre remise à Ischekkad.

« Après plusieurs jours de captivité, M. Bouiti parvient à s'enfuir et à gagner M'Poko, où il apporte la nouvelle de ces crimes ; il prévient aussi M. Biscarrat qu'une nombreuse troupe de musulmans armés est cachée non loin de là. M. Biscarrat place M'Bouiti dans sa propre chambre. Il lui recommande de ne pas sortir, afin de n'être pas reconnu des hommes de Snoussi.

« Les Sénégalais, apprenant ces événements, viennent demander à leur chef de surprendre et d'attaquer ces bandits ; mais M. Biscarrat leur répond que ce serait folie de vouloir, avec dix hommes, attaquer plusieurs centaines de guerriers armés de fusils et possédant en outre les carabines prises au campement d'El-Kouti. Il les force, au contraire, à ne pas paraître se tenir sur leurs gardes, afin de ne pas éveiller les soupçons des musulmans, dont le plan devait être d'attendre mon arrivée avec les dernières marchandises.

« Dans la nuit du 24 au 25, M'Bouiti sort un instant : il est aperçu par les musulmans. Mon arrivée était imminente; aussi, sans plus tarder, ils précipitent les événements.

« Le 25 mai, vers 8 heures du matin, ils s'approchent, au nombre d'une vingtaine, de la case de M. Biscarrat, tandis que le reste des 50 hommes d'Aly-Diaba se dirige vers les Sénégalais.

« Avant que M. Biscarrat eût pu se mettre en défense, il tombait frappé d'un coup de couteau au côté gauche par un N'Gapou, le seul qui ait pris part à cette affaire ; puis les musulmans, tirant aussitôt, criblent de projectiles le corps de notre camarade. En même temps, les Sénégalais sont entourés, et leurs fusils, accrochés dans leurs cases sont enlevés : seul Sydi-Sileïmann, qui allait partir pour la chasse, avait son fusil près de lui; il se lève en voyant tomber son chef, mais il est terrassé avant d'avoir fait feu.

« De tous côtés arrivent des bandes armées qui entourent le campement.

« M'Bouiti cherche à s'enfuir, mais il est tué aussitôt; André Loemba, domestique de M. Biscarrat, peut se jeter dans la brousse, mais du côté opposé au chemin; il a disparu.

« Les Sénégalais ne sont pas enchaînés; au contraire, les musulmans les traitent avec considération. « Restez avec nous, leur disent-ils, nous vous rendrons vos fusils et nous vous donnerons des femmes; nous ne voulons aucun mal aux noirs, mais nous voulons tuer les blancs : quand le dernier sera mort, nous retournerons avec toutes les marchandises et vous serez libres comme nous. »

« Le Bassa Thomas, sur sa promesse de ne pas s'enfuir, est laissé aussi en liberté.

« Vers cinq heures du soir, il s'approche des Sénégalais et les exhorte à fuir avec lui : « Nous sommes des soldats, lui répondent-ils, nous ne partirons que si nous pouvons recouvrer nos fusils : nous aurions honte de retourner désarmés. »

« Thomas alors se jette dans la brousse. En arrivant à une petite rivière qui coupe le chemin à deux heures de M'Poko, il aperçoit une troupe qu'Aly-Diaba a envoyée pour surveiller la route du côté où j'étais attendu. Tous étaient armés déjà des kropatcheks et carabines pris à El-Kouti et à M'Poko. Thomas se cache, puis, vers minuit, il poursuit sa route et ne s'arrête qu'au lendemain, à notre vue.

« Quand le Bassa eut fini de nous raconter cet épouvantable drame, je rassemblai mes huit Sénégalais et leur demandai s'ils voulaient me suivre à M'Poko : « Mes amis sont tous morts, vos camarades sont prisonniers : voulez-vous venir les venger, les délivrer ou partager leur sort? Je pourrais vous forcer, mais un soldat se bat mal s'il ne le fait de bon cœur. Je vous laisse libres de prendre une résolution. Pour moi, je serai heureux d'aller en avant. »

« Ils se concertent et, dix minutes après, ils me répondent qu'ils sont trop peu et qu'ils ne veulent que retourner à la rivière; que, cependant, si je l'exige, ils me suivront, et qu'alors ils sauront mourir.

« En dehors des Sénégalais, la caravane se composait de cinquante-sept porteurs, dont trente-deux étaient armés; malheureusement, beaucoup suivaient avec peine, blessés par de longues marches, épuisés par les privations. Je ne pouvais compter sur ces pauvres diables, qui m'entouraient affolés, demandant à retourner. Une dizaine peut-être eussent suivi les Sénégalais.

« Pendant deux heures je restai hésitant, ne pouvant me résigner à reculer. Au milieu des porteurs épouvantés, les Sénégalais restaient calmes, attendant mes ordres. Que faire avec huit hommes?

« Je donnai l'ordre de la retraite.

« Le 28 mai, nous rentrions dans le village de Yabanda. Ce brave indigène fut très affligé; il se contenta de me dire : « Tu refusais de me croire : tu vois maintenant que les N'Gapous ne mentent pas. »

« Dans la soirée, des groupes d'indigènes arrivent de M'Poko. Ils me disent que tous les N'Gapous sont réfugiés sur les montagnes; que leur village est occupé par les musulmans qui gardent leur butin.

« Je voulais rester plusieurs jours chez Yabanda. Les Sénégalais, maintenant tout à fait démoralisés, me prient de les ramener sans retard à la rivière.

« La retraite se continue sans incidents : de même que la première fois, les indigènes nous accueillent partout très méchamment.

« Le 4 juin, nous arrivâmes à l'Oubangui, le 11 juin au poste de Bangui, et enfin le 15 juillet nous débarquions à Brazzaville.

« Brazzaville, le 24 juillet 1891.

« *Le chef de caravane,*

« Albert Nebout. »

Après ce rapport officiel, je ne crois pas superflu de reproduire encore le journal intime de M. Albert Nebout, avec la préface dont je fis précéder sa publication dans le *Tour du Monde* :

JOURNAL DE M. ALBERT NEBOUT

AVANT-PROPOS

Paul Crampel est assurément devenu l'un des noms les plus populaires en France : plus encore que la hardiesse de son plan, les circonstances mystérieuses qui ont accompagné sa mort, les bruits contradictoires qui ont circulé à ce propos, ont contribué à passionner les esprits.

Que de renseignements, les uns fondés, les autres absurdes, ont été publiés sur les drames qui se sont passés au nord de l'Oubangui ! Au premier abord, il n'y a eu place que pour l'enthousiasme et pour la pitié. Vaillant jeune homme, pionnier de la civilisation, victime de la science, il n'était point d'épithète assez noble pour qualifier Paul Crampel.

Puis sont venues les critiques. Ainsi qu'il arrive ordinairement, il s'est trouvé bon nombre d'écrivains judicieux pour expliquer que ce qui est arrivé devait arriver, que l'expédition était mal préparée, mal conduite. Si l'on avait fait ceci, si l'on avait compris cela,... le résultat eût été tout autre. Des professeurs d'exploration ont doctement exposé qu'il n'y a que deux manières de voyager en Afrique : seul ou à la tête d'une armée. Cent exemples contredisent ce dogme, mais qu'importe ! « Je l'avais bien dit ! » est une phrase si commode et d'un si bel effet.

Je laisse dédaigneusement de côté les bruits encore plus ridicules qu'infâmes qui ont couru au Congo — cette vaste potinière africaine — que Crampel était morphinomane, etc. On pourra en raconter bien d'autres sans parvenir à ternir une aussi glorieuse mémoire.

Toutefois, la plupart des lettres et documents envoyés par Crampel n'étant pas parvenus à Paris, ses amis devaient, pour donner de lui une image exacte, se contenter de rappeler son passé, de faire connaître l'admirable clarté de son intelligence et sa particulière loyauté. Ils manquaient de témoignages sur l'expédition elle-même.

Heureusement, un témoignage a été fourni de la manière la plus intéressante par le survivant de la mission, M. Albert Nebout

M. Nebout était chef de gare à Rufisque — sur le chemin de fer de Dakar à Saint-Louis — lorsque Crampel s'arrêta au Sénégal pour y recruter les laptots de sa mission. Bientôt mis au courant de ses projets, M. Nebout fut pris du désir ardent d'accompagner ce jeune explorateur. Crampel se connaissait en hommes ; il vit luire dans les yeux de ce fonctionnaire une tranquille énergie, une fermeté raisonnée, en même temps que l'esprit de discipline. Il l'engagea et en fit bientôt, sous le titre de chef de caravane, son véritable second, à côté de Maurice Lauzière, qui était, lui, le collaborateur scientifique de la mission.

Or M. Nebout prit l'habitude de noter au jour le jour sur un carnet intime, destiné à sa famille, ses impressions et les incidents du voyage. Ces pages ont fourni plus tard la substance de l'intéressant et triste rapport qui précède. Néanmoins elles ont, dans leur sécheresse et dans leur simplicité, un tel charme de vérité, elles sont tellement à l'honneur de Crampel et de M. Nebout lui-même, qu'il m'a paru intéressant de les publier intégralement, afin de faire tomber d'une manière définitive toutes les erreurs et toutes les calomnies.

On verra dans ces pages sincères la physionomie véritable de la mission et de son chef. On appréciera la netteté de vues de Crampel, ses qualités de commandement, sa prévoyance et sa lucidité, jusqu'au dernier moment. On discernera les véritables causes de sa mort. On verra qu'on peut les résumer ainsi : Malgré tous ses efforts, Crampel n'avait pu se procurer au Congo français le nombre de porteurs qui lui eût été nécessaire. Eu égard à la quantité de charges qu'il avait à transporter, cela l'obligeait à des séries d'allées et venues qui rendaient le trajet interminable. Or Crampel savait qu'une expédition allemande était partie de Cameroun pour le devancer. Il avait hâte de faire du chemin. L'espoir de rencontrer des animaux porteurs l'obsédait ; il en parlait dans une de ses lettres. Aussi n'eut-il pas d'hésitation lorsqu'on lui signala les chevaux de « Tourgous » musulmans, à quelques journées de marche en avant. Il se hâta et, trompé d'abord sur les distances, ensuite sur les sentiments véritables de ses hôtes, il devint la victime d'une bande de coupe-jarrets. Pareille chose eût pu lui arriver sans qu'il s'éloignât beaucoup de Paris.

De même que Crampel avait été blessé, lors de son premier voyage, parce qu'il était parti sans ressources, sans compagnons et presque sans armes, de même le défaut de porteurs a été la seule cause véritable de sa mort.

Cela résulte avec évidence du récit que l'on va lire.

Et maintenant que deviennent les critiques des professeurs d'exploration? Il aurait dû se procurer plus de porteurs, dira-t-on. Oui, il l'aurait dû, et il le savait mieux que personne, et il ne l'a pas pu. Il aurait dû marcher lentement avec toute sa troupe? Assurément, mais les Allemands de Cameroun menaçaient ses projets. Il ne pouvait prévoir qu'ils échoueraient. Et quant à la mort même de Crampel, toutes les critiques formulées peuvent se résumer ainsi : « Il a eu tort, puisqu'il a été tué ». C'est d'ailleurs là une manière de voir très humaine, mais qui n'est ni équitable ni généreuse.

Heureusement, il y a quelque chose qui parle plus haut encore que toutes les discussions, que tous les arguments : ce sont les faits; le fait est que Crampel avait prévu sa mort et qu'il l'avait froidement envisagée comme un événement capable de rendre son idée populaire. Là encore, cet héroïque jeune homme avait vu juste. On peut dire que si l'idée de la « conquête du Tchad » est devenue si populaire, si tant de regards se sont tournés vers l'Afrique, si tant de pierres ont été depuis apportées à l'œuvre commune, c'est que la première avait été scellée de son sang!

I

DÉPART DU SÉNÉGAL. — A LIBREVILLE ET A LOANGO.

3 avril 1890. — On me dit aujourd'hui qu'une mission d'exploration a débarqué, il y a quelques jours, à Dakar, pour recruter dans la colonie des soldats indigènes. Les renseignements qu'on me donne sont très obscurs : je vais écrire à mon ami Leynaud de s'informer....

5 avril. — Mon ami m'a écrit ce qu'il sait au sujet de cette mission : « Le chef, M. Paul Crampel, est un tout jeune homme; dans un voyage au Congo, il a déjà exploré le pays des M'Fans, au nord de l'Ogooué. Il est suivi de plusieurs compagnons, dont

un ingénieur, un naturaliste, un capitaine au long cours, un interprète arabe. Un Targui, venu d'Algérie, devra guider la mission à travers le Soudan. Le but de l'expédition serait d'explorer les vastes régions encore inconnues qui s'étendent de l'Oubangui au Tchad, de traverser le Sahara pour rentrer par l'Algérie.

6 avril. — Je ne fais, depuis hier, que songer à ce grand voyage. Penché sur la carte d'Afrique, j'étudie les pays que doit traverser la mission, et j'envie ceux qui partent.

M. BISCARRAT ET LES LAPTOTS.

(Dessin de Mme Paule Crampel, d'après des photographies.)

7 avril. — J'ai vu M. Crampel : il allait à Saint-Louis, accompagné de ses agents et du Targui. Pendant l'arrêt du train, il s'est promené sur le quai de la gare, avec le Targui. et l'Arabe.

12 avril. — Le contrôleur Vallat m'apprend que M. Biscarrat, commissaire de police à Dakar, accompagne la mission ; il sera le chef de l'escorte qu'il a recrutée lui-même : trente vigoureux Sénégalais, dont la plupart ont servi aux spahis et aux tirailleurs.

Un agent des ponts et chaussées, M. Périer d'Hauterive, partirait aussi.

Je suis très impressionné par ces nouvelles, et mon désir de suivre la mission grandit beaucoup ; le personnel européen n'est peut-être pas encore complet.... Je vais écrire à M. Crampel.

14 avril. — Je n'ai pas dormi cette nuit, préoccupé par mes projets. C'est une chose grave de quitter une situation acquise par six années de travail, au Sénégal ; je calcule les chances de succès.

D'un côté, le confortable d'une existence paisible, mais insipide dans sa lourde monotonie ; de l'autre côté, les fatigues, les privations, les dangers d'une campagne aventureuse, mais si attirante par les luttes de chaque jour.

C'est une occasion unique, que j'attends depuis dix ans ; je ne la laisserai pas passer. J'adresse une demande à M. Crampel, à Saint-Louis.

18 avril. — M. Crampel est passé, retournant à Dakar. A peine le train était-il arrêté, qu'il vient à mon bureau : « J'ai bien reçu votre lettre, me dit-il, mais je ne puis aujourd'hui vous donner une réponse formelle ; mon personnel est complet, et, à mon départ de France, je n'avais pas pensé à ces bonnes volontés qui s'offrent au Sénégal.

« Je vous avoue que les renseignements que j'ai pris à Saint-Louis sur vous sont tels, que je vous emmènerai si cela m'est possible. Mais laissez-moi vous demander si vous partez sans « emballement », si aucun espoir chimérique ou aucun désespoir ne vous poussent à abandonner une situation qui me paraît convenable ? »

Mes réponses parurent le satisfaire, et ses yeux clairs, droits, ne me quittaient pas.

Très grand, il a une apparence délicate qui inquiète un peu ; de longs cheveux blonds, une barbe rare et fine, encadrent un visage ovale un peu pâle ; mais dans son regard on lit une vie intense, une intelligence remarquable, et sa voix nette, un peu dure, accuse beaucoup de décision et d'énergie.

19 avril. — Je pars pour Dakar, appelé par un télégramme de M. Crampel.

20 avril. — Je suis rentré à Rufisque pour remettre le service de la gare : je suis accepté, je pars.

Hier soir, j'ai causé longuement avec M. Crampel.

Il a bien voulu me dire la bonne opinion qu'il a de moi : « Ce qui me plait en vous, c'est votre calme, votre froideur ; l'enthousiasme fond si vite quand commencent les difficultés, les privations. Je ne connais pas vos aptitudes et je ne puis préciser le rôle que vous aurez, mais je songe déjà à vous charger de la caravane, si, comme me le fait craindre une lettre venue de Loango, deux de mes agents, qui m'attendent là-bas, m'abandonnent. »

21 avril. — Je quitte Rufisque avec plusieurs amis, qui m'accompagnent jusqu'à Dakar. Avec l'assentiment de M. Crampel, j'emmène deux de mes hommes d'équipe, très dévoués, qui n'ont point voulu me quitter ; l'un d'eux, Samba-N'Diaye, malgré sa petite taille, sa chétive apparence, est un chasseur habile et infatigable. Il nous sera très utile.

22 avril. — M. Crampel me présente à ses compagnons : M. Maurice Lauzière, ingénieur des arts et manufactures ; M. Decressac-Villagrand, prêté à la mission par le commissaire général du Congo ; M. Biscarrat, chef d'escorte ; M. Périer d'Hauterive, adjoint à l'ingénieur ; Mohammed-ben-Saïd, ancien étudiant en médecine, interprète arabe ; Ischekkad-ag-Râli, guide et interprète targui. Je vois aussi, pour la première fois, la petite négresse, déjà célèbre, Niarinzhe.

De mes nouveaux camarades, je ne connais que M. Gabriel Biscarrat ; c'est un jeune homme de trente-deux ans, de taille moyenne, d'allure très militaire. D'une franchise, d'une loyauté absolues, gai et railleur à froid, un peu sceptique. Il est connu de toute la colonie pour son entrain, sa bravoure, ses nombreuses campagnes dans le Soudan et les Rivières du Sud.

23 avril. — A deux heures de l'après-midi, nous embarquons sur le *Taygète*, paquebot-vapeur de la Compagnie Fraissinet. Plusieurs passagers sont déjà à bord ; parmi eux, M. Savorgnan de Brazza, commissaire général du gouvernement au Congo.

1er mai. — Les Accréens qu'un commerçant du Gabon exhiba dans plusieurs villes de France étaient à bord ; on les a débarqués à Accra, ville de la Guinée anglaise. Ces noirs, presque nus en France, pour l'exhibition, sont arrivés en costumes de gala, redevenus gentlemen et ladies ; les femmes, très dignes dans leurs robes de soie noire à longue traîne, se pavanaient sur le pont, l'ombrelle ouverte, malgré l'heure matinale.

7 mai. — Libreville. Nous débarquons vers midi, et il faut

aussitôt faire des démarches pour trouver un logement pour nous, pour nos Sénégalais ; on nous accorde un bâtiment inachevé, mais où nous serons à l'abri. Pour la première fois, nous

PAUL CRAMPEL.

(Gravure de Thiriat, d'après une photographie d'E. Otto.)

devons dormir dans nos petits lits de campagne.

8 mai. — M. Crampel trouve à Libreville MM. L... et R..., qui devaient l'attendre à Loango ; pris d'ennui, ils ont abandonné leur poste. M. Crampel se sépare d'eux et les renvoie en France.

On s'occupe sans retard du recrutement des porteurs, j'en suis chargé.

J'inscris le nom de tous ceux qui se présentent, quand ils ont accepté les conditions d'engagement ; ils ont aussitôt droit à une copieuse ration de riz, de lard, de tafia et de tabac, s'ils se présentent à l'appel du matin.

M. Biscarrat emmène ses hommes en promenade et commence leur instruction militaire.

M. Lauzière inspecte les instruments. Un enseigne de vaisseau lui apprendra l'usage du sextant, qui ne lui est pas encore très familier.

Mohammed ben Saïd n'aura rien à faire : cela lui convient beaucoup.

M. Decressac continue sur Loango, où il préparera des logements et devra recruter des porteurs.

15 mai. — Ischekkad est malade, Mohammed-ben-Saïd aussi : tous deux ont la fièvre. Le Targui nous donne beaucoup de soucis pour sa nourriture : il ne veut manger que de la viande ou du lait, et ces deux produits sont rares au Gabon. Il mange cependant à notre table, car nous le traitons comme un camarade : mais pour tous les plats que l'on lui présente, poulets, poissons et légumes, il a le même geste d'indifférent mépris. Mohammed ben Saïd veut lui prouver que le Coran ne défend pas cette nourriture ; tous les arguments sont inutiles, le Targui refuse avec son fanatique entêtement.

Nous avons déjà une cinquantaine de porteurs, mais ce sont malheureusement de jeunes M'Fans, ou des Gabonais qui ne paraissent pas robustes.

Un M'Fan qui avait manqué hier à l'appel nous donne une bonne excuse : il a fait sa première communion.

La température est insupportable ; une chaleur lourde, saturée d'humidité, nous fait, même à l'état de repos, transpirer comme un alcarazas.

Chaque jour à deux heures je vais rendre compte à M. Crampel du recrutement de la matinée ; puis nous allons ensemble nous promener. Ces promenades ont toujours un but : des achats à faire dans les magasins, des services à demander aux administrations coloniales

16 mai. — Mes rapports avec M. Lauzière, un peu froids pendant la traversée, sont devenus intimes : nous ne nous quittons plus. Très obligeant camarade, il paraît doué de qualités sérieuses. Quand nous avons quelque loisir, nous nous promenons aux environs de Libreville ; il y a là des vallées charmantes, profondes, pleines de verdure, de beaux arbres ; cette puissante végétation de l'équateur repose les yeux de l'aridité tropicale du Sénégal.

25 mai. — MM. Crampel, Périer d'Hauterive et moi embarquons sur le petit vapeur *Sergent-Malamine*, avec tous les porteurs recrutés, au nombre de soixante-dix, plus nos trente Sénégalais, à destination de Loango. Nos camarades attendront le prochain paquebot : le *Sergent-Malamine* ne peut emporter tout le monde.

28 mai. — Nous arrivons à Loango.

M. Orsi vient au-devant de nous : c'est un beau garçon, à la physionomie énergique et franche, d'allure élégante et robuste. Il a su résister aux insinuations décourageantes de ses deux camarades, et attendre son chef sans faiblesse, sinon sans ennui. M. Crampel lui en tiendra compte. M. Crampel logera chez M. l'administrateur Desaille. M. Orsi veut bien partager sa chambre avec M. Périer et moi. Nos hommes coucheront sous un hangar et sous les pilotis d'une maison en construction. Rien n'était prêt pour nous recevoir, et Loango offre bien peu de ressources.

29 mai. — Aussitôt le jour, nous faisons sortir des magasins tout le matériel de la mission : de lourdes caisses, d'énormes ballots, dont il nous faudra faire des « charges » d'un poids uniforme de 30 kilos.

Sur les indications de M. Crampel, je fais la répartition des marchandises, et MM. Orsi et Périer, improvisés menuisiers et forgerons, rabotent, scient et soudent à belle journée.

4 juin. — M. Decressac-Villagrand part pour Brazzaville, où il devra préparer des logements pour la mission.

On s'efforce de trouver des porteurs aux environs de Loango, mais le recrutement marche mal.

Le travail d'emballage continue. Demain une première caravane emportera soixante-dix charges.

Nous avons fait l'inventaire de nos marchandises :

20 caisses en fer, cadenassées, renfermant des marchandises diverses, telles que glaces, couteaux, clous dorés, hameçons, bijouterie, perles, etc. ; 24 ballots d'étoffe blanche et rouge ; 2 ballots de guinée, 20 ballots de fil de cuivre, 10 tonnelets en fer, contenant diverses marchandises de traite.

200 fusils à piston, 20 barils de poudre, 2 tonnelets de capsules, 20 caisses de quincaillerie, 2 caisses d'outils.

30 000 cartouches Gras, renfermées dans des tonnelets et des caisses étanches, 20 barils de lard, 20 charges d'endaubage, 10 caisses de sardines et de « soupes à l'oignon ».

Toutes ces marchandises, avec le matériel de campement, outils, tentes, lits, nos malles personnelles, forment plus de trois cent cinquante colis.

8 juin. — Nous avons réussi à engager vingt Loangos ; dans la crainte que les noirs, abrutis et lâches, ne changent d'avis, M. Orsi part aussitôt avec eux pour Brazzaville.

11 juin. — Le paquebot *Ville-de-Maceio* nous amène enfin nos camarades, MM. Lauzière, Biscarrat, Saïd et Ischekkad.

14 juin. — Nous allons avec M. Biscarrat diriger un premier tir à la cible ; les résultats sont médiocres.

Des caravanes continuent d'emporter nos marchandises vers Brazzaville.

15 juin. — M. Biscarrat part pour l'intérieur avec six Sénégalais et vingt porteurs, Gallois et M'Fans. Il est chargé de la rude corvée d'emmener le cheval de M. Crampel et de lui faire traverser les montagnes du Mayombé.

Le gros travail est achevé ; il me restera à perfectionner l'étude du tir chez nos hommes.

26 juin. — Je reste seul avec M. Crampel, Niari et Ischekkad. MM. Lauzière, Périer et Saïd partent pour Brazzaville.

On a laissé à Loango quinze Sénégalais, vingt porteurs et cinquante charges pour notre dernière caravane. Nous devons suivre dans quelques jours, quand M. Crampel aura achevé son courrier.

29 juin. — M. Crampel est malade, un assez gros accès de fièvre.

2 juillet. — M. Crampel est plus mal ; la fièvre augmente.

Des vomissements qu'on ne peut arrêter le fatiguent beaucoup. Il ne supporte aucune nourriture, il est devenu rapidement d'une faiblesse extrême.

Aidé de Niari, je le veille et lui fais prendre les médicaments prescrits.

3 juillet. — Le docteur renvoie tout le monde, moi compris. Il condamne rigoureusement la porte de la chambre; je suis très inquiet.

5 juillet. — Enfin, le danger est passé, mais la fièvre a laissé M. Crampel très faible, amaigri. Il n'est soutenu que par son énergie, qui est vraiment extraordinaire.

Il ne peut écrire, mais, malgré le docteur, il veut me dicter quelques lettres, car sa hâte de partir est grande.

7 juillet. — Les forces reviennent et il a commencé à prendre de légers aliments. Il espère être assez fort pour partir dans deux jours.

II

DE LOANGO A BRAZZAVILLE.

10 juillet. — Nous quittons Loango à trois heures du soir, ne laissant ni un homme ni une caisse derrière nous. Toute la population nous fête; l'administrateur Desaille pleure en embrassant M. Crampel. Avant d'arriver au village de Mafouk-Bayonne, comme on allait bientôt ne plus apercevoir la mer, M. Crampel se retourne, la contemple longuement : « La reverrons-nous? » me dit-il.

11 juillet. — Je me place à l'arrière-garde pour pousser les traînards. Marche lente; nos porteurs, qui ne sont pas entraînés, n'avancent pas. A midi je rejoins M. Crampel, qui m'attendait; il me laisse un déjeuner froid et repart. Je reste loin en arrière, avec les éclopés. Je dépasse le village où s'est arrêtée la caravane, la nuit arrive. Je laisse les porteurs et marche rapidement, espérant rejoindre le camp avant la nuit; l'obscurité nous arrête dans une forêt, où avec deux Sénégalais je couche sans manger ni boire.

12 juillet. — Au jour, je continue en avant, mais je commence

à avoir des doutes; j'ai dû dépasser la caravane. Je m'arrête et suis bientôt rejoint par M. Crampel. Je marche en tête cette fois, et à dix heures nous arrivons à l'entrée de la forêt de Mayombé. Après déjeuner la caravane continue; je reste encore en arrière pour attendre les traînards, et à six heures j'arrive au campement, établi sous bois, où j'ai le plaisir de trouver dîner et lit prêts. Seul le porteur de ma malle d'effets n'a pas rejoint.

Dans la nuit, Ischekkad, qui couche par terre sur des couvertures, réveille le camp par ses cris; de grosses fourmis noires, qui ont déjà dévoré plusieurs de nos poules, l'attaquent avec entrain. On les éloigne au moyen du feu; pendant plus d'une heure, le camp est en émoi.

13 juillet. — Départ à six heures, halte à neuf heures; M. Crampel est pris de fièvre.

14 juillet. — M. Crampel est trop malade pour marcher; j'offre d'aller jusqu'à Loudima et de revenir en toute hâte avec un hamac.

Je pars à sept heures, avec mon petit domestique (Loango de quinze ans) et un Bassa qui porte quelques provisions, sardines et biscuit.

A deux heures, je rencontre un Européen, M. Potier, qui va à Loango.

16 juillet. — Départ à six heures; je sors du Mayombé à huit heures. Je n'en suis pas fâché. Toujours monter, descendre, des collines à pic, courir sur les pentes rapides, traverser vingt torrents par jour, escalader cent troncs d'arbres renversés en travers du chemin, cette gymnastique finit par lasser et la fatigue n'est pas assez compensée par l'ombrage épais des grands arbres qui, depuis cinq jours, nous cachent entièrement le soleil.

17 juillet. — Un Loango me rejoint à midi, il me tend un papier et se laisse tomber par terre, exténué; il a couru deux heures après moi.

M. Crampel me prie de l'attendre. Il a pu continuer le 15 juillet avec un *typoï* (hamac) que lui a prêté M. Potier. Je m'arrête donc.

18 juillet. — Je reçois un nouveau billet de M. Crampel, demandant Saïd, de toute urgence, pour Ischekkad, malade. Je fais continuer le courrier jusqu'à Loudima, où Saïd doit encore se trouver.

A six heures M. Crampel arrive, porté dans un hamac ; il est mieux, quoique un peu faible et pâle.

Le porteur de ma malle a rejoint sans sa charge ; il raconte que des indigènes l'ont attaqué et volé. C'est peu probable : il a dû jeter ma malle dans la brousse pour s'en débarrasser ; mais il

MISE EN ROUTE DE LA MISSION.

(Dessin de Mme Paule Crampel, d'après des photographies.)

est assez malade pour que son état le sauve de la correction qu'il mérite. M. Crampel me donne du linge.

19 juillet. — M. Crampel continue sur Loudima, avec toute la caravane. Je retourne seul rejoindre Ischekkad, resté malade dans un village à 18 kilomètres en arrière. Je trouve le Targui fatigué et surtout découragé. Il se plaint des marches trop longues, du poids de sa carabine, de la nourriture, etc. Il mange pourtant avec appétit de la soupe et du riz. Moi, j'ai la fièvre, le corps courbaturé.

20 juillet. — Ischekkad va toujours mieux ; je le crois moins malade que moi. Il se décidera sans doute à partir demain. J'ai eu la fièvre toute la journée. Saïd ne vient pas.

21 juillet. — Nous partons à six heures. Ischekkad marche

bien et demande à continuer après le déjeuner. A deux heures, nous rencontrons M. l'administrateur Cholet ; il offre une chèvre au Targui, dont les yeux brillent de plaisir à l'idée de manger beaucoup de viande.

Un peu plus tard, M. Vadon, sous-chef de la station de Loudima, vient à notre rencontre avec un typoï pour Ischekkad, que j'expédie aussitôt. Il sera ce soir au poste. Avec M. Vadon, je couche au village de Tchikamba.

22 juillet. — Départ à six heures. Marche pénible dans une plaine immense (18 kilomètres), couverte d'herbes hautes de plus de trois mètres.

Fatigué, je gagne péniblement Loudima, où je retrouve M. Crampel et Saïd ; nos autres camarades sont déjà repartis.

23 juillet. — La station, dirigée par M. Renaux, est bien située et bien entretenue. De jolis jardins, de belles plantations l'entourent ; au bas du plateau où sont les bâtiments, coule le Niari, dont le cours sinueux est profondément encaissé.

M. Crampel expédie Saïd et Ischekkad en avant.

25 juillet. — Nous quittons le poste à huit heures.

28 juillet. — Nous arrivons à Bouenza. Ce poste, construit sur un coteau malheureusement dénudé, est abrité par des collines herbeuses ; devant le poste s'étend la vallée du Niari, fertile et pittoresque, aux plaines humides coupées de sombres massifs de beaux arbres noyés dans une superbe végétation.

30 juillet. — Halte à dix heures au village de Kimbouda. Les habitants de ce village sont en guerre avec les gens d'un village situé de l'autre côté du Niari. Je vais avec M. Crampel assister aux préparatifs du combat. Au milieu du village, un « féticheur », affublé d'un costume extravagant, barbouille d'une substance rouge le front et les joues des guerriers qui l'entourent. Puis une danse aux figures héroïques commence, pendant que les sentinelles, postées sur les collines, brûlent leur poudre sans modération. La troupe se répand sur la colline et apparaît aux regards des ennemis, jusque-là paisiblement couchés de l'autre côté du fleuve. La guerre commence, grotesque comme les querelles d'Arlequin et de Pierrot.

Mais il est deux heures, et M. Crampel part avec la caravane ; très intéressé, je reste encore un peu. Comme si, à une grande distance, un fleuve ne les séparait point, les deux armées s'ébranlent, se fusillent avec intrépidité. Elles font des manœuvres savantes, rampent dans les herbes, précédées et flanquées de tirailleurs, s'éloignent, se rapprochent et tirent toujours.

Quand les feux cessent un moment, un orateur se détache de la troupe, se campe héroïquement devant l'ennemi et commence à beugler un discours plein de menaces, de mépris et d'injures; un autre brave lui répond de l'autre côté du Niari. Quand aucun son ne peut plus sortir de la bouche de ces guerriers, quand le souffle leur manque, d'autres prennent leur place. Les sentinelles tirent toujours. Mais il est tard, et comme je vois que ces bons nègres n'ont des héros d'Homère que l'éloquence et n'ont garde de s'approcher, je m'éloigne rapidement et rejoins M. Crampel à six heures.

JEUNE FEMME DE LOUDIMA.

(Dessin de Mme Paule Crampel, d'après un croquis de M. Brunache.)

1er août. — Arrivée à Comba à dix heures du matin.

Entre Bouenza et ce poste, la route est un enchantement. Le sentier suit la crête de collines caillouteuses, couvertes d'herbes, de maigres arbustes; mais au fond des vallées profondes, pleines d'ombre et de fraîcheur, coulent de clairs ruisseaux, cachés sous la plus belle végétation, dont le vert sombre tranche violemment avec l'aspect jaune des collines incendiées par le soleil.

Saïd et Ischekkad sont encore à Comba; le Targui devient de plus en plus exigeant : il refuse de faire route avec Saïd, qu'il déteste. M. Crampel le gronde.

5 août. — A cinq heures du soir, un major américain, revenant d'un voyage d'études au Congo, passe devant notre campement.

M. Crampel l'arrête et l'invite à dîner. La conversation est difficile : l'Américain parle anglais à notre cuisinier, qui traduit en m'pongoué (gabonais) à notre contremaître M'Fan, qui enfin répète les paroles en français. Mais, comme nous offrons du bon vin en abondance à notre hôte, il est enchanté.

8 août. — Nous arrivons à Brazzaville à dix heures du matin. La mission enfin toute réunie, nous prenons un repos bien gagné.

12 août. — M. Decressac nous quitte... M. Crampel le remet à la disposition de l'administrateur.

13 août. — M. Périer d'Hauterive donne sa démission. Sa santé est mauvaise, sa mère le réclame. Cela ne va pas continuer, j'espère, nous ne sommes plus trop nombreux. M. Crampel, un peu souffrant, est affecté de ces départs.

20 août. — Les bâtiments de la résidence et de la station s'élèvent sur un plateau, au bord du Congo.

Le fleuve, large en cet endroit de 1000 mètres environ, coule rapide, entre deux berges très élevées ; son cours, un peu plus bas, est obstrué par des rochers au-dessus desquels les eaux, courant avec une violence formidable, forment des tourbillons et des rapides, qui engloutirent le dernier compagnon blanc de Stanley.

Au nord, le fleuve s'élargit et prend le nom de « lac Stanley ». C'est une immense étendue d'eau, sans profondeur, semée d'îles sablonneuses et peuplée de nombreuses troupes d'hippopotames.

Brazzaville se compose de quelques constructions en briques et en terre, maisons ou magasins, au milieu d'une vaste cour couverte de sable noirâtre. Les allées sont bordées de haies d'ananas et de bananiers ; un large escalier conduit à la rive, près d'un four à briques et de l'ancien port. Ce port, une sorte de tranchée ouverte dans la berge, est abandonné pendant la saison des orages, trop dangereux alors pour les navires ancrés. Le nouveau port, à peine commencé, sera près des ateliers des machines.

Deux ruisseaux, qui coulent de chaque côté de la station, donnent une eau excellente.

Les vivres pour les Européens sont chers et rares ; le jardin, mal entretenu, ne fournit pas de légumes en quantité suffisante.

Les chèvres sont aussi rares que les porcs sont nombreux :

depuis notre arrivée, nous ne mangeons que trop souvent de cette viande malsaine.

Ischekkad est furieux de voir à chaque repas la chair proscrite de l'animal immonde : il se bourre mélancoliquement d'un maigre riz.

BEN SAÏD ET SON BOY M'BOUITI.
(Dessin de Mme Paule Crampel, d'après une photographie.)

Hier notre Targui était allé surveiller la cuisine : il avait remarqué que dans tous les plats le saindoux remplaçait le beurre. Au déjeuner, comme on lui offrait un plat de viande de cabri, il adressa à Saïd sa question habituelle : « Il n'y a pas de graisse? » Et, comme toujours, Saïd de répondre : « Non, tu peux manger! » Ischekkad mangea, et de bon appétit; mais, aussitôt le repas terminé, il fit à Saïd de furieux reproches sur son mensonge.

Saïd alors lui demanda pourquoi il avait mangé de la viande, sachant fort bien qu'elle était accommodée avec du saindoux. Cette question assez subite n'embarrassa nullement le Targui, qui répondit : « C'était pour voir si tu oserais me tromper; c'est toi qu'Allah punira! »

Il nous fut facile de l'apaiser, en lui promettant qu'à l'avenir la cuisine serait toujours faite au beurre! Et il ne chercha plus à savoir, aimant mieux attirer sur nous la colère de son Dieu que de se priver de nourriture.

Pour les noirs, la nourriture n'est guère meilleure : ce sont les indigènes qui viennent vendre du manioc au poste; la quantité est souvent insuffisante et il est regrettable que les agents n'aient point depuis longtemps ordonné des plantations de manioc, de bananes, de légumes, de tubercules indigènes, dont la culture est facile et qui fourniraient aux laptots et aux travailleurs une nourriture saine et abondante.

Heureusement la chasse est toujours fructueuse : un Sénégalais de la station, le sergent Abdoulaye, est un intrépide chasseur, qui à lui seul procure à Brazzaville plusieurs éléphants ou hippopotames par semaine. Depuis notre arrivée, il a été deux fois à la chasse : la première fois il rapporta un éléphant; la deuxième, trois hippopotames; un peu avant notre arrivée, il avait tué, en deux jours, cinq de ces derniers animaux.

Le poste est alors transformé en charnier : les nègres emportent dans leurs cases les membres énormes de ces monstrueuses bêtes, dont la chair coriace, coupée en minces lanières, est étalée sur de petits bâtons au-dessus de grands feux; l'odeur qui se dégage alors de ces viandes déjà corrompues est nauséabonde et infecte le poste.

M. Crampel prend plusieurs photographies de cette « boucherie » d'hippopotames.

21 août. — La flottile du Congo, mise à la disposition de M. Crampel, se compose de quatre vapeurs : les canonnières *Oubangui* et *Djoué*, les chaloupes à vapeur *Alima* et *Ballay*. Cette dernière, très petite, n'est pas pontée.

L'*Oubangui* sera prêt après-demain, l'*Alima* dans quinze jours, le *Djoué* dans un mois. Le *Ballay* est trop petit pour servir efficacement. Nous partirons dans deux jours.

III

DE BRAZZAVILLE A BANGUI.

23 août. — Nous partons de Brazzaville à huit heures du matin, sur la canonnière *Oubangui* : MM. Crampel, Lauzière, Biscarrat, Saïd, Ischekkad, Niarinzhe et moi; M. Orsi attendra que le *Djoué* soit réparé. Nous emmenons vingt-cinq Sénégalais et trente porteurs; le reste suivra avec M. Orsi.

L'*Oubangui* remorque quatre énormes pirogues chargées de

UNE BOUCHERIE D'HIPPOPOTAMES.

(Dessin de Mme Paule Crampel, d'après des photographies.)

marchandises : deux sont amarrées au flanc du vapeur, les deux autres remorquées au moyen de deux grosses amarres. La canonnière est trop petite pour contenir tout le monde : M. Biscarrat prend place dans une pirogue de l'arrière, je prends l'autre. Nous sommes tous deux habitués au soleil.

10 septembre — Malgré ses vingt-quatre ans, M. Lauzière est calme, réfléchi ; il voit tous les événements avec une heureuse philosophie, partant de ce principe que tout s'arrange....

12 septembre. — Depuis Brazzaville, nous avons été dans des pirogues ou dans un *boat* à la remorque de la canonnière. Nous sommes sous des tentes qui nous préservent mal du soleil, pas du tout de la pluie. Ce n'est pas pour me plaindre, et probablement nous en verrons bien d'autres ; mais je suis transi et cela ne rend pas les idées folâtres. M. Crampel n'est pas un homme simple ni ordinaire. Au physique, c'est un grand garçon bien découplé, blond avec des yeux bleus. Sa physionomie est généralement douce, et quand il veut sourire, il charme. Ses yeux bleus ont quelquefois un reflet très dur. Il a des allures aisées, affectueuses et sait demeurer maître de lui....

C'est quelqu'un. Très jeune, il a su s'affranchir de tout joug. Il est fait pour commander, et tout à fait digne de nous conduire.

De son premier voyage chez les M'Fans, M. Crampel a ramené une petite fille nommée Niarinzhe, qui lui a été donnée par un chef m'fan, son père. Il l'a emmenée en France et l'a traitée comme sa fille ; en quelques mois de séjour en France, elle a appris notre langue et pris des manières de petite blanche. Il la voit en artiste et non en homme.

Le vernis d'éducation que son séjour à Paris a donné à Niarinzhe est en train de s'effacer : depuis notre départ, elle s'est trouvée en contact avec des hommes de sa race, des M'Fans comme elle. Elle aime à causer avec eux.

Dans quinze jours nous serons arrivés à Bangui. Au delà, c'est l'inconnu.... J'ai souvent pensé avec horreur à l'idée d'une reculade ; je ne crains plus cela depuis que j'ai pu apprécier le moral de notre chef. Nous mourrons peut-être, mais nous ne reviendrons pas en arrière....

J'écris accroupi sur des caisses, dans un canot que remorque la canonnière *Oubangui*, sur une rivière large six fois comme un grand fleuve d'Europe, dont les rives, basses et humides, sont couvertes de forêts.

19 septembre. — Nous voici à cinq jours de Bangui. Ce voyage sur le *Congo* et l'*Oubangui* n'a rien d'agréable, bien que le pays soit neuf pour moi. La rivière est large souvent de plus de 2 kilomètres; ses rives sont couvertes de forêts épaisses. Nous évitons les villages pour les campements, afin de trouver plus de bois. Nous ne voyons donc guère que des arbres. Toute la journée je demeure assis sur une malle, avec une petite tente au-dessus de ma tête. A onze heures, on stoppe un moment. Nos hommes halent le *boat* près du bord : nous y montons pour déjeuner. Le vapeur repart aussitôt. Le repas fini, on stoppe de nouveau, nous rentrons dans le boat, et en route ! Le soir, il me faut indiquer le campement aux hommes, surveiller le coupage du bois, souvent jusqu'à une heure assez avancée.

ANTILOPE.

(Dessin de Mme Paule Crampel, d'après une photographie de M. Dybowski.)

22 septembre. — Nous voici à deux jours de Bangui. Hier nous avons stoppé devant un grand village de Bondjos pour y acheter du manioc. Ce village est sur la rive belge (gauche); bâti au sommet d'une assez haute falaise; il est d'un abord difficile.

Les cases, en paille et en écorce d'arbres, sont rectangulaires; placées bout à bout, elles forment plusieurs lignes parallèles, de l'est à l'ouest.

La race des habitants est forte : hommes et femmes sont généralement de grande taille et bien proportionnés; certains sont de véritables colosses, avec des membres énormes.... Hommes et femmes ont la tête rasée ou les cheveux coupés très courts; les hommes sont vêtus d'une ceinture d'étoffe, les femmes d'une ceinture en filaments d'écorce. Leur corps est couvert de tatouages en relief. La plupart sont armés de lances à fer large et de couteaux. Quelques-uns ont des boucliers faits de lianes tressées

VILLAGE DE PÊCHEURS BONDJOS.

(Dessin de Mme Paule Crampel, d'après des photographies.)

et des cuirasses en peau de bœuf ou d'éléphant; une plaque couvre la poitrine, une autre le dos; parfois plusieurs petites plaques sont suspendues autour du buste.

M. Crampel, Biscarrat et moi avons été faire le tour du village. Certains nous saluaient, d'autres demeuraient indifférents. Quelques indigènes se disputaient, voulaient se battre. D'autres les ont séparés. Devant une case, autour d'un arbre, étaient attachés des crânes et des tibias humains. Autour de la canonnière, des hommes et des femmes, sur des pirogues assez bien façonnées, venaient nous offrir du manioc et des armes. Tous ont le lobe de l'oreille déformé par l'habitude qu'ils ont d'y mettre de véritables petites bûches.

23 septembre. — A sept heures du matin, nous stoppons devant un grand village, habité, dit-on, par des N'Gombés. En général les hommes et les femmes sont bien faits, mais le visage est laid. Ils liment les deux dents de devant de la mâchoire inférieure; ils sont moins grands et moins gros que les Bondjos, mais leurs vêtements sont semblables. Les cases, orientées de même, sont faites en écorces d'arbre recouvertes de branches

BARQUES DE PÊCHEURS BONDJOS.

(Dessin de Mme Paule Crampel, d'après des photographies.)

de palmier. Le village est immense. Du côté opposé au fleuve, il est entouré d'un fossé large d'environ 5 mètres, profond de 3. Il est également bâti sur une berge élevée. Une foule énorme est près du bateau, offrant, avec des cris assourdissants, du bois, du manioc et divers produits.

IV

A BANGUI.

5 octobre. — Le 25 septembre, nous sommes arrivés à Bangui. C'est un poste comme les autres : une mauvaise case en paille

pour trois Européens, deux hangars pour les noirs, le tout au bord même de la rivière. On a défriché, derrière les bâtiments, sur une largeur de 50 à 100 mètres. La forêt s'élève un peu et couvre une petite colline. En face est le poste belge de Zongo. Les murs du bâtiment sont en terre, et l'ensemble est plus agréable, plus propre que Bangui. Zongo est également situé au bas d'une colline peu boisée, de 150 mètres de hauteur environ.

A gauche sont les rapides. De notre rive part une ligne de rochers qui barre à moitié la rivière (laquelle a, en cet endroit, 1000 à 2000 mètres de largeur). Au delà de ces rochers, un chenal assez large, puis un îlot; derrière encore un chenal, et des rochers un peu partout. Toute la masse d'eau resserrée en cet endroit forme un courant d'une extrême violence. Aussi, quand les eaux sont hautes, ne peut-on franchir ces rapides qu'en un seul endroit, près de l'îlot. On hale les pirogues le long des rochers au moyen de grosses lianes.

13 octobre. — Nous avons quitté Bangui le 3 octobre, MM. Lauzière, Fondère (chef du poste de Bangui), moi et trente-cinq hommes, avec une cinquantaine de charges. Nous avions reçu la mission de pousser de petites reconnaissances vers le Nord, afin d'étudier les chemins.

Nous avons beaucoup travaillé : en cinq jours, nous avons établi un campement, débroussaillé le terrain nécessaire, élevé pour nous une grande case rectangulaire où nous sommes à l'aise, une cuisine, un petit magasin pour nos vivres (fruits et légumes achetés aux habitants), un appentis pour les marchandises, des cases pour nos hommes. Nous avons même tracé un petit jardin, qui consiste en une planche de radis.

Le premier village des N'Dris, — c'est ainsi qu'on nomme nos indigènes — est à 3 kilomètres de Biri-N'goma, village construit au bord de la rivière et habité par des Boubayas, race de cannibales. Il est entouré d'une palissade fermée par une porte à bascule. Les cases y sont rectangulaires et alignées par longues rangées parallèles. Chez les N'Dris, elles sont rondes, de forme hémisphérique, terminées par une pointe.

Un village est composé de plusieurs agglomérations de cinq à sept et dix cases. Autour, beaucoup de plantations : haricots, patates, maïs, bananes, pommes de terre de Madagascar, une sorte de plante oléagineuse, etc. Les N'Dris portent des anneaux aux lèvres et au nez. Les hommes ont pour tout vêtement une ceinture faite d'écorce d'arbres; un brin passe entre les jambes et vient de chaque côté se nouer à la ceinture. Les femmes, qui, dans le bas Oubangui, avaient la ceinture entourée d'une sorte de pagne flottant en fils de lianes non tressés, ne portent plus, devant et derrière, qu'un carré de ces mêmes fils, grand comme

VILLAGE N'GOMBÉ.

(Dessin de Mme Paule Crampel, d'après une photographie de M. Dybowsky.)

la main. La plupart même, chez les N'Dris, remplacent ces fils par une poignée d'herbes.

Les hommes sont armés de zagaies, de couteaux de jet, d'arcs et de flèches; ils portent des boucliers. Ces populations de cultivateurs paraissent douces et paisibles. Elles nous ont reçus avec des démonstrations de joie et nous apportent chaque jour de petits cadeaux. M. Lauzière et moi sommes très contents de nous trouver seuls en avant. Nous n'avons emporté aucun produit comestible du poste, sauf de la graisse et du sel. Nous vivons sur les produits du pays, que nous achetons au moyen de cauris ou de fils de cuivre. Avec les cauris les indigènes se font des colliers ; avec le cuivre des bracelets.

Dès maintenant nous voyons quelle difficulté résultera pour nous de l'insuffisance du nombre des porteurs. Nous en avons quatre-vingt-cinq pour trois cent cinquante charges. Il nous faudra donc faire quatre voyages si nous ne trouvons pas une aide suffisante dans les villages.

PORTE A BASCULE D'UN VILLAGE BOUBAYA.

(Dessin de Mme Paule Crampel, d'après un croquis de M. Nebout.)

... Jusqu'à Bangui nous étions assez incrédules au sujet des mangeurs d'hommes ; on nous avait raconté tant de monstruosités que nous voulions voir pour croire. Nous ne pouvions nier l'anthropophagie, mais nous supposions qu'elle ne se manifestait qu'au cours des guerres, comme une forme de fétichisme. Il a fallu changer d'avis.

Trois otages avaient été emmenés précédemment au poste. Quelques jours après notre arrivée, ils s'enfuirent. M. Fondère partit à leur poursuite, ne put les atteindre, mais saisit un habitant d'un village voisin. Deux jours après, un de nos M'Fans, qui chassait dans la forêt, à environ 100 mètres du poste, se trouve en présence de quatre indigènes. Il s'effraye et tire de près un coup de fusil sur l'un d'eux, prétendant que les indigènes lui avaient lancé une zagaie et avaient essayé de le saisir. J'arrive aux cris; nous voyons sur les feuilles, à terre, de larges taches de sang; sur une feuille même, de petits morceaux de chair sont restés attachés; l'indigène a dû recevoir une effroyable blessure et être emporté par ses compagnons.

UN CANNIBALE.
(Dessin de Mme Paule Crampel, d'après le texte et des photographies.)

M. Biscarrat s'élance à leur poursuite avec les Sénégalais. Il s'avance jusqu'au village, à 4 ou 5 kilomètres de là, près de la rivière; tout le monde s'enfuit, sauf un vieux sauvage, assis devant une marmite; dans ses mains il tient une tête humaine et la gratte avec un couteau. M. Biscarrat prend la tête et continue sa marche.

Dans un autre village un peu plus loin, il découvre, dans une autre marmite, de la chair, du sang. Il y prend une main, qu'il rapporte au poste avec la tête. Ces débris humains appartenaient, sans aucun doute, aux corps des trois otages enfuis l'avant-veille. Il a suffi aux habitants des villages de voir trois fugitifs étrangers pour les tuer et les manger. Il n'y a dans cette action ni haine ni colère, simplement le goût de la chair, peut-être spécialement de la chair humaine. La viande est rare, d'ailleurs : peu ou point de chèvres, de moutons; quelques poules, des bœufs sauvages, mais peu commodes à chasser.

14 octobre. — On continue les travaux du camp. Je vais à la chasse sans résultat. Le temps s'est mis à la pluie. Nous en ressentons une certaine tristesse. Notre campement s'achève plus lentement. Les radis ne lèvent pas encore.

15 octobre. — Tout est terminé... M. Lauzière va partir demain et ira à au moins 50 kilomètres de N'Dris-Campement... Pour passer le temps, nous causons avec le N'Dris Quonia.

Samba-N'Diaye tue une grosse antilope.

IV

A BANGUI (SUITE).

16 octobre. — Me voilà seul. M. Lauzière est parti ce matin pour quatre ou cinq jours. Je n'ose quitter notre camp, soit pour chasser, soit pour me promener dans les villages, car je crains des incidents entre nos hommes et les indigènes.

... Que faire? Décidément je vais construire une autre case, pour M. Crampel. A cinq heures, j'avais déjà tous les bois prêts, de la paille. Le tracé de la case était terminé, ainsi qu'une table et deux chaises de lianes.... Tout à coup je vois apparaître des laptots, puis M. Biscarrat. Il m'apporte une lettre de M. Crampel: l'*Alima* est à Biri-N'Goma, et il m'attend avec M. Lauzière pour remonter la rivière.... Il est, paraît-il, très souffrant.

Vendredi 17 octobre. — A cinq heures du matin, j'envoie deux Bassas courir après M. Lauzière et lui porter l'avis de retour; il pleut toute la matinée. A 7 heures je quitte N'Dris-Campement pour rentrer à Biri-N'Goma. Je fais emporter mes affaires et j'emmène mon cuisinier et mon boy. A 8 heures 30 je suis à bord de l'*Alima*. Je trouve en effet M. Crampel affaibli,

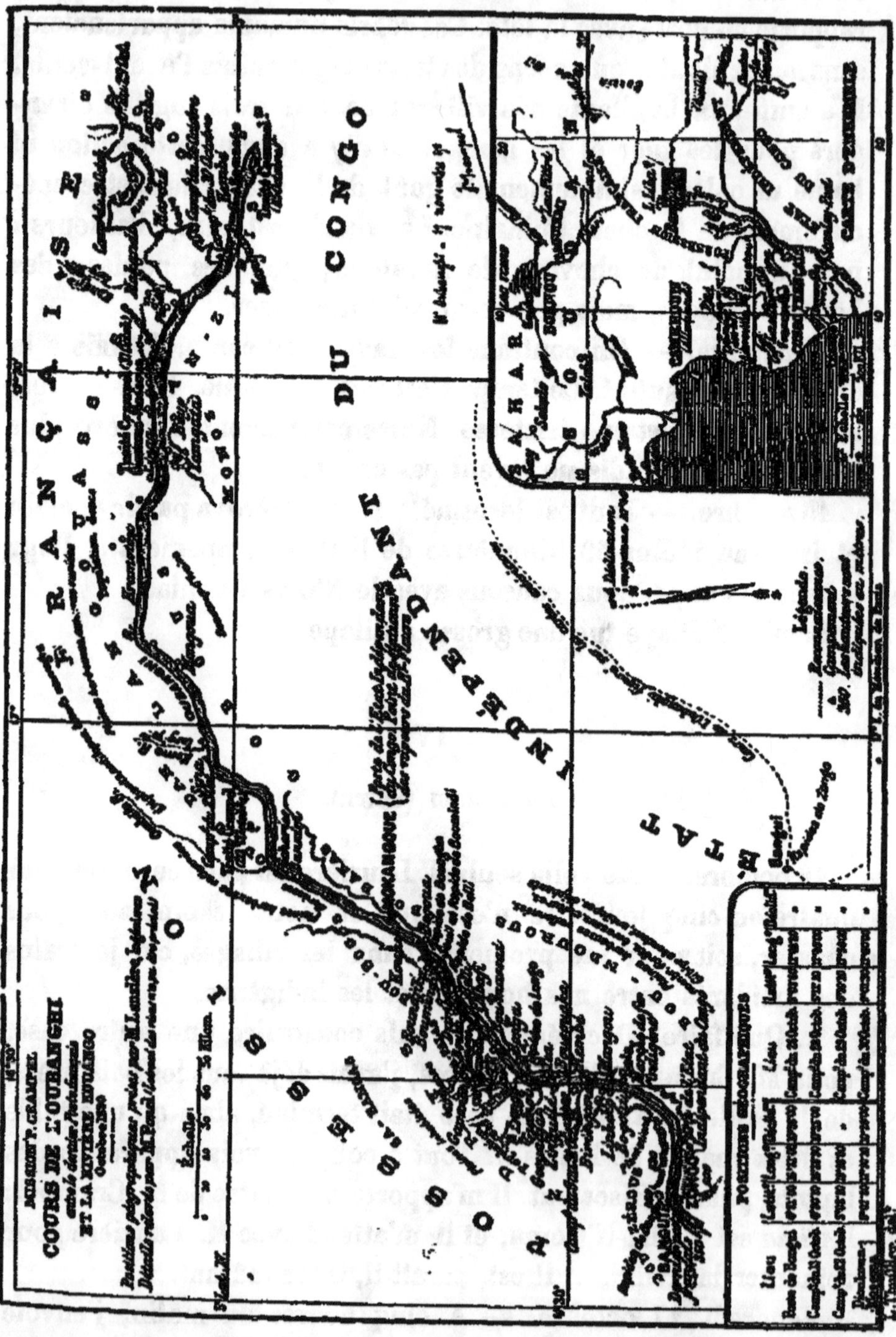

très pâle. Il est toujours le même, affectueux, énergique. Il me retient à déjeuner; après midi l'*Alima* remonte la rivière. Je reste en attendant M. Lanzière, et demain l'*Alima* doit revenir nous prendre. M. Biscarrat gardera N'Dris-Campement.

Ces gens de N'Goma sont de vraies brutes à côté des N'Dris, gais, prévenants. Le soir, je fais demander au second chef si, dans la case où je suis, il doit coucher beaucoup de personnes. Il me répond : « Lui et sa femme. » Je lui fais observer que la case est pleine de fumée et le prie de faire sortir le feu ; il s'y refuse et dit que, si cela ne me plaît pas, je n'ai qu'à coucher dehors. Je lui rappelle, mais inutilement, les paroles de notre chef qui, en lui faisant des cadeaux, lui avait recommandé de se bien conduire envers moi. Je l'informe que j'en rendrai compte à M. Crampel, mais cela lui fait peu d'effet. Biri-N'Goma, qui survient, se désintéresse absolument de la question. Ce sont des brutes et il faudrait peut-être l'être avec eux. J'ai une rude tentation de sortir le feu et tout ce qui est dans la case. On le ferait au Congo. Mais nous devons supporter tout. D'ailleurs ce sont là de petites humiliations : qui sait ce qui nous attend? Je transporte mes effets, mon lit, sous un mauvais hangar où couchent les laptots.

18 octobre. — Il a plu toute la nuit et nous sommes un peu mouillés. Des chèvres viennent sous le hangar, passent sous mon lit en le secouant, marchent sur les hommes, abîment ma sacoche. Le matin, un laptot de M. Ponel attrape une chèvre qui entrait sous la moustiquaire et lui donne quelques coups d'un petit bâton. Biri-N'Goma sort de sa case et injurie le laptot. Ce dernier répond que si une chèvre revient, il la tuera et il montre son couteau. Biri-N'Goma tire le sien et fait des menaces au laptot. J'interviens et je gronde le Sénégalais pour son geste inconsidéré.

Hier M. Crampel a laissé avec moi un chef banziri et sa troupe d'hommes et de femmes. Les hommes paraissent vigoureux. Ils ont les cheveux généralement tressés et couverts de perles blanches ou rouges qui leur font comme une sorte de bonnet. D'autres les ont tressés, mais longs et sans ornements. Ils ont le nez busqué, peu épaté, le menton accentué.

Les femmes sont grandes, bien faites. Les unes ont les cheveux tressés en une grosse masse cylindrique, prolongeant le crâne et entièrement couverte de perles. D'autres les laissent

CHEZ LES N'DRIS : UN VIEUX CHEF.

(Dessin de Mme Paule Crampel, d'après des croquis de M. Nebout.)

tomber sur leurs épaules comme nos petites filles. Elles ne portent aucun vêtement, seulement deux ou trois fils d'écorce qui passent entre les jambes. Elles se passent aux jambes, du haut du jarret à la cheville, et aux bras, du poignet au coude, des bracelets faits d'un seul fil de fer plat, enroulé comme un ressort, en spirale. Ces gens et ceux de Biri-N'Goma aiment le jeu avec passion. Durant toute la journée, ils ont joué des cauris : ils se sont installés sous mon hangar et l'ont rempli de fumée. J'ai dû me promener dehors....

Nouvelle lettre de M. Crampel : l'*Alima* ne reviendra pas. M. Lauzière devra remonter en pirogue et moi redescendre à Bangui.

19 octobre. — M. Lauzière arrive à 8 h. 30. Il a été retardé par la crue d'une rivière. Nous partons tous deux une heure après, lui au Nord, moi au Sud. A 2 h. 30 éclate un violent orage ; nous naviguons dans l'obscurité, sous des torrents d'eau. Arrivés au village, à environ 2 kilomètres de Bangui, je débarque avec ma malle, le cuisinier, le boy et le Bafourou. A 3 h. 45 je suis au poste et la pirogue me suit de près.... M. Fondère est très fatigué. M. Husson, le capitaine du bateau, est à la chasse avec un Sénégalais. Vers 5 heures, ce dernier revient clopin-clopant. Il a marché sur de petits bambous pointus placés au milieu du sentier et recouverts de feuilles et de sable. Une pointe lui a pénétré profondément dans le pied, il a une très forte fièvre. M. Saïd craint qu'il ne soit en danger, car il croit le bambou empoisonné. Il le soigne au thé et rhum.

20 octobre. — Le Sénégalais va mieux.

Le prisonnier fait par M. Fondère est toujours là. De plus, il y en a trois autres. Ces derniers ont été pris par les Belges, le lendemain de notre départ. Avec d'autres, ils attaquaient, paraît-il, l'îlot.

21 octobre. — J'ai oublié de noter que, le lendemain du départ de M. Crampel, un Boubangui (une troupe de ces gens a été autorisée à camper dans notre poste) a été assassiné à 150 mètres du poste. On a retrouvé des morceaux d'intestins.

M. Hanolet, chef du poste belge de Zongo, est venu nous faire visite. Il me paraît avoir l'esprit peu administratif. Il est aigri : son idée fixe est l'extermination de certaines races indigènes. Sa conversation est pourtant intéressante lorsqu'il nous parle de la mort tragique de l'ancien chef du poste de Bangui, Musy : « Après sa mort, dit-il, je suis allé à Salanga. Il y a cinq ou six villages qui, ensemble, peuvent réunir cinq ou six cents combattants. Vous ne pouvez aller à Salanga sans être devancés et vous trouverez les cases vides. Vous pourrez les brûler et couper les plantations, mais c'est tout. Musy avait bien été appelé par les gens de Botambi, au-dessus de Yacouli, pour une histoire de vols. Les gens de Yacouli et de Botambi l'ont accompagné jusqu'à Salanga. Il a brûlé deux villages et ses hommes se sont mis à piller les plantations. Musy restait avec quatre Sénégalais. Il marche sur les deux autres villages, en tirant. Trois M'Fans tombent morts. Musy lui-même reçoit une zagaie dans le flanc. Les Salangas se précipitent sur lui, retirent la zagaie barbelée ; les intestins sortent. Ils coupent le malheureux blanc en morceaux. Le dernier M'Fan s'est enfui, démontant son mousqueton pour le cacher sous ses vêtements. »

Si nous allons à Salanga, M. Hanolet m'offre son boy comme guide.... Au sujet des derniers incidents il nous trouve faibles, hésitants. Aussitôt après l'affaire des trois fugitifs mangés, on aurait dû brûler les deux villages où l'on a trouvé des restes humains. Sa tactique à lui est celle-ci : punir tout affront rigoureusement, mais faire la paix aussi vite que possible. Sans quoi cela s'éternise, un homme est tué de temps à autre, la forêt surveillée. Le moral des hommes, qui ne peuvent plus sortir, est atteint. M. Hanolet craint qu'après notre départ notre faiblesse n'amène de graves conséquences, non seulement pour notre poste, qui se trouvera affaibli, compromis, mais même pour Zongo.

Pour les trois prisonniers, on le sent irrité. On nous les a remis, dit-il, non parce qu'ils venaient de la rive française, mais par pure courtoisie, avec l'espoir que justice serait faite. Pris les armes à la main sur le territoire belge, ils auraient dû être fusillés séance tenante. Si satisfaction ne lui est pas donnée, malgré les menaces de réclamations diplomatiques, il bloquera la rivière, car s'il montre autant de faiblesse que nous, il est perdu.

Il y a dans tout ceci quelque chose de fondé. Si notre chef ne fait rien et qu'après notre départ Bangui soit attaqué, M. Crampel sera taxé de faiblesse. Il est déjà accusé de philanthropie exagérée, de négrophilisme. On ne comprend pas que, prévenu par mille exagérations, mille racontars, il doute de tout et de tous. Il a vu commettre des actions contraires à toute humanité, à toute politique. Il ne voudrait pas tomber dans les mêmes errements, risquer de punir un village innocent. Il cherche la vérité, avec la crainte d'être injuste, par conséquent maladroit....

22 octobre. — A onze heures du soir, le sergent vient me prévenir que le prisonnier s'est évadé. Le M'Fan N'Doungo était en faction depuis une heure, et à dix heures le prisonnier était encore là. Il a emporté le cadenas de la barre et les deux cadenas qui fermaient les chaînettes sur ses poignets.

23 octobre. — Les Boubanguis vont chercher des vivres au village bouzirou. Les gens de ce village disent au chef boubangui qu'ils ont encore deux hommes à nous enlever.

24 octobre. — A quatre heures du matin, Grando, le contremaître des Bassas, vient me dire que la sentinelle du poste des bagages est endormie. J'y vais et vois le porteur Grand-Bassa couché sur un établi, profondément endormi. Je lui enlève sa carabine et je le réveille par de solides coups de bâton. Il s'enfuit près du fleuve en poussant des hurlements affreux : il se croyait attaqué par des indigènes. A 7 h. 30, je lui fais infliger vingt-cinq coups de liane devant le personnel du poste et de la mission assemblé : il crie et pleure comme une femme. Ces punitions me font de la peine, mais elles sont nécessaires pour notre sauvegarde.

Nous n'avons plus de vivres que pour trois jours; il faut aller en chercher. M. Husson est malade, Mohammed-Saïd n'a pas l'habitude de ces choses. Je dois y aller. D'ailleurs ma présence n'est pas nécessaire au poste. J'envoie, à trois heures, le boat et une pirogue avec vingt-quatre hommes; je leur donne pour insructions de m'attendre au delà des rapides. Je les y rejoindrai demain matin.

Samedi 25 octobre. — A deux heures du soir seulement nous arrivons à Biri-N'Goma.

26 octobre. — A 5 h. 20, je fais prévenir M. Biscarrat de mon arrivée et le prie de nous faire acheter des légumes. Le maïs

nous est apporté immédiatement et nous en achetons pendant toute la matinée. A 10 h. 30 M. Biscarrat vient me voir et déjeuner avec nous. Je pars de Biri-N'Goma à 2 h. 15 et j'arrive à 5 h. 45 au poste; le boat un peu plus tard, à 6 h. 20.

M. Orsi est arrivé avec le *Djoué* et tous ses hommes.

30 octobre. — Une invasion de fourmis nous fait décamper de notre case cette nuit, et coucher dans la cour. L'endroit est mal choisi et la case d'ailleurs pitoyable. A 9 heures je décide la construction d'une grande case qui sera composée de cinq petites chambres. Je mets tous nos hommes à l'œuvre. Cette occupation chasse les idées noires, nées de l'oisiveté, qui commençaient à m'envahir.

2 novembre. — Après déjeuner, je m'installe dans la nouvelle case. Mon compartiment est achevé. M. Orsi part pour Biri-N'Goma, ce matin, avec une pirogue et le boat....

... Je suis surpris de la vie que les blancs mènent dans les postes. Tous ces gens-là n'ont pourtant pas eu, en France, de boys attachés à leur personne. Comment font-ils? Ici ils ont de nombreux domestiques; ils ne savent plus faire un pas, ni étendre le bras. Ils ne savent plus procéder seuls aux soins de leur toilette.

Vers 3 heures j'entends un coup de sifflet : c'est l'*Alima* qui rentre. A la hâte, je fais habiller une vingtaine d'hommes pour recevoir M. Crampel, qui revient avec MM. Ponel, Lauzière et avec Niari. Notre chef va un peu mieux, mais il est bien amaigri. Tout a bien marché en haut ; notre point de départ est fixé. Les Banziris doivent même venir nous prendre à Bangui avec des pirogues.

Le soir nous apprenons que les Boubanguis, restés comme otages tandis que les leurs commerçaient dans le haut de la rivière, se sont enfuis. Cela est inquiétant. Demain je prendrai le *Djoué* et je tâcherai de les rejoindre en redescendant la rivière.

3 novembre. — Je pars à 7 heures du matin. A 2 h. 30 nous arrivons à de grands villages n'gombés. Nous n'avons rien aperçu près des villages : aucune pirogue. Durant la descente nous fouillons les rives avec nos jumelles, mais le fleuve est large et les îles nombreuses. Nous avons dû cependant dépasser les

Boubanguis. Aux villages j'établis un factionnaire avec la consigne de bien surveiller la rivière.

4 novembre. — Nous achetons du manioc durant toute la journée. Mais on ne nous en offre que de petites quantités. On nous en promet davantage pour demain.

7 novembre. — Nous avons descendu la rivière pendant deux jours, nous arrêtant dans tous les villages et achetant du manioc.

Nous étions à table, à midi, et nous passions devant le deuxième village au-dessous de l'ancien poste. J'aperçois au bord de la rivière un campement provisoire et trois grandes pirogues chargées. MM. Crochet et Longbart reconnaissent ces embarcations pour appartenir aux Boubanguis. Nous approchons du bas du village à un endroit escarpé. La foule, très nombreuse un moment auparavant, s'est dispersée dans la brousse. Je trouve au sommet de la berge un vieillard qui me crie des mots d'amitié ; je réponds sur le même ton et je fais dire que nous voulons seulement les Boubanguis. Puis, sans m'arrêter, je cours vers les pirogues. Dans chacune d'elles je place un Sénégalais, puis je fouille le village. Un Boubangui, malgré nos protestations, s'enfuit. Un Sénégalais du poste tire un coup de fusil en l'air. Le Boubangui n'en court que plus vite. Je fais transporter dans les pirogues les objets de valeur que je trouve sous les arbres, pendant que, à distance respectueuse dans les herbes, les Boubanguis font des signes désespérés. Après une attente d'environ 30 minutes, nous allions regagner le *Djoué*, quand je vois s'approcher le chef Lingoly, accompagné de deux Boubanguis. Je vais vers lui et lui prends le poignet, l'invitant à me suivre, mais il se débat et son bras huilé glisse dans ma main. Il jette son fusil pour s'enfuir plus vite. Je le rejoins en un instant et l'empoigne fortement. Il tire son couteau et ce n'est qu'après une lutte assez longue qu'un Sénégalais parvient à le lui arracher. Malgré cette vive résistance, nous l'amarrons et le portons dans la pirogue. Deux autres Boubanguis se rendent volontairement à bord, avec trois jeunes garçons qui doivent être des esclaves. Le *Djoué* repart à une heure pour Bangui, remorquant deux pirogues chargées d'ivoire et d'objets divers. Un peu après, nous apercevons, le long de la rive, quatre pirogues boubanguis, dont une porte pavillon

CAPTURE DU CHEF LINGOLY.

(Dessin de Mme Paule Crampel, d'après le texte et des photographies.)

français. Je n'essaye pas de les arrêter, car avant notre approche les hommes seraient dans la brousse avec leur butin.

Nous arrivons à Bangui à 3 heures au milieu d'un violent orage ; d'assez gros grêlons tombent en abondance. Les Boubanguis sont débarqués et les pirogues tirées sur le rivage.

Lingoly est enfermé dans le magasin aux vivres, entouré de quatre factionnaires.

M. Crampel est toujours aussi faible, aussi malade. Nous sommes tous très inquiets.

9 novembre. — A quatre heures, M. Crampel nous réunit en conseil. On décide, dans l'intérêt de la sécurité du poste après notre départ, d'aller faire un palabre avec le chef Youka, de raser les deux villages de malfaiteurs qui sont auprès du poste, enfin d'aller à Salanga, chez les meurtriers de Musy.

10 novembre. — Cette nuit, une alerte : un varioleux, couché en dehors du poste et gardé par un autre indigène, a aperçu deux Bouzérous. Nos braves se sont aussitôt mis à brailler, bien qu'ils fussent armés. En quelques secondes nous étions dehors et nous avions rassemblé nos hommes. Mais on ne peut rien faire de plus. Impossible de s'aventurer dans la forêt la nuit.

Lingoly est renvoyé avec ses deux pirogues.

11 novembre. — M. Crampel va un peu mieux. Nous sommes tous bien contents.

12 novembre. — Je pars à 6 h. 40 du matin sur l'*Alima* avec MM. Ponel et Fondère, plus huit Sénégalais de la mission. Nous allons dans la rivière M'Poko, palabrer avec le chef bouzérou Youka. Nous arrivons à son village à 8 h. 50. Beaucoup de monde, qui s'éclipse à notre approche, bien que nous ne descendions que trois, avec l'interprète, sans armes. Enfin, après vingt minutes d'attente, ils se décident à approcher, et M. Ponel palabre avec Youka. A 10 heures nous repartons, emmenant un esclave du village, qui vient à Bangui chercher un des trois prisonniers, homme de chez Youka.

V

EXPÉDITION CHEZ LES BOUZÉROUS.

13 novembre. — Départ à 6 h. 20 pour châtier le village ennemi des Bouzérous, dont les méfaits contre nous ne se comptent plus. M. Orsi a quinze hommes, Sénégalais, Bassas, M'Fans, Gallois ; je commande également à quinze hommes. M. Ponel nous accompagne. Notre marche dans la forêt, sans sentier frayé, est assez lente et pénible. Nous franchissons difficilement un marigot, au moyen de lianes submergées. Nous remontons de l'autre côté, tout mouillés et couverts de fourmis. Au même instant, nous entendons quelques coups de trompe dans la direction du village. Nous pensons être signalés. En arrivant près des cases, plus de sentier. Tandis que M. Orsi et sa troupe prennent à droite pour contourner le village, nous piquons au travers de fourrés épais que nous ouvre le machete. Nous traversons : le premier village est vide. Un chemin battu nous mène au grand village. Là nous entendons des voix nombreuses. Près de la palissade, j'aperçois un noir qui nous guettait et qui s'enfuit avec rapidité. Nous nous élançons, mais nous perdons quelques instants devant la palissade.

Quand nous pénétrons en courant dans le village, il est déjà vide. Toutefois les habitants n'ont pu déménager. La brousse est couverte d'objets jetés dans la fuite ; les noirs ont tout abandonné pour courir plus vite.

Nous occupons le village et faisons vider les cases. Une demi-heure après environ, les indigènes, ralliés, remontent la rivière dans six ou sept pirogues et viennent vers le village : trente ou trente-cinq hommes pagayent en criant. Je fais embusquer mes Sénégalais dans les herbes et nous attendons. Mais un des nôtres lâche un coup de feu par maladresse. On nous sait là et l'on s'arrête. Cependant un certain nombre d'indigènes débarquent et nous les entendons qui passent devant le village. Ignorant leurs intentions, nous formons une chaîne de tirailleurs, genou en terre. Un moment après, nous brûlons deux cases. Les indigènes ne font aucune démonstration. Enfin, las l'attendre, je pars de mon côté avec six hommes, M. Orsi de l'autre, pour commencer la destruction des plantations. Vers 10 h. 30, des pirogues se montrent de nouveau. A la demande de M. Ponel, je commande un feu de salve, à 1000 mètres. Les noirs, effrayés, sautent à l'eau et s'enfuient. M. Ponel envoie alors, par trois hommes en pirogue, un billet à M. Crampel pour demander l'*Alima*. Peu après, ce bateau arrive. Nous brûlons les cases, puis nous montons tous à bord et descendons au village suivant, qui porte notre pavillon. Un long palabre rassure les habitants, effrayés par l'exécution des voisins.

14 novembre. — A 5 heures du matin, je pars avec M. Orsi et vingt hommes en boat, pour achever la destruction des plantations du village ennemi. Malgré quatorze hommes de renfort envoyés peu après dans le second boat, la journée nous suffit à peine pour abattre l'immense plantation de bananiers du village. Deux champs de maïs et de manioc sont également saccagés.

VI

EXPÉDITION CHEZ LES SALANGAS, MEURTRIERS DE MUSY.

19 novembre. — A 1 h. 15, nous quittons Bangui sur l'*Alima*, MM. Fondère, Orsi, Lauzière et moi, dix-huit Sénégalais, dix-neuf Bassas, treize M'Fans et douze Gallois, plus le boy Thy-Coemba. Notre mission est de faire la lumière sur la mort de M. Musy, de prendre contact avec les Salangas, et surtout de rapporter les restes de l'expédition.

A 2 h. 30, arrivée à Yacouli. La population du village s'enfuit et c'est avec peine qu'on parvient à rassurer quelques hommes. Enfin, le chef, un petit vieux tout ridé, toujours souriant, et quelques « notables » viennent palabrer. D'autres, plus timides, restent au loin. On nous fait le signe d'amitié en nous écrasant sur l'avant-bras droit une substance rouge. Puis on nous apporte deux poules, et, suivant la coutume, on jette sur nous quelques plumes de ces volailles. Un indigène nous fait un assez long discours pour nous prouver l'amitié que l'on nous porte, tandis qu'un autre ponctue chaque mot de *hé!* prononcés sur un ton prolongé et doux.

M. Fondère leur explique qu'il est le chef du poste de Bangui et il ajoute : « Nous sommes venus pour parler, non pour faire la guerre. Il y a eu des palabres autrefois, nous venons pour tout arranger. D'une main nous tenons des présents, de l'autre un fusil. Nous ne voulons pas la guerre, mais nous pouvons la faire. Si les habitants nous prouvent leur amitié, tout le passé sera oublié et nous serons généreux. Nous sommes amis des chefs de la rivière ; nous voulons l'être des autres. » Puis nous leur annonçons que nous voulons aller à Salanga, où un blanc a été tué, non pour faire la guerre aux gens, mais pour palabrer et effacer tout malentendu.

Les Yacoulis paraissent satisfaits. Ils prennent confiance. D'ailleurs, nous sommes au milieu d'eux, seuls et sans armes. Tous nos hommes sont demeurés à bord. La grande préoccupation des indigènes est de nous offrir des poulets et un cabri, et ils interrompent sans cesse nos discours pour nous parler de ces présents. Enfin nous leur demandons des guides pour nous conduire à Salanga. Cela les interloque, et pendant assez longtemps ils se consultent à voix basse. Leur réponse est d'abord négative, puis, comme M. Fondère répète ses menaces et ses offres, ils promettent quatre hommes.

Le soir est venu; nous rentrons à bord pour dîner.

Jeudi 20 novembre. — Nous avons couché avec nos hommes sous un hangar. Il est tombé de l'eau toute la nuit : le matin, le temps est encore mauvais; nous n'avons pas de chance; le terrain est détrempé et les marigots, qu'on dit nombreux, seront remplis. L'*Alima* part pour N'Gombé à 7 h. 45.

Nous interrogeons minutieusement un nommé Khol et un M'Fan qui avaient accompagné M. Musy. D'après le M'Fan, M. Musy aurait été tué par les gens de Botambi, car il dit avoir vu pendant sa fuite ces indigènes tuer un jeune M'Fan que Musy avait renvoyé vers Botambi pour accompagner des femmes prises à Salanga.

Khol croit au contraire que M. Musy a été tué par les gens de Salanga. Khol, cuisinier, était resté à Botambi pour faire la cuisine ; avec lui était un Sénégalais malade. M. Musy est parti, nous dit-il, de Botambi vers 10 heures ; il arrive à Salanga, le brûle et tue beaucoup de monde. Des M'Fans dispersés dans les plantations sont tués ; seul le M'Fan N'Gouna s'enfuit pendant que le blanc s'avance sur l'autre village avec ses laptots et les alliés. Le M'Fan n'en sait pas plus. Khol l'a vu rentrer à Botambi à 4 heures du soir. Peu après, d'autres indigènes, gens de Yacouli et de Botambi, arrivent successivement. Ils disent à Khol que le blanc et ses hommes reviennent, qu'il a brûlé le village et tué beaucoup de monde. Khol prépare un repas, mais le blanc ne rentre pas. Le chef de Botambi retourne dans la brousse et dit qu'il va chercher le blanc. Pendant six jours, Khol attend inutilement M. Musy et le chef de Botambi. Les indigènes étaient tous rentrés. Enfin, le sixième jour, Khol rentre à Yacouli. Il envoie au poste le M'Fan N'Gouna demander des porteurs pour ramener les caisses de M. Musy. Le Sénégalais Tierpin envoie quatre M'Fans. Les Yacoulis racontent à Khol que le blanc et ses laptots rentraient après avoir brûlé les villages, lorsqu'ils ont été attaqués par les Salangas. Le blanc est tombé percé par une zagaie : les Botambis et les Yacoulis se sont enfuis et ne savent rien de plus. Khol rentre au poste en pirogue, accompagné par des indigènes.

Pendant notre déjeuner, les indigènes nous entourent et nous indiquent les hommes qui doivent nous accompagner. Détail curieux : on nous commande de tirer sur les hommes et non sur les chèvres, comme l'ont fait les soldats de M. Musy. Ces recommandations semblent prouver que M. Musy a bien été tué par les Salangas, dont les Yacoulis sont toujours les ennemis.

Avant le départ, je fais manœuvrer un peu mes hommes, ce qui paraît intéresser et impressionner les noirs.

Nous quittons Yacouli à 11 h. 30. Jusqu'à midi 15, nous marchons à travers la brousse dans d'affreux sentiers boueux. A 1 h. 30 nous apercevons les plantations de l'ancien village de Botambi. Nous mettons plus d'une heure à les traverser ; puis la brousse recommence, avec des palmiers et quelques « colatiers ». A 3 heures nous arrivons à l'emplacement de Botambi, où nous campons, en prenant toutes les mesures de précaution nécessaires.

21 novembre. — Encore un orage. Décidément la malchance nous poursuit. Nous partons à 9 heures, et nous entrons dans une forêt assez claire, mais broussailleuse. Nous traversons deux

marigots assez longs, avec de l'eau jusqu'aux cuisses. A 11 heures

ARMURES ET ARMES DES RIVERAINS DE L'OUBANGUI.

(Dessin de Mme Paule Crampel, d'après les collections envoyées par M. Crampel.)

nous débouchons dans une plaine couverte d'herbes courtes.

Peu auparavant une femme a été aperçue, qui fuyait dans la brousse. A midi, des cris d'alarme nous révèlent la proximité du village, où nous pénétrons. Il est déjà vide; des chèvres courent en tous sens et un petit chien aux longues oreilles nous regarde, immobile. Je place nos hommes en ordre de bataille; puis, avec quatre Sénégalais, je parcours le village. De tous côtés, dans les herbes, nous apercevons des noirs qui poussent de grandes clameurs. Nous leur crions des mots d'amitié et de paix. Au bout de quelques minutes, certains s'approchent et consentent enfin à nous suivre près de l'endroit où sont nos hommes. Il y en a bientôt une cinquantaine. Nous tâchons de leur inspirer confiance et ils viennent s'asseoir près de nous. Ils présentent le même type que les Bouzérous du bord de la rivière. Ils ont les mêmes tatouages et la même petite protubérance de chair entre les sourcils. Plusieurs portent sur la tête une touffe de plumes rouges et bleues. Les costumes et armements sont les mêmes. Certains se sont barbouillé le visage avec du noir, d'autres avec du rouge ou du blanc. Tous portent des bracelets de cuivre et de fer.

A 1 heure, ils nous entourent, nombreux; mais le chef n'est pas encore arrivé et le palabre ne peut commencer. Bientôt le chef s'avance et les autres indigènes lui font place. Il marche lentement, en lançant des regards autour de lui et affectant une allure solennelle. Il réclame le silence et prononce un discours. « Pourquoi sommes-nous venus ? » M. Fondère répond que nous avons voulu connaître les gens de Salanga et non pas faire la guerre. Le blanc tué par eux avait été amené par les Yacoulis, qui l'avaient trompé sur le caractère des Salangas.

Les indigènes se mettent à parler très haut, tous ensemble. L'orateur se retire. Vers deux heures il revient avec un cabri, lui coupe la gorge et nous l'offre.

Les indigènes nous entourent de près pendant notre repas. On les éloigne un peu, mais ils reviennent. Ils paraissent très intéressés par nos gestes, parlent et rient. On donne une poignée de sel au chef; il en passe aussitôt à ses voisins, qui le mangent avec allégresse. Il y a environ deux cents hommes autour de nous et quelques enfants, mais pas une femme.

Une jeune fille s'approche enfin; elle est bientôt suivie de plusieurs autres.

A 4 heures commence le palabre. On réclame au chef la tête, les vêtements de M. Musy, les armes, etc. On promet aux indi-

POSTE D'OBSERVATION.

(Dessin de Mme Paule Crampel, d'après un croquis de M. Nebout.)

gènes des cadeaux, on les rassure. Ils délibèrent entre eux. Un moment après, on nous apporte un support de grenadière de remington. Nous donnons en échange un pagne. Puis vient un mousqueton entier n° matricule 89 977. M. Fondère paye avec du fil de schang, du cuivre, un pagne, des cauris. Le noir propriétaire de l'arme ne consent qu'avec peine à s'en séparer.

Contre du fil de schang, nous obtenons un chapeau de feutre ayant appartenu à Mahmadou-Cissé. On nous promet d'autres objets pour le lendemain.

Les Salangas habitent huit villages, sept grands et un petit. Le chef qui nous a parlé se nomme Tongogoua : c'est un homme d'assez haute taille, à l'air doux et un peu abruti.

Nous allons faire une promenade dans le village. Il est composé de cinquante-trois rangées de cases rectangulaires, orientées de l'est à l'ouest. Un fossé de deux mètres de large et autant de profondeur et une mauvaise palissade entourent et protègent le village, qui doit compter une population d'un millier d'âmes, dont deux cents hommes.

Dans la soirée, on nous apporte une cartouche chargée. Nous l'échangeons contre quelques cauris. Il me répugne un peu de voir acheter ces objets; comme nous étions certains de leur présence dans le village, nous aurions dû les exiger, puis faire des cadeaux ensuite. Dès demain, si l'on ne nous apporte pas le crâne de M. Musy et les autres fusils nous serons plus impératifs. Les noirs deviennent bien familiers,... il me semble qu'ils nous serrent de près... Le chef nous donne trois cases pour nos hommes et une pour nous. Il faut presque employer la force pour faire déguerpir les curieux, dont certains sont gris....

22 novembre. — La nuit a été tranquille.

A 8 h. 15 le chef vient avec un poulet, et le palabre commence. Pour écarter les indigènes — car on a volé hier la pipe de M. Fondère — j'ai fait tendre une corde qui nous réserve un petit carré. Le chef y entre, ainsi qu'un vieillard. A 8 h. 25, on nous apporte le canon et la culasse d'un mousqueton, n° matricule 89 200, puis un crâne qu'on nous dit être celui du blanc. C'est probable : le crâne est rond, l'os du nez est demeuré, alors qu'il manque à tous les crânes qu'on voit dans les villages. Nous donnons en échange des pagnes, du cuivre, du fil de schang, un collier de perles et des cauris.

Le chef et les hommes nous racontent alors la mort de Musy; malheureusement nous ne nous comprenons guère. Voici ce que nous pouvons conclure : le blanc est venu faire la guerre, il a brûlé le premier village et tué des hommes ; puis, comme il se retirait, suivi de cinq laptots, les indigènes qui s'étaient enfuis l'ont attaqué au retour et tué d'un coup de zagaie au côté droit. Impossible de savoir rien de plus.

On apporte un manuscrit contenant des versets du Coran. Il a appartenu au laptot Mady-Ba. En échange, nous donnons du fil de schang et des cauris.

9 h. 30. — Les indigènes se retirent tous. Nous les entendons discuter dans le fond du village. Le chef nous invite à partir. Nous répondons que nous partirons quand nous aurons tous les fusils. Ils continuent à palabrer.

10 h. 15. — Tous les indigènes prennent leurs lances et leurs boucliers. Je remarque une certaine effervescence.

10 h. 25. — Les habitants enlèvent leurs chèvres. Nos hommes sont sous les armes et réunis. J'ai fait faire ce mouvement sans bruit. Des indigènes quittent le village.

10 h. 35. — Le chef revient avec deux noirs portant chacun un remington.

11 h. 10. — On nous rend un canon de mousqueton n° matricule 90 093, la culasse, la sous-garde, l'embouchure, la grenadière, le battant de crosse, une pièce de gâchette.

Le chef nous apporte de l'eau. M. Orsi part avec une vingtaine d'hommes pour aller en chercher. Les noirs ont tout déménagé. Ils sont massés au milieu du village, assez loin de nous. Partout ils ont des sentinelles qui nous observent. Nous n'avons rien dit, rien fait pour les effrayer ou les irriter, et cependant leurs allures ont changé. Le chef paraît influent ; je pense que c'est à lui que nous devons les bons rapports d'hier. Sans lui, les indigènes n'auraient rien rendu et se seraient enfuis. Tout à l'heure, Khol allait chercher de l'eau dans la brousse; sept ou huit indigènes le suivent; le chef les rappelle, paraît les gronder et va lui-même chercher de l'eau. Khol dit qu'ils voulaient le tuer.

M. Orsi revient avec la corvée d'eau.

On échange deux gris-gris sénégalais contre des cauris. Quelques indigènes viennent autour de nous vendre des courges. Nous découvrons des visages que nous n'avons pas aperçus hier. Nous supposons que des gens d'autres villages sont venus pour nous voir. Les femmes nous regardent de loin. Nous faisons encore divers échanges....

Les trois Yacoulis nos guides ont disparu ce matin. Nous les réclamons au chef. Il nous répond qu'ils sont partis pour Bogassi. Deux indigènes qui viennent de ce village disent les avoir vus.

Nous avions l'intention de visiter les autres villages, mais cela prendrait trop de temps, et d'ailleurs notre mission est remplie.

Nous partons à 2 h. 30. M. Orsi est à l'avant-garde avec M. Fondère, Khol et un guide salanga. Je suis à l'arrière-garde avec M. Lauzière. Nous prenons la route de Bogassi. A 2 h. 45 environ, des coups de feu partent de la tête de la colonne. Je rassemble l'arrière-garde, une partie des porteurs et fais face en arrière. Il était temps. Nous sommes entourés. Des noirs, derrière nous, bondissent silencieusement dans les herbes. Je fais tirer : quatre tombent; je pense que d'autres sont blessés.

M. Fondère arrive. Il me dit qu'ils ont été attaqués en entrant dans la brousse. Le guide qui était derrière Khol le frappe d'un coup de zagaie dans le dos et se jette sur lui. M. Orsi tire sur le guide, mais son revolver rate deux fois. Amady-Samba étend mort un Salanga qui allait frapper M. Fondère.

M. Orsi fait ramasser les bagages que les hommes avaient jetés pour tirer, et enlever le blessé, puis nous rejoint. Nous disposons les hommes en carré et attendons. Continuer sur Bogassi est dangereux, car nous ne connaissons pas la route. Il nous faut revenir sur le village, nous y maintenir. L'offensive est nécessaire après cette embuscade. Je forme une colonne composée de trois rangs, les porteurs de bagages au milieu, et protégée par une avant-garde et une arrière-garde. Je suis à l'avant-garde.

Nous marchons lentement sur le village. Khol est porté par quatre hommes. Des indigènes se montrent sur notre droite. Je monte sur une termitière avec deux Sénégalais et je fais tirer sur eux. L'un tombe. De loin en loin, quand il y a de hautes herbes, je fais tirer quelques balles pour balayer la route.

A 4 heures, nous entrons dans le village. Les ponts ont été enlevés. Demba-Ba saute dans le fossé et les remet en place. Nous nous installons au bout du village; je fais abattre quatre rangées de cases et nous en brûlons cinq autres, pour nous donner du

ATTAQUE DES SALANGAS.

(Dessin de Mme Paule Crampel, d'après des croquis [illegible] M. Nebout [illegible] texte.)

champ, puis les hommes sont disposés en carré. Nous aurons heureusement la lune jusqu'à minuit environ ; après, nous allumerons des feux. La nuit venue, sans rompre le carré, nous faisons coucher un homme sur deux. Nous avons donc trente-quatre hommes qui veillent. Le pauvre diable de Khol est mort en route ; on l'a enveloppé dans de l'étoffe ; il avait deux blessures, l'une sous l'omoplate droite, l'autre au sein gauche.

A 8 h. 15, une zagaie lancée de la brousse tombe entre les jambes d'un Bassa. M. Orsi crie : « Garde à vous ! » Quatre ou cinq hommes tirent sans commandement. Le M'Fan N'Zégo, s'étant avancé pour tirer, reçoit une balle d'un des nôtres et tombe foudroyé. Le projectile lui est entré entre les épaules et sorti sous la gorge. La mort de Khol m'avait attristé, celle-ci m'accable ; j'aurais tant voulu les ramener tous ! Combien en perdrons-nous encore avant de rentrer à Bangui !

Nous passons la nuit éveillés, surveillant les dehors ou nos hommes. A tout instant il faut leur parler pour les empêcher de dormir. Les Sénégalais ne bronchent pas et les porteurs eux-mêmes font bonne contenance ; mais si l'on nous attaque en masse, je ne sais s'ils garderont leur sang-froid. Pendant l'attaque ils n'ont pas eu peur, mais il me fallait les placer presque un par un où je voulais qu'ils fussent... Quoique nous n'ayons rien mangé, nous n'avons pas faim ; mais nous avons soif, et pas une goutte d'eau... Quelle longue nuit !

23 novembre. — Jusqu'à minuit les noirs ont hurlé de loin, en frappant sur un tam-tam. Ils nous criaient des paroles de paix. Nous n'avons rien répondu et nous avons gardé un profond silence. De minuit jusqu'au matin, nous n'entendons plus rien. A 5 heures, nous nous préparons au départ. Un brouillard épais nous entoure et pourrait favoriser un assaut de nos ennemis. Nous quittons le village dans le même ordre qu'hier soir, puis, en file, dans la forêt. A 8 h. 15, nous arrivons à Botambi, où nous prenons un léger repas. Nous en repartons à 9 h. 20, pour arriver à 2 heures à Yacouli. Nous sommes très fatigués. L'*Alima* est passée ce matin, allant à Bangui. Quand reviendra-t-elle ? M. Fondère et Demba-Ba partent en pirogue pour aller informer M. Crampel de notre arrivée.

Contre notre attente, nous n'avons pas été attaqués en route.

Hier les indigènes avaient sans doute espéré nous disperser par la surprise; mais notre défense, notre retour offensif sur le village, les ont troublés. Leur trahison méritait une répression; cependant je n'ai pas voulu m'écarter des instructions de M. Crampel et risquer de perdre encore des hommes.

Le village yacouli est entré en allégresse à la nouvelle de la « pile » infligée aux Salangas. Nos hommes racontent d'ailleurs aux indigènes des combats homériques que nous n'avons jamais livrés. Les femmes et les enfants nous apportent des produits.

JEUNE FILLE SALANGA.

(Dessin de Mme Paule Crampel, d'après un croquis de M. Brunache.)

24 novembre. — A 7 h. 30, l'*Alima* vient nous prendre. A 11 h. 15 nous sommes à Bangui. M. Crampel est en bonne santé. Je lui rends compte de la conduite de tous nos hommes, surtout des Sénégalais, dont le calme et la bravoure sont d'un bon augure, et je donne de justes éloges à l'étonnant sang-froid de M. Lauzière, qui se trouve pourtant pour la première fois dans de pareilles aventures.

25 novembre. — A 5 heures a lieu l'ensevelissement des restes de Musy. Tous nos hommes et ceux du poste sont sous les armes et forment la haie jusqu'à la fosse. M. Hanolet est venu.

27 novembre. — Nous achevons de préparer les charges de cartouches et de sel. Deux chefs de Bobassa sont arrivés au poste. Jamais personne n'y était venu de ce village. Ils disent que les Salangas ont eu huit tués et trente-trois blessés, dont le chef Tongogoua.

VII

DE BANGUI AU VILLAGE DE DEMBÉ.

28 novembre. — A 1 heure de l'après-midi, nous quittons Bangui, M. Lauzière et moi, huit Sénégalais, dix-neuf Bassas, quatre M'Fans, trois Gallois, notre cuisinier et deux boys. Nous sommes suivis par sept pirogues avec trente et un Banziris et une pirogue montée par trois hommes de Biri-N'Goma. Le premier rapide est franchi promptement, le deuxième est plus difficile et plus périlleux. On stoppe à 4 h. 30. Les Banziris sont d'adroits piroguiers; grâce à leurs longues perches, la marche est rapide.

A 3 h. 30 nous arrivons à Biri-N'Goma.

30 novembre. — Nous laissons la pirogue, trop lente, à Biri-N'Goma. Un instant après le départ, nous rencontrons une pirogue de Bouzérous. Les Banziris crient et les autres, effrayés, s'enfuient dans la brousse en abandonnant leur embarcation. Deux Banziris sautent dedans et s'emparent d'un poulet; tout le chargement y passait, si je ne m'étais interposé. Je fais abandonner le poulet et pousser la pirogue à la rive, où ses propriétaires la reprennent. Les Banziris me paraissent pillards. Déjà hier, à Linkeko, j'ai dû les empêcher de voler une ligne. A 2 heures, nous arrivons au premier rapide; dans cette saison des basses eaux, ils se franchissent avec facilité.

Encore un tour des Banziris. Le caporal Amady-Samba m'apporte deux paniers de maïs volés par les noirs de sa pirogue au dernier village.

1er décembre. — Je fais laisser les deux paniers de maïs sur le banc de sable où nous avions atterri. A 8 heures, nous passons un très mauvais rapide; j'y perds un paquet de linge.

A 4 heures, nous campons à l'extrémité d'une petite île. Au milieu s'élève un arbre unique, mais énorme. Le pays a changé d'aspect. La rivière s'élargit, les rives deviennent basses, peu boisées. Un pays de plaines commence.

2 décembre. — Départ à 6 h. 15. J'ai une plaie au pied qui me fait beaucoup souffrir et me donne une forte fièvre. Cette

journée en pirogue, sous un soleil ardent, est atrocement longue et douloureuse.

4 décembre. — A 5 heures, nous arrivons à Dioukoua-Mossoua, village du chef Bembé. Ma pirogue arrive la première. M. Biscarrat est sur la rive. Il veut bien s'occuper du débarquement des marchandises. Je monte au camp. J'ai au pied une plaie qui m'a fait beaucoup souffrir et m'oblige à me coucher.

5 décembre. — Je suis obligé de garder le lit ; impossible de

PIROGUIER BANZIRI.
(Dessin de Mme Paule Crampel, d'après une photographie.)

marcher ! J'avais, depuis deux mois, un eczéma et je le traitais au bichlorure ; c'est une trop forte dose de ce médicament qui m'a blessé. J'aurais cependant tant à faire ! M. Biscarrat me remplace et fait nettoyer les fusils de traite. Je suis navré d'être impotent.

6 décembre. — Je suis toujours alité. Hier M. Biscarrat devait partir avec un premier convoi pour Mokanda. Un N'Dri accepte de le guider, et Bembé s'offre à l'accompagner, le tout après une journée de palabres. M. Lauzière devait partir aussi. Ce matin, pas de guides. Bembé ne veut plus partir ; il affirme que nous

serons attaqués en route. On allait se décider à partir quand même, sans guides, lorsqu'on apprend que les femmes du village de Rembé se sont enfuies dans une île. Cela est mauvais signe. M. Biscarrat demande une pirogue pour aller chez les M'Bata tâcher de connaître exactement les intentions des N'Dris et, si possible, d'atteindre Mokanda par la rivière. Rembé promet la pirogue pour demain. Que se passe-t-il dans la cervelle de ces noirs? Les piroguiers n'ont pas reçu leur paye; nous ne pouvions la leur donner, faute de cauris. Peut-être n'en aurons-nous pas assez pour attendre l'arrivée de M. Crampel... Mais à ce moment tout changera.

A 6 heures du soir, Rembé me prévient que beaucoup de N'Dris sont rassemblés non loin d'ici, et nous conseille de veiller pendant la nuit.

7 décembre. — M. Biscarrat part en pirogue, emmenant cinq Sénégalais, cinq Bassas et cinq M'Fans.

Un chef banziri vient me voir et m'affirme que Mokanda et ses hommes sont avec les autres Langouassis pour nous empêcher de passer.

8 décembre. — Des N'Dris viennent me dire que nous avons tort de partir pour Mokanda, qu'il y a un autre chemin, plus sûr, au Nord.

9 décembre. — J'ai essayé hier d'un remède que m'a conseillé Samba-N'Diaye : une infusion de racines. C'est un siccatif; je souffre encore davantage et je reviens à l'huile de palme. J'ai sans cesse l'impression d'une brûlure.

Je commence à être assiégé par les idées les plus noires.

Biscarrat rentre. Il a vu des chefs. Grand palabre sur une île, non loin d'ici, demain.

10 décembre. — Un orage : le toit de nos cases est transpercé; mon lit, tous mes effets sont mouillés. Je vais m'établir dans une autre case, dont le toit en grande pente me promet plus de confortable. Vers quatre heures, nouvel orage; hélas! l'eau pénètre encore chez moi.

12 décembre. — M. Biscarrat part à 4 heures avec des N'Dris; il va faire une reconnaissance. Il emmène avec lui six Sénégalais et six Bassas.

14 décembre. — M. Biscarrat rentre. Il a laissé ses hommes

à environ 18 kilomètres du camp. Il repartira demain avec un premier convoi : « Tout va bien », me dit-il.

15 décembre. — M. Biscarrat part avec tous les porteurs chargés. Il me laisse quatre Sénégalais et trois Bassas malades.

CHEZ LE CHEF BEMBÉ : VILLAGE BANZIRI DE DIOUKOUA-MOSSOUA.

(Dessin de Mme Paule Crampel, d'après des photographies et des croquis de MM. Nebout et Brunache.)

16 décembre. — Bembé, avec N'Drou, chef langouassi, vient me prévenir que les N'Dris veulent faire la guerre au blanc. Il veut que je recommande à mon camarade de bien veiller, surtout quand toutes les marchandises seront avec lui. Qu'y a-t-il de vrai là dedans ? Bembé craint-il pour son payement quand toutes les marchandises seront parties ? En tout cas, M. Biscarrat sera prévenu.

A 4 heures arrive un détachement de quarante-quatre hommes, envoyé par M. Biscarrat.

.... M. Crampel, qui a été longtemps très malade — nous avons craint un moment de le perdre — va bien maintenant.... M. Lauzière est toujours mon excellent camarade; pour lui je n'ai pas de secrets. Sous ses dehors modestes, simples, il a une intelligence vraiment remarquable. Il a une excellente mémoire, une instruction étendue et sérieuse; il juge les choses avec une clarté et une froideur qui sembleraient ne pouvoir appartenir qu'à un homme mûr....

... Nous voici à la veille de quitter l'Oubangui pour nous diriger vers le Tchad. Nous n'avons guère souffert jusqu'ici. J'ai perdu beaucoup de choses, mais je suis encore riche; dans ma malle en fer, j'ai du linge, deux costumes de drap, trois de toile, mais je n'ai plus que deux paires de chaussures. C'est peu, pour deux ans de marche!

... Notre nourriture se compose de chèvres, poulets, ignames, patates, haricots indigènes, bananes, et de la chasse, qui produit pour le moment des pintades. C'est peu varié, mais c'est sain. Pas de conserves ou très peu; nous n'emportons que des boîtes de sardines et des boîtes d'une pâte nommée « soupe à l'oignon » qui remplace la graisse.

Le nom de Bouzérous appartient réellement aux habitants de quelques villages situés près du poste de Bangui. Ils forment une famille de cette race anthropophage qui commence à apparaître sur les bords de l'Oubangui vers 3° 30′ latitude Nord, pour disparaître vers 4° 50′ latitude Nord. On connaît le nom de quelques familles groupées en un ou plusieurs villages, mais on ignore s'il existe un nom d'ensemble de la race. Celle-ci est riveraine de l'Oubangui et ne s'écarte pas au delà de quelques kilomètres des rives.

Au sud de Bangui, les Bouzérous habitent dans de grands villages ouverts sur la rivière, mais palissadés et protégés par un fossé du côté de l'intérieur. Une brousse épaisse, presque impénétrable, s'étend derrière ce fossé. On accède au village par un seul sentier, qui aboutit à une porte étroite, formée de deux lourdes planches reliées ensemble et se fermant par un système à bascule.

Sur la rivière, l'accès des villages est très difficile; la berge est toujours très élevée et il faut grimper par un sentier à pic, parfois au moyen d'une liane tendue à cet effet.

Au nord de Bangui, dans la région des rapides de Mokangoué,

VILLAGE BOUZÉROU.
(Dessin de Mme Paule Crampel, d'après une photographie.)

les rives deviennent plus basses et les villages bouzérous sont alors, du côté de la rivière, protégés par une palissade. Ils sont aussi mieux défendus et il faut, avant d'arriver à la porte, passer dans une sorte de couloir fermé en haut par un plafond en treillis sur lequel, en cas d'attaque, doivent se trouver des gardiens.

Les villages sont aussi plus petits, et quelques-uns sont entièrement entourés de brousse. Ils ont un aspect mystérieux et sauvage : on n'aperçoit, en passant, que la porte, derrière laquelle apparaissent des lances et quelques têtes de farouches habitants. Certains villages possèdent des « guettes ». Ce sont des postes-vigies construits en écorce, au sommet des grands arbres. On y grimpe au moyen d'échelles de lianes.

Les villages sont assez grands : plusieurs ont une population de plus de 1000 âmes. Les cases sont rectangulaires, construites en écorce d'arbres, par rangées parallèles occupant toute la largeur du village et orientées de l'est à l'ouest, la façade toujours au nord. Dans ces cases, on voit des sortes de lits très bas, faits de lianes dures et polies, des sièges composés d'une branche fourchue, des marmites en terre qui contiennent de l'eau ou dans lesquelles on fait la cuisine.

Les Bouzérous sont des nègres d'une grande taille, mais mal proportionnés. Leur allure est gauche, surtout si on les compare à leurs voisins, N'Dris, Langouassis et Banziris. La couleur de leur peau est peu foncée; beaucoup sont bruns, quelques-uns presque jaunes. Leur physionomie a un aspect bestial souvent, brutal toujours; leur regard est inquiet. La mâchoire est saillante et la bouche est déformée par l'extraction des quatre incisives de la mâchoire supérieure. Certains cependant conservent leurs dents et se contentent de les tailler en pointe. Parfois, de la dent limée, il ne reste qu'un fragment de la grosseur d'une allumette.

Les Bouzérous sont peu tatoués : ils ont un léger signe en relief entre les deux sourcils et un à chaque tempe, près de l'œil. Ils portent leurs cheveux courts; souvent ils se rasent la tête. Ils pratiquent la circoncision. Leur costume se compose d'un morceau d'écorce d'arbre pilée — formant une sorte de feutre — qu'ils se passent entre les jambes. Aux bras et aux jambes, ils portent des bracelets faits d'un fil de cuivre; ils ont quelquefois au cou un collier de perles. Ils se coiffent d'un bonnet en poil de chèvre ou d'un bouquet de plumes.

Pour armes, les Bouzérous ont des lances, dont le fer est généralement long et large; un large couteau, enfermé dans une gaine qu'ils portent sur la poitrine, attaché par une liane; des couteaux de jet, dont les formes sont bizarres et variées et qui sont généralement attachés au bouclier. Cette dernière arme défensive est, la plupart du temps, de forme ovale et faite de lianes tressées, d'un curieux travail. Pour faire la guerre, les Bouzérous se barbouillent le visage, en tout ou en partie, avec du noir, du blanc ou du rouge.

Les guerres entre indigènes sont l'occasion d'embuscades, de surprises, dans lesquelles peu de guerriers perdent la vie ; cependant, après des événements graves, on a vu des villages entiers détruits. Dans une attaque ordinaire, les Bouzérous s'enferment dans leur village. Au contraire, si l'ennemi est nombreux, redouté, ils s'enfuient dans la brousse avec la prestesse de singes. Dans ce cas, aussitôt l'alarme donnée, hommes, femmes, enfants et même chèvres et poules, disparaissent en un clin d'œil. Ils se gardent toujours soigneusement et il est difficile d'approcher d'un village sans être signalé. On entend alors des sons de trompe ou des cris d'alarme.

Ce sont les femmes qui s'occupent des plantations. Les hommes passent la journée entière à jouer avec des cauris ou à fumer. Cependant ils s'intéressent à la pêche ; ils prennent le poisson au moyen de grands filets, de pièges ou de barrages divers. Le poisson séché est un objet de trafic avec les populations de l'intérieur.

Les femmes sont aussi laides, aussi disgracieuses que les hommes ; elles ont la même coutume de s'arracher les dents. Elles portent les cheveux rasés. Pour tout vêtement, elles ont, devant et derrière, un petit pagne en filaments d'écorce non tressés, ou simplement des feuilles de manioc. Elles sont souvent très sales. Parfois on rencontre une jeune fille agréable de formes et de physionomie, mais la plupart sont affreusement laides.

Le Bouzérou paraît aimer ses enfants ; il les porte souvent dans ses bras.

Il rit rarement ; son naturel est farouche ; son premier mouvement est la fuite, quitte à revenir pour surprendre son adversaire. Lorsqu'on navigue sur la rivière, soit en vapeur, soit en pirogue, il n'est pas rare de voir des indigènes abandonner leurs embarcations et s'enfuir dans la brousse. Pour les rassurer, il faut leur répéter maintes fois des paroles de paix ; encore n'y parvient-on que difficilement. On crie alors *Kama! kama!* (Ami ! ami !), nom qui leur est souvent donné.

Chez les Bouzérous, comme chez tous les noirs, l'absence des femmes et des enfants indique l'inquiétude ou décèle des intentions hostiles. Parfois cependant ils font venir quelques femmes pour rassurer l'étranger pacifique auquel ils voudront tendre une embuscade.

Dans leurs palabres avec les blancs, les Bouzérous apportent toujours des chèvres et des poules. Ils égorgent les chèvres et tuent les poules en leur brisant les os des ailes et les pattes, puis ils jettent sur la tête de ceux à qui ils font ces dons des plumes qu'ils viennent d'arracher.

Quand un orateur indigène fait un discours, il est accompagné d'un autre qui scande les phrases de *hé!* sur un ton très doux et monotone. Ils pratiquent peu l'échange du sang, si fréquent chez leurs voisins. Les signes d'amitié et de paix se font ainsi : on écrase sur l'avant-bras des deux futurs amis un morceau d'une substance rouge, puis ils frottent leurs bras l'un contre l'autre. Ajoutons que ces pactes n'ont pas grande signification.

Les Bouzérous sont anthropophages ; mais il ne faut pas se les représenter comme des monstres toujours affamés de chair humaine. Cependant il est certain qu'ils aiment cette « viande » et s'en régalent. On nous a affirmé qu'ils enterraient leurs morts ; ils ne mangeraient donc que des étrangers. Peut-être encore n'est-ce que dans certaines circonstances. Si un étranger inconnu fugitif est pris près d'un village, il est tué et mangé ; il en est de même de tout ennemi pris à la guerrre. Mais ils ne tuent pas, pour le manger, tout étranger venu dans leurs villages ; sans quoi ils n'auraient pas de relations avec leurs voisins, et ils en ont. On dit que les Bouzérous mangent leurs esclaves. Pas tous, en tout cas : ils en ont d'adultes du sexe mâle, qui ne semblent pas mal traités et qui possèdent des armes comme leurs maîtres ; ce sont généralement ces esclaves qu'on envoie remplir les missions périlleuses.

Tous les crânes des individus mangés sont accrochés à un arbre, souvent au milieu du village. Ils ne sont d'ailleurs jamais extrêmement nombreux.

Les enfants esclaves sont élevés comme des travailleurs ou ils servent d'objets d'échange. J'ai vu vendre, pour deux chèvres, un enfant de sept à huit ans.

Derrière la brousse qui entoure chaque village s'étendent les plantations : de grands champs de bananiers, de maïs, d'ignames, de manioc. Là où le palmier croît, les indigènes mangent les noix et boivent le vin de palme. Ils cultivent aussi les courges, quelques plantes dont les feuilles sont mélangées aux aliments, enfin un petit piment rouge, très fort. On trouve encore dans les plantations une sorte de tabac que les noirs fument presque vert.

LA FEMME A LA CALEBASSE.

(Dessin de Mme Paule Crampel, d'après un croquis de M. Nebout.)

Le poisson, les végétaux dont je viens de parler et certaines chenilles forment la nourriture la plus habituelle des Bouzérous.

17 décembre. — A six heures du matin, le détachement repart avec de nouvelles charges.

18 décembre. — Un troisième détachement arrive à deux heures du soir, escorté par Samba-Assa.

19 décembre. — A sept heures du matin, M. Lauzière part avec le détachement. A dix heures, Bembé et son frère, chef d'un autre village peu éloigné, viennent me prévenir qu'ils ont entendu, le matin vers quatre heures, beaucoup de coups de fusil chez les N'Dris Langouassis. Un instant après, les Sénégalais disent également avoir entendu des coups de feu. Tout le monde prend les armes ; je place deux sentinelles. A 10 h. 30, j'entends à mon tour deux coups de feu ; mais il est lointain et peu distinct ;

je veux encore douter. Midi : cette fois il n'y a plus de doute, c'est la guerre. Nous entendons distinctement une vingtaine de coups de feu dans la direction du nord. On a dû nous attaquer. Que sera-t-il advenu? Je suis dans une inquiétude mortelle.

20 décembre. — A 10 h. 45, M. Lauzière arrive, accompagné de vingt-deux hommes. Il me raconte l'attaque qu'a subie M. Biscarrat, trahi et attaqué à 5 heures du matin. Mais il était sur ses gardes, et les Langouassis se sont enfuis après avoir subi des pertes considérables. Tous les villages sont déserts. M. Lauzière repart à 2 heures du soir, me laissant un renfort de cinq hommes.

Une femme banziri, enceinte d'environ sept mois, après avoir versé un peu d'eau dans une calebasse, me prie de me mirer dedans, puis de m'y laver les mains. Assez surpris, je lui demande pourquoi; elle me répond très gravement qu'elle boira l'eau, ce qui lui donnera un enfant blanc.

Je fais ce qu'elle prescrit et elle boit l'eau avec satisfaction. M. Lauzière a rendu le même service à une autre. Ces braves femmes auront une grosse déception....

21 décembre. — A huit heures du matin, je pars avec six laptots et un grand convoi d'hommes, de femmes et d'enfants banziris, pour un des villages langouassis dont les habitants ont pris part à l'attaque de la mission. Nous prenons le contenu des greniers, car je n'ai que très peu de cauris et il faut nourrir les hommes. Nous sommes de retour dans l'après-midi. Je suis très fatigué. J'étais immobile depuis longtemps et mon pied, à peine guéri, s'est enflammé.

22 décembre. — J'ai eu grand tort de marcher si tôt. Me voilà encore obligé de garder le lit.

23 décembre. — On me prévient que le commandant de la mission arrive. En effet, il débarque à quatre heures avec Mohammed-ben-Saïd, Niari et Ischekkad.

M. Orsi est attendu demain par le boat.

Mohammed-ben-Saïd me donne une pommade à l'acide borique pour mon pied.

25 décembre. — On paye une partie de nos piroguiers; on donne à Bembé un fusil pour cadeau. Des chefs langouassis, N'Drou et un autre, viennent avec leurs hommes faire des protestations d'amitié.

26 décembre. — On achève de payer les piroguiers et l'on conclut des traités avec les chefs banziris.

30 décembre. — M. Biscarrat, qui était revenu, retourne au campement, précédé d'un détachement emmenant quarante et une charges.

M. Lauzière arrive à une heure du soir avec les M'Fans.

31 décembre. — Des Langouassis de N'Drou viennent se plaindre d'une attaque de nos hommes M'Fans et Bassas, partis sans chef en avant de M. Biscarrat. On ne leur a heureusement tué personne, mais on leur a pris des couteaux et une lame. On interroge les M'Fans, et Bakala, resté seul en arrière, avoue avoir tiré quatre coups de feu sur des indigènes qui le menaçaient. On arrange l'affaire par des petits cadeaux et on rend les armes saisies.

Nous passons la soirée avec M. Crampel et nous finissons l'année avec l'avant-dernière bouteille de champagne.

VIII

DANS L'INCONNU, VERS LE TCHAD. — CHEZ LES LANGOUASSIS.

Bembé, jeudi 1er janvier 1891. — Cette journée a été une de mes plus mauvaises. J'ai été, depuis le matin, assailli par les idées les plus tristes. Je pense que peut-être cet eczéma, qui m'immobilise depuis un mois, ne pourra se guérir assez tôt pour que je puisse suivre la mission. Je ne veux pas devenir un objet d'ennui, un embarras, et en même temps j'ai l'inébranlable résolution de ne pas retourner. Il me vient des pensées de suicide.... C'est à cause de ma blessure que M. Crampel va me laisser en arrière... Quelle chose odieuse que d'être arrêté par un mal aussi ridicule! Que je guérisse, mon Dieu! et que je ne sois pas arrêté par ce grain de sable!

Mohammed-ben-Saïd, à ma prière, me donne de la morphine. Je lui cache ma véritable pensée.

M. Crampel part à une heure du soir. Il me fait des adieux affectueux qui me touchent beaucoup. MM. Lauzière, Saïd, puis Ischekkad, avec un petit Bouzérou donné par Bembé; Niari, des Sénégalais, Loangos, M'Fans, Bassas, forment la caravane.

M. Crampel va peut-être aller loin en reconnaissance Je garde six Sénégalais, cinq M'Fans, mon boy. M. Orsi, souffrant de la dysenterie, reste aussi avec son boy.

2 janvier. — Encore un orage; l'eau pénètre partout dans nos chambres.

3 janvier. — J'ai eu peu de fièvre cette nuit.

A 4 heures du soir, six M'Fans avec deux Sénégalais arrivent avec le courrier de M. Crampel.

4 janvier. — Je remets à Samba-Sibry le courrier (1) et une lettre pour le chef de zône, lui annonçant que Amady-Paté est parti pour rejoindre M. Crampel. A 10 heures, le boat et la pirogue partent pour Bangui avec les Sénégalais du poste, deux Bassas renvoyés pour maladie, Grando et Fathianou.

Trois jeunes femmes banziris, dont une a de faux cheveux qui tombent jusqu'à ses mollets, exécutent une danse assez curieuse. Après quelques phases d'un pas cadencé, accompagné de battements de mains, elles se rencontrent violemment ventre à ventre, et ce choc produit un bruit très fort et bizarre. Malgré ce geste, cette danse n'a rien d'obscène, car elle est exécutée très simplement.

Dans la nuit, Mamadou-N'Diaye va au village et s'enivre. Il me faut aller le chercher, puis le faire amarrer.

5 janvier. — M. Orsi part pour le camp avec quatre Sénégalais et tous les M'Fans, à 8 heures du matin. Je quitte à mon tour le village de Bembé avec quatre Sénégalais. A midi 25, je rejoins M. Orsi ; il est faible et doit se reposer souvent. A 4 heures, nous arrivons au camp. M. Biscarrat y est seul avec quatre Sénégalais, Bassas et Gallois. M. Crampel est parti en avant avec MM. Lauzière, Saïd, Ischekkad et un gros détachement. Mon pied paraît décidément en voie de guérison ; j'en suis bien heureux.

Le camp où M. Biscarrat a été attaqué par les Langouassis est situé au milieu de plaines ondulées couvertes d'herbes courtes. Çà et là, des bouquets d'arbres, au pied desquels se trouve toujours de l'eau, stagnante ou courante. A 50 mètres du camp coule une petite rivière de 4 à 5 mètres de large, profondément encaissée entre deux berges, où croissent des arbres et des buissons.

(1) Ces documents et lettres, particulièrement précieux, ne sont jamais parvenus en France. (H. A.)

Les Langouassis habitent ces plaines, disséminés en de petits villages de quatre ou cinq cases, peu éloignées les unes des autres. Autour des villages s'étendent de nombreuses plantations de manioc, mil, patates, pommes de terre, etc.

7 janvier. — Les villages se repeuplent. Les Langouassis, voyant qu'on ne les traque pas, se rassurent. Ce matin, des Sénégalais allant aux provisions ont aperçu, près des cases jusqu'alors abandonnées, des hommes, des femmes et des enfants. A 2 heures, quelques Langouassis viennent au camp, vendre des poules.

8 janvier. — Les Langouassis viennent encore nous vendre des vivres. Ces gens sont, en général, assez grands, un peu maigres. Le visage, qui n'est pas laid, est déformé par des ornements qui traversent leurs narines et leurs lèvres ; ce sont souvent de gros morceaux de bois taillés ou une sorte de métal blanc. Aux oreilles, ils portent également des morceaux de bois, ou un petit rouleau de fil de cuivre. Ils dégagent leur front en rasant leurs cheveux, jusque vers le milieu du crâne; là, leur chevelure est tressée en un rouleau allant d'une oreille à l'autre, passant vers le milieu du crâne, puis forme une espèce de chignon arrondi, derrière la tête. Aucun tatouage sur le visage; en revanche, leur ventre est quelquefois recouvert de dessins légèrement en relief. Ils portent des colliers faits de morceaux de bois et de dents de sanglier. Leur allure est dégagée, leurs gestes sont vifs, leur visage est très mobile; en causant, ils appuient leurs discours par une mimique expressive. Ils parlent rapidement, avec une sorte de bredouillement causé par la mutilation de leurs lèvres. Ils sont armés d'arcs, de lances légères, aux fers droits, quelquefois barbelés. En guerre, ils portent le bouclier et les couteaux de jet.

Leur attaque, causée par l'appât des marchandises, a montré qu'ils étaient cupides, mais peu braves.

9 janvier. — Samba-N'Diaye prépare un remède pour M. Orsi.

Je profite de cette journée de repos pour mettre en ordre mes notes sur les Banziris.

Les Banziris commencent à apparaître aux rapides de Mokangué ; mais ils *n'ont encore que des campements de pêche*, et leur premier village sur la rive droite est celui que commande Bembé.

La rivière leur appartient, et seuls ils y ont droit de pêche. Ils disent occuper les rives très loin en amont; ils ne s'étendent pas dans l'intérieur.

Les villages sont bâtis près du fleuve. Ils ne sont pas fermés. Les cases, rondes à la base, sont de forme conique. L'intérieur est en contre-bas et protégé par une petite muraille de terre d'une hauteur de 50 centimètres. Les cases sont disséminées et le village couvre souvent une assez grande étendue de terrain.

Le Banziri est généralement d'une taille assez élevée. Son corps est robuste, bien proportionné; ses reins sont cambrés. L'expression du visage est douce et intelligente. Le nez est droit, quelquefois même busqué, peu épaté; le menton est souvent très accentué. Beaucoup liment leurs dents en pointe. Leurs cheveux sont réunis en grosses tresses et couverts d'une grande quantité de perles diverses. Ils se rasent le dessus du front en triangle.

Les Banziris n'ont d'autre ornement que les perles. Seules les femmes ont la lèvre supérieure percée et traversée par un anneau: ce qui n'empêche pas que nombre d'entre elles sont jolies. Toutes les jeunes femmes vont entièrement nues; les vieilles portent une bande étroite de pagne, qui rejoint la ceinture. Elles tressent leurs cheveux en nattes fines, et les allongent avec des filaments tressés de même et habilement raccordés, qui tombent sur les épaules et parfois même jusque sur les jarrets. Pour reconnaître la fraude, il faut regarder de très près. Quelques femmes se contentent de tresses courtes, qui forment des dessins variés; d'autres ont des chignons ronds, également postiches, recouverts de perles. Elles s'enduisent le corps d'huile de palme et de teinture rouge. Elles portent des colliers de perles et parfois ont aux jambes et aux poignets de larges bracelets faits d'un seul fil plat, en fer, enroulé comme un ressort.

Le chef Bembé, atteint par une maladie heureusement rare dans ces contrées, est un beau spécimen de la race banziri; il est surtout remarquable par sa physionomie fine et intelligente. Ses nombreux enfants sont les plus beaux du village.

Les Banziris sont armés de lances et de boucliers.

Ils n'ont aucune industrie. Leurs lances et leurs couteaux leur viennent des Langouassis et des Yakomas. Ils vivent du produit de la pêche, plutôt que de leurs plantations, qui sont rares. Ils

PÊCHEURS BANZIRIS.

(Dessin de Mme Paule Crampel, d'après des photographies et des croquis de M. Nebout.)

sont surtout commerçants, trafiquant avec les Bouzérous, les Langouassis et autres peuples. Avec ceux de l'intérieur, ils échangent des poissons fumés ou des cauris contre des chèvres ou des poules, qu'ils revendent aux Bouzérous contre des esclaves ou du bois rouge. Ce produit, très apprécié des Langouassis, leur est revendu très cher.

Les Banziris sont pillards et voleurs ; dans leurs navigations sur la rivière, ils exercent aussi bien ce dernier métier que celui de commerçants.

Ils ne semblent pas très braves et s'attaquent surtout aux faibles. Malgré leurs relations commerciales avec les Langouassis, ils les craignent et, à la moindre alerte, s'enfuient sur leurs pirogues.

Les mœurs des Banziris sont assez douces. Ils sont gais et bruyants, jaloux et cupides. Leurs femmes, qu'ils achètent, paraissent assez fidèles. Leurs mœurs sont d'ailleurs sévères sur ce point. Il n'est pas rare de voir des femmes disposer d'une autorité égale à celle des hommes. Ces indigènes sont polygames. Ils ne sont pas circoncis. Leurs esclaves sont traités avec douceur.

Les Banziris se dirigent généralement sur la rivière au moyen de grandes perches, qu'ils manœuvrent avec habileté. Ils ne se servent de la pagaie que dans les eaux profondes.

Les Banziris ont résisté aux Belges lors du premier passage de ceux-ci ; mais, depuis, leurs instincts commerçants l'ont emporté, et ils voient avec plaisir arriver les blancs... et leurs marchandises.

10 janvier. — A 3 heures du soir un Langouassi arrive au camp. Il a vu M. Crampel, qui lui a donné un morceau d'étoffe et une sonnette. Il parle aussi des musulmans « tourgous » ; il singe leur prière, nous décrit leurs ânes.

11 janvier. — Le caporal Demba-Ba arrive au campement avec dix Bassas, sept Loangos, cinq Gallois, six M'Fans et neuf indigènes. Il m'apporte une lettre de M. Lauzière, arrêté à 36 kilomètres nord de notre campement. M. Crampel a, paraît-il, continué en avant pour essayer de joindre les nègres musulmans dont nous parlent depuis longtemps les Banziris et les Langouassis. Il est à 16 kilomètres de nous.

Je donne à M. Biscarrat 1200 cauris. Il m'en reste 2500.

12 janvier. — M. Biscarrat part à 6 h. 10 du matin avec tous les porteurs. Il emporte 18 barils de poudre, 6 ballots d'étoffes, 22 paquets de fusils, 9 paquets de cartouches, 6 boîtes de viande. Il me reste quinze Sénégalais.

A 10 heures, M. Ponel, accompagné de quelques laptots, arrive à notre camp. Il apporte le courrier de France. Je reçois des lettres de ma famille, de mes amis, et ces nouvelles inespérées me causent une grande joie. M. Ponel nous raconte ensuite que deux missions, l'une allemande, l'autre anglaise, se dirigent vers le Tchad. M. Mizon est aussi parti en exploration, par le pays des Pahouins et la Sanga.

GUERRIER LANGOUASSI ET GRENIER A MIL.

(Dessin de Mme Paule Crampel, d'après une photographie et un croquis de M. Nebout.)

M. Ponel indique un traitement à M. Orsi, toujours très malade.

13 janvier. — M. Ponel repart.

15 janvier. — A 10 heures du matin arrive un détachement de porteurs Il est composé de quatorze Bassas, neuf Gallois, dix-huit M'Fans, sept Loangos et neuf Langouassis. Afin de permettre à M. Biscarrat d'aller commander le camp de M. Crampel, qui doit repartir en avant, j'irai demain le remplacer. M. Orsi

est trop malade pour marcher, mais il ne l'est pas assez pour ne pas pouvoir assurer la sécurité de mon camp actuel.

16 janvier. — A 6 h. 30 du matin, je pars avec le détachement. Halte à 11 heures ; déjeuner. Campement à 4 h. 15, près d'une petite rivière.

Samedi, 17 janvier. — Départ à 6 h. 30 du matin. Arrivée au camp de Barao à 10 h. 30. Plaines vallonnées, coupées de nombreux ruisseaux dont le cours est bordé d'arbres ; beaucoup de villages, entourés de grandes plantations de gros mil, de maïs, de manioc, de patates, d'ignames, etc. L'attitude des indigènes n'indique que la curiosité. On nous offre beaucoup de poules et d'œufs, contre des cauris, la seule monnaie qui semble avoir cours.

Les cases sont élevées et bien faites, mais l'entrée, très basse, ne permet de pénétrer qu'en rampant. Les greniers à mil sont assez curieux, par leurs dessins grotesques, visant à représenter des hommes et des bêtes. Ces greniers sont ronds, montés sur des piquets, et surmontés d'un toit conique en paille. Le mur est un clayonnage, recouvert d'un plâtrage peint en blanc. Les dessins sont noirs.

Le camp de Barao n'est composé que d'une seule case, encombrée de colis, où loge M. Biscarrat. Il la partage avec moi. Un peu plus loin est une autre case, inachevée, sur le bord d'un ruisseau couvert de brousse. Derrière, la plaine continue. Le nom de Barao est celui du chef du premier groupe de cases.

Dimanche, 18 janvier. — M. Biscarrat part à 6 heures du matin, avec quinze Bassas, cinq Sénégalais et cinq Loangos. Je conserve cinq Sénégalais et trente-six porteurs. Je n'ai de cauris que pour huit jours environ, et il faudra faire des économies pour aller jusque-là. J'en informe M. Crampel. A 6 h. 30 j'envoie au camp de Makobou un convoi de trente porteurs avec deux contremaîtres. Je conserve onze hommes pour la garde, dont trois éclopés.

De nombreux indigènes viennent me voir. Ils sont très intéressés par divers objets, surtout par une lentille : tous veulent essayer la chaleur et se faire brûler les mains. Les allumettes les étonnent aussi beaucoup.

Ces indigènes sont de la même race que les Langouassis. Ils

sont assez grands et bien proportionnés. Leurs cheveux tressés sont réunis derrière la tête. Ils se déforment les lèvres supérieure et inférieure et le nez en y mettant des morceaux de bois, d'ivoire ou de quartz. Ils portent de longues lances, au fer étroit, souvent barbelé, au bois mince et flexible. Souvent un homme en porte plusieurs, dont le fer est enfermé dans un étui en cuir.

Ils avouent manger de la chair humaine. Ils ont cependant

VILLAGE DE NAKOBOU.

(Dessin de Mme Paule Crampel, d'après une photographie de M. Dybowski.)

d'autres mœurs que les Bouzérous, sont plus travailleurs et ont l'aspect plus ouvert et plus doux.

Nous sommes dans une période ingrate : tous séparés ; trois campements et un détachement en avant, avec des porteurs faisant la navette entre tous ces points.

A 4 h. 15, des noirs viennent me prévenir qu'un de nos hommes est dans la brousse, seul, avec son fusil et sa couverture. J'envoie deux Sénégalais qui le ramènent aussitôt après ; en traversant le ruisseau, il a tenté de s'évader. C'est un Loango, André N'Togue, qui, parti le matin avec M. Biscarrat, s'est enfui. Il me débite des fables pour s'excuser ; il prétend avoir été frappé par M. Biscarrat ; mais, à 5 h. 20, trois Sénégalais, envoyés justement par M. Biscarrat, me disent que N'Togue s'est enfui sans motif. A 7 heures, il essaye de couper ses liens avec ses dents ; j'arrive à temps et lui fais attacher les mains derrière le dos.

19 janvier. — A midi un quart, André réussit à se détacher et s'enfuit, malgré la présence du Sénégalais Amady-Soumaré. Je fais prévenir aussitôt le chef Barao, et, à 5 heures, j'envoie vingt Sénégalais à la poursuite du fugitif ; mais ils reviennent un peu plus tard sans l'avoir atteint.

Le M'Fan N'Dama est atteint de la variole. Je l'envoie assez loin du camp et lui fais construire un abri. Les indigènes, ayant vu ce malade, quittent tous le camp.

A 9 heures, les Sénégalais repartent pour rejoindre M. Biscarrat.

20 janvier. — Les noirs ne viennent plus vendre. Il faut envoyer acheter dans les villages.

21 janvier. — Cinq Bassas arrivent au camp, venant de Zanvouza ; ils m'apportent une lettre de M. Lauzière et une de M. Biscarrat.

Le convoi revient de Makobou.

22 janvier. — Départ des cinq Bassas, emportant les caisses demandées par M. Biscarrat.

23 janvier. — Orage la nuit.

24 janvier. — Les noirs reviennent vendre.

Départ du convoi pour Makobou.

25 janvier. — Le détachement arrive de Makobou à 11 heures. M. Orsi, toujours malade, peut à peine écrire. J'ai une fièvre très forte durant toute la journée.

26 janvier. — Encore la fièvre. Je n'ai aucun médicament.

Départ du détachement à 6 h. 30 du matin.

27 janvier. — Ma fièvre prend un caractère bilieux. Samba-N'Diaye me donne des plantes pour mettre sous moi et des feuilles pour entourer ma tête. Je ne sais si c'est cela qui me soulage, mais je vais un peu mieux dans l'après-midi.

28 janvier. — J'ai eu cette nuit un accès très violent. Je suis très faible, tout jaune.

3 h. 15 du soir. — Les deux Sénégalais envoyés une seconde fois à la recherche d'André reviennent au camp; ils m'apprennent que M. Orsi, très malade, s'est fait porter le matin chez Bembé. Quitter le camp, c'est peut-être hasardeux, avec ma fièvre; mais puis-je ne pas essayer de ramener M. Orsi? C'est mon devoir d'y aller.

Je pars à 4 h. 20 avec Samba-N'Diaye, deux porteurs et mon boy. A 6 h. 20 nous campons dans un village. Je suis exténué.

VILLAGE DE MADOUNGO, PRÈS DE MAKOBOU.

(Dessin de Mme Paule Crampel, d'après une photographie de M. Dybowski.)

29 janvier. — Nuit très froide, mais pas de fièvre. Nous partons à 6 heures du matin et nous arrivons à Makobou à 2 heures du soir. J'apprends en arrivant que M. Orsi est mort hier soir, à 4 heures, au village de Bembé....

... C'était peut-être celui de nous tous qui avait le plus de confiance dans l'avenir. Pauvre garçon! Je suis heureux, avant mon départ, d'avoir pu lui donner quelques soins, qui ont motivé un dernier mot péniblement écrit, où il m'exprimait sa reconnaissance en termes émus.... Enfin, il est mort au début.... Nous souffrirons plus que lui, peut-être pour avoir un sort pareil....

J'envoie six Sénégalais et un Bassa pour rejoindre sans retard le camp de Barao. Je n'ai d'ailleurs pas de grosses inquiétudes, car les populations sont tranquilles et occupées de leurs champs.

J'expédie deux Sénégalais chez Bombé, pour réclamer André N'Togue et Loemba, boy de M. Orsi. Il m'est impossible d'y aller moi-même, je suis trop faible.

30 janvier. — Les Sénégalais reviennent à 10 h. 45 avec Loemba. A midi 30, nous évacuons le camp de Makobou ; à 5 heures, campement près d'un ruisseau.

31 janvier. — Arrivée au campement.

1er février. — J'envoie vers Zanvouza un détachement de huit Sénégalais, trente-trois porteurs et trente et une charges. J'écris à M. Crampel pour l'informer de la mort d'Orsi.

2 février. — Les achats avec les barrettes de cuivre deviennent très difficiles. Les indigènes ne connaissent que les cauris.

Je fais encore quelques observations sur les Langouassis. La condition des femmes est chez eux, décidément, très douce ; j'ai entendu des palabres où les hommes avaient le dessous. Ces derniers se livrent aux travaux des champs ; toute la journée, ils poussent des cris affreux pour effrayer les oiseaux qui dévastent les cultures de mil. Les indigènes ne mangent pas ce mil, qui ne leur sert qu'à composer une sorte de bière épaisse, agréable au goût.

Chaque fois qu'un Langouassi meurt, le groupe de cases est abandonné et transporté plus loin. Aussi voit-on partout des vestiges d'anciens villages.

La nourriture principale des Langouassis est le manioc ; ils cultivent aussi la patate, la pomme de terre de Madagascar, l'arachide et plusieurs plantes oléagineuses. Ils possèdent peu de chèvres, mais une grande quantité de poules. Les Langouassis chassent beaucoup ; ils incendient des parties de brousse pour surprendre le gibier : beaucoup de rats, quelques bœufs, des sangliers, des antilopes. Le pays est trop boisé pour qu'il s'y rencontre des éléphants.

Mardi, 3 février. — Samba-N'Diaye et Mahmadou-Coumba tuent deux grandes antilopes.

4 février. — Le camp est très animé ; les indigènes apportent des vivres aux hommes pour obtenir de la viande.

A 10 heures du matin, le convoi revient à Zanvouza.

7 février. — A midi, les Langouassis viennent me prévenir qu'un de nos hommes, du camp de Zanvouza, s'enfuit vers Bombé. J'envoie des Sénégalais qui, après une assez longue course, le rejoignent, le ramènent au camp à 2 heures du soir. C'est le nommé Bayonne, de l'équipe des Gallois. Accusé par les

TYPES LANGOUASSIS.

(Dessin de Mme Paule Crampel, d'après des croquis de MM. Nebout et Brunache.)

M'Fans de vol de cartouches, il a eu peur du châtiment et a voulu s'enfuir. Il emportait son fusil et sa couverture.

8 février. — Le M'Fan N'Dama, guéri de la variole, rentre dans le camp.

Le détachement arrive à 10 heures du matin (trente-neuf hommes, deux Sénégalais).

9 février. — Le détachement repart. Thiama tue deux antilopes.

10 février. — Un Langouassi me vole un couteau. Chaque jour

les indigènes commettent ainsi de petits larcins aux dépens des Sénégalais. Il faudrait les frapper pour les empêcher de s'approcher des cases.

11 février. — Mon voleur revient au camp, mais il s'enfuit aussitôt que je m'approche. J'envoie chercher Barao et lui ordonne de me faire rendre le couteau, menaçant de me fâcher. Cinq minutes après, le couteau m'est rendu, plus une camisole rouge, volée la veille à un Sénégalais.

12 février. — Le détachement revient à Zanvouza à 10 heures du matin : quarante-trois hommes et cinq N'Dakwas. Rixe entre le Sénégalais Bilaly et un Langouassi. Ce dernier, qui a tort, est expulsé du camp.

13 février. — A 6 h. 30 du matin, je pars avec le détachement. Le camp est évacué. Nous n'avons pas fait un kilomètre, que les Langouassis mettent le feu à nos cases abandonnées.

Halte à 10 h. 30 ; départ à 12 h. 30 ; campement à 4 heures.

IX

CHEZ LES N'DAKWAS.

14 février. — Départ à 6 h. 30. Arrivé au camp de Zanvouza à 10 heures (5° 46′ 50″ latitude Nord).

Le pays entre Barao et Zanvouza est assez accidenté ; il est couvert tantôt de brousse claire, tantôt de hautes herbes. De nombreux ruisseaux et rivières le traversent : toutes ces eaux vont à l'Oubangui. Partout on rencontre des populations et des villages semblables à ceux que nous venons de traverser. Parfois les indigènes nous attendent sur les sentiers et nous offrent des produits du pays; d'autres fois ils demeurent paisiblement dans les villages et nous regardent passer.

Le corps disgracieux, la laideur des femmes, contrastent avec le corps svelte, le visage souvent agréable des hommes. Partout c'est la même mimique expressive, la même vivacité de gestes, le même air de gaieté.

Le camp est situé tout près d'une petite rivière, la Zanvouza, qui coule avec bruit sur un lit de pierres. Mes collègues ont construit un magasin pour les bagages et quelques abris au bord de l'eau.

15 février. — On nous dit que M. Crampel est à dix jours de Zanvouza, arrêté près d'une grande rivière où il y a des hippopotames. Il aurait fait alliance avec les « Tourgous ».

16 février. — Je croyais mon eczéma guéri, mais le voilà qui reparaît ; et je n'ai rien pour me soigner.

17 février. — Les N'Dakwas me paraissent avoir sur la propriété des idées plus saines que les Langouassis. Depuis l'installation du camp, pas un vol n'a pu leur être reproché. Les femmes n'dakwas sont aussi moins farouches ; elles viennent chaque jour au camp vendre des vivres. Leurs cheveux, ainsi que ceux de leurs enfants, sont tressés en petites nattes rondes, à la façon des femmes du Sénégal; pour tout costume, une pincée de feuilles.

Comme les femmes des Langouassis, elles ignorent la prostitution et les offres les plus séduisantes de nos hommes sont demeurées sans résultat. Elles sont d'ailleurs surveillées, car les indigènes paraissent jaloux.

21 février. — Samba-N'Diaye m'apporte encore un remède pour mon eczéma. C'est une écorce d'arbre qui, bouillie dans de l'eau, produit une substance noirâtre, semblable à du goudron.

Pour la première fois depuis notre départ nous rencontrons le tamarinier; on en voit d'assez nombreux exemplaires aux environs du camp.

22 février. — Vent chaud du Nord; nuit froide. Nous avons eu dans la soirée une scène fort divertissante. On avait préparé des masques pour les Sénégalais et prévenu les indigènes que, au coucher du soleil, on ferait tam-tam. Une dizaine de ces indigènes étaient là quand, à un signal donné, les Sénégalais disparaissent, puis brusquemment reviennent en dansant, tous masqués. Il est impossible de décrire la stupéfaction, l'épouvante des N'Dakwas, pris entre leur frayeur et leur ardente curiosité. La farce dura une bonne heure, jusqu'à ce qu'un masque en tombant décelât le mystère : mais le masque tenu à la main leur inspirait encore une égale terreur. Même à la fin de la soirée, quand deux ou trois N'Dakwas nous quittaient, si un masque les suivait un peu loin, ils se sauvaient à toutes jambes.

23 février. — Le chef Zouli, absent depuis trois jours, est revenu ce matin. Il nous dit qu'il a entendu parler d'une guerre que les Arabes font aux Belges. Les Langouassis de Barao, venus pour vendre du bois rouge, disent qu'un blanc a été tué.

24 février. — On nous raconte des histoires extraordinaires, trop extraordinaires : des hommes tout bardés de fer, armés de fusils, seraient descendus par l'Oubangui et feraient la guerre. Ils ne mangeraient que du poisson. On les nomme Tourtourous.

25 février. — Samba-N'Diaye et Mahmadou-N'Diaye tuent un sanglier. On en envoie un morceau à Zouli, qui refuse, trouvant sa part trop petite.

28 février. — Dans la matinée arrivent trois indigènes; par l'entremise de Zouli, ils nous demandent notre aide contre des voisins qui leur font ou à qui ils font la guerre. L'un est jaunâtre, d'aspect assez brutal ; l'autre, un chef, est vêtu d'un pantalon arabe qu'il dit tenir des « Sounoussous ». Sa physionomie est fine et intelligente; ses lèvres sont minces ; son nez est droit, sa barbe rare. Il dit avoir vu M. Crampel.

Ces indigènes n'ont pas les lèvres percées: seulement deux petits trous aux ailes du nez; les cheveux sont tressés en nattes courtes.

Dimanche 29 février. — La population des environs, hommes, femmes et enfants, part pour une grande chasse. Mais, malgré l'incendie de plaines entières, ils ne rapportent que des rats. Les villages étaient absolument abandonnés, gardés seulement par ce fétiche : une pierre suspendue à un arbre ; le même arbre était entouré d'une ceinture de paille contenant quelques morceaux de manioc et un sac en cuir rempli de divers objets.

Le petit nombre des vieillards, dans ces populations, est remarquable.

Zouli revient à la charge pour nous déterminer à faire la guerre avec ses amis : il nous offre une jeune femme, que nous refusons, bien entendu.

4 mars. — Voici qu'il est de nouveau question des Tourtourous, qui sont de très petits hommes, non musulmans. Un indigène de l'Est nous raconte que ces gens auraient attaqué M. Crampel, qui les aurait chassés. Puis notre chef aurait poursuivi sa route vers les Tourgous. Ces bruits coïncidant avec l'absence pro-

longée de M. Crampel m'inquiètent. La reconnaissance, qui ne devait prendre que dix jours, en a déjà duré plus de quarante.

7 mars. — Zouli nous annonce que quatre de nos hommes sont en route vers notre camp.

8 mars. — Zouli raconte à nos Sénégalais que M. Crampel,

CHEZ LE CHEF N'DAKWA ZOULI : FEMMES DE ZOULI, GOUBANDA, FRÈRE DE ZOULI, ET SA FEMME.

(Dessin de Mme Paule Crampel, d'après des croquis de M. Nebout.)

attaqué, est seul survivant. Que démêler au milieu de tous ces récits? Quand donc finiront cette attente énervante, ces mortelles inquiétudes?

M. Biscarrat va partir en avant, et moi, arrêté par les marchandises, je demeurerai peut-être encore plus d'un mois sans nouvelles.

10 mars. — M. Biscarrat part à 6 h. 15 avec dix-huit Sénégalais, onze Bassas et cinq Loangos. Il doit aller, à dix ou quinze jours, au Nord, chercher des nouvelles de M. Crampel. Je reste avec vingt M'Fans et treize Gallois, tous gens fort poltrons. Je n'ai plus que deux Sénégalais : Samba-N'Diaye et N'Diogou.

11 mars. — A trois heures du soir, un indigène pénètre dans la case des M'Fans pour « regarder ». Un de nos hommes lui dit de sortir et, comme il n'obéissait pas, le pousse. Le N'Dakwa tire son couteau et, en gesticulant, blesse au front un des M'Fans qui se trouvaient derrière lui et qu'il ne voyait pas. Je fais attacher l'indigène au mât de pavillon, malgré une furieuse résistance, et j'envoie prévenir Zouli. A son arrivée, je lui raconte l'incident, puis je fais délivrer le prisonnier. Les indigènes présents grondent leur camarade et tout le monde s'en va. Quelques minutes après, ils revenaient au nombre de cinquante, armés en guerre, faisant une mimique guerrière. Zouli vient déposer son arc chez moi et reste dans le camp, haranguant ses hommes pour les apaiser. Le plus curieux est que le naturel source du conflit était venu s'asseoir près de moi, cherchant à calmer les plus belliqueux.

Cela dure jusqu'au soir. Mes hommes, sur mes ordres, étaient restés sans armes. Enfin, la nuit disperse tout le monde.

12 mars. — L'indigène apporte un poulet au M'Fan blessé.

14 mars. — Le gallois Zambi vend une cartouche. Il reçoit trente coups de corde.

17 mars. — Goubanda, frère de Zouli, vient me raconter qu'une nombreuse troupe de « Tourgous » marche vers nous.

18 mars. — Plus rien pour acheter et plus rien à acheter que des poules ; plus de patates ni d'ignames dans le pays. Pour ne pas être réduit au manioc, je vais être obligé d'entamer une pièce d'étoffe....

21 mars. — Enfin! à une heure du soir j'aperçois Mabingué, guide de M. Biscarrat, puis, derrière lui, le Sénégalais Samba-Sakho et cinq porteurs malades. Ils apportent une lettre de M. Crampel, qui est chez des peuples musulmans, à vingt-cinq jours d'ici, et m'annonce l'arrivée de M. Lauzière avec une nombreuse troupe de porteurs. Il me parle de privations, de souffrances.... Que m'importe cela, pourvu que je marche!

N'ayant plus d'inquiétude au sujet de ceux qui sont en avant, tout devient rose pour moi.

M. Biscarrat m'écrit aussi pour me dire qu'il attend M. Lauzière, malade et arrêté dans un village. Toutes les nouvelles données par les N'Dakwas étaient fausses : M. Crampel, depuis son départ, n'a fait la guerre avec personne. Mais Goubanda, que j'avais

UN LION BLESSÉ.

(Dessin de Mme Paule Crampel, d'après un croquis de M. Nebout.)

appelé menteur quand il m'a annoncé l'arrivée d'une troupe de Tourgous, avait raison, et je lui fais mes excuses.

Zouli et ses deux frères, Valla et Goubanda — trois braves hommes — viennent voir Samba-Sakho ; ils l'étreignent longuement avec amitié et l'accablent de questions.

22 mars. — Je donne deux brasses d'étoffe au guide Mabingué que M. Biscarrat a renvoyé sans le payer. Ce que je prévoyais est arrivé : M. Crampel a dû marcher pendant vingt-six jours environ avant de rencontrer les musulmans. Ces gens, suivant leur coutume, font le vide autour d'eux, par la chasse aux esclaves, et les vivres manquent.... M. Crampel et ses hommes ont souffert de la faim : quatre Sénégalais se sont découragés et ont déserté,

emportant leurs armes. M. Lauzière, après sommation, a commandé le feu sur eux. Les autres Sénégalais ont tous désapprouvé ces traîtres.

C'était pour éviter ces ennuis que je désirais tant être loin de l'Oubangui, car, une fois loin, le retour étant impossible, nos hommes n'auront plus de ces découragements. Je suis dans la joie, maintenant que j'ai la certitude de pouvoir marcher en avant. Je n'ai plus qu'un point noir, mon affreux eczéma.

Ce qui augmente ma joie, c'est que M. Crampel m'écrit qu'il a rencontré beaucoup de gibier : il a déjà tué un rhinocéros, nombre d'antilopes de belle taille et blessé un lion. J'attends M. Lauzière avec impatience, car il me donnera des détails. La lettre de M. Crampel est très brève.

Il me raconte qu'à M'Poko les N'Gapous avaient d'abord manifesté des intentions hostiles. Ils étaient descendus en masse des rochers, brandissant leurs armes et hurlant. Mais M. Crampel, s'étant avancé seul et sans armes à leur rencontre, les avait ramenés.

A El-Kouti, l'accueil des Snoussis avait été excellent : le chef avait fait ranger ses hommes en ligne, et les avait présentés à M. Crampel.

23 mars. — Grand *pi-pi* (réception) chez Walanga.

24 mars. — Un danseur n'dakwa vient me voir. C'est un petit vieux singulièrement barbu. Il exécute une série de danses au milieu de nos hommes.

25 mars. — A une heure du soir, le clairon Sidi Syleiman arrive avec les hommes que M. Biscarrat avait emmenés.

M. Biscarrat attend toujours M. Lauzière, qui ne donne aucun signe de vie.

26 et 27 mars. — Orages.

29 mars. — Fièvre légère.

30 mars. — Quelle sombre date que ce jour, où je reçois la nouvelle de la mort de notre aimable et bon ami M. Lauzière ! C'est une perte irréparable pour la mission, car c'est sur lui que reposaient tous les travaux scientifiques. Je n'ai aucun détail sur la maladie qui a enlevé notre malheureux ami. D'ailleurs je ne puis plus écrire, la douleur m'étreint et me trouble.

La lettre de M. Biscarrat qui m'apprend ce grand malheur m'est apportée par Moussa et onze Sénégalais.

AU PIED DU ROCHER DE M'POKO.

(Dessin de Mme Paule Crampel, d'après des croquis de M. Nebout.)

31 mars. — Cette affreuse nouvelle a augmenté ma fièvre, et depuis hier je puis à peine me lever. Mon courage n'est en rien atteint, mais mon cœur peut bien être troublé par la perte de mon meilleur ami dans la mission, du confident de mes pensées intimes.

Le Bassa Kéfala vole deux cartouches et les vend. C'est la quatrième fois : vingt coups de corde.

Oury-Dialo, malade, est rentré hier avec les Sénégalais. Il dit qu'Amadi-Paté et Molo-Diara ont échappé aux balles des Bassas. Ils auraient emmené quatre femmes.

Jeudi 1er avril 1891. — Kéfala s'est enfui, cette nuit, emportant sa couverture.

Orage.

Je vais un peu mieux, mais j'ai la tête brisée.... Je ne puis détacher ma pensée de cet irréparable malheur. M. Biscarrat me conseille d'aller le rejoindre. Mais il me faudrait un grand mois, avec mes porteurs, pour faire ces trois jours de marche. Et puis, je ne sais quels ordres m'enverra M. Crampel.

Vol de douze cartouches à Mahmadou-Sadibé.

... Après de petites fièvres, M. Lauzière nous effrayait souvent par sa pâleur de cire ; mais, d'un robuste appétit, il reprenait vite. Nous avions confiance dans sa force morale.... Je ne sais encore quelle maladie l'a emporté : ce pays arrosé d'eaux courantes, sans marais, me paraissait devoir être sain.

3 avril. — Vol de trois cartouches à Samba-N'Diaye.

4 avril. — Vol de vingt-quatre cartouches à Ekomia. Les ventes et vols de cartouches ne cessent plus. Les punitions sont impuissantes. Si je n'y mets bon ordre, nos cartouches finiront par disparaître peu à peu. Si je découvre le dernier voleur, je prendrai sur moi de le faire fusiller.

5 avril. — Orage.

6 avril. — Le voleur des vingt-quatre cartouches est le M'Fan N'Dama. Sa jeunesse me fait pitié : il a peut-être seize ans ! Je le chasse du camp, avec défense absolue de reparaître.

8 avril. — Les indigènes, depuis quelques jours, n'apportent plus de vivres. Nos hommes doivent aller acheter très loin, et encore n'obtiennent-ils que peu de chose.

Les noirs ne veulent plus de cuivre et paraissent fatigués de notre long séjour.

A EL-KOUTI. SNOUSSI PRÉSENTE SA TROUPE A M. CRAMPEL.

Dessin de Mme Paule Crampel, d'après le texte et des croquis de M. Nebout.

Je vais être obligé de transporter le camp un peu en avant.

Orage.

10 avril. — Je demande des vivres à Zouli. Il me répond que lui-même n'en peut donner à tous ses hommes et que les N'Dakwas veulent des barrettes d'une longueur double, et pour du manioc seulement. Pour les autres vivres, ils n'accepteront que des cauris, des perles, des étoffes et du plomb. Je lui annonce le premier départ pour demain : je n'ai plus que pour quarante-cinq jours de cuivre.

11 avril. — J'envoie, à 5 h. 30 du matin, un premier convoi avec neuf Sénégalais. Il devra marcher jusqu'à dix heures, et les mêmes hommes reviendront le même jour, puis repartiront le lendemain. De cette façon, dans cinq jours, nous serons tous à une douzaine de kilomètres en avant et nous aurons sans doute des vivres.

A 5 heures du soir le détachement revient.

12 avril. — Le deuxième convoi part à 5 h. 45 du matin et revient à 5 h. 30 du soir.

13 avril. — Le troisième convoi part à 5 h. 45.

A 8 heures, Zouli ramène le M'Fan N'Dama qui n'a fait qu'errer autour du camp depuis huit jours.

A 8 heures, les trois Bassas que j'avais envoyés à M. Biscarrat reviennent. Ils ont trouvé mon camarade à cinq jours d'ici. Ils m'annoncent que le caporal Amady-Samba, envoyé par M. Crampel, vient avec quelques porteurs.

A 5 h. 30, le convoi revient.

A 6 heures, impatient d'avoir des nouvelles, je pars au-devant d'Amady-Samba et je le rencontre à deux kilomètres du camp. M. Crampel m'écrit de me mettre en marche avec tout le convoi et de faire diligence : mon arrivée est urgente. Je suis heureux de marcher en avant, mais j'ai peur de ne pouvoir aller rapidement. Je presse Zouli de me fournir des porteurs pour aller de Zoundaka chez les N'Gapous. Il promet, mais....

14 avril. — Le quatrième convoi part à 5 h. 45 du matin. Il rentre à 5 h. 30 du soir.

15 avril. — Je pars à 7 heures du matin avec le reste du bagage. A 11 h. 30, nous arrivons à Zoundaka. Zouli nous accompagnait.

16 avril. — A 6 heures du matin, j'expédie le courrier destiné

à M. Crampel. Il est accompagné par Amady-Coumba, Oury-Dialo, Bouhia-Sifa, Sibry.

A 7 heures, les malades licenciés partent : Samba-Sako, Oba-

UN VIEUX DANSEUR N'DAKWA.

(Dessin de Mme Paule Crampel, d'après un croquis de M. Nebout.)

ma, N'Dama, Alafou, Samiel, Djoun-Samaël, Debis, Kaléby.

Les indigènes viennent me voir. Je leur montre les marchandises et ils me promettent de revenir le lendemain à six heures du soir. Samba-Sako et Obama reviennent au campement. Ils ont été arrêtés dans un village au delà de Zouli, et, sans l'intervention d'un vieillard, ils auraient été pillés, sinon tués. Les autres sont restés chez Wallanga.

17 avril. — Je renvoie Samba-Sako et Obama, avec une escorte de trois Sénégalais, qui devront les accompagner jusque chez Makobou. Il me coûte de me séparer de ces trois hommes, car j'en ai peu ; mais je ne puis laisser massacrer les malheureux malades.

A 6 heures du matin, j'envoie un premier convoi avec sept Sénégalais. Il en reste quatre avec moi.

Hier, afin de tenter les porteurs, j'ai montré mes marchandises à la foule, souvent renouvelée, des curieux. Les N'Dakwas semblaient émerveillés. Ils promettaient de venir en grand nombre. Aujourd'hui personne.

Si les choses continuent ainsi, il me faudra encore cinq jours pour faire dix kilomètres.... En désespoir de cause, je recommence, comme hier, mes offres et mes promesses.

Dimanche, 18 avril. — Petit succès : dix-sept indigènes partent avec le deuxième convoi à 5 h. 45 du matin.

10 heures. Ahmadou-Ba et Mendouma m'apportent une lettre de M. Biscarrat.

Midi. Ahmadou repart avec Assénio, que M. Biscarrat avait laissée à son départ de Zanvouza. Je lui donne une chaîne de cuivre, une brasse d'étoffe, une filière de perles opale et une perle bleue. Le convoi revient à 5 h. 50 avec la viande d'un bœuf tué par Samba-N'Diaye.... Orage.

19 avril. — Le troisième convoi part à 6 h. 30 du matin. Il est suivi à 8 heures de douze indigènes conduits par trois Sénégalais. Les N'Dakwas me paraissent aussi honnêtes ou du moins aussi craintifs que ceux de Zouli. J'ai envoyé des indigènes seuls avec une charge et ils l'ont portée fidèlement.

Le pays est toujours le même : brousse et herbes, mais l'eau devient plus rare. Nous rencontrons seulement de petits ruisseaux ou des marigots. C'est la limite du bassin de l'Oubangui.

Souvent un village de trois ou quatre cases n'est habité que par un seul homme et ses femmes, dont le nombre varie. En dehors de quelques chèvres, les indigènes n'ont que les armes et ornements que j'ai déjà décrits. Le nombre des femmes que possède chaque individu est en raison de son influence morale, de son habileté à fabriquer des armes, bracelets et anneaux, qui constituent, avec les chèvres, les seuls présents offerts aux parents de la femme convoitée.

Chaque indigène a de vastes plantations qui suffisent à sa subsistance. La chasse lui procure le superflu. Les volailles appartiennent en général aux femmes, qui sont fort bien traitées et jouissent d'une certaine influence.

Je n'ai pas rencontré, dans cette région, de traces d'esclavage. Les N'Dakwas sont anthropophages, mais seulement en cas de guerre, car ils ne font pas de prisonniers mâles adultes. Ils enterrent les morts de leur tribu et, dans aucun cas, ne mangent les femmes.

Ces peuples sont poltrons, voyagent peu, se redoutent de tribu à tribu. Souvent on vient réclamer notre aide contre une tribu voisine sous un prétexte quelconque, mais, en réalité, pour s'emparer des femmes et des chèvres.

Orage....

24 avril. — Hier soir j'ai rejoint M. Biscarrat. Nous avons marché avec une lenteur désespérante. Ces populations n'ayant pas de besoins, nous ne pouvons nous adresser qu'à leurs caprices, et l'ennui de porter une charge loin de leur village est souvent plus fort, pour ces noirs, que la tentation des objets qu'on leur offre.

J'ai trouvé, en arrivant chez M. Biscarrat, deux nouveaux déserteurs. Depuis la désertion des quatre Sénégalais (un d'eux, Oury-Dialo, s'est rendu volontairement à moi et je l'ai renvoyé à M. Crampel en demandant sa grâce), une quinzaine d'hommes ont déserté, pour échapper aux privations. Il n'en reste plus que quatre auprès du chef de la mission. Les derniers venus disent que M. Crampel est très malade et Mohammed-ben-Saïd encore plus. Comment tout cela finira-t-il ?

25 avril. — M. Biscarrat part à six heures du matin. Il s'arrête avec son convoi à six kilomètres de là, à l'extrémité d'une longue brousse sans eau, que nos porteurs mettront près d'une journée à traverser.... Le second convoi part à une heure du soir.

J'achète la ceinture d'une femme n'dakwa, une des plus jolies noires de cette race. Cela composait, bien entendu, tout son costume.

26 avril. — A midi, je rejoins M. Biscarrat avec le dernier convoi.

27 avril. — M. Biscarrat part à 5 h. 45 du matin avec un convoi composé de tous nos hommes et de cent trois indigènes. Je ne m'attendais pas à en réunir autant. Cela nous fera gagner plusieurs jours.

Un indigène de chez Mandou vient me rapporter le kropatchek et la gamelle volés à Mandouma. Je lui fais un cadeau.

28 avril. — Si cela pouvait continuer ainsi, nous irions vite. Je pars à 6 heures du matin avec trente-trois indigènes; à 10 heures, j'ai rejoint M. Biscarrat à Bangoula et il repart pour Yabanda à midi avec tous nos porteurs chargés.

Entre le camp abandonné et Bangoula s'étend une forêt sans eau. Durant la première heure, le sentier, cheminant au travers d'arbres clairsemés, sans brousse ni herbes, est agréable. Mais ensuite, et pendant trois heures, d'innombrables bambous morts, tombés en travers du chemin, rendent la marche très pénible.

29 avril. — Le convoi arrive à 9 h. 30 du matin et repart à 11 h. 30. Il revient le soir à 6 heures.... Orage.

X

CHEZ LES N'GAPOUS.

30 avril. — Je pars à 7 heures du matin avec tout le bagage et je rejoins M. Biscarrat à 9 h. 30 à Yabanda, à l'entrée de la grande brousse. On distribue toute la farine achetée, mais il y a à peine pour deux jours de rations. Je donne du laiton aux hommes, qui partent aussitôt dans les villages, afin de se procurer le complément nécessaire pour quatre jours.

M. Biscarrat partira demain matin avec tous nos porteurs. Je partirai également, si nous pouvons avoir assez d'indigènes pour tout enlever.

Samedi 1er mai. — Malgré les prévisions de M. Biscarrat, il est venu peu de monde. Nos hommes partent à 5 h. 45, puis M. Biscarrat à 7 heures ; enfin, à 8 heures, trente-quatre indigènes. C'est peu, sur cent quarante attendus et promis. Cette terrible brousse, que nous aurions pu franchir d'un seul bond, nous demandera près d'un mois si nous ne trouvons plus d'indigènes. Je reste avec douze Sénégalais.

J'ai un long palabre avec Yabanda : je crois que seul le payement des porteurs partis ce matin pourra nous en procurer de nouveaux.

2 mai. — Quatre des cinq Sénégalais envoyés en avant pour

VILLAGE PRÈS DE YABANDA.

(Dessin de Mme Paule Crampel, d'après une photographie de M. Dybowski.)

faire un campement de chasse rentrent à 2 h. 30 du soir. Samba-N'Diaye rapporte une petite antilope.

3 mai. — Violent orage pendant la nuit; je suis inondé sous ma tente.

5 mai. — Orage pendant toute la nuit. Kokeleu, boy de M. Crampel, qui était retenu chez M'Poko, s'est évadé de nouveau. A 7 heures du soir, il se rend volontairement à moi.

8 mai. — Nous sommes à l'entrée d'une grande « brousse » d'une largeur d'environ 90 kilomètres et que nos porteurs mettront au moins quatre jours à traverser. Cela va nous retarder beaucoup.

Il paraît qu'au delà de cette brousse, jusque chez les musulmans, le pays est peu peuplé; en revanche, il est giboyeux; depuis l'éléphant jusqu'aux plus petites antilopes, toutes les bêtes y pullulent.

Depuis longtemps déjà M. Crampel a reçu la nouvelle de la mort de MM. Orsi et Lauzière, et je m'étonne qu'il ne nous ait pas répondu.... Que se passe-t-il là-bas?... D'après le récit du boy déserteur Kokeleu, M. Crampel aurait reçu un courrier du Ouadaï et un du Baguirmi. Les nouvelles étant bonnes, M. Crampel était presque décidé à pousser jusqu'au chef du Ouadaï pour se procurer des porteurs.... J'espère que son silence provient de son départ et non de la maladie....

Dimanche 9 mai. — A 3 heures rentrent les N'Gapous porteurs. Ils ne paraissent pas satisfaits et je crois qu'ils ne retourneront pas.

Lundi 10 mai. — A 2 h. 30 arrivent treize hommes de Snoussi, gaillards de triste mine, dépenaillés. A leurs types différents, on devine que ce sont des esclaves venus de différents pays. Ils commencent par regarder d'un œil rébarbatif les charges qu'ils trouvent trop lourdes, puis ils me demandent pourquoi je ne force pas les N'Gapous à porter?

Nos porteurs partent à 5 heures.

Je reçois une lettre de M. Crampel, datée du 3 avril. En quelques lignes remplies de tristesse, il m'informe qu'il part en avant pour trouver un grand sultan à 200 kilomètres au Nord, afin d'acheter des animaux, des vivres et d'ouvrir la route. Il me dit qu'il est bien mal, et cela est accusé par le tremblement de son écriture, si ferme et si régulière en temps ordinaire.

Trente-huit hommes de Snoussi sont restés à M'Poko. Ces fainéants n'ont pas voulu venir jusqu'ici. M. Biscarrat m'écrit sur un ton alarmé que le bruit court que les Snoussis auraient assassiné M. Crampel et ses hommes. Heureusement il a joint un autre petit mot qui dément ces bruits. Quand donc retrouverai-je enfin notre chef?

11 mai. — Nos porteurs et les Snoussis pourront partir demain à midi. Grâce aux précautions prises, un jour et demi aura suffi pour réunir 440 rations de farine. Les Snoussis, qui parlent bien la langue des N'Gapous, s'occupent de nous trouver des porteurs. Vont-ils réussir? De mon côté, je tiens des palabres durant toute la journée.

Grâce à leur réputation guerrière, les Snoussis ont beaucoup plus d'influence que nous ; on les héberge gratuitement et on leur offre partout de la bière faite en leur honneur. Ces malandrins, esclaves volés en tous pays, ne sont cependant guère redoutables, avec leurs fusils hors d'usage et leurs énormes lances.

Les N'Gapous paraissent de même race que les N'Dakwas, dont, ainsi que les Langouassis, quelques détails de mœurs ou de toilette seulement les séparent.

Les N'Gapous, sauf exception, portent les cheveux ras ou très courts. En général, ils portent sur le sommet de la tête une petite houppe. Peu d'hommes se percent les lèvres et les narines ; aussi, bien qu'il soit de même ossature, leur visage paraît-il plus régulier que celui des N'Dakwas.

Les femmes coupent leurs cheveux ou les tressent en petites nattes courtes. De même que les femmes n'dakwas, elles ont à la lèvre supérieure d'énormes morceaux de fer, de plomb, de bois ou d'ivoire ; à la lèvre inférieure, de longs morceaux de quartz. Mais elles ne portent pas d'anneaux dans les narines.

Les N'Gapous font de la farine avec le mil, que les N'Dakwas utilisent seulement pour leur bière. L'igname est inconnue des N'Gapous, mais ils cultivent la patate, la banane, l'arachide. Ils possèdent peu de poules et encore moins de chèvres. Le miel est une des bases de leur nourriture.

De même que les N'Dakwas, les N'Gapous ne connaissent pas véritablement l'esclavage : s'ils ont pris à la guerre des femmes ou des enfants, ils les traitent comme les leurs. Plus tard, l'enfant, devenu homme, est libre et prend femme. La femme conquise peut, il est vrai, être échangée contre un objet convoité. La femme seule travaille aux plantations, et, pendant son absence, il n'est pas rare de voir le mari porter et soigner son enfant. L'homme construit les cases, chasse ou guerroie. Ce sont ses seules occupations. Un homme habite souvent dans une même case avec plusieurs femmes. On ne rencontre plus ici de pagnes en écorce d'arbres ; ils sont en coton grossièrement tissé.

Durant tout notre séjour chez les N'Gapous, ils ne nous ont dérobé aucun objet.

Les N'Gapous ont pour voisins, à l'est et à l'ouest, les Marrobas, qu'ils redoutent beaucoup : cette crainte permanente des voisins paraît d'ailleurs être l'état d'esprit normal de toutes ces populations. Cependant les guerres sont rares et ces gens semblent, en somme, très heureux : le sol leur fournit leur nourriture presque sans travail et le climat leur permet d'aller nus. Ils n'ont pas de chefs, au sens habituel du mot. Tout au plus paraît-il exister chez eux des personnages jouissant d'une influence un peu plus grande.

Si les Français ne s'établissent pas dans ces contrées, bientôt les forbans musulmans du Baguirmi et du Ouadaï y pénétreront, massacrant les hommes, emmenant les femmes et les enfants en esclavage.

12 mai. — Les Snoussis ne sont pas encore de retour des villages. D'ailleurs les N'Gapous disent qu'ils ne partiront plus. Ils se plaignent de M. Biscarrat, qui ne leur aurait pas donné suffisamment à manger à M'Poko.... Je crois plutôt que la longueur du voyage et le poids des charges les rebutent.

Midi. J'expédie nos porteurs.

6 heures du soir. Les Snoussis ne sont pas encore rentrés. Que font-ils ? Toute la journée, j'ai été inquiété par les racontars des N'Gapous. Tous m'assurent que M. Crampel a été assassiné par les Snoussis.

« Laisse les marchandises chez M'Poko et va avec tes hommes à El-Kouti, disent-ils. Tu verras que nous te disons la vérité. »

J'ai entendu tant de récits du même genre, dont la suite a démontré la fausseté, que je devrais n'en tenir aucun compte. Mais, à la longue, l'incertitude est énervante.

13 mai. — Une partie des Snoussis vient me dire qu'ils n'ont pu se procurer des hommes dans le grand village, mais qu'ils en ont trouvé plus loin et que tout le bagage partira à midi.

14 mai. — A 7 h. 30 du matin, les Snoussis se décident à partir, emportant douze charges. Aucun N'Gapou n'a consenti à porter.

Hier encore, durant toute la journée, j'ai été assailli par les N'Gapous, qui me racontent les histoires les plus lugubres. Ce matin, après le départ des Snoussis, ils me disent que ceux-ci voulaient les entraîner à nous faire la guerre. Les musulmans ne seraient partis que parce qu'ils n'ont pas réussi dans leurs desseins.

15 mai. — Je finis par croire que les hommes de Snoussi, le nommé Tom en tête, ont bien pu raconter ces histoires aux

LE CHEF N'GAPOU YABANDA ET DES GENS DE SON VILLAGE.

(Dessin de Mme Paule Crampel, d'après des croquis de M. Nebout.)

N'Gapous dans un dessein hostile. Nos marchandises devaient les tenter. Ont-ils vraiment tenté de pousser les N'Gapous contre nous ? C'est possible.

Les indigènes m'affirment encore aujourd'hui que si M. Crampel n'est pas mort, ce ne sera pas eux, mais Tom qui aura menti, car ils ne font que répéter ses paroles : M. Crampel, en regardant dans un puits dont on tirait de l'eau, aurait été poussé et serait tombé dedans....

Quand donc serons-nous tous réunis ?

Dimanche 16 mai. — On me raconte maintenant que le Bassa envoyé vers El-Kouti serait revenu à M'Poko, blessé à la mâchoire d'un coup de feu. Les quatre hommes que j'avais envoyés porter des remèdes à M. Crampel auraient été tués par les hommes de Snoussi.

Qu'y a-t-il de vrai dans cela ? Quand saurai-je enfin la vérité ?

20 mai. — Yabanda vient me dire que M. Biscarrat va partir pour El-Kouti avec les Snoussis, emportant toutes les marchandises.

21 mai. — Ce matin, nous entendons le lion. C'est la première fois depuis que nous sommes dans ces contrées.

22 mai. — 4 heures du soir. Nos porteurs reviennent. M. Biscarrat m'écrit qu'il espère partir avec musulmans et indigènes. Pourquoi ne m'attend-il pas ?

11 h. 30. — Étienne me remet un second billet de M. Biscarrat. Il ne part plus, car les N'Gapous ne veulent pas porter jusqu'à El-Kouti. J'aime mieux cela.

Comment ai-je pu croire un moment les racontars des N'Gapous ?

24 mai. — Je pars à 6 heures du matin avec le reste du bagage. Arrêt à 10 heures, départ à midi. Campement à 3 heures. Brousse claire, terrain accidenté, beaucoup de petits cailloux, des bambous morts couchés en travers du chemin.... Nous faisons 22 kilomètres.

25 mai. — Départ à 5 h. 30.... Nous avançons de 20 kilomètres.

XI

LA MISSION DÉTRUITE. — LA RETRAITE.

Mercredi 26 mai. — Départ 5 h. 15. Halte 8 h. 45. Départ à midi.

... C'est fini. La catastrophe est arrivée. M. Crampel est mort,

Ben-Saïd est mort, M. Biscarrat est mort. Tous mes camarades sont assassinés!

... Il était deux heures lorsque j'aperçus le Bassa Thomas, porteur de ces tristes nouvelles : M. Biscarrat a été massacré hier matin à huit heures ; quant à M. Crampel et à M. Saïd, ils sont morts depuis longtemps....

... Depuis deux jours, un Loango, le domestique M'Bouiti, qui s'était enfui d'El-Kouti après la mort de M. Crampel, avait rallié le camp de M. Biscarrat. Il raconta à celui-ci ce qui s'était passé chez les musulmans.

Peu après que notre chef, décidé à aller chez le sultan, eut écrit la lettre qui m'annonçait son départ et l'eut confiée au Targui Ischekkad, il fut appelé dans un village par Snoussi. Il s'y rend, accompagné de Ben-Saïd. Frappés traîtreusement à coups de couteau, ils sont achevés à coups de fusil; puis, dépouillés de leurs vêtements, le corps entièrement ouvert, ils sont traînés dans la brousse par les assassins, et les corps sont abandonnés. M'Bouiti est fait prisonnier. Ischekkad, courant vers le village aux premiers coups de feu, est saisi et enchaîné. Les Sénégalais Demba-Ba et Sadis veulent prendre leurs fusils, mais tombent frappés avant d'avoir pu en faire usage. Les porteurs sont amarrés.

En même temps qu'il faisait ce récit à M. Biscarrat, M'Bouiti lui racontait qu'une nombreuse troupe de musulmans était venue d'El-Kouti et se tenait cachée non loin de là.

M. Biscarrat place M'Bouiti dans sa propre chambre. Il lui recommande de ne pas sortir, afin de ne pas être reconnu par les hommes de Snoussi.

Les Sénégalais, apprenant ces événements, viennent demander à leur chef de surprendre et d'attaquer ces bandits; mais Biscarrat leur répond que ce serait folie de vouloir, avec dix hommes, attaquer deux cents guerriers armés de fusils. Puis, si M. Crampel n'était pas mort, ne serait-ce pas le condamner sans appel? M. Biscarrat force au contraire ses hommes à ne pas paraître se tenir sur leurs gardes, afin de ne pas éveiller les soupçons des musulmans, dont le plan devait être d'attendre mon arrivée avec les dernières marchandises.

Dans la nuit du 24 au 25, M'Bouiti sort un instant; il est

aperçu par les musulmans. Mon arrivée était imminente ; sans plus tarder, ils précipitent les événements.

Le 25 mai, vers huit heures du matin, ils s'approchent, au nombre d'une vingtaine, de la case de M. Biscarrat, tandis que les autres se dirigent vers les Sénégalais.

Avant que M. Biscarrat ait pu se mettre en défense, il tombe, frappé d'un coup de couteau au côté gauche par un N'Gapou, le seul qui ait pris part à cette affaire ; puis les musulmans, tirant aussitôt, criblent de projectiles le corps de notre camarade. En même temps, les Sénégalais sont entourés, et leurs fusils, accrochés dans leurs cases, sont enlevés ; seul Sidi-Syleiman, qui allait partir pour la chasse, avait son fusil près de lui. Il se lève en voyant tomber son chef, mais il est terrassé avant d'avoir fait feu.

De tous côtés arrivent des bandes armées qui entourent le campement.

M'Bouiti cherche à s'enfuir, mais il est tué aussitôt ; André Loemba, domestique de M. Biscarrat, peut se jeter dans la brousse, mais du côté opposé au chemin ; on ne l'a plus revu.

Les Sénégalais ne sont pas enchaînés ; au contraire, les musulmans les traitent avec considération :

« Restez avec nous, leur disent-ils ; nous vous rendrons vos fusils et nous vous donnerons des femmes ; nous ne voulons aucun mal aux noirs, mais nous voulons tuer les blancs ; quand le dernier sera mort, nous retournerons avec toutes les marchandises et vous serez libres comme nous. »

Le Bassa Thomas, sur sa promesse de ne pas s'enfuir, est laissé aussi en liberté. Vers 5 heures du soir, il s'approche des Sénégalais et les exhorte à fuir avec lui : « Nous sommes des soldats, lui répondent-ils, nous ne partirons que si nous pouvons recouvrer nos fusils ; nous aurions honte de retourner désarmés. »

Thomas alors se jette dans la brousse. En arrivant à une petite rivière qui coupe le chemin, à deux heures de M'Poko, il aperçoit une troupe qu'Aly-Diaba a envoyée pour surveiller la route, du côté où j'étais attendu. Tous étaient armés déjà des kropatcheks et des carabines pris à El-Kouti et à M'Poko. Thomas se cache, puis, vers minuit, il poursuit sa route et ne s'arrête que le lendemain, à notre vue.

MORT DE M. BISCARRAT.

(Dessin de Mme Paule Crampel, d'après des croquis de M. Nebout.)

Ma première pensée est de marcher en avant, car une colère aveugle me saisit en apprenant que tous mes camarades sont morts. Je demande aux Sénégalais s'ils sont prêts à me suivre. Ils me suivront, mais ils ne sont que huit. Quant aux cinquante-quatre porteurs, affolés par ces nouvelles désastreuses, ils ne demandent qu'à retourner : vingt-cinq d'ailleurs ne sont pas armés de fusils et une dizaine sont malades. Que faire? Puis-je, avec ce faible contingent, aller attaquer les musulmans nombreux, maintenant sur leurs gardes, aussi bien armés que nous? D'autre part, comment reculer sans venger les morts? Sur qui compter pour cela ?... Les porteurs m'entourent, et c'est à grand'peine que je fais cesser leurs clameurs.

Retournons donc. Mais je fais le serment de revenir, si la colonie du Congo ou le gouvernement veut venger mes malheureux camarades. Nous partons à 2 h. 30, et à 4 heures nous campons. Si l'on nous attaque dans cette brousse, nous sommes perdus, car, aux premiers coups de feu, les porteurs s'enfuiront certainement. Mon revolver ne me quittera plus; si je vois tomber les Sénégalais, qui, ceux-là, ne s'enfuiront pas, je me logerai une balle dans la tête pour échapper aux musulmans.

Si nous avions ajouté foi aux récits des N'Gapous, le désastre serait moins grand.

Jeudi 27 mai. — Le factionnaire me réveille et me dit qu'il fait jour. J'appelle les hommes et nous partons. Ce n'est que plus tard que je m'aperçois de l'erreur; il était 1 h. 25 et nous avions pris pour l'aurore la lueur de la lune voilée par les nuages. Halte à 9 h. 30.

Quels tristes hommes que ces porteurs! comme ils ont vite oublié le commencement d'éducation militaire que je leur avais donné à Loango.... C'est à peine si j'ai pu dormir une heure.

Vendredi 28 mai. — Départ à 4 h. 30 du matin. Arrivée chez Yabanda à 10 h. 30. Je décide que nous y resterons deux jours, pour y attendre les Snoussis, s'ils osent venir jusqu'ici, et pour recueillir les fugitifs, s'il y en a.

Je resterai, comme je l'ai décidé. Mais le moral des hommes est bien chancelant. Les Sénégalais eux-mêmes n'ont plus qu'un désir : revoir l'Oubangui.

4 h. 30. Une dizaine de N'Gapous arrivent de M'Poko.

5 heures. Deux hommes arrivent encore de M'Poko.

Ils disent que le village est occupé par les musulmans et que les indigènes sont réfugiés dans les montagnes.

Les Snoussis m'attendent et doivent retourner chez eux après m'avoir tué. Comme ils ont trompé M. Crampel, ces misérables !

6 heures du soir. De nouveaux arrivants me disent que les Snoussis sont partis, emmenant les Sénégalais et les bagages.

Samedi 29 mai. — Départ à 5 heures du matin.

Dans six jours nous aurons atteint l'Oubangui. J'ai hâte, moi aussi, d'arriver. Rien ne m'intéresse plus ; je marche sans rien voir, accablé par ces malheurs inattendus. J'ai l'âme désespérée de voir échouer ainsi les généreux projets de M. Crampel, d'être encore en vie et de sentir mon impuissance....

Les Snoussis ont assassiné M. Crampel peu de jours après qu'il m'eut écrit le billet qui m'annonçait son départ pour le Ouadaï. Ils l'auraient poussé dans un puits et achevé à coups de fusil. Les deux seuls Sénégalais qui étaient demeurés avec lui auraient été tués avant d'avoir pu faire feu. Le Targui Ischekkad aurait été fait prisonnier.

Un peu moins de malchance nous aurait permis de venger la mort de M. Crampel. Si les Snoussis n'avaient pas aperçu le boy M'Bouiti, ils auraient, suivant leur plan, attendu mon arrivée. Mais alors, M. Biscarrat m'apprenant leur trahison, nous les aurions attaqués, les surprenant à notre tour et nous aurions été forts, avec quinze Sénégalais et des cartouches à discrétion.

Vendredi 4 juin. — Arrivée à la rivière Oubangui, chez les Banziris.

Mardi 9 juin. — J'achète quelques pointes d'ivoire avec ce qui reste de marchandises. Cela servira à payer une partie du personnel.

Vendredi 12 juin. — Nous sommes arrivés la veille à Bangui. Je livre à M. Ponel cinq carabines Gras, mille cartouches et quelques marchandises.

Samedi 13 juin. — Je quitte Bangui dans une baleinière en fer, avec huit Sénégalais, quatre M'Fans, trois Bassas, deux Loangos.

Je laisse au poste cinquante porteurs, qui descendront à la première occasion.

Vendredi 15 juillet. — Arrivée à Liranga. Je laisse à M. Massas, chef de station, sept kropatchecks, sept carabines.

15 juillet. — Arrivée à Brazzaville sur la canonnière *Oubangui*.

LA

MISSION DYBOWSKI

J'ai raconté succinctement, dans un précédent volume (1), comment la pensée m'était venue d'appuyer et de développer l'œuvre de Crampel par la création d'un comité permanent, dont le but fût d'aider par tous les moyens l'expansion de l'influence française en Afrique. Les éléments en étaient faciles à trouver parmi les souscripteurs des missions Crampel et Mizon. Dès le mois de juillet 1890 je m'occupai de les réunir.

Au mois de novembre 1890 le comité était fondé et, sans perdre une minute, il nommait une commission chargée d'élaborer un plan d'action. Ce plan, il n'y a plus aujourd'hui d'inconvénient à le faire connaître. Voici donc le texte du rapport que la « Commission d'exploration » me chargea de présenter, et qui reçut l'approbation du comité.

Après avoir examiné les conditions dans lesquelles une action peut être utilement tentée vers l'Afrique centrale, en partant de l'Algérie-Tunisie, du Soudan français ou du Congo, la Commission d'exploration est arrivée à se convaincre que l'expédition suivante s'imposait avec un caractère particulier d'urgence :

Expédition dans le bassin du Chari. — Comme on l'a dit, les Anglais de la Bénoué, les Allemands de Cameroun et les Français se livrent à une véritable course au clocher pour savoir qui étendra le premier son influence dans les régions situées à l'ouest et au sud du Tchad. Sans y renoncer, il ne faut pas se dissimuler que nous aurons beaucoup de difficulté à étendre notre domination soit sur le Bornou, soit sur l'Adamaoua. Au contraire, l'expédition de Paul Crampel, qui a une avance considérable sur ses rivales, peut nous garder l'espoir de placer la rive droite du Logone et du Chari — c'est-à-dire le Baguirmi tout entier — dans la sphère d'influence de la France.

(1) *A la conquête du Tchad.*

Mais le passage d'un homme dans une région d'une telle étendue ne peut créer de droits incontestables; aussi la Commission d'exploration a-t-elle pensé qu'il était nécessaire d'appuyer l'expédition Crampel et de pousser en même temps au delà du coude nord de l'Oubangui la ligne des postes français, qui atteint déjà le 4° degré Nord.

Ce résultat peut être obtenu que par une expédition qui, suivant exactement le chemin parcouru par M. Paul Crampel, laisserait un petit poste de relais au coude nord de l'Oubangui et, franchissant la ligne de partage des eaux, irait créer une nouvelle base d'opérations sur l'autre versant, sur le Chari ou sur l'un de ses affluents. Un poste établi là à demeure pourrait nouer des relations amicales avec les peuplades voisines, lancer des agents dans toutes les directions, ouvrir les voies aux négociants qui voudraient s'établir auprès de lui. Il pourrait s'occuper à la fois de politique, de science et de commerce.

Dans le cas où le chef de poste parviendrait à rejoindre M. Crampel, il lui remettrait, en même temps que ses pouvoirs, le récit des événements considérables qui se sont produits en Europe au point de vue africain depuis son départ. Ainsi mis au courant, M. Crampel, avec son expérience déjà acquise du pays, serait en mesure d'exécuter les instructions générales qui lui seraient transmises.

Dès que le poste serait établi dans le bassin du Chari, le gouvernement français, s'appuyant sur les termes du traité de Berlin, serait en mesure de déclarer aux puissances l'occupation effective de cette région et de la placer ainsi définitivement dans notre sphère d'influence. Étant données les négociations déjà entamées l'été dernier, il est vraisemblable que nos prétentions seraient immédiatement reconnues.

Ainsi serait atteint le but que les fondateurs du Comité de l'Afrique française ont depuis longtemps poursuivi.

... Ayant ainsi arrêté son programme précis, la Commission s'est occupée de trouver l'homme capable de l'exécuter; elle a, dans ce but, entendu une personne qui lui adressait des propositions. Avant de pousser plus loin les négociations, la Commission a cru devoir demander au Comité de ratifier le plan qu'elle avait conçu.

La Commission a envisagé les trois seules hypothèses qui puissent se présenter au bout de l'année qui servira de terme à son entreprise :

1° Une Société, pourvue d'une charte, substituera son action à celle du Comité de l'Afrique française et implantera, dans la région située entre l'Oubangui et le Tchad un régime analogue à celui qui régit la Royal Niger Company.

2° Le gouvernement français se substituera au Comité de l'Afrique française et fera purement et simplement de la région un prolongement du Congo français.

3° Si, au bout d'un an, aucune action n'a été substituée à la nôtre, le chef de l'expédition aura l'ordre de se replier sur le Congo. Il restera ce fait qu'il y aura eu prise de possession effective, délimitation diplomatique des sphères d'influence et nos mandataires rapporteront en outre une abondante moisson scientifique.

Envoi d'un missionnaire arabe dans l'Afrique centrale. — La Commission d'exploration vous propose en outre l'ouverture d'un crédit pour l'envoi d'un interprète arabe dans l'Afrique centrale. Cet Arabe serait chargé d'étudier l'organisation actuelle du Ouadaï, du Baguirmi, du Bornou et du Kanem, spécialement au point de vue politique, et de nous rapporter des renseignements sur ces contrées. Dans le cas où le Comité adopterait cette proposition, il serait nécessaire que le secret le plus absolu fût gardé sur cette entreprise (1)...

Paris, 11 décembre 1890.

La proposition une fois adoptée par le Comité, il restait à désigner le chef de l'expédition. Nous n'avions que l'embarras du choix, tant le Centre africain exerce de mystérieux attraits.

La Commission d'exploration examina et repoussa successivement plusieurs candidatures.

J'étais à ce moment (4 janvier 1891) saisi d'une proposition d'un professeur d'agriculture à l'École de Grignon, M. Jean Dybowski, qui, après avoir projeté d'accompagner M. Foureau dans une traversée du Sahara, sollicitait l'appui du Comité pour l'organisation d'une mission de Grand-Bassam à Saï.

Je lui demandai s'il ne préférerait pas se charger d'exécuter le plan du Comité. La situation occupée précédemment par M. Dybowski me semblait en effet accuser nettement le caractère pacifique de la mission qu'il s'agissait d'organiser. Puis, ses connaissances spéciales pouvaient nous valoir de précieux renseignements sur des régions dont nous connaissons à peine la géographie et pas du tout les ressources commerciales, industrielles et agricoles. M. Dybowski accepta avec enthousiasme et, présenté par moi au Comité, fut agréé.

Voici la lettre d'engagement de M. Dybowski :

Paris, 31 janvier 1891.

Monsieur le président,

Choisi par le Comité de l'Afrique française pour diriger l'expédition qu'il prépare, j'ai accepté cette mission et je m'engage à faire tous mes efforts pour la remplir, dans sa lettre et dans son esprit, et à justifier ainsi la confiance que le Comité a bien voulu m'accorder.

Je m'engage à exécuter les instructions générales que j'ai reçues et qui sont les suivantes :

« Partir de Brazzaville, dans le Congo français, remonter l'Oubangui en

(1) Le secret, soigneusement gardé en effet à Paris, ne fut pas aussi bien observé en Tunisie. Notre missionnaire, l'interprète déguisé en médecin, fut reconnu à Ghadamès, obligé de retourner sur ses pas, emmené à Tripoli et enfin renvoyé en Tunisie.

vapeur jusqu'au coude que fait cette rivière tournant vers l'est, c'est-à-dire, vers le 5e degré Nord.

« Quitter à cet endroit la rivière, franchir le seuil qui sépare le bassin du Congo de celui du Chari.

« Marcher jusqu'à la rencontre de ce fleuve ou de l'un de ses affluents.

« Remonter le plus possible au Nord-Nord-Ouest, dans la direction du Tchad, s'il se peut, jusqu'au 10e degré Nord et vers le 12e de longitude Est (Paris); choisir un endroit favorable à partir du Chari ou d'un de ses affluents et créer un poste à demeure.

« L'objectif principal du chef de la mission est de rejoindre M. Paul Crampel et de lui remettre les instructions qui lui sont adressées, et en même temps de se placer sous ses ordres, ainsi que le personnel de l'expédition.

« Ne jamais perdre de vue cet objectif principal de la mission.

« Si M. Paul Crampel ne pouvait être rejoint, ou s'il persistait dans son dessein de revenir par le Nord de l'Afrique et refusait, par conséquent, de prendre le commandement de la mission, le chef de celle-ci lui donnerait tous les ravitaillements qu'il pourrait souhaiter et se mettrait en mesure d'exécuter lui-même le programme suivant.

« 1° Envoi par la voie de l'Oubangui d'un convoi apportant la nouvelle de la fondation du poste sur le Chari et les premiers résultats de l'expédition.

« 2° Ouverture de relations pacifiques avec les indigènes de la région, fétichistes ou musulmans. Le chef de la mission devra user de la plus grande patience et faire les plus grands sacrifices pour l'établissement et la durée de ces relations pacifiques. Pour cette raison, tout en s'efforçant de détourner les indigènes des habitudes esclavagistes, il évitera d'employer la force pour les détruire. Le moyen le plus efficace de combattre la traite est de développer les besoins des indigènes et d'assurer la sécurité du commerce. Le chef de mission aura, par lui-même et par les agents commerciaux qui l'accompagnent, les moyens de créer des courants commerciaux dans toute la région où il séjournera.

« 3° Soit personnellement, soit par l'entremise de ses seconds, le chef de mission s'efforcera de conclure des traités au nom de la France avec les chefs ou sultans de la région. Son principal objectif sera le Baguirmi. Il serait extrêmement désirable qu'une ligne de traités avec la France fût ainsi opposée, de l'Oubangui au Tchad, à l'expansion des puissances rivales.

« 4° Le chef de mission enverra, le plus souvent qu'il le pourra, des rapports à M. le président du Comité de l'Afrique française. Il le renseignera par ce moyen sur tous les points : politique, science, commerce, produits naturels, etc.

« 5° Si, un an après la création du poste sur le Chari, le chef de mission n'a pas reçu de nouvelles instructions, il sera libre de revenir en France par l'Oubangui avec tout son personnel. Dans le cas où le Comité jugerait à propos de maintenir l'occupation, le chef de mission serait toujours libre de revenir personnellement au bout d'un an, mais il devrait se conformer aux ordres reçus pour ce qui touche le personnel et le matériel.

« Le chef de mission accepte de diriger l'expédition dans les conditions générales de personnel et de matériel fixées par le devis joint au présent engagement.

« Il prend en outre l'engagement de se conformer aux instructions de détail qui lui seront données soit par le président, soit par le secrétaire général du Comité de l'Afrique française.

« Le Comité de l'Afrique française se réserve le droit de disposer comme il le voudra des rapports, objets, documents ou photographies qui lui seront adressés par son représentant, le chef de la mission. Mais il laisse au chef de l'expédition le droit d'user à son profit des textes et clichés qu'il rapportera.

« Le chef de l'expédition, à dater du jour où il a reçu les premiers fonds, doit tenir une comptabilité aussi exacte que possible de ses opérations. Il tiendra compte, notamment, des avances de solde en nature consenties aux laptots, lesquelles viendront en diminution des sommes à payer au retour.

« Le ou les agents commerciaux adjoints à la mission sont placés sous les ordres directs de son chef, qui doit toutefois les laisser entièrement libres de faire comme ils l'entendront leurs opérations commerciales.

« Il leur doit aide et protection.

« Les engagements passés avec les seconds ou avec les agents commerciaux seront faits en triple expédition, une remise à l'agent, la seconde au chef de la mission, la troisième au Comité.

« Il est formellement interdit au chef de la mission d'engager aucune autre dépense que celles qui sont prévues au devis accepté par lui.

« Tous droits acquis d'une manière quelconque au cours de l'expédition reviennent au Comité de l'Afrique française, dont le chef de mission est le représentant direct. »

Tels sont, monsieur le président, les termes généraux de la mission que j'accepte et du contrat que je m'engage à observer.

Il me reste en terminant à vous prier de remercier le Comité de l'Afrique française d'avoir porté son choix sur moi. Je vous prie d'être mon interprète auprès de lui pour lui exprimer ma reconnaissance et l'assurance que je ferai tout mon possible pour me montrer digne de son choix.

Veuillez agréer, monsieur le président, l'assurance de mon respectueux dévouement.

JEAN DYBOWSKI.

Deux lieutenants avaient été adjoints à M. Dybowski. Un ancien sous-officier d'infanterie de marine ayant fait campagne au Soudan, M. Bigrel, alors employé des contributions à Quimper, devait remplir les fonctions de chef d'escorte. La conduite de la caravane serait confiée à M. Brunache, administrateur d'Algérie, parlant l'arabe. De plus, le chef de mission emmenait M. Chalot, en qualité de préparateur-naturaliste.

M. Bigrel s'embarqua le premier pour aller engager des laptots au Sénégal. Puis, le 10 mars, la mission quitta Bordeaux. Quelques jours après, elle embarquait, à Dakar, quarante-deux laptots engagés par M. Bigrel. Au commencement d'avril, le paquebot touchait à Libreville, où M. de Brazza donnait à M. Dybowski des lettres destinées à lui assurer le concours de ses agents.

Vers le milieu d'avril, la mission débarquait à Loango, et

commençait immédiatement les préparatifs pour la marche de terre jusqu'à Brazzaville. Ils durèrent un mois, faute de porteurs. Dès ce moment, en effet, M. de Brazza préparait une grande expédition de la Sangha, et tout était pris.

Le 13 mai, enfin, la caravane se mettait en marche. Bientôt M. Bigrel, gravement atteint, était obligé de revenir à la côte, où il succombait, malgré les soins dévoués des missionnaires. Arrivé à Brazzaville, M. Dybowski engageait, pour le remplacer, un agent de la colonie, démissionnaire, M. Briquez.

Presque aussitôt (juin 1891) arrivait à Brazzaville la nouvelle de l'échec de M. Fourneau, attaqué, blessé, dans la Sangha, et obligé de redescendre. A cette nouvelle, les porteurs loangos que M. Dybowski avait engagés avec tant de peine sur la côte, s'empressèrent de déserter.

Un mois après, autre nouvelle, plus affreuse : le désastre de la mission Crampel. M. Dybowski n'en est que plus résolu à marcher, mais comment trouver des porteurs? Heureusement la maison hollandaise, toujours obligeante, met à la disposition de la mission cinquante Bassas ou gens du Kassaï.

Il restait encore quelques doutes, mais hélas! l'arrivée de M. Nebout le 14 juillet ne laissait plus d'espoir. J'ai dit plus haut que le lieutenant de Crampel avait aussitôt accepté de guider la nouvelle expédition. A partir de ce moment, je ne saurais mieux faire que de reproduire le récit de M. Albert Nebout :

Brazzaville, 15 juillet 1891. — A peine ai-je mis le pied sur la rive, au bas du grand escalier qui mène à la résidence, qu'un monsieur de haute taille s'approche de moi, et, très vite, déclare être M. Dybowski, chef de mission, et me demande si je veux retourner avec lui. Je suis très troublé : je comptais bien revenir, mais j'avais espéré revoir les miens auparavant.

16 juillet. — ... C'est décidé, je suivrai M. Dybowski. C'est mon devoir. Je saurai lui être utile par la connaissance que j'ai du pays, des langues et des indigènes. Ma résolution prise, tout trouble a disparu. Je ne veux plus voir que le nouveau but. Aurai-je la même confiance que la première fois? Je ne le crois pas; je marcherai sans enthousiasme, mais sans faiblesse. Je n'ai qu'un désir, c'est de rejoindre les assassins de mes camarades,

que M. Dybowski se décide à poursuivre avant de commencer sa véritable mission. A part cela, tout m'est indifférent.

25 juillet. — J'écris à mes parents, j'adresse un rapport à M. Harry Alis, l'ami dont Crampel m'entretenait si souvent.

M. Brunache est déjà parti pour Bangui.

Je pars lundi avec M. Briquez. MM. Dybowski et Chalot partiront les derniers.

J'ai mission d'explorer la rivière M'Poko, en aval de Bangui.

J'ai essayé, pendant ces derniers jours, de décider mes huit Sénégalais à me suivre; mais leur moral a disparu, ils refusent. Samba-N'Diaye lui-même, partagé entre le désir de revoir son pays et l'ennui de me quitter, est très troublé, un peu honteux; mais il me quittera.

M. JEAN DYBOWSKI.
(Gravure de Thiriat, d'après une photographie.

26 juillet. — ... Je rengage Thomas, l'ancien cuisinier de Biscarrat, et deux autres Bassas, puis un M'Fan, qui me suivra comme domestique, car le jeune Loango me quitte aussi. Ces noirs, qui étaient porteurs, consentent à repartir, mais sous la condition de servir dans l'escorte et avec une augmentation de solde; M. Dybowski accepte, car ils seront des guides précieux, sinon de courageux soldats.

28 juillet. — J'embarque avec Briquez sur la chaloupe à vapeur *Alima*. M. Lagnion en est le capitaine et le mécanicien.

2 août. — ... Pendant que l'équipage coupe du bois, je vais à la chasse avec M. Briquez. Je tue une grosse antilope. Nous revoyons les N'Gombés et leurs curieux forgerons.

12 août. — ... Nous restons deux jours à Bongo, dans la factorerie de M. Chaussot, de la maison Daumas, pour permettre au capitaine d'acheter de l'huile de palme. Je vais à la chasse et tue un buffle.

M. ALBERT NEBOUT. — M. BOBICHON.

(Gravure de Thiriat, d'après une photographie de M. Dybowski.)

17 août. — On stoppe près des villages baloïs. Nos hommes tuent douze pintades. Je blesse un buffle, qui disparaît dans la brousse, grâce à la poltronnerie de mes guides baloïs; ils ont grimpé sur un arbre quand l'animal a fait mine de charger.

25 août. — Nous arrivons à Bangui, où nous retrouvons M. Brunache. Ce voyage nous a semblé court, grâce au capitaine Lagnion, dont la complaisance et la gaieté sont intarissables.

11 septembre. — MM. Brunache et Briquez partent pour explorer les rivières Ombéla et Kemo; M. Poncl, chef de zone, les accompagne. J'ai appris à connaître les qualités solides de mes deux camarades. M. Brunache, intelligent, gai, d'un jugement sain, attire surtout par sa bonté, sa douceur. M. Briquez, froid et sérieux malgré sa jeunesse, est d'une grande franchise.

I

EXPLORATION DE LA RIVIÈRE M'POKO.

18 septembre. — Enfin, j'ai pu me procurer une pirogue. Je quitte Bangui à 7 heures du matin, j'emmène dix laptots, qui devront pagayer. J'ai des marchandises d'échange, du riz et une caisse de conserves, composée avec sollicitude par M. Dybowski avant mon départ de Brazzaville.

Nous entrons à huit heures dans la rivière M'Poko; le courant est d'une violence extrême, nous avançons à peine....

M. DYBOWSKI. — M. BRIQUEZ. — M. BRUNACHE.
(Gravure de Thiriat, d'après une photographie de M. Dybowski.)

19 septembre. — A 7 heures du matin, nous stoppons devant l'immense village bouzérou de Youka. Quelle différence avec l'accueil reçu il y a un an! Maintenant ce sont les femmes elles-mêmes qui nous entourent et nous offrent des vivres.

Youka me promet quatre pagayeurs pour renforcer l'équipe de ma pirogue, mais il désire que je reste toute la journée dans son village. Je m'installe sous un hangar et commence les achats de vivres.

Mes hommes m'appellent dehors et me montrent un curieux spectacle : une femme donne le sein à un jeune chien, horrible petit animal, pelé, galeux!

Orage depuis midi jusqu'au soir.

20 septembre. — Départ à 6 heures du matin. A 10 heures, nous passons devant un village habité par les Bouzérous. Halte à 11 heures.

Mes pagayeurs bouzérous m'empruntent une casserole pour faire cuire leurs bananes, mais ils font cuire ensuite d'énormes vers blancs, qu'ils trouvent dans le tronc pourri des arbres tombés. Ils n'auront plus ma casserole !

A 5 heures, nous stoppons devant un village dont la population mâle est rassemblée sur la berge, très élevée et raide : les racines d'un gros arbre servent d'escalier. Par signes expressifs on nous prie de ne pas aborder ; mais il est tard, et je ne peux aller plus loin. Je « grimpe » seul dans le village et j'explique aux habitants, peu hospitaliers, que nous ne voulons que coucher pour repartir demain. Ils se rassurent et laissent monter mes hommes. Peu à peu les femmes rentrent de la brousse où elles s'étaient enfuies.

Le chef m'offre un cabri et une poule. Je lui fais aussi un cadeau : une « brasse » d'étoffe, une glace, du cuivre et quelques perles.

21 septembre. — Départ à 6 heures du matin. Arrêt à midi dans un très petit village, où nous causons la panique accoutumée.

Mes quatre Bouzérous voudraient bien ne pas aller plus loin ; ils me racontent un tas d'histoires effrayantes pour me faire peur. J'offre de les déposer sur la rive : ils n'ont garde d'accepter.

La rivière est bordée de grands arbres et d'une brousse à peu près impénétrable. Beaucoup de singes ; j'en tue pour les hommes, qui sans cela ne mangeraient que des bananes.

Nous campons près d'un sentier qui paraît s'éloigner de la rivière.

Pendant que mes hommes « débroussent » un espace suffisant pour élever ma tente, j'emmène deux Bouzérous, un laptot, et vais reconnaître le sentier. Après vingt minutes de marche, nous arrivons près de quelques cases ; un vieillard qui, sans nous voir, venait à notre rencontre, se trouve subitement en face de nous : il se retourne, jette sa lance, et s'enfuit à toutes jambes en poussant de grands cris. Cette folle terreur réjouit fort mes Bouzérous, tout fiers de m'accompagner et de porter mes armes. Les habitants se rassurent peu à peu; on fait l'échange du sang, puis on m'offre une poule. Ces gens se nomment Bouzérés. Les cases, demi-elliptiques, fort disséminées, ressemblent à celles des N'Dris; mais les habitants se rapprochent des Bouzérous : leur

FORGERONS N'GOMBÉS.

(Dessin de Mme Paule Crampel, d'après un croquis de M. Brunache.)

nom d'ailleurs est presque semblable; ils ont les mêmes tatouages sur le front et les tempes; leurs lances ont le fer moins large et le bois plus léger.

22 septembre. — La chaleur est très forte, le soleil ardent; mes yeux se fatiguent à fixer le papier de ma carte, et j'ai peine à tracer la route. On ne nous vend plus rien dans les villages : j'ouvre la caisse de riz.

23 septembre. — Le courant est toujours très violent, nous faisons à peine 12 kilomètres par jour. Nous franchissons quelques rapides.

24 septembre. — Le courant diminue et est aujourd'hui, sauf dans les courbes, à peu près le même que celui de l'Oubangui. Si cela continue, nous ferons du chemin.

A 2 heures, le courant devient plus violent que jamais, et bientôt nous apercevons de gros remous et entendons le bruit du rapide.

Je prends moi-même une pagaye, et pendant deux heures nous luttons contre le courant, devenu formidable; deux hommes de l'avant halent la pirogue en tirant sur les lianes, les branches. Si l'une casse, les rameurs ne peuvent plus rien et d'un bond nous sommes rejetés à 100 mètres en arrière; enfin à 5 heures, exténués, nous abordons au pied des rapides.

Par un sentier qui longe la rive, je vais reconnaître le passage en amont; je peux me convaincre que ces rapides, sur une longueur d'un kilomètre, sont infranchissables en pirogue.

Un sentier s'enfonce dans l'intérieur : je le suis avec deux pagayeurs, et nous arrivons bientôt devant quelques cases; les habitants, au nombre de cinq, dont une femme, paraissent médusés à notre vue; ils tremblent et n'osent même chercher à s'enfuir. Je leur parle, ils paraissent ne pas comprendre; mes Bouzérous n'ont pas plus de succès. Je quitte ces sauvages trop farouches. Mes Bouzérous sont fâchés que je ne leur permette pas d'en tuer au moins un; ils auraient emporté le corps chez Youka, et un festin, me disent-ils gentiment, les aurait récompensés de leurs fatigues ! Dans la soirée ils essayent encore d'entraîner mes laptots vers le village.

Je regrette d'être arrêté sitôt, bien que cette rivière ne me paraisse pas une voie de pénétration vers l'intérieur; on voudrait toujours connaître ce qui est devant soi.

25 septembre. — Départ pour le retour à 6 heures (j'ai eu la fièvre toute la nuit). Notre pirogue vole sur l'eau; les arbres, les villages, fuient derrière nous, et mes hommes, enthousiasmés, pagayent avec entrain; leurs chants attirent les indigènes sur la rive.

Le barreur, debout tout à l'arrière de l'embarcation, ne cesse

PIROGUIERS HALANT LEUR BARQUE DANS UN RAPIDE.

(Dessin de Mme Paule Crampel, d'après des photographies de M. Dybowski.

de danser, avec des contorsions comiques, et la manie de la danse, qui en Afrique arrêterait une bataille, gagne les indigènes, délivrés d'ailleurs du souci de notre présence. Halte à 4 heures au village de Youka. Je lui fais des cadeaux et paye les quatre pagayeurs. A 5 heures, nous sortons de la rivière : nous avons fait, en huit heures, 72 kilomètres (plus de cinq nœuds à l'heure.

Nous débarquons à Bangui à 6 heures.

Je trouve au poste MM. de Poumeyrac et Gaillard, descendus du haut Oubangui ; ils ont ramené avec eux une centaine de Yakomas et de Sangos. Quand les ravitaillements attendus seront arrivés, M. de Poumeyrac remontera avec eux, achever les postes commencés.

Ces indigènes, pareils aux Banziris pour la beauté du corps, sont les plus gais, les plus ouverts que j'aie jamais vus.

Leur pays renferme encore de grandes quantités d'ivoire et produit beaucoup de caoutchouc.

28 septembre. — Des querelles éclatent souvent entre Sangos et Yakomas ; les Sénégalais ramènent l'harmonie à coups de bâton, et cela finit toujours par de grands rires.

5 octobre. — Le vapeur *France*, de la maison Daumas, vient apporter au poste quelques ravitaillements ; le capitaine nous annonce l'arrivée prochaine de M. Dybowski.

8 octobre. — M. Dybowski arrive avec Chalot sur la canonnière *Oubangui*, capitaine Pouplier. Leur voyage a duré quarante-cinq jours, à cause du mauvais état de la machine.

15 octobre. — M. Brunache rentre, il a exploré les rivières Ombéla et Kémo ; cette dernière paraît la meilleure voie de pénétration vers le nord. M. Briquez nous attend au village des Ouaddas, entre les deux rivières.

19 octobre. — Le petit vapeur belge *A. I. A.* vient apporter un courrier d'Europe. Je suis le seul à ne rien recevoir ; ce n'est pas sans tristesse et sans inquiétude que je vois ces lettres qui viennent de France, tandis que depuis plus d'un an je suis sans nouvelles des miens.

II

SUR LES TRACES DE PAUL CRAMPEL.

22 octobre. — MM. Dybowski, Brunache et moi quittons Bangui pour remonter au village de Bembé. Nous prendrons au camp des Ouaddas MM. Briquez et Bobichon (ce dernier, agent du Congo, accompagne notre expédition). M. Chalot reste à Bangui; il chassera, herborisera pendant notre absence.

24 octobre. — Les eaux sont très hautes; nous trouvons diffi-

HUTTES DE PÊCHEURS BANZIRIS.

(Dessin de Mme Paule Crampel, d'après un croquis de M. Brunache.)

cilement sur les rives inondées l'espace nécessaire pour camper.

1er novembre. — A 4 heures, un orage éclate subitement; les premières pirogues ont le temps de gagner la rive et d'être aussitôt déchargées par nos laptots; mais, au moment où Brunache et Briquez vont aborder, leurs pirogues, remplies par les vagues, coulent, et les ballots et les malles vont à vau l'eau. Nos soldats sauvent la plus grande partie du bagage; comme toujours dans les circonstances un peu graves, nos Sénégalais se montrent dévoués et courageux.

3 novembre. — Nous abordons à Dioukoua-Mossoua, village de Bembé ; l'expédition est toute réunie là : cinq blancs, quarante-cinq soldats, cinquante porteurs.

4 novembre. — Je fais exécuter devant M. Dybowski la fameuse danse des femmes banziris. M. Dybowski, en jeune Africain, ne partage pas notre enthousiasme au sujet de la réelle beauté des jeunes filles de cette superbe race ; et cependant, avec leurs grands yeux curieux, leurs dents admirables, leur visage expressif et gai, leur corps élégant, souple et robuste, elles ne méritent pas cette indifférence. Leur nudité absolue le scandalise, quoiqu'elles aient autant de pudeur que de sagesse.

L'ordre pour la marche est arrêté ainsi : Je serai à l'avant-garde avec douze hommes. (J'avais réclamé ce poste, qui m'était bien dû.) Au centre, MM. Dybowski, Brunache et Bobichon, avec les porteurs et vingt-deux soldats; mais M. Dybowski marchera souvent avec moi. M. Briquez est chargé de l'arrière-garde, forte de onze hommes.

5 novembre. — Deux porteurs sont atteints de la variole. Bembé les soignera. Ce chef nous donnera aussi un de ses esclaves pour nous guider, et surtout me traduire les paroles des Langouassis, car je comprends moins leur langue que celle des Banziris.

8 novembre. — Nous partons à 7 heures. Pour débuter, tout près du village, nous devons traverser un marigot profond et très large. Les herbes sont hautes, le sentier peu frayé. Pour compléter la gaîté de ce début, M. Dybowski est pris d'une fièvre violente ; l'absorption d'une bouteille de champagne le secoue un peu et lui permet de continuer. Dans l'après-midi, M. Briquez s'attarde; on le croit égaré.

M. Dybowski fait tirer, malgré mon conseil, quelques coups de feu pour l'appeler; il nous rejoint, mais quand nous arrivons aux premiers villages langouassis, tout est désert : effrayés par les détonations, les indigènes se sont enfuis avec leur bravoure habituelle.

Depuis mon passage, les villages ont été abandonnés (après une mort, sans doute, suivant l'usage) et reconstruits à une certaine distance. Les sentiers délaissés disparaissent sous les herbes; nous nous égarons, et ce n'est qu'assez tard, après une marche à l'aventure, que nous apercevons un village. Je vais le reconnaître seul avec les Banziris : il est désert. Après de longs appels, des cris de paix, quelques Langouassis approchent timidement ; on les rassure, et la colonne peut approcher; on nous vend des vivres.

Orage dans la nuit.

10 novembre. — Nous avons gagné péniblement Makobou; après une heure de recherches dans les herbes, j'ai pu découvrir l'emplacement de notre ancien camp, où tout a disparu. Nous campons au bord de la rivière, profonde alors de 2 mètres; nos hommes commencent à établir une passerelle. M. Dybowski est plus mal, la fièvre ne le quitte pas; son estomac fatigué ne supporte aucune nourriture, et des vomissements fréquents l'épuisent.

PIROGUE BOUZÉRÉ.

(Dessin de Mme Paule Crampel, d'après une photographie de M. Dybowski.)

11 novembre. — M. Dybowski ne va pas mieux; cette nuit, il a eu des cauchemars, M. Brunache a dû le veiller.

12 novembre. — Quoique très faible, M. Dybowski veut partir; la rivière a baissé, elle a 50 centimètres de profondeur seulement. Nous marchons très lentement, avec des pauses fréquentes. Le soir, nous arrivons au village du chef Madoungo; nous campons

au milieu d'un bosquet de superbes borassus. Nous sommes bien reçus, nos *bayakas* font miracle. Pour ces petites perles blanches, ces gens se vendraient eux-mêmes. Tous me reconnaissent; les Bassas et mon domestique m'fan retrouvent leurs amis du premier voyage (chacun de nos hommes avait su se faire un ami dans chaque village). Madoungo nous donne cinq poules. Je m'occupe du campement, des achats et surtout des palabres, puisque seul je connais le langage des indigènes.

14 novembre. — Nous arrivons au village du chef Barao, où j'ai vécu un mois; ce chef nous donne deux chèvres et des poules. Nos hommes achètent aussi beaucoup de vivres; ils portent tous sur leurs sacs, qui une poule, qui une cuisse de cabri, qu'ils mangent maintenant; dans quelques jours l'abondance disparaîtra (une grosse chèvre coûte six à huit petites cuillerées de perles; une poule, deux cuillerées ou douze cauris. Nos autres marchandises n'ont plus de valeur à côté des bienheureuses perles, *kredzis*).

15 novembre. —... Nous entrons sur le territoire des N'Dakwas.

16 novembre. — Nous traversons deux cours d'eau très profonds; l'un d'eux, que j'avais passé avec de l'eau jusqu'à la ceinture, a maintenant plus de 4 mètres de fond. Nous entrons ensuite dans une plaine inondée, où pendant deux heures nous marchons avec de l'eau jusqu'au ventre. Enfin nous arrivons, transis, dans un village où un grand feu nous rend un peu de chaleur. Mon nom est dans toutes les bouches, mais les indigènes le prononcent d'une façon comique, et mes camarades, amusés, m'appellent en imitant l'accent de ces braves sauvages.

Le chef Zouli, prévenu, arrive bientôt; il est toujours fin, empressé : il nous embrasse avec de vives démonstrations de joie.

Je revois Zouli avec plaisir; j'avais pu, pendant plus de deux mois vécus chez lui, apprécier son intelligence, ses qualités. Très avide, il avait su mériter nos largesses par de réelles preuves d'amitié.

Mabingué, l'ancien guide de Crampel, est venu avec Zouli. Il nous guidera de nouveau.

18 novembre. — Nous nous reposons chez Zouli, repos relatif pour moi, car je suis sans répit, entouré, harcelé, par une foule d'indigènes qui m'apportent cabris, poules, œufs, bananes, igna-

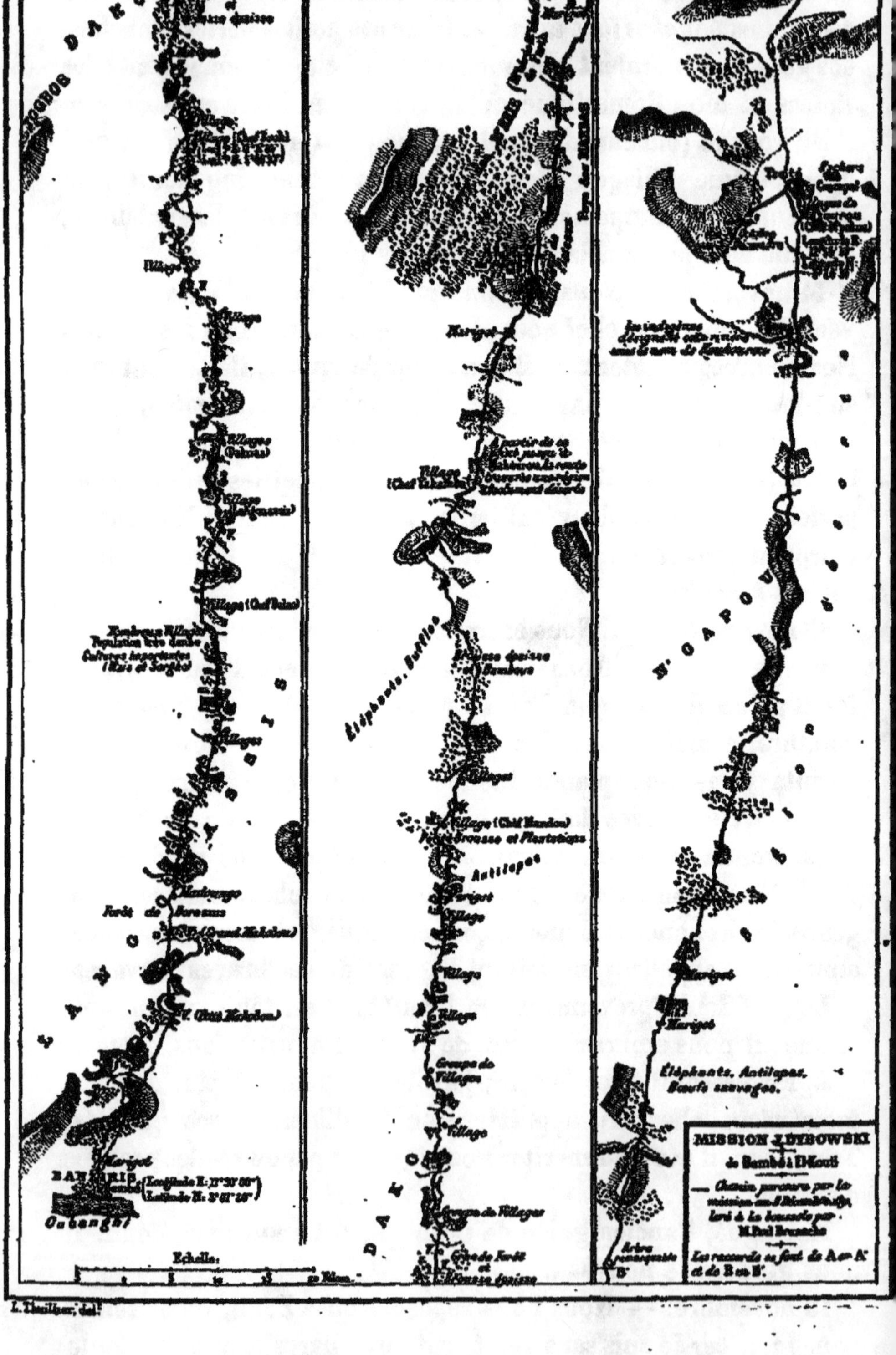

L. Thuillier, del.

mes, patates etc. J'achète tout. J'ai revu les deux frères de Zouli : Goubanda, toujours abruti par les excès de bière, ne cesse de chanter, de danser ; le bon Wallanga, toujours grave, avec le même sourire tranquille, reste près de moi toute la journée. C'est lui qui, pendant la scène du 11 mars dernier, accusé par Assénio de vouloir prendre parti pour les indigènes qui nous entouraient, jeta dans le camp ses zagaies et s'éloigna très fâché. Un de nos sergents, qu'un abcès au genou empêche de suivre, restera avec Zouli, ainsi qu'un porteur atteint de la variole ; c'est avec peine que je puis faire accepter ce dernier, car Zouli est très effrayé ; mais on lui promet de si beaux cadeaux !... Notre guide banziri refuse d'aller plus loin, il nous attendra là. Cela m'est égal, je me suis de nouveau familiarisé avec la langue des indigènes.

On nous raconte déjà un tas d'histoires.... Les N'Gapous, payés par les musulmans, nous attaqueront. Yabanda leur a même vendu Assénio, que je lui avais confiée...?

20 novembre. — Les bruits persistent et augmentent ; on nous affirme que les musulmans, en grand nombre, nous attendent.

La gaieté avec laquelle nous accueillons ces nouvelles étonne les indigènes, qui ne comprennent pas combien nous avons hâte de nous mesurer avec les musulmans.

Mabingué, qui nous avait quittés pour s'en retourner, revient très affairé ; il nous affirme que les *Kridimis* (musulmans) sont postés derrière une rivière qui sépare les N'Dakwas des N'Gapous ; il ira avec nous jusque-là.

21 novembre. — Personne derrière la rivière, et les villages n'gapous sont déserts : les guides, effrayés, refusent d'aller plus loin, et, malgré de brillantes promesses, ils nous quittent. Nous avançons jusqu'à la lisière de la forêt de bambous qui s'étend entre ces premiers villages et ceux de Yabanda. Nous installons nos tentes près d'un groupe de cases.

Quelques indigènes s'approchent, et, bientôt rassurés par nos protestations de paix, appellent toute la population, qui rentre dans les villages.

Les N'Dakwas les avaient effrayés en leur racontant que nous venions leur faire la guerre. Demain nous aurons des guides.

III

UN SÉNÉGALAIS DE LA MISSION CRAMPEL.

22 novembre — Comme nous approchions du village de Pangoula, un des enfants de Yabanda vient à moi et me dit : « Samba est au village ». Je me doute que ce doit être un Sénégalais

CAMPEMENT DE MADOUNGO.

(Dessin de Mme Paule Crampel, d'après une photographie de M. Dybowski.)

échappé d'El-Kouti, et une vive émotion me saisit : de nouveaux renseignements vont confirmer tout ce que j'ai dit et apporter plus de lumière sur ces sombres événements.

Arrivé au campement, j'envoie des indigènes chercher ce Samba, ainsi que notre ami Yabanda.

Il est 4 heures quand j'aperçois un des meilleurs soldats de

Crampel, le Sénégalais Mahmadou-Siby. Je cours à lui, et sa bonne figure s'éclaire de joie. Nous allons aussitôt vers M. Dybowski, et l'interrogatoire commence sans retard : nous sommes tous là, oppressés, émus, impatients d'écouter, de savoir : « Envoyé par Biscarrat le 20 mai vers El-Kouti, il partit avec Amadi-Diawara, pour s'assurer de la vérité. Ils arrivèrent à El-Kouti huit jours après et furent aussitôt saisis et enchaînés; après promesse de ne pas s'enfuir, on les laissa dans une liberté relative et ils furent réunis à leurs camarades, prisonniers depuis quelque temps déjà.

« Niari et Ischekkad sont dans le village; le Targui, libre, a conservé la femme que M. Crampel lui avait donnée chez Bembé; il vient causer avec les Sénégalais, et se vante d'avoir fait assassiner M. Crampel, Saïd et Biscarrat. Peu de jours après, il part vers le nord, emportant des marchandises.

« Les Sénégalais projettent de s'enfuir, mais le caporal Demba-Ba, devenu l'ami de Snoussi, qui lui a donné une femme et un fusil, les dénonce et les fait enchaîner de nouveau ; sont exceptés le sergent Samba-Assa et le soldat Amady-Paté, qui paraissent peu désireux de s'enfuir, craignant sans doute le châtiment de leur désertion.

« Les armes et les marchandises sont partagées, comme récompense, entre tous ceux qui ont participé au crime : une grande partie est emmenée vers le nord. Demba-Ba apprend aux hommes de Snoussi le maniement des armes. Huit jours après son arrivée, Mahmadou-Siby s'enfuit avec Amady-Diawara.

« Ils marchent deux jours et sont de nouveau repris par la troupe qui vient de tuer Biscarrat et qui amène à El-Kouti les marchandises et les hommes capturés. Dans la nuit, Mahmadou peut rompre ses liens et veut délivrer son camarade ; mais ce dernier, las des fatigues, des privations, refuse de fuir : Mahmadou part seul, et, mangeant des fruits et des racines, gagne le village de M'Poko. Ce chef lui donne une provision de manioc et l'envoie vers Yabanda, chez lequel il arrive quatre jours après. Il était sauvé.

« Il veut cependant continuer jusqu'à l'Oubangui, mais les N'Gapous l'en dissuadent : « Ne pars pas, tu es seul et sans armes, « les Langouassis te tueront; reste avec nous, attends Nebout, « qui doit revenir avec beaucoup de soldats. »

Et pendant cinq mois il reste chez ces braves gens, toujours bien traité.

Il nous raconte sur la mort de notre chef la version qu'il a entendue, à El-Kouti, des musulmans eux-mêmes : « M. Cram-

RETOUR CHEZ LES N'DAKWAS : UNE HALTE DE SÉNÉGALAIS DANS UN VILLAGE.
(D'après des croquis de M. Nebout.)

pel, las des retards sans fin, des privations qui le tuaient, quitta El-Kouti vers le 8 avril, avec Niari, Saïd et le Sénégalais Sadio ; il espérait peut-être encore parvenir près d'un grand sultan, qu'on lui affirmait se trouver à huit jours au nord.

« On le portait en hamac. Le premier jour, vers midi, il était à table, écrivant, quand les hommes de Snoussi s'approchent de lui et le frappent d'un coup de hache à la tête; en même temps Saïd et Sadio tombent sous les coups de lance.

« M'Bouiti, domestique de Saïd, est fait prisonnier, mais un mois plus tard il peut s'enfuir et se réfugier près de Biscarrat. »

Quand par mille questions nous avons satisfait notre curiosité, Mahmadou nous apprend qu'une troupe nombreuse de musulmans d'El-Kouti est actuellement dans la contrée; arrivée chez Yabanda, la troupe s'est divisée en plusieurs bandes, dont la plus nombreuse est encore dans les villages; les autres se sont éloignées vers l'ouest.

Ils ont réclamé Mahmadou comme étant leur esclave fugitif, mais Yabanda a refusé de le livrer ; son attitude, ses menaces, intimidèrent les musulmans. Nous pressons Yabanda de nous conduire vers eux, mais il nous conseille d'attendre; il nous dit qu'ils viennent de sortir des villages, qu'ils sont campés à 8 kilomètres dans un champ de mil, où ils attendent la lune pour fuir vers El-Kouti. Il nous préviendra quand il en sera temps.

IV

LE MASSACRE DE LA MISSION CRAMPEL VENGÉ.

En effet, vers dix heures du soir, des indigènes appellent de la brousse, n'osant approcher, de peur des factionnaires. Je me lève à la hâte et leur crie de venir : ce sont deux jeunes gens de Yabanda. Il est temps de partir attaquer les musulmans. La jolie figure de ces deux enfants, leur gai sourire, contrastent singulièrement avec leur sombre mission.

Les laptots désignés s'arment rapidement, et nous partons derrière nos guides. La marche est difficile; on ne voit rien, pas même l'homme qui est devant. Des racines, des arbres barrent le chemin; chaque homme frappe légèrement dessus pour prévenir le suivant. Pas un mot n'est prononcé. Dans le village, deux nouveaux N'Gapous se joignent à nous.

Nous franchissons une colline dont la descente, dans cette profonde obscurité, est périlleuse, au milieu de grosses pierres glissantes.

Nous pensions encore que les N'Gapous nous conduisaient à un endroit favorable, où nous pourrions attendre les musulmans, au jour ; mais pas du tout, ils nous disent que l'ennemi est près de nous, et que nous devons l'attaquer maintenant. Nous sommes près d'une rivière ; deux N'Gapous se détachent et vont reconnaître la position de l'ennemi ; ils marchent avec tant de légèreté que nous ne percevons pas le moindre bruit, le plus petit clapotis, quand ils traversent la rivière.

Après un quart d'heure qui nous a paru long, ils reviennent et nous font signe d'avancer. Les laptots chargent leurs armes, nous traversons la rivière, puis un marais. Le silence est coupé par des bruits de chute, nos hommes perdent pied ; moi-même j'enfonce à plusieurs reprises dans la vase.

Nous arrivons sur un sol plus ferme, et bientôt nous pénétrons dans un champ de mil. Le guide nous montre, à 100 mètres de nous, la lumière légère d'un feu presque éteint. Je suis en tête avec M. Briquez; nous n'avançons plus qu'avec une extrême lenteur, retenant notre souffle.

A 20 mètres du feu, la crosse d'un fusil froisse une baïonnette, un homme couché près du feu se soulève et parle à un autre qu'on ne peut apercevoir. Je m'arrête et, silencieusement, je fais signe aux laptots de se déployer.

Un coup de feu donne le signal. Les hommes tirent rapidement, vidant le magasin des balles, mais malheureusement ne visant que le foyer.

Rien ne bouge plus en face, et nous crions de cesser le feu. Thomas s'approche à ce moment et me dit que son camarade est « tombé ».

Nos hommes s'avancent, baïonnette au canon : comme toujours dans nos opérations de nuit, le résultat obtenu n'est pas celui qu'on espérait. Beaucoup de musulmans ont pu fuir ; plusieurs sont étendus là, surpris dans leur sommeil ou dans leur fuite.

Un jeune enfant esclave, échappé heureusement aux balles, se réfugie vers nous. Nous passons là le reste de la nuit, étendus sur la terre humide et froide.

Au jour, nous examinons ce champ de bataille : les nattes sont encore alignées comme on les avait placées la veille, pour dormir, et à côté se trouvent les lances, les ballots abandonnés dans la fuite.

Un pauvre diable respire encore; il a la cheville, le genou de la jambe gauche, fracassés, une balle dans la cuisse et la poitrine trouée : c'est pitié de l'achever. Je donne mon revolver au sergent Boubakar et lui ordonne de tirer à la tête; la balle l'atteint au-dessus de l'oreille, sans l'achever; une deuxième l'atteint dans le cou, il respire encore et met sa main devant son visage; enfin une troisième balle le frappe au cœur : une contraction le soulève, il retombe sur le côté, immobile enfin.

Cette agonie atroce m'a douloureusement ému, et je m'éloigne très sombre. Nos hommes emportent tout le butin et nous retournons au camp.

23 novembre. — On a procédé à l'inventaire des objets trouvés. Parmi de nombreux costumes musulmans, des objets divers, nous trouvons une boussole, une chemise blanche, un bas noir, un paquet de bougies, une glace, un couteau, ayant appartenu à M. Crampel ou à Saïd.

Nous habillons Mahmadou-Siby, qui est tout joyeux d'être si beau, après avoir plusieurs mois vécu en sauvage.

A 10 heures, un N'Gapou vient nous prévenir qu'un musulman s'est réfugié dans le village. M. Dybowski envoie M. Bobichon pour s'en emparer; mais, comme cet homme cherche à s'enfuir, les hommes de M. Bobichon tirent et le tuent. Il portait autour du cou un chapelet de marabout.

A 2 heures nous quittons notre campement pour aller nous établir près des cases de Yabanda, à l'entrée de la grande brousse.

Nous passons près de l'endroit où le musulman vient d'être tué; il ne reste que de larges taches de sang. Les N'Gapous l'ont dépecé et se sont partagé les morceaux.

Nous arrivons à quatre heures chez Yabanda; Assénio est toujours là, elle nous attend près du sentier, et dès qu'elle m'aperçoit, elle accourt me serrer les mains. Elle m'offre des calebasses pleines de farine de mil, de manioc, et une poule. Elle se fâche parce que je veux lui faire un cadeau.

De même que Zouli, Yabanda a déjà conquis tous ces messieurs par son air de bonté et de franchise; ce qu'il a fait pour Mah-

dominait [illegible] dans [illegible]

[illegible]

SURPRISE DU CAMP MUSULMAN.

(Dessin de Mme Paule Crampel, d'après le texte et des croquis de M. Nebout.)

[illegible]

madou, ses preuves récentes de dévouement, attirent notre gratitude. Il sera bien récompensé.

M. Dybowski fait son portrait : c'est un homme petit, très robuste ; ses yeux sont expressifs et gais ; sa tête est rasée, sauf une petite mèche qu'il conserve sur le sommet du crâne ; il porte un « fer à cheval » qui ne déparerait pas le menton d'un chasseur à pied.

24 novembre. — J'étais au bain avec Brunache, quand Yabanda vient me prévenir qu'un musulman se trouve dans un village peu éloigné. Je me hâte de courir vers M. Dybowski, je lui offre d'aller saisir et de ramener cet homme ; c'est accordé, et je pars avec quatre laptots. Après un quart d'heure de marche, nous arrivons près d'un gros rassemblement de N'Gapous, qui s'écartent et me laissent voir un noir, assis par terre et solidement amarré.

Je coupe les lianes qui attachent ses jambes, je lui fais signe de se lever et de me suivre ; il obéit sans dire un mot. C'est un homme de trente ans environ, grand et robuste ; le visage est doux et intelligent. Il demande de l'eau en traversant un ruisseau ; mes Sénégalais refusent ; je les gronde et le laisse boire. Une foule de N'Gapous nous suit, nous précède avec de grands hurlements de joie féroce, et j'entends de tous côtés le cri : « De la viande ! » C'est atroce et je voudrais pouvoir les faire taire.

Quand nous arrivons près du camp, je trouve ces messieurs réunis près d'une table, au milieu d'une enceinte fermée par une corde : je fais asseoir le prisonnier, et M. Brunache commence l'interrogatoire.

Cet homme parle, nous dit M. Brunache, très purement l'arabe, mais il ne répond qu'aux questions qui ne l'embarrassent pas ; on peut en tirer ceci : Il aurait quitté son pays, le Dar-Rouna, au commencement de la saison sèche, pour venir commercer dans ce pays ; un assez grand cours d'eau, dont il refuse de dire le nom, se trouve entre El-Kouti et le Dar-Rouna.

Il déclare tout d'abord ne rien savoir au sujet des affaires d'El-Kouti, puis finit par avouer qu'il en a entendu parler, mais il affirme qu'il n'y est pour rien. Le sultan Snoussi est plus puissant que celui du Dar-Rouna.

Il est également muet quand on lui demande d'où proviennent les objets trouvés dans leur campement. Le musulman tué la veille est un marabout. Le petit Ali, que nous avons adopté, était son esclave.

M. Dybowski prend son petit appareil Nadar et se place devant le prisonnier : celui-ci croit sa dernière heure venue : il se redresse, sa figure se contracte ; il tremble, mais fixe l'appareil.

L'interrogatoire terminé, M. Dybowski désigne alors Briquez, qui, avec M. Bobichon et quatre hommes, va faire exécuter ce misérable. Le musulman comprend très bien que c'est la fin, mais il marche sans un murmure, sans faiblesse.

...En général, ces musulmans appartiennent à la race nègre : seuls quelques chefs et marabouts sont originaires du Ouadaï. Les autres sont des esclaves venus de tous pays, mais, convertis à l'islamisme, ils ont pris les caractères que donne cette religion : physionomie grave, démarche pleine de dignité... Leur crâne est rasé, ainsi que leur visage, à l'exception du menton. Ils portent comme coiffure une bande d'étoffe bleue ou blanche, enroulée en turban, ou un petit bonnet blanc soutaché. Ils n'ont point le visage voilé comme certains peuples musulmans de l'intérieur. Les riches ont de grands « boubous » amples et de longs pantalons tombant jusqu'à la cheville ; les pauvres rien qu'une sorte de longue blouse sans manches, plus ou moins déguenillée. Ils portent une large ceinture de cuir, sorte de cartouchière.

Quand M. Crampel arriva à El-Kouti, il les trouva armés de courts fusils doubles à piston et de très longues lances à large fer. Ils avaient un pavillon blanc, à hampe ornée d'un fer de lance et dont l'étoffe, couverte d'une longue inscription en caractères arabes, portait, dessiné en rouge, le croissant de l'Islam.

Leurs habitations seraient analogues à celles des Langouassis et autres. El-Kouti, d'après renseignements, est bâti au milieu d'une plaine, non loin d'un petit cours d'eau bordé de grands arbres.

25 novembre. — Nous partons à 6 heures du matin. On a donné à Yabanda un fusil, de la poudre et des capsules, plus une grande quantité de marchandises diverses : sa joie est à son comble. Dix-huit N'Gapous nous suivent, comme guides et auxiliaires. Chacun de nos hommes emporte six jours de vivres.

26 novembre. — ... En allant au nord, nous marchons vers la

saison sèche; ici il ne tombe plus d'eau depuis longtemps, le mil est presque mûr. M. Dybowski a eu la fièvre dans la nuit; ce matin, il a voulu se mettre en marche, mais il est tombé au bout de trois kilomètres, et il faut faire halte. Nous voici encore arrêtés, et dans cette grande brousse, où les vivres s'usent et ne peuvent se remplacer, c'est désastreux. Nous conseillons à M. Dybowski de prendre de l'ipéca.

27 novembre. — .... L'ipéca a produit un bon effet, et M. Dybowski peut se mettre en route.

Le petit esclave, que nous appelons Ali, était depuis peu de temps avec les musulmans; c'est un Sara, peuple qui se trouve au sud du Baguirmi, par 9 degrés de latitude Nord. Les musulmans d'El-Kouti l'avait emporté dans une récente razzia.

Il s'est rapidement familiarisé avec nous; il ne nous quitte plus. Thomas, notre cuisinier, est le seul noir avec lequel il consente à rester.

28 novembre. — ... Il fait très froid : cette nuit le thermomètre est descendu à 9 degrés; hier, à 10. Les herbes restent mouillées jusqu'à 10 heures du matin, heure à laquelle le soleil commence à chauffer. Aussi sommes-nous trempés pendant la moitié de la journée. Nos N'Gapous nous affirment que les N'Gapous de Makourou se sont enfuis, que nous trouverons les villages déserts. Nous verrons bien.

Nous nous arrêtons habituellement vers 4 heures du soir; je choisis l'emplacement, puis nos Sénégalais, armés de *machetes*, rasent les herbes et la brousse, pendant que d'autres vont couper des fourches et des perches. Nos bâches sont rapidement montées, puis nos domestiques installent nos lits, recouverts d'une moustiquaire.

M. Bobichon est chargé de la « popote », mais M. Brunache, un véritable artiste culinaire, s'occupe toujours de la cuisine, à notre satisfaction; lui seul, avec un rien, sait faire des sauces délicieuses, des ragoûts nouveaux.

M. Briquez commence le service de garde pour la nuit. M. Dybowski, assis sur une malle, écrit son journal, ou étiquète des plantes ramassées en route.

Nos porteurs rangent leurs charges de chaque côté de la bâche; ils coucheront là; les Sénégalais, divisés en quatre escouades, campent devant les quatre faces, couchés côte à côte, le fusil sous la main.

Le dîner prêt, on mange de bon appétit les produits de l'imagination de M. Brunache. M. Dybowski se retire toujours de très bonne heure, puis M. Bobichon et enfin M. Briquez ; je reste seul avec M. Brunache, qui fume de nombreuses cigarettes, et nous causons souvent pendant une partie de la nuit ; quand, fatigué, je veux me coucher, c'est toujours une dernière cigarette qu'il allume, une dernière histoire à écouter.

30 novembre. — .... Nous arrivons à 4 heures du soir près d'une rivière, peu large, mais très profonde ; elle paraît se diriger vers le nord-ouest. Je cherche en vain un gué. Nos porteurs commencent à abattre des arbres pour construire un pont.

1er décembre. — Nous passons la rivière au jour, trois heures plus tard nous entrons dans le village de Makourou, où habite le chef M'Poko.

Au milieu d'une vaste plaine s'élève un énorme rocher, haut de plus de 130 mètres ; au pied, sur les flancs, sur le sommet même, de nombreuses cases s'élèvent, mais pas un habitant, tout est désert. Plusieurs cases sont détruites, brûlées depuis peu.

Non loin de l'ancien campement de Biscarrat, nous établissons notre camp, près d'un ruisseau. Nous ne voyons que des plantations de patates, point de mil, quelques rares pieds de manioc.

M. Dybowski est persuadé que les N'Gapous de M'Poko ont été complices des musulmans, et qu'ils ont fui par crainte d'une répression. Je fais le possible pour le détromper, car je connais le véritable rôle de ces braves indigènes, qui ont respecté les restes de mon ami Lauzière, et qui ont tout fait pour sauver Biscarrat.

Dans l'après-midi, quelques indigènes viennent au camp ; ils nous offrent un petit panier de mil et un peu de manioc ; nous essayons de leur montrer notre amitié et de les décider à revenir dans leur village. Ils affirment que les musulmans sont venus récemment, ont tout pillé, et brûlé une partie des cases ; ils promettent d'aller chercher toute la population et de revenir demain.

2 décembre. — Je vais à la chasse. Deux indigènes que je rencontre dans la brousse me suivent et me guident.

M. Dybowski prend notre avis au sujet de la marche en avant. Nous n'avons et n'aurons d'autres aliments que des patates; nos hommes n'en sauraient porter assez pour douze jours, car ce temps sera nécessaire à toute la colonne pour pousser jusqu'à El-Kouti, dont 200 kilomètres nous séparent. Mais, moins nombreux, on irait plus rapidement. Je demande à M. Dybowski vingt-cinq Sénégalais et quinze porteurs; je partirai seul ou avec M. Briquez. Comme nous ferons plus de 30 kilomètres par jour, je promets d'être revenu dans quinze jours. Mais M. Dybowski ne veut pas diviser la colonne. Le retour est décidé.

Deux indigènes viennent au camp. Je leur déclare que si demain la population n'est pas revenue, nous prendrons nous-mêmes dans les plantations.

M. Dybowski, M. Brunache et moi grimpons au sommet du rocher, d'où l'on découvre un grand espace. Dans la plaine, d'autres rochers, moins élevés, se dressent çà et là; des rivières bordées de grands arbres courent en tous sens. Partout s'élèvent des collines de médiocre élévation; vers le nord, très loin, on aperçoit de hautes montagnes.

3 décembre. — Nous allons, avec vingt soldats en armes, exhumer les restes de Lauzière. Le corps a été enterré profondément, et il faut une demi-heure de travail pour enlever la terre; enfin apparaissent la couverture et le costume qui couvraient le corps de notre pauvre ami; aucune odeur ne se dégage de la fosse. Les ossements sont mis dans un drap blanc, puis déposés dans une caisse en fer, recouverte d'un pavillon.

Cette cérémonie a été pour moi très douloureuse; je revivais les moments passés avec cet aimable ami, dont la triste fin m'arrache encore des larmes.

4 décembre. — Le chef M'Poko est rentré dans son village avec une partie de la population; il veut que j'aille m'asseoir dans sa case, voir sa famille.

Je monte de nouveau, avec M. Brunache, sur le rocher que nous avons appelé « Pic Crampel ».

Brunache fait un « tour d'horizon », mais le ciel est moins pur qu'avant-hier. Nos hommes ont réussi à se procurer un peu de viande d'éléphant et du manioc pour le retour.

Nous avons en vain cherché partout les ossements de Biscarrat;

les indigènes, malgré de brillantes promesses, ne peuvent nous renseigner. Le corps de notre intrépide camarade, abandonné

LE ROCHER DE M'POKO (PIC CRAMPEL) AU-DESSUS DU VILLAGE N'GAPOU DE MAKOUROU.
(Dessin de Mme Paule Crampel, d'après des photographies de M. Dybowski.)

dans la brousse aura été dévoré par les fauves, et les ossements calcinés par l'incendie des herbes.

5 décembre. — Nous quittons Makourou à 7 heures du matin. Nous partons, tristes et sombres de notre impuissance, désolés de

laisser sans sépulture les ossements de ces deux braves, Crampel et Biscarrat.

La fondation d'un poste s'impose ici, près de cette rivière; il protégerait les indigènes qui viendraient se grouper autour, et il arrêterait les incursions des bandes farouches qui désolent ces contrées.

11 décembre. — Vers 10 heures du matin, nous entrons dans le village de Yabanda; le retour dans la brousse s'est bien effectué. Yabanda nous présente deux crânes de musulmans qu'il a tués pendant notre absence. On lui fait de nouveaux présents.

12 décembre. — Nous quittons cette brave population et continuons notre route vers l'Oubangui.

18 décembre. — Chez Zouli, nous retrouvons le sergent guéri, mais le porteur atteint de la variole est mort.

Le bruit a couru ici que nous avions été massacrés par les musulmans, et notre guide banziri, effrayé, s'est enfui.

Les indigènes, sur notre route, apprennent avec enthousiasme la défaite des musulmans..

Le petit Ali commence à prononcer quelques mots français; il connaît nos noms; c'est le favori de M. Briquez, qui joue toute la journée avec lui et commence son instruction.

23 décembre. — Nous arrivons chez les Banziris. Bembé vient à notre rencontre; il nous presse dans ses bras et toute la population nous fait fête.

30 décembre. — Nous sommes en vue de Bangui. MM. Ponel, Fraisse, de Poumeyrac, Chalot, grimpés sur les rochers, nous attendent avec impatience. Un gros courrier nous est remis; j'ai enfin des nouvelles de ma famille, et cette soirée, passée à lire de nombreuses lettres, efface tout souvenir pénible, fait oublier toutes les fatigues, tous les ennuis.

1er janvier 1892. — Par une lettre du Comité de l'Afrique française, M. Dybowski a reçu l'avis de l'envoi d'une mission de renfort, conduite par M. Maistre. Malgré l'époque encore incertaine de l'arrivée de ces renforts, M. Dybowski devra les attendre sans trop s'éloigner de la région de Bangui. Il décide de faire transporter tout le matériel de la mission au poste des Ouaddas, que garde M. Briquez; de ce point on partira pour le haut de la rivière Kémo, où un nouveau poste sera établi.

C'est dans ce poste que la mission réunie attendra l'expédition de renfort : on utilisera les loisirs de l'attente en faisant des reconnaissances pour achever la découverte des pays environnants.

Le personnel de la mission s'étant familiarisé avec les indigènes, je suis devenu moins utile comme guide et interprète. Je remplissais avec M. Dybowski les fonctions de chef de caravane, c'est-à-dire que j'organisais les convois et les campements, mais les agents qui viennent pourront me remplacer.

Je songe à rentrer en Europe : depuis dix-huit mois que je cours la brousse, je n'ai encore subi aucune maladie grave, mais ma vigueur s'affaiblit; un commencement d'hépatite est le résultat de cette vie en plein air, et mon estomac est délabré par une nourriture indigeste et insuffisante.

2 janvier. — J'ai avoué mes désirs à M. Dybowski : il veut bien me dire combien il regrettera en moi le camarade et l'agent dont les services lui feront défaut, mais il reconnaît de bonne grâce que ma demande est bien légitime, et puis il profitera de mon départ pour envoyer en France les documents recueillis, un courrier important, les belles collections; il est même satisfait de cette occasion sûre qui lui permettra d'écrire à cœur ouvert à ses chefs, à sa famille.

M. Brunache est tout attristé par mon départ; je ne quitterai moi-même point sans chagrin un ami si charmant, si dévoué. Tout le monde l'aime ici; sa grande bonté, sa droiture, son caractère gai et sérieux lui ont attiré l'amitié et l'estime de toute la colonie.

Je ne puis encore me bien familiariser avec la pensée du retour, j'ai des craintes vagues de quelque accident, d'un malheur; quand je veux essayer de penser au moment de mon arrivée en France, j'éprouve une indifférence qui me confond.

Il me faudra d'ailleurs un vapeur, dont M. Ponel nous annonce l'arrivée prochaine.

5 janvier. — Un gros convoi de marchandises est déjà expédié aux Ouaddas. Les Banziris nous promettent pour bientôt de nombreuses pirogues.

Je m'occupe de ces envois et du payement des piroguiers : les Banziris, au nombre d'une centaine, sont rangés en cercle dans la cour; il faut prier, menacer, crier, pour obtenir le silence, l'immobilité. Enfin, accroupis, ayant devant eux, qui une boîte à conserves vide, qui un lambeau d'étoffe pour recevoir les perles, ils attendent le payement.

Suivi d'un laptot qui porte un gros sac de bayakas, une petite cuillère à la main, je donne à chacun la quantité due : une cuillerée par jour, c'est le prix établi. Puis les cadeaux aux chefs de pirogue : une brasse d'étoffe, une glace, une sonnette.

Cette opération, assez longue, n'est point difficile, grâce au caractère enjoué, doux, de ces grands enfants. Qu'on crie, qu'on se fâche, ils rient toujours; quand je passe devant eux, ils me font les grimaces les plus comiques pour me décider à jouer, mais je continue impassible. Si, l'opération du payement terminée, je fais mine de courir sur ceux qui m'ont le plus taquiné, ce sont de grands cris de joie, et tout ce monde s'éparpille comme une volée de moineaux. Quelquefois mes camarades, amusés, se mettent de la partie; la scène devient alors fort divertissante : on les poursuit, on les traque, on les accule au fleuve, dans lequel ils plongent à grand bruit pour nous échapper; malheur à celui qui se laisse prendre ! on le houspille, on le pince jusqu'à ce qu'il demande grâce; les autres, enchantés, dansent prudemment à distance, et le jeu finit pour eux toujours trop tôt.

M. Dybowski travaille sans relâche, il fait son courrier, il classe ses collections, que M. Chalot prépare et emballe.

M. Brunache relève l'itinéraire de notre expédition.

Nous sommes très nombreux au poste, neuf blancs; aussi les provisions s'épuisent-elles. Plus de vin, plus de farine, peu de poules; le vin est remplacé par du café, le pain par des bananes et des ignames. Et le vapeur n'arrive pas : M. Brunache a rédigé le *Bangui Journal*, illustré par une gravure humoristique qui représente les habitants du petit poste rangés en bataille, observant anxieusement un petit point lointain, un rocher, qu'on prend pour un navire.

10 janvier. — De grands cris nous font sortir de nos chambres : ce sont nos noirs qui ont aperçu un vapeur. Les lunettes, les jumelles sont tirées de leurs étuis et braquées sur l'objectif : c'est un vapeur qui remorque un grand boat rempli de noirs. Vingt minutes plus tard il stoppait devant le poste. C'est l'*Antoinette*,

de la maison hollandaise. M. Greshoff, le chef de cette maison, est à bord. Il amène à M. Dybowski cinquante Kroumen et un agent commercial, plus un certain nombre de caisses de perles bayakas. M. Liotard, pharmacien de la marine, chargé d'une mission vers les régions de l'est, est aussi à bord, avec une partie de son personnel et de son matériel.

11 janvier. — M. Dybowski demande à M. Greshoff de vouloir bien m'accepter à son bord, ainsi que huit Sénégalais, licenciés et rapatriés pour des motifs divers; M. Greshoff accepte avec une bonne grâce cordiale. Nous partirons demain.

11 janvier. — Départ de Bangui à sept heures du matin. Je fais mes adieux à tous ces messieurs; M. Dybowski me donne ses dernières instructions; M. Brunache, très ému, m'embrasse... Puis le vapeur commence à descendre rapidement la rivière ; mes camarades, assemblés sur la rive, m'envoient un dernier souhait. Bientôt leur silhouette amie disparaît, s'efface, et ce n'est ni sans regret ni sans tristesse que je les laisse en ce coin perdu, entre cette grande rivière aux eaux jaunâtres qui se brisent avec fracas sur les rochers dénudés, cette sombre forêt qui enserre un lambeau de terre défrichée, couvert d'habitations primitives, et qui paraît sans communication avec le reste du monde. Mais bientôt des idées moins sombres occupent mon esprit : mes regards se tournent vers l'avant du navire, qui me conduit, trop lentement à mon gré, vers la côte, vers les miens qui m'attendent, et qui ont maintenant toutes mes pensées.

ALBERT NEBOUT.

Dans une lettre qu'il m'adressait de Bangui le 2 janvier 1892, M. Dybowski me donnait les détails suivants sur son expédition :

« Ma colonne est ainsi composée : quarante-six laptots, dont six rengagés de la mission Crampel, trente et un porteurs divers et dix-huit Pahouins porteurs armés. Tout ce qui n'était pas indispensable a été supprimé. J'ai laissé jusqu'à ma tente; nous n'emportons qu'un peu de vivres et des munitions. La marche se fera dans l'ordre suivant : en tête, M. Nebout et moi avec l'avant-garde, puis M. Brunache avec dix Sénégalais, puis les porteurs, puis M. Bobichon avec dix hommes, enfin M. Briquez commande l'arrière-garde.

« Le 8 au matin nous partons, la marche va être très pénible, il pleut sans cesse, les herbes sont très hautes, les marais profonds et les routes peu frayées, les Banziris n'ayant guère de relations avec les Langouassis de l'intérieur. Ceux-ci, assez hostiles, fuient devant nous. Nous les ramenons en nous présentant sans armes dans les villages et nous les décidons enfin à nous apporter des vivres. Après un fort accès de fièvre qui m'oblige à m'arrêter deux jours, nous arrivons à Makobou, puis à Barao, deux campements de la mission Crampel. Nous sommes donc dans la bonne voie. Les indigènes nous conseillent de ne pas avancer, car, disent-ils, nous allons trouver les Tourgous (Musulmans). Néanmoins nous avançons à marches forcées. Le 16 nous sommes chez les N'Dakwas. La nouvelle de notre arrivée s'est répandue et le chef Zouli vient au-devant de nous. Il reconnaît M. Nebout et le presse dans ses bras. Il est ravi de nous voir et nous fait mille protestations d'amitié.

« Zouli nous a donné des guides. Après un jour de repos, nous repartons et nous traversons un pays d'une fertilité exceptionnelle. Des centaines d'hectares de mil, de sésame, couvrent le sol de leur superbe moisson. Le maïs, les patates, les ignames, le tabac, sont abondamment cultivés. Les cultures sont sarclées et tenues dans un état de propreté irréprochable.

« Zouli nous a prévenus que dès que nous arriverions chez les N'Gapous, nous nous trouverions en présence des Tourgous. Les guides ne veulent pas sortir du territoire des N'Dakwas, qui sont en guerre avec les N'Gapous. Tandis que nous traversons un village, un vieux s'élance en travers du chemin et crie :

« — Ne vas pas plus loin. Crampel s'est avancé et il est mort. Biscarrat y est allé et il a été tué.

« Donc, le 20 au matin, les guides nous abandonnent ; mais, deux heures après, je les vois revenir couverts de sueur. Ils savent que les Musulmans nous attendent au passage d'un mauvais marais situé à deux heures de là. Je fais charger les fusils. Arrivée au marais, l'avant-garde va reconnaître le chemin ; les Musulmans étaient effectivement campés là, mais ils se sont enfuis à notre approche. La colonne traverse le marais et pénètre chez les N'Gapous. Les villages sont déserts : les indigènes ont fui, abandonnant tout. Nous campons ; je fais crier que je ne viens pas pour faire la guerre et que nous payerons les vivres très cher. Mais rien ne bouge. Ce n'est que le lendemain qu'un indigène armé jusqu'aux dents s'avance en parlementaire. Je le rassure. Je lui dis que nous n'avons aucunement l'intention de faire la guerre aux N'Gapous, que les indigènes réfugiés dans la forêt peuvent donc revenir. Les femmes et les enfants restent cachés, mais les hommes s'approchent peu à peu et nous vendent des vivres; ils me promettent même des guides pour nous conduire chez le chef Yabanda, dont le village est à trois jours de marche. Le pays est très fertile, et aussi bien cultivé que chez les N'Dakwas.

« Les Musulmans continuent, paraît-il, de fuir devant nous. Le 22, après avoir traversé une superbe forêt de bambous, nous campons, à midi, auprès d'un marais. Le village de Yabanda est à une demi-journée. Je lui fais dire de venir, qu'il aura ses cadeaux. Les indigènes m'apprennent alors qu'un Sénégalais de la mission Crampel a pu s'échapper des mains des Musulmans et qu'il est chez Yabanda. Mais les Musulmans qui sont dans le pays le cherchent et le réclament. J'ai hâte de savoir; cependant je n'ose avancer avec ma colonne, de peur de faire fuir encore les Musulmans. Par deux fois, j'envoie chercher Yabanda. Il arrive enfin; je le rassure et je lui fais des cadeaux. Il m'amène justement le Sénégalais qui s'est enfui d'El-Kouti. Le pauvre diable n'a plus qu'un lambeau d'étoffe autour du corps. Son arrivée cause une grande joie dans le camp; lui-même est tout ému et heureux de retrouver enfin des amis.

« Je procède avidement à l'interrogatoire de ce Sénégalais de la mission Crampel, Moussa-Sibi :

« Moussa faisait partie de l'escorte de Biscarrat, lorsque ce dernier se trouvait au village de Makorou. Dès que Biscarrat apprit la nouvelle de la mort de son chef, il envoya Moussa-Sibi et Amadi-Diavoro en courriers vers El-Kouti, afin de savoir au juste à quoi s'en tenir. Des Musulmans leur servaient de guides : ils eurent soin de conduire les laptots par des chemins détournés, afin d'éviter de leur montrer le vrai, le plus court. Il leur fallut donc huit jours de marche pour atteindre El-Kouti. Là, ils furent désarmés; on leur dit que s'ils ne cherchaient pas à s'enfuir, ils seraient traités en hommes libres.

« Moussa put alors recueillir les renseignements suivants au sujet de la mort de Crampel. Peu de temps après que le chef de mission eut renvoyé M. Lauzière vers M. Nebout, il reçut d'un sultan du Nord une lettre écrite en arabe, qui l'invitait à venir lui-même ou à envoyer un de ses blancs, qui pourrait ramener des bêtes de somme et des hommes. Crampel, croyant enfin pouvoir se procurer les moyens de transport dont il avait si grand besoin, résolut de partir en avant avec Mohammed-ben-Saïd, en laissant ses bagages à la garde d'Ischekkad. Il quitta El-Kouti un jour du commencement de mai, à quatre heures du matin. A midi, il s'arrêta et fit établir son campement. Il écrivait son journal, lorsqu'il fut rejoint par une troupe de Musulmans qui s'approchèrent de lui, l'entourèrent, comme ils le faisaient souvent à El-Kouti. Il les pria de s'écarter un peu. A ce moment, il reçut, par derrière, un coup de hache à la tête et tomba. Au même instant, Mohammed-ben-Saïd, qui était sans armes, fut poignardé. Le Sénégalais Sadio voulut faire feu; mais il fut tué à coups de sagaie. Les corps de Crampel et de Saïd furent abandonnés dans les herbes. Le même jour, les assassins revinrent à El-Kouti.

« Ischekkad, qui était depuis quelque temps très aigri, aurait alors trahi, ainsi que deux Sénégalais, Demba-Ba et Amadi-Paté. Ils se seraient offerts à attirer MM. Biscarrat et Nebout dans un piège. Ischekkad serait même allé à Makorou et se serait trouvé là, caché dans les environs, quand Biscarrat a été tué.

« Après le meurtre de Crampel, la dernière lettre qu'il avait écrite fut portée à M. Nebout, que l'on espérait attirer à son tour dans le guet-apens. Il aurait certainement subi le même sort que Biscarrat, si Thomas, un bassa, n'avait réussi à s'enfuir et n'était venu le prévenir, alors qu'un jour seulement le séparait de Makorou. Après l'assassinat de Biscarrat, tous les hommes furent reconduits à El-Kouti. Moussa y retrouva : Mahmadou-N'Diaye, Demba-Ba, Amadi-Paté dit Siré, Diogou, Fodé-Manzari, Oury-Diallo, Sidi-Suliman et Samba-Assa, tous libres, mais désarmés. Les autres, ainsi que les porteurs, avaient été, peu de temps après, dirigés vers le Baguirmi — de même que la petite Niarinzhe. Ischekkad aurait eu sa part de butin et serait également reparti vers le Nord. Moussa-Sibi a vu Amadi-Paté et Demba-Ba enseigner aux Musulmans le maniement des armes avec des fusils pris à la mission. Moussa proposa à ses compagnons de fuir, mais il fut trahi par Amadi-Paté et tous furent enchaînés. Remis en liberté, Moussa-Sibi s'enfuit avec Amadi-Diavoro ; malheureusement, ils ne connaissaient pas le pays. Bientôt, mourant de faim, ils furent repris. Quelque temps après, Moussa-Sibi proposa de nouveau à Diavoro d'essayer de regagner le Sud. Diavoro s'y refusa et Moussa-Sibi partit seul. Il parvint cette fois à atteindre Makorou. Les N'Gapous de ce village (Makorou, village du chef M'Poko), bien que tributaires des Musulmans, le traitèrent bien et favorisèrent sa fuite chez Yabanda. Là, il se cacha, n'osant traverser seul les villages langouassis.

« Je demandai à Moussa-Sibi des renseignements sur El-Kouti. Suivant lui, ce n'est pas même un village, mais plutôt un lieu de campement où se rencontrent les bandes qui viennent périodiquement piller les N'Gapous. Chez les Musulmans, le brigandage est, en effet, organisé ; il y a des chefs de razzia. Ali-Diaba, auquel Crampel a eu affaire, est un de ces chefs de bande. Il relève de l'autorité de Snoussi, sorte de petit sultan qui se trouvait à El-Kouti lors du passage de Crampel.

« D'après Moussa-Sibi, les hommes et les marchandises, tout a été dirigé vers le nord. Il n'est pas douteux que nous ne trouverions rien ni personne à El-Kouti. Seulement, si nous approchons, le Sénégalais pense que ses camarades seront mis à mort, sauf les deux traitres, à qui l'on a donné une case et des femmes.

« Moussa-Sibi m'assure qu'il y a beaucoup de Musulmans chez Yabanda et que ce sont les mêmes qui ont pris part aux assassinats, car ils ont en leur possession des objets ayant appartenu à la mission. Ils sont venus sous prétexte de commerce, mais en réalité pour observer. Ils se sont divisés, les uns demeurant au centre, d'autres marchant vers l'est, d'autres vers l'ouest. On peut les surprendre, mais ce ne sera pas commode, car ils sont sur leurs gardes et leur intention est de fuir dès le matin vers le nord.

« Je donne à Moussa des vêtements et l'un des fusils de rechange que j'ai eu soin de prendre. Comme je suis certainement en présence des assassins, ma résolution est prise : je vais attaquer et poursuivre sans merci ces brigands. Yabanda a promis de venir me chercher dans la nuit et de me conduire vers eux. Nous nous couchons tous de très bonne heure : à neuf heures un quart, deux hommes de Yabanda viennent nous dire que les Musulmans, inquiets, n'attendront même pas le jour pour fuir ; aux premiers rayons de la lune, qui se montre vers trois heures, ils lèveront le camp.

« Je prends aussitôt les mesures de combat : les porteurs resteront à la garde du camp; les Sénégalais partiront immédiatement. Quoique la nuit soit très noire, nous marchons rapidement à travers les hautes herbes et les marais bourbeux. Nous gardons un profond silence. Au bout d'une heure et demie, nous arrivons auprès des plantations. Les Musulmans sont campés auprès d'un grand champ de mil. Nous commençons à ramper prudemment : on aperçoit la lueur des feux. Nos hommes, stylés à l'avance, s'écartent d'eux-mêmes en tirailleurs. L'ennemi est là, aux aguets, et le moindre bruit peut tout perdre. Malheureusement les Musulmans couronnent un petit mamelon, de sorte que quelques-uns seulement sont directement sous notre feu. Les fusils des blancs doivent donner le signal. Au premier coup de feu, les Sénégalais tirent, puis se lancent à la baïonnette. Les bandits qui ont échappé au premier choc se perdent dans la nuit, la poursuite est impossible. Nous campons sur les lieux en attendant le jour. Il n'y a que onze morts. Un petit garçon de cinq ans est venu se réfugier auprès de nous. De notre côté, un seul homme, un réengagé de la mission Crampel, Souffla, a la tête traversée d'une balle. Nous rendons la liberté à deux esclaves enchaînés. Tous les objets abandonnés par les Musulmans sont ramassés : une vingtaine proviennent de la mission Crampel.

Inventaire des objets pris aux Musulmans à la suite de l'engagement du 22 novembre.

Objets ayant appartenu à la mission Crampel et reconnus comme tels par M. Nebout :

Une boussole ayant appartenu à M. Lauzière.

Un calepin recouvert en toile.

Une chemise blanche à col et à manchettes, ayant probablement appartenu à M. Crampel.

Une boîte en fer avec chaîne, ayant probablement appartenu à M. Mohammed-ben-Saïd.

Un bas noir transformé en sac, à M. Saïd.

Trois glaces.

Un paquet de bougies de l'Étoile.

Un égohine.

Une serpette.
Un briquet avec mèche.
Une pierre à repasser.
Une cuiller en fer.
Une gamelle militaire.
Une couverture de campement.
Toiles d'emballage des ballots de la mission.
Buffleteries de havresac.
Sept balles de cartouches Gras.
Perles bleues.

Objets musulmans, y compris les vêtements du Marabout.

Une lettre-talisman en arabe.
Une planche à Coran.
Un feuillet du Coran.
Un écritoire avec plumes.
Un grand chapelet de Marabout.
Un petit chapelet avec perles de la mission Crampel.
Deux fétiches de bras, au marabout (gris-gris).
Une corne de bouc fétiche (gris-gris).
Deux boîtes en écorce.
Une calebasse clissée.
Un grand sac en cuir.
Quatre *mezoueds (sacs) en cuir.*
Un boubou en guinée.
Deux turbans en cotonnade blanche, avec bande de couleur.
Six larges pantalons en guinée bleue.
Un pantalon en cotonnade blanche de la mission Crampel.
Un pantalon en cotonnade de couleur.
Un bonnet blanc.
Trois paires de sandales.
Cinq cartouchières.
Une peau tannée de couchage.
Neuf nattes de couchage.
Deux paires d'entraves en fer.
Fermoirs en fer et boucles en cuivre (ces dernières provenant de la mission Crampel).
Une hachette.
Un plat en cuivre.
Quatre piochons.
Une gargoulette en terre.
Une poire à poudre contenant du sel.
Un morceau de sel rouge.
Une tête d'ail.
Quatre lances, dont deux à manche de bambou.
Deux balles en fer.
Quatre couteaux de jet, d'origine N'Gapou.
Un bouclier, d'origine N'Gapou.

« Les N'Gapous viennent me prévenir qu'ils savent où s'est réfugié un Musulman, puis un autre. J'envoie des Sénégalais, sous la conduite de M. Nebout, s'en emparer, vivants si possible. Le premier qui m'est amené prisonnier est un noir solide, de belle allure, avec la barbe rasée à la façon des Arabes. Il porte au cou un chapelet de marabout. Je le fais interroger par M. Brunache. Il déclare comprendre très bien ce qu'on lui dit, mais ne vouloir répondre à aucune question. Il m'est impossible de le garder prisonnier. Je suis trop loin de tout lieu sûr. S'il s'évade, il peut être fort dangereux pour mes projets. Qui sait si certains de mes Sénégalais ne se laisseront pas toucher par ses prières? Enfin, des objets de la mission Crampel ont été trouvés en sa possession et cela nous enlève tout sentiment de pitié. Après une courte délibération, d'un avis unanime, nous le condamnons à mort et, immédiatement, je le fais exécuter par ceux de mes laptots qui parlent arabe, et que je veux ainsi éprouver. Tous font leur devoir.

« Bientôt après, un second prisonnier m'est amené. Il est complètement nu. C'est un homme grand et fort, aux traits assez fins, portant la barbe comme le précédent. Il déclare comprendre la langue des « Rabis » du nord. Il se nomme Dakhar. Sur l'observation que ce ne peut être là son nom complet, il répond qu'il ne peut dire plus. Il vient, dit-il, du Dar-Rouna (et non Dar-Rounga comme le portent les cartes), pays situé au nord d'une grande rivière, d'où il est parti au commencement de l'été, c'est-à-dire depuis un mois et demi environ. Voici la suite de son interrogatoire, auquel procède M. Brunache.

« D. — Connais-tu le Barguirmi?

« R. — Non, je ne connais que le Ouadaï.

« D. — Comment se nomme le sultan du Ouadaï?

« R. — (Après hésitation.) Je l'ignore... Je suis un homme de modeste condition; je ne me mêle pas des affaires des grands. Je ne connais que le chef du Dar-Rouna. Il se nomme Halem; mais c'est un sultan de peu d'importance.

« D. — Halem est sous la dépendance d'un sultan plus puissant. Quel est-il et quel est son pays?

« R. — C'est le cheik Snoussi... J'ignore quelle est sa résidence... Je ne puis parler... Mes liens me gênent. C'est tout ce que je puis dire...

« D. — Je croyais cependant que tu devais connaître le cheick Snoussi, puisqu'il habite El-Kouti où tu as dû passer en venant ici.

« R. — En effet, le Dar-Rouna et le village d'El-Kouti sont peu éloignés... Je suis passé quelquefois dans ce village, mais je jure de ne m'y être jamais arrêté. J'ai entendu dire que le cheick Snoussi l'habitait à certaines époques de l'année... J'ignore quelle est sa résidence habituelle... Je ne puis, du reste, te fournir aucun renseignement... N'insiste pas...

« D. — Tu avais des compagnons? Sais-tu ce qu'ils sont devenus? Combien étaient-ils?

« R. — Ils ont dû partir en avant... Je ne puis rien te dire.

« (Sur le nombre de ses compagnons, Bakhar refuse de répondre.)

« D. — Que veniez-vous faire dans ce pays?

« R. — (Après une longue hésitation.) Faire du commerce... Oui, c'est pour acheter de l'ivoire.

« D. — Mais vous n'aviez dans vos bagages ni ivoire ni marchandises d'échange. Les quelques perles que vous aviez sont même insuffisantes pour payer votre nourriture.

« (Refus de répondre).

« D. — (On lui présente le petit Ali et des bagages pris la veille.) Connais-tu cet enfant et ces vêtements?

« (Refus de répondre).

« D. — Tu as parlé du cheick Snoussi. Connais-tu une confrérie religieuse qui porte ce nom? Est-ce que les gens du Dar-Rouna appartiennent à cette secte?

« R. — Je connais la secte des Snoussya. Je ne sais s'il y a des gens du Dar-Rouna qui en font partie... Je ne puis répondre.

« D. — (Je lui montre le chapelet du marabout.) Connais-tu ce chapelet?

« R. — (Vive émotion. Bakhar, assis par terre, cache sa tête entre ses genoux et pleure; puis, après un moment :) Oui, c'est celui du marabout.

« D. — Quel est ce marabout? Était-il avec vous?

« R. — Tu sais bien qu'il était avec nous. C'est un grand et saint personnage... Dieu est grand! Ce qui est écrit, est écrit.

« D. — Pourquoi avez-vous fui devant nous? Vous n'aviez rien à craindre si vous n'aviez rien fait de mal et si vos intentions n'étaient pas mauvaises.

« R. — Je ne sais pas.

« D. — As-tu déjà vu des blancs? As-tu entendu parler de ceux qui étaient à El-Kouti? Sont-ils morts?

« R. — Je n'ai jamais vu de blancs. Il n'en vient pas au Dar-Rouna. J'ignore ce qui s'est passé à El-Kouti. J'ai seulement entendu dire qu'il y avait des blancs dans ce village.

« D. — Voici cependant des objets qui ont appartenu à ces blancs et qui ont été trouvés dans les bagages pris à votre campement. D'où teniez-vous ces objets?

« R. — Je ne sais pas... Je ne puis répondre...

« Je fais venir Moussa-Sibi :

« D. — Connais-tu cet homme? Pourquoi le réclamiez-vous avec tant d'insistance? Vous avez offert aux indigènes de vous le livrer contre des marchandises.

« R. — Je ne sais pas... Ce n'est pas moi... Je suis entre vos mains... Faites de moi ce que vous voudrez...

« Il n'est plus possible de tirer un seul mot de Bakhar. Il regarde autour de lui, cherchant un moyen de fuir.

« Les exécutions nous répugnent : nous aimerions mieux trouver les Musulmans armés devant nous. Mais ce n'est pas le moment de faire de la sensibilité. Ces gens-là n'ont eu aucune pitié de nos camarades, et si nous ne nous montrons pas impitoyables dans la répression de leurs crimes, ils les renouvelleront. Il faut qu'eux et aussi les indigènes apprennent que tout attentat contre les blancs est puni rigoureusement.

« M. Briquez reçoit l'ordre de fusiller Bakhar. Quand les Sénégalais reviennent au camp, après avoir fait leur devoir, j'envoie des porteurs procéder à l'ensevelissement : il ne s'est pas écoulé un quart d'heure, et cependant ils ne trouvent plus que les os du Musulman. Les indigènes l'ont dépecé et mangé. Ces N'Gapous ne sont cependant pas méchants : ils ont eux-mêmes bien soigné le pauvre Lauzière et ont respecté ses restes. Mais manger leur ennemi leur paraît tout naturel, et ils ne comprennent rien à nos reproches.

« Je décide de repartir le lendemain matin dans la direction d'El-Kouti. Je demande des guides à Yabanda, car nous avons à traverser un pays désert, sans un seul village, durant deux jours de marche. Dix-sept N'Gapous viendront avec moi. Je les payerai au retour. Nous avons pris des vivres ; mais, en raison du petit nombre de nos porteurs, je ne puis emporter du manioc que pour dix jours ; sans doute il nous sera possible de nous ravitailler au village de Makorou.

« Nous partons dès le matin; le lendemain je suis pris de fièvre et de vomissements. Cela nous oblige à perdre une journée.

« Le troisième jour, tous les ruisseaux et toutes les petites rivières, au lieu de couler vers l'est, se dirigent vers le nord-ouest. Avant d'arriver à Makorou, nous trouvons une rivière importante qui se dirige vers le nord-ouest ; si j'avais eu un de mes canots, comme il aurait été intéressant d'en explorer le cours ! Nous sommes obligés de faire abattre des arbres pour pouvoir la traverser. Elle a en ce moment environ 18 mètres de largeur aux basses eaux.

« Le 1er décembre nous arrivons en vue de Makorou. J'ai envoyé les N'Gapous en éclaireurs pour savoir s'il y avait là des Musulmans. Ils reviennent me dire qu'il n'y en a plus et que les habitants ont également fui. En route, nous avons rencontré les huttes provisoires d'un campement de Musulmans; ils devaient être au moins une centaine.

« Le village de Makorou est en effet désert. C'est d'ailleurs un village très pauvre, dont les misérables huttes sont perchées sur un immense piton rocheux que j'ai nommé pic Crampel. De grosses pierres forment des abris défensifs. Les plantations sont peu importantes ; il n'y a ni manioc ni mil, mais seulement quelques champs de patates.

« Nos N'Gapous cherchent en vain des indigènes pour les rassurer sur nos intentions. Les vivres manquent. Le surlendemain seulement, quelques indigènes sont aperçus dans la brousse ; je leur fais crier que s'ils ne viennent pas nous vendre de la nourriture, nous serons obligés de la prendre nous-mêmes. Enfin, le jour d'après, le chef M'Poko arrive au camp ; il fait apporter des patates et m'offre une poule — tout ce qui lui reste. Le village ne peut rien fournir, les Musulmans ont tout pris.

« Nous vivons de patates pendant cinq jours. Je fais ouvrir une caisse de riz : elle est avariée et sent affreusement mauvais ; les hommes, pressés par la faim, en mangent cependant. M'Poko nous raconte que les Tourgous sont prévenus de notre présence, et il m'affirme qu'ils ont dû abandonner El-Kouti, qui n'est qu'un village de passage, pour se replier plus haut. Devant cette affirmation, une partie de mes regrets de ne pouvoir pousser plus loin s'efface. Comment d'ailleurs songer à aborder, sans vivres, un désert où l'eau elle-même fait défaut? Il nous faut revenir en arrière...

« Le 5 décembre, je fais venir le chef et je passe avec lui un traité. Je lui remets de nombreux cadeaux.

« Pendant notre séjour, les réengagés de la mission Crampel ont cherché et découvert la sépulture de Lauzière. Le 4, nous procédons à l'exhumation. Les hommes en tenue et en armes, rangés en cercle, assistent à la funèbre opération. Après un travail assez long, les restes, enveloppés encore de la couverture et des débris de vêtements, que M. Nebout reconnaît, commencent à apparaître. Les hommes présentent les armes. Une violente émotion s'empare de nous. Pieusement nous déposons les restes dans une caisse en fer garnie d'un linceul et d'un pavillon tricolore. Nous revenons au camp et les hommes défilent devant la bière.

« Nous avons fait l'impossible pour retrouver les restes de Biscarrat. J'ai promis une forte récompense si l'on nous rapportait ne fût-ce que son crâne. Les indigènes me disent que tout a disparu, que les incendies d'herbes ont tout détruit... Il en est sans doute de même des restes de Crampel et de Saïd...

« Le départ est décidé pour le lendemain. Je ne puis rester plus longtemps dans un pays où les hommes souffrent de la faim. Aller au prix de privations peut-être insupportables jusqu'à El-Kouti, pour n'y trouver que des cases vides, ne présenterait pas grand intérêt. C'est au Dar-Rouna même qu'il faudrait aller, et nous ne pouvons entreprendre cela avec quarante-six laptots, sans porteurs et sans vivres.

« La marche de retour est pénible; les hommes sont fatigués, affaiblis par le manque de vivres. Le sergent Bou-Bakar, avec six hommes, et les guides N'Gapous marchent en éclaireurs, car le gros de la colonne fait trop de bruit pour lui permettre de surprendre les Musulmans, s'il en reste. Le sergent a pour consigne de se replier et de nous prévenir s'il se trouve en présence d'un groupe d'ennemis; il doit au contraire s'emparer des individus isolés et tirer sur les fuyards.

« Près de Yabanda, deux Musulmans qui s'enfuient et vont disparaître sont ainsi atteints par les balles des Sénégalais d'avant-garde.

« Nous demeurons deux jours chez Yabanda. Le chef nous affirmant qu'il ne reste plus de Musulmans dans le pays, je passe un traité avec lui et je donne à ce fidèle allié cinq fusils, pour lui permettre de résister aux Tourgous quand ils reviendront. Puis nous reprenons la marche. Sur notre passage, les populations se pressent et nous font fête. Zouli, le chef N'Dakwa, vient au-devant de moi tout joyeux ; on lui avait dit que nous avions tous été tués. J'avais laissé chez ce chef, en montant, un de mes sergents, atteint de phlegmon à la jambe, et un de mes porteurs, malade de la variole. Le porteur est mort et le sergent se porte bien. Tous deux ont été soignés avec sollicitude. Je passe un traité avec Zouli. Il nous fait la conduite pendant toute une journée. Nous sommes bien reçus partout, même chez les Langouassis.

« Chez Bembé, le village entier, hommes, femmes et enfants, vient nous crier sa joie. Ici aussi on croyait que nous étions morts et déjà les Banziris parlaient d'abandonner les villages pour passer sur la rive belge.

JEAN DYBOWSKI. »

M. Albert Nebout a rapporté, outre les objets pris sur les Musulmans, l'acte de décès régulier de M. Maurice Lauzière et les trois traités signés avec les chefs Zouli, Yabanda et M'Poko.

Voici le texte de l'un de ces documents, qui sont rédigés dans les mêmes termes :

Entre les soussignés, Jean Dybowski, chef de mission, agissant au nom du Comité de l'Afrique Française et dans l'intérêt de la République Française, d'une part, et M'Poko, chef du village de Makorou, d'autre part, il reste établi ce qui suit :

Le chef M'Poko déclare placer sous le protectorat de la France les villages et territoires soumis à son commandement et reconnaît comme sien le pavillon français, par nous remis, à l'exclusion de tout autre.

Déclare, en outre, accorder aide et protection à tout citoyen français de passage sur son territoire.

Fait en double à Makorou, le 5 décembre 1891.

LA
MISSION MIZON

I

DANS LE BAS-NIGER ET LA BÉNOUÉ.

Départ. — Attaque sur le Forcados. — La Bénoué. — Arrivée à Yola.

J'ai raconté dans *A la conquête du Tchad* par suite de quelles circonstances M. Mizon était parti pour aller travailler, de concert avec notre ami commun Paul Crampel, à l'expansion de l'influence française vers la région du lac Tchad. Il avait été aidé dans ce dessein nettement formulé par un certain nombre de personnes qui formèrent depuis le noyau du Comité de l'Afrique française. Ce furent MM. le prince d'Arenberg, R. Bischoffsheim, Edmond Frisch de Fels, J. de Kerjégu, Loreau, de Moustier, Patinot, Henri Pereire, Léon Permezel et Armand Templier. A ces bonnes volontés vint se joindre l'aide d'un autre groupe, présidé par M. Léon Tharel, qui pourvut intelligemment à l'organisation commerciale de la mission. Enfin, M. Étienne, alors sous-secrétaire d'État, aidé de ses deux excellents auxiliaires, MM. Haussmann et J.-L. Deloncle, mit le plus grand empressement à faciliter, par tous les moyens en son pouvoir, cette entreprise intéressante.

M. Mizon, ayant la conviction que la situation actuelle des empires du Soudan central nous était mal connue, projetait de se rendre dans l'Adamaoua en passant par le Niger et la Bénoué,

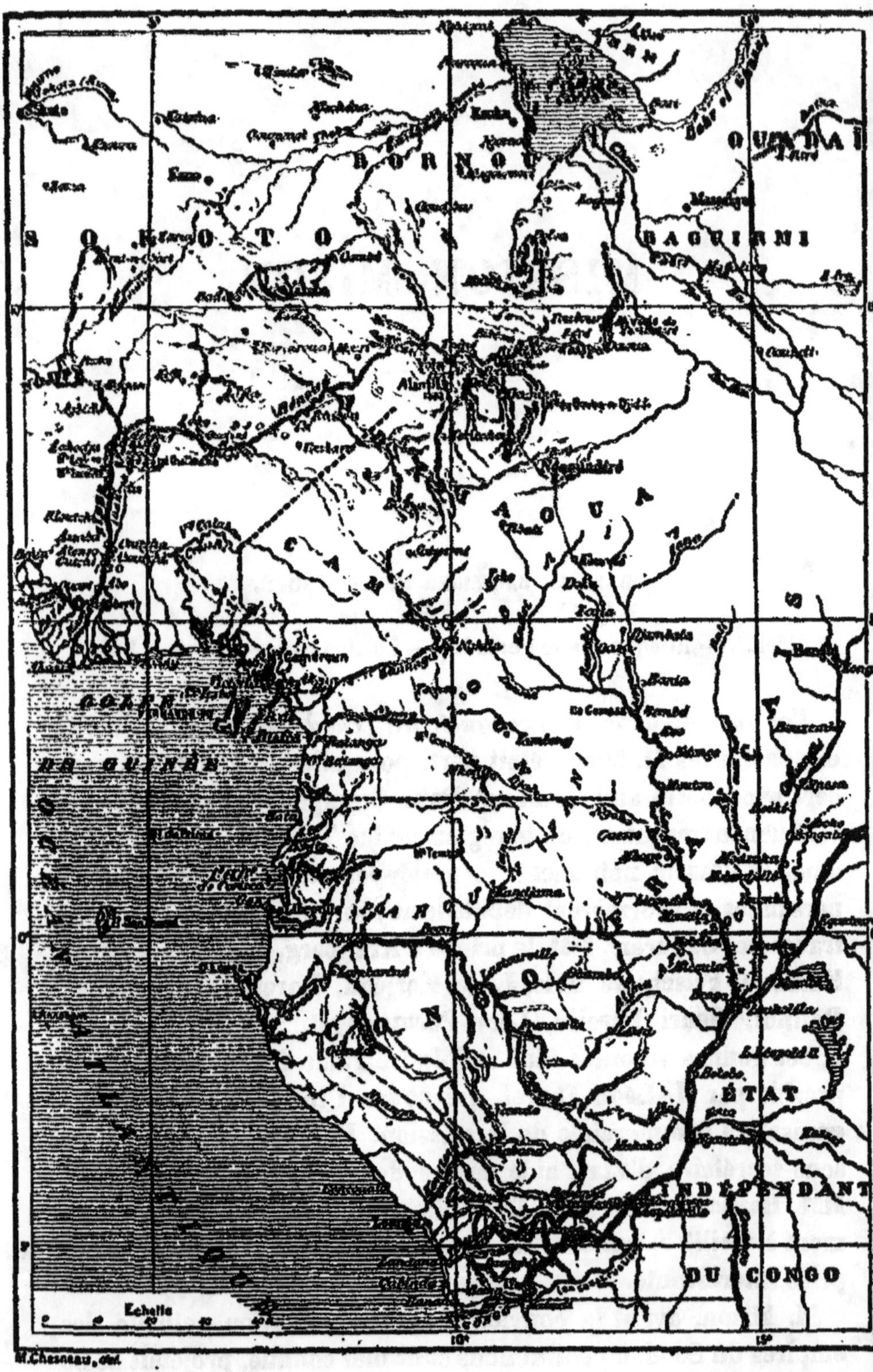

H. Chesneau, del.

que l'Acte de Berlin ouvre à la navigation internationale. De là il tâcherait d'explorer le Serbeouel et peut-être de pousser une pointe jusqu'au Tchad. En tout cas, il reviendrait par la Sanga et le Congo français.

Pour réaliser ce plan, M. Mizon disposait d'un petit canot à vapeur de 8 mètres, le *René Caillié*, remorquant cinq canots Berton en toile. Il était accompagné de M. le capitaine Paul Silvestre, de Miloud-ben-Mohammed-ben-Abd-es-Salam, médaillé militaire d'Algérie, de Ahmed-ben-Mecham, des tirailleurs algériens, de MM. Coché, sergent-fourrier de la flotte, Poizat, quartier-maître mécanicien, Tréhot, agent commercial, enfin de douze indigènes. Les embarcations portaient deux cent quarante ballots de marchandises.

C'est dans ces conditions que la mission pénétra, le 10 octobre 1890 à 7 heures du matin, dans la rivière Forcados, l'une des bouches du Niger. Elle s'arrêta d'abord à Ouari, où se trouvent plusieurs factoreries anglaises et allemandes, et apprit là qu'il lui fallait cinq jours pour atteindre Agberi, où habite le commandant du Delta.

« Je descends à terre, raconte M. Mizon, et j'apprends, du chef d'une des factoreries, que la Compagnie royale n'a aucun agent en cet endroit et que sa première station, sur cette branche du Niger, est dans la rivière Assay. On m'informe que la rivière que nous avons suivie n'est pas le Forcados, mais un cul-de-sac qui se termine à peu de distance de Ouari, et que nous pourrons rejoindre le Forcados par la branche déserte devant l'entrée de laquelle nous venons de passer.

« Nous sommes interrompus dans notre conversation par l'arrivée de deux indigènes se disant des chefs importants. Il faut avoir vu l'air insolent de ces deux drôles, affublés, l'un d'un chapeau ridicule, l'autre d'une calotte de velours brodé, de ce type si cher aux concierges de Paris. Ils s'assoient, parlent haut et, comme dans *Charles VI*, chantent en chœur que jamais à Ouari le Français ne règnera, qu'ils veulent être anglais, etc. Ils parlent de commerce, de droits à payer, etc. L'agent de la factorerie m'explique que ces deux noirs ne sont rien dans Ouari, mais que cependant il doit compter avec eux, étant seul Européen, exposé, par conséquent, aux vexations d'un village voisin, où fleurit le brigandage. Il fait prévenir le véritable chef, qui se rend tout de suite à son invitation, et, moyennant cent francs, me donne un guide pendant deux jours jusqu'à Essama, où commence la région des Patanis pillards. Deux autres jours se passent encore sans incident. Le 15 octobre, le canot à vapeur naviguait en plein pays patani.

« Le cinquième jour, nous vîmes de nombreux villages patanis qui armaient leurs pirogues pour venir au-devant de nous. Sur la demande de quelques chefs, je leur donnai deux dames-

LE *René Caillié*.

(Dessin de Mme Paule Crampel, d'après une photographie de M. Mizon.)

jeannes de rhum et quelques feuilles de tabac. A 6 heures, nous dépassions le dernier village patani, et à 8 heures nous mouillions à deux milles en amont. Notre provision de charbon était épuisée; d'autre part, la hauteur du fleuve, inondant ses rives, ne nous avait pas permis de faire du bois. Le chef du dernier village me demandant du rhum, je le prévins que je lui achèterais, le lendemain, du bois contre du rhum et du tabac. Il parut satisfait et retourna dans son village.

« Les rives du Niger sont bordées de hauts roseaux, pour le moment à demi submergés. Nous avions jeté l'ancre et nous avions accosté à ces roseaux.

« Pour résister au sommeil qui alourdit mes paupières, je donne ma moustiquaire à l'interprète qui s'enroule dedans, sur l'arrière de la chaloupe : les moustiques se chargent de me tenir éveillé. Vers minuit et demi, Félix Tréhot change le factionnaire et met une nouvelle bougie dans le fanal, qui, suspendu à une branche d'arbre, éclaire le convoi de sa lueur vacillante. La nuit est si profonde, qu'au delà des canots on ne peut distinguer la ligne de séparation de l'eau et de la berge.

« Le fanal, mal attaché, tombe à l'eau : nous sommes plongés dans les ténèbres. Au même instant, une lueur immense comme un éclair illumine le paysage, des détonations se font entendre, la tente de la chaloupe est déchirée, la cheminée résonne sous les projectiles. C'est une grande pirogue qui a descendu avec le courant et qui vient de faire feu sur nous. Une seconde lui succède et envoie sa bordée, à la lueur de laquelle je vois la première pirogue arrêtée dans son élan et se préparant à aborder la chaloupe à vapeur. En quelques secondes, dix pirogues apparaissent et accostent le convoi.

« J'ordonne d'ouvrir le feu et de ne pas quitter les embarcations pour la brousse. Ces commandements m'ont signalé aux Patanis, et un homme, le machete à la main, se prépare à monter dans la chaloupe; je le rejette dans sa pirogue d'un coup de crosse. J'entends, dans le moment de silence qui suit, les sabres ennemis qui battent la tente des canots derrière laquelle sont les hommes et les cris déchirants de Miloud, mon interprète arabe, attaqué par plusieurs indigènes armés de sabres d'abatis. Je n'oublierai jamais l'accent avec lequel, à chaque blessure qu'il recevait, il criait : « Ah! commandant! »

« Je me dirige vers l'avant, quand j'éprouve une commotion violente dans tout mon être. On vient de me tirer deux coups de fusil à bout portant : la poussée de l'air a manqué me jeter à l'eau, la flamme a brûlé mes vêtements. Mon bras gauche tombe inerte et je sens l'impression d'un fer rouge le long de la cuisse et de la hanche.

« Un cri de triomphe domine les hurlements que poussent les Patanis, et l'homme que j'ai éloigné est d'un bond dans la chaloupe à vapeur et se précipite sur moi, le sabre haut; je le repousse en appuyant le canon de mon fusil contre sa poitrine et je fais feu; il tombe à l'eau comme une masse de plomb. « Et d'un! » m'écriai-je de toutes mes forces dans ma joie d'échapper à la mort que j'avais vue de si près. Cet homme, le chef de l'expédition — je l'ai su depuis, — était un indigène que j'avais pris à bord l'avant-veille. Il s'était fait transporter d'un village à l'autre, dans le but de connaître les gens du vapeur, la place

TYPES DE PATANIS (LE CHEF TÉPROU ET SON FILS).
(Gravure de Krakow, d'après une photographie de M. Mizon.)

des fusils et des munitions. Il semblait que mon cri eût rendu la présence d'esprit à tout le monde. Les hommes, si brutalement réveillés, se sont remis peu à peu, ont mis la main sur leurs cartouches et commencent un feu roulant contre les pirogues qui s'enfuient avec leurs pagaies. La grande pirogue s'est attachée à nous avec une corde que le pilote d'arrière s'efforce de couper, ce qui est cause de sa mort. Je suis quitte avec les Patanis : je leur ai rendu les deux coups de fusil à bout portant dont ils m'ont gratifié. Nous sommes de nouveau dans une obscurité profonde, et, assis à l'arrière de la chaloupe, il me semble que je m'éveille d'un mauvais rêve.

« Tout cela a duré de deux à trois minutes. Les lumières sont allumées. Félix Tréhot et mon tirailleur algérien Ahmed viennent à bord du canot à vapeur, et je suis informé que personne n'est blessé. Seulement par-ci par-là quelques contusions : coups de sabre reçus à travers la tente ou coups de pagaie. Tous les efforts se sont portés sur la chaloupe à vapeur. J'ordonne aux tirailleurs gabonais de descendre à terre et d'établir un poste pour nous flanquer de ce côté, tandis que nous surveillerons la rivière. Ils s'aperçoivent alors que l'ennemi est venu dans les hauts roseaux et a coupé les cordes que nous avions attachées aux arbres, ignorant que nos embarcations avaient en outre leurs ancres à fond. Il y avait donc longtemps que nous étions entourés quand l'attaque a eu lieu et je ne me rends pas compte pourquoi les Patanis ne nous ont pas attaqués par terre et par eau.

« Je vais à l'avant voir Miloud, qui est dans un triste état : les Patanis lui ont découpé les bras à coups de sabre, alors qu'il voulait faire feu avec le canon, l'ont rejeté au fond et frappé à coups redoublés. Il a trois profondes blessures à la tête et une à l'épaule gauche. Nous fumons une cigarette, couchés l'un à côté de l'autre, tandis que Félix Tréhot, devenu chirurgien, se prépare à nous panser, ainsi que l'interprète John, qui n'a pas pu se dégager à temps de la moustiquaire dans laquelle il s'était enroulé et a eu le coude broyé par un projectile.

« Le jour est venu. Des hurlements se font entendre dans le village situé au-dessous de nous. Ils sont poussés en l'honneur des morts de la nuit et se mêlent aux cris de ceux qui se disputent les vivres pris dans les trois petits canots qui nous ont été volés. Le tam-tam résonne dans tous les villages, pour leur transmettre la nouvelle de l'insuccès de l'attaque tentée contre nous et les appeler à une réunion. De l'endroit où nous

ATTAQUE DES PATANIS.

(Composition de Mme Paule Crampel, d'après le récit de M. Tréhot.)

sommes mouillés, nous ne pouvons pas voir le village le plus rapproché ; mais, en aval, nous en apercevons un grand, situé à un coude du fleuve et sur la rive opposée. Le tambour y fait rage, et des pirogues, remontant la rivière, y accostent à tout moment.

« Nous apercevons de loin, sur l'autre rive du Niger, une case isolée près de laquelle deux noirs agitent un drapeau blanc. Nous répondons par le même signal. Ils traversent alors la rivière et s'approchent de nous. Ils nous engagent à nous éloigner de quelques milles et nous apportent du bois dont nous manquions pour faire route. Puis l'un d'eux s'offre à aller porter une lettre au premier établissement européen en amont. M. Silvestre écrit un billet adressé « à tout Européen établi dans la rivière », le priant de nous envoyer une pirogue, avec du bois et du charbon.

« Nous fîmes route pendant deux heures avec le bois que les noirs nous avaient donné, et, trouvant une place favorable pour en couper, nous jetâmes l'ancre. A quatre heures, nous fîmes route de nouveau, à la recherche d'une bonne position, en vue de la défense pour la nuit. Nous ne fûmes pas inquiétés. Au jour, une grande pirogue portant le pavillon de la Compagnie nous accosta et nous donna une tonne de bois, avec laquelle nous chauffâmes immédiatement. Cette pirogue était celle d'un chef allié de la Compagnie. A dix heures, nous rencontrâmes le vapeur de la Compagnie, *Zaria*, qui, prévenu par les noirs, descendait au-devant de nous, ayant à bord le commandant du cercle de Ouari. Il prit à bord les blessés et donna la remorque à nos canots. A trois heures du soir nous arrivions à Agberi.

« Là, un employé de la Compagnie, qui avait été étudiant en médecine, refit nos pansements et procéda avec plein succès à l'extraction de la balle qui restait dans mon corps. Le 18 au matin, le vapeur *Kouka*, venant de la Bénoué, mouilla à Agberi. J'en profitai pour descendre, avec les blessés, à Akassa, à l'entrée de la rivière Noun, où se trouvent la résidence de l'agent général et l'hôpital de la Compagnie.

« Le 19 à trois heures du soir nous arrivions à Akassa. »

M. Mizon s'en tirait, au bout de quinze jours, avec deux doigts de la main gauche paralysés, Milond paraissait guéri ; le pilote indigène seul subissait l'amputation du bras droit.

Dès le lendemain de son arrivée, M. Mizon voyait M. Flint,

PORTRAIT DE M. MIZON.

(Gravure de Thiriat, d'après une photographie.)

agent général de la Compagnie, et lui exposait le but de sa mission : une double expédition remonte le Niger et la Bénoué, profitant d'une voie connue, courte et économique pour se rendre au centre de l'Afrique. A la tête de la Bénoué, elle se divise en deux : la première partie se rend à Barroua et explore la nouvelle zone d'influence française entre la ligne Say-Barroua et l'Algérie, tandis que l'autre descend par la Sanga, explorant le nord de nos possessions du Congo.

M. Flint promettait de remonter la mission à Yola avec un grand vapeur dès que M. Mizon serait en état de continuer son voyage. Il ne mettait à cette bonne promesse qu'une condition, c'est que M. Mizon obtiendrait la permission du conseil de la Compagnie à Londres. Avant que cette réponse arrivât, les eaux de la Bénoué auraient le temps de baisser!

En effet, bien que l'autorisation fut demandée par télégramme, elle n'arriva à Akassa que le 9 décembre, un mois et demi après la demande. Mais les tribulations de M. Mizon ne faisaient que commencer. Une lettre de M. Flint annonçait à M. Mizon que la Compagnie mettait à son autorisation les conditions suivantes :

1° Déclarer tous les armes, munitions, effets, bagages, etc., en transit ;

2° Observer les lois et règlements des territoires du Niger ;

3° Engagement de ne pas se servir de ses armes à feu aussi longtemps qu'il n'aurait pas dépassé les territoires de la Compagnie, au delà de Yola, sur la rive sud de la Bénoué et 100 milles au delà de Yola, sur la rive nord.

4° Interdiction de voyager au travers des terres, sauf assentiment préalable du conseil de la Compagnie *à Londres*.

Afin de pouvoir repartir, M. Mizon dut signer ces engagements, bien qu'ils constituassent une violation flagrante de l'Acte de Berlin et qu'on refusât de lui communiquer le texte des lois et règlements qu'on lui prescrivait d'observer (1)

Le 11 décembre, M. Mizon quittait Akassa, et bientôt il atteignait Agberi, où il demeurait jusqu'au 20 décembre.

« Alors, m'écrivait-il, notre voyage a commencé sous un soleil de feu. Nous devions coucher chaque nuit sur des bancs de vase, recouverts d'une mince couche de sable. A chaque instant le canot s'échouait, il fallait se mettre à l'eau, chercher un

(1) Voir *A la conquête du Tchad*, où ont été publiés tous les documents relatifs aux difficultés suscitées par la Compagnie Royale et au séjour de M. Mizon dans le bas Niger.

chenal plus profond. C'est ainsi que nous avons mis neuf jours à atteindre la station d'Aboutchi-Onitcha, alors qu'un mois auparavant il m'eût fallu à peine deux jours. Là j'ai dû encore m'arrêter une semaine : tout mon monde était malade de fièvre et de dysenterie. »

A Agberi, M. Mizon put étudier de près quelques types d'indigènes appartenant à la race des Patanis. Il photographia notam-

M. MIZON DANS UNE STATION DE LA ROYAL NIGER COMPANY.

ment le chef Téprou et son fils, qui étaient au mieux avec les agents de la Compagnie.

M. Mizon a décrit ainsi le cours du Niger, à la saison où les exigences de la Royal Niger Company le forçaient à remonter d'Agberi à Onitcha :

« L'eau avait rapidement baissé pendant le mois de novembre; le fleuve était rentré dans son lit et coulait paresseusement entre deux berges de terre rouge, très élevées, découvrant d'immenses bancs de sable sur lesquels les crocodiles venaient dormir au soleil. Sans carte moderne ni pilote, la navigation devenait malaisée. Les vieilles cartes de Baikie et de Glover ne nous servaient de rien et nous constations à notre détriment quels changements le Niger avait apportés à son cours dans les vingt dernières années. Des îles avaient disparu, d'autres s'étaient jointes à la terre ferme; les canaux indiqués comme favorables au passage des grands vapeurs n'avaient plus que quelques centimètres d'eau, tandis que les puissantes crues du fleuve en avaient ouvert de nouveaux.

« Nous dépassâmes successivement Abo, situé dans une crique qui n'est accessible qu'aux hautes eaux, Outchi, station de la Compagnie, où nous demeurâmes la journée de Noël, la branche N'Doni, habitée par des peuplades contre lesquelles la Compagnie envoyait des troupes.

« Le 27, nous dûmes mouiller devant Alenso pour réparer une avarie. L'interprète arabe Miloud-ben-Abd-es-Salem, qui avait été blessé dans le Ouari, s'éteignit dans la nuit. Le quartier-maître mécanicien, blessé au bras par un accident de machine et atteint de dysenterie, ne voulut s'arrêter que lorsque nous eûmes rejoint la station d'Aboutchi; cette station sert de port à la ville indigène de ce nom, située à 3 milles dans l'intérieur, que la Compagnie a détruite il y a quelques années et à laquelle elle vient de faire de nouveau la guerre il y a quelques mois.

« Campés sur la haute berge qui est devant la station, nous regardions descendre les vapeurs chargés de troupes envoyées au N'Doni et portant le pavillon blanc sur lequel on a inscrit : PAX, JUS, ARS. Quel parallèle à établir entre cette station d'Aboutchi, qui a tant fait couler de sang africain, et celle établie quelques kilomètres plus haut par les missionnaires français du Saint-Esprit, près de la ville d'Onitcha, qui a eu, elle aussi, sa guerre contre la Compagnie! Nous y fûmes reçus par le père Lutz, entouré de ses enfants noirs. Ce fut dans cet asile de paix que je laissai aux soins dévoués des missionnaires et des sœurs le quartier-maître Poizat et le tirailleur algérien Ahmed, miné par la fièvre. »

Le mécanicien étant également atteint de pleurésie et de dysenterie, M. Mizon remonta à Assaba, chauffant lui-même la machine par une chaleur de 35 degrés. Le résultat fut une exaspération de sa dysenterie, et il dut s'arrêter à Assaba, d'où il écrivit le 14 janvier :

« La Compagnie prétend que sa charte lui concède huit milles de chaque côté du fleuve. Si cela est exact, cela constitue un monopole de fait et le traité de Berlin est violé. Les indigènes n'ont pas d'ailleurs admis cette concession, et dans la plupart des endroits, à Aboutchi, Onitcha, Assaba, le territoire qu'occupent ses établissements n'a pas été cédé de bon gré par les indigènes. Je ne sais quelles lois régissent plus haut la propriété et si un sultan a le pouvoir de céder la propriété du sol ; mais dans tout le Bas-Niger jusqu'à Assaba il n'en est rien. Il n'y a pas de « chef du village ». Chaque ville est partagée en quartiers habités par une famille dont le chef porte le titre d'Igoué et est indépendant de son voisin. En disant qu'à Assaba, qui est peuplé de 12 à 15 000 habitants, il y a trois cents Igoués, vous comprendrez l'impossibilité où se trouve la Compagnie de traiter avec chacun d'eux. D'ailleurs, je puis vous expliquer, d'après un témoin oculaire tout à fait sûr, comment la Compagnie a acquis les terrains qu'elle possède à Assaba, qui autrefois bordait la rivière, tandis qu'aujourd'hui il en est séparé par les établissements de la Compagnie. Celle-ci a fait part aux Igoués de la décision royale lui *donnant les terres du Niger* et leur a laissé un mois pour reculer leur ville à deux cents mètres du fleuve. Comme l'ordre était donné devant une compagnie de soldats haoussas, il a été exécuté. Cependant, un mois après, quelques entêtés qui avaient peut-être lu ce qui était sur le pavillon de la Compagnie, PAX, JUS, ARS, ont voulu revenir à l'exercice de leurs anciens droits. On a mis le feu à leurs cases. Le résultat est que la Compagnie n'ose pas laisser Assaba sans garnison et que l'entretien d'une troupe lui coûte plus cher que n'eût coûté une entente amiable avec les indigènes, toujours heureux d'avoir une station chez eux. A Aboutchi, les indigènes ont attaqué la station et à Onitcha ils refusent de vendre quoi que ce soit à la Compagnie et ils attendent, hélas ! le retour des Français.

« ... Comptez sur ma prudence dans la lutte que j'ai entreprise ; je passerai dans le Niger en exécutant les lois et règlements de la Compagnie, en tant qu'ils ne seront pas contraires à la dignité de la France dont je porte le pavillon. Quant aux injures personnelles, comme, dans chaque station, de me forcer à soumettre ma lettre d'entrée au dernier commis noir chargé d'acheter l'huile aux indigènes et non à l'Européen qui y commande, cela m'est égal et la grossièreté du procédé n'abaisse que ceux qui l'ont inventé. »

A Assaba, M. Mizon avait engagé, pour conduire la chaloupe à vapeur, trois mécaniciens indigènes, anciens serviteurs des compagnies françaises. Ils étaient d'abord enthousiastes, mais bientôt ils laissèrent paraître le mécontentement et le découragement que faisaient naître chez eux les avertissements et les conseils des agents de la Compagnie. On leur répétait notamment qu'ils « compromettraient leur avenir en se mettant au service d'un ennemi de la Compagnie ».

L'un de ces hommes ne tarda pas à se montrer particulièrement insolent; M. Mizon s'aperçut qu'il avait frappé à coups de marteau sur la machine, cassé les boulons, tordu les tiges.

C'est à Assaba que M. Mizon rencontra la petite S'nabou, qui devait devenir plus tard si populaire à Paris. Elle habitait là chez sa nourrice et venait « voir les blancs » avec les enfants de son âge. On demanda à M. Mizon s'il pouvait l'emmener avec lui, jusqu'à Iloutchi, où habitait sa mère. Il accepta volontiers.

Tandis que l'expédition séjournait à Assaba, le quartier-maître Poizat mourait, et le sergent-fourrier Coché, sur l'avis formel du docteur Cross, médecin de la Compagnie, devait rentrer en France. De tous ceux qui avaient quitté la France quelques mois auparavant, il ne restait plus que le chef de la mission, M. Félix Tréhot, et l'interprète Ahmed, tous fort éprouvés par la maladie.

« Notre matériel ne valait guère mieux que le personnel; les canots en toile avaient été déchirés pendant le séjour à Agberi; un vice de construction mettait la chaloupe momentanément hors de service. Il semblait que tout fût contre nous. Mais l'exemple de ceux de nos compagnons qui avaient sacrifié leur vie sans un murmure pour la cause française était là devant nos yeux. Nous devions réussir pour que leur généreux sacrifice ne demeurât pas vain. Je n'eus pas à convaincre les deux compagnons qui me restaient : ma conviction était la leur. Nous primes quinze jours de repos et nous nous mîmes à réparer les avaries de notre matériel.

« Le 1er mai, nous reprenions notre navigation vers Lukodja, ville située au confluent du Niger et de la Bénoué, d'où nous pourrions surveiller la montée des eaux dans cette rivière et nous y engager aussitôt. La montée entre Assaba et Lukodja fut ce qu'elle avait été entre Agberi et Assaba....

FÉTICHES DU BAS-NIGER.

(Gravure de Krakow, d'après une photographie de M. Mizon.)

« Au-dessus d'Agberi cessent le delta du Niger et les forêts marécageuses. Le palétuvier et le palmier bambou ont cédé la place aux gracieux palmiers à huile, véritable richesse de ces contrées. Les rives, élevées, sont bordées de villages bien construits. Aux amas de vase séchée qui abritent les peuples pillards du bas Niger, démoralisés par l'ancienne traite des esclaves et par l'abus de l'alcool, ont succédé les villages gracieux des Ibos. De grandes allées, tracées dans la forêt vierge, découpent celle-ci en quartiers de verdure où chaque famille importante a construit ses cases élégantes, avec les spacieuses vérandas où se tiennent les maîtres des maisons, entourés de leurs fétiches. L'aisance règne dans ces agglomérations ; les troupeaux de bœufs paissent au bord du fleuve ; les cabris, les porcs et la volaille encombrent les rues. Les *igoués*, ou chefs de quartier, se promènent gravement, un œil peint en blanc, l'autre en noir, la tête recouverte d'un haut bonnet rouge. A leur côté pend un olifant d'ivoire, insigne de leurs hautes fonctions. Un bambin de cinq à six ans, nu comme un ver, précède chaque igoué, agitant une sonnette pour annoncer le passage de ce grand personnage. Le soir, le tam-tam retentit dans tous les quartiers, mêlé aux cris de joie. Les Ibos ont connu des temps plus durs : ils ont eu beaucoup à souffrir autrefois de la traite des esclaves. Les négriers fournissaient aux peuples du delta, Patanis et Idzos, des armes : fusils et canons. Ceux-ci armaient de grandes pirogues montées par soixante à quatre-vingts hommes, munis de fusils et d'escopettes. A l'avant et à l'arrière étaient installés des canons, donnés en avances par les propriétaires européens des *baracons* de la côte. Des flottilles se rassemblaient dans le delta et allaient faire des razzias chez les Ibos. »

Au bout de douze heures de chauffe, les manœuvres des mécaniciens noirs produisirent leur effet. Un excentrique de la chaloupe se rompit. La mission était alors à Iloutchi. Au bout de quatre jours, M. Mizon vit passer un vapeur de la Compagnie, commandé par un ancien marin français nommé Lecœur. On lui demanda passage à bord. Il y consentit, et M. Mizon partit, laissant la chaloupe à Iloutchi. Bien qu'il eût pris l'avis du commandant des troupes embarquées à bord, M. Evard, Lecœur fut plus tard blâmé pour cet acte.

A Iloutchi, la petite S'nabou avait retrouvé sa mère, mais celle-ci lui recommanda d'accompagner la mission jusqu'à Igbobé, près de Lukodja, où elle verrait son père et sa grand'-mère.

« Au-dessus d'Onitcha, dit M. Mizon, l'aspect du fleuve change brusquement : les collines d'Aboutchi s'élèvent jusqu'à ce qu'elles coupent le cours de l'Amambara, petit fleuve qui se jette dans le Niger à Onitcha. Les rives sont moins monotones ; les villages des Igarras étalent leurs groupes de cases soudanaises aux murailles rondes et aux toits coniques, sur le flanc des collines boisées. C'est Ida, la grande ville Igarra, perchée sur un haut rocher qui domine le Niger, Ida considérée autrefois comme imprenable et que les canonnières anglaises ont détruite, puis la série des villages adossés aux premiers contreforts des monts du Roi Guillaume, l'île Beaufort, près de laquelle habite le farouche

CASE A IGBOBÉ.

(Gravure de Bazin, d'après une photographie de M. Mizon.)

Abadji, qui soutint une longue guerre contre la Compagnie Royale et la força à traiter avec lui. Au delà, le lit du Niger est parsemé de grandes roches, découvertes à cette époque de l'année. De hautes montagnes bordent son cours : à droite, les monts du Roi Guillaume, où les Bassas cultivent le froment; à gauche, le chaos de montagnes verdoyantes : le Socrate, l'Erskine, qui s'étendent jusqu'à Illori, le grand marché des Yoroubas ; dans le fond, le haut plateau de Lukodja, qui coupe le ciel suivant une ligne d'une horizontalité parfaite. Je suis monté deux fois au sommet de ce plateau, le Patty, pour me reposer de la haute température de Lukodja.

« Je n'oublierai jamais le spectacle dont j'ai joui là, offrant à mes yeux les cours du Niger et de la Bénoué sur une étendue de 100 kilomètres. Je me suis oublié des heures entières à considérer la Bénoué dont le cours, dans les vapeurs du lointain, se confondait avec le ciel brumeux, et la plaine d'Igbobé, avec ses vingt villages populeux. »

A Lukodja, M. Mizon demanda à faire réparer dans les ateliers de la Compagnie l'excentrique rompu. Mais personne ne lui répondit : il fallait attendre l'avis de l'agent général, M. Flint. Après une correspondance, l'autorisation vint enfin ; la pièce fut envoyée à Akassa, d'où elle devait revenir au bout de huit jours. Elle y demeura deux mois, au bout desquels elle revint, fort ingénieusement réparée. Les raccords avaient été opérés à l'aide de boulons d'une telle grosseur qu'il restait de chaque côté juste 2 millimètres de métal (1).

Durant cette longue attente, M. Mizon envoya à Outchi deux pirogues qu'il avait achetées, pour prendre des marchandises et donner l'ordre à M. Félix Tréhot de remonter à la voile sur les canots Berton, réparés tant bien que mal.

Durant ces loisirs forcés, M. Mizon pouvait photographier à son aise l'installation des Anglais dans l'ancien royaume de Noupé. Il photographiait des types de femmes du pays. C'est là aussi qu'il fit la connaissance du chérif El-Hadj-M'Ahmed.

« Chaque soir, il venait nous voir, et jusqu'à une heure avancée de la nuit il nous parlait de l'Adamaoua, de Yola, nous promettant un bon accueil du sultan et de la population. Né à Khartoum de parents originaires de Damas, El-Hadj-M'Ahmed, son pèlerinage à la Mecque accompli, était parti pour Tombouc-

(1) Au cours de la polémique qui s'est engagée en Europe, lord Aberdare, président de la Compagnie Royale du Niger, a reconnu le fait — il était difficile de le nier, la pièce ayant été renvoyée en France, — mais il a rejeté la faute sur la maladresse des ouvriers du Niger. Ils n'étaient que trop adroits.

tou afin d'acheter des esclaves, parce que, disait-il, ce sont de bons travailleurs et les plus fidèles serviteurs. Grand personnage au Darfour, puis misérable dans le Ouadaï durant plusieurs années, il avait quitté ce pays inhospitalier pour le Baguirmi, puis pour Kouka. Poursuivant sa route, il s'arrêta dix ans à Sokoto, où l'émir l'employa successivement comme précepteur, courrier et secrétaire. Il y avait alors vingt ans qu'il avait quitté Khartoum pour Tombouctou. Avant de se rendre dans cette ville, il eut la fantaisie de descendre jusqu'à Lukodja pour voir les établissements des chrétiens. Nouvel arrêt de dix années, en qualité de secrétaire du chef indigène de Lukodja. »

LE CHÉRIF EL-HADJ-M'AHMED.
(Dessin de Mme Paule Crampel, d'après une photographie de M. Mizon.)

A Lukodja, la petite S'nabou avait retrouvé son père et sa grand'mère, venus d'Igbobé; mais quand ils voulurent l'emmener, elle déclara tout net qu'elle accompagnerait le commandant jusqu'à Yola. En réalité, elle s'était attachée à lui et ne voulait plus le quitter. Grand palabre au village d'Igbobé, où le père rassembla les vieillards les plus expérimentés pour leur demander leur opinion. Cette assemblée reconnut solennellement que, puisque S'nabou voulait accompagner le commandant jusqu'à Yola, il n'y avait pas de raison de l'en empêcher.

ALIMA S'NABOU, SON PÈRE AKOUANI ET SA GRAND'MÈRE ÉLIAH.

(D'après une photographie de M. Mizon.)

La pièce de la machine n'arrivant toujours pas, M. Mizon engage des indigènes pour faire remonter ses marchandises par pirogue dans la Bénoué jusqu'à Ibi. Le 10 juin, Ahmed part ainsi en avant avec la grande pirogue de six tonnes achetée précédemment et deux autres pirogues conduites par des gens de Lukodja. Tout le monde semble s'être donné le mot pour effrayer les auxiliaires de la mission : ils auront à passer devant les féroces Mitchis, qui ont déjà tué six blancs ; toutes les

VILLAGE D'IGBOBÉ, RÉSIDENCE DU PÈRE DE S'NABOU.

(Gravure de Maynard, d'après une photographie de M. Mizon.)

pirogues et même les vapeurs qui ont récemment passé ont été criblés de flèches par ces Mitchis, etc.

Tandis qu'ils continuent leur route, la pièce étant enfin de retour, M. Mizon redescend à Iloutchi, à bord d'un vapeur de la Compagnie.

Il trouve ses mécaniciens de plus en plus insolents. L'un d'eux déclare tout net qu'il ne partira pas le lendemain.

« Si tu ne pars pas, lui dit M. Mizon, tu perdras ta solde acquise (150 francs).

— Oh ! cela m'est égal, répond le noir : M. Hewby (chef de district) me la donnera et du moins il ne me mettra pas en prison. »

M. Mizon comprit alors ce que lui avait raconté M. Tréhot : que M. Hewby était venu un jour à Iloutchi pour parler aux mécaniciens de la chaloupe et était reparti sans faire autre chose. En effet, le mécanicien le plus insolent, sûr de l'impunité, se sauva la veille du départ, emportant sa couverture, celles de ses camarades et ses outils.

A Lukodja, où M. Mizon remonta bientôt, les mêmes manœuvres continuèrent : M. Mac Intosh, descendu tout exprès de la Bénoué, fit venir les deux mécaniciens restants et s'efforça de les faire déserter.

Le 1er juillet, M. Mizon put cependant repartir dans sa chaloupe, remorquant deux canots Berton peu chargés. Bientôt il fallut en abandonner un, trop endommagé. Les deux mécaniciens indigènes étaient demeurés, mais mettaient la plus extrême mauvaise volonté à faire leur service ; les feux, allumés à 4 heures du matin, ne donnaient pas de pression à midi ; la chaudière était chauffée à sec, etc. Au ton ironique de ces noirs on sentait l'inspiration qui les animait. Il fallut vingt jours pour atteindre Ibi. L'eau avait à peine monté et il fallait naviguer au milieu des bancs de sable et des îlots. Ce ne fut qu'au-dessus de Loko que la navigation devint plus facile.

« Nous avions dépassé les petites stations commerciales de Mozoum, de Bofoué et d'Oudini, peu prospères, en raison de la guerre acharnée que se font les tribus de l'intérieur. Le 14 juillet, nous nous arrêtâmes, pour la fête nationale, à Arago, et le 20 nous arrivions à Ibi.

« De Lukodja à Ibi, l'aspect du pays est le même qu'en aval de Lukodja ; les monts du Roi Guillaume ferment l'horizon sur la rive gauche ; la rive droite est bordée par de grands plateaux semblables au Patty de Lukodja. Au sud de la rivière, les peuples Igberas, les Kakandas, qui ont autrefois passé la Benoué pour fuir l'invasion des Foulanis et qui sont à demi convertis à l'islamisme, puis, à cheval sur la rivière, les Pandas, les

FEMMES DU NUPÉ A LUKODJA.

(Dessin de Mme Paule Crampel, d'après une photographie de M. Mizon.)

Banas, les Mitchis, de pure race bantoue, et les Djokos, que l'on trouve de Loko à Woumoun. Tous ces peuples sont encore païens. »

A Ibi, une dernière tentative fut faite pour débaucher les mécaniciens indigènes de la mission. M. Mizon était allé dîner le soir à la factorerie. En revenant, vers 10 heures, il entendit un bruit anormal dans la chaloupe. Il héla aussitôt : pas de réponse, mais le bruit de la chute de deux corps dans l'eau. M. Mizon, croyant qu'il avait affaire à des voleurs, saute dans la chaloupe, s'empare d'un fusil et menace de tirer. Les laptots, réveillés, se mettent à la nage, poursuivant les fuyards, qui ont filé entre deux eaux. On ne trouve rien et tout le monde se couche.

AHMED.

Gravure de Thiriat, d'après une photographie de M. Mizon.)

Le lendemain, deux hommes de l'équipage déclarent qu'ils sont malades et qu'ils ne peuvent pas se lever. On va les voir, on soulève leurs couvertures, on les trouve la peau couverte d'égratignures, de piqûres de mimosas. Ce sont les deux fuyards de la veille, qui, très penauds, pressés de questions, finissent par tout avouer.

Cédant aux instigations des agents de la Compagnie, mécani-

HOMMES A LUKODJA.

(Dessin de Mme Paule Crampel, d'après une photographie de M. Mizon.)

ciens, pilotes, hommes de peine, devaient déserter cette nuit-là, volant une pirogue et emportant S'nabou et son coffre pour les vendre. Le retour trop rapide de M. Mizon avait surpris les deux plus pressés au moment où ils emportaient le coffre. Épouvantés, ils s'étaient enfuis et piqués aux mimosas des rives, sans pouvoir aborder.

NISOU, JEUNE FILLE DU NOUPÉ.

(Dessin de Mme Paule Crampel, d'après une photographie de M. Mizon.)

« A Ibi, une nouvelle difficulté surgit. La Compagnie était en guerre avec les indigènes. La prise, par ses troupes, de la ville de Djibou, voisine d'Ibi et placée sous la suzeraineté du sultan du Hamaraoua (ou de Mouri, capitale), avait surexcité les populations. Ibi avait été menacé; cinq cents hommes des troupes de la Compagnie avaient établi leur camp près des ruines de Djibou, tandis que les troupes nouvellement arrivées tenaient garnison à Ibi, transformée en ville de guerre. Les magasins, les maisons des résidents, étaient surmontés d'échafaudages en charpente terminés par un canon ou une mitrailleuse. La Compagnie, craignant des représailles de la part du sultan de Mouri, évacuait à la hâte les factoreries situées en amont. Elle craignait que mon convoi ne fût attaqué par les indigènes et ne voulait pas être responsable de ce qui pourrait arriver, les indigènes ne faisant, disait-elle, aucune distinction entre les Européens qui traversaient leurs territoires. La Compagnie me pria d'attendre l'arrivée d'un grand vapeur qui me remonterait au delà des territoires ennemis. Je dus accepter ces conditions, et le vapeur *Niger* fit route pour la haute Bénoué, remorquant la chaloupe à vapeur et les canots, dont le chargement avait été mis à bord. Il fallut relâcher plusieurs fois pour faire du bois ou pour acheter des vivres. Les chefs m'envoyaient des présents et venaient me voir pour me demander de rester sur leurs terres.

« A Amaro, je rencontrai un courrier que le sultan de Mouri avait envoyé au-devant de moi, m'invitant à aller le voir. J'étais en pays ami, et, pour couper court à toutes les sollicitations, je dus promettre de faire mes efforts pour amener dans le Mouri les marchands français, qui, me disait-on, donnaient de bonnes marchandises, ne trompaient jamais et, alors qu'ils occupaient la basse Bénoué et le Niger, n'avaient jamais fait la guerre aux populations.

« Au-dessus d'Ibi, la Bénoué coule dans un lit de sable au milieu d'une plaine herbeuse, étendue comme l'horizon de la mer. Pas une colline ne vient rompre la monotonie du paysage. Au-dessous d'Amaro, quelques bois de palmiers d'Égypte bordent la rivière. Au-dessus de cette ville et jusqu'au fond de la Bénoué et du Mayo-Kebbi, le seul arbre que l'on rencontre est le gommier. C'est dans ces vastes plaines qu'erraient autrefois les immenses troupeaux de bœufs des Foulanis pasteurs. Aujourd'hui elles appartiennent aux antilopes et aux biches, que nous voyons galoper dans les hautes herbes ; un typhus ou peste bovine a détruit les troupeaux de toute l'Afrique centrale, semant la ruine dans ces contrées autrefois si prospères.

« Le vapeur a reçu l'ordre de nous déposer à Woumoun, chez les Bachamas, avec lesquels la Compagnie se croyait en bons termes. Les Bachamas ont fait évacuer la station et ne veulent plus avoir de rapports avec la Compagnie. Le vapeur doit redescendre et il faut aviser. Instruit par l'exemple de ce qui s'est passé dans le Mouri, je descends à terre et demande à parler aux chefs et aux principaux du village pour leur exposer ma situation ; ici comme à Loko, comme à Amaro, je bénéficie du bon renom qu'on laissé les Compagnies françaises. Le chef me dit que les difficultés qui existent entre la Compagnie anglaise et lui ne me concernent pas et que je puis rester sur sa terre autant qu'il me plaira. Il trace sur le bord du fleuve une demi-circonférence de cent pas de diamètre :

« — Ceci est la terre que je te donne, et quand les Français viendront, je leur en donnerai autant qu'ils m'en demanderont. Puisses-tu les amener bientôt. »

« Et, se tournant vers son peuple, il ajouta, en leur désignant la limite qu'il venait de tracer sur le sol :

« — Je défends à qui que ce soit de la franchir sans être appelé par le commandant. »

« Ceci fut respecté pendant les quatorze jours que nous restâmes à Woumoun. Il désigna hors du camp un emplacement pour ceux qui apporteraient des vivres à vendre ; il termina sa harangue en annonçant qu'il punirait de mort quiconque déroberait un objet ou chercherait à nous tromper dans les marchés. »

M. Mac Intosh, qui allait redescendre la rivière en vapeur, se montrait d'une amabilité inaccoutumée. Il offrit même à M. Mizon de se charger de son courrier pour l'Europe.

« Le 12 août, nous quittons ces peuples hospitaliers pour remonter à Yola. Le chef nous avait fourni un pilote et avait accepté la garde d'un dépôt de charbon que je laissai sur le rivage. »

II

A YOLA.

Première entrevue avec le sultan Zoubir.

« Jeudi 20 août 1891. — Il est midi quand nous arrivons à l'entrée de la crique Boula. Un soldat et quelques indigènes nous font signe de ne pas accoster à terre. Nous nous arrêtons sur l'autre rive de la crique, qui n'a d'ailleurs que 20 mètres de large.

Les indigènes la traversent dans une petite pirogue pour nous voir de plus près; le soldat examine nos canots avec la plus grande curiosité.

LE PILOTE DE WOUMOUN.

(Gravure de Thiriat.)

« Le Chérif retrouve une de ses connaissances qui, après avoir échangé avec lui les salutations d'usage, l'emmène dans un coin pour lui faire une communication importante, et, s'étant bien assuré que personne ne peut l'entendre, lui dit que le sultan de Yola connait notre arrivée, qu'il est très irrité et qu'il a de mauvais desseins contre nous. Il y a quelques jours, M. Mac Intosh est venu sur son launch *Bornou* prendre du bois à son dépôt; il a fait demander un des « fils » (esclaves de confiance) du souverain et lui a remis en cadeau trois balles d'étoffe pour le sultan, une pour les ministres et une pour les soldats du palais. M. Mac Intosh a rappelé en même temps que, malgré ses cadeaux et ses prévenances, le sultan ne lui permettait pas d'établir des factoreries sur ses terres. « Néanmoins, a-t-il ajouté, malgré ces marques de défiance, je vais donner au sultan une nouvelle preuve de l'intérêt que les Anglais lui portent. Tu peux prévenir ton maître que des étrangers montent la rivière avec un vapeur et deux grands canots. Ils apportent un convoi d'armes à son ennemi, le fils révolté de l'empereur de Sokoto. Ces canots contiennent 700 fusils rayés et 30 caisses de 1000 cartouches. Ces gens sont des Français. Ils ont avec eux un jeune Foulani envoyé en France pour traiter de cet achat d'armes et solliciter le secours de ce pays contre le sultan de l'Adamaoua. Si Zoubir laisse passer ce convoi, l'Adamaoua est perdu. Les étrangers arriveront à Yola à la nuit tombante et partiront soit pendant la même nuit, soit le lendemain matin de très bonne heure. Il y va de l'avenir de l'Adamaoua de les empêcher de passer.

« Ainsi, tout le changement à mon égard depuis mon arrivée à Ibi, toutes les gracieusetés de M. Mac Intosh dissimulaient la préparation d'un attentat analogue à celui de la rivière Ouari. Si le hasard m'avait fait arriver à la nuit à l'entrée de la crique Boula, et que le lendemain matin j'eusse essayé de trouver un campement plus propice, j'aurais été, grâce aux recommandations de M. Mac Intosh, assailli par les troupes de l'Adamaoua. Les procédés de l'avant-garde de la Compagnie Royale du Niger rappellent ceux des « libérateurs » d'Emin Pacha. Seulement, tandis que ceux-ci opéraient sur les noirs, la Compagnie du Niger s'en prend aux blancs, que, de par le traité de Berlin, elle doit protéger, à la mission française, qu'elle a promis, par écrit, d'aider et d'assister. Depuis un mois elle affecte le regret des procédés passés ; elle feint la bienveillance. Mais en même temps on prépare un odieux guet-apens, et Dieu sait quel roman on eût forgé ensuite pour expliquer l'attaque des Foulanis si j'eusse succombé! La conception était d'ailleurs aussi adroite que malhonnête. On se fût du même coup débarrassé d'un témoin considéré comme redoutable, et peut-être le sultan, effrayé, eût-il accepté enfin le protectorat anglais.

« Que fera-t-on en France ? On aura une interpellation, des représentations au gouvernement anglais, une réponse du Foreign Office promettant une enquête... Mais je ne serai plus là pour protester contre les mensonges. Peut-être même dira-t-on qu'on a tout fait pour me sauver et que je me suis perdu moi-même, et pour comble d'ironie représentera-t-on la mainmise sur l'Adamaoua comme la vengeance de ma mort.

« Me voici maintenant seul au milieu de l'Afrique, sans com-

LE PREMIER COURRIER DE YOLA.
(Composition de Mme Paule Crampel, d'après le texte.)

munication avec la France, car je devine ce que les agents du Niger font de mes lettres... Il ne me reste pour me protéger que le pavillon qui flotte sur mes canots, celui que j'ai servi pendant vingt-deux ans, mon petit canon, nos vingt-deux fusils et le droit qu'a tout homme résolu de mettre la main au collet de celui qui prémédite de l'assassiner. Si je parviens à dépasser Yola et que j'aie les preuves qu'un nouveau piège a été tendu, je tirerai sur les traîtres que je trouverai sur mon chemin. Puisque la France ne peut plus me protéger, je me protégerai moi-même...

« Je fais amarrer fortement mes canots, et tandis que la pluie fait rage autour de nous, je tiens conseil avec le Chérif et Ahmed. Le résultat de cette conférence est que nous feindrons de tout ignorer et que nous ne changerons rien au plan arrêté la veille : Ahmed et le Chérif vont aller à Yola saluer le sultan de ma part et lui dire que je désire le voir.

« Ahmed et le Chérif quittent le camp à 4 heures et commencent à gravir la montagne qui sépare Yola de la rivière. Ce n'est pas sans une certaine anxiété que j'attends le résultat de cette ambassade. Vers 1 heure du matin, nous sommes réveillés par des appels partant de l'autre rive. C'est un soldat à cheval qui apporte une lettre. J'envoie le brave N'djaï, qui nage comme un poisson, prendre la lettre ; mais le soldat refuse de la lui remettre et, lui donnant son cheval à tenir, pique une tête à son tour et me tend le papier « parlant à ma personne ». Le message est d'Ahmed, qui me rend compte de sa journée : Après avoir franchi la montagne, mes envoyés se sont trouvés au bord d'une immense plaine inondée. Des chevaux avaient été envoyés au-devant d'eux et, à 8 heures du soir, ils entraient à Yola. Le sultan leur faisait dire que la pluie de la journée avait refroidi le temps et qu'il était trop tard pour qu'il quittât les appartements intérieurs, mais qu'il les recevrait le lendemain, eux et leur chef.

« Le messager me dit qu'il reviendra le matin de bonne heure avec un cheval en main pour moi, dans le cas où je désirerais me rendre à Yola ; sinon il prendra les lettres que je voudrais envoyer soit au sultan, soit à mes ambassadeurs.

« Vendredi 21 août 1891. — Le cavalier s'approche à 6 heures du matin de notre campement. Il annonce que la plaine qui sépare Yola de la Bénoué est complètement inondée et que les chevaux ne peuvent plus passer. Il est venu dans une mauvaise petite pirogue, où il m'offre passage. Je préfère alléger ma grande pirogue, et, guidé par lui, je m'engage dans une petite crique tortueuse, large d'une dizaine de mètres. Le courant est très violent. Au bout de quelques minutes, nous débouchons dans une plaine inondée, large de plus d'un mille, au delà de laquelle nous apercevons Yola, perdu dans la verdure, sur la pente douce d'un coteau qui émerge des eaux. La longueur de la ville est de plus de deux milles, mais nous ne pouvons juger de sa largeur. En arrière se profile sur le ciel le massif de l'Atlantika, qui n'a rien de remarquable, soit comme forme, soit comme élévation

ARRIVÉE A YOLA.

surtout, lorsqu'on vient de voir les montagnes aux silhouettes fantastiques du Mouri.

« Nous accostons à un millier de mètres de la ville, près d'un baobab isolé. Ahmed et le Chérif sont venus au-devant de moi avec des chevaux et me conduisent aux cases que l'indigène chargé des étrangers a mises à notre disposition. Dans une cour plantée de sorgho, comme c'est l'usage dans tout Yola, quatre huttes coniques fort propres sont rangées en cercle autour du magasins à grains. Le tout est disponible, parce que le propriétaire est parti en pèlerinage pour la Mecque.

« Le sultan, informé de notre arrivée, nous fait dire qu'il se rend à la mosquée pour la prière de midi, et qu'ensuite il nous recevra et pourra disposer de tout le reste de la journée en notre faveur.

« Vers 2 heures arrivent les chevaux qu'il nous envoie et nous nous dirigeons vers la demeure du cadi, où l'on nous fait entrer, le sultan n'étant pas encore sorti de la mosquée. Nous apercevons devant nous deux places irrégulières, dont les coins sont mis en communication par une petite rue. Sur la première est la demeure du cadi, faisant presque face à la mosquée.

« Après une demi-heure d'attente, des coups de fusil et un grand va-et-vient d'hommes et de chevaux annoncent que le sultan a fini sa prière et qu'il se rend de la mosquée à son palais. Nous suivons la foule et nous atteignons la seconde place, dont le fond est formé par le palais ou plus exactement par un mur haut de 6 mètres, semblable à ceux de nos prisons cellulaires. Au coin se dresse une sorte de tour carrée dont l'architecture présente un singulier mélange de style arabe moyen âge et de style de l'antique Égypte. Les portes notamment sont égyptiennes. Au milieu de la place est une hutte ronde, pareille à toutes celles du pays, ni plus ornée, ni plus spacieuse. Sur un tréteau, une vingtaine de couvertures de chevaux; au-dessous, une même quantité de boucliers ronds, de 6 pieds de diamètre environ. Au fond de la case se tient le sultan, accroupi à la turque, sur une simple natte.

« Un haut turban bleu de guinée lustrée entoure sa tête. Il est vêtu d'une robe du pays, fort simple et très propre; l'étoffe et les broderies sont blanches. Un burnous de drap écarlate, bordé d'un mauvais galon d'argent — le tout valant de 60 à 80 francs à Alger — est jeté négligemment sur ses épaules. Il joue avec les glands de soie, les faisant tourner autour de ses doigts. Devant lui, accroupis sur la table, sont ses ministres, au nombre de dix. Ceux-ci, à notre entrée, élargissent le cercle et nous nous asseyons sur le même rang qu'eux.

« Je fais au sultan les souhaits de bienvenue et lui apporte les salamalecs du sultan des Français. Je lui explique le but de mon voyage.

« Le sultan, appuyé sur le coude, fait avec ses doigts de petits trous dans le sable et paraît très occupé à ce travail. Quand il a fait une cinquantaine de trous en triangle, il considère son œuvre avec satisfaction ; sa longue figure, presque noire, paraît illuminée d'une joie d'enfant. Il se relève, essuie ses petits yeux obliques qui pleurent continuellement, comme cela arrive aux personnes très âgées. Alors, me désignant de sa longue main :

« — Pourquoi viens-tu dans ce pays, apporter des armes à mes « ennemis ? N'ai-je pas assez d'ennemis autour de moi ? Qu'ai-je « fait à ton sultan, pour qu'il les arme ? »

« Puis, désignant Ahmed :

« — Et toi, tu es le serviteur de mon pire ennemi, du fils « révolté de l'empereur de Sokoto, et tu as été demander l'appui « des Français contre moi ! Et toi, Chérif, qui as été bien reçu « lorsque tu es venu ici il y a cinq ans, toi qui es musulman, « notre frère, pourquoi as-tu guidé vers mon pays et pourquoi « conduire chez mes ennemis ces deux étrangers ? »

« Je fais dire au sultan que je ne suis pas son ennemi, que celui qui m'accompagne est un Arabe musulman que mon maître m'a donné comme interprète, parce que je ne sais ni l'arabe ni le foulani.

« Le sultan m'interrompt et, à demi soulevé, crie à Ahmed :

« — Jure par le Coran que tu es musulman. Jure-le ! »

« Ahmed jure selon l'usage par le Dieu unique, qui a fait le ciel et la terre, qui a fait les rivières et les montagnes... A peine a-t-il fini, que le sultan, de plus en plus excité, lui crie d'une voix de plus en plus forte :

« — Jure que tu es musulman, jure que tu es, comme tu le

« dis, un Arabe d'Alger et que tu n'es pas l'envoyé de mon ennemi « au sultan des Français ! »

« Dix fois Ahmed répète son serment, dix fois le sultan renouvelle sa demande.

« — Eh bien, puisque tu es Arabe, puisque tu es notre frère, « pourquoi accompagner ce Français qui porte des armes à nos « ennemis ? »

« Ahmed proteste violemment contre l'accusation des Anglais, offre au sultan d'envoyer visiter tous nos bagages. Le Chérif se joint à lui. Le ministre qui est à notre droite, et que je sus être le chef ou consul des Arabes établis dans l'Adamaoua, assure au sultan qu'Ahmed est un Arabe d'Algérie, qu'il ne peut s'y tromper. Pendant quelques instants, la séance est un peu tumultueuse. Chaque vizir parle bruyamment à son voisin.

« Le sultan dit :

« — Tout cela, c'est trop de paroles. Silence à tout le monde ! « Chérif Ahmed, pourquoi te mettre en colère, pourquoi élèves-tu « la voix ?

« — Parce que, répond Ahmed, qui cette fois crie tout à fait, « parce que ces Anglais sont acharnés contre nous ; parce que le « mensonge qu'ils ont apporté ici pour nous nuire, ils l'ont fait « à chaque peuple ; parce que ce chien de marchand — qui ne « t'a pas respecté en calomniant deux bons musulmans et l'envoyé « des Français — propage ces mensonges depuis un an devant « nous ! Parce qu'il a donné des liqueurs fermentées aux peuples « païens, annonçant que des Français montaient pour faire une « razzia dans leurs villages, et que ceux-ci, excités par la folie de « l'alcool et effrayés, nous ont attaqués la nuit, ont blessé mon « commandant et Miloud-ben-Ab-es-Salam, le fils du grand bach-« aga des Ouled-Naïl. Celui que je regardais comme mon père, « cet homme pieux, versé dans le Coran, est mort à la suite des « sept blessures que lui ont faites les païens poussés par les « marchands anglais ! En arrivant ici, je retrouve un autre men-« songe ayant pour but encore de nous faire tuer ; on m'ac-« cuse de ne pas être musulman et tu veux que je ne sois pas en « colère ! »

« Le sultan nous regarde fixement pendant un long moment et recommence à tracer, de son immense index, des dessins sur le sable. Quand il a terminé son croquis, il s'adresse de nouveau à Ahmed :

« — J'ai entendu ta parole et celle du Chérif. Vous êtes musul-
« mans comme nous, vous êtes nos frères; vous ne pouvez vous
« allier à des chrétiens pour me tromper : je saurais un jour la
« vérité, et malheur à vous si vous m'aviez menti! Que vient
« alors faire ce Français? Pourquoi est-il venu ici? »

« Ahmed répète que je suis un envoyé du sultan des Français, venu pour porter sa parole.

« A mon tour je fais traduire au sultan que je ne sais plus que lui dire, que peut-être on a fait encore d'autres mensonges, que j'attendrai pour lui parler qu'il connaisse la vérité; que, dans l'intervalle, je désire qu'il fasse visiter mes canots.

« Le bon sultan foulani sourit pour la première fois et élude la réponse. Il me demande si les Français ont l'intention de venir faire du commerce.

— Oui, dit Ahmed, ils viendront, si tu promets de leur faire bon accueil.

— Ils peuvent venir sur la rivière comme les Anglais, reprend le sultan, mais je ne leur donnerai pas de la terre.

« Ahmed répond que cela est, à vrai dire, une interdiction de faire le commerce.

« Le sultan réplique qu'il laissera construire des factoreries, mais que chaque soir les employés devront aller coucher à bord.

« Il ajoute :

« — Quelle est la cause de la guerre entre les Djibous et les
« Anglais? Avez-vous vu le sultan du Mouri en montant? »

« Nous lui disons le peu que nous savons de cette affaire et de celles des Bachamas.

« Nous parlons de divers sujets. et le sultan finit par nous dire que, si les Français veulent venir commercer, ils seront les bienvenus, mais qu'il ne leur permettra pas de construire même une tente sur sa terre. Je lui fais remarquer qu'il a dit le contraire tout à l'heure. Sur quoi il me redit qu'il ne donnera à personne un pouce de ses terres et que, si nous venons commercer, il prélèvera 10 p. 100 de tout ce que nous apporterons. Et, changeant de conversation, il me demande si je supporte bien le climat et si nous nous sommes bien portés pendant ce long voyage.

Après avoir répondu sur ce point, reprenant la question sérieuse, j'ajoute que, pour commercer avec un pays, il faut être en contact avec les habitants, et non mouillés au milieu d'une rivière qui déborde à plusieurs milles dans l'intérieur.

« Nous verrons tout cela, dit-il. Je ne lèverai aucun impôt. Quand « vous ferez une bonne affaire, vous me donnerez un cadeau. « Quand vous en ferez de mauvaises, je ne demanderai rien. « (Du 10 p. 100 il n'est plus question.) Enfin je ne céderai de ma « terre à qui que ce soit, et si tu m'apportes des cadeaux, — ne « donnant rien, je ne veux rien recevoir, — je les refuse. Mais si « tu veux faire des cadeaux à mes ministres, tu es libre. Tu peux « te retirer et rester dans ma ville de Yola. Reste, Chérif, j'ai « encore à te parler. »

« Cinq minutes après, le Chérif nous rejoint et, tout en chevauchant vers nos cases, nous dit que le sultan lui a fait jurer de nouveau qu'Ahmed n'était pas un envoyé de son ennemi. Le Chérif lui a juré tout ce qu'il a voulu.

« Nous parvenons à notre demeure, qui est à une demi-heure de celle du sultan. Je puis enfin ôter ma tenue, que je ne suis plus accoutumé à porter et qui m'étouffe.

« Le sultan ne nous a pas fait empaler ou couper la tête, c'est déjà un premier résultat. Il ne croit plus qu'à demi à tout ce qu'on lui a raconté, mais il reste défiant....

« La nuit est venue et nous nous mettons à table, quand arrive le fonctionnaire chargé des étrangers. Il va quitter Yola pour aller toucher un tribut dans le Mandara et nous présente son successeur. Il nous avertit qu'il ne faut pas attacher une grande importance à tout ce qui a été dit cet après-midi, que nous devons donner au sultan des cadeaux, qu'il acceptera fort bien; que d'ailleurs on ne croit plus aux mensonges des Anglais, mais que les Foulanis sont défiants et inquiets de mon arrivée.

« Vers une heure du matin, cet homme vient réveiller le Chérif et Ahmed et leur faire ses adieux. »

III

SUITE DE MON SÉJOUR A YOLA.

Visites et réceptions. — Distribution de cadeaux. — Installation. — Le sultan et ses frères. — Départ pour Bachama. — Rencontre avec M. Mac Intosh. — Retour à Yola.

« Samedi 22 août 1891. — Tout ce qui parle arabe à Yola vient rendre visite à mes deux compagnons, le Chérif et Ahmed. D'abord un « Arabe » d'Alexandrie, qui n'a d'arabe que le langage et qui est de race nègre; puis un autre Arabe qui a quitté la même ville il y a un an; puis d'autres. C'est un concert de *salamaleikoum* et de *barkabarka* à n'en plus finir. Le Chérif et Ahmed, qui ont eu ce matin une longue conférence avec moi, prennent adroitement des renseignements et cherchent à connaître l'impression produite par la séance de la veille. Les Arabes répondent que le sultan est un Foulani, que nous serons longtemps avant d'avoir de lui une réponse franche, mais que nous n'avons plus rien à craindre, qu'il commence à comprendre que les Anglais ont voulu le tromper. Toutefois il n'a pas encore confiance en moi.

LOOUNIS, NÉGOCIANT D'ALEXANDRIE.
(Dessin de Mme Paule Crampel, d'après une photographie.)

« Comme toutes ces visites ne sont pas pour moi, je ne prête qu'une demi-attention aux personnages qui défilent, apportant leurs souhaits de bienvenue à leurs compatriotes, et qui n'ont pas l'air de faire grand cas de moi. Ahmed et le Chérif se détachent de temps en temps du groupe pour me communiquer ce qu'il y a d'intéressant et me demander conseil sur ce qu'ils doivent répondre aux questions qu'on leur adresse.

« Les Arabes, dont un certain nombre ont été en contact avec les Européens, comprennent bien ce que leur dit Ahmed : que je suis furieux à mon tour contre le sultan ; que ce n'est pas ainsi que l'on reçoit l'envoyé extraordinaire du chef des Français. Ils savent ce que c'est qu'un consul général au Caire ou à Alexandrie, et comment le vice-roi les recevait. Aussi approuvent-ils les dires d'Ahmed, traitant les Foulanis de sauvages qui n'ont jamais rien vu, et qui ne savent pas distinguer un marchand d'un ambassadeur. Tous recommandent de patienter, et rappellènt que les Anglais ont fait pire à Flegel, qui est cependant devenu l'ami intime du sultan précédent, et dont ils n'ont pu se débarrasser qu'en l'empoisonnant.

« Cette version de la mort de Flegel a cours dans tout le Niger et dans toute la Bénoué, d'Akassa à Yola. Flegel est mort d'épuisement, après de longs séjours en Afrique se suivant de trop près. Sa mort a été, je crois, fort naturelle ; mais la légende qui s'est formée d'elle-même montre combien avait été apparente l'hostilité des Anglais à son égard.

« Peut-être jamais voyageur n'a-t-il autant fait que Flegel pour son pays, mais certainement jamais voyageur n'a été aussi peu soutenu. En laissant, sans protester, cet homme de valeur subir de telles persécutions, le gouvernement allemand a perdu le droit de revendiquer le bénéfice de ses travaux....

« Un nouveau visiteur se présente et demande à Ahmed la permission de venir me saluer. Je le reçois très volontiers : c'est un Ouadaïen, nommé Taïeb, qui a quitté son pays depuis une dizaine d'années. Il parle, d'après Ahmed, le pur arabe. Nous sommes bientôt bons amis et nous causons du Ouadaï. Fort de mes lectures du *Voyage au Ouadaï* de Mohammed-ben-Omar-el-Tounsi, de ceux de Barth et de Nachtigal, je puis, à son grand étonnement, l'entretenir de ce qui s'est passé dans son pays alors qu'il y vivait. La guerre contre le Baguirmi, les discussions des prétendants dans ce pays, font le sujet habituel de notre conversation. Il me raconte les évènements des dernières années : l'invasion du Ouadaï par le Mahdi ; la défaite que fit subir à celui-ci le sultan Ali ; l'assassinat de ce dernier par son frère Yousouf, qui l'a remplacé.

« Taïeb me dit qu'à la suite de cette victoire les Ouadaïens ont conquis les fusils rayés et les canons du Mahdi et que maintenant Yousouf ne craint plus personne et domine complètement le Baguirmi. Je suppose que les armes en question sont celles qui ont été enlevées par les mahdistes au général Hicks, au début de la campagne. Sans doute, les armes perfectionnées du bataillon de Kouka sont de même provenance. D'ailleurs les gens du Bornou, pas plus que ceux du Ouadaï, ne possèdent de cartouches.

VIEIL ARABE DE YOLA.
(Dessin de Mme Paule Crampel, d'après une photographie de M. Mizon.)

« La conversation retombant sur l'ancienne guerre entre le Ouadaï et le Baguirmi, Taïeb me dit avec fierté que Massenya a été pris d'assaut après qu'on eut employé la mine pour faire brèche à ses remparts. Il ajoute que ce procédé de guerre avait été employé sous la direction de deux Français venus de l'Algérie (1), qui reçurent en récompense chacun 100 esclaves, 100 chevaux et 100 chameaux.

« Passant à un autre sujet, Taïeb nous assure que le sultan ne croit plus à la calomnie des Anglais, mais que nous nous sommes mal présentés : logés pauvrement chez de petites gens, il nous a jugés personnages de peu d'importance. Il me conseille de voir les ministres, les frères de Zoubir, et de nous faire patronner par l'un d'eux. La personne à laquelle nous nous attacherons pourra causer chaque jour avec nous et communiquer au sultan un résumé de nos conversations.

« Taïeb prend à témoin un Arabe arrivé de Tunis il y a un an à peine. Celui-ci a quitté Tunis pour son pèlerinage à la Mecque, où il a rencontré des Soudanais, qui lui ont parlé de leur pays et lui ont donné l'envie d'aller y chercher fortune.

« — Remuez-vous, nous dit ce dernier, voyez du monde, faites « le plus de connaissances possible, et peu à peu vous ferez votre « chemin et serez écouté sérieusement par le sultan. »

« Cet homme, qui a quitté Tunis depuis si peu de temps, comprend qui je suis et ce que je veux faire.

« — Mais, ajoute-t-il, un Foulani n'est pas un Arabe. Le sultan « et tous les siens sont nés dans ce pays, ne savent rien des blancs « et ne sont guère plus éclairés que les noirs qu'ils ont soumis. « Ils n'ont pas plus d'intelligence que leurs bestiaux et ne voient « rien au delà d'un grand troupeau de bœufs et de moutons. »

« Un cavalier tenant deux chevaux en main entre dans notre cour et annonce que le second frère du roi désire recevoir Ahmed et le Chérif et qu'il fait saluer l'envoyé du sultan des blancs français. J'ai enfin un instant de répit pour écrire ce journal : l'absence de mes compagnons dure environ deux heures. Le frère du roi a beaucoup causé avec Ahmed et le Chérif et a cherché à les faire parler; il fait évidemment, par ordre, une sorte d'enquête. Les réponses sont heureusement toutes prêtes; Ahmed insiste sur la façon honteuse dont nous sommes traités, nous, envoyés du plus puissant des pays chrétiens.

« — Le sultan mon frère a été très effrayé, répond l'autre, de « ce que lui a dit M. Mac Intosh, et, dès le départ de celui-ci, il

(1) Probablement des Arabes français des ksours du sud.

« a réuni ses ministres et ses officiers en conseil pour délibérer « sur la conduite à tenir à votre égard. Le fils du roi, qui a vu « M. Mac Intosh, dit que l'officier anglais, avant de partir, avait « prétendu que les guerriers de l'Adamaoua n'auraient pas assez « de courage pour arrêter le voyageur français et le laisseraient « passer, bien qu'il s'agit de l'indépendance de leur pays. M. Mac « Intosh a ajouté que, si le sultan voulait lui donner le com« mandement de la ri« vière et la juridiction « sur tous les Européens « qui viendraient dans « l'Adamaoua, il se fai« sait fort de vous arrê« ter. »

« Cela ne m'apprend rien de nouveau. La Compagnie désire ardemment posséder le monopole du commerce dans toute la haute Bénoué, et si elle obtenait du sultan le moindre petit papier, elle prétendrait empêcher qui que ce soit de remonter la Bénoué.

LE FILS DU CONSUL DES ARABES.

(Dessin de Mme Paule Crampel, d'après une photographie de M. Mizon.)

« Le frère du roi montre son corps qui est couvert de gros boutons, et se plaint de souffrir du ventre.

« — Le commandant connaît-il la médecine et peut-il me « guérir ou du moins me soulager ? Je me suis adressé aux Anglais, « qui m'ont donné une boite d'un médicament à faire infuser dans « l'eau; mais le goût est tellement nauséabond, que je n'en ai « bu que deux fois, sans que d'ailleurs j'aie constaté aucune amé« lioration dans mon état. Ils m'ont aussi donné ces flacons sans « m'indiquer la manière de les utiliser. »

« Les flacons contiennent du sel d'Epsom, et le médicament est du thé complètement moisi.

« Le Chérif me raconte que la première fois que la Compagnie a voulu faire accepter son protectorat à l'Adamaoua, elle a envoyé le second agent général demander au sultan d'échanger sa couronne contre un burnous de 120 francs.

« Le Chérif a dit au frère du sultan que le thé était moisi et pouvait le rendre malade, que les flacons contenaient une vulgaire purgation. Il a ajouté qu'il allait rapporter tout cela au commandant, qui consentirait peut-être à le soigner et qui, en raison de ses connaissances médicales, arriverait certainement à améliorer son état; enfin qu'il allait lui envoyer du thé français avec du sucre.

« Voilà un ami en perspective. Restent dix ministres et le premier frère du roi, son successeur probable.

« Justement voici l'un des ministres qui descend de cheval et qui entre dans notre cour : c'est le chef des Arabes établis dans l'Adamaoua, qui vient me saluer. Toute sa conversation, fort intéressante pour moi, peut se résumer en quelques mots :

« — Nous, Arabes, qui avons vu d'autres pays que l'Adamaoua, « qui, pour la plupart, avons été en contact avec les Européens, « nous ne croyons pas un mot de ce qu'a dit le marchand « anglais. Il agit envers toi comme il a agi envers Abd er-Rahman « (Flegel). Nous voyons clairement que ces Anglais veulent être « seuls à commercer dans ce pays, mais ils n'ont que de mauvaises « marchandises et payent mal nos produits. Nous souhaitons « que les Français nous apportent les marchandises qu'ils « envoient à Tunis et en Égypte. Ce Foulani qui gouverne « l'Adamaoua ne connaît rien, ne sait rien, mais il sera obligé « de tenir compte de nos conseils. Je lui parlerai dès ce soir. »

« Dans la soirée, longue conversation avec Taïeb et le Tunisien, qui ne nous quittent qu'à 10 heures du soir : cancans du pays, géographie, commerce, tous les sujets sont mis sur le tapis. Je me promets d'utiliser plus tard, plume et calepin en main, le bon vouloir de ces deux Arabes.

« Dimanche 23 août 1891. — La première visite est celle d'El-Hadj-M'Ahmed, qui traverse notre cour en courant comme s'il était poursuivi, tellement essoufflé qu'il peut à peine parler. Sans une des salutations d'usage, le Tunisien dit à Ahmed :

« — J'ai une nouvelle à annoncer à ton commandant, nouvelle « qu'il me payera cher, quand il la connaîtra. »

« Et après avoir ri de bon cœur et avoir « fait aller » Ahmed, il nous dit que le chef des Arabes est allé hier voir le sultan, et lui a fait des représentations sur la façon dont il recevait l'envoyé du grand peuple européen. Zoubir l'a écouté avec attention, et nous autorise à demeurer à Yola aussi longtemps que nous le voudrons, dans tel quartier de la ville qu'il nous plaira, et à amener dans la lagune intérieure la chaloupe et les canots. Il nous offre une cour et des maisons dans le quartier arabe, au bord de la lagune, qui en cet endroit est très profonde, avec des berges à pic, commodes pour l'accostage des canots.

« — Et maintenant, si vous n'êtes pas aussi menteurs « que les Anglais, dit El-Hadj-M'Ahmed en riant aux éclats, « vous devez me payer ma nouvelle le prix que j'ai fixé dans ma « tête. Je veux... une tasse de café. Il y a plus d'un an que je « n'en ai bu, et hier, en vous voyant en boire, j'avais envie de « vous en demander; mais j'ai voulu le gagner, et j'ai couru « vous apporter la bonne nouvelle. »

« En regardant El-Hadj-M'Ahmed boire son café à petites gorgées, je me rappelais les courses dans le bazar de Tunis, le marchand de café, au coin de chaque ruelle, assis devant son matériel : un petit fourneau, une bouillotte et quelques tasses en cuivre émaillé ; j'imaginais El-Hadj-M'Ahmed déposant une demi-piastre tunisienne devant le marchand et s'accroupissant pour boire une tasse de café ! Je songeais aussi au marchand de la Casbah d'Alger poursuivant les passants de ses *bono cawa, mousou, bono cawa*.... Tout comme nous, ces Arabes du Nord se sentent ici en pays barbare,... un pays où l'on ne peut pas seulement trouver de café.

« La nouvelle est-elle réellement bonne ? Je n'en sais rien, et je deviens défiant comme un Foulani. Le principal est que nous soyons autorisés à rester à Yola, et que nos embarcations soient admises dans la lagune intérieure, devant la ville, et ne restent plus dans la Bénoué, séparée de nous par une montagne et un marais de deux milles de large.

« Je suis bientôt prêt à aller chercher les embarcations, mais une visite me force à remettre mon projet à l'après-midi. C'est le premier frère du roi, son futur successeur, qui vient en apparence pour me saluer, mais qui en réalité est envoyé en reconnaissance,

Il demande si j'ai de la soie jaune à broder. Sur ma réponse affirmative, il me demande à en acheter. J'entre alors dans une grande colère : me prend-il pour un marchand? Je suis l'envoyé d'un sultan qui commande à vingt pays comme le Sokoto et il m'adresse une semblable demande! Le frère du roi reste penaud et il cherche à s'excuser. Son frère lui a demandé s'il y a de la soie jaune à Yola; il est allé au marché et n'en a pas trouvé; tous les Arabes auxquels il s'est adressé lui ont dit ne pas en avoir. Venu pour me saluer, il a eu l'idée de me demander si j'en avais, parce que son frère en désirait vivement. Mais il savait bien que je n'étais pas un marchand et il reconnaissait avoir employé mal à propos le mot « acheter ».

— « Si le sultan désire de la soie jaune, dis-je, je lui en en-« verrai, mais à la condition qu'il ne me donne rien en échange. »

« Après une conversation banale qui dure une dizaine de minutes, l'héritier présomptif nous quitte. Comme son frère Zoubir, il est d'une taille très haute, qui doit dépasser 1 m. 90. Il est noir et porte une barbiche presque blanche; son âge doit être de 55 à 60 ans. Comme Zoubir encore, il a des mains remarquables par leur longueur, très effilées, sans être maigres. Ses traits sont un peu négroïdes et n'ont aucune ressemblance avec ceux du sultan. Le visage ridé, entièrement rasé de celui-ci, est d'un bronze presque noir; les lèvres sont minces; le long nez, qui descend vers la bouche, est empâté à son extrémité; les petits yeux obliques larmoient continuellement. L'ensemble du visage respire la douceur. Un léger sourire qui, de temps en temps, contracte les coins de sa bouche en même temps que ses petits yeux s'illuminent, ajoute une nuance de finesse à son air de bonté.

« Je décide que j'irai chercher les embarcations pour les amener devant la ville et que, pendant ce temps-là, Ahmed et le Chérif iront remercier le chef des Arabes et le sultan de la permission que celui-ci nous a accordée de demeurer dans Yola et d'y amener nos canots.

« A 6 heures l'opération est terminée et Ahmed, qui est de retour, m'annonce qu'en se rendant chez le roi il a rencontré un courrier que celui-ci envoyait pour prier le Chérif et lui de venir le voir le lendemain matin.

« Dans la soirée, nos amis arabes viennent nous complimenter de la décision qu'a prise le sultan à notre égard et sur le chemin rapide que nous avons fait dans son esprit, étant donné que, quatre jours auparavant, tout avait été préparé pour nous attaquer.

« Lundi 24 août 1891. — Dès le matin je pars pour aller chercher les canots et les amener devant notre nouveau domicile.

PETITES FILLES BLANCHES FOULANIS.
(Dessin de Mme Paule Crampel, d'après une photographie de M. Mizon.)

Le trajet est pénible, car je n'ai pas allumé les feux du canot à vapeur, et la lagune est si profonde que nos perches ne touchent pas le fond.

« Nous arrivons enfin devant le village, ou plutôt le quartier arabe de Yola, séparé de la ville principale par des cultures de 300 à 400 mètres de large. Nous commençons immédiatement le transport des caisses de nos canots à notre demeure et, grâce aux porteurs que nous prêtent les Arabes, l'opération est presque entièrement terminée quand vient la nuit.

« Le sultan m'a fait donner la maison, les huttes qui avaient pendant longtemps abrité Flegel, le favori du sultan précédent. Ce n'est pas sans émotion que je suis entré dans cette maisonnette couverte en chaume, où séjourna le malheureux voyageur allemand, qui devait finir si tristement, après avoir usé ses forces au service de son pays. Comme moi, il était poursuivi par l'implacable haine de la Compagnie du Niger. Je suis plus soutenu que ne l'a été Flegel par le gouvernement et par l'opinion : c'est pourquoi sans doute on se contentait de « boycotter » Flegel — ce qui est d'ailleurs qualifié crime en Angleterre, — tandis qu'on a, contre moi, employé les grands moyens et, par deux fois, tenté de me faire assassiner.

« Maintenant je comprends pourquoi à Ibi, au Bachama, j'avais été bien traité, ce qui me surprenait alors : le verre de vin que m'offrait M. Mac Intosch était le verre de cognac que l'on offre aux condamnés avant de les conduire à l'échafaud. Je comprends surtout l'insistance du même M. Mac Intosch à emporter mon courrier, insistance telle qu'elle m'avait mis en défiance et que je ne lui avais pas confié de lettres. J'étais cependant loin de prévoir ce qui se tramait contre moi. Il m'avait demandé si souvent quel était mon plan, question à laquelle j'avais toujours répondu évasivement, que sa sollicitude pour le courrier me paraissait simplement être causée par l'espoir de trouver dans mes lettres les renseignemets désirés. Le plan était, en réalité, plus machiavélique. J'eusse écrit des lettres annonçant le changement d'attitude de la Compagnie à mon égard, la courtoisie des agents, mon transport gratuit d'Ibi au Bachama, la facilité avec laquelle on m'avait délivré vivres, marchandises et charbon sur ma signature (1); quelques jours après, je disparaissais de ce monde, laissant derrière moi une attestation favorable à la Royal Niger Company.

« Tout ceci est aussi facile à reconstituer qu'un crime vulgaire et il n'y a pas de magistrat dont l'opinion pourrait hésiter en présence des présomptions et des preuves que j'ai recueillies.

« J'avais cru devoir avertir la Compagnie que M. Crampel

(1) Générosité d'ailleurs bien facile, puisque, ce que ne savait pas M. Mizon, une somme de dix mille francs avait été payée à Paris à la Royal Niger Company. (H. A.)

renverrait probablement une partie de son personnel par le Niger, et, dans une de mes lettres, j'avais prié le gouvernement français d'en aviser le Conseil de Londres, et de répondre du prix du transport de ces hommes. Il ne fallait pas que mes compatriotes rencontrassent les mêmes difficultés qui m'avaient acueilli, qu'on leur défendit de descendre à terre et d'acheter des vivres.

CASE DE M. MIZON A YOLA.

(Dessin de Mme Paule Crampel.)

« Depuis ce jour, la mission Crampel est devenue un cauchemar pour la Compagnie. Au Bachama, M. Mac Intosh, revenant de préparer ma réception à Yola, m'a dit qu'au Mayo-Kebbi l'on n'avait aucune nouvelle d'un blanc arrivé sur le Chari ou sur le Serbeouel. La Compagnie, qui essaye par tous les moyens de détruire mon expédition, n'admettra pas qu'à peine débarrassée de nous, une autre mission française vienne aussitôt nous remplacer. Je crains que quelque traquenard n'ait été tendu à mon ami, dans le Mayo-Kebbi. Il faut que je quitte Yola le plus tôt possible avec ma chaloupe à vapeur seule et que je remonte aussi vite et aussi haut que je pourrai pour mettre Crampel en garde.

« M'Ahmed, notre hôte, vient passer la soirée avec nous et parle du pays, de son commerce, de son histoire. Ensuite nous nous occupons de la question sérieuse : les cadeaux à faire aux ministres qui, du matin au soir, envoient fils, neveux, esclaves, voir si le commandant a enfin ouvert ses boîtes et s'il se rappelle que le sultan l'a autorisé à leur donner un bakchich. Il me serait difficile de l'oublier, car ils sont treize; chacun d'eux expédie trois envoyés par jour, de sorte que je ne puis me livrer à aucun travail sans être interrompu chaque quart d'heure.

« Mardi 25 août 1891. — La cour que j'habite — c'est-à-dire le domaine qui m'a été concédé — a 25 mètres sur 30. Une hutte ronde, ouverte de deux côtés, donne accès dans la cour. C'est là que se tiennent les hommes de garde, là que viennent les marchandes avec leurs calebasses, apportant de la farine de millet, de sorgho ou de maïs, les oignons d'Égypte, les potirons, le piment etc., puis le beurre, le lait frais de vache ou de brebis, le petit-lait qui nous fournit une boisson agréable. C'est là aussi que le Chérif, accroupi sur une peau de mouton, son Coran devant lui, reçoit les visites des petites gens qui viennent me voir, et donne aux mendiants qui chantent ma gloire et ma richesse avec accompagnement de clarinettes assez semblables aux nôtres :

« *Batouré! Batouré!* que Dieu t'accorde une longue vie! qu'il « t'accorde le bonheur, parce que tu es généreux! Tu es riche « et moi je suis pauvre. Tu es comme le chameau dont la charge « ne s'épuise jamais. Qui peut voir la fin de tes richesses? Je ne « chanterai pas un an, pas un jour, car tu m'entends et tu vas « secourir ma misère. »

« Et les clarinettes de donner ensemble, et les *batouré* de pleuvoir. Une cuillerée de sel et le concert des bénédictions recommence. Cela devient insupportable. Les joueurs de clarinette sont remplacés par les improvisateurs, qui cèdent à leur tour la place à de nouvelles clarinettes. Batouré, l'homme riche, commence à être fatigué de ce vacarme et demande une consultation au Chérif pour se débarrasser de cette engeance. Il faut bien les recevoir, donner, car ils vont dans Yola vanter ma générosité :

ils sont l'opinion publique! Cependant il me reste une ressource : faire appeler le chef des mendiants, lui remettre un cadeau personnel et un autre à distribuer à la corporation. Yola possède une Cour des Miracles. Eh bien, demain je ferai appeler ce haut personnage et je traiterai avec lui, bien qu'il ne fasse pas partie des treize ministres.

« Notre hôte M'Ahmed | nous donne la liste de ceux-ci :

« 1. Ali, premier frère du roi, l'homme en quête de soie jaune.

« 2. Ahmadou, deuxième frère, qui attend que je le guérisse de toutes ses maladies.

« 3-4. Erima et X..., fils du sultan mort l'année dernière et neveux du sultan actuel.

MAH MAN, LE PROPRIÉTAIRE DE M. MIZON.
(Dessin de Mme Paule Crampel, d'après une photographie.)

« Tels sont les princes du sang qui, comme tels, font partie de droit des conseils.

« Puis viennent les consuls ou *serkis* des étrangers établis dans l'Adamaoua :

« 5. Le consul des Arabes — quel que soit leur lieu d'origine : Égypte, Ouadaï, Tunis ou Tripoli.

« 6. Le consul de Katsena.

« 7. Le consul de Kabi, c'est-à-dire des Haoussas du Sokoto.

« 8. Le consul ou serki du Bornou.

« Puis quatre hauts fonctionnaires :

« 9. Le *galadima*, ou général en chef de l'armée.

« 10. Le *wouziri*, ou second général, dont le nom est Ali.

« 11. M'Ahmed-Gabdou, le secrétaire du sultan, qui est à sa table et loge dans son palais.

« 12. Le chef des ouvriers qui font les housses ouatées pour mettre les chevaux et les cavaliers à l'abri des flèches empoisonnées. C'est le Serki-Lafida.

« 13. Enfin Aliou-Kila (c'est-à-dire « le forgeron »), ainsi nommé à raison d'une aventure que je pourrais raconter, mais non écrire. Ce n'est pas à proprement parler un ministre, mais il a été ami intime du sultan précédent et l'est demeuré de Zoubir.

« Il est heureux pour moi que ces grands personnages ne soient pas plus nombreux, puisque je suis autorisé par le sultan à faire un cadeau à chacun d'eux.

« L'ordre dans lequel j'en ai donné la liste est, d'après notre hôte et le Chérif, celui de leur importance ou, ce qui revient au même, de l'importance des cadeaux à faire. Je ne puis plus différer, la meute ministérielle me réclame plus que jamais. Je suis malade, Félix et Ahmed ne valent guère mieux que moi, et pourtant il faut ouvrir les caisses, déballer fusils et étoffes, nettoyer ceux-là, plier celles-ci. Notre après-midi est dépensé à choisir les étoffes, les perles et les glaces et à essayer un jeune cheval que je veux acheter.

« Notre hôte Mâhman vient comme d'habitude passer la soirée avec nous et, horreur ! me demande une bouteille de gin, jurant sur le Coran que personne ne le saura et qu'au cas où on lui demanderait si j'ai de l'eau-de-vie, il répondra non. Il n'est probablement pas le seul musulman dans Yola — ou tout au moins dans le quartier arabe — à donner pareil croc-en-jambe au livre saint. Il est vrai que Mâhman a longtemps vécu à Lukodja avec les Européens, mais d'autres ont vécu à Alexandrie, à Tunis ou à Kartoum. Il me reste six bouteilles de cognac pour une année de voyage et trois personnes et 24 bouteilles de mauvais gin qui doivent servir de récompense à 24 hommes pendant le même laps de temps. Désormais, je me défierai des demandes de Mâhman ; c'est déjà assez de mon sucre, de mon café et de mon thé, qui filent avec rapidité. Depuis que j'en ai envoyé au frère malade du sultan, je suis assailli de demandes, et le neveu du roi, à qui j'avais envoyé une demi-livre de sucre, me l'a fait renvoyer, exigeant une tablette entière, c'est-à-dire une livre.

« Au consul des Arabes j'ai donné une livre de café, deux livres de sucre. Il m'a alors fait demander tasse, soucoupe et cuiller, ce qui ne l'empêche pas de venir après nos repas prendre le café avec nous. Comme nous sommes trois et que notre cafetière ne contient que trois tasses, il rogne outrageusement notre portion. Quand il y a du café pour trois, il n'y en a pas pour quatre : c'est du moins l'avis de trois personnes qui boivent de l'eau claire aux repas et entre les repas, et attendent avec impatience, après le déjeuner, l'arrivée de la cafetière. D'ailleurs, le consul se fait l'interprète de tous les mendiants et je le soupçonne d'être membre honoraire de la corporation. Un tel l'a prié de me demander un peu de café, celui-ci désire du thé, un autre un turban de mousseline, et le cas est urgent, le quémandeur a l'oreille du sultan.

UN BÉBÉ HAOUSSA.
(Dessin de Mme Paule Crampel, d'après une photographie de M. Mizon.)

« Ahmed et le Chérif ne décolèrent plus contre lui et finissent par lui faire honte. Tout autre est mon ami Taïeb le Ouadaïen : il arrive toujours porteur de quelque chose. Ahmed lui avait demandé du lait pour mon café du matin. Quand nous demeurions près de lui, il m'en envoyait chaque matin. Hier il s'est informé si j'en trouvais ici, et comme Ahmed lui a dit que le matin je n'en avais pas eu, il est retourné chez lui et m'a ramené sa chèvre laitière. Il ne m'a rien demandé depuis huit jours. Il en est de même d'El-Hadj-M'Ahmed le Tunisien, et de Derdiri, un Arabe de Kartoum, venu ici depuis deux mois pour acheter de l'ivoire. Ce dernier est aussi riche que les deux autres sont pauvres. Il est associé avec un Israélite et a apporté, dit-il, 64 000 francs à la Société; il va chercher les produits, et son associé les revend aux Européens et aux Turcs. Il m'a donné un cheval et prêté 30 000 cauris. Il me dit que, depuis les derniers événements de la Nubie et la chute de Kartoum, le commerce n'est plus possible dans le Kordofan et le Darfour; que leur dernière caravane s'étant divisée en deux huit jours avant Kartoum, la moitié dont il ne faisait pas partie avait été massacrée et pillée, tandis que lui, qui venait en arrière avec l'ivoire et la gomme, avait pu atteindre la ville. C'est de ce dernier voyage que proviendraient les 64 000 francs qu'il dit posséder. Il est venu tenter fortune au Soudan; mais à Kouka il a trouvé la concurrence de la Tunisie et de Tripoli, à Kano celle des Européens. Il s'est rabattu sur l'Adamaoua, où on lui conseille d'aller dans le sud, à Tibati. Et comme « je sais tout », il est venu me demander des conseils que je me promets de lui donner, désirant lui en demander à son retour. quand je me dirigerai vers le Gabon.

« Mercredi 26 août 1891. — Notre camp s'est transformé cette nuit en hôpital. Je suis au lit, pouvant à peine me remuer; Félix a une jambe enflée et a la fièvre. Mais le Chérif n'est malheureusement pas malade; il a été faire une tournée chez ses amis, annonçant que les cadeaux étaient prêts et que je les distribuerais dans la matinée. Aussi nous presse-t-il de nous lever et de nous mettre à l'ouvrage; les ministres sont venus chez le consul arabe et attendent avec impatience ce dont ma générosité va les gratifier. Je souffre beaucoup et je trouve le zèle du Chérif intempestif. Je finis par me fâcher quand il me dit qu'il ne faut pas remettre à demain l'octroi des cadeaux, que renvoyer les ministres après la démarche qu'ils viennent de faire serait considéré comme une injure, etc. Tout ce que je puis obtenir de lui, ce sont quelques heures de répit; on décide de commencer à midi, après le déjeuner.

« Ahmed, qui va un peu mieux, prend la liste que nous avons dressée la veille. Félix court sur une seule jambe, ouvre les caisses et indique au Chérif et à M'Ahmed, notre hôte, ce qu'ils doivent prendre. Il a été décidé la veille qu'il y aura trois catégories de cadeaux : la première, comprenant les plus belles choses, revenait aux consuls et au galadima; à la seconde catégorie appartenaient le wouziri, les fonctionnaires et le favori. Un cadeau de peu d'importance suffirait pour les parents du roi.

DERDIRI, NÉGOCIANT DE KHARTOUM.

(Dessin de Mme Paule Crampel, d'après une photographie de M. Mizon.)

« Cinq cadeaux sont disposés pour les consuls et le galadima. Un fusil à pierre à deux coups, toutes pièces en argent massif fondu et ciselé, deux burnous de drap en pièce, deux pièces de flanelle, cinq de cotonnade, une glace et un paquet de perles pour chacun.

« Le premier à servir, d'après notre hôte, qui est Haoussa, est le consul de Katsena. Le fusil dont les pièces sont dorées, le drap violet évêque sont pour lui. Un cavalier enlève le tout. Le consul de Kabi a la pièce de drap rouge écarlate. Un de ses serviteurs emporte le tout, comme le précédent, en le cachant sous ses amples vêtements. Nous allons passer au troisième, le serki du Bornou, quand notre hôte et conseiller nous dit que, son envoyé n'étant pas encore arrivé, nous avons le temps de préparer les cadeaux des parents du roi, qui doivent être les plus petits, d'après notre conversation de la veille. « Pas du tout, « s'écrie-t-il, ce sont des princes, et leurs cadeaux doivent être « supérieurs à ceux des consuls. »

« Mâhman est Haoussa et relève de ces consuls. Il m'a joué un tour à leur profit. Comme ce qu'il me dit maintenant est d'accord avec ce que tout le monde m'avait dit auparavant, il n'y a qu'à s'exécuter. Les cadeaux princiers sont choisis, un peu supérieurs à ceux des consuls. Je suis forcé de donner au serki du Bornou le même cadeau qu'à ses collègues, ainsi qu'au galadima. C'est une ruine pour l'expédition. Comme je réserve deux riches fusils pour le sultan et le consul des Arabes, et que j'en ai donné six, il ne m'en reste plus que deux pour satisfaire les premiers mendiants que je rencontrerai dans la suite.

« Les petits fonctionnaires reçoivent un fusil ordinaire et cinq pièces de cotonnade.

« A 5 heures, tous les appétits sont satisfaits et nous pouvons un peu nous reposer, puisque le consul des Arabes m'a dit qu'il n'était pas pressé de recevoir son cadeau.

« Dans la soirée, le wouziri, qui n'a reçu qu'un modeste cadeau, m'envoie ses remerciements, accompagnés d'un gros mouton et d'un pot de beurre, tandis que S. A. l'Erima ne me fait pas transmettre le moindre compliment par le messager qui vient me dire qu'il manque au cadeau que je lui ai fait, du sucre, du thé, du café et de la soie à broder. Il ne connaît de mes marchandises que celles-ci, sans quoi la liste eût probablement été plus longue.

« Jeudi 27 août 1891. — Nous pouvons enfin nous occuper de nous-mêmes. La maison que l'on m'a donnée est fort belle pour le pays. Elle est rectangulaire, à coins arrondis. Sa longueur est de 8 mètres, sa largeur de 4. Les murailles ont 2 mètres et la hauteur au milieu approche de 4 mètres. Il n'y a qu'une porte, haute de 1 mètre et moitié moins large; il faut se peletonner pour entrer dans cette chambre, où il fait noir en plein midi. Je fais percer une fenêtre à chaque pignon. Un coin est tendu d'étoffe : ce sera le salon de réception et, à certaines heures, la salle à manger. Dans un autre coin est le bureau du commandant : instruments, livres, appareils photographiques, sont rangés sur des caisses. Le long de la muraille, nous plaçons la sellerie; au milieu, mon lit, dont la moustiquaire en gaze noire ornée de roses fait l'admiration du public. Dans le fond sont rangées les étoffes et les caisses entamées. Le magasin à grains sert de dépôt pour les autres caisses. Le Chérif et sa femme Aïchatou occupent une des deux huttes; la seconde est habitée par Félix et Ahmed. Les hommes logent provisoirement à la belle étoile et, quand il pleut, se réfugient dans le corps de garde d'entrée. On commence à leur construire une maison en paille tressée.

« La journée passe rapidement, et quand le soir arrive, nous sommes à peu près installés. Nous pouvons recevoir avec un peu plus de confortable notre hôte et ami Derdiri. Les Anglais de la Royal Niger *Company font, ce soir-là,* les *frais de la* conversation. Notre propriétaire nous conte l'historique de leurs tentatives. Il y a environ cinq ans, M. Mac Intosh, frère de l'agent actuel de la Bénoué, avait tenté de nouer des relations commerciales avec l'Adamaoua. Il était monté avec un vapeur jusqu'à Yola et avait envoyé le Chérif qui m'accompagne actuellement porter au sultan un burnous et des propositions. Il devait repasser un mois après et le reprendre. Le vieux sultan n'avait rien voulu entendre et avait refusé non seulement d'accepter, mais même de regarder ce qu'on lui envoyait. Son amitié pour Flegel avait rendu inutiles toutes les tentatives de la Compagnie pour renouer avec lui. La mort même du voyageur allemand ne changea rien à ses convictions : au contraire, le bruit qui courait de l'empoisonnement de Flegel par les Anglais l'avait irrité contre eux et il avait juré que jamais un Anglais ne foulerait la terre de l'Adamaoua. Son frère, qui lui a succédé il y a dix mois, s'est montré moins intransigeant : tout en refusant aux agents de la Royal Niger Company le droit d'acquérir de la terre et de bâtir des factoreries, il a consenti à ce qu'un noir séjournât à Yola pour y acheter de l'ivoire. En peu de temps, les cadeaux remis au sultan et l'habileté de l'agent noir laissé à Yola avaient eu des résultats : le noir était devenu le favori du sultan et faisait d'excellentes affaires. Zoubir avait autorisé des expéditions conduites par des agents noirs à pousser jusqu'à Ngaoundéré et, dans le Boubandjidda, querir de l'ivoire. La Compagnie se croyait déjà maîtresse de l'Adamaoua : c'est pourquoi sans doute elle m'interdisait, dans sa lettre du 9 décembre, de voyager par terre dans l'Adamaoua, sur la rive nord, jusqu'à 100 milles au delà de Ribago, et, sur la rive sud, jusqu'à Yola. Tout semblait devoir lui réussir. L'expédition allemande du lieutenant Morgen avait dû se rabattre sur Ibi. La seconde expédition allemande, celle du docteur Zintgraff, avait dû regagner la côte après un conflit avec les indigènes. J'avais été arrêté moi-même dans le bas Niger, d'abord par mes blessures, puis par la baisse des eaux dans la Bénoué....

« Mais un petit incident avait gâté la situation. Le clerc noir laissé à Yola avait une femme que, pour je ne sais quel motif, il avait frappée si brutalement qu'elle était morte quelques jours après. La Compagnie l'avait arrêté, descendu à Assaba et condamné. Or, le crime ayant été commis à Yola, sur le territoire de l'Adamaoua, le sultan n'admit pas que l'on condamnât le coupable sans le consulter. Cette violation de ses prérogatives royales fut la cause de sa rupture avec la Compagnie : depuis lors il n'autorisa plus qu'un dépôt de bois, sur une petite presqu'île, à environ une lieue de Yola.

« Un Arabe qui était l'année dernière à Kouka nous fait un récit de la réception de M. Mac Intosh dans cette ville. Ce récit est tellement différent, dans les détails, de celui qu'on m'a fait à Lukodja, que j'attendrai une troisième version pour fixer mon jugement. Cependant les deux récits ont un point commun : la mission a totalement échoué et le sultan a ordonné à M. Mac Intosh de sortir immédiatement de ses États. M. Mac Intosh lui-même, sans entrer dans aucun détail, m'avait dit un jour que pour tout l'or du Pérou il ne recommencerait pas une mission semblable, qu'il avait vu le sabre de trop près.

« A Lukodja on m'avait raconté que le sultan avait bien reçu l'envoyé de l'Angleterre et avait accepté les superbes cadeaux qu'on lui offrait, mais que l'interprète avait déclaré au sultan, pendant la nuit, que la mission n'était pas envoyée par la reine d'Angleterre, que M. Mac Intosh était un simple marchand et un imposteur; qu'alors le sultan lui avait renvoyé les cadeaux et lui avait ordonné de partir, en le menaçant de lui couper la tête.

« La version de l'Arabe est tout autre et moins vraisemblable :

le sultan aurait, en signe de disgrâce, logé dès l'arrivée la mission chez une pauvre femme ; puis, sur les conseils de ses ministres, il aurait fait appeler M. Mac Intosh pour lui demander s'il était Turc et ce qu'il venait faire dans son royaume. Il avait fallu que M. Mac Intosh prouvât, en livrant ses papiers, qu'il n'était pas Turc. Après quoi on l'avait renvoyé de Kouka. Son insuccès serait dû à la haine du sultan Atchimi pour tous les étrangers, Turcs ou Européens. M. Mac Intosh prétendant être en relation d'amitié avec les sultans de l'Adamaoua et du Sokoto, le sultan du Bornou lui aurait demandé de lui montrer des lettres de ces souverains. M. Mac Intosh n'ayant pu en produire aurait été traité d'imposteur.

UN CHEF DE CARAVANE HAOUSSA.
(Dessin de Mme Paule Crampel, d'après une photographie de M. Mizon.)

« Dans tous les cas, cet insuccès a arrêté pour quelque temps les tentatives de la Compagnie au Bornou.

« Vendredi 28 août 1891. — Hier nous avons aménagé notre demeure, aujourd'hui nous faisons nos plantations. Tout le terrain disponible dans notre cour est défriché, labouré et divisé en plates-bandes. A droite de ma maison et derrière la hutte du Chérif sera le potager, qui mesurera deux cents mètres carrés. Félix est nommé jardinier en chef et, avant la fin de la journée, a presque tout ensemencé. Je me suis réservé le jardinet à gauche de ma maison. C'est le jardin d'essai ; cinq espèces de tabac, quatre sortes de coton, des eucalyptus et la série des graines exotiques garnissent les plates-bandes. Les différentes espèces d'indigo en occupent cinq. Les radis, en raison de leur précocité et de leur importance, ont eu les honneurs du jardin botanique.

« Enfin, pour compléter notre prise de possession, j'achète un cheval à Derdiri. Comme tous les chevaux de l'Adamaoua, il est fort petit, mais superbe d'allures et gracieux dans ses mouvements.

« Il y a huit jours, je devais être rejeté par la force hors de l'Adamaoua : maintenant je suis propriétaire campagnard à Yola; j'ai une maison, un jardin et un cheval. Le sultan Zoubir n'avait-il pas raison quand il nous disait que Dieu connaît la vérité et qu'il punit les menteurs?

« Samedi 29 août 1891 — Je vais pouvoir commencer à faire des visites. La première sera pour le consul des Arabes, dans le village duquel je suis logé et qui est chargé de mes relations avec le sultan.

« M'Ahmed-Zvoueyro a le type complètement nègre ; cependant ses lèvres sont de dimensions assez petites. Il a témoigné jusqu'ici la plus grande amitié à Ahmed et au Chérif, ses compatriotes et coreligionnaires, et m'a beaucoup soutenu auprès du roi. De sa conversation il me reste deux impressions : les Arabes, actifs et entreprenants, ne se sentent pas à l'aise dans ce royaume, où les Foulanis n'ont que deux soucis, les troupeaux et les esclaves. Les Arabes d'ici sont venus de toutes les parties de l'Afrique dans l'Adamaoua pour faire fortune et ne trouvent pas à y appliquer leurs facultés commerciales. Ils espèrent que les Français se serviront d'eux comme traitants.

« Les Anglais ne se sont jamais occupés d'eux, qui prétendent à une certaine place dans l'Adamaoua, et ils ne se sont appuyés que sur les Foulanis, considérés par les Arabes comme une race inférieure.

« Le consul nous vante ses richesses, le nombre de ses esclaves, de ses femmes, et demande que j'ajoute une chose à son cadeau, qui peut être aussi modeste que le commandant le voudra. Malheureusement, j'ai négligé de me munir de l'élixir de M. Brown-Séquard.

« L'après-midi doit être consacré à une visite d'une grande importance : j'ai demandé à voir Ahmadou, frère du roi, qui a toujours refusé de recevoir les chrétiens. Il m'a fait dire que je pouvais me présenter chez lui.

« J'y vais, monté sur mon nouveau cheval — baptisé *Patani*, en souvenir de la rivière Forcados, — accompagné d'Ahmed et du Chérif. La foule qui nous suit pour admirer le harnachement de *Patani* et le superbe tapis amarante galonné d'or, donne à notre cortège un aspect assez imposant. Aboudou nous précède, portant mon sabre d'uniforme, suivant la coutume du pays. Partout où nous passons, la population nous salue. Grâce au Chérif, que l'on regarde ici comme un saint, dans le sens que les musulmans donnent à ce mot, et à Ahmed, dont on dit que, quoique jeune, il parle avec la sagesse des vieillards, j'ai dans Yola un grand renom de science et de piété et l'on m'appelle chez les uns *serki*, tandis que les autres me confèrent le titre de « roi », que l'on donne aux chefs des pays soumis et souvent aux gouverneurs des provinces.

« Ahmadou est grand comme ses frères, mais moins noir ; sa figure a des traits tout à fait européens et révèle l'intelligence ; ses yeux ont une expression remarquable de finesse et de bonté. Il nous reçoit dans la salle d'entrée, qui sert aux réceptions publiques. Il me dit que je suis le premier Européen qu'il accueille, et que, pour me marquer l'estime qu'il a pour moi, il veut me recevoir, non dans la salle publique, mais dans son intérieur. Nous traversons diverses cours et nous nous arrêtons à la case où il se tient pendant la journée. C'est une hutte ronde, qui n'a de remarquable que sa grande propreté et le fini de ses murs et de son toit. Une murette la partage en deux : la moitié du fond, remplie de petits cailloux blancs, forme divan. Des peaux de mouton à longue laine et d'une blancheur immaculée servent à s'asseoir et à en corriger la dureté. A côté d'Ahmadou est le fusil à deux coups que je lui ai donné. Il le prend et me le montrant : « Tu as vu le fond de mon cœur et tu m'as donné ce qui était l'objet de mes plus vifs désirs. Je ne croyais pas qu'il existât une arme aussi jolie. Et, ajouta-t-il en se tournant vers le Chérif, elle a couché avec moi cette nuit. Le sultan vient de me désigner pour commander la guerre contre les tribus révoltées. Je veux me servir de ce fusil comme un simple soldat. »

« Je lui demande où sont ces tribus. Il me répond qu'il n'en sait rien, que Dieu et le sultan le savent. Les peuples nouvellement soumis, sur les frontières de l'empire, essayent de reconquérir leur liberté, et en ce moment il y a plusieurs tribus mutinées. La tactique des Foulanis consistant à les surprendre brusquement avec leur cavalerie, le secret est gardé jusqu'au dernier moment ; ce n'est que lorsque la cavalerie sera réunie, bannières déployées, que le sultan indiquera à son frère le peuple à ramener à l'obéissance.

« Nous causons de l'Europe, des peuples qui l'habitent. De tout cela Ahmadou n'a qu'une idée très vague. Je laisse la parole à Ahmed, qui lui décrit les merveilles de l'Algérie et de la Tunisie, alliée de la France ; l'amitié qui unit les Français chrétiens et les Arabes musulmans de ces contrées; la sécurité dont jouissent ces Arabes, vivant sous la protection d'un million de soldats français. Il lui dit que notre premier soin, en fondant des villes, est de construire une mosquée, et qu'à Alger la mosquée est plus belle que l'église des chrétiens.

« Ahmed parle de tout ceci avec chaleur, car ce n'est pas une leçon apprise de moi : il est convaincu. Avec quelle attention Ahmadou écoute cet éloge de la France ! Quel étonnement quand Ahmed lui dit que les Arabes musulmans peuvent être appelés à toutes les fonctions, et que l'un d'eux, le général Yousouf, commandait autrefois l'armée du sultan chrétien.

« Ahmadou me demande s'il en est de même chez les Anglais. Puis il réfléchit longuement; tout ce que vient de lui dire Ahmed l'a vivement frappé. Pendant quelques minutes nous le laissons classer dans sa tête tout ce qu'il vient d'entendre. Il se rapproche de moi et me prend les mains entre les siennes : « Tu vas retourner dans ton pays, dit-il, mais il faut que tu reviennes à Yola. En tout cas, je ne t'oublierai jamais. Je vais aller voir

AHMED DÉCRIT AUX GENS DE YOLA LES GRANDEURS DE LA FRANCE.

(Dessin de Mme Paule Crampel, d'après le texte et des photographies.)

mon frère Zoubir et lui parler. Reste encore un instant, j'ai quelque chose à te demander. Je souffre beaucoup de l'estomac et des intestins. Je ne puis plus monter à cheval sans souffrir le martyre. Veux-tu me visiter? »

« Tout ceci est interprété par le Chérif et Ahmed, auxquels Ahmadou fait signe de sortir, en ouvrant sa robe comme pour me montrer sa poitrine. Mais dès qu'il s'est assuré que personne n'est plus là, il se dépouille de tous ses vêtements. Ahmadou est atteint depuis deux ans d'une hernie inguinale, fort aggravée par le manque de soins et par les fantasias à cheval. Je fais revenir mes deux compagnons et je prie le Chérif de dire à Ahmadou que la maladie que Dieu lui a envoyée est inguérissable, qu'il doit s'incliner devant la volonté du Tout-Puissant, mais que, faute des soins que je lui indiquerai, elle pourrait augmenter et le rendre impotent.

« Je n'ai dans ma pharmacie qu'un bandage herniaire pour un homme de taille ordinaire et dont je ne veux pas me démunir à son profit; mais je le lui prêterai, afin qu'il le montre au chef des selliers, pour que celui-ci essaye d'en faire un semblable.

« Ahmadou nous reconduit hors de sa demeure et sort sur la place qui fait face à son palais. Il a pris ma main et nous nous promenons devant tout le monde, en balançant nos bras unis. C'est le plus grand signe d'amitié chez les Foulanis, quelque chose comme l'échange du sang avec quelques tribus païennes. Quoique très pressé d'aller voir son royal frère, Ahmadou perd un long temps à examiner le harnachement de mon cheval. Il regarde les moindres détails du travail de cuir, les pièces d'acier : étriers, gourmettes, filet et mors.

« La journée a été bonne, car le roi aime beaucoup Ahmadou et je crois que nous avons gagné celui-ci.

« Il est 5 heures, nous n'avons pas le temps de faire d'autres visites; nous nous dirigeons vers notre demeure en passant par le marché, que je me propose de visiter en détail. La partie que nous traversons est, à proprement parler, le marché aux bêtes de somme et aux fourrages. La botte de foin s'y vend 50 cauris; le millet, 100 cauris les 2 litres. Un cheval coûte 150 cauris par jour à nourrir. Il y a en ce moment sur la place une dizaine de chevaux seulement, mais beaucoup tournent autour du marché, montés par les vendeurs qui les font caracoler, ou par les acheteurs qui les essayent. Le nombre des ânes dépasse cent. Les boutiques sont à l'autre extrémité de la place, et tellement encombrées de petites calebasses sur le devant, que je n'ose y risquer les lourds sabots de *Patani*, de crainte d'avoir des dommages-intérêts à payer.

« Beaucoup de personnes viennent nous complimenter au sujet de la réception que nous a faite Ahmadou. Le Chérif et Ahmed reçoivent les visiteurs. Seul le consul des Arabes est autorisé à venir me porter lui-même ses félicitations. Il me dit que j'ai fait plus de progrès dans l'esprit des Foulanis en sept jours que Flegel en sept mois et les Anglais en sept ans. Il me rapporte les cancans de la cour : il y a eu une altercation entre Mohammed-Gabdou, le secrétaire et ami intime du roi, et le consul de Katsena. Celui-ci a demandé au sultan, devant le conseil, comment il se faisait que j'habitais Yola, que j'y construisais une maison, que j'y cultivais un jardin, alors que le sultan avait déclaré devant lui, le jour de ma réception, que jamais les Français, pas plus que les Anglais, n'édifieraient même une tente sur la terre de l'Adamoua. Le roi s'est mis en colère : Tout cela, a-t-il dit, s'est fait par sa volonté et par son ordre ; il ne souffrira pas qu'un ministre se permette de critiquer ses actes.

« A la sortie du conseil, le consul de Katsena et celui de Kabi reprochent à Mohammed-Gabdou d'être un mauvais conseiller pour le sultan et d'avoir contribué à lui faire prendre les décisions qui me concernent. Le secrétaire ne le nie pas. Le sultan, qui se doute de ce qui se passe, appelle son secrétaire, qui laisse là les deux consuls.

« Mon visiteur me dit de ne concevoir aucune crainte à propos de cet incident. Les consuls de Kabi et de Katsena n'ont pas d'autorité et sont plutôt mal vus à la cour et parmi le peuple. Ils représentent ici les Foulanis de Kano et de Sokoto, dont les souverains ont des prétentions à la suzeraineté de l'Adamaoua. Ils seront toujours mes ennemis, parce qu'ils savent que l'arrivée et l'installation réelle de commerçants français auraient pour résultat de ruiner en partie le commerce de Kano et de faire souffrir celui de Sokoto. La prospérité de Kano est en effet due en grande partie aux caravanes qui traversent le Bénoué et vont par Kontcha jusqu'à Tibati. Ces consuls se sont montrés clairvoyants et n'ont fait que leur devoir en défendant les intérêts commerciaux de leurs compatriotes.

« L'Adamaoua est l'Eldorado de ces contrées, le rendez-vous des caravanes de Sokoto, de Kano, de Katsena, de Kouka et de Kartoum. C'est ce trésor que la Royal Niger Company a rêvé de confisquer à son profit. Tant qu'elle est restée dans le Niger, elle n'a fait que végéter et couvrir ses dépenses. Il a suffi de la fondation de quelques stations dans la haute Bénoué pour relever ses affaires et lui permettre de distribuer des dividendes. Elle a pu en même temps accroître ses moyens d'extension et suffire aux lourdes charges militaires qu'imposent ses procédés mêmes vis-à-vis des populations.

« A peine le consul des Arabes m'a-t-il quitté, qu'Ahmed me prévient que deux Foulanis insistent pour me voir et causer avec moi directement. Informations prises, l'un d'eux est le plus grand commerçant foulani de Yola; l'autre est son commis et associé. Je ne puis négliger cette occasion de me mettre en communication avec le monde commercial de Yola, et je les fais introduire. Je les reçois dans le coin-salon; ils s'assoient sur des nattes, ayant derrière eux la merveille des merveilles, une glace à cadre doré comme celles de nos chambres d'Europe. Assis sur mon lit, que rehausse une estrade en terre, j'imite le cérémonial des hauts chefs foulanis. La conséquence est qu'ils se présentent devant moi avec les mêmes marques de respect que devant un de leurs princes. Nous causons longuement du sujet qui les amène et nous convenons qu'ils demanderont au sultan la permission de réunir chez moi les notables commerçants du pays et que nous aurons une conférence commerciale.

« Dans la soirée, un courrier du sultan vient me dire que celui-ci me recevra volontiers demain matin et que le Chérif et Ahmed seront seuls présents. De petites gens tels que ses ministres ne doivent pas connaître ce qu'envoie lui dire le sultan des Français, et à ce propos il me fait savoir qu'un aussi haut personnage que moi ne doit pas faire la première visite aux ministres, mais qu'il doit attendre la leur : les « rois » doivent la visite au sultan, comme les ministres la doivent aux « rois ».

« Zoubir me fait avertir qu'il a nommé son second neveu

MARCHÉ AUX CHEVAUX.
(Dessin de Mme Paule Crampel, d'après le texte.)

serki-ny'aki pour accompagner son frère à la guerre. Il est d'usage, quand quelqu'un est élevé à cette dignité, que chacun lui fasse un présent : le neveu ayant reçu dans son cadeau un fusil, je lui envoie une livre de poudre de chasse française.

« Ahmadou, nommé *serki* pour cette guerre, a la direction politique et militaire des opérations, mais il reste à distance du champ de bataille et ne doit jamais s'engager. C'est le serki-n'yaki qui mène les troupes au combat. Les deux serkis se sont fait excuser de n'avoir pas encore répondu à l'envoi de mes cadeaux, mais ils veulent les faire dignes de moi et ils comptent, pour cela, sur les profits de la guerre.

« Dimanche 30 août 1891. — Le sultan est malade et ne reçoit personne aujourd'hui ; il espère, dit le courrier, pouvoir me recevoir demain matin. Il me fait demander un remède pour sa première femme, sans me dire d'une façon précise ce qu'elle a. Derdiri ne peut me donner qu'un détail : c'est qu'elle souffre et ne peut pas dormir depuis... dix ans. Bon pour vingt gouttes de sirop de chlorodyne.

« On me dit que la maladie du sultan est chronique et que, toutes les quinzaines, il passe une journée enfermé chez lui. Le consul arabe et Derdiri disent que ce sont des attaques d'épilepsie et que, cette maladie étant considérée par les Foulanis comme une possession du diable, le sultan de Sokoto aurait été fort mécontent que les Foulanis aient nommé Zoubir en remplacement de son frère. Il aurait exprimé son mécontentement en envoyant à Zoubir (ou Zoubeyro) une *tobé* (robe) et un turban noirs, tandis qu'il est d'usage d'envoyer, en signe d'investiture, une tobé et un turban blancs. Cette sorte d'investiture est, à l'heure actuelle, le seul lien de vassalité de l'Adamaoua à l'égard du Sokoto.

« Les agents de la Royal Niger Company ont obtenu, il y a deux ans environ, une lettre du sultan de Sokoto pour celui de l'Adamaoua, recommandant à ce dernier de laisser les Anglais s'établir dans son pays, comme il leur avait permis de le faire dans le sien. Un courrier spécial avait apporté la lettre de Sokoto à Yola. Le sultan précédent, après avoir lu la lettre, avait dit au courrier qu'il allait réfléchir à ce qu'il avait à faire et qu'il le ferait appeler pour lui donner sa réponse. Il est mort un an après sans avoir appelé le courrier. Le sultan actuel réfléchit, lui aussi, depuis sept mois, et le courrier, auquel les Anglais avaient autrefois donné des marchandises pour qu'il se hâtât de rapporter la réponse, est venu humblement demander une pièce d'étoffe, que je lui ai fait remettre.

« Lundi 31 août 1891. — A 10 heures, le sultan nous a fait prévenir qu'il allait mieux et qu'il pouvait nous recevoir. Nous sommes immédiatement montés à cheval, et nous nous sommes rendus à son invitation. Il nous a reçus dans sa demeure. Le consul des Arabes nous y avait précédés. La conférence a eu lieu comme il avait été convenu, entre le sultan, assisté du consul des Arabes, et moi, assisté du Chérif et d'Ahmed. Le sultan est très attentif à ce qu'ils lui traduisent : il oublie de faire des dessins sur le sol. Il est convenu que mes propositions seront écrites en arabe et données au consul, qui les étudiera avec lui d'un côté, et avec Ahmed et le Chérif de l'autre. « Le consul, « nous dit-il, est comme un frère pour moi; nos pères étaient « unis de même, et nos grands-pères ont fait ensemble la con« quête de l'Adamaoua. Tout ce que vous lui direz me reviendra; « il vous rapportera de son côté ce que je lui aurai dit. Ayez « confiance en lui; il est ma bouche, il est mon oreille. »

« Je lui annonce que demain matin je quitterai Yola pour descendre à Bachama et y chercher le reste de nos caisses, confiées aux Anglais. Il me souhaite une heureuse traversée et un prompt retour en bonne santé. Je lui souhaite un règne long et glorieux et nous prenons congé de lui.

« L'après-midi s'écoule rapidement, employé aux préparatifs du départ, qui doit avoir lieu demain de bonne heure.

« Mardi 1er septembre 1891. — Je me réveille avec un fort accès de fièvre, qui me met dans l'impossibilité de partir aujourd'hui. J'essaye de rester sur mon lit et de reposer un peu. Il n'y faut pas songer. Cette nuit le sultan a donné l'ordre du départ et fixé le rendez-vous du contingent. Ahmadou, entouré de ses cavaliers et précédé de joueurs de clarinettes et de tambours, vient passer devant ma demeure et y tirer des coups de fusil. Je ne puis me lever; je lui fais souhaiter par Ahmed bonne réussite. Grâce à quelques heures de sommeil et à la quinine, je vais un peu mieux cet après-midi et, la tête bien brisée, j'écris mon courrier jusqu'à minuit, après quoi j'observe l'heure du lieu pour faire la différence de longitude entre Yola et Woumoun. Félix et Ahmed ne sont guère mieux portants que moi ; le Chérif lui-même a la fièvre. Pour me distraire, j'ai fait quelques photographies : Taïeb, Derdiri, le Chérif, puis la case qu'habite ce dernier, enfin une naine que le sultan m'a fait amener pour m'étonner. Il sera surpris lui-même quand le messager lui rapportera que je suis justement allé au pays des nains et que j'ai vu des villages entiers peuplés par eux. La créature qu'il m'envoie peut avoir de seize à dix-sept ans. C'est presque une femme ; sa taille est de 1 m. 12. L'homme qui l'accompagne sur la photographie est un de mes laptots. Elle est fort craintive, et reçoit avec défiance la glace et les colliers de perles que je lui donne. Elle a été achetée par les gens de Tibati à des traitants venant du Sud, et envoyée en cadeau au sultan.

« Mercredi 2 septembre 1891. — Nous partons pour Bachama à 8 heures du matin. La plaine de Yola est tout à fait sous l'eau. Notre premier campement est à l'entrée de la rivière Boula. En dix jours, la Bénoué a monté de 7 pieds et la crique qui met en communication cette rivière avec la plaine de Yola marque un courant indifférent, ce qui prouve que la Bénoué est stationnaire. A 2 milles en aval, nous apercevons les bateaux de la Compagnie, le *Bornou* et le *Niger*. Je renonce à aller à Bachama, puisque mes caisses doivent être à bord du *Niger*, en route pour Ribago. Je mouille près des bateaux. Mes mécaniciens, comme à l'ordinaire, n'ont nettoyé que ce qui se voit : la chaloupe à vapeur ne peut accoster le *Niger*. Il faut mettre bas les feux, laver la chaudière et recommencer à mettre en pression. Tandis que je suis cloué sur mon ancre, M. Mac Intosh arme son canot et entre dans la crique, allant à Yola. Enfin je puis me rendre à bord du *Niger*, en abandonnant mon ancre, qui est prise dans les roches. Mes marchandises ne sont pas à bord, malgré la parole donnée ; je n'en éprouve pas un très grand étonnement....

« M. Mac Intosh est revenu de Yola à bord du *Niger*, d'où il expédie des étoffes qu'attendent des soldats, envoyés par le galadima. Qu'a-t-il encore été préparer? Je n'en ai cure ; le ponton de Bachama et celui de Ribago répondent des tentatives qui pourront être faites contre nous — si elles ne réussissent pas.

« ... M. Mac Intosh, du plus loin qu'il me voit, me salue et descend sur le pont pour me recevoir. Je retrouve mon ancien ami de Lukodja et d'Ibi.... J'ai rêvé sans doute les préparatifs d'assassinat; ils sont oubliés, puisqu'ils n'ont pas réussi.

« ... Je me rencontre de nouveau à bord du *Niger* avec un officier avec lequel j'avais remonté d'Outchi à Lukodja, car il y a à bord des troupes qui reviennent d'une expédition dans le Boula, à 30 milles en aval de Yola. Nous causons de Yola, de ses habitants et de ses chefs. M. Mac Intosh commence par me déclarer que les Foulanis sont les plus grands menteurs de l'Afrique et qu'ils forgent souvent des histoires à dormir debout. A part cela, il ne demande ni où je demeure, ni comment je suis installé, ni combien je compte rester de temps. M. Mac Intosh sait d'ailleurs tout cela par ses deux agents noirs laissés à Yola pour parler contre moi et le renseigner. Il n'ignore pas que j'ai semé des choux et des salades, ce qui n'annonce pas l'intention de décamper immédiatement. J'achète du sel pour 500 francs. Je remets à M. Mac Intosh une traite de 1800 francs, et il me délivre, pour solde, un bon de 1300 francs payable en marchandises au ponton de Bachama. Nous passons la nuit près du *Niger*.

UNE JEUNE FEMME NAINE.

(Dessin de Mme Paule Crampel, d'après une photographie de M. Mizon.)

« Jeudi 3 septembre 1891. — Le *Bornou*, puis le *Niger* appareillent pour Garoua-Ribago. Quand ils ont disparu, je rentre dans la crique, et à 10 heures je suis de nouveau chez moi, au grand étonnement de tout mon monde, qui me croyait à Bachama. J'avais différé jusqu'à ce jour de donner les cadeaux au consul des Arabes et au sultan, parce que je n'avais pas à Yola de drap pour burnous. Je ne dois plus tarder, après la visite de M. Mac Intosh, et surtout en prévision de celle qu'il fera probablement en revenant de la haute Bénoué. Je donnerai tout ce que je puis, en promettant le drap pour mon retour de Bachama, où je ne descendrai qu'après le passage du *Bornou*. Nous nous mettons à l'ouvrage et nous passons la journée à ouvrir les caisses et à réparer le sabre que je dois offrir comme pièce principale. Il est en argent doré, orné de pierreries, avec fourreau en velours grenat, le ceinturon qui doit le porter est en maroquin plaqué d'argent doré, sertissant des rubis, des émeraudes et des diamants. Le coût est de 400 francs. Malheureusement il a été aussi mal emballé que possible. Le zinc n'était pas soudé partout, et comme, malgré mes recommandations dictées par mon expérience de l'Afrique, il a été *confectionné* tout en papier et à la colle; il faut refaire un nouveau fourreau, ce qui m'occupe depuis deux heures jusqu'à minuit. Je n'arrive d'ailleurs à rien de satisfaisant, et après plusieurs essais malheureux, m'apercevant que la réparation n'est pas possible sans refaire un nouveau bois de fourreau, je remets le travail au lendemain.

« Peu de temps après le départ du *Bornou* et avant mon retour à Yola, on est venu de différents côtés prévenir le Chérif et Ahmed qu'un de mes soldats était sorti de bonne heure et avait, dans la campagne, violé une jeune fille foulani, que le bruit s'en répandait dans la ville et ne tarderait pas à arriver aux oreilles du sultan, les Foulanis étant, sur ce chapitre, encore plus sévères que les Turcs et les Arabes. Je réponds que dès qu'un parent de la jeune fille m'aura prévenu, je ferai avertir le sultan que je tiens le criminel à sa disposition, lui seul étant juge sur la terre qui lui appartient; que je ferai réunir tous nos enfants et que la jeune fille, cachée sous un voile, désignera celui qui a abusé d'elle.

IV

SUITE DU SÉJOUR A YOLA ET A BACHAMA.

Méfiance et hésitations du sultan. — A Woumoun. — Bachama. — Procédés sommaires de la Royal Niger Company. — Cadeaux au sultan. — Histoire de l'établissement des Foulanis dans l'Adamaoua. — Nouvelles entrevues avec le sultan. — Le frère de l'empereur de Sokoto. — Préparatifs de départ pour le Mayo-Kebbi.

« Vendredi 4 septembre 1891. — Journée de travail. Sur une natte on dispose les cadeaux destinés au sultan ; sur un lit, ceux que je dois offrir au consul des Arabes. A 4 heures tout est terminé et je puis faire prévenir le consul que je tiens son cadeau à sa disposition, et que s'il veut venir prendre une tasse de café et manger quelques gâteaux avec moi, il pourra le voir. Pendant que notre hôte fait ma commission, je jette un coup d'œil sur le jardin, qui a aujourd'hui une semaine d'existence : il n'a pas été arrosé, et il n'a plu qu'une fois depuis qu'il a été ensemencé. Il est sorti néanmoins trois melons cantaloups d'Alger, des melons à chair rouge de Cavaillon, des pastèques et des concombres. Les tomates mikado, qui n'ont que quatre jours d'ensemencement et qui n'ont pas eu d'eau, pointent déjà deux feuilles vertes. Les haricots doliques de Cuba ont un pied de haut et une vingtaine de feuilles. J'avais obtenu avec eux le même succès à Assaba et à Lukodja. Pour le reste, il faudra patienter. Ayant trouvé un moyen d'avoir de l'eau, j'arrose le jardin. La punition courante est d'aller à la lagune chercher un baril d'eau de trente litres. Bokary et Farcinés, étant sortis du camp la nuit dernière en quête d'aventures galantes, me doivent chacun dix barils d'eau. Mon jardin ne mourra pas de soif et j'espère pouvoir manger bientôt des radis.

« Le consul des Arabes vient me voir au retour de la mosquée. Son cadeau vaut environ 600 francs, valeur d'Europe : un fusil à deux coups monté en argent doré, une pièce de drap pour deux burnous, trente écheveaux de soie à broder, dix pièces de soie ou satin de 4 à 8 mètres, une de gaze de 15 mètres, une de moire noire de 12 mètres, 200 mètres de cotonnades diverses, clochettes et grelots, glaces, dont une à cadre doré de 1 mètre de haut, des perles, du fil, des aiguilles, des ciseaux, un rasoir, du sucre et du café. Le consul est enchanté de ce que je lui offre. Il enverra à la nuit noire chercher le tout, auquel il me prie d'ajouter un sac de sel pour distribuer en mon nom à ses esclaves. Je retrouve ici toutes les coutumes des nègres du Congo français : les chefs recevant les cadeaux en cachette, la nuit, et faisant promettre de ne dire à qui que ce soit ce qu'ils ont reçu. Mais je crois que le mobile qui fait agir les uns et les autres est très différent. Dans l'Afrique équatoriale occidentale, les chefs cachent ce qu'ils possèdent. Être riche et le laisser paraître, c'est s'exposer à être empoisonné, à être accusé d'avoir fait mourir quelqu'un par le poison ou par les fétiches. Ici nous sommes chez des musulmans, qui ont résolu d'une façon originale le problème social : une partie possède et l'autre mendie. Le détenteur des richesses ne peut refuser son aumône et doit la proportionner à sa fortune. De plus, chaque ministre, dans le cas présent, se cache de son voisin, de peur, lorsqu'il exprimera son opinion au conseil du roi, d'être accusé de corruption.

« Ce n'est qu'à onze heures du soir que le consul envoie prendre ce que je lui ai donné.

« Le consul nous a pressés de préparer le cadeau du sultan, qui lui en parle chaque jour et commence à s'impatienter. Il est convenu que tout sera prêt demain vers midi et que le consul, avant de se rendre au conseil, viendra jeter un coup d'œil sur ce que je destine à son maître.

« Samedi 5 septembre 1891. — Tout est prêt avant le déjeuner, moins le magnifique sabre, auquel j'ai travaillé jusqu'à minuit sans rien faire de bon. Il faut recommencer. Le consul est émerveillé à la vue de tant de richesses : soieries dont quelques-unes valent 18 francs le mètre, bijoux ou colliers, bagues, bracelets en argent doré avec des pierres de toutes les couleurs, dont beaucoup égalent le Régent en grosseur. Il fait l'inventaire de ces 2500 francs de marchandises étalées sous ses yeux, se fait expliquer l'usage de tout, répète plusieurs fois la liste des présents et court chez son souverain. Le sultan s'est fait détailler le cadeau et ne veut pas tout accepter. Il faut lui envoyer les bijoux, le sucre, le café, les perles et le tapis de selle, qui est celui d'un général français. Maintenant qu'il connaît le détail du cadeau, il fera prendre chez moi au fur et à mesure de ses besoins; me voici donc constitué gardien des objets que j'ai donnés.

« Il semble que tout aille pour le mieux, sauf le malheureux Félix, qui est en proie à un violent accès de fièvre. Ahmed, le Chérif et moi sommes malades à un moindre degré. Il y a une très grande différence entre la ville et la rivière. Sur celle-ci, la brise souffle continuellement, souvent avec violence, tandis que la ville ne reçoit jamais un souffle d'air; le vent est arrêté par les arbres et les nombreuses clôtures en paille tressée. Les bouffées d'air qui parfois pénètrent dans notre cour viennent de la plaine, inondée plus ou moins, selon le mouvement des eaux de la Bénoué. Il pleut à peine, mais on est toute la journée sous la menace de l'orage; le temps est lourd, l'atmosphère suffocante, et cependant le thermomètre n'est pas très élevé. La vie que nous menons est énervante : il est temps que le sultan accepte son cadeau et que nous ayons un peu de repos et la liberté de nous promener.

« Dimanche 6 septembre 1891. — La nuit porte conseil : le sultan a refusé de recevoir ce que je lui envoyais. Il me rappelle ce qu'il m'a dit lors de notre première entrevue : qu'il me permettait de faire des cadeaux à ses ministres, mais que lui n'en recevrait pas. Il prie Ahmed et le Chérif de venir le voir immédiatement. Tandis que ceux-ci s'habillent en causant avec le Ouadaïen Taïeb, arrive Derdiri avec son bon sourire; à son air empressé, on voit qu'il est porteur d'une grande nouvelle. Derdiri est né dans le même village que le Chérif; il n'a que quelques années de moins que lui. Son amitié pour le Chérif et les espérances qu'il fonde sur moi me sont un sûr garant de sa bonne foi. Il nous avertit qu'avant d'aller voir le sultan il faut l'écouter, et voici ce qu'il nous raconte : M. Mac Intosh est descendu hier de Ribago, escortant le *Niger*. Il est allé voir le sultan et lui a remis un collier, que celui-ci a accepté, et cinq cents pièces d'étoffe, qui représentent la dîme du commerce de Garoua. Il a dit beaucoup de mal de moi et des Français, qui font peu de commerce et passent leur existence à faire la guerre à ce pauvre sultan de Stamboul.

Il a conseillé au roi de se défier du Chérif, qui est un mauvais homme et qui a amené ces Français maudits. Il demande qu'il soit renvoyé à Lukodja. Ceci est une maladresse, monsieur Mac Intosh : on sait à Yola que votre frère a justement envoyé le Chérif dans l'Adamaoua, il y a cinq ans, en le présentant comme un homme de confiance et un saint. Aussi le sultan a-t-il répondu que le Chérif est un musulman comme lui, qu'il ne lui a jamais fait de mal, et qu'en conséquence il demeurera dans l'Adamaoua aussi longtemps qu'il lui plaira d'y rester. En ce qui concerne le crime d'avoir amené des Français, le sultan a fait la sourde oreille.

« Ahmed et le sultan restent absents pendant deux heures. Ils ont été, comme toujours, bien reçus par Zoubir, qui leur a demandé pourquoi je ne les avais pas accompagnés. Et, sans attendre la réponse, il ajoute : « C'est aujourd'hui dimanche, « jour de prière des chrétiens, et il n'a pas pu sortir ». Ahmed répond qu'en dehors de ce motif le commandant ne serait pas venu, d'abord parce qu'on ne l'a pas mandé, ensuite parce qu'il est occupé à écrire à son gouvernement ce qui s'est passé depuis son arrivé à Yola et comment il a été reçu.

« — Pourquoi, demande Zoubir, m'a-t-il envoyé des cadeaux, « puisque, lors de notre première entrevue, je lui avais déclaré « que je n'accepterais rien de lui? Je n'ai qu'une parole. Je lui ai « dit qu'il pouvait demeurer à Yola, je lui ai fait donner une « maison pour lui et ses enfants. Je lui ai permis d'amener son « vapeur dans la lagune devant la ville, de débarquer ses marchandises. Suis-je revenu sur ma parole? Pourquoi veut-il que « je revienne sur ce que je lui ai dit : que les marchands de son « pays pourraient commercer en toute sécurité dans l'Adamoua, « à la condition de ne rien bâtir à terre et de me donner le dixième « de ce qu'ils apporteront ; qu'en conséquence je ne voulais pas de « cadeaux.

« — Le commandant, répliqua Ahmed, n'a pas oublié ce que « tu lui as dit la première fois qu'il t'a rendu visite. Mais pourquoi, chaque jour, le consul des Arabes vient-il nous presser « de préparer ton cadeau, disant que tu es impatient de le recevoir? Quoique malade, nous avons passé trois jours à le préparer, et aujourd'hui tu le refuses. J'ai vécu chez les chrétiens

« et le Chérif aussi. Cela peut être la manière de faire des Foulanis, mais ce refus, aux yeux des chrétiens, est une injure. Si « je te donnais un cadeau, le recevrais-tu?

« — Non, répond le sultan, car tout ce que tu as, tu le tiens « de ton serki.

« — Et moi, demande le Chérif, accepterais-tu quelque chose « de moi?

« — Pas davantage, et pour la même raison. Le consul des « Arabes m'a dit qu'il avait beaucoup de choses merveilleuses. Je « veux les lui acheter avec de l'ivoire.

« — Cela, dit Ahmed, je ne le répéterai pas à mon commandant, car il serait mécontent d'être pris pour un marchand. Ce « que tu désireras, il te le donnera.

« — Non, je ne veux pas de ses dons, je veux en acheter.

« — Cela est impossible, et je ne pourrai même pas lui dire « ce que tu désires.

« — Je veux acheter.

« — Je ne veux pas le dire au commandant. »

« Ces deux phrases forment le fond de la conversation pendant un long moment. Le Chérif, homme d'âge et de sens, dit au sultan qu'il s'est engagé avec moi moyennant une solde payable mensuellement en marchandises; que, quand le sultan désirerait quelque chose, lui, le Chérif, le prendrait à titre de solde et le lui vendrait.

« Le sultan paraît enchanté de cette solution. Aucun des trois n'a dit sa pensée : le sultan meurt d'envie d'avoir en sa possession tout ce dont lui a parlé le consul des Arabes et à titre gratuit; malheureusement il a engagé sa parole lors de notre première entrevue. Le Chérif a trouvé moyen de lui donner satisfaction, quitte à répondre chaque fois : « La marchandise que tu demandes « ne se donne qu'en cadeau et le commandant me la refuse à titre « de solde ». Ahmed se promet bien de faire accepter les cadeaux et de faire un heureux malgré lui.

« Le sultan s'informe de moi très amicalement, demande si je suis bien installé, si je ne manque de rien. Sur leur réponse il leur donne congé. Puis il rappelle mes messagers et leur demande s'il est vrai que j'ai l'intention, comme le lui a dit le consul des Arabes, de les laisser tous les deux à Yola pendant que je retournerai en France. Il en serait très content, parce ce serait pour lui la certitude que je retournerais dans l'Adamaoua.

« Quand le consul arabe vient nous voir, dans l'après-midi, nous lui racontons l'entrevue du matin, et comme je lui demande brusquement lequel il faut croire, du sultan ou de lui, si celui-ci demande un cadeau ou refuse de recevoir quoi que ce soit, il demeure silencieux. J'ai beau répéter ma question, son embarras augmente et il ne répond rien. Je lui propose d'accepter de vendre au sultan le tapis de selle et le sabre contre une poule et une calebasse pleine de lait. Il rit, et, prenant son courage à deux mains, finit par nous dire de patienter, que le sultan finira par accepter peu à peu les objets.

« — Et pourquoi pas tout en bloc, comme il a accepté hier ceux du marchand anglais ?

« — Justement parce que c'est un marchand, il peut agir ainsi ; cela ne tire pas à conséquence. »

« Je demande au consul si l'on sait ici la réception qui a été faite à M. Mac Intosh par le sultan de Kouka, fêtant, le premier jour, l'envoyé de la reine d'Angleterre et, le lendemain, expulsant le marchand de ses États ? N'est-ce pas ainsi que Zoubir voudrait agir avec moi ?

« — Pas du tout : il reçoit M. Mac Intosh et accepte de lui non un cadeau, mais la dîme de son commerce. Il ne lui a jamais permis de rester dans cette ville, tandis qu'il t'a donné maison et terre et que tu peux aller dans tout son royaume. »

« Le consul me presse de retourner immédiatement en France pour prévenir les marchands. Le sultan écrira au sultan de France qu'il leur permet de venir commercer dans ses États et à quelles conditions.

« Je réponds que j'écrirai, moi aussi, ces conditions, afin que les commerçants français sachent quel profit et quels risques ils auront à envoyer leurs marchandises si loin de leur pays. Il faut une convention qui les mette à l'abri du monopole de la Compagnie.

« Lundi 7 septembre 1891. — Tout le monde est au lit et notre porte est fermée aux meilleurs amis. Ce n'est que vers le soir que je puis recevoir le consul des arabes et Derdiri, qui sans chronomètre, arrive pourtant toujours exactement à l'heure où l'on prépare le café, et demeure jusqu'à une heure avancée de la soirée, bavardant avec le Chérif et Ahmed. Il nous annonce qu'il ne partira pour Tibati qu'à la saison sèche, c'est-à-dire dans deux mois, mais que si je le désire, il m'attendra. Je ne dis pas non : Derdiri a fait plusieurs fois ce voyage ; il a des chevaux, des ânes, des bœufs porteurs, avec de nombreux esclaves. Il pourra m'être fort utile.

« Mardi 8 septembre 1891. — Journée un peu meilleure ; Félix seul reste fort affaibli par le violent accès de fièvre qui l'a atteint.

« La journée s'écoule à écrire le traité en arabe. Cela me paraît peu facile, si j'en juge par les longues discussions d'Ahmed et du Chérif à propos de chaque mot. La rédaction une fois arrêtée, je fais retraduire le texte en français par Ahmed. Les choses les plus importantes, des phrases entières, ont été escamotées comme trop difficiles à traduire. Après un nouveau travail, le texte arabe finit par être une reproduction passable du texte français.

« Tout est terminé, quand le consul des Arabes, revenant du conseil, entre pour nous dire, toujours en passant, qu'il nous conseille de ne pas présenter immédiatement ce document au sultan. Chaque jour, l'un ou l'autre vient lui parler de nous, lui demander d'autoriser les Français à s'établir dans l'Adamaoua. Il faut que nous continuions encore pendant quelque temps à voir le monde officiel, les marchands foulanis et haoussas, à intéresser beaucoup de gens à notre cause. Alors le sultan, pressé de tous côtés, finira par nous accorder ce que nous lui demanderons. J'ai d'ailleurs un nouvel allié dans le fils du sultan précédent : se promenant aujourd'hui, il a rencontré Ahmed et le Chérif et s'est longuement entretenu avec eux. Après toutes les formules de politesse et les souhaits à mon égard, il les a priés de me dire que son père, qui était un saint, avait été l'ami de Flegel et l'ennemi des marchands anglais ; qu'il en avait été de même pour lui ; qu'il respectait trop la mémoire de son père pour avoir jamais une opinion contraire, et qu'il ferait tous ses efforts pour que les agents de la Compagnie ne s'établissent pas dans l'Adamaoua et pour que le sultan appelât les Français. Il a ajouté que nous pouvions compter sur lui, que, lorsque j'irais en France, il me donnerait une liste d'objets à lui apporter, non comme cadeaux, mais à titre d'échange contre les produits du pays, gomme ou ivoire. En terminant, ce jeune homme a dit au Chérif d'aller avec Ahmed le voir demain.

« Le galadima est un ministre de la guerre soucieux des intérêts de l'État : il me fait prier de lui envoyer le fer-blanc de mes caisses pour cuirasser les chevaux de guerre. Son vœu est immédiatement exaucé et les soldats repartent avec des caisses sur la tête et la promesse de l'envoi de beaucoup d'autres. J'y ai joint des plaques de cuivre de 50 centimètres de côté, pour les chevaux des hauts personnages. Je réserve au galadima une surprise, si je reviens dans l'Adamaoua : je lui apporterai une cotte de mailles et des cuirasses.

« J'apprends par Derdiri que le *Bornou*, monté par M. Mac Intosh, est mouillé devant Yola. Il attend que je retourne à Bachama ; et moi, pour y aller, j'attends qu'il retourne à Ibi. Ce jeu peut se prolonger pendant quelque temps. Il faudra cependant que M. Mac Intosh descende pour aller au-devant du grand vapeur *Kano* et le piloter jusqu'à Garoua. Quant à moi, je suis parvenu à me procurer un peu de bois pour chauffer mon canot à vapeur, et après-demain je serai prêt à descendre.

« Mercredi 9 septembre 1891. — Le *Bornou* a passé et un mauvais vent a soufflé sur les esprits. Au retour du conseil, le consul des Arabes a fait appeler Ahmed et le Chérif pour leur communiquer quelque chose d'important. Le sultan lui a demandé sévèrement comment il se faisait qu'ayant dit qu'il n'accepterait rien en cadeau, je lui avais cependant envoyé quelque chose ; qu'il n'avait qu'une parole, et que, de même qu'il ne reviendrait pas sur celle qu'il m'avait donnée en autorisant les Français à venir faire le commerce dans ses États, de même il ne reviendrait pas sur ce qu'il m'avait dit être sa volonté à propos des cadeaux.

« Le consul des Arabes m'a excusé et a tout pris sur lui, s'accusant d'un excès de zèle. Le sultan lui a pardonné et lui a appris qu'il avait vu la veille M. Mac Intosh, lequel lui avait dit : « Tu permets aux Français de venir commercer ici ; d'autres « viendront et chaque jour tu seras occupé avec eux. Il faudrait « nommer un consul des Européens, chargé de leurs relations

« avec toi. Comme premier arrivé dans la rivière, je pose ma « candidature ».

« Le sultan a répondu qu'il préférait être en relations directes avec ceux qui viendraient, et n'avait pas besoin d'intermédiaire.

UN CAVALIER CUIRASSÉ.

« Le *Bornou* est descendu ce matin, emportant cette réponse. Mais voici où commence le mauvais vent : le sultan a demandé ce que je venais faire dans son pays, puisque je n'y faisais pas de commerce, ajoutant que, si j'étais venu pour le voir, je n'avais nullement besoin d'aller chez ses ministres (allusion à la visite d'Ahmed et du Chérif au neveu de Zoubir). Le sultan a demandé, en outre, pourquoi, au lieu d'aller à Bachama, je m'étais arrêté à bord du *Niger*, et pourquoi j'avais passé plusieurs heures avec M. Mac Intosh, mon ennemi; pourquoi j'allais à Bachama chercher de nouvelles marchandises, puisque je ne faisais pas de commerce.

« Le consul ne savait que répondre. Comme il devait retourner cet après-midi auprès de Zoubir pour une affaire particulière, je l'ai chargé de dire au sultan que si j'avais besoin de nouvelles marchandises, c'est que les cadeaux faits, avec son autorisation, aux ministres avaient fort écorné mon avoir, et que, personne ne m'ayant seulement envoyé en retour un épi de sorgho pour mes vingt-quatre hommes, il me fallait bien des marchandises pour pourvoir à l'entretien de ma mission. Quant à faire du commerce, je suis comme lui, je n'ai qu'une parole, celle que je lui ai donnée lors de notre première entrevue, c'est-à-dire que je venais de la part du gouvernement français et non pour acheter de l'ivoire. C'est pourquoi mes marchandises sont propres à faire des cadeaux, à cause de leur grande beauté, mais n'ont pas de valeur d'échange.

« Le sultan a terminé la réception en disant qu'il n'était pas nécessaire d'écrire encore le traité, que cela se ferait quelques jours avant mon départ, quand il me connaîtrait mieux. Au fond, il me soupçonne toujours et n'a pu effacer de son esprit ce que lui a dit l'agent de la Bénoué avant notre arrivée. On voit qu'il est tiraillé à droite et à gauche par ceux qui l'entourent. En un mot, il y a à la cour le parti des Français et celui des Anglais, et le pauvre Zoubir ne sait à quel saint se vouer.

« Le consul a déclaré que je commençais à être lassé de toutes ces intrigues et que je parlais de retourner auprès de mon maître, en lui conseillant de ne pas envoyer de commerçants dans l'Adamaoua, s'ils devaient y rencontrer autant de difficultés que moi.

« Je fais annoncer au sultan que j'irai le revoir à mon retour de Bachama.

« Jeudi 10 septembre 1891. — Le voyage à Woumoun-Bachama a lieu sans incident. Les habitants ayant refusé de faire le commerce, on a brûlé leur ville.

« Je suis renseigné sur ce qui s'est passé à Woumoun, et par l'agent européen qui est à bord du ponton, et par le Bachama qui m'a servi de pilote pour monter à Yola. Les deux versions sont les mêmes, quoique provenant de sources opposées. Les Bachamas empêchent les traitants haoussas de la Compagnie

VILLAGE DE WOUMOUN, INCENDIÉ PAR LES ANGLAIS.

(Dessin de Mme Paule Crampel, d'après le texte et des photographies.)

d'aller dans l'intérieur acheter directement les produits aux peuples situés en arrière ; ils ont forcé les Anglais à se retirer à bord de leur ponton et à évacuer les magasins et la factorerie établis à terre. L'affaire en était là quand le vapeur *Kano* est monté avec M. Mac Intosh et des troupes à bord. Woumoun a été brûlé par les soldats débarqués, tandis que le *Kano* incendiait avec ses obus le village d'Oumbourou, situé en face. Les habitants de Woumoun, prévenus, avaient heureusement pu abandonner leur village. Ils n'ont donc subi que des pertes matérielles; mais à Ambourou il y a eu des tués et des blessés. L'agent de la Compagnie me dit que « ces chiens de Bachamas avaient besoin « de cette leçon, parce qu'ils se permettaient d'arrêter les trai- « tants de la Compagnie, et parce qu'ils avaient menacé de « détruire la station si on ne l'évacuait pas ».

« Notre pilote, à qui je parle de tout cela, sans lui dire de qui je tiens ces renseignements, m'en confirme l'exactitude. Il ajoute que Woumoun brûlé sera reconstruit un peu plus loin, sinon à la même place, mais que les Bachamas maintiendront leurs droits. Ce pays est à eux; depuis des siècles ils le défendent victorieusement contre les musulmans. Les Anglais sont venus leur demander de faire du commerce et d'établir un marché dans le village de Woumoun. Ils ont alors autorisé la Compagnie à établir des maisons et des magasins, et ils lui ont apporté les produits du pays, ivoire et gomme. D'abord ils n'ont eu qu'à se louer de leur décision. Mais aujourd'hui la Compagnie ne s'occupe plus d'eux et envoie ses traitants haoussas directement dans l'intérieur. Qu'elle aille donc faire ses magasins dans l'intérieur, sur les terres des peuples avec lesquels elle veut commercer, mais pas sur la terre des Bachamas! Et, même dans ces conditions, les Bachamas ne laisseront pas traverser leur territoire par des mahométans, qu'ils soient traitants de la Compagnie ou sujets des sultans voisins. Leur pays doit rester fermé et inconnu à leurs ennemis séculaires; c'est là une question de vie ou de mort pour ce peuple, qui veut rester libre et païen et ne pas servir à alimenter les marchés d'esclaves de Kano et de Sokoto.

« J'apprends, à bord du ponton *Nigritia*, une nouvelle intéressante : celle du départ de Cameroun du docteur Zintgraff, se rendant à l'Adamaoua et au Bornou pour traiter. Le journal anglais qui m'est communiqué se moque des prétentions de l'expédition allemande, disant (à tort, on le sait maintenant) que l'Adamaoua a traité depuis longtemps avec l'Angleterre par l'intermédiaire de la Compagnie et que, quant au Bornou, le docteur Zintgraff s'y prend un peu tard, puisque les deux expéditions françaises qui montent l'Oubangui et la Bénoué doivent être à Kouka en ce moment.

« Le dernier voyage de Zintgraff, quittant Cameroun alors que j'étais retenu à Agberi, n'avait pas un seul instant troublé ma quiétude, parce qu'il y a loin de Cameroun à Agberi par la voie de terre. Je souhaite bon voyage à mon collègue en exploration,

PONTON ANGLAIS DEVANT WOUMOUN

mais je crains que tout ne se termine comme la première fois, par un combat et l'apport à la côte d'un stock d'ivoire.

« J'établis mon camp à terre, près des ruines du village.

« Woumoun, jeudi 11 septembre. — Dans la matinée, nous débarquons à terre le charbon que j'avais acheté à bord du *Nigritia*, lors de mon premier séjour à Woumoun. J'enverrai ma pirogue le prendre dans quelques jours. Je retourne ensuite à bord, prendre les caisses que j'y ai laissées, puis à terre pour déjeuner et faire quelques photographies et croquis des montagnes qui bornent l'horizon de toutes parts.

« A 2 heures, nous reprenons la route liquide de Yola. Les habitants des villages devant lesquels nous passons ne viennent pas se bousculer pour voir un vapeur comme ils le faisaient lors de notre première montée. Si mes jumelles ne me permettaient pas d'apercevoir les habitants dissimulés, je pourrais croire les villages abandonnés. Ce n'est que lorsque nous avons de beaucoup dépassé les agglomérations que les curieux reviennent sur les berges pour nous contempler.

« Je navigue le plus près possible des villages et j'envoie dire aux indigènes que nous sommes des Français, que nous ne faisons jamais de mal à ceux qui ne nous en font pas. Alors tous ces pauvres gens battent des mains ; ils veulent que je m'arrête au moins un jour chez eux. Ils apportent à mes hommes du maïs, des poissons frais. On appelle tout le monde dans le village. Je dis aux noirs de se tenir prêts pour l'an prochain, quand les commerçants français viendront ; je distribue des perles aux enfants, des glaces aux femmes, et aux hommes des sonnettes pour suspendre au cou de leurs chevaux. Nous nous arrêtons pour la nuit dans une île, en face d'un groupe de villages. Quoiqu'il fasse déjà très sombre, le chef envoie un homme pour nous saluer et nous souhaiter la bienvenue. J'apprends que tous ces villages relèvent d'un même chef, qui habite à deux jours de marche dans l'intérieur. Celui-ci a juré que jamais les Anglais ne remettraient les pieds sur son territoire et que, dès que l'occasion s'en présenterait, il leur ferait payer cher les villages brûlés et les indigènes tués.

« La Compagnie comprend d'ailleurs fort bien qu'elle ne pourra plus faire de commerce avec ces peuples d'ici longtemps. Elle va enlever son ponton. Mais, en attendant, voici comment elle procède, ce que j'ai vu de mes yeux, pendant mes deux jours de stationnement à Woumoun : Les canots du ponton vont à terre avec des soldats et des *Kroumen*. Les premiers se dispersent en tirailleurs, enserrant le village dans un cercle et en gardant les approches. Pendant ce temps, des Kroumen cherchent dans les ruines ce qui n'a pas été détruit par l'incendie : marmites, jarres, poteries, meules à grains, paniers, etc., tandis que d'autres moissonnent tranquillement les champs de sorgho et mettent le blé en bottes comme s'ils l'avaient semé eux-mêmes. Le tout est porté à bord du ponton.

« Ce pillage méthodique donnera sans doute aux Bachamas une haute idée de la civilisation. Notre pilote, assis sur les débris de sa maison, les regarde faire tristement et nous dit que les Anglais payeront chaque objet volé, chaque maison brûlée, chaque homme massacré. Les Bachamas attendront peut-être longtemps l'occasion, mais elle viendra sûrement un jour. Il ramasse les quelques objets qui lui ont appartenu et qu'il ne peut emporter et les donne à mes hommes.

« Yola, 12 septembre 1891. — La montée continue sans incident. Nous arrivons à 4 heures à l'entrée de la crique qui conduit à Yola.

« 13 septembre 1891. — J'envoie Ahmed et le Chérif annoncer au sultan que je suis revenu. Il les charge de me transmettre ses amitiés et de me dire qu'il m'a permis de m'établir sur sa terre parce que je ne fais pas de commerce, mais qu'il faut cependant lui envoyer le dixième de ce que je dépense pour vivre à Yola ; qu'il m'a dit le premier jour qu'il prélèverait cet impôt même sur une poule et qu'il est étonné de mon silence à ce propos. Ahmed a répondu que j'avais envoyé, non pas le dixième, mais dix fois le dixième, et que le sultan avait refusé. Encore une fois la même antienne : « Zoubir n'a qu'une parole, les Français pourront « venir commercer dans l'Adamaoua ; mais il n'acceptera pas « les cadeaux envoyés par le sultan ; que le commandant envoie « donc son dixième en cauris. »

« Le lendemain, je vais voir le consul des Arabes, et je me plains amèrement, feignant d'être fort en colère.

« — Dis au sultan Zoubir que je n'ai pas de cauris, mais que « je lui enverrai des marchandises pour le dixième de ce que je « dépense ; pour la moitié, s'il le désire. Dans mon pays, les « ambassadeurs ne payent pas le dixième, et les envoyés des rois « sont entretenus par le sultan de France, tandis que moi, je « n'ai pas reçu de Zoubir une poignée de grain ou un verre de « lait. J'attends une lettre de mon gouvernement, à qui j'ai écrit, « il y a une quinzaine de jours, pour lui signaler la froide « réception faite à son envoyé et pour lui demander ses ordres. « Si S. M. Zoubir voit quelque inconvénient à ce que je demeure « à Yola — ce que sa conduite envers moi me donne à penser « — je descendrai au Boula ou au Bachama pour attendre mes « lettres. »

« Le bon consul cherche à apaiser ma grande colère : « J'ai

« tort, me dit-il, de penser que le sultan n'a pas pour moi tous « les égards possibles. » Chaque jour il fait prendre de mes nouvelles et recommande au consul de s'informer de mes besoins et d'y satisfaire. Mais je dois tenir compte des usages du pays et me souvenir que j'ai affaire, non à des Arabes, mais à des Foulanis. Il faut que je fasse un lot de marchandises équivalant à peu près au dixième et que je l'envoie au sultan par Ahmed.

« Mais je lui répète que je tiens à ma parole autant qu'un Foulani à la sienne, et ne reviens pas plus que le sultan sur ce que j'ai dit ; je lui enverrai la moitié de mon dixième. Je choisis dans le cadeau qui lui est destiné et qui depuis huit jours est demeuré exposé, la valeur de 50 sacs de 20000 cauris chacun. En un mot je lui paye pour un mois de séjour à Yola un impôt d'un million de cauris, soit un tapis de selle de 200 francs, valeur d'Europe, une bague en or de 20 francs, un bracelet or sur argent de 35 francs, un d'or sur cuivre, avec pierreries, de 18 francs, une broche de 6 francs, un collier d'or sur argent de 35 francs, un pièce de 10 mètres de faille rouge à 6 francs, une pièce de soie blanche damassée de 10 mètres à 15 francs le mètre, et une pièce d'indienne de la Compagnie : 12 mètres pour 3 francs. J'ajoute à cela quelques colliers de perles sans valeur à titre d'échantillon. Soit un cadeau de 530 francs, valeur d'Europe.

« 15 septembre 1891. — Ahmed et le Chérif sont allés ce matin porter au sultan ce qui lui est destiné. Il a été ébloui par la vue de ces merveilles et a fait appeler son ami Ali-Kaliou pour lui faire partager son admiration. Il a laissé entrer le public qui stationne toujours à la porte de son palais; puis il a demandé — pour la forme, puisque le consul Lowen le lui a répété dix fois — si je n'avais pas un sabre et une grande glace. Ahmed lui a offert de les lui envoyer ce soir :

« — Non, ce serait un cadeau, et je n'ai qu'une parole..., « mais on pourra les mettre dans le dixième prochain. »

« La pirogue est descendue ce soir à Woumoun chercher le charbon que j'y ai laissé, et doit être en route pour remonter. Je n'attends qu'elle pour aller dans le Mayo-Kebbi. Ahmed a voulu parler au sultan de mes projets; Zoubir a répondu qu'il désirait me voir dans trois jours et qu'il parlerait de tout cela avec moi. Son royaume n'a, paraît-il, d'autre limite de ce côté que le Baguirmi.

« Ce fut vers 1815-1820, d'après Barth, que les Foulanis firent irruption dans les royaumes de Foumbina, sous la conduite d'Ademou ou Adamaou, chef d'une importante famille. Mohammed el-Kanemi, qui fut plus tard sultan de Bornou, avait battu les Foulanis et avait délivré la partie orientale du Bornou. De 1810 à 1820, il rétablit peu à peu les limites de l'ancien royaume des Saïfaoua et menaça même les Foulanis dans le Baoutchi. C'est sans doute vers cette époque que les Foulanis, arrêtés dans leur invasion vers l'est, durent se diriger vers le sud-est et attaquer les royaumes païens du Foumbina.... C'est ainsi qu'Ademou fonda le royaume foulani, que, de son nom, on a appelé Adamaoua. La capitale était Gourin, sur le Faro. Il eut pour successeur son fils, Mohammed-Lowen, qui fonda Yola, reportant ainsi en arrière le centre de domination des Foulbés (autre nom des Foulanis) dans ces contrées. Alors commença une conquête lente des pays païens environnants. Des capitaines trop à l'étroit dans Yola allèrent fonder des colonies dans le sud-ouest, le sud et le sud-est. Ces conquêtes furent limitées au nord par le Bornou, à l'ouest par les Bachamas, à l'est par le Baguirmi. Le sud restait ouvert à ceux que l'esprit d'aventures et l'espoir de faire fortune entraînaient loin de Yola. Ngaoundéré, Tibati devinrent des centres foulanis dominant les pays environnants. Un parti de Foulanis soumit la région de la haute Bénoué appelée Boubandjidda. Quand moururent les conquérants, leurs fils ou leurs frères furent investis par le sultan de Yola et continuèrent à lui obéir. Ils furent maintenus sous ce joug par le deuxième fils d'Ademou, qui succéda à son frère. Quand le faible Zoubir le remplaça, tous les chefs des colonies foulanis crurent le moment favorable pour conquérir leur indépendance, et, contrairement à la coutume, s'abstinrent de venir saluer le nouveau sultan et de faire acte de vassaux. Depuis près d'un an que Zoubir est sur le trône, aucun des gouverneurs n'est venu faire visite à son suzerain. Si ce mouvement réussit, on peut prévoir le morcellement du royaume foulani, après soixante années d'existence, et la lutte pour la suprématie entre les petits sultans.

« Zoubir s'est préoccupé de cet état de choses : il a envoyé l'ordre aux gouverneurs de venir lui rendre hommage et recevoir de lui une nouvelle investiture. Jusqu'ici, tout en protestant de leur fidélité envers le sultan, aucun d'eux n'est venu. Zoubir a prévenu l'empereur de Sokoto, qui a envoyé des lettres à tous ces petits roitelets, leur enjoignant, en sa qualité de chef religieux et de plus puissant des sultans foulanis, d'avoir à se rendre à Yola. Les envoyés porteurs de ces lettres ont demandé à Zoubir comment il se faisait que les Français fussent établis à Yola, alors que, malgré toutes les recommandations données par l'émir de Sokoto aux Anglais, on avait refusé de les laisser s'établir dans l'Adamaoua. A quoi Zoubir a répondu que l'émir avait écrit, non à lui, mais à son frère; que celui-ci avait refusé d'admettre les Anglais; que lui-même m'avait autorisé à séjourner à Yola, parce que je suis, non pas un commerçant, mais un envoyé du plus grand sultan des chrétiens. Et il a ajouté qu'en fin de compte il était maître chez lui comme l'empereur dans le Sokoto.

« Depuis une semaine il pleut toutes les nuits et souvent pendant la journée, avec tonnerre et éclairs dans la direction du sud-est.

« J'ai envoyé la pirogue avec neuf hommes à Woumoun, pour chercher le charbon.

« Vendredi 17 septembre. — Le sultan nous fait prévenir qu'il nous recevra avant la prière de 2 heures. Quoiqu'il connaisse depuis plusieurs jours l'objet de notre visite et qu'il m'en ait entretenu par l'intermédiaire du consul des Arabes, il me demande pourquoi je suis venu le voir. Je lui expose qu'ayant reçu de lui la permission pour les Français de venir commercer dans l'Adamaoua, je désire être en état de répondre aux questions qu'on ne manquera pas de m'adresser. Quelles sont les voies de communication ? Les rivières sont-elles navigables? Quel genre de navires faut-il faire construire, et aussi quels sont les produits de ce pays et quelles marchandises européennes désirent les habitants ? Il faut, pour que je puisse répondre à ces questions, que je voie par moi-même. Je viens donc lui annoncer que je vais quitter Yola, pour remonter le Mayo-Kebbi aussi haut que possible. Nous causons géographie : le sultan demande à Lowen comment il se fait que je connaisse les villes du Mayo-Kebbi. Son étonnement s'accroît quand le consul lui répond que je connais l'Adamaoua mieux que lui, que je peux indiquer les étapes pour aller de Yola à n'importe quelle ville, Kano, Kouka, Massenya ou Abetché ; que je peux décrire des pays si éloignés, qu'eux les connaissent à peine de nom.

« — Va où tu voudras dans mes États, conclut Zoubir. Tu m'as « dit que tu venais ici envoyé par ton sultan pour nous apporter « le bien ; si tu nous apportes le mal, que Dieu te punisse ! Lui « seul voit ton cœur. Je dirai au consul des Arabes de te don- « ner un homme parlant arabe, puisque tu laisses le Chérif à « Yola. »

« Je demande à Zoubir d'y ajouter un de ses hommes de confiance, qui lui rapportera ce que j'aurai fait, de façon que, si de mauvais bruits arrivent aux oreilles du roi, il sache la vérité. Il me le promet, ainsi que de veiller sur ceux de mes enfants que je laisse à Yola.

« Le muezzin appelle à la prière. Il nous reste une demi-heure avant que le sultan se rende à la mosquée. La visite officielle est terminée, mais la conversation continue. Outre le consul des Arabes, sont présents à l'entrevue le wouziri et, dans un coin, muet comme une carpe, le chien fidèle du sultan, son vieil ami Ali-Kaliou.

« Le wouziri, qui est, après le consul des Arabes, le plus important personnage de l'Adamaoua, comme chef de guerre et gouverneur de la province de Ribago, est venu me faire visite en revenant de ses fermes. Il a le type foulani très accusé, mais son teint est complètement noir. Il m'avait dit qu'il serait très content de me voir aller à Garoua et à Ribago, et qu'il m'autorisait à choisir un emplacement pour les futures factoreries ; qu'il avait eu à se plaindre de la Compagnie, et qu'il faisait tous ses efforts auprès du sultan pour obtenir son expulsion de Garoua. « Si les Anglais s'en vont, qui nous donnera du sel ? » avait d'abord répondu Zoubir. Maintenant le wouziri peut répliquer : « Les Français ».

« Le sultan a terminé l'entretien en disant qu'il m'autorisait à aller aussi loin que je le voudrais dans le Mayo-Kebbi, que le wouziri était chargé de s'occuper de moi à Garoua comme le consul des Arabes à Yola, et que pour les détails je devrais m'entendre avec lui.

« Zoubir me rappelle que j'ai envoyé, il y a vingt jours un médicament à une de ses femmes souffrantes, à qui j'ai pu procurer quelques nuits de repos à l'aide de sirop de morphine. Il me demande si je puis guérir un sourd et lui rendre l'ouïe. J'exprime le désir de voir d'abord le sujet avant de répondre. Le wouziri profite de cette consultation gratuite pour me demander ce que je pourrais faire pour sa vue qui baisse chaque jour et pour calmer ses névralgies. Il m'annonce que d'ailleurs il est l'heure de la prière et qu'il viendra me voir le lendemain.

« La journée est admirable. Sous un ciel sans nuages, le soleil resplendissant est tempéré par une brise fraîche de l'ouest. Je fais une longue promenade à cheval, de deux heures à six heures, dans la direction des monts Were, à travers des plaines et des vallons aux pentes à peine inclinées, admirablement cultivés.

« Aussi loin que s'étend la vue, ce n'est que sorgho, maïs, millet et riz. Au milieu de cette mer de verdure, apparaissent des taches blanches ; ce sont des troupeaux de moutons ou quelques troupes de bœufs ayant échappé au typhus qui vient de ravager tout le Soudan, du Sénégal au Tchad. Vers le nord, la vue est limitée par le bois qui dissimule Yola et par la colline dont le pied baigne dans la Bénoué, à l'entrée de la crique Boula. Du côté du nord-est, au delà de la plaine inondée et de la Bénoué, se dressent les monts Baquelé, dont le dernier est le mont Jones, sorte de dôme couvert de verdure jusqu'au sommet. La Bénoué le contourne et son ruban argenté se perd dans le lointain, au milieu de la plaine herbeuse. La rive sud est une vaste plaine qui a l'horizon pour limite. Avant d'arriver aux monts Were, au-dessus desquels j'aperçois le sommet nuageux de l'Alantika, je distingue quelques groupes de montagnes très éloignés, dont le profil bleu cendré se détache à peine sur le ciel bleu et papillotant. A droite des monts Were, dans la plaine d'aval de la Bénoué, se dressent deux pains de sucre remarquables.

« Au retour, j'erre dans la campagne, à la recherche d'un point d'où je pourrai photographier ce panorama féerique, alors que le soleil commence à baisser et projette de larges ombres sur les montagnes, teintant leur sommet de violet. Yola, enfouie sous la verdure sombre, au milieu d'une plaine vert tendre, se détache comme une île au milieu de la mer, et, n'étaient quelques maisons éparses sur la lisière du bois, rien ne révèle-

DANS UN CHAMP.
(Dessin de Mme Paule Crampel, d'après le texte.)

rait la capitale de l'Adamaoua, cachée dans les arbres.

« Je regarde avec émotion ce Yola dont j'avais tant rêvé en Europe. M'y voici donc, après un an de tribulations, malgré la résistance de la Compagnie du Niger, dont la conduite ressemble à celle des Phéniciens, attaquant les vaisseaux qui se dirigeaient vers les régions d'où ils tiraient leurs richesses. Dans quelques jours je remonterai cette Bénoué, que je vois devant moi, tant que l'eau pourra me porter. Le séjour à Yola, la nourriture abondante, viande de boucherie, lait, beurre et œufs, m'ont rendu la santé et avec elle l'espoir de pouvoir remplir la tâche que je me suis fixée. Une seule chose m'est pénible : il y a plus d'un an que j'ai quitté la France, et pas une lettre, pas un mot, ne me sont parvenus. Seuls quelques *Bulletins du Comité de l'Afrique française* m'ont appris que je n'étais pas oublié et sont venus m'apporter quelques encouragements. En vain j'interroge ceux qui viennent du nord et de l'est, de Kouka et du Chari : personne n'a entendu parler de l'expédition Crampel, qui a cependant quitté l'Oubangui il y a près d'un an. Quel bonheur ce serait pour moi si une lettre m'apportait des nouvelles des miens, ou si quelque Arabe errant pouvait me renseigner sur mon ami Crampel ! Peut-être un vapeur de la Compagnie a-t-il monté mon courrier à Garoua, et peut-être dans quelques jours, alors que je me serai rapproché du Chari, apprendrai-je que Crampel est au bord du fleuve ou au Tchad !

« 19 septembre 1891. — J'enfourche Patani, et je vais chasser les oiseaux de la lagune. Premier coup de fusil : trois pigeons ramiers ; second coup : deux ramiers ; troisième : quatre canards. Et je rentre triomphalement, suivi de neuf gamins portant chacun une pièce de gibier.

« Le reste de la journée est consacré à recevoir des visites, ce qui m'empêche de photographier mon panorama. D'abord apparaît un des envoyés du sultan de Sokoto, arrivé il y a quelques jours, porteur du message pour les vassaux de Zoubir. Il a quitté Sokoto il y a deux mois et demi et il est venu par Kano, Baoutchi et Mouri. La carte sous les yeux, je rectifie les erreurs qu'il commet en me décrivant sa route. Il est aussi étonné que Zoubir la veille.

« Le consul des Arabes lui succède : le sultan est impatient de toucher son nouveau dixième, parce qu'il a besoin de soie à broder, d'une pièce de damas de soie blanche et de soie brodée en soutache dont on lui a parlé — plus d'une boîte de bonbons pour un de ses amis. Le Chérif est chargé de lui porter le tout après le déjeuner.

DANS LA PLAINE DE YOLA.

(Dessin de Mme Paule Crampel, d'après le texte et une photographie.)

« A peine Lowon est-il sorti, qu'entre le wouziri pour la consultation, qui, je l'avoue, m'embarrasse fort. Je n'ai qu'une manière de m'en tirer : examiner les yeux avec une grande attention et prescrire des pilules inoffensives. J'ai justement des pilules à la menthe qui lui feront beaucoup de bien. Je m'arme d'une loupe pour voir ses yeux ; il prie Ahmed et le Chérif de sortir et me fait poser ma loupe. Sa maladie est tout autre que celle dont les interprètes m'ont parlé et elle est beaucoup plus facile à soigner. *Peut-être, réflexion faite, pourrai-je guérir*, à l'aide du même remède, la « surdité » de l'ami royal. Puis vient l'éternelle demande ; le wouziri voudrait de l'eau de la fontaine de Jouvence.

« Dans l'après-midi je reçois un mouton et du miel que m'envoie un visiteur qui arrive entouré d'une brillante escorte. C'est le frère de l'empereur de Sokoto, en séjour à Yola depuis quelque temps, arrêté dans le voyage qu'il a entrepris à travers tous les pays foulanis. Il n'a pas voulu quitter Yola sans venir me voir, et demande pourquoi, étant à Lukodja, je ne suis pas allé chez son frère. Je pense à Monteil et je lui réponds que j'ai été envoyé à Yola auprès de Zoubir, mais que mon maître a expédié un autre serki du Sénégal vers l'émir.

« — La route du Sénégal est longue, me dit le prince ; pour« quoi n'est-il pas venu comme toi par le Niger? On dit que par « là on peut arriver en Europe en moins de deux mois, tandis « qu'il faut plus d'un an pour aller de N'Dar (Saint-Louis du « Sénégal) à Sokoto. »

« Je ne puis laisser passer l'occasion de lui dire que son père a donné aux Anglais le monopole du commerce dans le Rabi et qu'ils ne permettent pas aux étrangers de remonter le Niger.

« — Mon père a en effet permis aux chrétiens de faire du « commerce, mais je serais heureux de voir les Français et les « Allemands venir s'établir à côté des Anglais ; il faut dire aux « commerçants de ton pays qu'ils seront les bienvenus dans les « États que gouverne actuellement mon frère. »

« Cette réponse catégorique est importante pour l'avenir de notre commerce dans ces contrées.

« Mon interlocuteur va retourner à Sokoto, car, depuis la mort du vieux sultan et l'avènement de son frère, il est désigné pour

LE FRÈRE DE L'EMPEREUR DE SOKOTO PREND CONGÉ DE M. MIZON.

(Dessin de Mme Paule Crampel, d'après le texte.)

succéder à celui-ci. Peut-être même en ce moment est-il empereur....

« J'exprime l'espoir de le revoir à Sokoto. Brusquement : « *Kalafia barka!* (Au revoir, que Dieu te conserve!) » Il se lève, sort et s'éloigne au galop, entouré de sa troupe bariolée.

« Sur ces entrefaites, la pirogue est revenue de Woumoun. Les préparatifs de départ sont presque terminés; je vais pouvoir partir dans quelques jours. Je me promets de travailler demain à compléter le chargement de la chaloupe. Le Chérif, qui vient de porter au sultan ce qu'il m'avait fait demander l'a trouvé souffrant. Zoubir lui a dit qu'il était trop tard pour me déranger, mais qu'il voudrait me voir demain matin. D'après le Chérif, c'est comme médecin qu'il m'appelle. Il est temps décidément que je me sauve dans le Mayo-Kebbi, sinon tout mon temps serait absorbé par les visites médicales, et je crains que mes succès ne répondent pas aux espérances des malades. Est-il vraiment atteint d'une maladie nerveuse, d'épilepsie, comme l'affirment Lowen et le Chérif, ou a-t-il mal aux yeux... comme le wouziri?

« Pour la première fois depuis huit jours, il n'y a pas eu d'orage vers 9 heures; le ciel est pur comme dans la journée d'hier, et la lune, qui est pleine, est éblouissante de clarté. Un vent froid souffle du sud, descendant du sommet de l'Alantika. Les grillons de la plaine font des chœurs avec les innombrables grenouilles des rivières, et, comme tous les soirs, les hurlements des chiens de la ville troublent le silence de la nuit jusqu'au moment où le cri du coq semble sonner l'extinction des feux et des voix.

« 20 septembre 1891. — A huit heures du matin, nous allons chez le sultan, où nous nous trouvons au milieu d'une grande réunion : une cinquantaine de notables et les ministres sont présents. Zoubir me demande ce que doit faire un de ses amis qui a un ver de Médine. Il l'a retiré, mais souffre plus qu'auparavant. L'ami, c'est évidemment lui-même. Je lui réponds qu'il faut de nouveau retirer le ver, sans le casser cette fois. Il me remercie et me demande si je veux voir d'autres malades. Je pars escorté du consul des Arabes, du wouziri et de Mohammed-Gabdou, secrétaire et beau-frère du sultan. Le premier cas est celui d'un vieillard qui a la dysenterie depuis cinq ans et qui meurt faute de manger. Ma seconde visite est pour un hémiplégique de soixante-cinq ans qui ne peut remuer les membres du côté gauche depuis deux mois. Je vois, entre autres malades, celui que l'on appelle « le Brave », le bras droit de l'ancien sultan Lowen, qui reçut Barth si mal; il est âgé de soixante-dix ans et il est presque sourd.

« Je constate avec satisfaction que la maladie du wouziri n'a pas empiré, malgré le remède que je lui ai donné la veille. Son frère me soutire un gramme d'ipéca, qui lui rendra l'appétit et les digestions faciles. Au neveu du sultan je remets des grains d'anis. Bref, il est midi quand nous nous mettons en route pour aller prendre notre déjeuner qui est à plus d'une lieue de la maison du wouziri, suivis de la troupe des hommes de confiance qui viennent chercher les médicaments.

« Je me suis fait un ami du wouziri. Il m'a fait visiter son enclos, y compris les endroits que l'on ne montre pas d'ordinaire aux étrangers. Je suis allé voir ses chevaux et la petite maison où il met ses effets; pour cela, il nous a fallu traverser la cour où se tenaient ses femmes et ses enfants. Ses deux chevaux de guerre sont de superbes bêtes au cou très long et à la tête très effilée, avec des yeux remarquablement petits. Ils viennent du Manga ou, comme disent les Foulanis, du Foumanya. Le wouziri me fait voir ses gandouras, ses burnous, et m'indique les étoffes préférées des Foulanis et les couleurs qu'ils aiment, afin que les Français en apportent l'année suivante.

« J'ai passé une heure et demie chez lui, à répondre aux questions qu'il me pose sur toutes choses. J'apprends qu'il a cinquante-cinq ans. Le sultan est âgé de cinquante-deux ans. Le consul des Arabes, qui est fort gaillard, a soixante et un ans. Je lui demande mon âge, qu'il estime à deux années près. Le neveu du sultan, que nous avons vu, est le fils d'un second fils d'Adamo, le fondateur du royaume; mais son père n'a pas régné, étant mort du vivant de son frère aîné Lowen.

« Le wouziri essaye mon cheval, ou plutôt ma selle, où il ne se trouve pas aussi en équilibre que sur les selles arabes où le cavalier est emprisonné. Mon nouvel ami refuse prudemment de faire la moindre fantasia. Il faudra, quand j'irai en France, lui rapporter un tapis semblable au mien, mais il ne veut pas de selle européenne.

« En revenant, je passe par la place que décrit Barth, sur laquelle donnait le palais, aujourd'hui ruiné, du sultan Lowen. Le gommier que signale le voyageur est encore le seul arbre de cette place, mais il ne donne même plus une « ombre rare ». Il n'en reste que le tronc, brûlé par la foudre. Le sultan actuel habite la maison de son père Ademo.

« Les visites que j'ai faites aujourd'hui, surtout chez le wouziri, m'ont permis de voir l'intérieur d'un riche Foulani et de parler un peu de l'architecture de cette race dont l'origine est encore un problème. Les maisons ou plutôt les hameaux qu'habitent les grands sont entourés d'un mur en pisé très résistant, dont le faîte est bordé de branches épineuses prises dans la maçonnerie. Leur hauteur atteint quelquefois 18 à 20 pieds. L'on accède par une sorte de tour carrée dont l'entrée peut se fermer avec une porte en bois plein, bardée de fer. Les dimensions de la salle sont trop grandes, étant donnée la pauvreté du pays en bois de charpente; il a donc été nécessaire de soutenir le plafond : chez le sultan, c'est une simple voûte qui le supporte ; chez le wouziri, il y a un pilier central d'où partent quatre voûtes rondes allant s'appuyer sur le milieu des quatre murs, tandis que chez le neveu du sultan les deux voûtes, ogivales, vont s'appuyer sur les angles de la pièce. C'est dans cette première salle que se donnent les audiences publiques. Lorsqu'on la traverse, on arrive à une hutte ronde, au toit conique, divisée en deux parties par une murette d'un pied de haut. Un côté est rempli de sable ou de petits cailloux jusqu'au niveau de cette murette. C'est là que se tient pendant le jour le maître de la maison et qu'il reçoit ses intimes. Chez le wouziri, il y a une première hutte pour recevoir ; il se tient dans la seconde. La murette forme foyer en son milieu, afin de chasser les moustiques, si nombreux à Yola lorsque vient la nuit.

« On va d'une hutte à l'autre entre deux murs de paille tressée; à droite et à gauche, des ouvertures permettent de pénétrer dans des cours contenant jusqu'à cinq huttes ; elles servent d'habitations aux esclaves des deux sexes. Encore une hutte à double entrée et nous arrivons dans une cour où sont les chevaux. Enfin, une dernière cour contient — chez le wouziri — une dizaine de huttes servant à ses femmes et à ses enfants. Ces huttes, dans lesquelles on vit et on dort, ont toutes la même disposition : une seule porte, très basse, précédée quelquefois d'une petite marquise en paille, dont les montants ont pris racine et verdoient de nouveau. Un mur se détache à l'intérieur,

VISITE CHEZ LE WOUZIRI.

(Dessin de Mme Paule Crampel, d'après le texte.)

allant de la porte au centre et cachant le lit. Toute la case est encombrée de calebasses, de poteries, de paniers de toutes les formes. Les lits sont très propres et très confortables, recouverts de nattes et garnis d'oreillers bourrés de coton.

« La demeure d'un grand comprend, entre les murs de clôture, de 8 à 10 hectares. Aux environs, sont groupés, par huit ou dix huttes, les esclaves qui ne s'occupent pas du service intérieur. Les cours forment des jardins où l'on cultive les légumes et certaines plantes : sorgho, maïs, etc., qui viennent plus belles et plus rapidement que dans la campagne, grâce à la fumure provenant des détritus de toutes sortes et des écuries et étables.

« Outre les grands arbres qui ombragent les cours et qui donnent à Yola l'aspect d'une forêt, l'on y rencontre le figuier (*ficus elastica*), le papayer, le dattier, le palmier à huile, le palmier flabelliforme, le sorbier, le citronnier. Dans les jardins, l'on trouve plusieurs espèces de cucurbitacées : l'une donne les grandes calebasses, d'autre les bouteilles ; il y a deux espèces de giraumon ; les deux espèces d'arachides y sont cultivées, ainsi què les haricots et les patates douces.

« Dans la campagne, le riz occupe tous les endroits humides ; c'est le fond de la nourriture des habitants. Je remarque quatre espèces de sorgho, suivant les terres et les saisons ; trois espèces de maïs, que, jusqu'à nouvel avis, j'appellerai le jaune, le rouge et le noir. Le manioc couvre de grands espaces ; les sillons sont plantés d'arachides.

« Le henné et l'indigo à petites feuilles sont cultivés pour la teinturerie, à côté du coton à courte soie que l'on rencontre dans toute l'Afrique.

« Sur le versant nord des monts Were, qui au sud bornent la plaine de Yola, les grands personnages possèdent des fermes où ils font cultiver le froment. J'en ai acheté, plutôt par curiosité que par besoin, car il est fort cher. Il est grisâtre, très long et pointu aux deux bouts, presque la forme de l'avoine.

« A ces richesses j'ai pu en ajouter quelques-unes ; les graines que j'ai apportées d'Europe réussissent en partie. Malheureusement, je les ai achetées en août et la plupart avaient un an ; elles en ont deux maintenant. Les trois espèces de tomate, grosse rouge, mikado et Roi Humbert, croissent très bien et mes semis suffisent à peine aux demandes. J'ai en herbe, mais pas encore en fruit, des melons d'eau, cantaloups d'Alger, rouges de Cavaillon, potiron de Paris, bonnet turc, giraumon de Chine et canne sucrière du Brésil. Malgré le mauvais état des graines, j'ai pu obtenir quelques fèves, quelques haricots rouges. Les Arabes surtout s'occupent de mon jardin et demandent des

UN COURRIER DE ZOUBIR.

graines ou des plantes de semis. J'ai trouvé un jardinier parlant français qui a fait de la culture maraîchère aux environs d'Alger. Je l'ai embauché.

« En résumé, il n'y a pas de campagne en France mieux cultivée que l'immense plaine de Yola, qui a deux lieues de long sur une et demie de large. Les étroits sentiers ont seuls été épargnés par le cultivateur. La ville elle-même n'est qu'un vaste jardin potager. Les grands possèdent en outre, à de longues distances de Yola, des *roundés* ou fermes, et des *ribaos* ou maisons de campagne. Quelques-unes occupent un millier d'esclaves.

« Les Foulanis n'ont pas d'industrie; ce sont des pasteurs. Les Yoroubas, les Haoussas, les Arabes, fabriquent les objets nécessaires à la vie usuelle. Les Haoussas tissent et teignent le coton; les Kanouris leur font concurrence pour le travail du cuir et de la sellerie. La poterie se fait dans chaque maison et ne se vend pas; elle est très bien faite et fort résistante. L'industrie du verre, florissante à Bida, dans le Noupé, est inconnue ici. Le travail des métaux est dans l'enfance; les armes et les instruments de labour sont en fer. Le cuivre jaune provient de l'Europe. L'argent, mélangé à une grande quantité d'étain, sert, comme le cuivre, à faire des bijoux grossiers.

« 21-22 septembre 1891. — Deux journées occupées aux préparatifs de départ, à défaire et refaire pour la dixième fois les caisses et ballots. Le sultan m'a envoyé un courrier me saluer et m'avertir que si je voulais remonter très haut dans le Mayo-Kebbi, il fallait me hâter, l'eau ne devant pas tarder à baisser.

« Nous avons réussi à avoir Taïeb pour guide : lui seul remplissait les conditions que nous exigeons pour cet emploi. Il parle en effet le même arabe qu'Ahmed, le foulani et l'haoussa. Son métier de courrier du sultan lui a fait connaître le pays, qu'il parcourt depuis vingt ans. Son histoire, qu'il nous a contée, est typique. Fils d'un roi du Ouadaï qui lui avait donné cent soixante frères, il quitta Abetché à dix-huit ans, pour venir chercher fortune au Soudan. A son arrivée à Yola, il fit sensation, avec ses longs cheveux qui lui pendaient sur les épaules. En passant sur la place du marché, il fut hué; un homme vint par derrière et d'un revers de main abattit son turban, aux grands rires de l'assemblée, pour voir si les cheveux appartenaient à la tête ou au turban. Taïeb, offensé, le poignarde. La foule se jette sur lui et le ligotte, malgré sa résistance. On le mène devant le sultan, qui le fait délivrer de ses liens et l'interroge. Il est très irrité et parle de lui faire couper la tête. Taïeb explique son cas en gesticulant. Le sultan se radoucit tout à coup et lui donne raison d'avoir puni l'insulteur. Il est honoré qu'un Arabe du Ouadaï soit venu le voir à Yola et ordonne aux soldats de l'emmener et de le bien traiter. On l'emmène dans une cour intérieure; on apporte du lait, du sorgho et du mouton. Les soldats ont oublié leurs couteaux et ne savent comment tuer l'animal. Taïeb a été privé de son poignard dans la lutte qu'il a soutenue sur la place du marché; mais il lui reste le couteau à lame courte et forte que les Ouadaïens portent au biceps du bras. Il le donne à l'un des soldats. Dès qu'il s'est démuni de son arme, les soldats se jettent sur lui et le ramènent devant le sultan, qui avait aperçu le couteau quand Taïeb gesticulait. Le souverain lui fait grâce de la vie et le fait jeter dans un cachot étroit et obscur. Taïeb, désespéré, veut se laisser mourir de faim et refuse la nourriture qu'on lui apporte. Le cas est grave; un pieux musulman comme le sultan, dont les magasins regorgent

TAÏEB, LE COURRIER ROYAL.
(Dessin de Mme Paule Crampel, d'après une photographie de M. Mizon.)

de grain, peut-il laisser mourir de faim un autre musulman? Les casuistes, consultés, répondent que ce serait un grand péché. Le sultan fait alors délivrer Taïeb, lui donne de la terre et deux esclaves. Depuis il vit de son métier de courrier du roi, allant à Ngaoundéré, Tibati, Biboni... porter les ordres du sultan aux *lamidos* de ces provinces. Il prétend que, maintenant qu'il est à mon service, il est devenu Français, et j'ai de la peine à le faire renoncer à son idée de s'habiller à l'européenne. Il me demande chaque jour un uniforme des soldats de la mission.

Je le dissuade, en lui offrant des vêtements du pays tellement beaux, qu'il exige qu'Ahmed l'appelle Taïeb-pacha. Il perdrait tout prestige en s'habillant à l'européenne; mon expédition compterait un soldat de plus, mais ne serait pas accompagnée du « courrier du roi ».

« Le Chérif dessèche de jalousie depuis que nous nous servons de Taïeb et qu'il n'est plus l'homme nécessaire. C'est la maladie qui sévit dans toutes les expéditions et qui, hélas! n'épargne pas les Européens.

« Yola, 23 septembre 1891. — Maintenant il pleut toutes les nuits, avec accompagnement de tonnerre et d'éclairs. Aujourd'hui, il pleut jusqu'à midi. Nous sommes prêts à partir, mais par ce temps pluvieux il est impossible de transporter aux canots les caisses et les étoffes; puis je ne pourrais faire les observations astronomiques nécessaires pour continuer ma route au delà de Yola. »

V

EXPÉDITION SUR LE MAYO-KEBBI, DE YOLA A COMAZA.

De Yola à Garoua. — La Bénoué. — Le Mayo-Kebbi. — Dernier séjour à Yola. — Ngaoundéré. — Rencontre avec M. de Brazza.

« De Yola à Garoua, 24 et 25 septembre 1891. — Observations et chargement des canots sont terminés à midi. A 2 heures nous quittons Yola, en route pour le Mayo-Kebbi. J'ai avec moi les trois mécaniciens de Lukodja, les six soldats pahouins et Ahmed. Taïeb nous accompagne comme interprète, et le wouziri, dont dépend Garoua et le Mayo-Kebbi, nous a donné un de ses hommes de confiance, porteur de la parole du sultan. Nous nous éloignons peu de Yola durant ce premier jour et nous allons coucher au pied du mont Jones, dans une ferme appartenant au wouziri. Le jour suivant, nous couchons un peu au-dessous de Taepé, afin de ne pas être importunés par la curiosité

PARTIE DU PANORAMA DE LA BÉNOUÉ, VUE DE LA COLLINE DE GAROUA.

(Dessin de Mme Paule Crampel, d'après une photographie de M. Mizon.)

des habitants. Quelques minutes de navigation, le lendemain matin, nous amènent en face de ce village.

« Taepé est situé devant l'embouchure du Faro, où celui-ci forme avec la Bénoué une espèce de lac. Tout ce qu'a dit Barth sur cet endroit et sur son voyage de Taepé à Yola semble un conte quand on est sur les lieux. J'attendrai d'avoir reconstruit mes cartes pour discuter ses assertions géographiques.

« Nous nous sommes arrêtés à Taepé sur la foi de Taïeb et du courrier royal, afin d'acheter du beurre de karité, dont nous avons besoin pour graisser la machine. Taepé, d'après eux, en produirait beaucoup. Ils reviennent à une heure de l'après-midi, avec un hectogramme de beurre. C'est tout ce qu'ils ont trouvé et nous avons perdu notre matinée. En revanche, j'ai pu faire une série complète d'observations.

« Nous entrons dans la Bénoué. C'est un véritable changement à vue ; au lieu de la rivière large de 400 mètres encombrée d'îlots et de bancs de sable, nous remontons un canal sinueux, aux courbes gracieuses, large de 70 à 80 mètres ; sa profondeur est de 8 à 12 mètres jusqu'auprès des berges, qui sont presque au niveau de l'eau. Les rives sont souvent boisées, et de tous côtés, dans la plaine, surgissent de hautes montagnes en groupes isolés.

« Nous avons perdu trop de temps dans la matinée; quoique le courant ne dépasse pas un mille à l'heure et que les mécaniciens fassent tous leurs efforts, nous ne pouvons atteindre Garoua aujourd'hui. Nous nous arrêtons près d'une pêcherie pour y passer la nuit. Il est 8 heures du soir, l'obscurité est profonde.

« Garoua, 27 septembre. — A une heure nous atteignons la plage de Garoua; la ville elle-même est située à un demi-mille dans l'intérieur. Il fait une chaleur (36°,5) d'autant plus fatigante que nous n'y sommes plus habitués depuis que nous avons quitté Lukodja.

« Nous contruisons nos tentes. Je n'ai pas le temps de décrire ici le paysage splendide que l'on aperçoit du haut de la colline de Garoua. Je me contente de prendre quelques photographies en vue panoramique : cela présente le double avantage d'être plus exact et de faire mieux comprendre aux autres, après le retour (1).

« La grande chaleur du soleil et celle de la chaudière m'ont littéralement cuit; j'ai un mal de tête violent et, quoique le ciel soit superbe et que l'atmosphère soit d'une grande pureté, je suis incapable d'observer et d'écrire longuement....

« Garoua, 28 septembre 1891. — Je vais mieux et je suis plein d'ardeur pour observer; malheureusement il pleut à verse et c'est à peine si l'on peut distinguer l'autre rive de la Bénoué.

« Je commence à rire de la Royal Niger Company et de ses machinations. On a appris à Garoua que « les Français » étaient

(1) Cela ne serait exact, hélas! que si les photographies n'avaient pas été presque toutes perdues, par suite de la trop grande chaleur qui fondit et colla certaines préparations.

à Yola. Cela a eu pour résultat d'arrêter presque complètement les transactions avec la Compagnie. On ne pouvait nier que je fusse à Yola, des gens étant venus récemment de cette ville à Garoua. Mais le dernier vapeur qui est arrivé ici a annoncé que le sultan Zoubir, fatigué des Français, les avait renvoyés à Lukodja ; ma présence vient encore démentir ce mensonge puéril. Enfin, hier, on a demandé au chef de Garoua comment il se faisait que les Français s'établissaient à terre, y construisaient

AUTRE PARTIE DU PANORAMA DE LA BÉNOUÉ, VUE DE LA COLLINE DE GAROUA.

(Dessin de Mme Paule Crampel, d'après une photographie.)

leurs tentes, alors que cela était défendu aux Anglais. Le *lamido* a répondu qu'il n'en savait rien, qu'il agissait avec moi comme son maître, le sultan de l'Adamaoua; que j'étais accompagné de deux hommes du sultan, porteurs d'ordres, et que je pouvais voyager par terre et par eau dans tout le pays, sans que lui, simple chef de village, eût à critiquer les décisions prises par le sultan Zoubir et par le wouziri, gouverneur de la province.

« A Garoua comme partout, grâce à l'insolence avec laquelle elle exerce son monopole, la Compagnie est exécrée des habitants et des commerçants. Ces derniers sont tous Arabes ; le principal est un Algérien établi à Garoua depuis six ou sept ans. C'est lui qui achète tout l'ivoire aux petits négociants et le revend à la Compagnie. Comme il est un homme important à Garoua, et le seul en état de comparer l'Anglais et le Français, tout le monde l'écoute. Il a accaparé son compatriote Ahmed et cause avec lui d'Algérie.

« Le chef des Arabes de Garoua m'envoie des chevaux afin que je puisse faire des visites, le centre de la ville se trouvant à environ 2 kilomètres de la rivière.

« Le chef de Garoua est un homme âgé de près de soixante-dix ans ; il a pour adjudant un jeune Arabe à la figure très intelligente. Après les salutations d'usage, il me dit que les gens de la Royal Niger Company avaient fait courir sur moi les mêmes bruits qu'à Yola. Le sultan avait donné l'ordre de m'arrêter si je venais à dépasser sa capitale. Mais, quelques jours après, Zoubir envoyait un courrier prévenir que les Anglais l'avaient trompé, et que désormais les Français devaient être considérés comme des amis.

« La case où le chef me reçoit se remplit peu à peu. Arabes et Foulanis, qui savent que je suis en ville, arrivent un à un et s'asseoient en cercle. Les « Anglais » forment le fond de la conversation générale. On se plaint qu'ils violent chaque jour les conditions qui leur ont été posées quand on leur a permis de s'établir à Garoua, et qu'ils transgressent les lois du pays. Le vieux chef, qui a l'air de dormir, mais qui écoute de toutes ses oreilles velues, propose de sommer immédiatement les Anglais d'observer telle ou telle condition de la convention locale, et, en cas de refus, de faire partir le ponton. J'ai beaucoup de peine à dissuader l'assemblée d'agir ainsi. Pour répondre aux histoires des Patanis et aux procédés de M. Mac Intosh, je dis aux belliqueux habitants de Garoua qu'ils doivent respecter un bateau ancré dans une rivière qui appartient à tout le monde. Cependant, ô Royal Niger Company, si je m'inspirais des mêmes principes que vous, j'attendrais un mois encore, après quoi, la baisse des eaux étant venue, vous ne pourriez plus envoyer ni navire ni soldats. Alors il suffirait, comme les Arabes le projettent, de mettre le ponton en interdit, de ne plus vendre de vivres. Que deviendraient vos agents? Au contraire, je recommande aux gens de

Garoua de continuer à commercer avec eux et à leur fournir tout ce dont ils auront besoin.

« En quittant le chef de Garoua, je vais faire une visite au consul des Arabes de la province. C'est le neveu de mon ami Lowen, et son futur successeur comme consul-ministre de tous les Arabes établis dans l'Adamaoua. Il a reçu, il y a quelques jours, un courrier de son oncle, porteur des plus chaudes recommandations en ma faveur. Ma réception est une fête, à laquelle sont conviés tous les Arabes. Je veux offrir au consul un burnous, mais il refuse de le recevoir. Ma présence parmi eux est, dit-il, le cadeau le plus grand que je puisse leur faire, et le désir du consul est que je lui accorde mon amitié, comme je l'ai accordée à son oncle Lowen. On sent que tout cela est sincère, que ces gens fondent de grandes espérances sur l'arrivée future des Français, pour leurs affaires commerciales.

« On vient me prévenir que le *Bornou* est arrivé avec M. Mac Intosh. En retournant à la plage, je passe chez Amô, un métis d'Arabe et de Foulani, qui doit m'accompagner dans le Mayo-Kebbi. Cette visite me procure l'occasion de voir pour la seconde fois un intérieur indigène. Amô veut me prouver qu'il est un homme civilisé, au-dessus des préjugés de sa race ; il me montre ses deux femmes, qui sont tout à fait blanches, des Mauresques d'Alger, parlant le pur arabe.

« Je me rends à bord du vapeur qui est arrivé et qui n'est pas le *Bornou*, mais son sosie, le *Zaria*, notre vieille connaissance de la rivière Ouari. Il amène à Garoua l'agent du district d'Ibi, nommé agent dans l'Adamaoua. M. Moore, dont je garderai un bon souvenir, a été élevé à Paris et parle très bien le français. Je puis mieux lui exprimer dans ma langue ce que je désirais communiquer à M. Mac Intosh : à savoir que, lorsque la politique de la Compagnie avait eu pour conséquence un attentat tel que celui des Patanis, je n'avais pu que repousser la force par la force et en référer à mon gouvernement, mais que désormais je voyagerais dans la Mayo-Kebbi et la haute Bénoué, à travers des territoires libres de toute sujétion européenne, appartenant uniquement au sultan de Yola ; que si j'étais attaqué et que j'acquérais les preuves que c'était à l'instigation de la Royal Niger Company, je répondrais par des procédés semblables ; que je saisirais le ponton de Garoua et empêcherais les steamers de remonter la haute Bénoué.

« M. Moore me promet de transmettre notre conversation à M. Mac Intosh, par le *Zaria*, qui redescend à Ibi demain matin. La conférence terminée, M. Moore, qui certainement n'a pas été mis au courant de ce qui se tramait contre moi, m'exprime à la fois ses doutes, sa surprise et son indignation. Il n'en est pas de meme de l'agent que M. Moore vient remplacer et qui m'avait préparé une mauvaise réception à Garoua. Il le prend de haut et me dit que, comme représentant du gouvernement du Niger, il n'admet pas que je porte une accusation aussi grave contre son chef; il me défie de prouver que M. Mac Intosh ait dit quoi que ce soit à Yola ou lui à Garoua. « Quand même, ajoute-t-il, le « sultan et cent autres Foulanis diraient le contraire, cela n'au- « rait aucune valeur, ces gens-là ayant l'habitude d'inventer des « histoires.... »

« C'était exactement le langage que m'avait préventivement tenu M. Mac Intosh devant Yola.

« Je fais remarquer à ce personnage que je n'ai pas à discuter avec lui, mais avec M. Mac Intosh, et que, ne pouvant le faire verbalement, j'ai prié M. Moore, et non lui, de transmettre ma communication.

« M. Moore me remet le courrier d'Europe, c'est-à-dire, comme d'ordinaire, le *Bulletin du Comité de l'Afrique française*, juin et août (juillet manquant) et, pour la première fois depuis mon départ de France, une lettre! Elle est de Coché, le sergent-fourrier de la marine qui, à notre grand regret, a dû abandonner l'expédition à Assaba sur le conseil exprès du médecin de la Compagnie. Nous lui avions écrit le 15 juin de Lukodja, en même temps qu'à beaucoup d'autres. Lui seul nous a répondu. Sa lettre contient des coupures de journaux, l'une ayant trait à l'attaque de la mission Fourneau, l'autre extraite du *Petit Journal*, annonçant, d'après le sous-secrétariat d'État des colonies, le malheur de la mission Crampel. Les agents de la Compagnie me communiquent un numéro du *Times* publiant la même information. Qu'y a-t-il de vrai dans cette affreuse nouvelle? Pourquoi personne ne m'écrit-il de France? Ni les Colonies, auxquelles j'ai écrit le 5 juin, suppliant de me répondre le plus tôt possible, de câbler au besoin, ni ceux auxquels j'ai écrit en même temps qu'à Coché, ne m'ont envoyé un mot pour me prévenir....

« Et mon pauvre ami Paul, au-devant duquel je vais avec un ravitaillement dont il doit avoir besoin après dix-huit mois de voyage, pour lequel j'ai abandonné Yola au moment où les Anglais vont y faire un suprême effort en installant un ponton?...

« Peut-être la Compagnie du Niger fait-elle un choix dans mes lettres !

« 29 septembre 1891. — Nous partons de très bonne heure pour le Mayo-Kebbi. La Bénoué présente le même aspect qu'entre Taepé et Garoua; la largeur varie entre 60 et 120 mètres. Nous ne trouvons aucune trace de l'élargissement que portent toutes les cartes, si ce n'est dans le nord, mais assez loin de la Bénoué, une plaine inondée formant une lagune comme celle de Yola et communiquant avec la rivière par deux criques dont la largeur n'excède pas 30 mètres. La rive sud est formée par le bord d'une plaine étroite que limite une chaîne de hautes collines dont se détachent des montagnes coniques ou cylindriques. La rive nord est basse et bordée par une plaine d'herbes inclinée vers la lagune qui s'étend jusqu'au pied d'une chaîne de hautes montagnes.

« Un peu après midi, la Bénoué, tournant la chaîne de collines, vient du sud; sur la rive gauche bordant une forêt de gommiers, se détache un bras dont la largeur, de 50 mètres entre les berges, se trouve réduite aux deux tiers par un banc de sable. La crue de la Bénoué à Yola et à Garoua a été très faible cette année. La montée de la rivière à ces deux endroits n'a pas atteint 18 pieds, alors que, les années normales, les crues sont de 25 à 30 pieds. D'ailleurs la rivière a baissé de près de 4 pieds depuis le maximum de la crue.

« A l'inspection de l'embouchure, Taïeb et l'homme du wouziri doutent que je puisse remonter bien haut dans le Mayo-Kebbi.

« L'aspect de la rivière est exactement le même que celui de la Bénoué les jours précédents. Le courant est modéré et nous montons assez rapidement jusqu'à un coude que fait la rivière, repoussée par une petite colline dont elle a déjà enlevé une partie. Sur cette élévation, de quelque 12 mètres, est le commencement d'un long village qui forme un arc de cercle dans la plaine, au delà des parties inondables, et vient se rattacher à la rivière par une autre petite colline. Nous nous échouons devant celle-ci, et jusqu'au soir nous sondons et essayons vainement de franchir cette passe. La nuit vient et nous redescendons la valeur d'un mille pour trouver un endroit où la rive ne soit pas trop vaseuse et permette de passer la nuit.

« 30 septembre. — Nous retournons à la passe, tandis que Taïeb et l'homme du wouziri vont voir le chef du village et lui demander un pilote. Aux reproches de Taïeb de nous avoir laissé patauger la veille pendant trois heures, le chef répond qu'il croyait que c'étaient les Anglais qui voulaient, comme l'année dernière, remonter la rivière, et qu'ayant été grondé par le sultan pour leur avoir prêté ses bons offices, il avait craint de s'exposer à de nouveaux reproches. Puisque je viens au nom du sultan, accompagné de deux de ses envoyés, il va me montrer la route.

« Une petite pirogue nous précède, suivant un canal tortueux. Mais bientôt la chaloupe à vapeur doit s'arrêter, le seuil est trop élevé pour lui permettre de passer avec la baisse de 4 pieds qui est survenue. Je dois renoncer à remonter plus haut avec le *René Caillié*.

« Le chef du village me donne des renseignements sur le Mayo-Kebbi. Au-dessus de son village, que l'on nomme Dingué, il y a un second seuil plus élevé, et si nous avions pu franchir celui-ci, nous aurions été sûrement arrêtés par le second. Tous les deux sont d'ailleurs franchissables aux hautes eaux et, suivant l'année, ont de 8 à 15 pieds d'eau. Au delà, la navigation est facile, la rivière est profonde, avec un courant modéré. Il en est ainsi jusqu'à Katcho, où une chute ou un rapide formé par des roches interdit le passage même aux pirogues, en toute saison. La rivière reprend alors son cours jusqu'à Léré. Toute cette partie, de Léré au confluent, est à sec au mois de janvier. Mais au delà de Léré la rivière aurait 1 mille de large et souvent plus jusqu'au Chari; elle est là sans courant et garde son eau pendant toute l'année.

« Je crois donc qu'il faudrait, sur les cartes, étendre le lac ou marais de Toubouri jusqu'à Léré. Si, l'année prochaine, me dit le chef, je veux aller à Katcho avec un vapeur, il faut, dès

DANS LA HAUTE BÉNOUÉ, VUE PRISE LE 1er JANVIER.

(Dessin de Mme Paule Crampel, d'après une photographie de M. Mizon.)

que les eaux le permettront, venir mouiller devant son village, et franchir les deux seuils. Deux jours suffisent pour aller à Katcho. Ce n'est guère qu'en agissant ainsi qu'on est sûr de pouvoir redescendre à Yola, car souvent le Mayo-Kebbi ne demeure haut que pendant quelques jours et baisse brusquement.

« Il faut redescendre, car le sultan n'a pas été prévenu que je pourrais voyager par terre, et je dois me garder d'éveiller sa défiance, tout changement au projet que je lui ai soumis pouvant être interprété contre moi.

« Cependant je prends sur moi de faire une journée de navigation dans la haute Bénoué. Grande révolte de Taïeb et de l'homme du wouziri quand, à l'embouchure du Mayo-Kebbi, nous tournons vers la haute Bénoué, au lieu de redescendre vers Garoua : Le sultan m'a autorisé à aller dans le Mayo-Kebbi, et non dans la haute Bénoué. Si telle était mon intention, j'aurais dû le prévenir. Cette rivière conduit au Boubandjidda, dont le gouverneur est mutiné contre le sultan, et aux États d'Ayatou, le fameux ennemi du sultan, auquel on m'accusait de porter des armes. Et puis, je m'arrête toujours loin des villages, on couche sur la terre humide et l'on mange du biscuit et des conserves. Je crois que c'est cela qui les touche le plus. Il n'y sont pas accoutumés et sont malades. Si je continue ma route dans la haute Bénoué, je serai responsable devant le sultan.

« Ma foi, tant pis, je continue ma route. La rivière est encombrée d'îlots et de bancs de sable: sa profondeur est bien moindre qu'à Garoua, mais elle a conservé la même largeur, et parfois la dépasse. En résumé, à cette époque de l'année, l'apport d'eau du Mayo-Kebbi est considérable, par rapport à la haute Bénoué.

« Nous mouillons en face du mont Temni, au pied duquel est un village arabe, dont les principaux habitants nous envoient souhaiter la bienvenue et porter du lait et du tabac.

« 1er octobre 1891. — Notre voyage n'est pas de longue durée : après deux heures de marche, le passage devient impossible : une grande île couverte de hautes herbes s'élève au milieu de la rivière et se relie aux deux rives par des bancs de sable sur lesquels il reste à peine 2 pieds d'eau. Il est vrai que la rivière a baissé de 5 pieds depuis le maximum de la crue, qui a été très faible cette année. Nous ne sommes qu'à 7 ou 8 milles de deux chaînes de montagnes entre lesquelles passe la Bénoué. Depuis ce matin Taïeb me dit que je ne pourrai aller au delà de ce défilé, car la rivière y forme un rapide entre deux murailles à pic, que les Anglais ont essayé de franchir pour aller au Boubandjidda; ils y ont perdu un vapeur. Ma curiosité est grandement excitée : je veux voir l'extrémité de cette grande route fluviale que j'ai suivie depuis Akassa, sur une longueur de 800 milles, et, malgré les protestations des envoyés royaux, je laisse la chaloupe à vapeur avec les trois mécaniciens et je fais armer la pirogue par les soldats pahouins. L'homme du wouziri refuse de nous suivre.

« Nous dépassons de grands villages qui bordent la Bénoué, redevenue large et profonde, et nous arrivons le soir au défilé.

« Entre deux montagnes aux découpures bizarres, dont le pied se termine en falaise, la Bénoué passe silencieuse. Le courant est à peine sensible et la sonde n'atteint que difficilement le fond de l'eau. Taïeb me raconte beaucoup d'histoires pour pallier le mensonge qu'il m'a fait au sujet du rapide. Finalement, il m'avoue que, si la chaloupe avait pu passer ce matin, rien ne l'aurait arrêtée jusqu'au fond de la Bénoué, aux frontières sud du Boubandjidda.

« Nous revenons dans la nuit, et à 11 heures nous avons rejoint la chaloupe à vapeur. A la première heure, nous commençons à redescendre; l'homme du wouziri a retrouvé sa belle humeur en apprenant que nous retournions à Yola.

« Haute Bénoué, 2 octobre 1891. — La Bénoué a baissé d'un pied depuis hier et le courant a augmenté; nous descendons avec une vitesse de 10 milles à l'heure. Un peu avant l'embouchure du Mayo-Kebbi, nous montons, avec cette vitesse, sur un banc de sable. Le canot indigène qui est attaché aux flancs du *René Caillié* a tous ses bancs brisés; le mât, arraché, part à la dérive. Le *René Caillié* se couche et l'eau arrive à la hauteur de son plat-bord, avec un va-et-vient de remous. Nous sautons tous à l'eau pour le maintenir et essayer de tourner l'avant ou l'arrière au courant. Nous y parvenons et j'ordonne de marcher en arrière à toute vitesse. Un tourbillon emporte un des Pahouins, qui se raccroche instinctivement à moi et m'entraîne avec lui. En passant, une branche de l'hélice m'attaque la jambe en dehors, me faisant une profonde blessure et me repoussant par la violence du choc. Je pars à la dérive, presque sans connaissance. Heureusement la chaloupe s'est déséchouée subitement et vient secourir les hommes qui me soutiennent sur l'eau.

« J'ai hâte maintenant de rallier Yola et, abandonnant toute idée d'excursion dans le Faro, je fais marcher à toute vitesse pour dépasser Garoua et atteindre Taepé s'il est possible. Je ne m'arrête à Garoua que pour prendre le courrier du ponton et faire dire au chef et au consul des Arabes mon regret de ne pouvoir, en raison de mon état de santé, m'arrêter comme je le leur avais promis.

« Nous continuons à redescendre, mais la vitesse s'est beaucoup ralentie; la chaudière a besoin d'un lavage et le courant, entre Yola et Taepé, ne dépasse guère un mille à l'heure. Nous campons au pied du mont Glover, ce qui assure notre arrivée à Yola demain matin de bonne heure.

« Bénoué, 3 octobre 1891. — Une heure d'arrêt à Taepé pour relever exactement cet endroit et nous continuons notre route. A partir de Ribago, nous évitons le lit principal du fleuve, que l'on dit parsemé de roches, et nous serrons de près la rive nord, suivant des petits canaux entre des îles et la terre, où la vitesse du courant est vertigineuse. La machine, visitée la nuit précédente, fonctionne à merveille; il n'y a rien à craindre. Je suis monté par ces canaux et je sais que leur profondeur est très grande. Bibanga, qui tient la barre, est un peu effrayé par la vitesse et l'étroitesse du bras que nous descendons. Quand la largeur se réduit à 5 mètres, il donne un coup de barre brusque pour passer entre deux îlots et reprendre le lit principal et nous montons à sec sur l'un des îlots. Décidément notre descente est malheureuse. Nous sommes en face du domaine du wouziri, à quelques pas de l'endroit où nous avions couché lors de notre départ de Yola. Nos efforts étant impuissants à remuer la chaloupe, l'homme du wouziri va chercher des travailleurs à la ferme. Malgré l'aide de vingt gaillards vigoureux, nous passons trois heures à nous remettre à flot.

Je ne puis remuer, à cause de ma blessure et, chacun ayant son idée et son plan pour déséchouer la chaloupe, il en résulte que celle-ci, poussée, tirée dans tous les sens, se refuse à bouger.

Il est cinq heures quand nous pouvons continuer notre route et ce n'est qu'à la nuit que nous arrivons à l'entrée de la crique de Yola.

« La Bénoué a baissé de plus d'un mètre depuis notre départ ; la lagune de Yola verse ses eaux à la rivière et la violence du courant est inouïe. Le canal est étroit, avec des coudes brusques que la chaloupe ne peut suivre. Nous luttons jusqu'à huit heures, ne nous arrêtant que quand le charbon est épuisé. Nous avons fait 100 mètres en deux heures.

4 octobre 1891. — La pluie, les moustiques, les mouches fourou nous ont fait passer une triste nuit. Taïeb et l'homme du wouziri en sont à regretter les bords vaseux du Mayo-Kebbi. La pirogue part pour Yola chercher du bois, et est de retour vers midi. Grâce aux dispositions que j'ai prises pour tourner le mauvais coude et à la diminution de la violence du courant, nous franchissons assez rapidement le canal, et une heure après je me dirige vers mon *home*, monté sur le fidèle Patani. Je suis fatigué par le voyage, rompu par la nuit sans sommeil que nous venons de passer; ma jambe me fait souffrir, mais impossible de reposer. Mes amis sont rassemblés devant ma demeure; il faut les recevoir, causer du voyage ; et après eux arrivent les envoyés du sultan et des hauts personnages, venant m'apporter les souhaits de bienvenue et m'exprimer combien leurs maîtres ont été fâchés d'apprendre que j'étais blessé. Le consul Lowen, en sa qualité de voisin, vient lui-même me voir. Derdiri, El-Hadj-M'Hamed de Tunis, Loounis, négociant d'Alexandrie, viennent prendre le café. A 10 heures, nous sommes enfin libres.

« Yola, lundi 5 octobre 1891. — Ahmed et le Chérif vont faire visite au sultan de ma part et lui dire que, dès que ma jambe sera en voie de guérison, j'irai le remercier de la permission qu'il m'a accordée d'aller dans les rivières supérieures.

« J'ai dit qu'un seul des ministres, d'ordre inférieur, continuait à soutenir la Compagnie auprès du sultan. En notre absence, il a déclaré en audience publique qu'il avait entendu dire qu'Ahmed et moi remontions la Bénoué et non le Mayo-Kebbi, comme nous l'avions annoncé, et que nous nous dirigions vers les contrées qu'habite Ayatou, l'homme aux 700 fusils. Le sultan a dit que cela n'était pas possible et qu'il avait confiance en Ahmed et en moi autant qu'en ses amis Lowen et le wouziri qui étaient près de lui. Quand Ahmed et le Chérif sont allés au palais du sultan, ce ministre a passé à côté d'eux sans les saluer; mais il a été hué par la foule qui stationne sur la place. Décidément le seul partisan que la Compagnie ait gardé à Yola n'est pas populaire. Le sultan, après l'audience publique, reçoit Ahmed dans l'intérieur de son palais et lui cause très amicalement de notre voyage, le chargeant de me dire combien il était désolé de ce qui m'était arrivé, et exprimant l'espoir que je serais bientôt guéri, afin de pouvoir faire de nouvelles excursions dans l'Adamaoua.

« A la sortie du palais, Ahmed et le Chérif entendent les crieurs du sultan qui tambourinent la décision prise en conseil le matin. Il est interdit à tout sujet du sultan d'entrer en communication avec le ponton que les Anglais ont placé devant Yola. Toute marchandise, ivoire ou gomme, que l'on cherchera à envoyer à bord sera confisquée au profit du sultan.

« Yola, 6, 7, 8, 9 octobre 1891. — Jours de repos, employés à faire des calculs, des relevés de notes de mon voyage dans la haute Bénoué. Ma jambe guérit rapidement, sans me permettre cependant de sortir.

« Il y a eu grand conseil vendredi matin avant la prière. Le consul Lowen ne veut pas me dire quelle question y a été agitée, mais il exprime le désir du sultan de me voir lui rendre visite dès que je pourrai le faire. Il m'engage, dans mon intérêt même, à déférer à ce désir le plus tôt possible, en raison de l'importance de la communication qu'il a à me faire. J'envoie prévenir Zoubir que demain 10, dans l'après-midi, je serai à ses ordres. Il me fait remercier de mon empressement; il sera heureux de me recevoir demain, mais, dans tous les cas, il est urgent que j'aille lui parler avant le conseil de vendredi prochain.

« Yola, 10 octobre 1891. — Je me rends chez le sultan avec Ahmed et Taïeb, comme interprètes, car Zoubir ne veut pas que le Chérif sache ce qu'il a à me dire; il le regarde bien à tort comme un homme peu sûr, prêt à entrer au service de la Compagnie le jour où elle lui offrira une solde plus forte que celle que je lui donne.

« Notre arrivée sur la place est encourageante. De tous côtés plouvent les « *Barka, serki ! Barka, Chérif !* adressés à Ahmed et à moi. Le frère du roi vient nous souhaiter la bienvenue et le wouziri arrive quelque temps après, au galop de son grand cheval manga.

« Le sultan nous fait appeler. Il est dans une cour intérieure, à l'ombre d'un mur. Sa tête est entourée d'un voile transparent qui me permet de voir pour la première fois l'ensemble de sa figure ; une simple gandoura de mousseline recouvre son corps. Il me fait asseoir près de lui et, pendant une heure, me cause du sujet pour lequel il m'avait fait appeler. Cette conversation intime me donne une haute idée de la façon de gouverner des Foulanis et de la prévoyance du roi. En terminant l'entrevue, il ajoute d'un ton sérieux : « Que Dieu bénisse toi et les tiens ! Que sa volonté soit faite ! Nous te recevons, car il t'a envoyé ici pour notre bien. Que les marchands français viennent le plus tôt possible. Je regrette de ne pouvoir te donner de la terre : c'est un serment que mes frères et moi avons fait à notre vénéré père, le grand sultan Adamo. » Et, après un long moment de silence, il relève la tête qu'il avait plongée dans ses mains et répète : « Dieu bénisse toi et les tiens ! » Il se retire dans son palais.

« Le wouziri est triomphant de la réception que m'a faite son cousin. Il me faut patienter, dit-il. Le sultan a une réelle amitié pour moi ; j'ai la sienne et celle de Lowen, le meilleur ami du sultan et avec le temps j'obtiendrai de lui ce que je désire.

« Nous allons dépenser une heure chez le wouziri à bavarder et de là nous allons voir l'érima, le fils du roi précédent, par conséquent neveu de Zoubir. C'est un grand enfant, qui s'amuse beaucoup de l'équipement de mon cheval. Il en a un qui ne supporte pas le mors et il désire me l'envoyer, pour le dresser. Mais je ne veux pas risquer de perdre comme entraîneur la grande réputation que je me suis acquise comme médecin : j'ai en effet guéri le frère du wouziri d'un embarras gastrique, le wouziri d'un mal à l'estomac et le père de Mohammed-Gabdou, qui n'était pas sorti de sa maison depuis un an, a pu aller voir le sultan hier.

« Yola, 10, 11, 12 octobre 1891. — Lowen m'amène son frère de père qui arrive de Ngaoundéré et de Koundé. Le *lamido* de ces pays a reçu le courrier que le roi et Lowen lui ont envoyé, il y a un mois et il me fait demander pourquoi je ne vais pas le voir, comme on le lui a fait espérer. Une maison est préparée pour me recevoir et je pourrai visiter sa province dans tous les sens. J'ai un grand désir d'aller à Ngaoundéré et à Koundé ; je désirerais même avancer au delà de ce dernier poste aussi loin que le gouverneur de Ngaoundéré pourra me couvrir de sa protection. Depuis mon retour du Mayo-Kebbi, je projette de faire ce voyage. Jusqu'ici, je n'en ai pas parlé au sultan, de crainte d'éveiller sa susceptibilité ; mais j'ai maintenant une entrée en matière. J'ai répondu à Lowen et à son frère que je serais heureux d'aller à Ngaoundéré, mais que je ne sais pas si ce voyage serait agréable au sultan. Ils vont lui en parler et me répéteront ce qu'il désire à ce sujet.

« Taïeb est parti ce matin porter un courrier au chef de Garoua et au gouverneur de Bibemi (le *Batemá* de la carte de Lannoy de Bissy). Il emporte les présents que j'envoie à ce dernier, auquel il dira que j'ai tenté d'aller le voir, mais que j'en ai été empêché par la baisse des eaux du Mayo-Kebbi. Je m'assure ainsi la route de ce côté, le gouverneur de Bibemi pouvant m'adresser, à travers les pays païens hostiles, au gouverneur de Léré, qui lui-même me protégera jusqu'au Logone ou jusqu'à la première ville baguirmienne, si je me dirige finalement vers l'un ou l'autre de ces pays.

« Mon désir actuel est d'entrer en relations avec le gouverneur de Tibati ; si je vais à Ngaoundéré, cela me sera facile.

« Yola, 12 au 22 octobre 1891. — La saison des pluies va, dit-on, finir. En attendant, la pluie fait rage nuit et jour. Le ciel, d'une clarté lumineuse jusqu'à huit heures du soir, se couvre d'une légère brume une demi-heure plus tard, de gros nuages arrivent de l'est, chargés d'éclairs ; le vent souffle avec fureur, le tonnerre gronde sans arrêt et la pluie arrive subitement ; il semble qu'elle ne soit pas formée de gouttes, mais que l'eau tombe d'une seule masse. Pendant une demi-heure, l'orage est dans toute sa fureur. Bientôt les éclairs ne donnent plus que de faibles lueurs, les roulements lointains du tonnerre se perdent dans les vallées des monts Baguélé ; aux torrents d'eau que versait le ciel succède une pluie fine qui dure jusqu'au jour et quelquefois jusqu'à midi. Pendant le jour, le temps est lourd et étouffant ; vers le matin, il fait presque froid.

« Le pays est à demi inondé, les chemins sont défoncés, les plus petits ruisseaux ne peuvent plus être passés à gué sans de longs détours. Adieu les chasses projetées, les observations pour compléter la carte du pays! Nous restons dans nos cases sombres,

UNE FEMME BLANCHE FOULANI.

(Dessin de Mme Paule Crampel, d'après une photographie de M. Mizon.)

cherchant à nous occuper. Notre incertitude de l'avenir, devant le manque de nouvelles d'Europe, nous empêche d'entreprendre quoi que ce soit. Nous perdons un temps précieux, que nous emploierions à faire nos préparatifs, si nous savions quelle est la direction que nous prendrons : celle d'Akassa avec un vapeur, celle du Gabon avec des porteurs ou celle de Tripoli avec des chameaux. Dans ces différents cas, les préparatifs ne seront pas les mêmes. L'ennui, le changement de saison ont amené le cortège ordinaire de maladies. Félix a eu pendant quinze jours une fièvre rémittente très rebelle. Ahmed et le Chérif ont la dysenterie et j'ai pris la fièvre de Félix qui l'a remplacée par un violent mal de gorge. Le découragement pèse sur toute l'expédition, l'enthousiasme provoqué par notre réception à Yola a faibli et l'éternelle question est : « Combien de temps va-t-on rester à Yola? Quand allons-nous partir et pour quel pays? » Je me pose moi-même ces questions et je n'y puis répondre. Il est une autre question qui, nuit et jour, se pose dans mon esprit : le manque de nouvelles provient-il de ce que l'on ne m'écrit pas d'Europe ou de ce que la Compagnie intercepte ma correspondance? Dans ce dernier cas, elle a dû retenir de même les lettres que j'envoyais en France.

« Yola, 23 octobre 1891. — J'ai reçu hier une troisième visite du frère de l'empereur de Sokoto et la conversation a été moins cérémonieuse que d'habitude et surtout plus longue. Il m'a encore demandé pourquoi, étant à Lukodja où j'avais séjourné deux mois, je n'avais pas été voir l'empereur. Je ne pouvais trouver de meilleure entrée en matière pour parler des relations de la Compagnie avec le Sokoto et du traité qu'elle a passé avec le souverain de ce pays. J'ai dit qu'à Lukodja j'avais en effet songé à aller présenter mes hommages au plus grand sultan foulani, bien que je ne fusse pas envoyé spécialement vers lui, mais que la Compagnie interdisait ce voyage, en vertu d'un traité passé avec l'empereur et d'après lequel aucun étranger ne peut entrer dans les États de ce souverain par le Niger, à moins d'avoir demandé l'autorisation au directeur de la Compagnie en Angleterre.

« Le Chérif, qui traduit en foulani ce qu'Ahmed lui dit en arabe, a été l'un des principaux instruments de ce traité ; c'est lui qui l'a porté à Sokoto, où le frère de l'empereur faisait, à ce moment, partie du conseil. C'est donc en toute connaissance de cause qu'ils peuvent traiter ce sujet.

« — Pourquoi n'es-tu pas monté avec ton vapeur, malgré les « dires des marchands anglais?

« — Parce que, d'après les coutumes internationales des Euro-

« péens, je dois croire à leurs affirmations jusqu'à ce que j'aie pu « moi-même en constater la fausseté.

« — Mais le traité ne leur donne aucun droit d'arrêter qui-« conque veut voir l'empereur. Tu es non un marchand, mais « un *serki* et la route est toujours ouverte pour toi. Tout le « traité consiste en ceci, et le Chérif peut attester la véracité de « ce que je dis : les Anglais ont demandé à mon frère, en leur « qualité de premiers venus comme commerçants dans le Sokoto, « que les étrangers qui voudraient venir s'établir et faire du com-« merce dans ce pays fussent présentés par eux, qui, connais-« sant les choses des Européens, pourraient dire au sultan quels « sont ceux qui seraient dangereux. Eux-mêmes, pour faire du « commerce dans le Sokoto, payent, non le dixième, comme à « Yola, mais un impôt fixe annuel de 20 000 *douros*. Si tu veux « venir à Sokoto, tu n'as pas besoin d'être présenté par les Anglais ; « je te connais depuis deux mois, je sais qui tu es, je te présen-« terai à mon frère et tu lui présenteras à ton tour les marchands « français qui voudront venir commercer dans ses États.

« — Les Anglais disent que par le traité le sultan a aliéné ses « terres dont maintenant ils sont propriétaires, et ils refusent « d'en céder aux autres marchands, qui n'ont même pas le droit « de descendre de leurs vapeurs et de mettre pied à terre.

« — L'empereur est le seul maître des terres, il ne les a données « à personne. Que les marchands français viennent avec toi, et il « leur donnera de la terre autant qu'ils en auront besoin pour « leurs établissements.

« — Je ne sais si je pourrai jamais aller à Sokoto voir l'empe-« reur et te voir ; je ferai ce que mon gouvernement me dira de « faire. Il m'a envoyé dans l'Adamaoua, comme il a envoyé un « autre *serki* au Baguirmi à travers les pays païens. Un serki du « même rang que moi et mon ami est parti du Fouta-Toro pour « aller au Sokoto par le Djoliba et Tombouctou, porter la parole « de notre maître. Les dernières nouvelles que j'ai reçues disaient « qu'il traversait le Mossi et allait entrer dans le Gando. Je crains « que ces marchands ne lui tendent quelque piège comme ils « l'ont fait pour moi ou qu'ils n'aillent raconter à l'empereur un « mensonge aussi infâme que celui qu'ils avaient débité à mon « propos au sultan Zoubir.

« — Je vais quitter Yola dès que les pluies seront terminées et « que le terrain sera moins détrempé. Il me faudra cinquante « jours pour aller au Sokoto, parce que je ne force pas les « marches comme les courriers, qui mettent au plus quarante « jours. Je parlerai à l'empereur et il donnera des ordres pour « que le serki ne soit pas troublé dans son voyage et, à son arri- « vée, je le présenterai. Je serai pour lui ce que Lowen est ici « pour toi. Tombouctou est-il aux Français comme l'est le Fouta- « Toro, berceau de notre famille?

« — Non, mais les Français sont amis du roi de Maçina, dans « le territoire duquel Tombouctou est enclavé.

« — Ah ! le roi du Maçina, qui a battu El-Hadji-Omar ?

« Je ne réponds pas à cette question, dont je ne comprends pas la portée et la conversation ne tarde pas à prendre une autre tournure.

« — Les Français ont l'Algérie, la Tunisie, au nord de nos pays, « le Fouta à l'est. N'ont-ils pas d'établissements au sud ?

« — Oui, ils sont établis sur un fleuve plus grand que la Bénoué, « plus grand que le Djoliba et le Kouarra. C'est un affluent de ce « fleuve qui va près de Ngaoundéré. J'aurais pu venir dans « l'Adamaoua par cette voie, qui pour moi eût été plus facile que « celle du Niger. Mais je ne voulais pas commencer la visite du « pays par l'extrémité opposée à celle qu'habite le sultan, ni par- « courir une de ses provinces avant de l'avoir vu et d'avoir été « autorisé par lui à parcourir tous ses États....

« — Le traité que mon frère a fait avec les chrétiens finira-t-il à « la mort de l'empereur actuel, qui seul peut avoir signé, ou « engage-t-il également son successeur ?

« — Un traité est fait non avec un homme, mais avec un pays, « d'après la coutume des Européens et la mort d'un roi ne change « rien au traité, que son successeur est tenu de respecter.

« — Je reviendrai prendre congé de toi avant de quitter l'Ada- « maoua et j'espère te revoir un jour à Sokotò ou à Wourno. « *Barraka! Kollafia!* »

« Voilà, rapporté aussi exactement que possible, mon entretien avec le frère de l'empereur de Sokoto.

« Yola, 24-27 octobre 1891. — Il y a eu palabre, hier vendredi, au grand conseil qui se tient chaque semaine. Le consul de

Katsena, c'est-à-dire des Haoussas, a livré un assaut au sultan devant Lowen, le wouziri et le consul du Bornou. Il a annoncé au sultan que je faisais faire des briques pour construire une maison malgré ce qui avait été convenu ; que je prenais la terre pour faire un jardin. Lowen lui demande combien de fois il est allé chez moi, et le consul est obligé d'avouer qu'il ne sait pas où je demeure.

« — Eh bien, moi, je passe chaque matin chez le commandant « pour m'informer s'il n'a rien à dire au sultan ; je lui fais visite « un soir sur deux et je n'ai pas vu trace de construction. Quant « au jardin, il est vrai qu'il a semé des graines de plantes qui « n'existent pas dans l'Adamaoua, mais que l'on trouve en Algé- « rie et en Égypte, par exemple des tomates. Ce n'est pas pour « lui, mais pour donner des plants à tout le monde. Si le consul « de Katsena envoie un esclave, le commandant lui donnera de « jeunes plants. »

« Pour achever la déroute du consul haoussa, le sultan dit à Lowen de me remercier pour les plants et les graines que j'ai donnés à son chef des jardins.

« Toutefois cet insuccès n'a pas découragé le consul. Il ramène la conversation sur les Français et dit au sultan que j'avais demandé si les marchands français pouvaient venir et que maintenant, malgré ce que j'avais dit, je n'allais pas en Europe les chercher. Après m'être promené tranquillement dans le Mayo-Kebbi et la Bénoué, je vivais tranquillement à Yola, parlant d'aller à Tibati, à Ngaoundéré, et il ne savait encore en quel endroit.

« Lowen, le wouziri et le consul du Bornou soutiennent ma cause et le sultan clôt l'incident en disant qu'il a confiance en moi et que je sais mieux que le consul de Katsena ce que j'ai à faire.

« Il faut au moins reconnaître que les consuls foulanis défendent énergiquement les intérêts de leurs nationaux. Avant l'arrivée des Européens dans l'Adamaoua, cette contrée était la poule aux œufs d'or pour les Haoussas de Kano et de Katsena. On attendait avec impatience, à Yola, l'arrivée de la caravane de Kano, apportant les étoffes, le coton, les burnous de drap, les armes et les produits européens venus par le bas Niger ou à travers le Sahara. L'ivoire de Ngaoundéré, de Banyo, de Tibati, était apporté à Kano par la route de Kontcha. Les Haoussas avaient même fondé des stations commerciales chez les païens au sud de ces villes, à plusieurs journées de marche. De Lukodja à Léré, de Sokoto à Koundé, tout le commerce, toute l'industrie étaient entre leurs mains. La Compagnie du Niger leur a fait une rude concurrence par les prix supérieurs qu'elle donne pour l'ivoire, et, comme si cela n'était pas suffisant, je veux encore amener des marchands français qui iraient directement aux lieux de production de l'ivoire ! Voilà le secret de l'acharnement du consul de Katsena contre moi. Le commerce de Kouka avec Yola est presque nul, et l'énorme stock de marchandises apporté dans la première ville se consomme au Bornou. L'arrivée des Français dans l'Adamaoua ne lèse pas les intérêts des quelques Bornouans établis à Yola. Aussi le consul du Bornou, par amitié pour Lowen, m'a-t-il soutenu.

« Lowen, après m'avoir raconté ce qui s'est passé au conseil, me recommande d'être prudent et de ne pas donner prise aux accusations du consul des Haoussas, qui me fait surveiller et ne désarmera pas plus envers moi qu'il ne l'a fait envers les Anglais, depuis cinq ans. Notre vieux propriétaire est d'ailleurs le meilleur espion du consul de Katsena, et, tout en me couvrant de fleurs, il me verrait partir volontiers du pays. Il est Haoussa, il possède des champs de coton et d'indigo et a établi une teinturerie.

« Voici un exemple du gouvernement patriarcal des Foulanis. Le sultan, qui est très fatigué par une filaire de Médine, a ordonné de préparer le départ pour une maison de campagne ou ribaô qu'il possède au nord de Yola, à plus d'une journée de marche sur le versant nord de la chaîne du mont Baguélé. Il a l'intention d'y séjourner un mois ou deux. Les soldats et ses serviteurs lui ont fait remarquer que l'on était à l'époque des récoltes, riz, sorgho sucré, maïs, arachides... et qu'aussitôt la récolte finie, il faudrait planter le froment et le sorgho d'hiver. Les grands qui doivent accompagner le sultan se sont joints aux réclamants. Le sultan a maintenu son ordre. Alors on lui a persuadé que la route à cheval, le passage de la Bénoué et le séjour dans les montagnes exaspéreraient son mal. Il a immédiatement renoncé à tout voyage, au moins pour le moment. Cela à ma grande satisfaction, car j'attends le courrier d'Europe et chaque jour je puis avoir besoin de lui parler. Je craindrais qu'il ne m'autorisât pas à aller le voir à son ribad.

« Depuis cinq jours il n'a pas plu. Dans l'après-midi, le vent souffle du nord ; le ciel, pur et d'un bleu intense, verse des torrents de chaleur sur la campagne. Les nuits sont lumineuses et ne se gâtent pas vers minuit, comme cela avait lieu le mois dernier. La saison sèche semble définitivement arrivée.

AÉCHATOU, FEMME DU CHÉRIF.
(Dessin de Mme Paule Crampel, d'après une photographie de M. Mizon.)

« J'ai profité de l'état du ciel pour relever la position de Yola en latitude et en longitude et je l'ai fait avec succès. J'ai aussi tenté un essai de carte des environs de Yola. Quant au plan de la ville avec ses chemins tortueux et ses fermes boisées, j'ai dû y renoncer, l'utilité de ce levé n'étant pas proportionnée à sa difficulté. Je collectionne les produits agricoles et industriels du pays, je fais quelques mauvaises photographies avec des plaques trop anciennes et des produits défectueux.

« Le temps passe et je ne vois rien venir.... Pas une lettre, pas un mot qui éclaire mes décisions.... L'ennui nous ronge et la maladie ne tarde pas à le suivre, amenant la paresse intellectuelle et physique. J'aurais tant de choses à écrire sur ce journal ! Vingt pages par jour seraient à peine suffisantes ; mais je n'ai plus que le courage d'écrire les titres : *Le jeune Foulani de Garoua. — Le boy non payé et la justice du sultan. — La prostitution à Yola et les moyens employés pour la refréner. — Y a-t-il ou n'y a-t-il jamais eu de neige à Yola? — Comment Taïeb surveille son harem faute d'eunuque*, etc.

« Que vous rapporterai-je de Bihémi, une femme, un esclave ou des dattes? demande Taïeb. Nous avons été unanimes à choisir les dattes. Le Chérif aurait peut-être préféré l'esclave, mais nous lui avons fait remarquer qu'on ne pourrait pas couper ce malheureux en quatre pour que chacun en eût sa part. Amo de Garoua se rappelle à notre souvenir. Il m'envoie un perroquet et à Ahmed une femme foulani de dix-sept ans, sa sœur, divorcée depuis peu.

« Autres notes : le Chérif est mordu par un scorpion, de l'espèce dangereuse qu'on appelle scorpion du chameau et dont la piqûre peut amener la mort. — Combat d'un scorpion et d'un jecko.

« Le niveau de l'eau est aujourd'hui, 27 octobre, le même qu'à notre arrivée, le 20 août. La Bénoué a été facilement navigable pour un vapeur calant plus de 6 pieds, pendant plus de trois mois.

« *Grande tolérance religieuse des Foulanis :* aucun de nos ennemis ne nous a encore attaqués comme chrétiens et ce sont les personnalités religieuses qui nous témoignent le plus d'égards. Le sultan renvoie au lundi les commissions qu'il commande pour moi le samedi, afin que je ne sois pas troublé le dimanche, qui est mon jour de prière.

« La mort presque subite de mon grand ami le wouziri est venue me confirmer dans l'opinion que j'en avais. Il y a quelques jours le sultan me fit appeler de bonne heure pour aller voir le wouziri, malade depuis environ une semaine et qui déclinait rapidement. Je trouvai ce malheureux méconnaissable : sa maigreur était extrême, à peine pouvait-il parler. Il était trop tard pour ma faible science ; je ne pus que lui donner un remède anodin et il mourut la nuit suivante. J'ai dit que dans la demeure de chaque personnage un peu important il y avait une hutte intérieure dans laquelle il recevait ses intimes pendant la journée et le soir. C'est à cette place où il a vécu, dans cette hutte où s'est écoulée la plus grande partie de son existence, qu'il doit reposer pour l'éternité. La hutte reçoit un nouveau toit, les portes sont murées, et des ornements en noir sont dessinés sur les murailles. Je n'avais pas cru, en ma qualité de chrétien, devoir assister aux prières de l'enterrement. Le sultan a exprimé à plusieurs reprises son étonnement de ce que je ne fusse pas venu à l'enterrement, étant grand ami du wouziri. Lowen m'ayant répété ces paroles, je répondis à Zoubir qu'étant chrétien je n'avais pas cru devoir me mêler à une cérémonie religieuse musulmane. « Tu « as eu tort, me dit Zoubir, car le Dieu des chrétiens que tu « aurais prié est le même « que le nôtre. C'est le « Dieu d'Abraham et de « Moïse. »

UN AUXILIAIRE PAÏEN.

« Yola est en deuil pour un mois, par suite de la mort du wouziri, qui était le neveu du sultan, bien qu'il fût plus âgé que lui. Pendant une lunaison, les coups de fusil, la musique et le tam-tam sont interdits dans toute la ville et dans les environs. Aussi la rentrée de l'armée, qui vient de faire la guerre dans le nord-est et de dévaster les frontières d'Ayatou, a-t-elle lieu tristement; chacun passe la Bénoué à son heure et rentre chez soi. Amoâ, neveu du sultan, le chef victorieux, n'est pas reçu en triomphe. Contrairement à l'usage, aucune fantasia n'a lieu devant le palais du sultan. On ramène peu de prisonniers à Yola, une cinquantaine environ. En revanche, le nombre des chevaux doit être considérable, car Amoâ en a cinquante pour sa part. Il en envoie un à Lowen, qui m'en fait don immédiatement, ce qui porte à quatre le nombre de mes chevaux. Il m'en faut encore un cinquième que je n'achète pas, espérant que quelque haut personnage me l'offrira. Nous serons en effet cinq cavaliers : Félix, Ahmed, le Chérif, Taïeb — prêté par le sultan — et moi.

« J'ai payé les trois chevaux que j'ai achetés 120000, 110000 et 60000 cauris en sel et en soie, ce qui fait 50, 45 et 25 francs. Je m'occupe d'un achat de vingt ânes pour porter nos bagages. Leur prix varie entre un et trois sacs de sel, soit 6 à 18 francs. Ce dernier se donne pour les grands ânes qui ont déjà fait plusieurs caravanes et qui sont habitués au portage.

« Tandis que je me prépare à quitter l'Adamaoua, le sultan Zoubir rassemble son armée pour une guerre qu'il commandera en personne ; je ne puis savoir quelle direction va prendre la cavalerie foulani. Un mot que m'a dit le sultan, lors de notre dernière entrevue, me donne à penser que l'objectif n'est pas éloigné de Ngaoundéré. C'est une raison pour me presser, afin de ne pas être mêlé à la cohue de milliers d'hommes qui vont épuiser les réserves de vivres partout où ils passeront : de plus la guerre fermera probablement les routes au delà de Ngaoundéré. Malheureusement Lowen est malade et cloué au lit par une forte bronchite ; sans lui, je ne puis aller voir le sultan pour terminer les affaires. Le 20, le sultan doit quitter Yola pour n'y revenir que dans plusieurs mois ; je désirerais bien qu'avant son départ il signât le traité que je lui ai soumis et qu'il a approuvé.

« Je suis malade d'impatience : tout retard rend, en effet, mon retour plus difficile pour l'année prochaine. Le Gabon est loin de Yola, et puis, je crains chaque jour que ce que j'ai si laborieusement construit depuis trois mois ne vienne à s'écrouler comme un château de cartes. La Compagnie ne doit pas avoir renoncé à l'Adamaoua et prépare certainement quelque chose. Quand le sultan aura écrit son nom au bas des quatre exemplaires du traité, mon sommeil ne sera plus troublé sans doute, par les affreux cauchemars qui le hantent actuellement.

« Yola, 17 novembre 1891. — Lowen est à peu près rétabli et peut nous accompagner chez le sultan, auquel il a fait annoncer notre visite. Après une longue discussion, il demeure convenu qu'Ahmed doit revenir le soir chercher deux lettres chez le secrétaire du sultan, Mohammed Gabdou. Il nous prévient que le coût de chaque lettre est de 20000 cauris, soit environ 40 francs. Les lettres n'ont pourtant qu'une page de dix lignes. La somme n'est pas payée au sultan, mais à son secrétaire, pour la confection des autres, cinq francs la ligne; cela dépasse le tarif des notaires de France. Cependant personne ne se plaint.

« A peine avons-nous quitté le sultan, qu'il nous rappelle pour nous demander s'il n'est pas d'usage chez les Européens de payer le loyer des maisons qu'ils occupent et si je donne chaque mois quelque chose à mon propriétaire Mâhman. Sur ma réponse que je paye mon loyer chaque mois, il renouvelle sa série de bénédictions et se retire chez lui.

« Nous allons chez le Galadima, dont relève la province de Ngaoundéré, le Mboum, comme l'appellent les Foulanis. Ce Galadima est décidément un personnage fort curieux. Agé d'une cinquantaine d'années, cinquante-cinq peut-être, il a gardé les traits d'un homme à peine adulte et, lorsqu'il porte le turban foulani qui cache le bas du visage, il ressemble à un jeune homme de vingt ans. Ce jour-là, sa barbe blanche découverte me permettait de mieux évaluer son âge. Le Galadima est, dit-on, le plus brave des guerriers de l'Adamaoua et ses exploits d'autrefois sont même un sujet de causeries à l'heure actuelle.

« Je lui annonce que je vais retourner en Europe par le Mboum, dont il est le ministre à Yola. Il me dit qu'il n'a qu'à s'incliner devant la volonté du sultan, qui m'autorise à aller à Ngaoundéré et à Koundé pour rejoindre le fleuve où sont les Français; qu'il a été très content de mon choix et qu'il espère qu'à mon retour je n'aurai qu'à me louer d'avoir choisi cette route. Il nous confirme les renseignements que nous avons déjà reçus d'autres personnes sur le chemin que nous allons parcourir.

« De là nous allons chez Amoâ, qui a succédé au Galadima dans le commandement actif des troupes. Amoâ a une trentaine d'années. Ses traits sont ceux des Foulanis, mais sa figure est d'un noir d'ébène, que font ressortir ses vêtements et son turban d'une éclatante blancheur. Il jouit de la renommée dont jouissait autrefois le Galadima: c'est le grand général de l'Adamaoua, la terreur des ennemis. Je le complimente sur le succès de sa dernière campagne. Je l'attendais à le voir recevoir mes éloges avec un sourire: il m'annonce tristement que, revenu depuis quelques jours à peine d'une guerre qui avait duré cinq mois, il allait être de nouveau séparé de ses femmes et reprendre la vie en plein air, le sultan lui ayant donné le commandement direct des troupes qui vont faire la guerre avec lui. Et cela à la demande générale des soldats.

« Amoâ a trois revolvers, que lui a donnés Flegel. Un revolver de gendarmerie française et deux revolvers de fantaisie. Il lui reste six cartouches pour le premier, mais aucune pour les deux autres. Malheureusement, tous ces revolvers sont à broche et je ne puis satisfaire à la demande de munitions qu'il me fait. Échange de souhaits, de *sano*, de *baraka*. « Puisses-tu revenir « victorieux et vivre encore longtemps après cette guerre! » — « Puisses-tu atteindre heureusement la mer bleue qui passe au « delà de Koundé et revenir nous voir! » Pendant cinq minutes, nous jouons à ce jeu, auquel Amoâ est plus fort que moi.

« Le soir à 8 heures, Ahmed nous rapporte les deux lettres qui lui ont été délivrées contre les 40000 cauris, un quart en sel, le reste en soieries. Outre ce payement, Mohammed-Gabdou, qui accompagne le sultan à la guerre, demande un turban, un briquet, une boîte d'allumettes, du satin pour border son burnous et de la soie pour le broder....

« Depuis quinze jours, la pluie a cessé; deux orages épouvantables ont eu lieu, menaçant d'inonder le pays de nouveau; puis le vent du nord a commencé à souffler, desséchant la campagne et les marais. En quelques jours l'herbe a pris une teinte de blé mûr, les feuilles des arbres ont jauni, les baobabs, privés de leur verdure, balancent au bout de leurs bras massifs leurs énormes fruits. Le riz, coupé depuis quinze jours, est battu sur place sur l'aire préparée par les fourmis pour construire une nouvelle termitière. De tous côtés on rentre en ville le millet et le sorgho rouge; les femmes, accroupies dans les champs, cueillent les haricots et les arachides. Les hommes, assis à l'entrée de leurs demeures, aiguisent sur une pierre leurs flèches, s'assurent que le roseau est droit, et, après les avoir trempées dans la pâte empoisonnée, les placent dans leur carquois.

« Les contingents des villages à l'est de Yola commencent à rallier : guerriers modestes, suivis d'un seul serviteur; chefs précédés de nombreux esclaves et d'un joueur de hautbois. Les chevaux de guerre, que l'on avait envoyés reposer dans les fermes éloignées, caracolent sur les chemins, conduits par un esclave de confiance. Une brume rouge que le vent du nord, l'*harmatan*, a apportée du grand désert, au delà de Kouka, augmente les distances et cache les montagnes. Yola paraît être au centre d'une plaine immense s'étendant jusqu'à l'horizon.

A la nuit le vent cesse, hommes et plantes peuvent respirer et secouer la poussière fine venue du Sahara. Au jour succède une nuit lumineuse, les étoiles semblent à un premier plan par rapport à l'azur profond du ciel. La température descend rapidement de 28 ou 30° à 15. Il fait froid. La conséquence est que tout Yola tousse et que je suis accablé de demandes de médicaments.

« Yola, 18 novembre 1891. — Le sultan est parti ce matin au point du jour avec le contingent fourni par Yola et les villages environnants. Il faudra, me dit-on, plusieurs jours avant que toutes les troupes soient réunies, car il y en a qui viennent de loin, au nord de la Bénoué, et qui devront passer la Bénoué, à peine guéable à cette époque de l'année, et la marine de l'Adamaoua consiste en une seule pirogue, pouvant porter une vingtaine d'hommes. Les ponts sont inconnus : si une petite rivière a grossi, on cherche un gué et on la passe en pirogue en soutenant la tête des chevaux hors de l'eau.

« D'ailleurs, durant la saison des pluies, les gens de l'Adamaoua ne voyagent que s'ils y sont forcés. A la saison sèche, après que l'harmatan a soufflé durant deux ou trois semaines, on ne trouve plus d'eau dans les petites rivières; en février, la Bénoué ellemême est à sec; le lac qui sépare Yola de la rivière diminue chaque jour; l'eau se retire de la plaine, les ruisseaux qui traversent la ville sont taris. Les habitants ont creusé dans la campagne de grands trous pour se procurer la marne nécessaire à la construction des maisons. Ces trous, dont les parois sont presque imperméables, servent de citernes et gardent l'eau pendant plusieurs mois. Cette eau, comme celle de toutes les sources et de tous les ruisseaux de la vallée de la Bénoué, est blanche, de ce blanc que donnent à l'eau quelques gouttes de lait. Elle n'a cependant aucun goût et ne dépose pas.

« Yola, 21 novembre 1891. — Le petit vapeur de la Compagnie, le *Bénoué*, est mouillé devant Yola depuis plusieurs jours et je n'ai reçu aucune lettre. L'eau s'étant retirée, il n'est plus besoin de faire un long détour pour aller par terre à la *Bénoué*; la vase des chemins s'est durcie et fendillée au soleil. Je vais aller voir moi-même si j'ai tout au moins la réponse à la lettre que j'ai écrite à la Compagnie.

Le voyage est agréable, la terre n'étant pas assez sèche pour donner de la poussière. Je traverse la plaine, contournant çà et là quelques mares d'eau, derniers vestiges de l'inondation. Au delà, le terrain s'élève d'abord en une pente douce, parsemée de blocs énormes de grès ferrugineux, auxquels le temps a imprimé des patines variant du jaune clair au rouge et au noir foncé. Des *fleurs sauvages poussent* dans les interstices des rochers, épanouissant leurs fleurs roses et blanches. Je gravis un escalier formé de blocs énormes et j'arrive au sommet d'un plateau qui supporte plusieurs petits villages. Pour la première fois, je vois, d'un lieu un peu élevé (120 à 150 mètres au-dessus du niveau de l'eau), l'ensemble du cours de la Bénoué. Elle s'élance du contrefort que termine le mont Jones, entourant deux grandes îles. A cette hauteur la plaine de Yola est encore inondée et ses anses se confondent avec les méandres du Mayo-Beti. Du côté de l'ouest, elle roule ses eaux paisibles dans un lit large et presque droit sur une longueur d'une douzaine de milles, puis s'infléchit vers le sud pour contourner les collines qui la bordent au nord et disparaît dans la brume rougeâtre de l'harmatan, du côté de Bachama. Les bancs de sable blanc commencent à se montrer çà et là. Le vapeur *Kano*, que la Compagnie a placé devant Yola, est mouillé fort loin au-dessous de l'entrée de la crique, dans un trou où il flottera quand la Bénoué sera à sec.

« J'apprends, en arrivant à bord, que la lettre que j'ai écrite il y a près d'un mois à l'agent supérieur de la Compagnie dans la Bénoué n'est pas arrivée à destination, et qu'en conséquence je ne puis avoir de réponse. Quant aux lettres d'Europe, s'il y en a, « elles ont dû être envoyées à Garoua ». Je demande à l'agent de me céder les quelques sacs de sel dont j'ai besoin pour m'acheter des ânes et des chevaux porteurs. Mais il m'annonce qu'il a l'ordre de ne me faire aucun crédit. Et pourtant j'ai en ma possession le bon que m'a remis M. Mac Intosh en échange de la traite que je lui ai signée à Yola dans les premiers jours de septembre.

« Quelle singulière conduite ! Dans le bas Niger on me refusait tout crédit. Puis, par un revirement bizarre, alors que je ne demandais rien, on m'a fait des offres de service ; on m'a versé en deux fois 3 000 francs de marchandises contre des traites, ajoutant que je n'avais qu'à demander plus si je désirais plus. Et voilà que maintenant, troisième manière, la Compagnie refuse même de faire honneur à sa signature et de me solder une traite qu'elle a dû toucher elle-même depuis un mois !

« Il ne me reste plus qu'à tenter de recouvrer mon chèque à l'agence de Garoua. Aussitôt de retour à Yola, je me mets à la recherche d'un homme qui veuille se rendre dans cette ville. Mon propriétaire, auquel je m'adresse, me donne son fils aîné, qui part le lendemain à la pointe du jour.

« Nos préparatifs de départ vont être arrêtés jusqu'au retour de cet envoyé. Les treize sacs de sel que j'ai l'intention d'obtenir en échange de mon bon me sont nécessaires pour l'achat des bêtes de somme. J'ai dit au sultan que je partirais dans huit ou dix jours au plus tard, mais il me sera impossible de tenir parole.

« Il faut que je renvoie avec ma propre pirogue les mécaniciens noirs que j'ai pris à Assaba et les Soussous, qui seraient une gêne, au cours du voyage que nous allons entreprendre. J'ai aussi à renvoyer une grande partie de mon matériel naval, qui m'est désormais inutile et un lot de marchandises impossibles à écouler, soit un poids de deux tonnes.

« J'écris au sultan pour lui annoncer mon retard et à Lowen pour qu'il en explique les raisons à Zoubir.

« Yola, 26 novembre 1891. — Nous passons six jours dans l'énervement de l'attente, n'ayant même pas, pour nous distraire de nos pensées, l'animation des préparatifs de départ. Enfin, le 26, à 10 heures du matin, le fils de mon hôte est de retour à Garoua. Il m'apporte le bon visé par l'agent du district de Garoua et l'ordre de payer à vue, et un courrier, le premier depuis quinze mois. Hélas ! il est bien léger : une lettre en réponse aux soixante que j'ai écrites ».

Depuis le 26 novembre jusqu'au 14 décembre 1891, le temps fut presque entièrement consacré aux préparatifs du départ. L'absence du sultan était une source de perpétuels retards, car, lorsqu'il se présentait une petite difficulté, M. Mizon n'avait plus la ressource d'en appeler à l'autorité de Zoubir.

Aussi fut-ce avec une certaine satisfaction qu'il apprit le prochain retour de l'armée. La renommée, il est vrai, disait que les Foulanis avaient médiocrement réussi ; leur brillante cavalerie s'était trouvée impuissante devant des païens réfugiés dans des montagnes rocheuses et lançant de là des pierres sur les assaillants.

Les gens de Yola ont l'habitude de célébrer par une bruyante démonstration le retour de la colonne, quels qu'en aient été les résultats. L'ami Derdiri donna à M. Mizon le judicieux conseil de participer à la fête et d'aller en fantasia au-devant du sultan, qui ne pourrait manquer d'en être considérablement touché.

Le conseil fut suivi : au jour dit, le personnel de la mission, précédé de M. Mizon à cheval et accompagné de quelques amis de Yola, partit à la rencontre du cortège. Dès qu'il aperçut Zoubir, les chevaux furent lancés au triple galop, et les hommes se mirent à tirer des coups de fusil en acclamant le sultan. Ainsi que l'avait prévu Derdiri, Zoubir marqua en effet une grande satisfaction de cet accueil. Le lendemain, pour témoigner sa reconnaissance, il envoyait des moutons à la mission.

Le 15 décembre, M. Mizon quittait la capitale de l'Adamaoua, où nul autre blanc que Flegel n'avait aussi longtemps séjourné et surtout n'avait reçu un pareil accueil. Il partait muni d'une lettre de recommandation de Zoubir pour le sultan vassal de Ngaoundéré, et accompagné du courrier royal Taïeb, son compagnon d'exploration dans le Mayo-Kebbi. Avant de sortir de Yola, le commandant avait dû promettre au sultan et à tous ses amis de revenir prochainement, accompagné des marchands français.

Le soir, la mission s'arrêtait à quelques lieues de Yola, dans une ferme de Lowen, pour y former un camp de ralliement. Le lendemain on se contentait de faire une étape de 10 kilomètres ; il y avait à chaque instant de petits incidents : les chevaux de guerre, peu habitués à porter des charges, ruaient, des bagages tombaient à terre, etc.

Le 18 seulement, en arrivant au Mayo-Beti, la caravane était définitivement constituée : M. Mizon chevauchait sur *Patani*, accompagné de la petite S'nabou, à califourchon : après l'aventure de la Bénoué, il n'avait pas osé confier l'enfant aux noirs qui redescendaient dans le bas-Niger. Le soir, la mission atteignit Gourin, ancienne capitale de l'Adamaoua, et le 19 elle campait dans une île du Faro. Cette rivière importante semble être le véritable

SOURCES DE LA BÉNOUÉ.

(Dessin de Mme Paule Crampel, d'après une photographie de M. Mizon.)

prolongement de la Bénoué. Elle en est, en tout cas, l'affluent le plus considérable.

Le 20, M. Mizon dépassait M'Boun-Dang et Toroua. Le 21, il commençait à contourner le grand massif qui sépare le Faro de la haute Bénoué. Le 23, la mission arrivait à Koné. Les nuits commençaient à devenir froides, la température descendant jusqu'à 5 et 3 degrés.

Durant plusieurs jours, la marche continua sans incidents. Partout, grâce à l'envoyé royal, la mission reçoit un accueil favorable, les populations se pressent pour voir l'envoyé des Français dont ils entendent parler depuis si longtemps. Le 30 décembre, la mission prit un jour de repos ; les chevaux, écorchés, fatigués, en avaient surtout besoin. Le lendemain, en se remettant en route, les voyageurs franchissaient la Bénoué ; ce n'est, là, qu'un petit torrent large de 3 mètres à peine, descendant de la montagne.

Le 1er janvier 1892, la caravane arrivait au pied de la haute chaîne de plateaux où la rivière prend sa source. La mission commençait à gravir les pentes, et le lendemain elle campait sur les bords de la Yerna, au milieu des fermes magnifiques appartenant aux gens riches de Ngaoundéré. C'est là que M. Mizon observa le matin, sur les rives de la Yerna, des paillettes de glace. Aux dernières heures de la nuit, d'ailleurs, les voyageurs souffraient vivement du froid.

La mission franchissait alors la grande muraille qui traverse l'Afrique occidentale de l'est à l'ouest, séparant les bassins du Niger et ceux du Congo, du Tchad et des petits fleuves de l'Atlantique. Du bord de ce plateau élevé de 1200 mètres, elle aperçut, le 2 janvier, de l'autre côté de la vallée du Bini, une tache blanche perdue dans la brume du matin. C'était Ngaoundéré, la plus grande ville de l'Adamaoua (25 à 30 000 habitants).

Le 29 janvier, Taïeb guida la caravane vers la vallée de Ngaoundéré. On campa le soir au bord du Bini. Le lendemain, au moment où la mission allait se remettre en marche, elle était arrêtée par des cavaliers de Ngaoundéré : « Veuillez attendre, disaient-ils en substance, la ville vous prépare une réception, mais on ne sera pas prêt avant 11 heures. »

Cela était de bon augure. M. Mizon s'arrêta, et à 11 heures la mission, dans le plus bel appareil, franchit la porte fortifiée qui donne accès à l'ouest de Ngaoundéré. Les cavaliers ne l'avaient pas trompé : dès l'entrée, un vacarme infernal accueillit la mission ; des corps entiers de cuirassiers bardés de ouate faisaient la fantasia, criant, brandissant leurs armes ; des piétons frappaient sur des instruments bruyants. C'est là que M. Mizon vit pour la première fois le curieux escadron de cavaliers couverts d'armures

ARRIVÉE A NGAOUNDÉRÉ.

(Dessin de Mme Paule Crampel, d'après le texte.)

du moyen âge, heaumes, armets, etc., gloire du jeune sultan de Ngaoundéré, Mohammed fils d'Abo. Celui-ci, qui attendait la mission à cheval devant son palais, lui fit l'accueil que ces démonstrations permettaient de présager : depuis longtemps, dit-il, il attendait la venue du commandant et il était heureux de le voir enfin.

M. Mizon se trouvait là, à Ngaoundéré, à l'extrême limite des pays visités par les voyageurs européens. Encore Flegel, le seul qui y fût venu, n'avait-il pu visiter la ville. Lors de son séjour, en effet, Mohammed était en expédition, et sa femme, qui gouvernait en son absence, n'osa point autoriser l'explorateur à sortir de certains quartiers de la ville.

Au contraire, Mohammed prit un véritable plaisir à faire connaître à son visiteur la capitale et les environs. Tous les mercredis, on se rendait au *champ de manœuvres* et l'on faisait des exercices comparatifs entre la tactique européenne et la tactique de Ngaoundéré. Les cuirassiers du sultan fonçaient sur les quelques Sénégalais d'escorte, dispersés en tirailleurs, qui tiraient à blanc, et Mohammed était forcé d'avouer que la plupart de ses hommes fussent restés en route dans une action véritable.

Ngaoundéré, à la fois centre commercial important et forteresse foulani commandant les pays païens, est située au milieu de montagnes volcaniques, de formation relativement récente ; elle est entourée d'un ravin qui offre une grande analogie avec le Rummel de Constantine. A une lieue de là environ se trouve un volcan dont le cratère est rempli d'eau. Cet endroit était autrefois fétiche pour les païens ; il l'est demeuré pour les Foulanis musulmans, en ce sens qu'on ne peut le visiter qu'en compagnie du sultan. Mohammed pria M. Mizon de l'y accompagner, et sur la vaste étendue d'eau on se livra à des exercices de tir.

Au cours des marches militaires, le sultan, avisant un jour l'appareil photographique que portait un noir, demanda à M. Mizon quel était cet instrument. Le voyageur, qui avait déjà offert son portrait à Mohammed, donna les explications.

« Eh bien, dit le sultan, pourquoi ne me photographies-tu pas avec mon cortège, pour que ton sultan voie ma puissance ? »

FANTASIA DES CUIRASSIERS DE MOHAMMED.

M. Mizon s'empressa de profiter de l'occasion qui lui était offerte (1). Il photographia également le bourreau.

Mohammed est considéré comme l'homme le plus riche de l'Adamaoua. Il a, dans son palais seulement, 1200 femmes, qui sont moins des épouses que des servantes, et dans ses fermes, autour de la ville, il possède 3000 serviteurs. Il tenait, paraît-il, à accabler la mission de ses bienfaits, car, bien que la petite troupe ne comptât que 18 personnes, il lui avait envoyé, le premier jour, 72 femmes portant sur leur tête des calebasses remplies de ragoût de bœuf, dont une seule suffit à tout le monde, 2 bœufs vivants et 50 poules. On pensait d'abord que cela devait servir pour tout le séjour; mais chaque soir le même envoi était renouvelé. Et Mohammed demandait aux Arabes de la ville : « Croyez-vous que le commandant soit content? »

L'amitié de Mohammed devenait si pressante, que notre compatriote ne voyait plus le moment où il lui serait permis de partir. Aussi fut-il obligé de dire au jeune sultan : « Si tu ne me laisses pas quitter Ngaoundéré maintenant, je ne pourrai par tenir ma promesse de revenir à Yola aux hautes eaux, et c'est toi qui en seras responsable ».

M. Mizon projetait d'atteindre la Kadéï, qu'il présumait être, d'après les renseignements recueillis, le haut cours de la Sangha. Malheureusement la route était fermée dans cette direction. C'était justement là que passaient autrefois les marchands foulanis qui allaient trafiquer dans le sud. Mais les païens Bayas de Séria s'étaient mis un beau jour à les piller et à les massacrer. Le sultan avait alors envoyé son cousin Belo, actuellement gouverneur de Toroua. Celui-ci avait détruit les villages païens et emmené nombre d'indigènes. Alors, à partir de ce moment, les caravanes ne purent plus passer, et au lieu de suivre la ligne de crête entre les rivières Kadéï et Mambéré, où le trajet est commode et salubre, elles durent longer les rives marécageuses de la Kadéï, presque impraticables aux bêtes de somme et aux chevaux. Toutefois les gens de Séria désiraient le retour des marchands. Justement, au moment du passage de M. Mizon, ils avaient envoyé à Ngaoundéré des fils de leurs

(1) Malheureusement, cette intéressante épreuve n'est pas venue au tirage en Europe.

chefs pour négocier la paix. Afin de les humilier, Mohammed les donna comme porteurs à la mission, en disant : « Puisque vous me promettez de vous bien conduire à l'avenir, je vous confie le commandant. Nous verrons après. »

A M. Mizon il tint un langage non moins rassurant :

« Je ne m'y fie guère, lui dit-il, et je n'ose envoyer des marchands sur les promesses de ces gredins. Mais toi, tu es assez fort pour te défendre s'ils t'attaquent, en attendant que je leur envoie Belo. »

Il chargea en même temps M. Mizon de donner l'investiture aux nouveaux chefs et, par la même occasion, la robe blanche et le turban bleu distinctifs — en lui laissant, bien entendu, le soin de fournir ces objets.

LE BOURREAU DE NGAOUNDÉRÉ.
(Dessin de Mme Paule Crampel, d'après une photographie de M. Mizon.)

La mission passa à Koundé, dernière ville foulani et grand marché d'ivoire, où nos compatriotes entendirent pour la première fois parler de blancs établis dans la rivière Mambéré, juste dans la région où un autre blanc (M. Fourneau) s'était battu l'année précédente.

Après avoir passé Doka, M. Mizon put se convaincre que Mohammed avait agi prudemment en n'envoyant pas tout d'abord des négociants sur la foi des promesses des Bayas. Un jeune chef de Séria ne voulait pas recevoir l'investiture et poussait ses compatriotes à attaquer la mission. Heureusement les vieux de la tribu, hurlant de toutes leurs forces, rappelaient les atrocités commises par Belo et demandaient si l'on voulait s'exposer à de pareilles calamités, surtout au moment où les blancs paraissaient être devenus les amis des Foulanis. Grâce à leur intervention, la paix put être faite, et plus tard, à Gaza, M. Mizon eut la satisfaction de voir arriver des caravanes de négociants bornouans qui avaient traversé sans difficulté le pays de Séria.

VILLE DE GAZA.

Dessin de Mme Paule Crampel, d'après une photographie de M. Mizon.)

A partir de Gaza, ville de 3000 habitants environ et dernier marché de l'Adamaoua, M. Mizon rencontra tous les jours des indigènes qui avaient vu les blancs de la Mambéré; ils avaient parfois des perles Bapterosse, des bouts de journaux français. Il n'y avait pas de doute : il s'agissait des avant-postes du Congo français créés par MM. Fourneau et Gaillard, les explorateurs de la Sangha.

Tous les jours, des messagers venaient rendre compte au chef de Gaza — qui en entretenait M. Mizon — des moindres faits et gestes des blancs. Maï-Serama, au lieu de retourner immédiatement à Ngaoundéré, attendit pendant quinze jours à Gaza, afin de pouvoir mieux renseigner le sultan Mohammed.

La mission continuait sa marche vers la Kadéï; mais, arrivé à hauteur de la région où M. Fourneau avait été attaqué (4° 30'), M. Mizon, craignant des difficultés, laissa son convoi et son escorte et partit seul avec S'nabou et Ahmed pour entrer dans les villages. Laccueil qu'il y reçut lui donna la conviction que les incidents Fourneau ne pouvaient avoir été que le résultat d'un malentendu. Ces populations sont en effet fort douces, mais en même temps très curieuses. A chaque instant, les indigènes qui n'avaient jamais vu ni blancs ni chevaux, arrêtaient les voyageurs pour les contempler. On appelait même les absents, on les attendait, pour que tout le monde pût jouir du spectacle.

MAÏ-SERAMA.

Afin de ne pas trop retarder sa marche, M. Mizon dut user de ce procédé curieux : dans chaque village, sur sa demande, des jeunes gens partaient en avant, au pas gymnastique, pour prévenir les gens du village suivant et leur dire de se tenir prêts à voir les blancs.

Arrivé chez Djambala (4° 18'), M. Mizon trouva un Sénégalais et deux miliciens, envoyés en avant pour réunir des porteurs et des guides. Il apprit d'eux qu'il lui faudrait encore trois jours pour rejoindre M. de Brazza sur la Mambéré. N'osant laisser

DANS LA HAUTE KADÉÏ.

(Dessin de Mme Paule Crampel, d'après une photographie de M. Mizon.)

aussi longtemps son propre camp dans l'inquiétude, M. Mizon remit au Sénégalais une lettre pour M. de Brazza : « Je retourne en arrière pour rejoindre mon convoi, disait-il en substance. Je descendrai ensuite la Kadéï. Si vous désirez être mis au courant de ce que j'ai fait et de ce qui se trouve devant vous, redescendez la Mambéré et nous nous rencontrerons au confluent des deux rivières ».

M. de Brazza, qui avait jusqu'alors ignoré la présence de M. Mizon, s'empressa de se conformer à ces indications. Il remonta la *Kadéï* pendant deux heures au-dessus du confluent, et attendit dans l'îlot de Comaza, où le 7 avril à midi se rencontraient les deux anciens compagnons d'exploration du Congo français.

A partir de ce moment, M. Mizon rejoignait la région parcourue déjà par plusieurs agents de notre colonie. Son voyage d'exploration était terminé.

LA

MISSION MONTEIL

J'ai raconté (1) dans quelles conditions avait été organisée, grâce à M. Etienne et à ses collaborateurs, la mission du capitaine Monteil. Partie par le Sénégal et le Soudan, elle avait, comme les précédentes, le Tchad pour objectif, en traversant la boucle du Niger, le Sokoto et le Bornou.

J'ai publié les lettres envoyées par le capitaine Monteil — promu chef de bataillon au cours de son voyage — de Kayes, de Ségou-Sikoro, de San et de Samoroghan. L'œuvre la plus importante de cette partie du voyage avait été le traité signé avec l'Almamy de San.

Je reprends le récit du voyage du commandant Monteil à partir de Samorhogan. Je l'emprunte aux lettres que le commandant Monteil a bien voulu me communiquer.

Lanfiéra (Dafina) 10 avril 1891.

Tout d'abord, le point d'où je vous adresse cette lettre, n'étant pas porté sur la carte Binger, je note sa position, qui est 12°48′25″ latitude N. 5°33′ longitude O. (2).

Entre Samorhogan et Bama s'étend un pays habité par des populations peu civilisées, farouches et timides à la fois, qui acceptent le joug du premier venu, à la condition toutefois que ce joug sera purement nominal et que leur indépendance individuelle n'en souffrira point. Ce sont les Bobos Fing, les Tousias, les Sambellaws, etc. Leurs villages sont jetés au hasard, sans qu'il soit possible d'affecter à chaque nationalité telle ou telle portion délimitée de territoire.

Au temps de la splendeur de Kong, des Ouattaras sont venus se fixer au

(1) A la *Conquête du Tchad.*

(2) Après rectification des calculs, la position exacte de Lanfiéra est 12°32′27″ N., 5°02′30″ O. (Voir *Bulletin de la Société de Géographie*, 16 mars 1894.)

milieu de ces populations et ont pris sur elles une influence qui en a fait les maîtres incontestés du pays. Cet état de choses dure encore, mais l'autorité est très divisée ; elle manque à la fois de prestige et de force.

Dans la région entre Bama et Boussoura, dans laquelle se trouve Dioulasso, l'autorité est aux mains des Sanous, venus de Kong avec des Ouattaras, mais qui se sont davantage fondus dans la population autochtone. Les relations commerciales avec Kong subsistent par Bobo-Dioulasso, mais les relations politiques sont depuis longtemps rompues ; Ouattaras et Sanous sont ennemis.

Arrivé à Boussoura le 17 mars, je savais la nouvelle de la prise de Kinian. J'ai exploité ce grand succès de Tieba dont ils redoutent la venue, et, en faisant valoir au Fama Mahmadou Sanou, et à son frère que le pavillon français leur serait une sûre protection contre les entreprises de ce dernier, j'ai enlevé le traité le 20 mars.

Le traité de San m'a été ici de la plus grande utilité, parce que sa lecture et la vuë de la signature de l'Almamy, dont la réputation est très grande, ont levé les scrupules de l'Almamy de Dioulasso, qui a envoyé à Boussoura dire au Fama Mahmadou qu'il pouvait accepter ce que l'Almamy de San avait accepté.

Ainsi que vous le verrez par la suite de cette lettre, ce n'est pas la seule circonstance dans laquelle le traité de San m'aura facilité des négociations avec les pays que j'ai traversés.

Parti de Boussoura le 22 mars, ma route s'est continuée sans incidents notables autres que des ennuis suscités par l'importunité et par les ridicules coutumes bobos. Je suis arrivé, en passant par Boundoukoy, Ouakra et Paquena, à Ouoronkoy ou Ouorouko, le 25 mars.

Le pays, sur ce parcours, est très divisé; les Bobos y sont chez eux, à part quelques infiltrations de Peuls venus du nord depuis cinq ans environ (date de leur passage du Baoulé-Volta) et des Markhas du Dafina, infiltrations dont le flot grossit tous les jours.

J'étais dans l'intention, à Ouoronkoy, de quitter la route du Dr Crozat pour marcher au nord-est sur Niouma, village frontière du Mossi ; je m'étais même préparé l'accès dans ce pays et le Yatenga, en envoyant un cadeau au Naba du Yatenga, pour lui annoncer ma visite prochaine.

Tout à coup, à la veille de partir, j'apprends qu'Ahmadou Cheikou est entré par Dia dans le Macina et s'est avancé jusqu'à Diaka (carte Caron), d'où il a envoyé une lettre à Mounirou, lui demandant de lui donner asile.

Cette nouvelle, grosse d'importance, n'était pas faite pour me surprendre. Elle m'a aussitôt mis en éveil et, de manière à me tenir au courant des événements pour les influencer dans le sens de nos intérêts, si possible, j'ai résolu de continuer la route du docteur Crozat et de pénétrer dans le nord du Dafina, me rapprochant ainsi le plus possible du théâtre des événements.

Par Poundou, Kari, Dédou, Phasacouan, je suis arrivé à Kimbéri, premier village du Dafina et, le même jour, je portai mon camp au bord du Baoulé (Volta noire de la carte Binger).

Le lendemain, toujours me dirigeant au nord-nord-est j'arrivai à Bissa. Là, les renseignements sur Ahmadou me furent confirmés. En ce point aussi, je pus me rendre un compte meilleur de l'organisation du Dafina.

Longuement, le docteur Crozat m'avait entretenu à Kinian de l'Almamy de Lanfiéra, personnage religieux dont l'influence s'étend sur tous les pays de la boucle du Niger jusqu'à Salaga ; mais, à cause d'un trop court séjour probablement, le docteur n'avait pu se faire une idée bien nette de l'importance du personnage.

En tous cas, à mon départ de Bissa, au lieu de pousser jusqu'à Lanfiéra, distant de 12 kilomètres à peine, je m'arrêtai à Koumbara, pour y voir le Mansakié. Celui-ci me reçut bien, car un des hommes venus avec moi lui apportait le payement très large de deux chevaux que le Docteur lui avait achetés en passant.

Dans la journée même, je le pressentis au sujet d'un traité analogue à celui de San, dont je lui donnai lecture. Immédiatement il accepta, *sous la réserve de l'approbation de l'Almamy de Lanfiéra.*

Le lendemain, il m'accompagnait à Lanfiéra. Je vis l'Almamy, qui me reçut bien, ayant gardé du docteur Crozat le meilleur souvenir. Dès l'abord, il me parla du traité de San et me le demanda ; après l'avoir lu, il me dit : « Quand un homme instruit et religieux comme l'Almamy de San a signé un semblable traité, chacun doit suivre son exemple, parce que c'est un homme d'expérience. Je suis prêt à signer semblable traité pour Dakourou (nom du Mansakié de Koumbara) ».

Le lendemain, 3 avril, le traité était signé, et l'Almamy faisait acte d'adhésion formelle en y affirmant que le Dafina *tout entier* acceptait l'alliance française et en signant lui-même.

... Alpha Ahmadou Karamokho, Almamy de Lanfiéra, est âgé de quarante-cinq ans environ. D'une stature et d'une carrure d'athlète, il est admirablement proportionné et ses larges épaules supportent une tête à la physionomie intelligente et douce à la fois. Karamokho est très instruit ; il a énormément lu, de la littérature arabe, il est vrai ; mais ce qui prouve son intelligence, c'est que la science sophistiquée qu'elle contient n'a pas réussi à lui fausser le jugement, qui est très large et très juste. Son esprit est curieux de toutes choses ; le nombre de questions qu'il m'a posées sur les sujets les plus variés, mais surtout sur l'histoire musulmane, l'astronomie, la géographie, est considérable. Chaque fois il m'a étonné par la justesse, la précision de ses réflexions.

Karamokho, dans ce milieu absolument ignorant de Markhas, qui ont depuis longtemps oublié jusqu'aux pratiques extérieures du culte musulman, s'est peu à peu créé, par sa seule intelligence, une situation d'oracle sans cesse consulté, sans cesse écouté. Sa réputation de sainteté, de sagesse et aussi de tolérance a bientôt franchi les limites du Dafina, pour rayonner jusqu'à Bandiagara, Bobo-Dioulasso, Salaga et Say. Les élèves ont afflué, plusieurs d'entre eux sont allés à la Mecque et, à leur retour, lui ont continué la déférence que son grand savoir lui a conquise.

Ces pèlerins, au retour, lui ont rapporté une foule de renseignements qu'il a catalogués avec soin dans sa prodigieuse mémoire et Karamokho, sans être jamais sorti de Lanfiéra, a des connaissances très complètes sur l'histoire et la géographie des pays situés entre Saint-Louis et Massaouah.

Toutefois l'influence de Karamokho est fortement sapée par un de ses anciens élèves, pèlerin de la Mecque, fanatique affilié à la confrérie des Tidiani. Cet individu habite Bossé, village situé à une dizaine de kilomètres au nord de Lanfiéra. Tous ses efforts tendent à créer la guerre sainte. Déjà il avait profité du passage du docteur Crozat, l'année précédente, pour faire un appel aux armes, et cela dans un sentiment d'hostilité peu déguisé contre Karamokho.

Mon arrivée, annoncée longtemps en avance, a été pour l'Almamy de Bossé l'occasion d'un pas de plus en avant; il a réuni, trois jours après mon entrée à Lanfléra, tous les chefs du Dafina et a formellement demandé leur adhésion à la guerre sainte, qu'il commencerait, disait-il, seul, si on refusait de l'aider. L'influence de Karamokho s'est encore victorieusement affirmée: un refus unanime a accueilli ses ouvertures du fanatique, qui, comme marque de défaite et de soumission, a dès le lendemain envoyé des présents à l'Almamy de Lanfiéra, lequel ne s'était pas rendu à Bossé.

Karamokho n'en sait pas moins qu'un jour peut venir où cet énergumène trouvera des adhérents, et lui-même ce jour-là sera le plus menacé!

Je vais partir pour le Mossi, accompagné d'un élève de Karamokho et muni de lettres.

A la fin de cette lettre, le commandant Monteil propose de décerner la médaille militaire à son collaborateur M. Badaire. (On sait que cette décoration fut accordée.)

A la lettre étaient joints :

1° Le traité de Boussoura;

2° Le traité de Dafina;

3° La traduction de la lettre du chef peul Ouiddi.

Traduction d'une lettre du chef peul Ouiddi, chef de Barani, en réponse à une lettre lui proposant de conclure avec la France un traité plaçant son pays sous le protectorat de la France et de laisser ouverte la route des caravanes de San vers le Mossi.

Cette lettre est une réponse de Ouiddi, fils de Djoua, fils de Madick, par l'intermédiaire de Karamoko, Almamy de Lanfiéra.

Salut!

J'ai vu ton envoyé, j'ai vu ta lettre, vu ce qu'elle contient, je l'accepte et t'envoie l'assurance de toute mon affection. Jamais je n'ai reçu de pareille lettre. J'en suis très satisfait. Je ne suis pas roi (1), je n'aime que Dieu, Mahomet et toi-même, il en est ainsi de tout mon pays. Ta lettre m'a fait grand plaisir; j'écris celle-ci pour le bien de mon pays.

Cette lettre a été écrite dans le pays Yorokoué, elle te parviendra par l'Almamy de Lanfiéra.

Tu parles français, j'écris en arabe, nous ne pourrions nous entendre, règle tout avec l'Almamy. Je sais que tu es un envoyé du chef des Français et que ton nom est Monteil.

Salut!

OUIDDI.

Lanfiéra, 13 avril 1891.

(1) Le Yorokoué, pays habité par les Peuls, entre San et le Dafina, a dépendu jusqu'à ce jour du Macina.

« Kano, lat. 12° 00' 35" 5 N.; long. 6° 15' 37"5 E. (1), ce 29 novembre 1891. — Je partis de Lanfiéra le 14 avril, muni de guides donnés par l'Almamy et porteur d'une lettre personnelle de ce dernier au Naba de Waghadougou.

« Bien accueilli partout dans le reste du Dafina, j'entrai le 19 avril dans le Mossi par Niouma. Je comptais trouver là des hommes que le Naba du Yatenga devait envoyer à ma rencontre; il n'en fut rien; à La, où j'arrivai le lendemain, pas davantage.

« J'avais là à prendre une décision : ou me rendre dans le Yatenga ou continuer ma route sur Waghadougou. — Entrer dans le Yatenga n'eût eu aucun inconvénient pour l'avenir, si le Naba eût envoyé au-devant de moi; mais me détourner de la route directe sans être appelé par le Naba de Sissamba (capitale du Yatenga) pouvait éveiller les susceptibilités à Waghadougou, où l'on suspecte ce puissant vassal. D'ailleurs le Naba de La, que je sondai, coupa court à mes tergiversations, en me déclarant qu'il ne me donnerait que la route de Yako, c'est-à-dire la route de Waghadougou.

« Le 21 avril, je partais pour Yako, d'où le Naba m'assura des guides jusqu'à Deboaré; en ce point le Naba me donna deux guides pour Waghadougou, où j'entrai le 28 avril à 6 heures du soir. — Mes guides me conduisirent chez l'Almamy, qui devait être mon hôte. La nuit venant, je pris campement près de la mosquée.

« L'accueil que fit l'Almamy à mon interprète fut froid, mais ne paraissait pas hostile; il promit de l'eau et du bois, mais il apporta seulement un peu d'eau et point de bois. Les hommes fatigués par une très rude marche durent se coucher sans manger.

« Vers 4 heures du matin, on vint me réveiller pour me transmettre l'ordre du Naba d'avoir à quitter Waghadougou sur-le-champ. Je compris de suite que cet acte était dû à la duplicité de l'Almamy et de son fils, dont le docteur Crozat n'a pas eu à se louer. De peur de voir empirer les choses, je partis sur l'instant, mais pour prendre un nouveau campement à 20 minutes de là, à proximité de puits et de fourrages; l'eau et la paille sont à cette époque de l'année fort rares dans tout le Mossi et c'est

(1) 6°26' 10" E. d'après les calculs rectifiés (Voir *Bulletin de la Société de Géographie*, 16 mars 1894).

souvent à une heure, quelquefois deux heures des villages que les habitants sont obligés d'aller chercher l'eau. En prenant ainsi possession des puits avant que personne eût eu le temps de suspecter mon intention pour s'y opposer, mon but était de pouvoir parlementer. J'étais à l'extrémité nord du territoire sur lequel sont situés les différents groupes de cases dont l'ensemble constitue Waghadougou.

« Arrivé aux puits, je tentai des démarches auprès d'un Naba qui au passage m'avait amicalement salué la veille, puis auprès d'un marabout peuhl qui disait avoir libre accès auprès du Naba, puis j'essayai, mais sans succès, de remettre la lettre de l'Almamy de Lanfiera pour la faire porter au Naba. Mes premiers efforts semblèrent avoir porté leurs fruits ; dans la journée, de plusieurs sources il me vint que le Naba allait m'envoyer un présent d'hospitalité, mais rien ne vint. Toutefois, il y eut une détente qui me permit d'acheter des vivres. Au soir je considérai que j'avais gagné une journée de repos pour mes hommes et mes animaux exténués, mais que la question de mon entrée n'avait pas fait un pas et que, faute de pouvoir communiquer avec le Naba, je ne pourrais vaincre l'hostilité de l'Almamy et de son frère.

« Avec une tornade qui survint, je fus pris de la fièvre à l'entrée de la nuit; je m'étendis sur mon lit, mais je dus bientôt me lever pour recevoir des hommes du Naba m'intimant l'ordre, cette fois, d'avoir à quitter le Mossi. Ils étaient chargés de surveiller mon départ et de constater que je prendrais la route qui m'avait amené. Sur ce dernier point je refusai péremptoirement, disant que, devant un traitement aussi peu conforme aux lois de l'hospitalité même dans les pays les plus sauvages, je prendrais pour sortir de Mossi la route qui me conviendrait.

« On charge à la lueur des éclairs; fort heureusement la pluie n'est pas très forte et l'on se met en route; bientôt les guides eux-mêmes, ne pouvant reconnaître la route au milieu de l'obscurité, disparaissent, et quand je me trouve débarrassé d'eux, je campe.

« Au matin, je transporte mon camp à des puits où j'avais passé la matinée du 28 ; là je pus acheter quelques vivres à un marché voisin, et le 31 au matin, après avoir reconnu moi-même un chemin la veille, nous nous mettons en marche vers l'est :

mon intention est de marcher dans cette direction jusqu'au Gourma.

« Je marche ainsi pendant trois jours jusqu'à Bissiga ; je me trouve déjà à une certaine distance de Waghadougou, je puis donner une interprétation de mon passage de la capitale qui fait sortir les Nabas de leur réserve, mais quand, par leur entremise, je puis me procurer des vivres, puis des guides, je me trouve déjà sur le territoire du puissant Naba de Boussouma et ne puis me dispenser d'aller le voir. Je me résigne avec l'espoir que, vu la rapidité de ma démarche et la direction que j'avais prise, le Naba de Boussouma ou mieux de Ouégou n'aura pas été prévenu.

« Le 6 mai à 6 heures du soir, après avoir passé la matinée à Boussouma, je viens prendre campement près de Ouégou, village du Naba de Boussouma. J'y passai les journées du 7 et du 8 mai, mais je ne saurais m'étendre sur les péripéties variées qui ont marqué ces deux tristes journées pendant lesquelles j'ai été sur le point de m'emparer de vive force du marché parce que je ne pouvais avoir NI EAU NI VIVRES même à acheter. A force de patience, de souplesse et surtout de multiples cadeaux je partis toutefois le 9 au matin avec d'excellents guides suivant la route qui conduisait à Djemmaré ou Dori, capitale du Liptako.

« Mais je ne prenais cette route qu'à regret, je ne voulais pas rentrer dans les pays peuls et en particulier le Liptako me paraissait devoir offrir une sécurité plus que douteuse.

« La guerre civile, en effet y régnait par suite de la mort du roi (amirou ou émir). Trois prétendants se disputaient le turban, troublant le pays par leurs querelles; dans de telles conditions j'avais toute raison pour éviter ce pays et je pensais d'après les renseignements que je m'étais procurés qu'à Pensa ou Pina je pourrais bifurquer pour me porter sur Nebba dans le Gourma.

« Par Kaya, Sargou, Rivoulou, Korkou, j'arrivai à Pensa (Ponsa pour les Peuls) le 13 mai au soir. Cette partie de la route s'effectua dans les meilleures conditions, partout les Nabas m'envoyaient des cadeaux (moutons, bœufs, mil), partout on me fournissait d'excellents guides ; je croyais la mauvaise fortune décidément enrayée.

« A Pensa et même dès Korkou, j'avais rencontré des Peuls du Liptako venus là pour changer leurs troupeaux de pâturages, en raison d'une épizootie qui, me dit-on, régnait partout dans le Liptako. Je crus à une épizootie du genre de celles qui règnent partout dans le Soudan, au moment où les herbes sont rares et surtout quand l'herbe commence à pousser; je n'y fis pas sur l'instant très grande attention.

« J'avais perdu cinq bœufs entre Lanfiéra et Waghadougou; à partir de Boussouma, j'en achetai de nouveaux pour les remplacer. Mais chaque jour, à partir de Sergou, je perdais un; deux bœufs. A Pensa la mortalité s'accentua encore, puis à Pina où j'arrivai le 17 mai. Pour en terminer de suite avec ce sujet, qu'il vous suffise de savoir qu'entre Sargou et Dori, soit du 10 au 22 mai, je perdis par suite de l'épidémie 17 bœufs et 10 bourriquots.

« Mon projet, ai-je dit, était de me jeter dans le Gourma, afin d'éviter les pays peuls, surtout ceux qui, comme le Liptako, ont des rapports continuels avec le Macina. J'avais, en outre, à redouter de me trouver ballotté au milieu des troubles auxquels donnait naissance un interrègne qui durait depuis deux mois déjà. Mais on me prévint qu'entrer dans le Gourma, c'était perdre assurément mon convoi, du fait de petites mouches qui pénètrent dans les narines et tuent les animaux; de plus, il me fut impossible, à quelque prix que ce fût, de trouver un guide (1); les Peuls refusaient parce que, sans cesse en razzia du côté de Nebba, ils ne sont pas en odeur de sainteté dans le Gourma; les Mossis ne pouvaient accepter, parce que les Nabas y étaient formellement opposés.

« J'en pris mon parti et, le 18 mai au soir, j'entrai dans la région déserte de 50 kilomètres environ qui sépare Pina des puits de Bangotoka sis à la frontière du Liptako. Tout s'acharna pour faire de cette marche, où le manque d'eau seul était à craindre, une des journées néfastes du voyage. Les guides qui me joignent en route sont des gamins qui me renseignent de la manière la plus fantaisiste. Je perds deux animaux, qui deux heures auparavant étaient en pleine santé et la charge de l'un était fort lourde. Mon cheval, qui ne marche que sur trois pieds, me porte jusqu'au puits et je puis renvoyer par des Peuls

(1) Or, sans guide, à cette époque de l'année, où l'eau manque partout, il ne faut pas songer à se jeter dans une direction inconnue.

complaisants que j'y trouve de l'eau aux hommes restés en arrière. Badaire ne rejoint qu'à 7 heures du soir.

« Je pars le lendemain pour me rendre à Diobbou, premier village du Liptako, éloigné de quelques kilomètres seulement ; je n'en perds pas moins un bœuf dans cette courte route. C'est de ce point que je compte envoyer à Dori pour demander l'entrée dans la capitale et j'ai tout lieu de redouter l'accueil qui sera fait à ma demande, car Dori est un grand marché de sel alimenté surtout par les Maures.

« Comment mon entrée dans le Liptako, puis à Dori s'est-elle transformée en une véritable marche triomphale ? Comment ai-je reçu l'hospitalité la plus franche et la plus large là où j'avais à redouter et le fanatisme religieux et la duplicité peule ? Comment, après avoir perdu tous mes animaux, ai-je pu le plus aisément du monde reconstituer en quelques jours mon convoi ?

« La vie du voyageur a de ces imprévus étranges, qui n'en sont pas un des moindres attraits ; parfois l'avenir le mieux préparé est stérile en résultats et inversement : d'un événement dont vous n'avez pu diriger le cours découlent les conséquences les plus heureuses.

« Les divers prétendants s'empressent d'envoyer au-devant de moi à Diobbou pour me chercher. Le plus influent de ces envoyés, Boubakar, fils du prétendant Boari, réussit à s'imposer et le lendemain me guide jusqu'à Oulo dans la matinée et me fait camper le soir à Salgou.

« 22 mai. — Nous partons de Salgou à 5 h. 15. Nous faisons deux pauses ; à la deuxième, nous sommes en vue d'un grand village que je prends pour Dori. Le terrain a changé d'aspect : nous traversons des lougans en terrain sablonneux comme celui du Cayor, mais la roche affleure en nombre de points ; des dunes sur lesquelles Dori apparaît enfin, bordent l'horizon. Entre Dori et Wendon, une grande cuvette verdoyante ne conservant plus d'eau qu'au fond des mares d'un lit de rivière qui la traverse dans sa largeur. Cette grande cuvette doit être remplie en hivernage. L'emplacement, presque dépourvu d'arbres, en est vert et ce vert repose de la monotonie de la brousse épineuse et grise qui a été notre spectacle depuis Pensa.

« C'est une véritable entrée triomphale que notre arrivée à

Dori. Cinq ou six mille personnes se portent au-devant de nous et nous entourent ; les cavaliers ont toutes les peines à maintenir la liberté de la marche, et en avant, gravement, Boubakar-Bouri affirme par son attitude qu'il est chef et roi, puisqu'il peut, lui musulman, faire entrer dans Dori, en plein jour, un kéfir.

« A mon sens, c'était le but cherché, et l'on peut dire qu'il est atteint. La désolation doit être au camp de Boubakar-Amirou (1).

« On m'installe convenablement et avec beaucoup de réserve. Tout le monde me quitte pour que je puisse me reposer.

« Boari dans la matinée m'envoie 60 kilos de mil et plus tard 15 kilos de riz et des œufs. « J'aurai un bœuf dans la soirée, je n'ai qu'à me reposer, Boari viendra me voir. »

« Mais Boari ne vient pas et la journée s'achève sans incident, sauf qu'il est difficile de se défendre contre la foule qui se presse pour nous voir.

. . . .

« Le 22 mai, j'étais donc à Dori dans des conditions tout à fait inespérées, fermement soutenu par le parti le plus puissant qui par cet acte avait manifesté sa force.

« Grâce à Aliou, le frère de Boari, homme honnête et droit dont je réussis à me faire un ami, je pus renouveler mon convoi qui se trouvait réduit à quatre bourriquots. Enfin, je passai avec Boubakar, fils de Boari, auquel il délégua ses pouvoirs, le traité de Dori le 23 mai.

« Notre séjour à Dori fut des plus tristes ; cantonnés dans un groupe de cases qui était en bordure sur la plaine, nous recevions les émanations empestées de milliers de cadavres de bœufs qu'on n'avait pris la précaution ni d'enfouir, ni de brûler; de plus, la viande des animaux qu'on abattait était malsaine, car l'épizootie battait son plein et l'on n'abattait que des bœufs malades. Tous nous fûmes plus ou moins atteints de diarrhée, mais en particulier Badaire et moi.

« Aussi étions-nous tous enchantés de quitter Dori le 1er juin.

« A Dori on n'avait pas manqué de me poser cette double question : Où vas-tu? Dans quel but es-tu en route?

« A cela, étant donnée la route que je voulais faire, je répondis :

(1) Autre prétendant.

« Je suis envoyé au sultan de Sokoto par le chef des Français.
« Sur ma route je dois demander aux chefs la liberté pour nos
« caravanes de commercer et de circuler à leur gré. »

« Dès ce jour et jusqu'à Sokoto, je conservai rigoureusement cette étiquette, dont il m'eût été impossible de m'affranchir sans danger immédiat et sérieux.

« Pour entrer dans le Yagha, nous avions à franchir une région déserte de 70 kilomètres environ; nous arrivâmes dans de bonnes conditions à Bilamoal, premier village du Yagha, dans l'après midi du 3 juin.

« Pendant la nuit, treize de mes porteurs sur quinze désertèrent sans que j'eusse le moyen de les faire joindre : les deux seuls chevaux qui restaient (le mien et celui de Badaire) étant incapables de se porter eux-mêmes, nous avions dû, pour cette raison, faire une bonne partie de la route à pied.

« Ces porteurs étaient le reste des vingt-cinq que m'avait procurés le capitaine Quiquandon; dix s'étaient déjà enfuis à Bobo-Dioulasso.

« Quelles raisons les portèrent à s'enfuir? Je n'ai jamais pu me l'expliquer; ils m'emportèrent cinq fusils à pierre. Le 4 juin, je pris mes dispositions pour m'assurer l'entrée de Zebba, capitale du Yagha, où, grâce aux guides que m'avait donnés Aliou, je fus bien reçu et à peu près logé. Le lendemain je pus envoyer chercher à Bilamoal les bagages que j'avais dû y laisser.

« Barth a gardé de Zebba, qu'il appelle la *Cité du désert*, un mauvais souvenir : que pourrai-je donc dire à mon tour de cette ville de malheur où, quarante-cinq jours durant, je fus retenu par la mauvaise fortune, qui prit toutes les formes pour me persécuter?

« Le roi est d'une avarice et d'une cupidité sans nom; son ministre Karfa ne l'est pas moins, mais joint à tous les autres défauts un cynisme dont il est malaisé de se faire idée.

« Je fis de superbes cadeaux en arrivant; ils furent jugés insuffisants et les prétentions manifestées étaient telles, que je dus faire charger pour partir : alors seulement mes cadeaux furent acceptés. Je demandai une lettre et un homme du roi pour accompagner à Dori deux hommes que je voulais y envoyer chercher mes porteurs ou au moins mes fusils. Je dus payer fort cher et d'avance un homme qui ne remplit pas sa mission.

« Les porteurs arrivés dans le Liptako tombèrent entre les mains de gens appartenant aux divers partis, et Boari, tant pour les ménager que par impuissance peut-être, ne put rien exécuter de ses promesses.

« L'homme que j'envoyai revint quinze jours après seulement; mais, au lieu d'un serviteur dévoué, c'était un traître qui rentrait; il avait écouté en route les propositions de deux hommes du Macina envoyés par Amadou-Cheikou à Ibrahima-Gueladjio pour lui signifier son avènement au trône du Macina et lui demander son concours.

« Pendant ce temps, confiant dans le prompt retour de mon messager à qui j'avais donné quatre jours pour aller et revenir, j'achetai des bœufs pour remplacer les porteurs, ne pouvant trouver de bourriquots : tous mes bœufs (huit) moururent.

« A ce moment, fin juin, probablement à la suite des fatigues, des contrariétés et aussi de la mauvaise nourriture, je fus pris d'une crise hépathique de la dernière violence qui me laissa trois jours entre la vie et la mort et qui eut pour suite une dysenterie très grave, puis une rectite.

« Les deux chevaux qui me restaient, l'un venant de Kayes, l'autre de Van, moururent à leur tour, malgré tous les soins dont on les entourait.

« La mission, aux premiers jours de juillet, était réduite comme personnel indigène à dix-sept hommes, interprète compris; comme animaux, à dix bourriquots.

« J'avais réussi toutefois à faire accepter un traité qui, signé le 16 juin, est la copie de celui de Lanfiéra.

« En présence du mauvais vouloir du roi et de son ministre, ne pouvant compléter mes moyens de transport, je me décidai à partir avec ces seuls moyens : treize bourriquots. Je demandai au roi un guide, il me l'accorda, mais exigea d'avance un prix fantastique, que je refusai de verser.

« Le 19 juillet au matin, je quittai Zebba sans guide, Badaire et moi à pied, les animaux chargés au double du poids raisonnable.

« Je savais n'avoir rien à redouter de mon coup de tête, car j'avais conquis les bonnes grâces de la masse de la population, qui désapprouvait les mauvais et injustes procédés du roi à mon égard.

« De plus, pendant mon long séjour forcé à Zebba, j'avais attiré à moi et m'étais attaché par des cadeaux tous les gens de quelque importance venant du Torodi et de Ouro-Gueladjio, posant ainsi de solides jalons pour l'avenir.

« A peine sorti de Zebba, la fortune sembla vouloir me rendre ses sourires. Je trouvai dans un homme qui habitait le même groupe de cases que moi-même à Zebba et qui vint me joindre dès le lendemain de mon départ, un guide sûr, d'une intelligence et d'un dévouement au-dessus de tout éloge. — Babana (c'est son nom) est pour beaucoup dans le succès inespéré de ma mission à Ouro-Gueladjio, succès dont le contre-coup a eu les plus heureuses conséquences à Sokoto.

« Avec un aussi triste convoi, la marche fut d'une lenteur désespérante ; je mis dix-sept jours pour parcourir la distance de Zebba à Ouro-Gueladjio.

« Dans le Torodi je fus reçu par le frère du roi, que j'avais connu à Zebba. Je me l'étais attaché et cet homme me rendit les plus grands services ; il me donna des animaux et m'en fit acheter, si bien que j'arrivai à Ouro-Gueladjio à peu près remonté en bourriquots. Badaire et moi avions dû faire la route à pied.

« Mon séjour dans la capitale du Torodi (Madiango) fut de courte durée; la puissance du roi est nulle et son pays est certainement celui des pays peuls dont l'état de décadence est le plus complet sur la rive droite du Niger.

« Le chef incontesté du pays entre Say et le Liptako, devant lequel les rois de Say, de Torodi, de Yagha ne sont que des marionnettes, c'est Ibrahima, fils de Gueladjio, dont la résidence est à Ouro-Gueladjio sur le territoire même du Torodi, territoire qui a été donné en toute propriété et souveraineté à Mohammed-Gueladjio, son père, par le sultan de Gando.

« Dans les renseignements historiques que Barth donne sur Mohammed-Gueladjio, par lequel il fut reçu lors de son passage, le voyageur allemand a fait une erreur capitale. En disant que les ancêtres de Mohammed-Gueladjio et lui-même étaient les rois de la partie nord du Macina actuel et que leur capitale était Kouari, il a dit vrai ; mais ce qui est inexact, c'est que les Gueladjio soient des Bambaras. Les Gueladjio sont des *Peuls purs* ; mais, suivant en cela la coutume de beaucoup de chefs de cette région qui prenaient des femmes *aabés* (non Peules), sonrrhaïs, gourmas, bambaras, etc. Mohammed-Gueladjio, lui, épousa des femmes bambaras filles de différents Famas de Segou ; l'une, Kourbari-Marsassi, de la famille de Bodian, fut la mère de Ibrahima, le roi actuel ; une autre, une Diarra celle-là, fut la mère de Mamantoujou ou Mamé.

« Ce Mamé était venu à Zebba lorsque je m'y trouvais ; j'avais réussi à l'attirer et à lui faire quelques cadeaux, mais je savais que le roi du Yagha l'avait fortement prévenu contre moi et qu'il comptait qu'Ibrahima-Gueladjio me ferait un mauvais parti. Dans le but de l'y amener, après lui avoir envoyé le fusil que je lui avais donné à l'occasion du traité, puis les chevaux, le roi du Yagha avait retenu Mamé pour le faire assister à la scène en plusieurs tableaux dans laquelle mon interprète, la veille de mon départ de Zebba, dit au roi mon mécontentement de ses procédés et aussi mon refus de me fier à sa parole en lui payant à lui, d'avance, les services du guide qu'il me promettait pour le lendemain.

« Mamé m'attendit, au contraire, dès la première étape à Denga et me proposa de me guider ; mais, déjà pourvu de Babana, je déclinai son offre, de peur de le lasser par la lenteur de ma marche.

« Ce n'était pas toutefois sans appréhension sérieuse que je quittai Nadiango le 6 août. Je fis étape à Adari et de ce point, le 7 au matin, j'envoyai Babana et mon interprète à Ouro-Gueladjio.

« L'accueil que j'y devais recevoir pouvait influencer considérablement le reste de ma route et un point capital pour moi était d'arriver à pouvoir parler au roi, à être reçu par lui. Ni dans le Mossi, ni dans le Liptako, ni dans le Yagha, ni dans le Torodi, je n'avais pu y parvenir et les multiples difficultés que j'avais rencontrées tenaient en presque totalité à cet ostracisme dont j'étais l'objet. Une entrevue avec le roi était d'autant plus difficile à obtenir que chacun arguait des précédents. Pourquoi, disait-on, le recevoir dans le Torodi ? A-t-il été reçu à Zebba, à Dori ? J'avais beau me défendre : peine inutile, c'était siège fait.

« Mes appréhensions furent vite dissipées : à 2 kilomètres d'Ouro-Gueladjio, je trouvai Mamé venant à ma rencontre. A peine installé, je reçus du roi de multiples présents d'hospitalité, puis il me fit dire que dans l'après-midi il me recevrait.

« Cette question de ma réception avait vivement passionné l'opinion. Ibrahima était seul de son avis, il y persévéra. « Mon « père, disait-il, a reçu le blanc venu il y a longtemps (Barth), il « n'en a éprouvé aucun mal ; j'en veux faire autant pour celui-ci. « Je sais qu'il a été malheureux dans le Yagha, mais je sais que « c'est un homme loyal et honnête d'après ce que m'ont rapporté « mon frère et Babana; enfin il vient de Ségou, le pays de ma « mère, et un homme qui vient de Ségou doit être chez lui à « Ouro-Gueladjio. »

« Ibrahima-Gueladjio, quoique d'un âge avancé, soixante-cinq à soixante-dix ans, n'a perdu sa mère que depuis fort peu de temps ; il a conservé pour sa mémoire un culte profond. Ouro-Gueladjio comprend 3000 habitants environ, entièrement unis entre eux, aimant passionnément leur chef. Ce sont les quelques Peuls qui ont accompagné Mohammed-Gueladjio dans sa fuite lors de ses revers, et les captifs bambaras de sa maison ; ceux-ci fort nombreux. Quelques vieux restent encore; d'ailleurs les jeunes ont conservé les traditions de dévouement à la famille des Gueladjio. Quand un captif bambara s'échappe des pays voisins, il tente de venir chercher refuge à Ouro-Gueladjio ; Ibrahima, si on vient le réclamer, ne le rend jamais, il en donne un autre. Aussi dit-on dans toute la région : « Le grand village bambara », en parlant d'Ouro-Gueladjio.

« Reçu par Ibrahima à diverses reprises, je ne tardai pas à prendre dans son esprit une position inexpugnable, et cependant avec un homme d'un caractère moins sûr, doué d'un sens moral moins droit, j'aurais pu éprouver des ennuis très sérieux, qui eussent pu même totalement compromettre l'avenir.

« Avec tout autre homme, ces embarras m'eussent été fort pénibles. Ibrahima n'y trouva au contraire que l'occasion de rendre hommage à ma droiture, à ma loyauté.

« Lors de ma deuxième entrevue avec lui, deux jours après mon arrivée, pour lui faire mieux comprendre l'objet de ma mission, je lui donnai les traités que j'avais déjà passés. Après les avoir lus, sans que je lui fisse d'ouverture d'aucune sorte, il retint le traité de Lanfiéra et me dit qu'il allait faire le semblable, que je pouvais préparer le texte français.

« Le 12 août, le traité d'Ouro-Gueladjio était signé et, sur l'ordre d'Ibrahima, l'Alcaln y ajoutait quelques mots à l'adresse du sultan de Sokoto, qui me furent dans la suite de la plus grande utilité.

« A Ouro-Gueladjio, je pus compléter mon convoi, acheter un cheval pour Badaire ; Makoura fut remonté au moyen d'une bête un peu apocalyptique, que me donna le fils du roi du Torodi, venu pour me voir à Ouro-Gueladjio ; enfin moi-même je reçus d'Ibrahima un superbe cheval blanc, que je possède encore (1).

« Le 18 août au matin, nous quittons Ouro-Gueladjio et, après étape à Tintiargou, nous entrons à Say, le 19.

« Après l'accueil d'Ouro-Gueladjio, celui de Say se commande ; je vois le roi qui d'ordinaire ne reçoit jamais, au moindre désir que j'en exprime : le traité va de lui-même : c'est toujours la paraphrase du texte de Lanfiéra ; Dakou entre, sans s'en douter, à pleines voiles dans l'histoire contemporaine, car le début de chaque traité, même de celui de Sokoto, est l'acceptation de la parole de Dakou.

« Enfin nous avons atteint, après huit mois de labeurs et de fatigues, la branche descendante de cette immense artère africaine : la traversée de la boucle du Niger est un fait accompli.

« En ce point, j'ai une décision des plus graves à prendre ; depuis longtemps j'entasse les renseignements qui doivent m'éclairer.

« Trois routes s'offrent à moi pour gagner Sokoto, puisque tel est le but que je me suis assigné pour les indigènes :

« 1° La route du bord du fleuve rive droite de Say à Ilo (40 kil. nord de Gomba), traverser en ce point et prendre la route de Gando.

« 2° Descendre le fleuve en pirogue jusqu'à Ilo, pour prendre en ce point la même route par la rive gauche.

« Ces deux voies sont celles que me conseillent de prendre et Ibrahima-Gueladjio et le chef de Say.

« La troisième route par Argoungou est impraticable : outre qu'elle est défendue par le Lam-Dioulbé de Sokoto, j'y serai certainement pillé. La route du Dendo (route de Barth) est difficile et également très peu sûre.

« Quelques mots d'abord sur les pays de Djerma, Arewa

(1) Avant mon départ d'Ouro-Gueladjio, j'apprends d'une façon sûre que le turban a été remis à Dori et que c'est Boari qui en est l'heureux possesseur. Le traité de Dori a donc toute sa valeur.

(Mauré pour les Peuls), Kabbi. Ces pays se sont complètement affranchis de la domination peule depuis trente ans environ. Le dernier roi peul a été expulsé de Dosso, capitale du Djerma, par le prédécesseur du Djermakoy (roi) actuel. Tout le pays entre Say et un point de la rivière de Sokoto sur le parallèle de Say au nord, le Mayo-Kabbi à l'est, jusqu'à son confluent avec le Niger, le Niger à l'ouest de Gomba à Say, est entièrement indépendant. L'autorité y est très divisée : quoique le Djerma ait son chef nominal à Dossé, le Maouri à Guiaoué, le Dendo à Bounza, tous reconnaissent la suprématie du roi d'Argoungou (Serky N'Kabbi).

« Argoungou est jusqu'à ce jour le boulevard inexpugnable de la résistance contre le Haoussa.

« Les Peuls prononcent ce nom d'Argoungou avec terreur; les Sonrhaïs et Haoussas indépendants, avec vénération.

« On m'avait un instant rapporté à Dori qu'Argoungou avait été *mangé* (1) par le Lam Dioulbé; mais bientôt je pus reconnaître la fausseté de cette nouvelle.

« Lorsque je parlai au roi de Say de prendre la route par la rive gauche, il ne put que m'en dissuader, mais non pas vaincre mon idée bien arrêtée.

« Le 27 août, je fis le transbordement par pirogues de mes bagages sur la rivegauche du Niger et je m'y installai moi-même pour la journée. Nous y reçûmes la plus formidable tornade de tout l'hivernage.

« J'avais fait, le matin de bonne heure, mes adieux au roi, qui, pour ne pas se montrer inférieur en gracieuseté à Ibrahima-Gueladjio, me donna un superbe cheval admirablement découplé, mesurant 1 m. 54. au garot. Il devint la monture de Badaire.

« Du 28 août au 18 octobre, date de mon entrée à Sokoto, je n'ai pas eu un seul instant de repos, ni jour ni nuit, et nos hommes pas beaucoup plus. Dans la traversée du Djerma, de Dosso à Guiouaé, on a dû passer des journées entières, assis sur les bagages, l'arme chargée pour empêcher les vols. Le vol est dans le Djerma une institution sociale : tout le monde vole, sans exception; c'est reçu : on vous prévient d'ailleurs; à vous de

(1) Pris.

vous garder jour et nuit. C'est ainsi que fut enlevée une nuit la plus grande partie de mon linge de corps, une autre fois mon appareil photographique. Quand l'objet volé ne peut être d'aucune utilité au voleur, il vient vous proposer de vous le rendre, contre rémunération bien entendu; vous n'avez pas à vous en formaliser, moins encore à vouloir faire saisir le voleur par une autorité du pays : on vous rit au nez.

« Je partis de Dosso avec une très nombreuse caravane qui venait du Gondia chercher des noix de cola et allait à Kano.

« Je voulus m'affranchir de marcher avec la caravane; mal m'en prit : arrivé à Torso (3 jours de marche de Dosso), dans le plus terrible de ces nids de bandits, je me trouvai dans la plus triste des alternatives : ou me défendre à coups de fusil, ou abandonner mes charges au pillage. Providentiellement, l'arrivée du Djermakoy me tira de cette triste impasse. Moyennant une somme d'argent qu'il me demanda, il me fit restituer ce que j'avais déjà dû donner et m'assura un guide jusqu'à Guiaoué : « Le Blanc, dit-il, il faut le laisser passer sans lui faire aucun « mal ; il va à Argoungou et le Serki N'Kabbi le mangera, si tel « est son désir ; mais nous, nous devons le respecter, parce que c'est un envoyé. »

A partir de ce moment, muni d'un guide qui m'avait été refusé lors de mon départ de Dosso, je pus du moins me défendre, d'autant que cet homme, dans l'espoir d'une bonne récompense, prit sérieusement en main mes intérêts.

« Quatre jours nous furent toutefois encore nécessaires pour sortir de cet ignoble pays Djerma, quatre jours pour franchir une distance de 25 à 30 kil.; enfin le 10 septembre nous entrions dans l'Arewa et le 12 dans la capitale de ce pays Guiaoué. A partir de ce moment, adieu les soucis de route, les obsessions pénibles de cadeaux donnés pour être refusés. L'autorité dans l'Arewa et le Kabbi a un prestige réel et les voleurs y sont punis de mort.

On m'expliqua que, sur les conseils de ses marabouts, le roi de Kabby avait décidé de jouer une grosse partie sur ma tête. Il devait tenter d'enlever un très fort village fortifié (tata et triple fossé), Gandé. Si l'opération réussissait, c'est que ma venue dans le pays ne devait pas avoir de conséquences fâcheuses ; si elle échouait, ma venue était néfaste, et le moins qui pouvait m'arriver était de rebrousser chemin par la route qui m'avait amené.

« Vous pensez si, dans de semblables conditions, je faisais des vœux pour la réussite de la colonne, malgré le peu de sympathie que j'éprouvais pour ceux qui tentaient la fortune sur ma tête et si j'attendais avec impatience des nouvelles.

« Elles arrivent enfin dans l'après-midi du 16 par un Peul qui m'a servi plusieurs fois d'interprète et qui entre dans le terrain du cantonnement en criant : « La veine du Blanc ! la veine du Blanc! » Renseignements pris, la tentative a eu un succès inespéré : rien n'a échappé, le village a été enlevé le 15 au matin, en plein jour, à 10 heures : résultat, 12 à 1500 captifs, un butin immense et, en tout, deux hommes blessés. Le Serki de Guiaoué a pour sa part 110 captifs. Or là les prises sont personnelles et chacun n'a que ce qu'il prend par lui-même ou par les captifs qu'il a amenés avec lui.

— « Tu peux maintenant aller à Argoungou, tu seras bien reçu, « me dit le Peul. »

« Le 27, après midi, je quitte Guiaoué, je vais camper à Doumega, le lendemain à Oualacarré, le 22 à Lema, le 23 à Sassagaoua.

« Ce dernier point est sur le bord occidental du Dalhol, dans lequel le Mayo-Kabbi a creusé son lit. Le 24 nous remontons la rive droite jusqu'à hauteur d'Argoungou et là je trouve deux immenses pirogues envoyées par le roi pour prendre mes bagages. Les animaux doivent passer un peu plus au nord. Il nous faut en pirogue deux heures et demie pour passer d'une rive à l'autre; le Mayo a trois bras, reliés entre eux par les terrains inondés en ce moment et couverts de rizières. Badaire passe au nord avec les chevaux et les bourriquots, mais il a la mauvaise fortune de me noyer deux de ces derniers.

« Argoungou, où j'arrivai à 2 h. 30, est un village énorme, le plus grand que j'aie vu depuis Sikasso, entouré d'un très fort tata, dont le développement total est de près de 6 kilomètres.

« Le tata d'Argoungou est à l'ouest en bordure sur le fleuve même qui aux hautes eaux atteint en ce point 12 à 14 kilomètres de largeur : à l'est, 60 kilomètres le séparent du premier village de la route de Gando-Sokoto. Au sud-est sur la route de Gando, il y a 45 kilomètres sans village; au nord-est la distance est de 90 kilomètres environ jusqu'à Sokoto, avec une partie déserte de 35 kilomètres environ.

« Grâce à la force d'Argoungou, avec ses quatre villages seulement, le roi d'Argoungou est le chef souverain du Djerma, de l'Arewa, du Dendi, parce que, en butte, depuis la fondation de l'empire Haoussa par Othman don Fodia, aux menaces et entreprises de tous les Lam Dioulbés, il y a victorieusement résisté. Il est le vrai boulevard de la résistance de tout le pays entre Mayo-Kabbi et Niger contre la domination peule. J'ai omis de dire que le Djerma est peuplé par les Sonrhaïs, que les habitants de l'Arewa et du Kabbi sont des Haoussas.

« Non seulement, sous son chef actuel, Argoungou a pu défier les tentatives d'agression du Haoussa, mais il n'est pas d'année qu'il n'inflige quelque sanglant outrage au Lam Dioulbé de Sokoto. L'année dernière il s'est avancé jusqu'à 20 kilomètres de Sokoto, forçant tous les villages à fermer leurs portes, mais ne trouvant personne pour l'arrêter en rase campagne; cette année, c'est la prise de Gandé, qui a eu dans tout le Haoussa, ainsi que j'ai pu en juger depuis, un retentissement capable d'ébranler le trône du Lam Dioulbé.

« Pour revenir à mon arrivée à Argoungou le 24 septembre, ce ne fut qu'à la tombée de la nuit que je pus prendre, après l'arrivée de Badaire, le campement qui me fut assigné à 200 mètres en dehors du village.

« Mon premier acte fut de protester énergiquement, disant que j'étais un envoyé venu pour voir le roi et que tous les chefs chez lesquels je m'étais arrêté au cours de ma longue route m'avaient donné l'hospitalité auprès d'eux, *dans leur village*.

« Mon indignation, qui fut prise au sérieux par les hommes du roi, était pure comédie, préméditée pour les causes que je vais exposer.

« Le Serki N'Kabbi est très redouté, et l'opinion générale est qu'il est capable de tous les crimes; il a tué son propre fils, de même aussi son principal chef de colonne, pour les motifs les plus futiles; il a rendu infirme un autre de ses fils, qu'il paraissait affectionner beaucoup : toutes choses parfaitement exactes, puisque le roi s'est donné la peine de s'excuser de ces actes vis-à-vis de moi en invoquant la raison d'État.

« Pour les gens du pays et pour les caravaniers haoussas en particulier, entrer à Argoungou, c'est entrer dans l'antre du lion.

« Pendant mon séjour forcé à Guiaoué, de différents côtés, des gens que j'avais intéressés à ma cause par des cadeaux, et aussi les principaux dioulas de la caravane, me donnèrent les conseils suivants pour mon séjour à Argoungou : ne pas accepter l'hospitalité du roi, s'il me la donne dans le village, parce qu'un beau jour il me fera attaquer et piller ; camper au contraire en dehors du village, non loin de la caravane; j'aurai, en outre, de cette manière, l'avantage de ne pouvoir être affamé, parce que je pourrai toujours m'approvisionner au marché de la caravane ; si le roi me fait appeler, n'y pas aller : j'entrerais dans son palais pour n'en pas sortir.

Ces avis, inspirés évidemment par une terreur sans pareille, étaient unanimes; la chose transpira et le roi de Guiaoué, lors de son retour, s'empressa de démentir lui-même tous ces racontars, en me disant que je n'avais rien à craindre en allant à Argoungou, et que le roi m'attendait.

« Après avoir mûrement réfléchi. et m'être avec soin renseigné sur le personnage, je sentis qu'il me fallait prendre position dès mon arrivée, que, sinon, on me mettrait le pied sur la gorge, et que le moindre dommage qui pourrait m'arriver, serait perte de temps d'une part et extorsion de cadeaux sous toutes les formes, de l'autre.

« Comme certainement les conseils qui m'avaient été donnés étaient à la connaissance du Serki N'Kabbi, la plus grande faute que je pouvais faire était de les suivre. D'un autre côté, mon but n'était-il pas de voir le roi et d'essayer d'obtenir de lui la promesse écrite que les mauvais traitements, les vexations de tout genre qui avaient marqué ma route depuis Say, seraient à l'avenir épargnés aux caravanes des Français?

« Mon premier acte fut donc de demander l'hospitalité dans l'intérieur du village. Surprise des hommes du roi, qui déclarent qu'il est impossible d'accéder à ma demande.

« Le lendemain, on vient me réclamer les cadeaux que je dois faire au roi; je réponds qu'en effet je suis chargé de porter au puissant roi d'Argoungou des cadeaux de la part du chef des Français, mais que ces cadeaux, je les remettrai en personne.

« — Mais, me dit-on, c'est contre tous les usages; le roi te « recevra quand il voudra, dans huit, dix jours, certainement « pas avant. Le cadeau doit être fait le jour même de l'arrivée.

« — Moi, je suis un envoyé, ma mission est de voir le roi « pour lui porter la parole que j'ai reçue et lui présenter les « cadeaux qui m'ont été remis pour lui. Si je ne dois pas voir « le roi, pas de cadeaux. »

« Les hommes du roi sont interloqués. Ils se refusent à aller porter ma réponse, et durant toute la journée emploient tous les moyens pour me faire céder. Mais je tiens bon.

« Enfin on informe le roi et, à la nuit, je reçois la réponse de tenir les cadeaux prêts, que le roi me recevra de bonne heure le lendemain.

« En effet, le 26 au matin, j'entre dans Argoungou pour aller à l'audience du roi; j'ai eu soin d'emporter avec moi les traités.

« On me conduit dans une des dépendances du palais; on m'y installe commodément, et bientôt par l'intermédiaire du premier ministre commence un va-et-vient qui ne dure pas moins de deux heures. Finalement, le roi demande à voir les traités et il les garde pour se les faire lire, puis il demande les cadeaux. On les porte. Rien, ou à peu près, ne trouve grâce devant lui; je m'y attendais. Toutefois le roi va me recevoir. La lecture des traités prend du temps. Les marabouts sont de parfaits ignorants, et à tout moment on vient demander l'explication de tel ou tel passage. Je déclare au bout de plus de deux heures que je ne puis attendre davantage; que le roi me fasse appeler quand la lecture des traités sera terminée.

« Je sors du palais pour traverser une foule littéralement ahurie de m'avoir vu entrer et sortir du palais sans aucune arme, avec mon interprète pour unique escorte. Les racontars vont bientôt leur train et me sont rapportés; il faut que j'aie des gris-gris bien puissants pour faire preuve de pareille andace.

« Le soir, le roi m'envoie dire qu'il a lu les traités et qu'il ne demande pas mieux que de m'en donner un semblable, *mais à la condition* que je reprendrai ou la route de Say, ou la route de Noufé par le Dendi (route du sud). Je ne réponds pas;

je verrai le roi le lendemain et tâcherai de le convaincre.

« Mais non, il est inutile que je retourne au palais ; je n'ai qu'à remettre les cadeaux que j'ai dit devoir échanger, et le roi me renverra les traités si je persiste à prendre la route de Sokoto.

« Je refuse, je porterai moi-même les cadeaux au roi. On cède, et le lendemain je rentre de nouveau dans le palais.

« Avant tout j'exige la remise des traités. Si le roi consent à en faire un, le marabout du roi viendra le faire à mon camp. Puis, sur l'assurance formelle que je vais voir le roi dans un instant, je montre les nouveaux cadeaux. Ils ne trouvent point grâce : le roi veut un autre beau fusil (j'en ai déjà donné un la veille), de l'argent, de la poudre.

« Je fais la sourde oreille, puis, lorsque je me suis bien assuré que le roi n'ose se décider à me recevoir parce qu'il craint ma puissance plus ou moins occulte (n'a-t-il pas déjà eu la preuve de ma veine dans la récente affaire de Gandé ?), lorsque je me suis bien assuré que je suis maître de la situation, je me décide à frapper un grand coup. Je déclare aux ministres qui sont autour de moi que je n'ai pas l'habitude d'être berné, que deux fois, sur le désir du roi, je suis revenu pour le voir, que désormais je change d'avis et que je ne remettrai plus les pieds au palais. Cela dit, appuyé d'un geste de violente colère qui les fait s'enfuir épouvantés, je quitte seul le palais, laissant mon interprète ramasser les cadeaux pour les rapporter au camp.

« Pour le coup, c'est de la terreur que j'inspire ; je suis arrivé à mes fins, c'est pour moi le seul moyen de dominer ces brutes. De la journée je ne revois les hommes du roi ; le lendemain seulement ils viennent timidement me demander le complément du cadeau.

— « Non, rien, je ne donnerai un fusil au roi que contre le traité. »

« Les pourparlers s'engagent sur ces nouvelles bases, mais le roi est inflexible : Un traité si je dois prendre la route de Sokoto, il ne peut y consentir, car je le montrerais au Lam Dioulbé ; or il doit y stipuler la liberté de route pour les caravanes ; le Lam Dioulbé, tout le Haoussa, y verraient de sa part une concession envers eux. — « Non, jamais, jamais. » Je me rends bien compte que je n'obtiendrai rien ; je suis d'ailleurs autorisé à partir par la route qu'il me conviendra de prendre, même celle de Sokoto.

« Prendre la route de Dendi ou celle de Say, c'est tourner le dos au but, je n'y puis consentir; essayer de gagner l'Adar? Il faut traverser le Mayo-Kabbi. Or, sans guide, sans pirogues, comment entreprendre ce passage?

« Me faudra-t-il donc partir sans avoir obtenu aucun résultat, après d'aussi pénibles efforts? Non, je reste, je vais attendre les événements, conduite méritoire, je vous l'affirme, car depuis Lema je n'ai pu dormir : à Sarragoua à cause des moucherons, à Argoungou à cause des moustiques et des moucherons, qui y sont en quantités invraisemblables. On enferme le camp toutes les nuits, et malgré cela même mes hommes ne dorment pas. Badaire et moi nous passons nos nuits assis dans notre pliant. Le jour, les hommes dorment et se ressentent ainsi moins de la fatigue, mais c'est à peine si nous pouvons voler une heure ou deux de sommeil.

« En outre, mon dioula ne vend rien ou à peu près, les vivres sont rares et hors de prix; il n'y a pas un poulet dans tout Argoungou. Le premier jour le roi m'a envoyé un superbe porc de plus de cent kilogr. Enchantés sur l'instant, nous voyons en perspective grillades, jambons, saucisses et le reste; mais, horrible malechance, ces animaux se ressentent de l'immonde nourriture à laquelle ils sont condamnés, nourriture dont vous pourrez vous faire une idée, quand je vous aurai dit que de 7 heures du soir à 7 heures du matin, les portes d'Argoungou sont hermétiquement closes, que nul n'en peut sortir, que les fosses fixes ou mobiles, les égoûts collecteurs sont choses absolument inconnues. Argoungou est certainement la plus immonde des agglomérations noires qu'il m'ait été donné de voir.

« Le fait est toutefois digne de remarque : cette ville est peut-être la seule dans l'Afrique centrale où le porc existe. Il y en a par centaines, et ils sont énormes.

« Deux jours se passent pendant lesquels j'essaye par de petits moyens de faire revenir le roi sur sa décision. Peine perdue. Mais chaque fois que les hommes du roi viennent au camp, ils me demandent de venir voir un des fils du roi qui est malade. Je refuse avec persévérance; avec non moins de persistance ils insistent, me faisant finalement les offres les plus capables de me séduire : le roi me donnera deux chameaux; puis les offres montent, je vois que le roi y tient beaucoup. Un point capital est de savoir si je peux quelque chose à l'état du jeune homme. Le troisième jour, je me laisse fléchir et sans rien demander je me rends au village.

« Je constatai que le jeune homme avait une large plaie provenant d'une brûlure à la partie interne du jarret qui tenait toute l'articulation et en avait presque déterminé l'ankylose. Je fis un nettoyage qui me demanda près de trois heures, puis trois pansements successifs à la teinture d'iode. Le résultat sur ce sujet jeune et sain fut surprenant : le quatrième jour j'étais sûr d'une guérison complète et rapide; j'autorisai mon malade à marcher un peu avec une béquille, car mon premier souci avait été de rétablir le jeu de l'articulation et j'y avais réussi.

« Sans prévenir personne, je n'y retournai pas le soir comme de coutume, le lendemain pas davantage; le roi m'envoya supplier dix fois dans la journée. Refus. Il était bien établi désormais qu'en continuant mes soins la plaie pouvait guérir et que le jeune homme pourrait marcher comme par le passé. C'était ce que je voulais forcer tout le monde à bien reconnaître; mais je ne continuerai le traitement qu'autant que le roi me donnera ce que je suis venu chercher : une lettre dans laquelle il prendra l'engagement que librement et en toute sécurité nos caravanes pourront circuler et commercer du fleuve de Say à la frontière du Haoussa.

« Deux longs jours s'écoulent sans que le roi consente à accepter mon ultimatum; il faut les instances réitérées de la mère du jeune homme qui entrevoit la guérison assurée de son fils, la pression unanime de l'entourage du roi; il faut enfin que chez ce dernier la certitude de la guérison de l'enfant, qu'il est unanimement accusé d'avoir rendu infirme, contrebalance le sacrifice d'amour-propre qu'il doit faire pour revenir sur sa parole.

« Enfin le 4 octobre j'entre en possession de la lettre-traité. C'est bien là le maximum des concessions possibles de la part d'un tyran dont le récent succès de Gandé surexcite la morgue. Jamais je n'eusse pu réussir sans le soin que j'avais eu dès le début de prendre un empire complet sur son esprit superstitieux.

« En retour je dus soigner le fils du roi et donner un beau fusil.

« Entre temps je ne puis acheter aucun animal, ni bourriquot, ni chameau, car ces derniers, assez nombreux en saison sèche, succombent très rapidement ici en hivernage, à cause des mouches et des moustiques. Pour cette cause, on les envoie pendant cette saison dans les pâturages de l'Adar.

« Il faudra à nouveau charger tous les chevaux pour gagner Sokoto. Quant à la direction à prendre, je n'ai le choix qu'entre deux routes : celle de Gando et celle de Sokoto. La première, sud-est, est à écarter; quant à gagner l'Adar, il n'y faut pas songer; d'abord il faudrait traverser le Mayo-Kabbi. Mon petit bateau ne peut me servir ; j'aurais un trop grand nombre de transbordements à faire, qui nécessiteraient deux ou trois jours, pendant lesquels je serais sans défense contre le plus faible parti de pillards; de plus, il me faudrait, sans guides, traverser une zone frontière déserte, d'une soixantaine de kilomètres, pour arriver dans un pays sur lequel je suis mal renseigné, dont je n'ai pu par aucun moyen me ménager l'accès, puisque Adar d'une part, Kabbi, Arewa, Djerma se pillent mutuellement, l'avantage toutefois restant toujours aux Maures de l'Adar. Enfin, je n'ai pas d'interprète.

« Pour toutes ces raisons la route de Sokoto s'impose; je puis la prendre sans guide, car, une fois hors de la zone frontière déserte, j'arrive en pays haoussa, très peuplé, et puis j'ai la caravane dont je pourrai suivre les traces pour traverser la zone frontière.

« C'est dans ces conditions tous les chevaux de selle chargés, Badaire, Makoura et moi-même à pied, que nous nous mettons en marche le 10 octobre à 10 h. 30 du soir. Je suis obligé de marcher la nuit, parce que la route est longue et que l'état de fatigue de mes animaux rend la marche impossible de jour. J'ai reconnu dans la journée la route jusqu'au point où elle entre dans la brousse.

« Pénible, je vous affirme, cette marche, où alternativement mon interprète et moi nous nous relayons pour rechercher le sentier enfoui au milieu d'herbes de 4 à 5 mètres de haut.

« Il y a près d'un an qu'aucune caravane n'est passée par ce chemin et j'ai voulu prendre l'avance de la nuit sur celle qui nous suivra demain, afin de ne pas faire à sa suite une marche que sa longueur rendrait impossible pour mes animaux. A 5 heures du matin je campe ; bêtes et gens sont épuisés. Nous faisons de nouveau une marche de nuit le soir du 11. Celle-ci très courte, car la route nous est barrée par une rivière dont le passage nous demande deux heures et demie le lendemain.

« Le 12 à midi j'arrive à Katami, premier village du Haoussa, mais les derniers animaux ne sont au camp qu'à 4 heures.

« Six jours après, le 18 octobre, après avoir tiré de mes pauvres animaux, que le changement de saison épuise, tout ce qu'il était possible, nous entrons à Sokoto.

« J'avais envoyé, quarante-huit heures auparavant, mon interprète, et j'étais un peu inquiet de l'accueil qui me serait réservé du fait que j'avais passé par Argoungou. Mais les bruits qui avaient transpiré à ce sujet étaient que j'avais traité le Serki N'Kabbi avec la dernière désinvolture, que j'avais refusé de lui faire le moindre cadeau, refusé de lui soigner son fils, refusé de lui réparer les fusils qu'il m'avait envoyés dans ce but.

« Ces fables, qui venaient de la caravane entrée deux jours avant moi dans la capitale, avaient flatté ceux qui venaient de recevoir le sanglant outrage de Gandé.

« Je fus donc accueilli avec enthousiasme à Sokoto par le Lam Dioulbé et son premier ministre, dont le titre est Oiziri. Le Lam Dioulbé fut surtout heureux que je fusse venu pour le voir, et non pour faire du commerce.

« Le lendemain je fus reçu par le Lam Dioulbé, qui avait déjà, par son Oiziri, connaissance du but de ma mission, car je lui avais remis les traités. Le traité d'Ouro-Guélédjio fut retenu par lui ainsi que me me l'avait affirmé Ibrahima, et le Lam Dioulbé, sans que je lui en fisse la demande, me dit qu'il me donnerait un traité semblable, qu'il était heureux de me recevoir, moi venu de si loin le visiter et qui, en route, avais su m'attirer tant d'amitiés, dont la plus précieuse était celle d'Ibrahima.

« — A Sokoto tu es chez toi, tu ne manqueras de rien ; quand « tu voudras partir, préviens-moi, je te dirai adieu.

« Je lui demandai de me donner la route de Wourno et de Katzéna, désirant par cette voie gagner Zinder, puis Koukaoua.

« Rentré à mon cantonnement, je fis au roi et à son Oiziri de superbes cadeaux. J'ouvris à cette occasion une des deux caisses zinguées que j'avais fait faire à Paris et qui contenaient mes cadeaux les plus précieux, que j'avais précisément réservés pour les pays entre Niger et Tchad, où les caravanes arabes et les caravanes haoussas, qui font les routes du Noupé et de l'Adamaoua, versent chaque année quantité de riches articles d'Europe.

« Mes cadeaux, composés de très belles soieries, de tissus d'or et d'argent, etc., firent jeter des cris d'admiration, surtout quand on les compara aux cadeaux qu'avaient apportés, un an auparavant, les Anglais du Noupé.

« La beauté et la valeur de nos cadeaux furent pour moi une source d'ennuis, qui n'étaient toutefois pas pour me gêner beaucoup, mais une conséquence plus grave fut qu'un itinéraire complètement différent de celui qu'il m'avait été accordé d'abord de suivre, me fut imposé.

« Le Lam Dioulbé me fit en effet demander dès le lendemain si j'avais encore des soieries et autres étoffes semblables à celles que je lui avais données. Je répondis affirmativement : j'entrevoyais de pouvoir remonter mon convoi de cette manière. On me demanda de sa part à voir et acheter : je répondis que je ne vendais rien que de la pacotille, pour faire vivre mon monde, mais que d'habitude, quand un chef de pays me faisait semblable demande, je lui faisais cadeau de ce qu'il désirait et l'on me répondait par un cadeau équivalent en animaux ou choses qui m'étaient indispensables ; que pour le moment j'avais besoin de quatre chameaux et d'une vingtaine de boubous et pantalons à distribuer à nos hommes, qui étaient complètement nus.

« On emporte ce que je montre, cela convient parfaitement, mais le Lam Dioulbé n'a rien, ni chameaux, ni vêtements, ni cauris. Il me fera une traite dont je me ferai rembourser à Kano.

« Je sens immédiatement le danger et, arguant que j'ai besoin d'a heter ici, que je n'aurai plus assez une fois les marchandises que j'ai montrées immobilisées, je refuse, et, pour éviter une mauvaise interprétation de mes paroles, je me rends chez le chef Oiziri pour lui exposer les faits et la situation qui m'est faite.

« L'Oiziri ou premier ministre est le fils de la sœur du roi ; c'est un marabout austère et probe, à l'esprit très élevé et très fin, à la fois; homme d'une sûreté de relations peu commune et dont j'avais conquis toutes les sympathies, moins par le cadeau que je lui avais fait que par les renseignements qu'il avait pris sur mon compte auprès des chefs de caravane et par les rapports que nous avions ensemble depuis mon arrivée.

« L'Oiziri fut de mon avis ; le Lam Dioulbé ne pouvait agir de la sorte avec moi ; je n'avais qu'à vendre et faire mes achats ; il se chargeait, lui, d'arranger les choses.

« — Quant au Lam Dioulbé, me dit-il, il n'a rien. Au pouvoir depuis un an à peine, il a donné son propre bien et ce qui lui revenait de la succession de son prédécesseur pour se faire une clientèle, et aussi pour rallier beaucoup de monde, car, tu le sais, ajouta-t-il, les circonstances sont graves.

« D'ailleurs, il ne voit pas, lui, le salut de l'empire dans les dettes, en particulier du genre de celles dont il est question.

« Je me retire tranquillisé, car l'assurance que m'a donnée l'Oiziri n'est pas parole en l'air ; il a, et il est à souhaiter que la chose dure, une influence très grande sur le Lam Dioulbé.

« Mais le danger n'est éloigné que pour un temps. Le Lam Dioulbé a été séduit et il lui faut, quand même et quand même, faire des cadeaux, car il faut qu'il aille faire le siège d'Argoungou.

« Aussi, cinq jours après, on revient à la charge : j'essaye encore de résister ; c'est en vain : il faut céder. L'Oiziri, bien à contre-cœur, me conseille de le faire.

« Le roi veut me donner une traite sur l'Adamaoua. Là, un homme à lui prendra des captifs, les vendra et me remboursera. Je refuse : c'est me détourner de ma route. Que le roi garde les marchandises si elles lui plaisent, je préfère prendre la route de Katzéna, pour gagner Zinder. — Non, non, cela semblerait un guet-apens de la part du roi.

« Enfin, après beaucoup de pourparlers, il est convenu que le roi me fera une traite sur Yola, mais que cette traite sera négociée à Kano par un homme à lui qui me servira de guide jusqu'à ce point et qui m'y remettra les cauris.

« Cette combinaison, que je suis obligé d'accepter, est encore ce qui peut m'arriver de mieux. Je n'ai plus d'animaux et pendant les treize jours de mon séjour à Sokoto tout ce que mon Dioula (traitant) a pu faire, se réduit à 33000 cauris (35 francs environ), en vendant de l'argent et de la soie à vil prix.

« A Sokoto, on ne vit que du roi, des grands, mais il n'y a aucun commerce ; aussitôt qu'on veut traiter une affaire, il faut aller à Kano.

« Grâce au crédit qu'on me connaît sur Kano, je parviens à acheter les animaux qui me sont nécessaires *payables à Kano* ; cela contre billet, qu'on a soin de me demander.

« Je fais ainsi, pendant la route, jusqu'à 700 000 cauris de billets. Mais je redoute d'être retenu à Kano pour le règlement de toutes ces affaires.

« De Kaoura à Kano, je fis une route non encore suivie par aucun voyageur : c'est celle marquée en pointillé sur la carte de Lannoy de Bissy par Kiaoua et Moussaoua. Le 23 novembre, j'arrivai à Kano, et j'y eus une bonne réception, grâce au traité de Sokoto, qui est des plus complets et des plus explicites. Ibrahima-Gueladjio ne m'avait pas trompé : c'est son texte qui a servi pour la rédaction du traité de Sokoto.

« Des ennuis multiples m'attendaient ici. Ils m'ont été suscités par le favori du roi, homme d'une cupidité et d'un cynisme sans pareils. Depuis seize jours, je suis ici et ne sais encore comment j'en sortirai. Je suis moins en état de partir que le jour de mon arrivée.

« Je viens d'esquisser très vite, de manière à vous en donner une physionomie générale, mon voyage de Lanfiéra à Kano.

« Au point de vue de la géographie générale, deux points très importants ont été obtenus :

« 1° Traversée de la boucle du Niger dans la grande largeur ;

« 2° Passage du bassin du Niger dans celui du lac Tchad.

« Ce dernier résultat m'est commun d'ailleurs avec mon illustre devancier Barth, à la sincérité et à l'exactitude duquel je me plais à rendre hommage.

« Au point de vue de la géographie de détail, j'ai emprunté la route du Dr Crozat de *Lanfiéra* à *Whaghadougou* ; de ce point à Dori, la contrée n'avait jamais été traversée par aucun voyageur européen. J'ai donc traversé le Mossi dans sa plus grande étendue.

« De Dori à Zebba, ma route se confond avec celle de Barth ; mais de Zebba à Say j'ai pris une route plus méridionale. Tchampalaouel et Tchampagore n'existent plus et ont été rem placés respectivement par Nadiango et Ouro-Gueladjio situés plus au sud. Je suis le premier voyageur européen qui ait osé affronter les dangers connus de la route de Say à Sokoto par Argoungou.

« De Sokoto à Kaoura, à quelques variantes près, ma route se confond avec celle de Staudinger ; de ce point à Kano, j'ai suivi un itinéraire nouveau, mais aussi le plus dangereux, à cause des excursions constantes (1) des gens du Gober et du Maradi sur le premier tiers de cette route à partir de Kaoura.

« Dans la boucle, j'ai déterminé la position du nœud hydrographique qui sépare le bassin du Niger de celui de la Volta. J'ai rectifié nombre d'erreurs de Barth dans la section Dori-Say.

« De même, entre Say et Argoungou, j'ai pu relever des détails de grande importance, en particulier en ce qui a trait à la constitution des Dallhols, phénomènes naturels dont je pense pouvoir définir complètement l'origine et l'importance.

« Au cours de ma route de Ségou à Kano, j'ai relevé quatre-vingts positions astronomiques par coordonnées complètes, latitudes et longitudes (2). J'ai dû faire, pour avoir une exactitude aussi rigoureuse que possible et hors de conteste, environ deux cent vingt observations.

« Au point de vue plus spécial de ma mission, j'ai placé sous le protectorat de la France tous les pays de la boucle traversés par moi : Bobos-Dioulas, Dafina, Liptako, Yagha, Ouro-Gueladjio (Torodi), Say.

« Tout le triangle entre le Mayo de Say (Niger) et le Mayo-Kebbi est de libre parcours pour nos seules caravanes ; enfin, j'ai passé avec l'empereur de Sokoto un traité bien plus avantageux que les actes sur lesquels les Anglais basent leurs droits, puisque la liberté absolue du commerce et l'exemption de tous droits pour nos caravanes y sont stipulées.

« J'ai pris de nombreux renseignements sur les pays voisins de ceux que j'ai traversés et pourrai, je l'espère, compléter les travaux de Binger au nord de Waghadougou jusqu'à Bandiagara.

« Il en est de même dans la section Say-Kano.

(1) J'apprends qu'une caravane qui commence à arriver aujourd'hui à été attaquée et pillée dans cette partie de la route.

(2) Le relevé des 117 positions astronomiques déterminées par le comte Monteil au cours de son voyage a été publié dans le *Bulletin de la Société de Géographie* du 16 mars 1891.

« Ainsi que les traités en témoignent, j'ai laissé, partout où je suis passé, un très bon souvenir, tant chez le chef que chez les habitants et, fait unique peut-être dans un voyage d'aussi longue durée, je n'ai pas eu *une seule fois* la plus légère difficulté du fait de mon personnel. Bien au contraire, partout où nous avons fait un séjour de quelques jours, mes hommes se sont attiré, tant par leur bonne tenue que par leur honnêteté, leur respect de toutes choses, divines et humaines et aussi les marques d'attachement qu'ils me prodiguaient, la sympathie et l'affection de tous. Là où l'escorte est, pour beaucoup de voyageurs, une source de difficultés et d'ennuis, la mienne, au contraire, m'a rendu des services de toute nature, dont le moindre n'a pas été de convaincre la population qu'avec des hommes de leur couleur, et aussi dévoués pour moi, je ne pouvais être un homme malfaisant.

« Mon personnel est, à très peu de chose près, celui que j'ai emmené de Kayes et que j'ai définitivement trié à Sikasso.

« Un homme m'a quitté à Ouro-Gueladjio, deux autres sont partis depuis Sokoto, pour des raisons que je n'ai pu déterminer encore. Ils ont emporté deux fusils modèle 1874.

« L'interprète que j'ai pris à Bafoulabé, Makouro-Seck, Ouolof de Saint-Louis, est un homme précieux, dont je dois louer le dévouement et l'honnêteté. L'aménité de son caractère m'a beaucoup facilité les rapports avec tous, petits et grands, tandis que sa fidélité inaltérable était du meilleur exemple pour les autres hommes de la mission.

« Mon personnel indigène, interprète compris, est de quatorze hommes. De Sikasso, nous sommes partis dix-huit, Badaire et moi compris, non compté les porteurs, bien entendu. De ceux-ci, sur vingt-cinq, deux sont restés qui ont remplacé deux hommes qui m'avaient quitté. Depuis Sikasso, je n'ai engagé qui que ce soit.

Badaire, dans sa sphère spéciale, m'a rendu tous les services que j'étais en droit d'attendre de lui; il a eu souvent, de ce fait, à supporter des fatigues qui auraient pu influencer une nature moins énergique, moins possédée du sentiment du devoir.

« A Lanfiéra, à Ouro-Gueladjio, ici en dernier lieu, il a eu trois attaques de dysenterie, dont la première et la dernière surtout très graves. Il est toutefois aujourd'hui (13 décembre) complètement rétabli.

« Ma tâche de médecin a été bien facilitée par l'abondance des vivres de toute nature, le lait excepté, que nous avons pu trouver ici. Nous avons mangé, en particulier, ces jours derniers, deux dindes succulentes qui n'auraient pas déparé, par leurs proportions, la table la plus largement servie de France.

« J'ai pu trouver chez les commerçants arabes : sucre, café, tabac, papier à cigarettes, mais point de vin ni d'alcool. Nous avons pu nous procurer un pain grossier, fait de farine de blé non blutée. Ce blé est importé par les caravanes venant du Nord, mais en aucun point de la route je n'en ai constaté la culture par les indigènes.

« Tels sont, rapidement esquissés dans leurs traits principaux, les résultats obtenus jusqu'à ce jour par ma mission.

MONTEIL.

Kano, 13 décembre 1891.

Arigui (oasis de Kawar. — Sahara). Latitude 19° 04′ 55″. Ce 16 septembre 1892.

« J'ai exposé comment le Lam Dioulbé de Sokoto avait contracté vis-à-vis de moi une dette payable à Kano. Le payement de cette dette fut, ainsi que je l'avais pressenti dès le début, cause de difficultés multiples.

« L'homme chargé de négocier à Kano l'effet du Lam Dioulbé s'y prit si mal, qu'au bout de quelques jours il était impossible de trouver la moitié de la somme qui m'était due, et cependant le montant de l'effet, payable en Adamaoua, il est vrai, était de cinq fois cette valeur.

« Je fis appel au roi de Kano pour obtenir une solution, il déclara se désintéresser de l'affaire. C'était ce qui pouvait m'arriver de mieux, et le jour même je vendis de l'or et envoyai chercher des animaux au marché. Ceux-ci étaient rendus chez moi, lorsque vient un ordre du roi d'avoir à les retourner, que, toutes réflexions faites, il ne pouvait ainsi laisser en souffrance une dette du commandeur des Croyants, mais que, ne pouvant payer lui-même sans son ordre, il allait envoyer un courrier.

« Je protestai qu'il n'en était nul besoin, que le Lam Dioulbé, organisant la colonne contre Argoungou, avait mieux à faire que s'occuper de pareille vétille : je fus, bon gré mal gré, obligé d'en passer par la volonté du roi.

« Le courrier partit, confié à trois cavaliers, le 22 décembre ; le 1er février, on n'en avait aucune nouvelle : on prétendait seulement que les porteurs avaient été enlevés par les gens du Gober.

« Pendant ce long temps, 23 décembre au 1er février, à force de luttes et de ténacité, j'avais fini par me faire une situation respectée à Kano, ce qui n'est pas chose aisée dans cette métropole du commerce soudanien, où le sentiment qu'on éprouve pour l'étranger est celui d'une parfaite indifférence, vis-à-vis d'un « nazarra » celui d'un profond mépris.

« Les Arabes, quoique nombreux et riches, n'ont, fort heureusement, aucune influence politique. D'ailleurs, par ordre exprès du roi, toutes mesures furent prises pour me mettre à l'abri de leurs maléfices.

« Grâce à des cadeaux faits à propos, quelques soins médicaux au roi et l'heureuse exploitation des défauts et travers de son grand favori, je fus en mesure, au commencement de février, de forcer la solution que je n'avais pu obtenir jusqu'alors.

« Pour la forme, on envoya un nouveau courrier au Lam Dioulbé ; mais dix jours après il était de retour, disant que ce dernier était parti, avec sa colonne, pour Argoungou.

« Alors le roi de Kano me paya la dette cause de mon séjour prolongé, me donna un excellent guide pour me conduire en passant par Hadeïdjia jusqu'au Ghaladima du Bornou ; ce guide était porteur d'une lettre.

« J'avais un bon convoi, mi-parti chameaux et bourriquots, et le même personnel qu'à mon arrivée à Kano.

« Le roi de Kano et son premier ministre firent à mon départ pour Koukaoua toute l'opposition possible, et aujourd'hui que je suis sorti du Bornou, je dois reconnaître que ce qu'ils me disaient était *rigoureusement exact*.

« Le Bornou m'était représenté comme la *terre du mensonge*, où je ne devais compter sur aucune sécurité ; « le cheik seul, me disait Madiou, favori du roi de Kano, est un bon musulman « et un honnête homme ; mais peut-être ne réussiras-tu pas à le « voir : en tous cas, on le préviendra contre toi ».

« A cette considération générale que j'ai eu tout le loisir de vérifier, s'en joignait une autre, beaucoup plus sérieuse.

« J'avais fait le possible pendant mon séjour à Kano pour obtenir des renseignements sur les autres missions françaises, Crampel et Mizon.

« Le 6 janvier, j'obtiens de Madiou le renseignement suivant, que je copie sur mon journal de marche à cette date.

Il y a exactement douze mois, me dit Madiou, des Blancs sont arrivés à Koukaoua venant d'Adamaoua ; ils ont fait au Cheik des cadeaux considérables, ils ont aussi beaucoup donné dans son entourage. Ils avaient beaucoup de porteurs et de nombreux fusils.

Dix jours après leur arrivée, le Cheik a réuni ce qu'il avait reçu personnellement, a fait rassembler ce qui avait été distribué au dehors et a fait reporter le tout, en donnant l'ordre aux Blancs de reprendre au plus vite la route par laquelle ils étaient venus, c'est-à-dire celle d'Adamaoua. Puis le Cheik envoya au roi d'Adamaoua une lettre lui disant que, s'il lui plaisait à lui d'avoir commerce avec les Blancs, quant à lui ce n'était point son désir, et qu'il ne leur ouvrirait plus à l'avenir la route de Koukaoua.

Pour préciser la date, Madiou me dit que cette lettre, transmise par le roi d'Adamaoua au Lam Dioulbé, arriva à Kano quelques jours après la mort de ce dernier (Lam Dioulbé-Oumarou, prédécesseur du Lam Dioulbé-Abdherraman, actuellement régnant), laquelle survint quinze jours avant le ramadan, c'est-à-dire fin mars 1891.

« Ces renseignements me furent confirmés avec la même précision par un Arabe, qui est celui auquel j'ai confié mon courrier. Ils étaient rigoureusement applicables à la mission Mizon, celle-ci ayant parfaitement pu arriver à Kouka dans les premiers jours de 1891.

« Sur la nationalité de ces Européens, je ne pus être fixé.

« La connaissance de la lettre écrite par le cheik du Bornou fut l'obstacle principal à ma mise en route : le roi de Kano et Madiou voulaient que je prisse la route d'Adamaoua. Je persévérai et obtins enfin gain de cause. Le 19 février, je quittais Kano, me dirigeant sur Hadeïdjia. Le roi de ce dernier pays devait donner des guides et une lettre pour m'assurer la route jusqu'au Ghaladima du Bornou. Ce dernier est le plus grand des feudataires du Cheik : il a sous son commandement tous les pays qui confinent à l'ouest avec les États de Moussa.

« Je ne me rendis compte qu'en arrivant à Hadeïdjia de l'honnêteté des procédés du roi de Kano et de son favori à mon égard. J'avais eu beaucoup à souffrir de leurs lenteurs et de leurs atermoiements, mais je dois reconnaître qu'ils mirent tout en œuvre pour m'ouvrir le Bornou. « S'il est possible désormais à « un Blanc d'arriver à Kouka, me disait Madiou, tu y arriveras « avec le guide du roi de Kano et la lettre dont il sera porteur ».

« Le 28 février, j'entrai au Birni-Hadeïdjia, capitale de Hadeïdjia; j'y eus une réception des plus courtoises, quoiqu'il ne m'ait pas été donné de voir le roi. Je demandai à continuer ma route après une journée de repos; il fut immédiatement accédé à ce désir. Le roi me donna une lettre pour le Ghaladima du Bornou, mais, au lieu d'un seul guide, il adjoignit à l'homme du roi de Kano un de ses kachellas (capitaines) et six cavaliers d'escorte.

« — Les gens du Bornou, me fit-il dire par son premier mi- « nistre, ne sont pas honnêtes et manquent de bonne foi. Au lieu « d'un guide, je te donne un de mes kachellas et une escorte; si, « par ce qu'ils verront à N'Guelwa (résidence du Ghaladima), ils « pensent que ta sécurité ne sera pas menacée, ils reviendront « après que *devant eux* le Ghaladima t'aura mis en route avec ses « hommes, ou si celui-ci te refuse la route de Kouka, ils te « ramèneront ici. »

« Les gens du Hadeïdjia, jusque dans l'entourage du roi, ne manquaient pas de dire : « Mais que va-t-il faire ce Blanc au « Bornou, puisque le Cheik refuse de le recevoir? »

« Partis le 1er mars de Birni-Hadeïdjia, nous franchîmes, le 3 mars, un vaste marais qui sert de frontière, et entrâmes dans le Bornou, au village de Madia.

« Dès le lendemain, nous atteignîmes Boukousso résidence temporaire du Ghaladima, situé à 4 ou 5 kilomètres seulement de N'Guelwa.

« Grâce aux guides de Kano et d'Hadeïdjia et aux lettres dont ils étaient porteurs, grâce aussi à la lettre du Lam Dioulbé de Sokoto, je fus bien reçu, et dès le 6 je continuais ma route vers Kouka. Mais j'étais prévenu qu'à Kangui seulement (deux jours de marche de N'Guelwa) me rejoindrait le guide qui devait aller avec moi à Koukaoua, muni d'une lettre du Ghaladima.

« Ce ne fut qu'à plusieurs kilomètres de Bakoussa que les guides du Haoussa me quittèrent, après m'avoir assuré que je pouvais avoir confiance, remplissant ainsi ponctuellement la mission qui leur avait été confiée.

« J'avais eu tout lieu de faire la comparaison déjà entre les hommes qui me quittaient et ceux entre les mains de qui ils me laissaient, et aujourd'hui même, après un séjour de près de six mois au Bornou, avec toute la liberté d'esprit que laisse le passé, je dois déclarer que toutes mes sympathies étaient et sont encore pour les premiers.

« Même après mon départ de N'Guelwa, j'étais convaincu que la question de mon entrée à Kouka n'avait pas fait un pas, car je savais que la personne et les actes du Ghaladima étaient tenus en suspicion, et le passage, je ne l'avais obtenu que grâce à mes cadeaux.

« Le point capital pour moi était de faire la lumière sur les causes de l'insuccès de l'expédition européenne qui m'avait précédé d'un an au Bornou, de manière à éviter les fautes qu'elle avait pu commettre, à me mettre en garde contre les influences qui avaient pu la desservir.

« A Kargui, où je dus subir ce que j'appellerai une première quarantaine d'observation, je fis la rencontre d'un Peul qui avait fait le pèlerinage de la Mecque et avait résidé cinq ans en Égypte. Il se trouvait que cet homme avait justement fait la route de Koukaoua à l'Adamaoua avec les Européens expulsés. Voici succinctement les renseignements qu'il me donna :

« Les Blancs, au nombre de deux, avec cinquante hommes armés de fusils à tir rapide, étaient venus d'Adamaoua, porteurs d'une lettre du roi de ce pays. Il ont eu le tort d'arriver jusqu'à Kouka sans demander à entrer. On les a fait arrêter et camper au dehors et on leur a demandé l'objet de leur venue. Ils se sont dits porteurs d'une lettre de leur roi pour le Cheik, que leur intention était seulement de venir faire le commerce... Je ne sais ce qui se passa exactement, ajoute le Peul, mais ils firent de très nombreux cadeaux au Cheik et à tous les grands. Ils donnaient à pleines mains à qui venait les voir ; de plus, chaque jour, entre quatre et six heures, ils se livraient à des exercices militaires ; toujours est-il que le Cheik, qui est très timoré, en prit ombrage : il leur fit rendre tous leurs cadeaux et leur donna l'ordre d'avoir à reprendre au plus vite la route d'Adamaoua ».

« Ce récit ne fit que confirmer dans mes pressentiments que c'était de la mission Mizon qu'il s'agissait ; mais je ne voyais toujours pas les causes réelles de l'expulsion.

« Quelques jours après, à Borsari, où je subissais une deuxième quarantaine d'observation, j'obtins d'un autre Peul, que je pris comme deuxième interprète, des renseignements plus précis et qui me furent très précieux, car ce fut sur eux que je basai ma conduite.

« Cet homme est un captif du chérif Shassimi, le consul des Arabes à Kouka, qui jouit auprès du Cheik d'une grande influence et qui fut le principal acteur dans cette affaire qui se termina par l'expulsion des Blancs.

« Le Peul me dit en substance que les Arabes voyaient d'un très mauvais œil l'arrivée des Blancs pour faire le commerce à Kouka, lesquels ne manqueraient pas de leur enlever en peu de temps le marché. Ils mirent tout en œuvre, chérif Shassimi en tête, pour les faire expulser. Ils déclarèrent faux les cachets que portait la lettre des Blancs, puis ils firent ressortir au Cheik qu'avec les énormes ressources dont ils disposaient, ils auraient bientôt fait de se créer un groupe de partisans, à la tête desquels ils s'empareraient du pays, que la preuve que leurs intentions n'étaient pas pacifiques, c'était les exercices militaires auxquels ils se livraient chaque jour.

« Enfin, ajoutèrent-ils, les Blancs ne viennent au Bornou que dans un but : ils savent par leurs précédents explorateurs que le Tchad contient de l'or et du corail et ils viennent pour s'en emparer.

« Toutes ces fables n'eurent qu'un trop facile crédit auprès du Cheik, indécis et timoré. Il expulsa sur-le-champ les Européens, en leur envoyant quelques cadeaux.

« Mais un fait que me révéla mon narrateur dans sa candeur, fait qui était de la plus haute importance, c'est que, le lendemain du départ des Blancs, tous les Arabes firent un cadeau collectif à chérif Shassimi, pour le remercier d'avoir fait chasser les Européens.

« De ce jour seulement, je pus démêler quelque chose ; je savais désormais où était l'ennemi, je savais où il me fallait chercher des alliés, où me renseigner. Je pus déblayer rapidement la situation : Les Arabes n'ont d'influence que par chérif Shassimi, dont la sœur est la première femme du roi ; mais cette puissance elle-même a des points faibles et j'eus vite fait de les déterminer. D'autre part, je savais que le péché mignon du roi était l'avarice et que ce n'était pas sans regret pour les cadeaux qu'il avait dû rendre, qu'il avait obéi aux suggestions du chérif. Enfin cette immixtion des Arabes dans les affaires du Bornou n'avait pas dû avoir lieu sans froisser l'orgueil des confidents du roi. D'enquête en enquête, j'arrivai à me faire une idée très nette des causes qui avaient déterminé l'expulsion des Européens et des moyens que je devais employer pour obtenir un résultat favorable à mes desseins.

« J'eus tout le loisir, avant d'arriver à Koukaoua, de me tracer une ligne de conduite et de la suivre, car pour effectuer cette marche de Kargui à Kouka, qui est de treize jours, j'en dus employer trente-trois.

« A Kargui, où m'avait expédié le Ghaladima pour y attendre son guide, porteur d'une lettre, je restai sept jours sous le fallacieux prétexte d'une escorte à constituer pour faire passer aux caravanes une zone exposée aux entreprises des Baddès, en réalité pour donner le temps aux envoyés du Ghaladima d'arriver à Koukaoua.

« A Borsari, nous arrivâmes le 16 mars. Ce point est dans le Bornou proprement dit ; il y réside un kachella qui relève directement de Koukaoua. Je trouvai en lui un homme affable, qui m'accueillit de la façon la plus courtoise et dont j'eus bientôt gagné toutes les sympathies.

« Il s'opposa à ce que je poursuivisse ma route, peut-être en vertu d'ordres déjà reçus ; il allait, disait-il, prévenir à Koukaoua et, grâce aux bons renseignements qu'il avait déjà reçus sur mon compte, il ne doutait pas que, sur son rapport, le Cheik ne m'ouvrît les portes de sa capitale.

« Je subis en ce point une nouvelle quarantaine d'observation de quinze jours, au cours de laquelle je vis se succéder les courriers chargés d'informer le Cheik de mes faits et gestes. Enfin les renseignements donnés par le kachella eurent créance et le 29 mars au soir arriva le frère du grand favori du roi, chargé de me conduire à Koukaoua.

« Partis de Borsari le 31 mars au matin, nous étions le 8 avril au Kaliloua, petit village à quelques kilomètres de Koukaoua.

« Le 9 au matin, nous nous mîmes en marche, et, à peine sortis du village, nous rencontrâmes une nombreuse escorte de cavaliers, qui se portèrent au-devant de moi, pour m'honorer du salut des lances. Si je n'avais été prévenu, je l'eusse pris fort mal, comme il était advenu aux Blancs qui m'avaient précédé l'an dernier. Il consiste pour les cavaliers à se porter à une allure vive au-devant de la personne qu'ils veulent honorer et, arrivés à détente de bras, de lui présenter la pointe de leur lance à hauteur du visage et de la brandir ainsi en prenant les airs les plus furieux, en poussant des hurlements de bête fauve. Je restai ainsi l'espace de deux minutes environ le corps ceint de pointes de lances de la ceinture au front ; je ne pus m'empêcher de trouver l'hommage d'un goût douteux.

« Ce point important du cérémonial accompli, l'escorte prit la tête et nous nous acheminâmes droit à l'est vers Koukaoua ; mais, arrivés au grand marché qui constitue la partie la plus occidentale de la ville, nous reçûmes l'ordre de camper jusqu'au lendemain.

« On voulait donner un éclat extraordinaire à mon entrée. C'était le parti du pays qui prenait sa revanche sur les Arabes.

« La solennité du lendemain dépassa mon attente. Après avoir été honoré à nouveau du salut des sabres qui est le comble des honneurs et qui fort heureusement fut maintenu dans des limites convenables, 5 à 600 hommes, cavaliers et fantassins, sur une dizaine de lignes, prirent la tête du cortège, occupant toute la largeur de la grande entrée nommée Dendal, qui traverse de l'ouest à l'est les deux villes qui constituent Koukaoua (1) et le marché qui les sépare sur une longueur de 6 kilomètres environ. J'estime en outre la foule massée sur les côtés à 40 ou 50 000 personnes. Nous fermions la marche, précédés du guide du roi, le convoi derrière.

(1) Koukaoua est le nom véritable de la capitale du Bornou, mais on dit souvent Kouka par abréviation.

« Nous mîmes près d'une heure et demie pour arriver au palais du Cheik, devant lequel les différentes lignes chargèrent; enfin nous fîmes de même. Devant la porte étaient massés tous les membres du conseil et ceux de la famille royale, qui nous rendirent le salut, puis le premier eunuque sortit du palais, me disant de suivre mon guide, qui me donnerait le logement.

« Enfin, nous étions dans Koukaoua et mon hôte, chez le frère duquel j'étais logé, était Malam-Adam, grand favori du roi.

« Les Arabes étaient les vaincus de la journée; tout ce qui me parvint d'eux furent des contes ou mensonges éhontés, qu'il ne m'était point difficile de réduire à néant.

« Le Cheik avait assisté du haut des fenêtres du palais à la fantasia d'entrée, mais il ne se montra point. Le soir, on me demanda les cadeaux pour le Cheik et son entourage, en même temps qu'on me prévenait que je serais reçu par le Cheik pendant la nuit.

« J'opposai un refus catégorique.

« Je suis un envoyé, l'objet de ma mission doit primer la ques-
« tion cadeaux; quant à voir le Cheik seul à seul de nuit, c'est
« en dehors de ma dignité; je ne sais point passer par les petites
« portes. Le Cheik me recevra en audience solennelle et publi-
« que, puis je lui enverrai les cadeaux que je suis chargé de lui
« remettre. Si ces conditions ne sont pas acceptées, je n'ai qu'à
« quitter le Bornou, car je ne transigerai sur aucun point. »

« J'obtins gain de cause; ma réception par le Cheik fut fixée au surlendemain 12 avril.

« Chérif Shassimi ne pouvait tarder à vouloir entrer dans mes affaires. Il me fit faire des ouvertures; je me bornai à lui faire répondre que, s'il voulait me voir, il n'avait qu'à venir.

« Avec un éclat extraordinaire, le 12 avril, je fus conduit au palais, où eut lieu la cérémonie de ma réception par le Cheik, laquelle fut annoncée à la foule par le son du canon.

« Avant de partir pour l'audience, on m'avait demandé mes lettres : je repondis que j'avais des preuves multiples de l'objet de ma mission et je montrai les traités; mais comme on insistait, disant que je devais avoir une lettre personnelle pour le Cheik, je répondis que je n'avais qu'une lettre collective, adressée à tous les rois que j'étais chargé de visiter, mais que, cette lettre étant en français, si on l'exigeait, je pourrais en donner la traduction. « Non, non, me fut-il répondu ; tu peux apporter cette lettre ; « d'ailleurs il le faut ; quant à la lire, on la lira sans toi. »

« Bien renseigné, sachant que seul l'ancien domestique de Nachtigal, Mohammed-el-Mouselmani, sujet italien, pouvait avoir quelque prétention à faire cette lecture, et sûr, par un mot de lui, que j'avais reçu, écrit en italien exécrable, qu'il était incapable d'en déchiffrer un mot, je n'hésitai point et livrai ma lettre d'instructions en même temps que le traité de Sokoto.

« C'était un coup de partie : si j'eusse seulement hésité, j'étais expulsé immédiatement, et d'autre part, si on venait à lire ma lettre, je ne pouvais guère compter sur une autre solution.

« Ma réception par le Cheïkou Ashem fut empreinte de la plus parfaite courtoisie. Je me bornai à lui tenir le langage suivant :

« — Je suis chargé par le chef des Français de venir saluer le « puissant Cheik du Bornou Cheïkou Ashem, dont la renommée « est venue jusqu'à lui par les voyageurs qui ont visité son grand-« père Cheïkou Lamino (El Amin) et son père Cheïkou Oumar. « Comme jamais aucun homme de ma nation n'est venu au « Bornou, mon chef m'a envoyé pour que connaissance fût faite « et que bonne amitié en résultât. »

« Le Cheik. — « C'est bien ; tu es ici chez toi, considères-toi « au Bornou comme dans ton propre pays. »

« Moi. — « Je n'ai pas beaucoup de peine à me faire illusion, « car la magnifique hospitalité dont tu m'as honoré, m'a beau-« coup touché. »

« Le Cheik. — « Tu es venu ici avec le bien ; tu ne trouveras « que le bien. »

« Moi. — « Merci. Je désirerais que tu me donnes, pour retour-« ner vers celui qui m'a envoyé, la route de Tripoli, moyennant « que tu m'assures de bons guides. »

« Le Cheick. — « Lorsque je t'aurai donné mon présent de « congé, je t'assurerai la route que tu désires. »

« Puis je me retirai, sachant que rien ne pouvait mieux disposer en ma faveur qu'une visite très courte.

« L'impression générale fut toute en ma faveur et les Arabes eux-mêmes, se sentant impuissants, durent désarmer, au moins pour un temps.

« Ce que j'avais prévu pour mes lettres arriva : Le traité de Sokoto fut lu par le roi, mais ma lettre d'instructions resta inviolée. On fut bien obligé de confesser qu'on ne pouvait la déchiffrer et le 17 elle me fut rendue pour que j'en fisse lecture à un marabout qui l'écrirait en arabe.

« Voici le texte exact de la lettre qui se trouve entre les mains du Cheik du Bornou :

Cette lettre a été écrite à Paris, capitale de la France, le vingt-neuvième jour du mois de Moharrem 1308;

Elle est adressée par le vizir Etienne, au nom du roi Carnot, au capitaine Monteil;

Je t'ai choisi parce que tu connais bien les noirs et que tu as depuis longtemps vécu au milieu d'eux, pour faire le voyage suivant :

Tu te rendras à Saint-Louis (Sénégal), pour de là gagner Ségou, puis les états de Tiéba, Fama du Kénédougou (suit l'énumération de tous les pays, avec noms des chefs, que j'ai traversés jusqu'à Say).

De Say, tu te rendras auprès du Lam Dioulbé de Sokoto Abdhorraman fils de Mohammed-Bello, fils d'Othman-dan-Fodia. Après l'avoir salué, tu lui demanderas de traverser ses États et une lettre pour te rendre auprès du Cheik du Bornou, Cheïkou Ashem.

Le Bornou est un grand pays, ses rois sont de grands rois. Beaucoup de voyageurs sont allés à Koukaoua qui y ont été bien reçus, mais ils n'étaient point de notre nation ; c'est pourquoi je te donne l'ordre à toi de t'y rendre.

Raïs-Khalil (Denham), Raïs-Abdallah (Clapperton) sont allés au temps de Cheïkou Lamino; ils ont assisté à la bataille de N'Gala qu'il a gagnée sur le Baguirmi, et à leur retour ils ont rapporté que c'était non seulement un grand guerrier, mais aussi un grand savant, un roi juste, honnête et généreux.

Abd-el-Kerim (Barth), Mustapha-Bey (Rholfs), Idris (Nachtigal) ont visité Cheïkou Oumar en son temps : ils ont rapporté qu'il possédait toutes les vertus de son père.

Cheïkou Ashem, qui a pour ascendants de tels hommes, ne saurait différer d'eux, et je suis convaincu que tu seras bien reçu de lui quand tu viendras le saluer de la part du chef de la grande nation française.

Ta mission accomplie auprès de lui, tu lui demanderas de revenir vers moi par la route la plus courte, celle de Tripoli, moyennant qu'il t'assure de bons guides.

Par ordre :

Signé : Étienne.

Post-scriptum. — Je sais que tu as cherché en vain un exemplaire d'Atlif Lahila (Mille et une Nuits). Je t'en donne un que j'ai tiré de ma bibliothèque et que tu remettras à Cheïkou Ashem en mon nom.

Par ordre :

Signé : Étienne.

« J'ai ajouté ce dernier paragraphe à dessein; Cheïkou Ashem est un fin lettré : il avait, je l'avais appris, fait chercher de tous côtés cet ouvrage; il l'avait même demandé à Stamboul sans pouvoir l'obtenir. Rien ne pouvait lui faire plus de plaisir que de savoir que celui que je lui apportais, d'ailleurs fort beau, était une attention personnelle du Chef des Français.

« Si j'ai dû donner des titres qui ne correspondent pas à notre état politique, c'est que le Bornou est un pays où il faut éviter les questions, surtout quand, pour y répondre, il faut exposer des conceptions que les noirs sont hors d'état de saisir.

« Toutes ces questions réglées, il semblait que désormais j'étais autorisé à me croire l'hôte accepté du roi. Il n'en était rien, grâce aux agissements éhontés du favori, puits sans fonds que je dus me reconnaître impuissant à combler. Ce ne fut qu'après les fêtes du ramadam (29 avril), à l'audience que j'eus du roi, le 1er mai, que celui-ci me dit officiellement qu'il m'acceptait pour l'envoyé du Chef des Français. Je fus, durant ce temps, obligé à une extrême réserve, car, sous les plus futiles prétextes, tout pouvait être remis en question.

Mourzouk, 27 octobre 1892.

« Venons maintenant à l'exposé des motifs qui me firent demander au Cheik, dès mon arrivée à Koukaoua, la route de Tripoli :

« D'après les renseignements qui m'avaient été fournis, j'étais persuadé que c'était la mission Mizon qui avait été expulsée de Koukaoua l'année précédente ; je dirai tout à l'heure comment j'acquis plus tard, *un mois et demi après* mon arrivée dans la capitale du Bornou, la certitude que j'étais dans l'erreur.

« Me basant en tout cas sur ce fait, n'ayant d'autre part aucun renseignement sur la mission Crampel, je pensai que ces deux missions avaient concentré leurs efforts entre le Baguirmi et le Congo, où les deux chefs, avec leurs connaissances acquises, étaient dans leur véritable sphère d'action.

« Moi, au contraire, pour poursuivre dans cette direction, il me fallait une préparation longue, une réorganisation complète de ma mission puisque les moyens de transport faisaient défaut, aussi engager un nouveau personnel. Celui qu'au prix de mille soucis j'avais réussi à amener jusqu'au Tchad, se serait certainement refusé à poursuivre vers le sud-est.

« D'autre part, j'envisageai sous tous ses aspects le but que le gouvernement poursuit au Soudan. Fallait-il laisser encore à parfaire l'œuvre que depuis douze ans nous poursuivons avec ténacité? Fallait-il rester comme hypnotisés devant ce Sahara, jusqu'aujourd'hui réputé infranchissable à un Français, car René Caillié ne l'a traversé que sous un déguisement ; n'était-il pas nécessaire de circonscrire vers l'est notre sphère d'action ? Enfin ce mouvement de fanatisme Snoussi dont on a tant parlé, ne fallait-il pas, si possible, aller l'étudier dans son foyer de propagande même, et son importance et ses tendances?

« Dernier point enfin : mes instructions étaient formelles : j'avais à déterminer exactement la position de Barroua.

« Pour toutes ces raisons, je n'hésitai point à demander la route de Tripoli, et contre vents et marée je m'obstinai à n'en pas vouloir prendre d'autre.

« Je passerai sur les incidents de mon séjour à Koukaoua, où j'eus à endurer mille ennuis; je dirai seulement, pour l'instant, qu'après avoir fait au Cheik et à son entourage de superbes cadeaux, je tentai d'avancer l'heure du départ, sans y réussir.

« Du jour où j'acquis la conviction qu'il faudrait qu'une caravane fût en partance, je fermai ma caisse.

« A Koukaoua, je fus visité dès mon arrivée par Mohammed-el-Mosselmani (Giuseppe Valpèda), ancien serviteur de Nachtigal. Cet homme eût pu m'être de grande utilité pour mes rapports avec le Cheik en me servant d'interprète; mais depuis vingt-deux ans il a complètement oublié sa langue maternelle et ce n'est que tout à fait à la fin de mon séjour qu'il avait retrouvé quelque facilité de s'exprimer.

« Il me donna au sujet de l'expulsion des Européens des renseignements que je possédais déjà, mais il affirmait toujours que c'étaient des Anglais, qu'ils étaient porteurs d'une lettre « de la reine d'Angleterre ». Très édifié par une longue fréquentation sur ses faibles connaissances géographiques et politiques, je n'attachai, à défaut de preuves palpables, que peu d'importance à cette affirmation.

« Enfin, le 22 mai, causant avec lui, il me dit avoir pris une empreinte à la cire des boutons d'uniforme des soldats d'escorte de la Mission.

« Je demandai à voir, et il me remit trois empreintes.

« Au dos, la marque de fabrique « Firmins sons London ».

« Plus de doute désormais : c'étaient les agents de la Compagnie du Niger qui avaient tenté de devancer à Koukaoua les missions françaises, et peut-être faut-il voir dans l'entreprise dont fut l'objet la mission Mizon à l'embouchure du Niger un moyen de l'empêcher de devancer les Anglais au Bornou.

« Bientôt j'obtins le nom du chef de l'expédition : c'est Chaly (1), représentant de la *Royal Company*, dont la factorerie principale est à *Ibi*.

« Mais alors, la mission Mizon ?

« Le 6 juillet, enfin, j'eus des renseignements sûrs à son sujet : Un Peul d'Adamoua, courrier de Chaly (et certainement envoyé par lui à Koukaoua pour surveiller mes actions, car le même Chaly m'avait déjà fait pister à Sokoto, puis à Kano), m'apprit ce qui suit :

La mission, avec deux blancs et un bateau à vapeur est arrivée à Yola en octobre 1891. De Yola, ils ont remonté à Garroua et de ce point ils sont partis pour *chercher de l'eau vers l'est*; mais bientôt ils ont été arrêtés par la terre et huit jours après leur départ de Garroua ils y sont revenus.

Ils sont alors retournés à Yola, où ils ont séjourné cinq mois. Ils ont été parfaitement reçus par Malam Dziberrou, sultan d'Adamaoua, puis sont partis il y a quatre mois (février 1892), abandonnant leur bateau sur la plage. Ils ont pris avec des porteurs la direction de N'Gaoundéré, disant que de ce point ils étaient dans l'intention de gagner au sud-est une grande rivière qui les conduirait à la mer, d'où ils regagneraient leur pays.

« La précision extraordinaire de ces renseignements ne me laissa aucun doute sur leur véracité, car je tentai de faire couper cet homme sur les questions de date en particulier sans y réussir.

« Quant à l'arrivée tardive de la mission Mizon, je me l'explique de la manière suivante : A Ségou, j'ai lu à la date du 26 novembre l'attaque de cette mission. Or la crue de la Bénoué a lieu de septembre en décembre ; probablement la mission n'a pu profiter des hautes eaux de 1890 et a dû attendre la crue de 1891.

« Mon séjour à Kouka n'eût rien eu de particulièrement pénible

(1) Prononciation corrompue du prénom de M. Charles Mackintosh.

sans les luttes que j'eus à soutenir contre le plus puissant des favoris du Cheik, Malam-Adam, mon hôte. Ce que j'eus à souffrir de l'avidité, de la cupidité de cet homme dépasse ce que l'on peut imaginer. Mensonges et fourberies étaient la monnaie courante dont il payait mes générosités. Lorsque j'eus réussi à bien démêler le fort et le faible de cette sorte de roi fainéant, je n'hésitai point à jeter le favori et son frère par-dessus bord, comptant pour me tirer de peine sur Settima-Abd-el-Kérim le premier eunuque qui, quoique en défaveur complète, possédait une réelle influence. Il en donna la preuve quand, par un coup de tête qui plaça le Cheik et Malam-Adam dans le plus grand embarras, je mis le premier en demeure d'avoir à me donner immédiatement la route qu'il me promettait depuis quatre mois. Une petite caravane était à la veille de partir; le chef devait être un vieux marabout, commerçant riche de Gatroun, Hadj-el-Adi. Le Cheik lui demanda de répondre de moi et de me guider jusqu'à Mourzouk : il refusa. Dans la crainte qu'on ne l'accusât d'avoir manqué à sa parole — car je déclarais vouloir partir quand même — le Cheik me confia à Maï, fils de Maïna-Adam, le Maïna le plus considéré, on peut même dire le chef de l'oasis de *Kaouar*, car celui que j'y trouvai à mon passage est à l'état de soliveau.

« Deux Arabes complétaient la caravane, qui se trouva enfin réunie à Yô, le 19 août.

« J'eus avant mon départ une dernière entrevue officielle avec le Cheik : elle fut cordiale. Je le remerciai de son hospitalité et de ses présents — assez mesquins — de la dernière heure, que je qualifiai toutefois de somptueux. Enfin, je lui demandai une lettre en réponse à celle que je lui avais apportée.

« Autant j'étais heureux d'entrer à Kouka quatre mois auparavant, autant j'étais heureux d'en sortir le 15 août. Un incident de la dernière heure faillit rendre mon départ tragique; mais Settima-Abd-el-Kérim veillait et l'orage qu'avait soulevé mon irréconciliable ennemi Malam-Adam creva sur sa propre tête.

« Le 22 août nous étions à Barroua ; mes instructions prescrivaient d'en déterminer exactement la position. Plusieurs causes s'y opposèrent.

« En ce qui a trait à la latitude, à défaut d'observation solaire méridienne impossible à obtenir à cette époque de l'année, j'eus une observation méridienne de Véga, qui me donna 13° 50' 55" pour la latitude de Barroua.

« En ce qui a trait à la longitude, je n'avais pas la possibilité d'obtenir un horaire, car nos deux chronomètres 49144 (Rodanet), 14689 (Leroy), se sont arrêtés l'un et l'autre à Koukaoua, le second le 4 juillet, le premier le 13 juillet, à cause de l'âge des huiles, qui sont, pour chacune de ces montres, de mai 1890. J'aurais pu avoir une dernière ressource : c'était de remonter les instruments pendant les quelques minutes nécessaires à l'observation d'un horaire par la lune et d'une distance lunaire. Malheureusement, la lune était à son vingt-huitième jour : partant toute observation était impossible

« Le 24 août, nous atteignîmes N'Guigui, dernier village du Bornou, au bord du Tsadé. — Le 26, nous commençâmes la pénible succession de marches qui en dix-sept jours devait nous conduire à Kaouar.

« Le 30, nous étions à Bédouaran. Nous en partons le 1er septembre à 10 h. 55, pour faire l'effrayante marche que l'horaire ci-dessous permettra d'apprécier :

« 1er septembre. — Départ de Bédouaran à 10 h. 55 matin. — Campé à 7 h. 55 soir.

« 2 septembre. — Départ à 1 h. 45 matin. — Campé à 7 h. 25 matin. — Départ à 2 h. 25 soir.

« 3 septembre. — Campé à Agadem à 8 heures du matin.

« Soit 30 heures de marche sur 45 heures de temps : coût deux chameaux.

« On prend deux jours de repos à Agadem, d'où l'on repart le 5 septembre à midi, pour continuer de jour et de nuit jusqu'à Dibbéla, où l'on ne s'arrête que la journée. On repart la nuit, pour arriver à Zan-Kébir le 9 septembre dans la nuit. On en repart le 11 septembre à 2 heures du matin, pour être à Mousketoun à la nuit. Arrêt de quelques heures, et enfin arrivée à Bilma le 12 septembre à 7 heures du matin.

« En ce point, je dus abandonner un troisième chameau, ce qui réduisit à neuf mon convoi.

« A Kaouar, nous dûmes séjourner jusqu'au 28 septembre, pour permettre aux Arabes de louer des animaux jusqu'à Mourzouk.

« Nous partons de l'oasis le 28 septembre, nous sommes à Yougyuessa le 29, à Sigguedin le 30, à Yal le 2 octobre. Après y avoir fait du fourrage pour le reste de la route jusqu'à Tadjerri, premier village du Fezzan, nous en repartons le 4 octobre, pour être à Mafaras le 5 à la nuit.

« De ce point, nous partons le 7 et arrivons à Bir-Lahamar, le 9. D'Avaï à Bir-Lahamar j'ai perdu trois chameaux; heureusement que des Toubbous-Reschad sont là auxquels je puis en louer.

« Une caravane venant de Mourzouk nous rejoint en ce point, mais malheureusement ne nous apporte aucune nouvelle de la patrie absente.

« Nous repartons le 11 octobre pour être à El-War le 12 au matin. Nous ne faisons que prendre de l'eau, qui est fort loin du camp, en pleine montagne; nous repartons le 13 à 1 heure du matin, pour être le 15 à 9 heures à Bir-Meschrou. On fait de l'eau, on repart à 1 h. 30 et nous arrivons exténués, bêtes et gens, dans l'oasis de Tadjerri, le 16 à 10 heures du matin. Par une très courte marche, nous gagnons Tadjerri le lendemain; nous repartons dans la nuit, et à 1 heure le 9 octobre nous campons à Gatroun. Soit une distance de 350 kilomètres environ parcourue en huit jours. La plus grande partie du trajet s'est effectuée au milieu des roches ou des dunes de sables mouvants. Coût : deux autres chameaux.

« A Gatroun m'attendait une surprise agréable, qui me fit oublier un instant tous les ennuis de cette pénible traversée du Sahara. J'y fis la rencontre d'un membre de la famille de Ben-Aloua, au sein de laquelle a vécu Nachtigal pendant son long séjour à Mourzouk. Hadj-Abdallah-ben-Aloua, en tournée de perceptions sur l'ordre du Moutessarif de Mourzouk, me combla. pendant les deux jours de séjour que nous fîmes à Gatroun, de mille attentions et délicatesses, en souvenir de l'éminent voyageur, de l'homme aimable, qui avait été son hôte. C'est une bénédiction pour un voyageur d'avoir eu des précurseurs dont le passage ait laissé une trace aussi lumineuse, dont le souvenir soit resté aussi vivant dans l'esprit de ceux qui les ont connus!

« Pour mon propre compte, je crois pouvoir affirmer qu'au cours de ma longue pérégrination je n'ai laissé qu'une impression des plus favorables au bon renom des Européens en général, de notre nation en particulier, et sur quelques points où j'ai pu faire, par un séjour de quelque durée, apprécier mes actions, je pense avoir laissé des souvenirs durables, qui pourront être, par la suite, de la même utilité à mes successeurs qu'ont été pour moi les traces laissées, sur les chemins que j'ai foulés après eux, par Ringer, Crozat, Barth, Nachtigal, G. Rholfs.

« Je pus louer de nouveaux chameaux à Gatroun, mais ce qui nous eût été à tous de la dernière nécessité nous fit défaut. A Gatroun, et répandus sur toute la région comme des nuées de sauterelles, nous trouvâmes des campements d'Oulad-Sliman de la Grande Syrte, dont la réputation en tant que malandrins de la pire espèce n'est plus à faire.

« Arabes et Toubbous affolés reprirent des allures désordonnées, si bien que, ne pouvant les abandonner puisque nombre d'entre eux portaient mes bagages, je dus me résigner à les suivre, égrenant mes chameaux et mes hommes le long des chemins.

« Péniblement, je fis mon entrée à Mourzouk le 25 octobre avec deux chameaux, restes piteux de la superbe caravane de douze chameaux que j'avais emmenée de Koukaoua. Sur l'un était monté un de mes hommes, qui, convalescent d'une fluxion de poitrine prise à Tadjerri, arrivait presque mourant; mes autres hommes, sans aucune exception, n'eussent pu soutenir une étape de 10 kilomètres; ils marchaient depuis dix jours avec de longues crevasses aux pieds, produites par la marche sur les roches glacées pendant les heures de nuit. Quant à Badaire, il avait depuis un mois et demi des jambes à faire la fortune d'une géante de foire; le repos lui était indispensable et aussi des soins que je n'ai pu lui donner le long de la route.

« Enfin, au prix de fatigues dont on ne peut se faire une idée sans les avoir endurées, moyennant de nombreuses pertes d'animaux, il est vrai, mais, grâce à Dieu, sans que j'aie à déplorer la perte d'un seul de mes fidèles compagnons, cette longue étape de 1700 kilomètres au travers de régions désolées et inhospitalières est un fait accompli !

« Dès Tadjerri, j'avais envoyé un courrier au gouverneur de Mourzouk pour le prévenir de mon entrée dans le Fezzan. La lettre, en français avec suscription en arabe, en contenait une deuxième à l'adresse de M. le consul général de France à Tripoli, dans laquelle étaient inclus trois télégrammes.

« Le 24 octobre, au matin, alors que nous allions arriver au village de Djejan (Sozan de la carte von Lüdehn), je fus rejoint par un gendarme à cheval porteur d'une lettre écrite *en français* dans laquelle le Moutessarif me pressait de hâter mon arrivée, et m'informait que depuis deux mois déjà des ordres émanant du Pacha de Tripoli lui étaient parvenus, l'invitant à surveiller mon arrivée, tant par la route de Gatroun que par celle de Rhat.

« Je ne pus, vu l'état de fatigue des hommes et des animaux, poursuivre sur Mourzouk le jour même; mais je renvoyai d'Hadjajel, où je pris campement, un mot au gouverneur, le remerciant et l'informant de mon arrivée pour le lendemain.

« Le 25 octobre à huit heures nous entrâmes à Mourzouk. Je fus aussitôt conduit dans une maison de fort belle apparence, la plus belle de Mourzouk, l'ancienne maison Gaglinfi, qui doit demeurer historique parce qu'elle abrita, pendant son séjour ici, l'infortunée mademoiselle Tinné. Lorsqu'elle fut mise en bon état, avec rideaux, divans et nattes, je fus invité à en prendre possession; puis, peu après, accompagné du capitaine de gendarmerie, je fis ma visite officielle au gouverneur.

« Hadj-Mahommed-Kabbar, Moutessarif du Fezzan, est un homme de quarante-cinq ans environ, calme, posé, à l'abord aimable. Il semble un fonctionnaire zélé, consciencieux et intelligent; il a la réputation d'un administrateur habile et intègre; il est très aimé et universellement connu, comme il connait lui-même tout le monde. Il a mis d'ailleurs toutes ses qualités en œuvre l'année dernière, au cours d'une terrible famine qui a anéanti près d'un tiers de la population du sud-est de la province et on lui est très reconnaissant des efforts qu'il a faits pour soulager les infortunes de ses administrés. Son père était gouverneur de la province au temps où Nachtigal vint ici; il mourut même pendant son séjour. La famille est arabe et originaire de Gourian, dans la Régence, sur la route de Mourzouk à Tripoli, par le val Shiati.

« Entouré de ses subalternes, parmi lesquels le commandant de la garnison, le Moutessarif me fit un accueil très empressé, me mit immédiatement à l'aise, me donna des nouvelles de la situation en Europe qui me tranquillisèrent, et enfin me lut gracieusement les ordres qu'il avait reçus de Tripoli à mon sujet; après que je lui eus de mon côté présenté Badaire, mon interprète et mon guide, je lui fis l'éloge de ce dernier, qui m'avait amené sain et sauf jusqu'à Mourzouk, puis je me retirai.

« Ma maison était montée, cuisinier, domestiques, chaouch ; je reçus toutefois, le matin même et le soir, deux superbes et copieux repas venus de la table du gouverneur. Ma maison ne désemplit pas de la journée ; mais dès que je le pus, je fis visite au commandant et aux officiers de la garnison, et aussi au membre le plus influent de la famille Ben-Aloua, Mohammed-Karami, l'ami intime de Nachtigal. Je fis une deuxième visite intéressée au Moutessarif (le lendemain), lequel me donna, contre reçu, 300 medjidi, en m'invitant gracieusement à prendre davantage.

« Hier, après m'avoir prévenu que ce retard de deux jours n'avait d'autre but que de me laisser reposer et installer, le Moutessarif m'a rendu ma visite. Nous avons longuement causé ; à sa demande, je lui ai exposé tout mon voyage, en le lui faisant suivre sur la carte. Sur son désir, je lui ai donné par écrit les positions astronomiques de Sokoto à Koukaoua et de ce dernier point à Mourzouk.

« Il me reste à exposer les résultats obtenus par ma mission de Kano à Mourzouk.

« Au point de vue géographique, de Kano au Bornou, j'ai fait une route nouvelle par le Hadeïdjia ; le premier Européen j'ai traversé cette province frontière de l'empire Haoussa.

« Du Bornou au Fezzan, j'ai, par mes observations astronomiques, rectifié quelques positions.

« Quant à mon personnel, il est le même, à peu de chose près : un homme que j'employais comme berger est parti à la suite de menus larcins, dans la crainte d'une répression. Mon cuisinier, bambin d'une quinzaine d'années, n'a pu, dès le lendemain du départ, reprendre l'habitude de la brousse : les belles de Koukaoua lui avaient tourné la tête : il est retourné vers elles.

« Le reste est ici, mais à quel prix ! Je prends le ciel à témoin que, s'il me fallait recommencer ce que je viens d'entreprendre, j'y renoncerais. J'avoue que peut-être j'ai dépassé la limite des efforts que l'on peut demander à des noirs. Même après cinq jours de repos, aujourd'hui, mes hommes ne sont pas encore revenus à eux-mêmes.

« J'organisai seul à Koukaoua ma caravane, en m'entourant de tous les renseignements que je pus trouver, je fis préparer mes provisions et tout le matériel indispensable. J'engageai un seul Arabe comme berger des chameaux et surtout pour faire les réparations aux outres et aux bâts.

« Lui compris, j'emmenais treize hommes. J'avais bien prévenu tout mon monde à maintes reprises des difficultés de la route, mais ils se croyaient au-dessus de celles-ci.

« Il n'en fut rien, malheureusement, et cette longue route fut pour moi l'objet de mille soucis : sans cesse des hommes en arrière qu'il fallait aller chercher, sans cesse des charges à refaire, auxquelles Badaire ou moi devions mettre la main.

« Lorsque vinrent les grandes marches après Bédouarran, ce fut terrible : Badaire et moi faisant perpétuellement la navette d'un bout à l'autre de la caravane pour repêcher les hommes exténués, recharger les animaux nous-mêmes ; plus une minute de répit.

« Pas un instant mes hommes ne prirent le dessus. Il en est ainsi, malheureusement, des noirs : ils allèrent en baissant du commencement à la fin. Rien ne manquait cependant, ni eau ni vivres ; mais le noir n'a pas de ressort moral.

« Il faut dire d'autre part que les Arabes n'emploient, sur cette route que des hommes triés, presque tous hommes du Fezzan. Celui que j'avais engagé tomba bientôt à un niveau plus bas que mes propres hommes ; je le renvoyai à Kaouar, il suivit la caravane ; les chefs des autres caravanes le prirent à tour de rôle et comme moi le renvoyèrent.

« Aujourd'hui que c'est chose vécue, je me promets de ne pas recommencer et, pour gagner Tripoli, je vais louer ici des chameaux, avec leurs conducteurs bien entendu.

« Au point de vue sanitaire, nous avons été assez éprouvés à Koukaoua par une épidémie d'influenza qui n'a pas été sans faire quelques vides dans la population. Pendant sept ou huit jours il mourait de quarante à cinquante personnes par jour.

« Je pus soigner à temps deux de nos hommes dont l'état s'aggravait et les tirer d'affaire ; mais mon domestique contracta une phtisie galopante de la dernière gravité, et j'eus grande difficulté à le guérir.

« A l'entrée dans le Fezzan, un autre de mes hommes fut pris d'une fluxion de poitrine très grave que je parvins à enrayer; mais les fatigues de la route, qu'il fit cependant sur un chameau, le mirent si bas, qu'il était presque mourant à l'arrivée ici. Il est hors de danger aujourd'hui.

« Quant à Badaire et moi, nous avions fort bien supporté les fatigues de l'hivernage à Koukaoua et celles de la route.

« Cependant, pour ce qui me concerne, j'eus un accident assez grave :

« En marquant au fer rouge un de mes chameaux, à Koukaoua, je reçus de lui un violent coup de pied dans la région gauche de la poitrine et un peu au-dessus de la ceinture. La première suffocation passée, cet accident sembla ne pas devoir laisser de traces; mais, au bout de quelques jours de marche, des douleurs très violentes et continues survinrent dans cette région : il m'était impossible de respirer. Après Agadem, je dus prendre un parti héroïque, celui de m'appliquer des vésicatoires, lesquels suffirent jusqu'à l'arrivée à Bilma.

« Badaire fut pris à ce moment d'une sorte d'œdème des jambes, qui, commençant par la jambe gauche, gagna la droite. A l'arrivée ici, je l'ai remis entre les mains du médecin de la garnison, qui semble avoir obtenu un bon résultat; j'espère qu'il pourra faire sans trop de fatigue la route de Tripoli.

« Par notre arrivée au Fezzan, la mission peut être considérée comme terminée.

« MONTEIL. »

LA
MISSION MAISTRE

Avant de s'engager sur la route d'El-Kouti, M. Dybowski avait laissé la plus grande partie de ses bagages au poste des *Ouaddas*, qu'il avait préalablement fondé à l'embouchure de la rivière Kémo. M. Chalot était resté à la garde de ce poste.

M. Dybowski se trouvait avoir rempli la première partie de son programme : la recherche de nouvelles certaines sur le sort de l'expédition Crampel. Maintenant il devait tenter, à son tour, la pénétration vers l'intérieur. Il convenait sans doute d'attendre l'arrivée des renforts annoncés avant d'aborder la région musulmane. Mais on pouvait toujours créer un relais plus au nord. C'est dans ce dessein que M. Dybowski remonta la rivière Kémo, dont le cours inférieur avait été précédemment reconnu par M. Brunache.

L'expédition, divisée en deux colonnes, dont l'une prit la voie de terre et l'autre la voie fluviale, remonta la Kémo sur une longueur d'environ 60 kilomètres. Arrivé en ce point, jugé favorable, M. Dybowski fonda le poste de la Kémo. Il demeura là durant plusieurs mois, espérant toujours les renforts annoncés et nouant, en attendant, des rapports avec les indigènes.

Enfin, ne voyant rien venir, M. Dybowski résolut de partir au-devant de la mission Maistre. Il redescendit la Kémo, puis l'Oubangui, jusqu'à Bangui. Là il fut pris d'accès de fièvre si violents, qu'il dut continuer sur Brazzaville, où son retour en France fut définitivement décidé. A Brazzaville, il avait enfin rencontré M. Maistre et ses compagnons, en même temps que le lieutenant de vaisseau Mizon, arrivant de sa traversée de l'Adamaoua.

J'ai raconté quel élan d'enthousiasme indigné et généreux avait soulevé en France la nouvelle de la mort de Crampel et de ses lieutenants. L'opinion avait donné charge au Comité de l'Afrique française de poursuivre son œuvre. Des souscriptions avaient été ouvertes dans les journaux.

C'est avec le produit — hélas! trop maigre — de ces souscriptions, que la mission Maistre put être organisée. Elle comportait à peu près exactement les mêmes forces que chacune des précédentes. M. Casimir Maistre avait choisi pour compagnons MM. Clozel, de Béhagle, Riollot, Bonnel de Mézières.

La mission avait quitté Bordeaux le 10 janvier 1892. Dans les premiers jours de février, elle était à Loango et le 30 mars à Brazzaville. M. Maistre, comme M. Dybowski, s'était trouvé aux prises, dès le début, avec la difficulté de trouver des porteurs.

Je reproduis ci-après le rapport adressé au retour, par M. Maistre, au Comité de l'Afrique française :

« C'est à Brazzaville que je rencontrai M. Dybowski; très souffrant depuis quelque temps, il rentrait en France et, conformément à ses instructions, me laissait l'entière direction de l'expédition.

« Grâce à M. Dolisie, administrateur principal de Brazzaville, mon séjour au Stanley-Pool fut très court. Deux bateaux, l'*Alima* et le *Djoué*, étaient mis à ma disposition pour remonter le Congo, puis l'Oubangui jusqu'au poste de Bangui, où nous arrivions dans les premiers jours de juin.

« En passant à Liranga (confluent de l'Oubangui et du Congo), j'avais eu l'heureuse chance de rencontrer M. Greshoff, agent général de la maison Hollandaise. M. Greshoff, qui avait déjà rendu des services à la mission Dybowski, mettait gracieusement au service de la mission cinquante engagés vhyboys. Étant donnée la pénurie de porteurs où je me trouvais, c'était un service exceptionnel que me rendait le chef de la maison Hollandaise et je ne saurais trop lui exprimer ici toute ma reconnaissance. De plus, M. Greshoff voulait bien se charger de faire transporter à Bangui par un de ses vapeurs une partie de mon matériel ; cela venait fort à point, car l'*Alima*, vu son tirant d'eau, ne pouvait aller plus loin.

« A Liranga et à Bangui je rencontrai MM. Brunache et Briquez, qui avaient fait partie de la mission Dybowski ; malgré quinze mois de séjour en Afrique, ils n'hésitaient pas à me demander de repartir et à entreprendre une nouvelle campagne, qui pouvait être longue et périlleuse.

« Je ne pouvais offrir à M. Brunache une situation inférieure à celle qu'il avait avec M. Dybowski et, d'un autre côté, n'ayant qu'à me louer de mon second, M. Clozel, je n'avais pas de raison pour lui enlever la place à part qu'il occupait dans la mission ; mais M. Clozel, connaissant les qualités de son ami et les services qu'il rendrait à l'expédition, vint lui-même me proposer de lui céder sa place de second, tout en conservant le pas sur mes autres lieutenants.

« Quant à M. Briquez, il fut chargé de la direction générale de l'escorte des Sénégalais.

« Par contre, M. Chastrey rentrait en France, et M. Riollot, que j'avais laissé à Kotonou pour y recruter des porteurs, ne devait pas me rejoindre.

« Les bateaux à vapeur, ne pouvant remonter au delà de Bangui au moment des basses eaux, l'expédition s'embarquait dans les pirogues banziris que M. Briquez, prévenu de mon arrivée, avait envoyé chercher dans le haut Oubangui : huit jours après, toute la mission se trouvait réunie au poste de la Kémo, créé par la mission Dybowski, sur la rivière de ce nom.

« C'est du poste de la Kémo qu'est datée ma dernière lettre dans laquelle j'annonce notre prochain départ pour le Nord, mon intention étant de pousser le plus loin possible dans cette direction, puis de revenir à la côte ouest par une route nouvelle.

« Le 29 juin 1892, l'expédition du Comité se mettait en marche et s'engageait immédiatement dans une région inexplorée.

« Elle comprenait au départ : 5 Européens, MM. Brunache, Clozel, de Béhagle, Briquez et Bonnel de Mézières, 60 laptots sénégalais formant l'escorte, 115 porteurs ou divers, soit avec moi 181 personnes.

« Après quelques jours de marche à travers le pays des Togbos, nous arrivions chez les N'Dris ; bien reçu par ces indigènes, je passai des traités avec leurs deux principaux chefs, Azangouanda et Amazaga.

« Au delà du pays des N'Dris s'étend vers le nord une vaste région inhabitée, dans laquelle nous nous engageons le 12 juillet; bientôt, abandonnés par nos guides qui auraient voulu nous conduire dans l'est chez les peuplades Mbis et Kâs, nous continuons notre marche, nous dirigeant à la boussole à travers la brousse déserte.

« Le neuvième jour, cependant, nous reconnaissons les approches d'un village; nos hommes, qui n'ont rien mangé depuis la veille et qui commencent à murmurer, sont maintenant pleins de joie, quand tout à coup les Sénégalais qui marchent en éclaireurs reçoivent une volée de flèches et de sagaies; mais, au milieu des grandes herbes, nous n'apercevons rien. Il faut cependant se procurer des vivres : le terrain est déblayé par quelques coups de fusil, puis nous poursuivons les Mandjias (c'est le nom de la tribu) jusqu'aux plantations du village, où nous essayons de parlementer, mais en vain; un nouvel engagement a lieu, à la suite duquel les indigènes, abandonnant leurs cases, se sauvent dans la brousse. Nous trouvons des vivres en abondance, mais la guerre est maintenant déclarée et le bruit va se répandre au loin que « les blancs sont venus pour faire du mal aux Mandjias ».

« C'est un mauvais début pour notre entrée dans le Soudan et la guerre est pour nous d'autant plus dangereuse que le pays, légèrement accidenté, est partout couvert de grandes herbes au milieu desquelles il est impossible de rien voir.

« Nous restons toute une semaine dans ce village des Mandjias, pour laisser reposer les hommes, leur permettre de se munir de vivres et enfin pour essayer de faire la paix avec les indigènes; mais ceux-ci se tiennent cachés et il nous est même impossible d'en apercevoir un; — aussi je me décide à continuer la marche; plus loin peut-être trouverons-nous des gens mieux disposés.

« Pendant six jours, nous marchons sans voir personne; cependant les villages sont nombreux; chaque jour nous en rencontrons plusieurs, mais les indigènes les ont abandonnés en apprenant notre approche, laissant heureusement leurs greniers pleins de mil.

« Pour bien montrer nos intentions pacifiques, j'ai soin d'ailleurs, chaque fois que nous prenons des vivres, de faire laisser à la place une certaine quantité de marchandises.

« Le 31 juillet, deux de nos Sénégalais, envoyés pour parlementer, sont reçus en ennemis ; mais les indigènes se sauvent sans qu'il soit possible de les atteindre.

« Le lendemain, nouvelle escarmouche, à la suite de laquelle les indigènes, enhardis, viennent attaquer le camp. Reçus à coups de fusil, ils prennent la fuite ; dans la soirée, un détachement de Sénégalais, envoyé avec ordre de brûler leurs villages, les surprend dans leurs cases, et, après un combat, réussit à faire un prisonnier, que je fais relâcher au bout de quelques jours, espérant qu'il ramènerait ses compatriotes à de meilleurs sentiments.

« A mesure que nous avançons cependant, les Mandjias, prévenus de notre arrivée depuis plus longtemps, ont eu le temps de déménager leurs vivres, et bientôt c'est à peine si nous trouvons de quoi nourrir tout notre monde.

« Le 8 août, nous arrivons dans un village près duquel se sont réfugiés, dans un ravin couvert de grands arbres et de broussailles, un grand nombre de Mandjias des villages voisins ; nous sommes obligés de livrer un nouveau combat, beaucoup plus sérieux que les précédents et dans lequel les Mandjias font des pertes assez considérables.

« Heureusement, près du grand village de Bogada, je réussis à faire la paix, à la grande satisfaction de tous. Les hostilités avaient duré un mois, pendant lequel, malgré les privations de toutes sortes, les fatigues et les dangers, soldats et porteurs avaient fait bravement leur devoir.

« Un traité est passé avec le chef Kandia, puis, la paix étant bien assurée, nous nous remettons en route. Des guides nous accompagnent maintenant de village en village ; aussi sommes-nous fort bien reçus, d'abord chez les Mandjias du Nord, puis chez les Ouia-Ouias et les Aouakas, et le 2 septembre, après avoir dépassé le village du chef Yagoussou, nous arrivons sur les bords du Gribingui, l'une des branches orientales du Chari. Cette rivière, fort large et au courant rapide, fut pour nous un grand obstacle, car il n'existait aucun moyen de passage, et, par suite du manque de porteurs, j'avais dû abandonner le canot

Berthon. Il fallut construire des radeaux ; M. de Béhagle, chargé de ce travail, s'en acquitta fort bien, malgré le peu de matériaux qu'il avait sous la main ; le 10 septembre nous étions tous sur l'autre rive ; le passage s'était effectué, sinon sans difficultés, du moins sans accidents, sauf la perte d'une caisse.

« L'expédition suit alors la rive droite du Gribingui, traversant un pays marécageux habité par les Akoungas, peuplade très douce et intelligente qui nous fait le meilleur accueil.

« Au delà du village de Finda, après avoir franchi pendant trois jours une région inhabitée, nous arrivons chez les Arétous ; à partir de ce moment nous avons de grandes difficultés pour avoir des renseignements et en général pour nous faire comprendre ; la langue a complètement changé et nos interprètes ne sont plus d'aucune utilité; il faut parler par signes et MM. Brunache et Clozel, chargés de trouver des guides et d'assurer le départ de chaque jour, doivent faire des prodiges de patience pour obtenir ce qu'ils demandent. Cependant nous continuons à avancer en suivant la rivière, bien souvent dans de profonds marais.

« Au village de Mandjatezzé, par 8° 39′ (environ) de latitude Nord, nous changeons de direction et laissons la rivière à notre droite pour atteindre le pays des Saras et rejoindre, dans les environs de Goundi, l'itinéraire de Nachtigal ; mais, pendant les quinze jours qui vont suivre, l'expédition aura à endurer des fatigues et des privations sans nombre : ce sont d'abord nos guides qui nous abandonnent au milieu d'une région déserte ; dès le cinquième jour nos hommes n'ont plus de vivres et en sont réduits, pour tromper leur faim, à manger des racines, des feuilles et quelques mauvais fruits qu'ils trouvent dans la brousse ; ils sont très faibles ; beaucoup ont de la peine à se tenir debout et cependant il faut forcer les étapes, sous peine de mourir de faim. Les jours suivants, nous marchons des heures entières dans des marais où nous nous enfonçons parfois jusqu'au cou, — beaucoup de porteurs tombent et, épuisés, n'ont pas la force de se relever seuls, — enfin nous arrivons au grand village de Kasinda, où nous sommes tout d'abord bien reçus et où j'espérais pouvoir m'arrêter quelques jours pour laisser à chacun un peu de repos ; mais, dès le lendemain de notre arrivée, les dispositions des indigènes changent, plusieurs vols se produisent et c'est à peine si on veut nous vendre des vivres : il faut partir au plus tôt, afin d'éviter un conflit qui pourrait avoir les conséquences les plus graves au moment où nous allons pénétrer dans les dépendances du Baguirmi.

« Encore cinq longues journées de marche, presque tout le temps dans l'eau, et nous arrivons à la grande rivière appelée Bahar-Sara (bras sud ou plutôt affluent du Chari?), en face du village de Garenki, situé dans une île au milieu du fleuve ; ce village possède heureusement un grand nombre de pirogues, de sorte que le passage d'une rive à l'autre s'effectue très vite et sans trop de difficultés. Depuis Mandjatezzé nous sommes chez les Saras, tribu guerrière très nombreuse et fort remarquable au point de vue anthropologique.

« Ce sont toujours les mêmes difficultés pour avoir des renseignements ; mais heureusement, au village de Gako, nous rencontrons des musulmans du Baguirmi parlant l'arabe ; M. Brunache, qui connaît à fond cette langue, n'a pas de peine à se faire comprendre.

« L'un des musulmans, Si-Saïd, est une sorte de fonctionnaire envoyé par le Mbang du Baguirmi chez les peuples Saras. Très intelligent, il paraît jouir d'une grande autorité auprès des chefs païens, et, bientôt notre ami, il nous assure partout le meilleur accueil.

« Il nous donne quelques renseignements sur son pays, renseignements intéressants à tous les points de vue et qui me font regretter de plus en plus de ne pouvoir me rendre à Massenya, la capitale du Baguirmi. Malheureusement toutes les difficultés que nous avons rencontrées nous ont fait éprouver de longs retards ; nous sommes déjà au mois de novembre et il nous reste juste assez de marchandises pour arriver à Yola par la voie la plus courte.

« Le pays que nous traversons ensuite est très sec et les villages, fort éloignés, ne sont approvisionnés d'eau que par des puits profonds creusés dans le sable. — Nous passons successivement à Daï, à Koumra, à Palem, à Moghéna et à Kaga, visitant ainsi les tribus Saras et Toummoks qui dépendent du sultan du Baguirmi. — Nos rapports avec les quelques musulmans établis dans le pays sont partout excellents.

« Enfin le 21 novembre nous atteignons Laï, résidence de Mbang Ndallem, sultan des Gabéris. C'est une grande ville, comptant 10000 habitants au moins, située sur la rive droite du fleuve Logone ou Ba-Baï. Notre réception à l'arrivée est plus que froide et c'est au milieu de centaines de guerriers, qui nous entourent avec des attitudes plus ou moins défiantes, que nous campons aux portes de la ville. Cependant ces dispositions changent rapidement et je puis signer un traité avec le chef des Gabéris. Mais nos nouveaux amis élèvent bientôt la prétention de nous amener avec eux dans une expédition contre un village voisin, situé justement dans la direction que nous devons prendre.

« Pendant deux jours nous sommes précédés ou suivis par une armée de plus de 2000 guerriers (cavaliers ou fantassins), dont les chefs essayent de nous persuader qu'en allant avec eux nous ferons un riche butin ; sur notre refus de les aider, l'expédition a lieu sans nous, mais n'a d'autre résultat que d'exciter les indigènes contre tous les étrangers; aussi le lendemain, quand nous nous présentons seuls près du village en question, nous sommes d'abord reçus avec des témoignages d'amitié, puis attaqués traîtreusement; MM. Clozel, Briquez et Bonnel de Mézières, qui commandent l'arrière-garde et le centre de la colonne, ont beaucoup de peine à se dégager et doivent se servir de leurs revolvers, tout en rassemblant les Sénégalais, un moment surpris par cette brusque attaque.

« Quelques feux de salve finissent par mettre en déroute nos ennemis, mais nous avons deux hommes hors de combat, dont un de nos meilleurs Sénégalais, qui meurt dans la soirée.

« Après avoir brûlé le village pour punir les indigènes de ce guet-apens, nous modifions notre direction pendant quelques jours, afin d'éviter cette tribu hostile. Le pays change bientôt d'aspect; au lieu des grandes plaines que nous avons partout rencontrées depuis notre entrée dans le Soudan, nous traversons maintenant de larges plateaux formant la ligne de partage entre les eaux du bassin du Tchad et celles de la Bénoué.

« Nous pressons la marche, car chaque jour les marchandises baissent et nous sommes encore loin d'être arrivés; malheureusement, près du village du chef Touné, dans le pays de Laka, M. Clozel tombe sérieusement malade et nous sommes obligés de faire un long séjour; ce n'est que le 27 décembre que nous nous remettons en route : mais, à peine partis, je tombe malade à mon tour et nous sommes encore arrêtés pendant deux semaines.

« Pour compenser cette mauvaise chance, nous sommes rejoints par une caravane de marchands Foulbés qui rentrent à Yola et qui, encore loin de leur pays, sont fort heureux de se joindre à une troupe aussi nombreuse que la nôtre, tout en nous servant de guides. Sous leur conduite, nous traversons sans trop de difficultés le pays de Lamé, puis atteignons la Bénoué, près de Garoua, et enfin arrivons à Yola, capitale de l'Adamaoua.

« Nos ressources en marchandises étant complètement épuisées, je dus m'adresser au représentant de la Royal Niger Company, qui me fournit ce qui m'était nécessaire pour continuer le voyage jusqu'à Iby, autre station de la Compagnie anglaise, où nous pourrions trouver les moyens d'atteindre la côte par bateau.

« Après avoir rendu visite au vice-gouverneur et lui avoir remis, au nom du gouverneur français, des présents pour le Lamido occupé à faire la guerre dans le nord-est de ses États, nous nous remettons en route, et franchissons en un mois la distance comprise entre la capitale de l'Adamaoua et Iby, où nous trouvons un vapeur de la Royal Niger Company.

« La Compagnie anglaise ayant consenti à mettre ce bateau à la disposition de la mission, la descente de la Bénoué et du Niger s'effectue très rapidement et sans trop de difficultés; le 23 mars, j'arrive à Akassa, à l'embouchure du Niger, avec mes cinq lieutenants et 132 hommes.

« De Loango à Akassa, le voyage avait duré quatorze mois; 5000 kilomètres environ avaient été parcourus, dont plus de 2000 en pays inexploré.

« C. Maistre.

« *N. B.* — Je joins à ce rapport quelques notes sur les résultats politiques et géographiques du voyage, sur le pays traversé et les habitants, et enfin quelques renseignements commerciaux. »

LE PAYS TRAVERSÉ.

« ASPECT. — De l'Oubangui au Gribingui, on traverse un pays légèrement accidenté, couvert de grandes herbes, boisé en général et coupé par de petits cours d'eau, appartenant les uns au bassin du Congo, les autres au bassin du Tchad : la ligne de partage divise en deux un plateau désert, de formation ferrugineuse, qui s'étend entre le pays des N'Dris et celui des Mandjias.

« A partir du 7e degré de latitude Nord, on entre dans une immense plaine, au milieu de laquelle coule le Gribingui, rivière importante, qui semble venir de l'est; au moment de notre passage, cette plaine était presque partout transformée en marais, dont la traversée fut un des plus grands obstacles que nous ayons eu à surmonter.

« Chez les Saras, les Toummoks et les Gabéris, la plaine se continue, ne présentant quelques ondulations que dans les environs de Daï et au sud de Kimre, mais la nature d. terrain change et le sable domine partout; en dehors des deux grands fleuves Bahar-Sara et Logone, l'eau est très rare pendant la saison sèche et les villages ne sont approvisionnés que par des puits.

« Au delà du Logone le pays s'élève un peu; on traverse de grands plateaux boisés, assez analogues à ceux que nous avions vus dans la grande brousse au nord de l'Oubangui et formant la ligne de séparation entre les bassins du Tchad et de la Bénoué. Plus loin vers l'ouest, en approchant des frontières de l'Adamaoua, la contrée devient montagneuse.

« LES INDIGÈNES. — Toute cette région est habitée par un grand nombre de tribus, qui sont presque toujours séparées les unes des autres par une zone inhabitée plus ou moins étendue.

« Voici quelques mots sur chacune de ces tribus, que je cite dans l'ordre où nous les avons rencontrées, de l'Oubangui à l'Adamaoua :

« 1° Les Togbos habitent la région située entre la Kémo et son affluent la Tomi. C'est une tribu peu importante et ne présentant rien de saillant, soit au point de vue physique, soit sous le rapport intellectuel. Le principal chef est Krouma, avec lequel M. Dybowski avait passé un traité et dont la résidence se trouve auprès du poste de la Kémo.

« 2° Les N'Dris, tribu très importante, qui paraît s'étendre beaucoup vers le sud-ouest et occuper une large bande de terrain parallèle à l'Oubangui. Ils sont en bons termes avec leurs voisins du nord-est les Mbis et les Kâs, mais ont, semble-t-il, fort peu de relations dans le nord avec les Mandjias, dont ils sont séparés par une brousse déserte, de 100 kilomètres de large environ.

« Une de leurs grandes agglomérations, le village du chef Amazaga (Namakassa), est la dernière que l'on rencontre dans le bassin du Congo.

« 3° Les Mandjias sont fort nombreux et occupent une contrée très étendue, mais sont divisés entre un grand nombre de chefs indépendants les uns des autres. Beaucoup plus grands et plus forts que les N'Dris, ils sont, par contre, fort mal doués sous le rapport de l'intelligence et très méfiants. C'est avec eux que nous avons eu les premières hostilités.

« 4° et 5° Les Ouia-Ouias et les Aouakas ressemblent beaucoup aux Mandjias, mais paraissent plus intelligents et d'humeur beaucoup moins farouche. Ils habitent le long de la rivière Nana et les Aouakas s'étendent jusqu'au Gribingui, ayant même plusieurs villages sur la rive droite de cette rivière. Yagoussou est le grand chef des Aouakas.

« 6° Les Akoungas occupent la rive droite du Gribingui, depuis le point où cette rivière tourne brusquement vers le nord jusque par 8° 10' de latitude Nord. C'est une fort belle race, de beaucoup supérieure, comme intelligence, à toutes celles que j'ai déjà citées et très bien douée au point de vue physique.

« Les Akoungas ont beaucoup de qualités ; ils sont très doux, honnêtes et travailleurs. Je crois qu'il serait possible d'en tirer parti, si nous établissions un poste sur le Gribingui. Ils se plaignent des incursions des Rabis ou Tourrgous (musulmans), qui de temps en temps viennent mettre leur pays en coupe réglée.

« 7° Les Arétous habitent le pays compris entre le Bâ-Mingui et le Gribingui, ainsi que la rive gauche de cette rivière ; ils sont de beaucoup inférieurs aux Akoungas et sont de relations plus difficiles.

« La langue n'dri est comprise jusque chez les Akoungas, mais à partir des Arétous le langage change du tout au tout. — On rencontre quelques indigènes sachant un peu d'arabe, presque toujours des esclaves fugitifs venus du Dar Rouna.

« 8° La grande tribu Sara commence à Mandjatezzé et s'étend jusqu'aux environs de Beï. Elle est divisée en un grand nombre de groupes indépendants les uns des autres, et dont les plus importants sont ceux de Mandjatezzé, Kasinda-Daï et Koumra.

« Au physique, les Saras forment la plus belle race que nous ayons rencontrée en Afrique (les mesures anthropométriques que j'ai prises me donnent une moyenne de $1^{m},78$ pour la taille des hommes).

« C'est une tribu guerrière redoutable avec laquelle le Baguirmi a eu plus d'une fois à compter; les Saras du Nord, c'est-à-dire ceux de Daï, Koumra, etc., ont accepté la suzeraineté du Mbang de Massenya et lui payent un tribut; mais ceux de Mandjatezzé et Kasinda sont complètement indépendants et ont repoussé victorieusement, paraît-il, toutes les attaques des musulmans.

« 9° Les Toummoks occupent la région comprise entre Beï et Modaguéné. Tout leur pays semble avoir été dévasté par la guerre. Palem et Goundi, dont Nachtigal parle comme de deux centres importants, sont maintenant presque entièrement ruinés. Comme les Saras du Nord, les Toummoks dépendent du Baguirmi et quelques musulmans (fonctionnaires ou commerçants) sont établis dans les principaux villages.

« 10° Les Gabéris habitent sur les deux rives du Logone et ont pour capitale la ville de Laï, située sur la rive droite du fleuve ; c'est une tribu de guerriers ou plutôt de pillards, qui a su résister aux gens du Baguirmi et conserver son indépendance. Les Gabéris sont d'excellents cavaliers.

« Enfin à l'ouest du Logone et jusqu'aux frontières de l'Adamaoua, le pays est habité par plusieurs peuplades peu nombreuses en général, et dont les plus importantes sont celles de Laka au sud du Toubouri et de Lamé. »

RÉSULTATS GÉOGRAPHIQUES.

« De l'Oubangui à la Bénoué, notre itinéraire, que j'ai relevé avec le plus grand soin à la boussole, est entièrement nouveau et coupe en deux le plus grand blanc de la carte d'Afrique.

« La rivière Tomi, affluent de droite de la Kémo, que nous avons suivie d'assez près pendant un certain temps et que nous avons traversée en trois points différents, pourra être placée avec une exactitude suffisante jusqu'à la hauteur d'Amazaga. D'après les indigènes, cette rivière viendrait d'un grand massif montagneux situé dans le pays de Bolo, à huit jours de marche à l'ouest d'Amazaga. Ce massif, que l'on me fit voir du village d'Azamgouanda, pourrait bien être un des nœuds hydrographiques importants de l'Afrique centrale et donner naissance à plusieurs grandes rivières : la Nana et le Bahar-Sara, par exemple, qui se dirigent vers le nord, l'Ombéla, affluent de l'Oubangui, et peut-être aussi quelque affluent de la Sanga.

« Une grande rivière, le Gribingui, dont le nom même était inconnu, a été suivie pendant plus de 100 kilomètres et son cours soigneusement relevé. A mon avis, le Gribingui, qui, au point où nous l'avons rencontré, près de Yagoussou, venait de l'est pour se diriger ensuite vers le nord, est une des branches du Chari, la deuxième branche étant formée par le Bâ-Mingui, autre grande rivière dont nous ont parlé les indigènes. Les deux fleuves, dont les cours sont à peu près parallèles, se rencontrent un peu au nord de Mandjatezzé.

« D'après tous les renseignements que j'ai obtenus dans le pays sur les affluents du Bâ-Mingui et les peuplades (Arétous, Bazous) qui en habitent les rives, je crois pouvoir assimiler cette rivière au Bahr-el-Abiod qui figure actuellement sur les cartes, d'après des renseignements de Nachtigal. Le Gribingui serait alors le Bahr-el-Asrek du même voyageur, mais le cours en devrait être modifié (ce sont naturellement de simples hypothèses). Quant aux noms arabes, ils ne sont pas connus dans le pays. D'après MM. Brunache et Briquez, qui ont fait partie de la mission Dybowski, le Gribingui pourrait bien être la rivière Koukourrou que cette mission a traversée avant d'arriver à Mpoko : ce qui me paraît très vraisemblable, étant données les directions des deux rivières, leur volume d'eau et les latitudes des points où elles ont été franchies par les deux missions.

« Un peu avant d'arriver à Daï, nous avons rencontré une nappe d'eau très importante, le Bahar-Sara des Baguirmiens, qui coulait sensiblement du sud au nord et qui recevait les eaux de tous les marais que nous avions traversés depuis Kasinda.

« Ce Bahar-Sara n'est pas autre chose pour moi que le Bahar-Kouti de Nachtigal ; mais cette rivière, au lieu de venir de l'est, aurait son cours supérieur à peu près parallèle au méridien et prendrait sa source à la hauteur du 6e degré nord environ ; mon opinion se base sur certains renseignements donnés par les indigènes, alors que nous étions dans le pays des Mandjias, au sujet d'une grande rivière se dirigeant vers le Nord ; cette rivière portait le nom de Kossina, et aurait coulé à six jours de marche à l'ouest de notre route ; plus loin encore, vers l'ouest, on aurait rencontré la rivière Vouni (peut-être un affluent du Logone).

« Au sujet de la communication entre le Chari et le Logone, dont les indigènes ont parlé à Barth et à Nachtigal, il m'est impossible de me prononcer catégoriquement, bien que j'avoue ne pas y croire, me méfiant beaucoup *à priori* de deux fleuves communiquant entre eux. J'ajoute cependant que, d'après certains renseignements (fort contradictoires d'ailleurs) que nous ont donnés les indigènes, le Bahar-Namm, nappe d'eau marécageuse que nous avons traversée à Gako, établirait, au moment des hautes eaux, une communication entre le Bahar-Sara et le Logone qu'il rejoindrait à Bangoul, au sud de Laï. Au moment des basses eaux au contraire, le lit du Bahar-Namm serait presque complètement à sec. Dans ce pays de plaines et de marais, la chose est après tout possible ; mais ce qu'il y a de certain, c'est qu'il n'y a pas de communication fluviale.

« Au delà du Logone nous avons déterminé la limite ouest du bassin du lac Tchad, puis traversé un petit cours d'eau (rivière Kan), qui est sans doute un des affluents de gauche du Mayo-Kebbi ou peut-être le cours supérieur de cette rivière.

« D'après tous les renseignements que nous avons eus des indigènes, le Mayo-Kebbi ne sortirait pas du marais de Toubouri, comme l'avait pensé le voyageur Barth ; il n'y aurait donc aucune communication entre la Bénoué et le Logone.

« Enfin, un des résultats importants de notre voyage, c'est d'avoir rejoint à Palem la route suivie par Nachtigal et d'avoir ainsi relié le Congo aux régions de l'Afrique septentrionale. »

RÉSULTATS POLITIQUES.

« Au point de vue politique, la mission rapporte des résultats importants, car les traités que j'ai signés avec les chefs assurent à la France la possession des pays compris entre l'Oubangui au sud, le Baguirmi au nord et l'Adamaoua à l'ouest.

« Voici les principaux chefs avec lesquels j'ai traité :

Azamgouanda, chef des N'Dris du Sud;
Amazaga, chef des N'Dris du Nord;
Kandia, chef des Mandjias;
Yagoussou, chef des Aouakas;
Finga, chef Akounga;
Iréna, chef Akounga;
Dakjamba, chef des Arétous;
Mandjatezzé, chef Sara;
Guéré Gueré (Kassinda), chef Sara;
Mbang-Dallem, sultan des Gabéris;
Dogo, Dérambaï, chefs indépendants;
Touné, chef Laka.

« Plusieurs de ces traités ont une réelle importance, notamment ceux passés à Yagoussou et Mandjatezzé sur le Gribingui, et à Laï sur le Logone, c'est-à-dire sur deux grandes rivières navigables, qui doivent être désormais nos deux voies d'accès pour pénétrer plus avant dans le Soudan central et arriver jusqu'au Tchad.

« Enfin, comme je l'avais déjà dit, nous n'avons eu partout que d'excellents rapports avec les musulmans; dans ces conditions, le passage de notre mission ne pourra qu'influer favorablement sur nos futures relations politiques ou commerciales avec les États organisés du Soudan central.

« Comme conclusion des résultats déjà obtenus, je crois qu'il est de toute nécessité de créer immédiatement un poste dans les environs de Yagoussou, sur les rives du Gribingui; c'est un point important, situé, à vol d'oiseau, à 250 kilomètres du poste de la Kémo, dans un pays relativement riche, où les populations, continuellement en butte aux incursions des musulmans du Ouadaï ou du Dar-Rouna, seraient fort heureuses de nous voir nous installer ; ces populations, comme je l'ai déjà dit, sont douces et laborieuses.

« Une fois solidement établis sur le Gribingui, il serait facile, au moyen d'une petite embarcation à vapeur, de descendre cette rivière — qui, d'après tous les renseignements obtenus, serait navigable même pendant la saison sèche — et de parvenir ainsi sans difficulté jusque dans le cœur du Baguirmi ; ma conviction intime est que dans ce pays nous recevrions un excellent accueil. »

RENSEIGNEMENTS COMMERCIAUX.

« Sans vouloir exagérer les richesses des contrées que nous avons visitées, on peut dire que le pays est loin d'être sans ressources. En général le sol est propre aux cultures indigènes. Le coton pousse presque partout, mais n'est véritablement cultivé que dans l'Adamaoua et les contrées voisines, où il forme, avec l'indigo, des articles de commerce important. — Dans les pays Saras et Gabéris nous avons vu des cultures superbes, pouvant rivaliser avec les champs les mieux cultivés de France. Ces cultures (mil, sorgho, arachides) couvraient des espaces immenses. — Dans le sud du Baguirmi, et à mesure que l'on s'avance vers l'ouest, le caoutchouc devient commun, ainsi que la gomme, et partout, dans cette région, on rencontre le karité (arbre à beurre du Sénégal et du Soudan).

« Enfin, dans certaines régions (entre le Gribingui et le Logone notamment) les éléphants sont très nombreux et il n'y a pas de doute que le commerce de l'ivoire ne puisse y devenir rémunérateur pendant de longues années.

« Les marchandises d'échange passant dans la région comprise entre l'Oubangui et les frontières de l'Adamaoua sont les suivantes :

« En premier lieu, les petites perles blanches dites bayakas. Elles forment la monnaie courante la plus avantageuse pour tous les achats et sont partout appréciées (nous donnions chaque jour à nos hommes une cuillerée à café de perles bayakas, et avec cela ils trouvaient amplement de quoi se nourrir : 27 kilos de bayakas, c'est-à-dire une charge, suffisaient pour nourrir l'expédition pendant quinze jours).

« Les étoffes ont une grande valeur chez les Saras et les tribus voisines, mais surtout chez les musulmans.

« Les cauris passent bien chez les Tobgos et les N'Dris, et surtout dans l'Adamaoua.

« Les perles rouges imitant l'agate sont très appréciées dans le sud du Baguirmi.

« Enfin, à titre secondaire, les manilles, les fils de tchang, les miroirs, le drap, les soieries, etc. »

LE

SOUDAN [1]

Brillamment conduites par le lieutenant-colonel Archinard les opérations de la campagne de 1890-91 (2) ont eu le résultat que l'on sait. Notre ennemi Ahmadou, chassé de Ségou-Sikoro, sa nouvelle capitale, s'était réfugié dans le Kaarta, pays encore sous sa domination. Mais nos troupes l'en délogèrent et le colonel Archinard entrait dans Nioro le 1er janvier 1891. La prise de cette ville faisait tomber entre nos mains la dernière place forte de l'empire toucouleur fondé par El-Hadj-Omar, père d'Ahmadou, et délivrait les populations de toute cette partie du Soudan du joug pesant auquel leurs conquérants les avaient assujetties.

Ahmadou mis en fuite, le lieutenant-colonel Archinard se tournait contre l'almamy Samory, culbutait son armée et pénétrait dans Bissandougou, sa capitale.

En même temps, le colonel procédait à l'organisation du pays. Tandis que le capitaine Quiquandon s'employait dans le Kénédougou à nous gagner l'amitié du fama Tiéba, notre protégé Bodian était installé sur le trône de Ségou et un toucouleur de Saint-Louis, le contrôleur des télégraphes Mademba, était, comme on sait, instauré suzerain des territoires de la rive gauche du Niger, avec Sansandig pour capitale.

Voici dans quels termes, au mois de mai 1891, le *Journal*

(1) Bien que cela ne rentre pas directement dans mon sujet, j'ai cru devoir, pour compléter l'exposé qui résulte des récits précédents, résumer brièvement ici les dernières campagnes du Soudan et du Dahomey. J'en reparlerai à la fin de ce volume, au point de vue des appréciations.

(2) Voir *A la Conquête du Tchad*.

officiel du Sénégal résumait les derniers événements et appréciait la situation au Soudan :

« D'après les nouvelles reçues de Ségou, l'autorité du fama Bodian, qui vient de rentrer de Kinian, s'affermit de jour en jour et paraît à l'heure actuelle à peu près incontestée.

« La dernière partie de la campagne du Soudan, rapidement et énergiquement menée, a produit les meilleurs résultats. Nos ennemis, croyant que les Européens, occupés dans le Kaarta, ne pourraient pas aller jusque sur le Niger, voulaient profiter de cette situation pour nous créer de sérieuses difficultés. Mais la marche rapide de la colonne a réduit à néant toutes ces prétentions et notre intervention sur le Niger, après la prise de Nioro, a produit un très grand effet moral sur l'esprit des indigènes. La paix paraît assurée pour longtemps de ce côté.

« Tout le long du Niger et du Milo, de Bammako à Siguiri, Kouroussa et Kankan, la situation est excellente, et M. le lieutenant-colonel Archinard pense qu'elle restera bonne.

« La défaite des troupes de Samory dans les différents combats de Kokounia le 8 avril, Diamo le 9 avril et Badaddu le 27 avril a produit une très grande impression sur les populations ; nos courriers circulent sur les routes en toute sécurité. Les populations reprennent confiance et se mettent à cultiver ; elles commencent à jouir des bienfaits de la paix.

« Samory aurait établi son quartier général au delà de Kankan, à Ouroussougou, entre le Niger et le Milo. Il comptait sur les fusils à tir rapide qu'il possède pour arrêter la marche de notre colonne, qui n'a eu qu'à paraître pour mettre en fuite ses sofas. Les défaites qu'il a eu à subir coup sur coup et l'occupation de Kankan par nos troupes l'ont beaucoup découragé. Il voit tous les jours des défections se produire autour de lui.

« Notre allié Tiéba a dû quitter Sikasso vers la fin de mars, et aux dernières nouvelles il devait être du côté de Tanéaba ou de Tengréla, faisant probablement route vers Kankan. Baye, l'ancien chef du pays de Kankan, qui vient d'être rétabli, est allé remercier M. le lieutenant-colonel Archinard et lui a assuré que sa personne, ses biens et son pays sont à la France et rien qu'à la France.

« Dans les premiers jours du mois de mai, Ahmadou était à

Gounako, village peul, à mi-chemin entre Djenné et Bandiagara, avec quelques centaines de cavaliers fuyards du Kaarta qui ont pu se rallier. Il fait courir le bruit qu'il ne veut aucun mal à son frère Mounirou, mais qu'il désire seulement traverser le Macina pour aller au Haoussa et de là à la Mecque. Les chefs peuls, toubas et bambaras du Macina, qu'il avait convoqués à un grand palabre, n'ont pas répondu à son appel.

« En résumé, les résultats de la campagne du Baninko s'affirment tous les jours. Les dernières nouvelles de Ségou sont très bonnes, les amendes et les impôts sont intégralement payés au fama Bodian. D'ailleurs, dans tout le Soudan, les caravanes acquittent les droits de douane sans difficultés, sauf de rares exceptions. »

La campagne contre Samory ayant pris fin par la prise de Kankan et par les défaites successives que nos officiers avaient infligées aux débris des colonnes de l'almamy, et la tranquillité paraissant assurée pour quelque temps du moins dans le Soudan, le lieutenant-colonel Archinard, le capitaine Quiquandon et le docteur Crozat, explorateur du Mossi, s'embarquaient vers les premiers jours de juillet à Dakar et arrivaient à Bordeaux le 18 du même mois.

Les résultats commerciaux de la dernière campagne avaient dépassé toute prévision. Les arrivages de gomme avaient eu assez d'importance pour que les traitants de Médine déclarassent ne plus pouvoir, en raison du stock existant, faire de nouveaux achats. Ils avaient demandé au commandant supérieur du Soudan, afin de ne pas interrompre les échanges, de leur céder de la guinée, en attendant qu'ils pussent en recevoir de Saint-Louis. Le colonel Archinard avait donné suite à cette demande et accordé l'autorisation de leur céder 1500 pièces de guinée à prendre sur l'impôt de Guidimaka.

LA CAMPAGNE DE 1891-1892.

Tandis qu'Ahmadou, réfugié dans le Macina, préparait par de sourdes manœuvres le renversement de son frère Mounirou, sultan de ce pays, l'almamy Samory réunissait toutes les forces dont il pouvait encore disposer pour reconquérir sa capitale et ses États. Le lieutenant-colonel Humbert, qui avait remplacé le colonel Archinard dans le commandement supérieur du Soudan français, organisait une colonne. Le 24 novembre il quittait Kayes avec 140 Européens, 500 à 600 tirailleurs sénégalais et quelques centaines d'auxiliaires. Il arrivait à Siguiri, notre poste sur le haut Niger, d'où il repartait le 1er janvier 1892.

Siguiri est à proximité du confluent du Tankisso et du Niger. La colonne remonta la vallée du Niger, celle du Milo et arriva à Kankan le 6 janvier. Le lendemain, elle marchait sur Bissandougou où Samory avait concentré ses forces, composées de plusieurs milliers de sofas, armés en partie de fusils à tir rapide, qui leur avaient été livrés par les traitants anglais de Sierra-Leone.

Un premier combat eut lieu le 9 janvier, à quelques kilomètres au sud de Sana, village situé à mi-chemin de Kankan et de Bissandougou. L'ennemi fut repoussé et laissa entre nos mains plus de soixante fusils à tir rapide. Aucun Européen n'avait été atteint.

Le 10 janvier, un vif combat s'engagea à Diamenko, où Samory avait porté tous ses efforts. La lutte, très chaude, se termina à notre avantage. Plusieurs centaines de sofas restèrent sur le champ de bataille. De notre côté, nous avions deux officiers et deux soldats européens blessés, ainsi que trente indigènes réguliers ou auxiliaires.

Le 12 janvier, le colonel Humbert arrivait devant Bissandougou, d'où Samory venait de s'enfuir dans la direction de Farabata. Le 19 suivant, à trois heures du soir, le drapeau français était hissé au sommet du tata de Samory. D'autre part, Sanankoro et Kérouané, places fortes de Samory, situées à 2 kilomètres à droite de la rivière Milo et à 80 kilomètres au sud de Bissandougou, étaient occupées le 26 janvier par nos troupes. L'ennemi, retiré sur la rive gauche, avait tenté la résistance, mais une fusillade nourrie l'avait obligé à se replier. Nous avions eu quatre tirailleurs tués, cinq tirailleurs et un spahi blessés.

La perte la plus sensible, au cours de ces opérations était celle du lieutenant de spahis Belleville, tué d'un coup de fusil à bout portant, en dirigeant une charge contre des cavaliers ennemis.

Après avoir assuré la défense de Sanankoro et de Kérouané, le lieutenant-colonel Humbert alla attaquer Samory réfugié sur la montagne de Toutou, située sur la rive gauche du Milo. L'almamy, qui ne croyait pas que nos soldats auraient pu l'atteindre dans son village de Toutoukourou, n'avait pas pris ses mesures et fut complètement écrasé. Il réussit néanmoins à s'enfuir. Nos troupes s'emparèrent d'une quantité considérable d'approvisionnements, de marchandises et notamment de 70 000 cartouches, 95 000 capsules, 12 000 balles en plomb, un grand nombre d'étuis vides, une machine à réfectionner les cartouches. On fit sauter 20 tonnes de poudre trouvées dans le village et qui ne pouvaient être utilisées. A cinq heures et demie du soir, nos soldats rentrèrent à Kérouané, n'ayant eu que six tirailleurs blessés. Une reconnaissance, dirigée par le commandant Bonnier, avait, quelques jours auparavant, ramené un millier d'habitants venus librement à nous.

Le 29 février, le lieutenant-colonel Humbert quittait Sanankoro pour Bissandougou, d'où il repartait quelques jours après pour aller atteindre l'ennemi, retranché à 25 kilomètres de là, dans un marigot barré par des palissades. L'approche du retranchement n'était pas des plus aisées. Cependant, malgré les obstacles et le feu des sofas de Samory, la colonne traversa le marigot et mit l'ennemi en fuite. Deux autres combats au grand ravin de Bonanko et au marigot de Diassako achevèrent la débandade. Les chefs Kali, Morifindrian, Alpha, Karamoko, étaient dispersés. Nos pertes avaient été légères.

Le 13 mars, au soir, la colonne, partie le matin de Farandougou, s'arrêtait à Madiarédougou, à 3 kilomètres environ de l'ennemi, qui, fort de 1500 à 2000 hommes armés de fusils à tir rapide ou de fusils à pierre et commandés par Samory en personne, s'était solidement retranché derrière le marigot de Bessé. Le lendemain, au point du jour, la rencontre avait lieu. Après un combat très vif, qui dura plusieurs heures, Samory fut délogé de ses positions et culbuté. Il avait subi des pertes très sérieuses et le chef de ses griots, Damba-Lenséné, avait été tué. Nous avions un sergent indigène tué; un spahi, deux tirailleurs et un porteur blessés.

Le commandant supérieur arriva le lendemain, 15 mars, à Kérouané avec le convoi de ravitaillement. A son arrivée il trouvait une population de plus de 8000 habitants, Bambaras, Malinkés, Peuls, Ouassoulonkés, réunie dans des villages reconstruits entre Kérouané et Sanankoro.

Les pluies commençant à tomber, il fallut cesser les opérations. Le lieutenant-colonel Humbert quitta définitivement Sanankoro et Kérouané le 21 mars, laissant dans ces places une garnison composée de 8 officiers, 1 médecin, 10 hommes de troupe européens et 262 indigènes. M. le capitaine Wintemberger était nommé résident de ces deux places. Ajoutons que diverses reconnaissances effectuées dans un rayon de 40 kilomètres autour de Kérouané avaient fait près de 400 prisonniers et pris un certain nombre de bœufs, de moutons et de fusils.

Quelques engagements peu importants eurent lieu pendant le voyage de retour de la colonne. Elle rentra à Bissandougou le 23 mars. Le lieutenant-colonel Humbert en repartit presque aussitôt pour Saint-Louis. Signalons cependant l'engagement avec les sofas qui protégeaient la fuite de Samory et au cours duquel le lieutenant Biétrix trouva la mort.

Du 20 janvier au 14 mars, la colonne du Haut-Fleuve avait livré aux troupes de Samory seize combats, sans compter de nombreuses escarmouches. Nos pertes avaient été de 2 officiers, 2 Européens et 39 indigènes tués ; 8 officiers, 1 Européen et 82 indigènes blessés.

LA CAMPAGNE DE 1892-93.

Il existe en France, parmi les gens compétents, deux courants d'opinion en ce qui concerne le Soudan : les uns voudraient parachever l'œuvre entreprise par la soumission ou le renversement des chefs indigènes indépendants; les autres préféreraient qu'on s'arrêtât dans la voie des conquêtes, pour donner aux pays occupés le temps de prendre un développement agricole et commercial.

M. le colonel Archinard, à l'intelligence et à la valeur militaire duquel tout le monde s'accorde à rendre hommage, représente par excellence la première politique. Aussi M. Jamais, alors sous-secrétaire d'État, qui était plutôt partisan de la seconde, hésitait-il en 1892 à le renvoyer au Soudan. Toutefois, comme il était tout au moins nécessaire d'en finir avec Samory, le colonel Archinard fut encore désigné. Il est vrai qu'il n'était plus cette fois chef de colonne, mais *commandant supérieur du Soudan français*, nouvel organisme qui venait d'être créé et définitivement détaché du Sénégal. En même temps, M. Jamais lui adressait les instructions suivantes, qu'il est intéressant de comparer aux actes qui ont suivi :

Paris le 12 septembre 1892.

Monsieur le commandant supérieur,

Au moment où vous allez prendre le commandement supérieur de nos possessions du Soudan, je crois utile de préciser la politique que vous aurez à suivre et le but du décret récent, en date du 27 août dernier, qui a fixé vos pouvoirs et réglé la nouvelle organisation politique, administrative et financière du Soudan.

Politique générale. — Ce décret a étendu l'autonomie inaugurée par celui du 18 août 1890; mais cette mesure n'a pas été inspirée par la pensée de prolonger la période d'action militaire que le Soudan vient de traverser. L'heure est venue de poursuivre un tout autre résultat.

C'est rendre le meilleur hommage à la vaillance de nos officiers et de nos soldats que de prouver, en pacifiant et en organisant les territoires conquis au cours de leurs brillantes campagnes, que leurs efforts et les sacrifices du pays n'auront pas été stériles. Ces territoires sont assez étendus, leur occupation nous impose des charges assez lourdes, pour que nous devions songer avant tout à limiter ces charges et à consolider les résultats acquis pour tirer le meilleur parti possible de nos possessions actuelles.

D'ailleurs, les circonstances présentes commandent et favorisent cette politique. Depuis le moment où a été engagée l'œuvre d'occupation du Soudan, la France a vu s'améliorer sa situation sur la côte occidentale d'Afrique. Des traités conclus avec les nations européennes dont les établissements sont voisins des nôtres ont déterminé notre zone d'influence dans ces régions. Autant il pouvait paraître, jadis, utile de se hâter, pour ne laisser aucune des puissances de l'Europe s'emparer de territoires naturellement rattachés à nos colonies du Sénégal et de la côte, autant nous avons aujourd'hui le devoir, après avoir fait rentrer ces territoires dans la sphère d'action qui nous est garantie par les traités, d'agir avec prudence et méthode, de ne pas nous engager dans des efforts et des sacrifices hors de proportion avec le but immédiat à atteindre.

Nous devons laisser le temps faire son œuvre. Et ce n'est pas au moment où de vaillants explorateurs vont porter de divers côtés, dans ces régions, le drapeau de la France, que nous pourrions songer à substituer une politique d'action militaire à la politique de pénétration pacifique et de relations commerciales dont il est permis d'attendre les plus heureux résultats.

Œuvre générale d'organisation. — Le soin de veiller à la défense et à la sécurité du Soudan devra se concilier avant tout avec l'œuvre d'organisation qui vous incombe. C'est en vue de cette œuvre que le décret du 27 août a modifié votre rôle. C'est pour vous donner les moyens de l'accomplir que l'article 5 de ce décret, tout en vous confiant la haute direction des opérations militaires, dispose que vous ne pourrez prendre en personne le commandement des troupes soumises à votre autorité. Vous ne pourrez prendre ce commandement qu'en cas de circonstances exceptionnelles; dans ce cas vous devriez immédiatement en rendre compte au sous-secrétariat d'État.

Le décret indique par là que vous devez vous consacrer tout particulièrement à votre rôle d'administrateur, exerçant le contrôle et la surveillance de tous les services politiques, administratifs et financiers, dont le développement est indispensable à la prospérité du Soudan.

Rapports du Soudan et du Sénégal. — Le décret qui fixe vos pouvoirs a supprimé la disposition du décret du 18 août 1890 d'après laquelle le commandant supérieur du Soudan, placé sous l'autorité du gouverneur du Sénégal, ne pouvait engager aucune action politique sans son adhésion.

Les raisons qui justifient cette modification sont fondées sur les difficultés matérielles de communication et d'entente entre le gouverneur du Sénégal et le commandant supérieur du Soudan pendant la période des opérations militaires, alors que leurs devoirs respectifs les tiennent éloignés l'un de l'autre. Ces difficultés se sont accrues à mesure que nos possessions du Soudan se sont agrandies.

L'expérience a démontré que l'organisation précédente présentait dans la pratique, malgré la bonne volonté des hauts fonctionnaires chargés de l'appliquer, des inconvénients nuisibles à la prompte expédition et à la bonne marche des affaires.

Avec cette organisation, le gouverneur du Sénégal, responsable de la politique, était appelé à agir sans disposer, par lui-même, de moyens d'action, et sans pouvoir juger de la situation réelle. Quant au commandant supérieur du Soudan, il partageait la responsabilité du gouverneur du Sénégal, tout en étant soumis à son autorité et sans avoir une liberté d'action complète.

C'est ce système que le décret du 27 août dernier a eu pour objet de faire disparaître. Il a placé la responsabilité effective là où se trouve la liberté d'action; il a rendu plus rapides et plus efficaces les rapports directs entre le commandant supérieur et le sous-secrétaire d'État des colonies.

Mais il ne saurait avoir pour résultat d'isoler nos possessions du Soudan de nos autres possessions de la côte occidentale d'Afrique. Il faut, au contraire, que le Soudan rentre dans la politique générale que nous devons suivre dans ces régions. Il faut que, dans ces diverses possessions, notre administration et notre politique reposent sur l'unité de vues et l'esprit de suite sans lesquels elles ne sauraient faire œuvre durable et se prêter mutuellement l'appui qu'elles se doivent.

Une qualité d'action ne serait pas seulement une contradiction inexplicable, que le gouvernement ne saurait admettre; elle serait une source de difficultés, parce qu'elle affaiblirait et mettrait en antagonisme des administrations qui doivent être unies, et parce qu'elle neutraliserait des efforts qui doivent concourir au même but.

L'unité de cette politique doit être assurée par le gouvernement et facilitée par chacun des hauts fonctionnaires qui représentent la France dans ces régions.

C'est pour cela que le décret qui constitue vos pouvoirs, vous prescrit d'adresser au gouverneur du Sénégal copie de vos rapports politiques et de le tenir régulièrement au courant de tous les faits se rattachant à la situation générale de la colonie.

Le Sénégal représente, par l'ancienneté des liens qui l'unissent à la France, par la multiplicité des intérêts qui s'y rencontrent, une force qu'il serait imprudent d'amoindrir aux yeux des indigènes soumis à notre influence sur la côte occidentale d'Afrique.

Vous recevrez, d'ailleurs, du gouverneur du Sénégal toutes les indications de nature à intéresser votre administration. Comme il a été convenu, vous aurez à étudier, de concert avec lui, toutes les mesures à prendre, soit pour développer les moyens de communication et les relations commerciales du Sénégal et du Soudan, soit pour préparer dans l'avenir la fusion de ces deux colonies voisines.

Il est, en effet, nécessaire de prévoir et de hâter le jour où elles seront réunies sous un gouvernement unique, lorsque l'état des communications aura été perfectionné et lorsque la situation politique et militaire du Soudan se sera modifiée et améliorée. L'organisation du Soudan, telle qu'elle résulte du décret du 27 août, n'est qu'une phase nécessaire dans le développement normal de ce pays; elle répond aux nécessités impérieuses de l'heure présente; mais, loin de la considérer comme un état définitif, il importe de n'y voir qu'une étape vers l'unité complète de ces deux colonies, appelées à se soutenir l'une l'autre.

Votre tâche consiste à préparer les voies au régime civil, dont l'établissement immédiat, si désirable qu'il soit, ne saurait se concilier avec la situation actuelle du Soudan.

Administration. — La division en cercles forme déjà la base de l'organisation administrative.

Je n'ignore pas que les officiers éprouvent plutôt le désir de faire partie des colonnes militaires que celui d'être chargés d'un rôle d'administrateur. Mais, loin que ce rôle puisse paraître inférieur, vous insisterez sur l'importance qui s'y attache. Le gouvernement et le pays ne montreront pas moins de reconnaissance pour ceux qui auraient organisé ses possessions que pour ceux qui les auront conquises ou défendues.

En conservant et en fortifiant cette organisation des cercles, vous serez plus directement en contact avec les indigènes, dont nous devenons les protecteurs, et vis-à-vis desquels nous devons constamment pratiquer une politique d'humanité, de générosité et de justice, soit en respectant leurs traditions et leurs coutumes, soit en nous présentant à eux comme des libérateurs partout où les populations attachées au sol sont des populations conquises.

Cette pensée devra présider à tous les rapports de votre administration avec les indigènes, tant pour l'organisation de la justice que pour le développement des écoles indigènes et le régime de l'impôt.

Impôts et budget. — Bien qu'il soit nécessaire, en effet, pour alléger les charges du budget métropolitain, d'assurer au budget local toutes les recettes qui doivent y entrer, vous ne sauriez perdre de vue que vous êtes placé à la tête d'un pays depuis longtemps ravagé, avant l'occupation française, par des guerres intérieures entre peuplades. Il faut que la paix vienne réparer ces ruines et qu'une administration juste et bienveillante contribue à ce résultat.

Rapports commerciaux du Soudan avec les autres possessions françaises voisines. — Aussi ne sauriez-vous vous préoccuper trop vivement de favoriser le mouvement du commerce et des échanges. Le commerce français a déjà pénétré au Soudan et nos produits y trouvent des débouchés. En secondant ces entreprises, en donnant au commerce toutes les facilités et l'appui que lui doivent les représentants de la France dans nos colonies, en portant votre attention sur la création et le développement des voies de communication, sur les études à poursuivre pour arriver à la constitution de la propriété et de l'état civil des indigènes, vous verrez cette situation s'améliorer d'autant plus vite que le Soudan est au centre d'une région ouverte à un important trafic.

Ce n'est pas seulement, d'ailleurs, la prospérité matérielle du pays qui s'accroîtra; vous parviendrez aussi à assurer aux indigènes le bienfait que nous leur devons en mettant fin à leurs luttes intérieures, et en rendant impossibles l'esclavage et la chasse à l'homme, dont une nation civilisée comme la France doit poursuivre partout la suppression.

Conclusion. — Sur tous les points que je viens d'indiquer, vous aurez à me faire connaître, à votre arrivée à Kayes et aussitôt votre prise de possession du commandement supérieur, les mesures qu'il vous paraîtra utile de prendre. Je me réserve moi-même, à ce moment et s'il y a lieu, de vous adresser des instructions plus détaillées. Je me borne aujourd'hui à préciser le caractère et le but de votre œuvre et les principes qui doivent la diriger.

J'ai l'espoir que vous trouverez, pour l'accomplir, le plus précieux concours dans les travaux et les missions qu'il a paru utile de confier à quelques-uns des officiers placés sous vos ordres, et en particulier dans la mission dont le commandant Quiquandon a été chargé auprès de Tiéba, notre allié.

Aussi est-ce avec une entière confiance que le gouvernement place cette œuvre dans vos mains. Il est convaincu qu'après avoir été l'un des brillants officiers dont le nom restera attaché à la conquête du Soudan, vous mettrez votre honneur et vos efforts à y organiser une administration sage, éclairée, capable de pacifier ce pays et d'y établir solidement l'influence civilisatrice de la France.

ÉMILE JAMAIS.

C'est au lieutenant-colonel Combes, commandant le régiment de tirailleurs, que fut confié le soin de former la colonne expéditionnaire chargée au mois d'octobre d'en finir avec Samory. Le colonel Archinard était arrivé à Kayes vers le 15 octobre, et il avait pris aussitôt les dernières dispositions relatives à l'entrée en campagne. La colonne était formée d'une compagnie de la légion étrangère, de deux compagnies de tirailleurs auxiliaires, d'un escadron de spahis auxiliaires, de l'escadron de spahis soudanais, d'une batterie d'artillerie de montagne et de compagnies de tirailleurs soudanais établies dans les forts de Kankan, Bissandougou et Sanankoro.

Pendant que le colonel Archinard allait à Ségou-Sikoro, en

passant par Nioro, pour surveiller dans le Macina les agissements d'Ahmadou qui venait de détrôner et de mettre à mort son frère Mounirou, le lieutenant-colonel Combes poursuivait hardiment la campagne contre Samory. Voici en quels termes le *Journa officiel du Sénégal et dépendances* rendait compte de ces opérations.

« Le commandant supérieur du Soudan télégraphie, à la date du 19 mars, que le colonel Combes est de retour à Kérouané, après une course de 650 kilomètres dans l'Est, qui a duré trente et un jours. Il a visité Guéléba, Odjende et parcouru le Nafara. Au delà, il a combattu les bandes de sept des chefs de Samory, tantôt isolées, tantôt réunies; l'une d'elles comprenait sept cents fusils à tir rapide et trois cents chevaux.

« Les rencontres avaient lieu presque toujours en forêt. Le colonel Combes a tout bousculé, malgré la force défensive des positions choisies par l'ennemi. Les bandes que Samory avait dans l'Est ont subi de véritables désastres et les débris en sont rejetés fort au loin dans le Sud-Est. Samory est abandonné, et sa grande préoccupation est de cacher sa retraite, même à ses fidèles. Aucun des prisonniers ne peut donner des renseignements précis à ce sujet. Le détachement du colonel Combes comprenait cent deux Européens. Il n'y a pas eu un seul décès parmi eux. Pendant cette magnifique course en pays ennemi, nos pertes se bornent à trois légionnaires blessés et à trente-quatre indigènes tués, blessés, morts ou disparus. Il n'y a aucune perte dans le personnel non combattant.

« Le détachement du capitaine Dargelos est de retour avec plein succès de sa campagne dans le sud-ouest de Sanankoro. Le capitaine Briquelot poursuit le peu qui reste des bandes de Bilali. Les pertes sont également très faibles de ces deux côtés.

« La puissance de Samory est absolument détruite. Le résultat obtenu est que nous occupons Faranah et Erimankono. Des garnisons s'y trouvent depuis le 10 février. »

Le même journal publiait plusieurs dépêches transmises par le colonel Archinard au gouverneur de la colonie. Après lui avoir signalé son « voyage » dans le Bendougou — voyage qui constituait une véritable expédition en colonne — le colonel continuait ainsi :

Je suis très heureux des résultats de ce voyage. — Arrivé le 7 avril à San, j'ai reçu un accueil très cordial; je compte parcourir au retour notre province du Saro. Mais les gens de Djenné tenant à nous voir passer chez eux et ce voyage pouvant ouvrir la navigation vers Tombouctou, et mettre fin à la piraterie dont les villages du Sansanding et du Ségou ne cessent de souffrir, je poursuis la route en suivant le Bani ou Mayol-Balével jusqu'à Djenné.

Quelques jours après, nouveau télégramme, daté du 14 avril, par lequel le colonel rendait compte de la prise de Djenné, qui avait été le principal incident de ce « voyage ».

La population de Djenné, maintenue par la garnison, n'a pu venir à nous, et, malgré les pourparlers repris trois fois, il a fallu chasser la garnison de vive force. La défense a été acharnée; la canonnade et le combat ont duré vingt-quatre heures. La population, restée tout entière dans la ville, est venue à nous dès que la garnison a été mise en fuite. Des conventions ont été établies aussitôt après l'affaire, et les indigènes viennent à nous de tous les points du Macina. Nous avons malheureusement à déplorer la mort de deux officiers : le capitaine Lespiau et le lieutenant Dugast, de l'infanterie de marine, qui ont été tués raide.

Ceci veut dire, en bon français, que, tandis que le colonel Combes opérait contre Samory, le commandant supérieur opérait lui-même dans le Macina, contre Ahmadou.

Le 17, le colonel télégraphiait de Mopti qu'il était arrivé l'avant-veille dans cette localité et qu'Ahmed-Sala, le grand chef des Peuls de la région, était auprès de lui. Il ajoutait que les spahis avaient refoulé les cavaliers d'Ahmadou jusque dans Bandiagara. Enfin, le sous-secrétaire d'État des colonies recevait le télégramme suivant :

Bandiagara, le 5 mai 1893.

Je quitte Bandiagara, 5 mai; je n'aurai plus qu'à m'arrêter à Sansanding pour réorganiser les États de Mademba. Je laisse une garnison ici pour diverses raisons politiques que vous aurez à apprécier; elle est inutile au point de vue militaire. Je laisse le pays dans une paix profonde, comme s'il n'avait jamais été troublé. J'ai lieu de penser qu'Ahmadou sera arrêté dans sa fuite à Dalla par les indigènes et livré à Aguibou.

En même temps une dépêche donnait des nouvelles du colonel Combes. Celui-ci avait surpris Karamoko-Bilali, le lieutenant de Samory, au passage d'un gué et avait anéanti toute sa bande.

Voici enfin les dernières nouvelles militaires relatives à la campagne de 1892-1893 :

Pour assurer sa fuite dans l'Est, Ahmadou cherchait à recruter des partisans dans la Dawenzta. Le capitaine Blachère, résident à Bandiagara, partit pour le déloger, le poursuivit toute la nuit, l'atteignit à Adella et lui tua 103 partisans.

Arrêté quelque temps, à l'entrée du défilé du Hombasi, par les derniers partisans d'Ahmadou, qui se firent tous tuer, il continua sa course pendant 30 kilomètres avec quelques tirailleurs à cheval. Mais ses chevaux épuisés l'obligèrent à s'arrêter au moment où il venait de s'emparer de la famille d'Ahmadou. Nous n'avons eu aucun tué.

Au retour de cette expédition victorieuse, le capitaine Blachère, qui me télégraphiait que l'état sanitaire était excellent, fut pris par une attaque de dysenterie, à laquelle il succomba le 31 mai. Il faut compter ce brave comme tué à l'ennemi.

Quant au lieutenant-colonel Combes, promu colonel, il continuait, à Kankan, à recevoir journellement la soumission de sofas de Samory, avec leurs troupes et leurs armes. Un de ces chefs commandait à plus de 3000 hommes. Le fils de Samory, Karamoko, ayant, avec quelques bandes, essayé de prendre pied dans le Bouzie, au sud du Kissi, en avait été expulsé par la population appuyée de tirailleurs indigènes qui lui infligèrent de grandes pertes, tandis que le capitaine Durand s'assurait qu'à l'Est les deux rivières du Diou étaient débarrassées de sofas.

Telles sont les circonstances dans lesquelles le colonel Archinard revint en France épuisé comme toujours par l'ardeur qu'il apportait à remplir sa mission, sans tenir compte des ménagements qu'exigeait une santé compromise par ces rudes campagnes.

LA CAMPAGNE DE 1893-1894.

Le sous-secrétaire d'État des colonies, tout en rendant hommage aux mobiles du colonel Archinard, à son habileté militaire et à son énergie, n'avait pu éviter de constater que le programme suivi durant la dernière campagne ne se trouvait pas en parfaite conformité avec celui qu'avait tracé M. Jamais. Au lieu d'une colonne, on en avait fait deux : c'était là le plus clair résultat de la dernière campagne. D'autre part, faute d'informations régulières et précises, l'administration n'avait pu exercer un contrôle suffisant sur la marche des événements au Soudan.

L'expérience d'un « programme civil » appliqué par un

militaire n'avait donc pas réussi. A tort ou à raison, le sous-secrétaire d'État des colonies pensa qu'il en serait de même aussi longtemps qu'un officier exercerait un commandement supérieur au Soudan. C'est pourquoi il décida de nommer un gouverneur civil du Soudan. Ce fut l'objet du décret du 21 novembre 1893, décret précédé d'un rapport dont voici le passage essentiel :

Le moment me paraît venu de réaliser un nouveau progrès en confiant l'administration du Soudan français à un gouverneur civil. Les expéditions sont maintenant terminées, de l'opinion même des chefs militaires qui ont assuré la domination de la France sur ces vastes territoires. Aujourd'hui, il convient de se préoccuper plus particulièrement de l'administration et de l'organisation de ces territoires, comme de leur mise en valeur par nos industriels et nos commerçants.

Le Soudan français deviendrait ainsi une véritable colonie, dont la direction appartiendrait à un fonctionnaire du cadre des gouverneurs.

Tel est l'objet du décret ci-joint que j'ai l'honneur de soumettre à votre approbation et qui, précisant la situation du gouverneur au point de vue militaire, lui retire, comme dans les autres colonies, le commandement direct des troupes que le commandant supérieur pouvait prendre dans des circonstances exceptionnelles.

Le premier gouverneur civil du Soudan français fut M. Grodet. Il prit pour chef de son bureau militaire M. le chef de bataillon Quiquandon, dont j'ai rappelé l'intéressante mission auprès de Tiéba.

Tandis que M. Grodet s'embarquait pour le Soudan, le lieutenant-colonel Bonnier, commandant supérieur par intérim, continuait, selon la tradition des années précédentes, la « campagne de 1893-94 ». Voici le texte de la dépêche qu'il adressait de Kayes, le 14 décembre :

Kayes, 14 décembre.

Nous avons surpris le 4 décembre, à Faragara, près de Ténétou, des bandes de sofas, que nous avons dispersées.

Le lendemain, nous avons rencontré Samory en personne à Kolom. Samory s'est enfui, serré de près par nos spahis. Amara-Dialli, conseiller intime, qui le suivait a été capturé. Dialli était venu en France avec Diaoulé-Karamoko, le fils de Samory. Nous avons pris à l'ennemi, dans ces deux affaires, 430 fusils, dont 92 à tir rapide, et 23 chevaux. Les tués de l'ennemi n'ont pu être comptés. De notre côté, nous avons un spahi indigène mort de ses blessures, quatre spahis indigènes blessés légèrement, et le lieutenant Arago blessé au mollet : blessure sans gravité, qui sera guérie dans une quinzaine.

Le résultat de cette campagne est de nous donner la possession effective de la rive droite du Niger, vers Bammako, d'enlever à Samory la partie nord de ses États jusqu'au delà de Lalon, de soustraire les populations à d'horribles massacres, et enfin d'empêcher le dépeuplement complet du pays. Environ deux mille personnes nous ont déjà rejoints.

Samory est en fuite vers Sambatiguila.

Je laisserai des postes dans la région. D'autre part, Diaoulé-Karamoko a été surpris à Bacouna, dans le Bouzi, par une reconnaissance de tirailleurs, aidés par les gens du pays. Sa bande a subi de très fortes pertes. Karamoko est en fuite.

Lorsque M. Grodet fut arrivé à Kayes, son premier soin fut de s'enquérir de la position des « colonnes », afin de mettre un terme, comme le comportaient ses instructions, aux entreprises militaires nouvelles et de marquer tout au moins un temps d'arrêt pour procéder à l'organisation des pays occupés. Le lieutenant-colonel Bonnier, qui venait d'opérer dans le Sud, contre Samory, était déjà reparti vers le Nord, dans une direction inconnue. M. Grodet le rappela. Mais les événements s'étaient précipités, Tombouctou était pris et nous avions perdu, dans deux guets-apens, bon nombre de nos vaillants soldats.

Il paraît démontré, par la publication des lettres et rapports du malheureux lieutenant-colonel Bonnier et de M. Grodet, que le lieutenant de vaisseau Boiteux, qui commandait la flottille du Niger, outrepassant les ordres qu'il avait reçus, avait procédé à l'occupation de Tombouctou.

Tandis que lui-même occupait la ville, qui est, on le sait, à quelque distance du fleuve, l'enseigne de vaisseau Aube avait été laissé à la garde des bateaux, à Kabara. Ayant été appelé à se rendre à son tour à Tombouctou, il fut attaqué en route par une colonne de Touareg et tué, ainsi qu'un second maître et 18 laptots.

Le colonel Bonnier, informé de l'entreprise inconsidérée du lieutenant de vaisseau Boiteux, se mettait en marche pour Tombouctou. Sa colonne suivait la rive droite du Niger, tandis qu'une autre colonne, sous les ordres du commandant du génie Joffre, avait pris par la rive gauche.

Le colonel Bonnier atteignait Tombouctou le 10 janvier et dégageait le lieutenant de vaisseau Boiteux, auquel il adressait les plus vifs reproches sur son indiscipline et sa témérité. Deux jours après, le colonel, laissant à la garde de Tombouctou un poste commandé par le capitaine Philippe, conduisait une reconnaissance vers un campement touareg. Il avait avec lui le commandant Hugueny et tout son état-major.

Dans la nuit, la colonne fut surprise au campement de Dongoi, à deux heures au nord de Goundam, à trois jours de marche de Tombouctou (1). Des Touareg montés, suivis de fantassins armés de lances et de couteaux, pénétrèrent dans le campement par

(1) Voici le texte du rapport officiel envoyé plus tard par le capitaine Philippe :

« La colonne venue par le Niger en pirogues à Tombouctou était composée de : le lieutenant-colonel, commandant; tout l'état-major parti de Kayes; 5e compagnie prise à Mopti; 2e compagnie; 11e compagnie; artillerie, 6 pièces. La deuxième colonne, venant par voie de terre, était formée, sous le commandement du commandant Joffre : des spahis; 10e compagnie; 12e compagnie, du reste de l'artillerie et de tous les chevaux. Cette colonne, que j'attends avec impatience, n'est pas encore arrivée. Le 10, au matin, la colonne du colonel arrivait à Tombouctou; l'artillerie, la 2e compagnie et le convoi se trouvaient encore loin en arrière; ces groupes ne sont arrivés que le 13. Le 12, au matin, le lieutenant-colonel partait en reconnaissance sur des campements touareg, à trois journées de marche d'ici vers Goundam. Il emmenait avec lui son état-major, le commandant Hugueny, la 5e compagnie et un peloton de la 11e. Les Européens étaient montés à bourriquets. Il me laissait le commandement de la place comme le plus ancien, avec le peloton restant de la 11e, en attendant l'artillerie et la 2e compagnie.

« Après avoir pris le campement d'un chef touareg, le 14 dans l'après-midi, et un nombreux troupeau, apprenant que les Touareg se trouvaient à quelque distance de là, la colonne se remettait en marche à trois heures de l'après-midi, laissant une section de la 11e et une section de la 5e sous le commandement du sous-lieutenant Sarda, pour la garde du troupeau. Vers la nuit, la colonne arrivait au campement évacué, ou paraissant l'être; à quatre heures du matin, le 15, les Touareg concentrés à courte distance surprenaient la colonne endormie et mal gardée dans le campement où elle s'était installée en arrivant, campement qu'ils connaissaient admirablement, puisqu'il leur appartenait. Aucune reconnaissance des environs n'avait été faite; suivis de nombreux piétons armés, les cavaliers touareg sont arrivés sur les faisceaux avant que le cri : « Aux armes! » ait été poussé, les sentinelles placées à peu de distance des faisceaux ayant été culbutées rapidement; un groupe de cavaliers tombait en même temps sur l'état-major placé dans une clairière leur rendant l'accès des plus faciles. Des bœufs lâchés par les Touareg contribuaient encore au désordre épouvantable d'un moment pareil.

« Le capitaine Nigotte, chargé de la topographie et couché à l'état-major, a pu seul s'échapper avec un coup de sabre à la tête, heureusement sans grande gravité. Il a rejoint le peloton de garde aux troupeaux, ainsi que de nombreux fuyards, et a pu rentrer ici avec cette troupe.

« Nos reconnaissances, que je n'ai pu pousser assez loin en raison de la sécurité de la place environnée aussitôt de cavaliers rôdant par petits paquets et s'enfuyant d'ailleurs devant la moindre démonstration, ont pu recueillir encore quelques tirailleurs; d'autres sont revenus seuls, mais beaucoup sans armes ni munitions. Tout l'état-major est resté là-bas et le régiment perd : commandant Hugueny, capitaine Tassard, lieutenant Bouverot, sergent européen Étesse, 5e compagnie; sergent Gabriel, 11e compagnie; sergent indigène Tamla-Diakaté. 5e compagnie; 61 tirailleurs, dont 41 de la 5e compagnie et 20 de la 11e; 2 caporaux de la 5e compagnie et 4 de la 11e; 95 fusils et environ 10 000 cartouches. »

plusieurs côtés, culbutant les lignes de faisceaux en avant des tirailleurs qui n'eurent pas le temps de saisir leurs fusils. Le détachement presque tout entier fut massacré : seul des officiers français, le capitaine Nigotte, blessé à la tête, put s'échapper et rejoindre en arrière un peloton commandé par le sous-lieutenant Sarda, qui avait été laissé à la garde des troupeaux de prise. Au retour à Tombouctou, où ils revinrent à marches forcées, 3 officiers, 2 sergents européens, 1 interprète, 1 sergent, 6 caporaux et 61 tirailleurs indigènes avaient disparus. Le capitaine Philippe prit aussitôt des mesures de défense; elles n'étaient pas superflues, car les Touareg vinrent bientôt rôder autour de la ville. Ils n'osèrent pas toutefois risquer une attaque de vive force.

Lorsque ces graves nouvelles parvinrent en France, elles y suscitèrent naturellement une vive émotion. L'occupation de Tombouctou avait dû produire dans toute l'Afrique du Nord une grande impression, mais c'était la première fois au Soudan que nous subissions des désastres tels que le massacre des détachements Aube et Bonnier. On avait aussi de graves inquiétudes au sujet de la colonne Joffre. Une discussion au moins inopportune s'engagea aussitôt dans la presse sur les responsabilités respectives qui se trouvaient engagées. M. Casimir-Perier ramena l'ordre dans les esprits en déclarant que le gouvernement n'avait point prescrit l'occupation de Tombouctou, mais que maintenant il était impossible de reculer et qu'il avait ordonné l'envoi de renforts.

Le 14 février, le commandant Joffre arriva à Tombouctou et prit possession du commandement. Voici le télégramme officiel qui rendait compte de ses opérations antérieures :

Kayes, le 26 février, 2 h. 45, soir.

Gouverneur à Colonies, Paris.

Deuxième colonne, commandant Joffre : une compagnie et demie tirailleurs, un escadron de spahis, trente spahis auxiliaires, deux canons 80 montagne, tous chevaux et mulets de la première colonne, marchant par voie terrestre de Sansanding, Monimpé, Nampala, Lère, Sompé, Goundam.

Opérations de la 2e colonne : 27 décembre, passage du Niger, marche souvent ralentie par l'obligation de renouveler les approvisionnements considérables en grains nécessaires pour 250 chevaux et 1000 indigènes dans un pays ruiné et hostile et par les inondations du Niger, exceptionnelles cette année de Lère à Tombouctou. Resté à Nampala du 7 au 10 janvier pour réapprovisionner la colonne en grains ; arrivé à Sompé le 16, ayant contourné à travers la brousse l'inondation du Niger, sans rencontrer des lieux habités.

Nioukou, chef de canton de Niafunké, a insulté et menacé nos envoyés ; le 20 janvier, marche sur Niafunké avec une compagnie en tirailleurs, la cavalerie et l'artillerie ; arrêté par un marigot de 2 kilomètres de largeur et de 1 mètre de profondeur, qui entoure le village ; 400 guerriers sont en ligne devant le village : à notre premier feu, ils chargent sur nous, quelques-uns viennent jusqu'à 30 mètres de notre ligne; en un quart d'heure, 100 sont tués par nos feux, les autres sont en fuite et le village est pris. Aucune perte de notre côté.

A Micore et Atta nous trouvons les villages évacués par les habitants ayant emmené toutes les pirogues. Le capitaine Pouydébat, après une marche de nuit, arrive le 26 janvier au petit jour devant Goundam, sur la rive gauche du fleuve, mais ne peut surprendre les pirogues, les Touareg prévenus étant à Goundam, sur l'autre rive du fleuve, qui a 300 mètres de largeur avec un courant très rapide.

Le capitaine Prost, avec l'escadron de spahis et une demi-compagnie de tirailleurs, part en arrière vers Tingirma sur le Niger, y parvient après une marche de nuit de dix heures, et ramène beaucoup de grains et quatre pirogues. Les gens du village se sont défendus, et ont perdu environ trente hommes; nous avons eu un tirailleur blessé. Les pirogues portées par les hommes arrivent le 31 au soir devant Goundam ; leur vue produit une grande émotion chez les Touareg, qui se portent près du point où nous devons débarquer ; ils sont dispersés à coups de canon et fuient pendant la nuit ; les derniers disparaissent le 1er février au matin, quand on commence à traverser le fleuve.

Le 2 février, la flottille prévenue par un de nos courriers a pu parvenir à arriver à Goundam. Elle contribue au passage du fleuve, qui est terminé le 3 ; elle nous apprend la surprise du 15 janvier. Les Touareg se sont enfuis vers le Nord. Une reconnaissance dirigée de ce côté n'en trouve pas trace : ils sont à plus de quatre jours de marche dans un pays très accidenté.

7 février. — La colonne reprend sa marche sur Tombouctou, et arrive le 9 sur le lieu du combat du 15 janvier. Les corps des officiers et des deux sous-officiers disparus sont retrouvés et portés à Tombouctou, où nous arrivons le 12 février. Pendant 700 kilomètres, nous avons perdu deux tirailleurs indigènes morts de maladie, et nous avons eu un tirailleur indigène blessé.

L'état sanitaire est satisfaisant partout. Les populations, fatiguées du pillage et des violences des Touareg, sont pour nous. Le chef du canton de Sompé nous a accompagnés à Tombouctou.

Le gouvernement nomma le lieutenant-colonel Comte commandant supérieur au Soudan, en remplacement du colonel Bonnier, et hâta l'expédition de renforts.

Voici les dernières nouvelles reçues depuis lors :

Première note.

« Des opérations ont eu lieu contre les Touareg Tenguereguif qui se trouvaient entre le lac de Goro, près de Diré, et le lac Fati. Ils ont été battus, le 23 mars, vers le lac de Goro, où ils s'étaient repliés dès qu'ils avaient appris notre arrivée. Leur chef et ses principaux lieutenants ont été tués.

« Le 25, ils ont de nouveau été attaqués et rejetés sur le terrain compris entre le lac Fati et Goundam. Nous avons pu reprendre dix fusils et un revolver qui nous avaient été enlevés, le 15 janvier, lors de l'affaire de Goundam. Nous avons saisi, de plus, 50 chevaux, 30 chameaux, 8000 moutons, 400 bœufs, 200 ânes. On a compté 120 morts touareg sur le terrain. De notre côté, un sergent européen a reçu une légère blessure à la main et un spahi indigène a été blessé. Tous les chefs tenguereguif seraient tués, sauf un qui a été blessé à Goundam et qui est resté à Farash avec quelques partisans.

« Le lieutenant-colonel Joffre, qui a dirigé les opérations, considère cette tribu comme détruite ou au moins entièrement désorganisée. Cette destruction, dit-il, a un retentissement considérable dans le pays. »

Seconde note.

« M. Boulanger, ministre des colonies, a reçu une dépêche du gouverneur du Soudan l'informant qu'à la suite des dernières reconnaissances de la colonne Joffre des vassaux des Touareg Tenguereguif, au nombre de 400 à 500, sont venus demander l'aman, qui leur a été accordé aux conditions suivantes : le chef et cinq notables résideront à Tombouctou, et nous devrons toujours être informés des emplacements occupés par les tribus.

« Une amende consistant en mille moutons est exigée. Un délai de vingt jours a été accordé pour satisfaire à ces conditions. »

En résumé, tout regrettables qu'ils soient, les massacres des détachements Aube et Bonnier n'ont été, grâce à la répression énergique qui a suivi, que des incidents de la conquête du Soudan. Le fait capital et qui demeure est l'occupation de Tombouctou. Voici les renseignements donnés sur cette ville par le *Bulletin du Comité de l'Afrique française* :

« Peu d'Européens ont visité Tombouctou. En 1826, le capitaine anglais Laing atteignit cette ville par la voie de la Tripolitaine et du Touât; mais à peine avait-il entrepris son voyage de retour qu'il fut assassiné. Deux ans plus tard, notre René Caillié y séjourna; plus heureux que son devancier, il put rendre compte de son exploration. Vingt-cinq ans plus tard, Barth fut bien accueilli, grâce à l'appui de la plus puissante famille de la région; enfin, c'est à Lenz, qui traversa la ville en allant du Maroc au Sénégal, que nous devons les derniers renseignements sur Tombouctou. Vingt-sept ans s'étaient écoulés depuis le voyage de Barth.

« En 1887, le lieutenant de vaisseau Caron fit, sur la canonnière le *Niger*, le voyage de Bamakou à Koriumé, le port de Tombouctou, tant pour reconnaître le cours du fleuve que pour chercher à ouvrir des relations avec Tombouctou. Après de longs pourparlers, qui ont échoué par suite des intrigues de Tadiani, roi du Macina, il reprit la route du Soudan français.

« En 1889, le lieutenant de vaisseau Jaime effectuait, sans plus de succès, la même tentative sur la canonnière le *Mage*. Cette fois les Touareg ont connu la puissance de nos canons-revolvers; M. Jaime a été obligé, pour sauver une partie de son équipage qui allait être enlevée par ces nomades, de les disperser à coups de canon.

« Tombouctou n'est pas la grande cité qui survit dans l'imagination populaire; très prospère autrefois, elle a beaucoup perdu de son importance. En 1853, Barth évaluait sa population à 13000 individus; Lenz lui donnait 20000 habitants en 1880; le lieutenant de vaisseau Caron l'estimait, en 1887, à 5000 individus.

« Tombouctou, dit-il, est grande deux fois comme Bamakou, « plus considérable que Ségou et en grande partie couverte de « ruines. »

« La ville n'est pas située sur le fleuve; elle est à 15 kilomètres au nord de Koriumé, point où les barques du Macina débarquent leurs chargements; mais, à l'époque des hautes eaux, une embarcation légère peut arriver jusqu'au pied de la cité.

« Tombouctou doit son importance à sa situation géographique; placée au point de convergence des routes entre le Sahara occidental et le Soudan, c'est l'entrepôt naturel de la région. Ses principaux éléments de commerce sont : le sel, qui est importé du Taoudéni et d'autres carrières du Désert; le mil, qui vient du Macina, et la noix de kola, que les caravanes apportent des rivières du Sud et même des contrées voisines de l'Achanti. La ville est gouvernée par une djemaa, présidée par un personnage appartenant à une vieille famille; elle paye tribut aux Touareg.

« Tombouctou ne produit rien; le sol qui l'avoisine est aride, dénudé, et ce n'est qu'aux abords de la ville qu'on rencontre quelques arbres. Elle dépend entièrement du Macina pour la subsistance, et le Macina est, depuis l'an dernier, sous notre dépendance. Autrefois, avec la crue des eaux, une flotte considérable descendait le fleuve à destination de Tombouctou; mais les exactions des Touareg ont eu pour résultat de réduire beaucoup l'activité commerciale de toute la région.

« Nous aurons plus d'une fois maille à partir avec ces nomades; mais M. Caron ne les croit pas bien redoutables. « Maîtres du « Sahara, dit-il dans sa relation, les Touareg ont juré de ne laisser « pénétrer aucun Européen connu comme tel; qu'ils soient du « Nord ou du Sud, le sentiment est le même; mais je me hâte « d'ajouter qu'ils ne sont ni assez nombreux, ni assez bien armés « pour nous résister. Ils n'essayeraient même pas, et, tout en « nous harcelant, demeureraient insaisissables par suite de leur « mobilité. »

Au commencement de juillet 1894, les gens du chef de Bossé, Ali-Kari — le même qui avait été si malveillant pour Crozat et Monteil — ayant attaqué notre protégé Aguibou, roi de Macina, le commandant Quiquandon organisa une colonne. Après une chaude affaire, il s'empara de Bossé. Ali-Kari, qui se défendit énergiquement, fut tué avec cinq cents des siens.

LE

DAHOMEY

Dans les premiers mois de 1890, M. Étienne, sous-secrétaire d'État aux colonies, répondant à une interpellation de M. Deloncle au sujet de l'attitude agressive du roi Glé-Glé, père de Behanzin, envers les postes français, rappelait l'origine de nos relations avec le Dahomey. C'est au XVIe siècle que des navigateurs, visitant la côte occidentale d'Afrique, construisirent un fort à Ouidah, pour y abriter eux et leurs marchandises. Une garnison y fut installée et maintenue jusqu'à la fin du XVIIIe siècle. Nos rapports avec le Dahomey, durant cette période, étaient exclusivement commerciaux et ce ne fut qu'en 1851 qu'un premier traité lia le Dahomey à la France. D'après ce traité, les Français avaient le droit de commercer dans toutes les villes du royaume; le roi de Dahomey confirmait la cession du terrain sur lequel était construit le fort de Ouidah et en fixait la limite. Une particularité du traité était que les Français avaient l'obligation d'assister à de certaines *coutumes* qui comportaient de vastes sacrifices humains.

En 1876, un nouveau traité faisait cession complète à la France du territoire de Kotonou. Toutefois les autorités dahoméennes continuaient à administrer le territoire et à percevoir des droits de douane. Un troisième traité, confirmant la cession du territoire de Kotonou et donnant à la France le droit de percevoir elle-même les taxes de douane, était conclu en 1878. Les Français obtenaient différents autres avantages, et notamment étaient affranchis du devoir d'assister aux sacrifices humains.

D'autre part, notre traité de protectorat avec le roi de Porto-

Novo, dont le territoire est contigu au Dahomey, avait été renouvelé en 1883.

On voit donc quelle devait être, au commencement de 1890, notre situation vis-à-vis du Dahomey. Elle semblait nette et rien ne pouvait faire croire que nos rapports avec le roi de ce pays seraient troublés. Cependant Glé-Glé, après avoir assis son autorité dans son royaume, ne tarda pas à tourner ses regards de notre côté. Il contestait la validité de nos traités, nous adressait des réclamations incessantes, nous déclarait qu'il n'avait jamais entendu, quant à lui, céder un point quelconque de son territoire à la France, nous invitait à lui restituer son bien, à disparaître, et nous signifiait en outre qu'il ne voulait en aucun cas reconnaître notre protectorat sur le royaume de Porto-Novo. Il affirmait que le roi Toffa était son vassal et que nous n'avions aucun droit d'établir notre protectorat sur ce pays, qui dépend de son royaume.

Aussi longtemps que le roi de Dahomey s'en est tenu aux récriminations et aux menaces, nous l'avons laissé dire. Mais au mois d'avril 1890 il se jetait sur le Porto-Novo, pillait, incendiait les villages, opérait une razzia de femmes et d'enfants, massacrait les prisonniers qu'il ne pouvait vendre et nous menaçait d'envahir notre propre territoire si nous n'évacuions pas immédiatement Kotonou.

Déterminé cependant, avant d'agir énergiquement, à user de longanimité, le gouvernement français envoya auprès du roi Glé-Glé notre lieutenant-gouverneur des Rivières du Sud et dépendances, M. Bayol. Celui-ci fut traité plutôt en prisonnier qu'en hôte. Durant trente-trois jours il dut assister aux égorgements de centaines d'hommes et de femmes, mis à mort en l'honneur du triomphe du souverain noir. Aux demandes que M. Bayol exposa au nom du gouvernement français, Glé-Glé répondit avec violence. Il ne pouvait que répéter ce qu'il avait déjà déclaré relativement à Kotonou et nous invitait à renoncer au protectorat de Porto-Novo et à lui livrer le roi Toffa.

Après de grandes difficultés et sans avoir rien obtenu, M. Bayol rejoignait la côte, où il apprenait la mort de Glé-Glé et l'avènement de Behanzin, que l'on connaissait sous le nom de prince Kondô. D'effroyables égorgements signalaient la cérémonie des funérailles de Glé-Glé et du couronnement de son successeur, dont le premier soin était de réunir des contingents considérables pour les lancer contre nous. Plusieurs commerçants, nos compatriotes, restés à Ouidah malgré les avis de M. Bayol, furent emmenés prisonniers à Abomey et traités comme otages.

Trois compagnies de tirailleurs sénégalais, venues renforcer la garnison de Kotonou et placées sous les ordres du lieutenant-colonel Terrillon, repoussèrent victorieusement tous les assauts. L'intervention de la division navale permit de dégager rapidement Kotonou, et, découragé de ce côté, Behanzin traversa l'Ouémé et se dirigea vers Porto-Novo. Mais le lieutenant-colonel Terrillon le devança et lui infligea une défaite qui coûta 1500 hommes au roi nègre.

A la demande de Behanzin lui-même, qui, en dépit de l'état de guerre, ne cessait de déclarer qu'il était un grand ami de la France, des négociations s'ouvrirent pour la paix. Les otages furent rendus et, le 3 octobre, le contre-amiral de Cuverville fit signer par le roi du Dahomey un traité qui reconnaissait nos droits sur Kotonou et Porto-Novo, à la condition de servir à Behanzin, en échange de l'abandon par lui des droits de douane, une rente annuelle de vingt mille francs.

Il semblait alors que la tranquillité dût être assurée pour longtemps et, pour sceller la paix, une mission commandée par le chef de bataillon Audéoud (mission dont faisaient partie plusieurs officiers français, le Père Dorgère, quatre envoyés du roi Toffa portant le bâton de leur maître, et une escorte de dix tirailleurs sénégalais), se rendit à Abomey, où Behanzin la reçut avec tous les égards dont il était capable et en protestant de sa bonne amitié. En échange des cadeaux que lui remit la mission, il donna quatre jeunes esclaves et des pagnes pour le président de la République, un jeune garçon et une jeune fille pour les officiers. Les pagnes seuls furent remis à M. Carnot. Les captifs furent confiés à la mission catholique de Porto-Novo.

Cependant, en dépit des déclarations solennelles du roi noir, les importations d'armes à tir rapide continuaient au Dahomey. Les maisons allemandes de Lagos ne cessaient de fournir des fusils, des cartouches et même des canons-revolvers. Des Allemands faisaient de fréquents voyages à Abomey. Ils y donnaient aux troupes dahoméennes l'instruction militaire, et jetaient les bases d'arrangements en vue de se procurer des esclaves, destinés, soit au Cameroun allemand pour combler les vides dans la milice allemande, soit aux entrepreneurs des travaux du chemin de fer du Congo belge. Au commencement de mai 1891, pressé par ses contractants et muni de son nouvel armement européen, le roi de Dahomey partait en guerre, se dirigeant d'abord vers Abeokouta, capitale des Egbas, région soumise à l'influence anglaise. Repoussé, après des rencontres sanglantes, il tombait à l'improviste sur les Maysou, peuple tributaire de Porto-Novo, et leur enlevait de nombreux prisonniers.

Des faits du même genre se produisirent à diverses reprises pendant l'année 1891. L'Angleterre dut envoyer des navires pour faire respecter ses droits.

Les hostilités avaient commencé de bonne heure contre nous. Dès la fin de mars, on annonçait que les troupes dahoméennes avaient envahi le territoire de Porto-Novo et détruit plusieurs villages. La canonnière *Topaze*, sur laquelle le lieutenant-gouverneur Ballot était parti à la première nouvelle de l'incursion, était attaquée le 27 mars par une bande de Dahoméens, qui s'en seraient emparés de vive force sans l'énergique défense de l'équipage et des tirailleurs. Le 3 avril, on annonçait que l'ennemi était dans le voisinage de Porto-Novo et que l'on s'attendait à une attaque de la ville. Le lendemain, M. Ballot recevait de Behanzin une lettre disant en substance : « Je ne suis jamais allé en France faire la guerre, et je vois avec peine que la France m'empêche de la faire contre un pays africain ; cela ne la regarde pas. Si vous n'êtes pas contents, vous pouvez faire ce que vous voudrez ; moi, je suis prêt. »

Bien que, deux jours plus tard, l'armée dahoméenne repassât l'Ouémé, rétrogradant sur Allada avec un nombre considérable de captifs, c'était une déclaration de guerre. Deux croiseurs de la division navale de l'Atlantique-Sud, le *Sané* et le *Talisman*, reçurent l'ordre de se rendre sur la côte de Bénin ; on renforça les garnisons, on pressa l'exécution des travaux du wharf de Kotonou, et le sous-secrétaire d'Etat aux colonies obtint des Chambres un crédit de trois millions pour « frais d'occupation du Dahomey ».

Le colonel Dodds était chargé de diriger la campagne. Il arrivait à Kotonou le 29 mai, prenait aussitôt la direction des affaires avec le commandement des troupes et de la flottille intérieure, plaçait sous ses ordres le lieutenant-gouverneur Ballot et le lieutenant de vaisseau de Fésigny, désigné pour diriger la flottille, tenait en respect les Dahoméens, et, appuyé par le nouveau ministre de la marine, M. Burdeau, qui venait de remplacer M. Cavaignac, obtenait du gouvernement l'autorisation de diriger, pour en finir, une expédition sur Abomey, où, suivant lui, était le nœud de la situation.

Les événements sont trop connus pour que nous les racontions longuement ici. Après s'être fait, pour éviter les conflits et avoir toutes les forces entre ses mains, remettre le commandement des forces navales stationnées dans le golfe de Bénin, le colonel Dodds termina rapidement ses préparatifs. On n'a pas oublié les événements de la campagne : la marche sur le Dékamé où les Dahoméens avaient de nombreux partisans, les petites opérations sur le littoral et sur les rives de la lagune de Porto-Novo, puis le mouvement sur la rive gauche de l'Ouémé, jusqu'à la hauteur du gué de Tohoué.

Le 19 septembre, pour la première fois, la colonne est sérieusement aux prises avec l'armée dahoméenne, commandée par le frère du roi en personne. L'ennemi, qui cherchait à surprendre notre camp à Dogba, est battu, écrasé par les feux roulants de notre artillerie et de nos fusils à tir rapide.

Le 2 octobre, la colonne passe la rivière et se met en route pour Cana, marchant à travers la brousse, arrêtée à chaque pas par les obstacles que les Dahoméens accumulent sur son chemin. Le 4, par un mouvement tournant, le colonel déborde les lignes de Poguessa et inflige à l'ennemi une défaite sanglante. Le 6, nouveau combat, dans lequel le commandant Gonart, de l'infanterie de marine, chef d'état-major de la colonne, attaqué à l'avant-garde, tient tête à l'ennemi et décide du succès de la journée.

Le 9 octobre, nous occupons sans coup férir la position de Sabovi. Continuant son mouvement, la colonne campe le 14 à Ouébomédi et enlève le lendemain un camp fortifié près d'Akpa. Le 14 et le 15, le bivouac établi à Kato est furieusement assailli à trois reprises par l'ennemi, constamment repoussé.

Après ces combats, le colonel Dodds évacue ses blessés sur Porto-Novo et se décide à attendre le convoi de vivres et de munitions qu'il a fait préparer. En même temps il attire à lui les garnisons de la côte, comblant ainsi les vides faits dans la colonne par le feu de l'ennemi et par les maladies.

De nouvelles attaques des Dahoméens sont repoussées le 20 et le 21 avec de grandes pertes. Le 24, le colonel signale au ministre qu'il est prêt à reprendre l'offensive. Effectivement, le surlendemain il enlève les lignes d'Akpa à Kotopa, et, le jour suivant, celles de la rivière Kato. Ces lignes étaient les plus fortes qu'il eût encore rencontrées.

Ainsi, malgré la résistance vraiment remarquable des Dahoméens, nous approchions peu à peu de Cana, la ville sainte, la capitale religieuse du Dahomey. Malgré ses défaites, Behanzin disputait toujours le terrain pied à pied avec son armée décimée, jonchant des cadavres de ses sujets la route que nous nous ouvrions à coups de canon. Autour de Cana, les Dahoméens se battent avec un courage indomptable. Le 2 novembre, l'artillerie canonne le fort de Muako, la clef de la défense de Cana; le colonel juge que la brèche est suffisante et, afin de ménager le sang de ses soldats, il remet l'assaut au lendemain. Le 3, Muako est enlevé à la baïonnette; les Dahoméens dessinent encore un mouvement offensif, mais ils sont battus une fois de plus : Cana tombe entre nos mains. L'armée de Behanzin est en fuite, réduite à moins de 2000 hommes, tout ce qui reste des 12 000 guerriers du début de la guerre. Aussi Behanzin ne tente pas de défendre sa capitale.

Le 17 novembre, nos troupes entrent sans coup férir à Abomey, que Behanzin, ses dignitaires et ses gardes viennent d'évacuer après avoir mis le feu au palais.

Abomey prise, le général Dodds (la façon magistrale avec laquelle avait été conduite l'expédition, la prévoyance, la bravoure et l'esprit de décision dont avait fait preuve le colonel, lui avaient valu les étoiles de général de brigade), le général Dodds fit savoir aux indigènes, par une proclamation, que le roi Behanzin Ahy-Djéré était déchu du trône de Dahomey et banni à jamais de ce pays. Le royaume du Dahomey était placé sous le protectorat exclusif de la France, à l'exception des territoires de Ouidah, Savi, Avrékété, Godomé et Abomey-Calavi, qui constituaient les anciens royaumes de Adjuda et de Jacquin, lesquels étaient annexés aux possessions de la République française.

L'intention du général Dodds était d'abord de confier le gouvernement des trois royaumes à des indigènes marquants, placés sous l'étroite surveillance des résidents. Mais l'impossibilité de trouver des cabécères offrant des sécurités suffisantes de fidélité et de valeur l'obligea à y renoncer et le détermina à confier provisoirement la direction de ces protectorats à des officiers.

En effet, si la puissance de Behanzin était détruite et si l'ex-roi du Dahomey, réfugié chez les Mahis, n'avait plus d'armée, il lui restait du moins un assez grand nombre de partisans disséminés dans le pays et auxquels nos soldats durent pendant quelque temps donner la chasse. Il fallait encore des efforts pour que la pacification fût complète. La population, d'ailleurs, ne nous fut pas hostile. Heureuse d'être délivrée de la tyrannie de Behanzin, elle reprit confiance et se livra de nouveau aux travaux de la culture, interrompus par la guerre.

Avant de quitter Ouidah, le général Dodds fit procéder à une enquête sur l'importation des armes au Dahomey par les factoreries étrangères. L'inspection des livres de trois maisons de Hambourg et d'une maison de Bâle donnèrent la preuve que, du mois de février 1891 à avril 1892, elles avaient vendu à Behanzin 2230 fusils rayés, parmi lesquels des armes à répétition, 6 canons Krupp de montagne, 4 mitrailleuses, 600 000 cartouches, 1000 obus, etc. Ces fournitures avaient été échangées pour la plupart contre des esclaves exportés au Cameroun par des vapeurs de la compagnie Wœrmann. Le général Dodds prit, en conseil privé, un arrêté d'expulsion à l'égard de quatre agents des maisons allemandes qui avaient fourni des armes à Behanzin.

Ces fournitures d'armes perfectionnées furent en effet la principale cause de la longue résistance des guerriers dahoméens. C'est à elles que nous devons de n'avoir pu arriver à Abomey sans de douloureuses pertes. De nombreux officiers ont trouvé la mort dans les combats meurtriers que les Dahoméens nous ont livrés. Voici la liste de ceux qui sont morts au cours de la campagne :

Infanterie de marine : Marmet, chef de bataillon ; Bellamy et Bérard, capitaines ; Badaire, Rosano, Doué, Toulouse, Gélas et Mercier, lieutenants.

Artillerie de marine : Michel, Menou et Valabrègue, lieutenants.

Médecin : M. le médecin de 1re classe Rouch, du cadre colonial.

Légion étrangère : Faurax, chef de bataillon ; Amelot, lieutenant (ancien lieutenant d'infanterie de marine).

Cavalerie : le capitaine Crémieu-Foa.

Depuis, Behanzin essaya vainement, à différentes reprises, de reconquérir son royaume. Il offrit d'abord sa soumission, mais à condition de résider à Ouidah. Le général Dodds refusa. Lassés d'un hôte aussi dangereux, les Mahis, gagnés d'ailleurs à notre cause par les émissaires du général Dodds, ne tardèrent pas à rompre définitivement avec Behanzin. Celui-ci se réfugia à une trentaine de kilomètres au nord d'Agony, et de là il lança le manifeste suivant, qu'ont publié les journaux anglais :

Notre devoir envers notre pays et nos ancêtres nous commande de nous défendre jusqu'à la mort. Notre pays ne peut se rendre qu'après l'extermination de la nation dahoméenne.

Je sais que nous ne sommes nullement égaux à la grande nation française, mais, comme roi du pays, je ne puis me dispenser de défendre mon trône et mon royaume.

J'en appelle aux grandes et instruites nations du monde pour qu'elles ne permettent pas qu'une grande puissance comme la France, possédant les armes modernes les plus destructives, foule aux pieds et extermine un peuple qui ne lui a rien fait et dont le seul crime est d'être ignorant et faible. Je fais appel à cet égard à la philanthropie et à l'humanité chrétienne des grandes nations civilisées.

Sachant que de la continuation de la guerre ne peut résulter qu'un grand sacrifice des deux côtés, je suis désireux de conclure la paix à des conditions compatibles avec l'honnêteté et la justice, et je fais appel aux sentiments d'honneur si élevés dans le peuple français, en faveur de la ratification du traité conclu par le général Dodds et moi-même à Cana.

Au mois de mai 1893, le général Dodds vint en France, où il reçut l'accueil chaleureux que méritait sa belle campagne. A peine était-il de retour au Dahomey, en octobre 1893, que Behanzin envoya en Europe une mission composée de plusieurs de ses chefs et de deux Anglais de Lagos : *le banquier* Neville et le journaliste Jackson. Ces « ambassadeurs », partis avec la mission de traiter avec la France, arrivèrent en suppliants.

Néanmoins aucun membre du gouvernement ne voulut les recevoir officiellement, laissant au général Dodds le soin de recueillir directement la soumission de Behanzin.

Celle-ci devenait de jour en jour plus inévitable, par suite de l'énergique campagne menée par le général. Le 7 novembre, nos troupes occupaient Atchéribé et les Dahoméens cantonnés dans les environs faisaient leur soumission, nous livrant 400 fusils, 4 canons et quantité de munitions. Le roi, traqué, isolé, après avoir vainement tenté de fuir vers le Nord, cherchait de tous côtés un refuge et essayait encore, par des négociations, de sauver quelque parcelle de son ancienne puissance. Le général Dodds répondait en lui donnant un délai de vingt jours pour faire sa soumission et en faisant élire par les chefs un nouveau roi du Dahomey, Gouthili, fils de Glé-Glé. Il fut reconnu et proclamé le 15 janvier.

Enfin, le 25 janvier, Béhanzin, à bout de ressources, craignant d'être pris de vive force, venait se rendre de lui-même sans condition. Transféré aussitôt au Sénégal, il fut de là expédié à la Martinique, où le fort Tartenson, à Fort-de-France, lui fut assigné pour résidence.

Le général Dodds, ayant ainsi brillamment complété son œuvre militaire, procédait à l'organisation de notre nouvelle conquête. Après avoir rattaché à la colonie une partie du Dahomey, il divisait le reste en deux pays de protectorat, l'un, le royaume de Dahomey, avec Gouthili, fils de Glé-Glé, pour roi, l'autre, le royaume d'Allada, avec Gi-Gla-No-Don pour roi. A la fin d'avril 1894, il s'embarquait pour la France, laissant encore le commandement par intérim au colonel Dumas, qui l'avait si bien secondé dans son œuvre.

Le gouvernement civil de la colonie allait être de nouveau confié à M. Ballot, qui avait noblement accepté le second rôle durant cette longue campagne et qui l'avait rempli avec une énergie qui n'est pas suffisamment connue et un tact parfait.

LES

MISSIONS SOUDANAISES

Mon précédent volume, *A la Conquête du Tchad*, est comme celui-ci, avant tout, un ouvrage de vulgarisation, sans aucune prétention d'être infaillible ni complet. Au point de vue scientifique, ma seule ambition est de réunir des documents sincères pour ceux qui écriront plus tard l'*Histoire de la conquête de l'Afrique*.

Toutefois j'aurais beaucoup regretté de n'avoir pas donné la place qu'il méritait au remarquable voyage de M. le capitaine Binger, si lui-même n'en avait, vers la même époque, publié la relation complète. La mission Binger a été assurément la plus importante de celles qui ont été organisées au Soudan, pour ainsi dire à l'avant-garde des colonnes.

Mais il serait profondément injuste d'oublier les autres, celles des Monteil, des Fortin, des Marchand, des Ménard (1), etc. Entre toutes, deux ont fortement jalonné la route du Tchad : ce sont celles du capitaine Quiquandon et du Dr Crozat. Bien qu'elles se placent, chronologiquement, avant le grand voyage de Monteil, je les résume ici, comme un épisode de l'épopée soudanaise et comme étant de nature à jeter des lueurs singulières sur les mœurs des populations avec lesquelles nous nous trouvons en contact.

(1) Le capitaine Ménard, dont j'avais signalé le départ, périt entre Kong et le Niger en défendant un chef ami, son hôte, contre les sofas de Samory.

LA MISSION QUIQUANDON

Le capitaine Quiquandon, de l'infanterie de marine, avait été envoyé par le commandant supérieur du Soudan français pour entrer en contact avec Tiéba, fama du Kénédougou, étudier le tempérament de ce roi noir, ses intentions, ses relations, son pays et les pays voisins.

La mission quitta Bamakou le 1er mai 1890. Elle se composait du capitaine Quiquandon, du docteur Crozat, de quatre spahis et d'une quinzaine de tirailleurs.

Arrivée à Ségou le 11 mai, après avoir utilisé les pirogues pour le transport par le Niger du personnel, des vivres et des cadeaux, la mission repart le 16 pour Fonfona, où l'attend le fama du Kénédougou.

Chemin faisant, elle rencontre de nombreux convois d'immigrants. Ce sont des gens de Ségou, que la cruauté et la tyrannie des Toucouleurs avaient fait fuir sur la rive droite du Bani et qui, rassurés maintenant par le succès de nos armes, la prise de la capitale d'Ahmadou et la fuite de Madani, reviennent habiter le pays où ont vécu leurs pères.

Dans les pays que traverse la mission, les villages offrent cette particularité qu'ils ne sont plus composés d'un seul grand groupe de cases entouré d'un tata, comme on les trouve dans le reste du Soudan. Chaque village comprend plusieurs groupes de cases, parfois très rapprochés les uns des autres et appelés *soukhalas*. Il arrive que ces soukhalas ne sont séparés que par des distances de 150 mètres ou simplement par une rue étroite. D'autres fois, au contraire, ils sont éloignés de plusieurs centaines de mètres. Il en résulte que des villages occupent un espace immense. En général, chaque soukhala est désigné par le nom de son chef, suivi du mot *dougou*.

C'est à l'esprit d'indépendance de ces populations, en même temps qu'à l'impérieuse nécessité du rapprochement, qu'il faut attribuer ce système de construction. Chaque chef de case important a son soukhala et il arrive fréquemment que le désaccord règne entre voisins d'un même village. Les querelles surviennent, des meurtres sont commis et la guerre est allumée pour longtemps. Parfois l'un des deux partis, espérant mettre la force de son côté, envoie chercher les secours d'un chef de guerre important. Celui-ci commence généralement par « manger » l'ennemi de celui qui l'a appelé, après quoi il le « mange » lui-même.

Ajoutons que les haines de soukhala existent aussi de village à village. Si les soukhalas étaient trop éloignés les uns des autres, ils ne pourraient pas facilement se porter secours. Ils seraient successivement enlevés. « Il en résulte, dit dans son rapport le capitaine Quiquandon, une façon particulière de faire la guerre. On ne cherche pas à s'attaquer franchement, à faire un siège. On se contente d'aller de temps en temps s'embusquer près des routes, d'envoyer un coup de fusil à bout portant à un passant du village ennemi. Si le malheureux tombe, on le dépouille, et son vainqueur rentre triomphant au village : c'est un brave ! Si au contraire le passant est manqué — et c'est le cas le plus général — le guerrier de tout à l'heure n'insiste pas et se sauve à toute allure, poursuivi parfois par celui qu'il a voulu tuer ; mais le plus souvent chacun se sauve de son bord, de toute la vitesse de ses jambes. »

Les choses vont plus loin lorsque la guerre est déclarée entre deux villages et que d'autres villages, sans lui obéir, tiennent pour l'un des belligérants ; lorsque, ce qui arrive aussi, la moitié d'un village est pour un parti et l'autre pour le parti adverse. Il ne s'agit plus alors d'une guerre d'embuscade, de véritables petites colonnes se forment.

« Lorsque l'ennemi qui vient l'attaquer n'est pas trop fort, dit M. Quiquandon, cette répartition d'un village en plusieurs soukhalas n'est pas une mauvaise chose ; car, si un des soukhalas extrêmes du groupe ne peut plus tenir contre l'ennemi, le soukhala à portée peut recevoir facilement les défenseurs du soukhala attaqué, après l'avoir même fait défendre par une partie de ses guerriers ; mais, quand l'ennemi est fort, quand il possède une masse d'hommes relativement considérable, cette répartition du village en soukhalas est quelque chose de désastreux pour la défense. D'abord, dès la vue de cette multitude qui marche contre le village, les soukhalas extrêmes, pris de peur, évacuent au plus vite ; ceux qui viennent après en font autant, et voilà tout le monde groupé, entassé dans les deux ou trois soukhalas du centre les plus forts, les mieux entretenus.

« Que se passe-il alors? Parfois une attaque de vive force est tentée aussitôt ; parfois — et c'est le cas le plus fréquent — l'ennemi ne se presse pas. Les habitants de trente à quarante soukhalas par exemple (à N'zanzoni, pris par Tiéba, les habitants de trente-sept soukhalas s'étaient réunis dans trois soukhalas) vont dévorer rapidement les provisions enfermées dans les trois ou quatre soukhalas du centre, tandis que l'ennemi vient s'installer tranquillement dans les soukhalas évacués. Il y trouve du mil en abondance, parfois des bœufs que l'on n'a pas eu le temps de faire filer; sa case est toute prête. Les défenseurs sont cernés sans qu'il y ait de diassas à faire (les diassas sont des sortes d'abris formés de troncs d'arbres plantés les uns contre les autres et à l'aide desquels les assaillants se protègent contre les tentatives des assiégés). On dirait que ces malheureux ont tout fait au monde pour se faire dévorer plus aisément et éviter peines et fatigues à leur ennemi. ».

Le dernier village rencontré par la mission, dans le Bondougou, est Kadiala. La mission le quitte le 21 mai et entre, à 9 kilomètres de là, à Dabila, qui est occupé par les troupes de Tieba.

« Nous avions à peine quitté Kadiala, dit le capitaine, que nous entendons des détonations lointaines, et bientôt nous voyons venir au-devant de nous, à fond de train, des cavaliers de Tiéba. Ce sont ses frères Issaga, Malidou, puis ses fils Ahmadou, Fotohona, Foa, qui viennent nous saluer successivement de sa part et nous souhaiter la bienvenue. Puis ce sont ses principaux chefs de colonne : Menigalé, Sietouranfail, jusqu'au bourreau Maou-fa-N'tié, qui a presque l'air d'un personnage important.

« A un kilomètre de Dabila était massée une colonne d'un millier d'hommes, placée en bataille avec un semblant d'ordre et d'alignement. Tiéba avait envoyé ce monde au-devant de nous pour nous faire honneur. Ils s'étaient formés sur la gauche de la route : les cavaliers rassemblés en deux groupes de cent vingt à cent trente chevaux tenaient la droite, puis venaient trois compagnies d'infanterie avec leurs fanions jaunes, blancs, bleus en avant. Je me garderai de vouloir prétendre que ces gens étaient correctement alignés, mais l'impression que je ressentis est qu'il y avait de l'ordre dans tout ce monde-là ; ce n'était pas une tourbe, cela se tenait, cela obéissait. Pendant 10 kilomètres, cette sorte d'escorte d'honneur de deux cent cinquante chevaux et de sept cents à huit cents fantassins nous suivit, nous flanquant à distance respectueuse et marchant en bon ordre. »

A l'approche de Fonfona, les frères et les fils de Tiéba, qui sont allés dire au fama que les Français arrivent, reviennent saluer de nouveau la mission et annoncer que le roi l'attend, hors du village, en avant du tata. Au même moment tous les cavaliers partent à fond de train et on ne distingue bientôt plus que les éclairs des coups de feu tirés en l'honneur de la mission.

Devant le village, Tiéba, vêtu de calicot blanc, un manteau de drap noir brodé rouge et or jeté sur les épaules, est assis sur une peau de mouton. Le fama du Kénédougou est un homme de quarante-cinq ans environ, grand, fort, vigoureux. La physionomie, très mobile, est expressive. Il a le regard clair et franc, le nez droit un peu fort et un peu busqué. La bouche, le menton sont bien dessinés et son profil, dit le capitaine Quiquandon, a une expression de bonté railleuse et goguenarde.

« Dès que nos chevaux s'arrêtèrent, ajoute le chef de la mission, à 20 mètres de lui, et qu'il nous vit faire le mouvement de descendre, il se leva, venant au-devant de nous la main ouverte, et nous fit asseoir à côté de lui. Sa première femme vint nous apporter une calebasse où se trouvait un mélange de lait, de miel, de piments, de farine de mil ; le fama en but une gorgée et nous présenta ce breuvage, qui emportait littéralement la bouche ; puis Tiéba nous offrit un poulet blanc et, aussitôt après, un mouton blanc bien lavé, superbe. Je le remerciai et lui dis que je viendrais le voir le soir, lui remettre les présents que le colonel Archinard lui envoyait, et que je causerais avec lui longuement. « — Ton logement est prêt, me dit le fama, et je vais t'y « conduire moi-même. »

En effet, Tiéba, à qui on a amené son cheval, conduit lui-même la mission à un petit soukhala entièrement évacué, réservé pour elle, et dont les cours ont été recouvertes d'un toit fait de nattes de paille. Dans ces cours se trouvent des provisions de mil et Tiéba envoie, en outre, pour le déjeuner, 20 bœufs, 200 kilos de riz, etc., ce qui est d'un bon augure.

Vers quatre heures du soir, le capitaine Quiquandon et le docteur Crozat se rendent auprès du fama pour lui remettre les cadeaux apportés par la mission. Les frères, les fils et les chefs de colonne de Tiéba sont auprès de lui.

« Tiéba, comme tous les chefs noirs, resta tout d'abord impassible, dit le capitaine. Les étoffes, les manteaux, les sabres, le revolver, n'amenèrent sur sa figure aucun signe qui pût trahir la moindre satisfaction intérieure. Mais lorsque je lui remis les dix mousquetons d'artillerie et le fusil kropatcheck, un éclair de joie illumina sa figure. Il sourit, tendit les mains, serra l'arme contre lui et me dit « qu'il était heureux ». Je lui remis également une caisse de cartouches. Sa joie paraissait n'avoir plus de bornes. Je fis signe et un spahi amena alors le cheval arabe tout harnaché. Un manteau épais avait été jeté sur le riche harnachement brodé d'or, afin que personne, avant le fama, ne pût le voir.

« — Le colonel Archinard, lui dis-je, a envoyé des étoffes, des vêtements dignes d'un grand chef comme toi ; il t'a envoyé un fusil comme aucun chef noir n'en possède ; il m'a chargé de te remettre aussi ce cheval. »

« Le manteau fut enlevé. Tiéba n'y tint plus. Toute retenue avait disparu ; l'impassibilité du noir avait fait place à une joie d'enfant. Je crus un moment que c'était le harnachement qui avait produit cet effet. Mais je me trompais entièrement. C'était ce grand cheval blanc qui, arrivant après le fusil, avait fait naître cet enthousiasme. L'animal fut fêté, caressé ; une grande case fut évacuée aussitôt pour l'y loger et le lendemain je sus par Mory (qui était en quelque sorte son premier lieutenant) que le fama, abandonnant ses femmes, avait passé la nuit près du cheval, ne cessant de le caresser que pour faire jouer le mécanisme du kropatcheck. »

Le lendemain, Tiéba vint voir sans apparat le capitaine Quiquandon. Celui-ci lui parle de Samory, l'ennemi commun. Il dit que le colonel Archinard adjoindra sans doute des tirailleurs et peut-être deux canons aux troupes de Tiéba quand elles iront combattre l'almamy. Cette annonce remplit de joie Tiéba, dont la haine contre Samory est immense. Il ne lui pardonne pas d'être venu naguère chez lui, alors qu'il ne lui avait jamais rien fait, de lui avoir tué sous les murs de Sikasso, sa capitale, un de ses frères et une bonne partie de ses meilleurs sofas.

Il faut bien dire que la haine de Samory contre Tiéba n'est pas moindre. Les plus grands chefs de colonne de l'almamy sont restés sous les murs de Sikasso, où il a laissé également une bonne partie de sa colonne. Sikasso, dont il croyait se rendre maître, lui a résisté victorieusement et Samory, qui avait juré de ne pas rentrer à Bissandougou sans la tête de Tiéba, a été obligé de s'enfuir honteusement devant ce dernier.

Mais si Tiéba se laisse aller aux sentiments de sympathie et de confiance que lui inspirent les Français et particulièrement le capitaine Quiquandon, il n'en est pas de même de son entourage qui ne considère qu'avec défiance la présence de la mission. Les insinuations de ses conseillers agissent même visiblement sur lui, et c'est à leur instigation qu'un jour il vient, fort embarrassé, dire au capitaine qu'il a réfléchi, qu'il se sent très fort, qu'il a déjà battu Samory et qu'il le battra encore tout seul sans tirailleurs et sans canons. Il ne cherche pas d'ailleurs à dissimuler d'où le coup vient. « Mais j'ai confiance en vous, ajoute-t-il ; n'écris pas encore au colonel, car, lorsque le pays vous connaîtra davantage, il n'aura plus peur de se voir envahi ; tu verras que cela changera. »

Le capitaine Quiquandon, en présence de l'état d'hostilité sourde ou plutôt de crainte inspirée à l'entourage du fama par la mission, demande à Tiéba de déclarer bien haut que le capitaine est le représentant direct du commandant supérieur et ne doit céder le pas à personne. Ce désir est exaucé et le fama veille lui-même à ce que ses parents et ses chefs de colonne ne se départent pas des égards dus aux Français.

Pendant le séjour à Fonfona, du 21 au 27 mai, le capitaine fait exercer au maniement des armes vingt-deux jeunes sofas formant la garde de Tiéba et dont quelques-uns atteignent à peine quatorze ans. Armés des mousquetons d'artillerie apportés par la mission, ces enfants viennent deux fois par jour faire l'exercice avec les tirailleurs. Le capitaine les a habillés d'un pantalon bleu, d'une veste blanche et les a coiffés d'une chéchia rouge : « Très fiers d'eux-mêmes, regardés de tous, ces enfants arrivèrent, avec une rapidité à laquelle j'étais loin de m'attendre, à se servir assez bien de leurs armes au tir à la cible et à manœuvrer avec suffisamment de correction. Je crois que ces exercices journaliers ne contribuèrent pas pour peu de chose à faire revenir l'entourage du fama, car, au bout de peu de temps, ce dernier me parlait ouvertement des tirailleurs et des canons qui viendraient après les pluies. »

Le capitaine Quiquandon voudrait que Tiéba se mît aussitôt en campagne contre Samory. Mais le fama ne l'entend pas ainsi. Son intention bien arrêtée est d'aller s'emparer d'abord des deux grands villages de Loutana et de Kinian, alliés de Samory, et qui, en son absence, ne manqueraient pas de venir attaquer la capitale. Le capitaine n'ose détourner Tiéba de ce projet dont il reconnaît le bien fondé et il promet au fama son concours, sans vouloir toutefois engager son escorte, en se maintenant dans le rôle de spectateur, les ordres qu'il a reçus lui prescrivant de n'engager sa petite troupe « qu'exceptionnellement et avec la plus grande prudence et la plus grande réserve ».

Mais d'abord la mission se rend à Sikasso avec Tiéba et les siens : « Les fantassins ou du moins la majeure partie des fantassins formant avant-garde avait été suivie par les femmes, les enfants, les bagages. Derrière Tiéba et nous marchaient trois cents cavaliers environ, se tenant à distance respectueuse sur nos flancs, à 50 mètres, et les cavaliers de tête se maintenant à notre hauteur, une trentaine de cavaliers de chaque côté. Plus loin, à droite et à gauche, à 1500 et 2000 mètres, s'écoulait une colonne forte de quatre cents à cinq cents fantassins et de cent cinquante chevaux environ, tout ce monde réglant sa marche sur la nôtre. Ces belles dispositions ne durèrent pas longtemps et, à partir du lendemain, nous eûmes l'avantage de faire la route au milieu d'une cohue indescriptible : captives chargées de ballots de toute nature ; quantités invraisemblables de calebasses neuves et vieilles ; jeunes femmes rieuses, enfants fatigués, pleurant, bœufs porteurs, ânes, chèvres, moutons récalcitrants, ahuris, que leur propriétaire, ne sachant à quel saint se vouer, finissait par attacher à la selle de quelque cheval éreinté, laissant les deux animaux lutter pour savoir qui aurait raison de l'autre.... »

Tiéba a une sœur, la célèbre Momo, qui sert dans l'armée en qualité d'amazone. Ayant appris que les femmes et les filles de Tiéba étaient venues saluer la mission, la guerrière ne veut pas être en reste. Accourt une bande de cavaliers au milieu desquels le capitaine Quiquandon, prévenu, cherche des yeux Momo, qui, lui a-t-on dit, n'a qu'un seul sein, qui s'est battue héroïquement contre Samory et a pour une forte part contribué à la retraite de ce dernier.

« Je m'attendais, raconte le capitaine, à voir une vigoureuse jeune fille, bien plantée, capable d'entraîner à sa suite une troupe de cavaliers et de les animer. Je fus bien déçu lorsque j'aperçus une tête affreuse enveloppée d'un tama-sambé, ravagée par la petite vérole, l'œil petit, à demi éteint, la bouche légèrement tordue, les mains et les pieds rongés par la lèpre amputante.

« Momo a quarante-cinq ans au moins. Elle ne saurait se tenir debout, ses pieds rongés ne le lui permettent pas. Un grand mâle solidement charpenté est spécialement chargé de la monter à cheval, de l'en descendre, de la transporter à bout de bras chaque fois qu'elle a à se déplacer.

« *Momo* est chef de village. Elle commande le village de son père Daoulabougou. Elle a une troupe à elle ; cavaliers et fantassins font colonne avec *Tiéba*, mais elle ne marche pas à l'ennemi à leur tête ; elle est incapable de tenir un sabre ou un fusil et c'est tout au plus s'il lui reste deux doigts mutilés pour tenir la bride de son cheval, une bête superbe d'ailleurs, le cheval de Fabou, chef de guerre de Samory, qui fut tué à Sikasso. »

Le Kénédougou est un pays tourmenté d'où irradient les affluents du Kouka et du Bagoué. Le sol, d'une fertilité peu commune, est fort bien cultivé. L'abondance y règne et la mendicité y est inconnue. La capitale, Sikasso, est un immense village de plus de 4 kilomètres de tour. Sa population, d'une dizaine de mille habitants, provient en grande partie des villages dont Tiéba, qui est un conquérant, s'est emparé au cours des nombreuses guerres où il s'est illustré. Le tata extérieur, construit en terre mélangée de cailloux, a de 1m,50 à 2 mètres d'épaisseur à la base, et 6 mètres de hauteur. Au sommet, la muraille n'a guère plus de 40 à 45 centimètres d'épaisseur.

Le village est séparé en deux parties égales par un tata exactement pareil au tata qui l'entoure. D'un côté est l'ancien Sikasso, de l'autre la nouvelle ville, où se trouve le dioufoutou de Tiéba, habitation entourée d'un tata aussi solide que les autres. Il se trouve encore deux forts tatas dans le nouveau village : ce sont ceux des chefs de colonne du fama et de son fils Ahmadou. Enfin il existe aussi un fort tata dans le vieux Sikasso pour quelques chefs sofas, et deux mosquées constituent les édifices religieux de la capitale.

Il convient d'ajouter que Sikasso possède deux marchés : le marché quotidien, situé dans le nouveau Sikasso, et le grand marché, qui se trouve dans le vieux village. Les étoffes anglaises dominent sur ces marchés, où l'on trouve un peu de tout.

Après un séjour à Sikasso, marqué seulement par de nouvelles manifestations de défiance de l'entourage du fama, inquiet de la sympathie croissante de Tiéba pour les Français, la mission part pour Loutana avec l'armée de Tiéba, composée de trois mille fantassins et de huit cents chevaux. Elle quitte Sikasso le 28 juin, en désordre, fait un crochet, revient subitement sur Loutana, et au moment d'y arriver, le lendemain de son départ, se range par compagnies (boulous) près d'un marigot. Là elle prend sa formation de combat, chaque boulou étant précédé de son fanion blanc, jaune, rouge ou bleu et les cavaliers se plaçant derrière les fantassins par ordre spécial de Tiéba, qui veut ainsi les empêcher de courir sus au premier homme ou à la première femme aperçus sur les cultures (lougans), pour en faire des captifs.

A mesure que l'armée approche de Loutana, la marche se précipite, chacun voulant arriver le premier au pillage. C'est bientôt une course rapide. Mais les défenseurs du village sont sortis devant les murs. Tiéba, monté sur son cheval arabe et suivi de ses cavaliers, veut montrer sa vaillance aux Français. Il fond intrépidement sur les guerriers de Loutana et les force à rentrer dans le village. La mission assiste au combat sans y prendre part. Le fama revient avec une balle dans la jambe droite. Le docteur Crozat la lui enlève à l'aide d'un couteau de noir.

Une brèche est faite à coups de hache et les hommes de Tiéba pénètrent dans le village, où l'on se bat toute la journée avec acharnement, mais sans résultat définitif. Vers cinq heures, une tornade met fin au combat. Les compagnies se reforment alors et s'échelonnent autour du village, pour le cerner et empêcher les sorties en masse pendant la nuit.

Les jours suivants ces combats se renouvellent. Des deux côtés on déploie une égale bravoure. Les assiégés défendent leur village case par case et, embusqués derrière les murs, font beaucoup de mal aux assaillants, qui, en trois jours, ont 87 tués et 574 blessés. Parmi les morts se trouve un neveu de Tiéba, gamin de douze ans, venu de Bamakou avec la mission. Une balle lui a traversé la poitrine au milieu de ses hommes, à l'assaut du village.

Le siège durait depuis un mois lorsque le capitaine Underberg, résident de Ségou, envoie au capitaine Quiquandon une lettre lui annonçant que Kinian était allé à Ségou faire sa soumission et que dès lors il n'y a plus de raison pour que Tiéba fasse la guerre à un de nos alliés. Mais le capitaine Quiquandon a de bonnes raisons pour ne pas croire à la sincérité de cette tentative de réconciliation. D'ailleurs Tiéba, à force de questions, obtient de l'envoyé de Kinian l'aveu que le capitaine Underberg a été trompé.

Néanmoins des pourparlers sont engagés, et le 17 juillet arrivent, au camp de Tiéba, des gens de Kinian chargés de négocier la paix. On convient que les deux adversaires renonceront à leurs prétentions respectives et Tiéba tend la main aux envoyés en jurant que tout est fini. On palabre également avec les gens de Loutana et du village ami Koulila. Mais bientôt on apprend qu'une colonne s'apprête à venir de Kinian au secours de Loutana. Les propositions de paix n'étaient qu'une feinte. Pendant que devant Loutana on cesse le feu, les noirs se préparent à venir le défendre. Le capitaine Quiquandon, qui a conduit ces négociations rompues par la mauvaise foi des nègres, fait reprendre les opérations du siège, qu'il se décide à conduire lui-même et renonce à aller en mission au Mossi, comme il se l'était proposé. Pour rester auprès de Tiéba, il charge le docteur Crozat de la mission qu'il comptait remplir lui-même.

Le 5 septembre, une forte colonne de guerriers de Kinian commandés par Kouroumina, le chef de cet important village, vient de Koulila, où elle a pris du renfort, pour secourir Loutana. Le capitaine Quiquandon lui inflige une défaite complète. Un millier de guerriers de Kinian restent sur le carreau. Les vaincus laissent entre les mains de Tiéba 457 prisonniers, 20 chevaux, plus de 1000 fusils et une grande quantité de poudre, d'arcs et de flèches empoisonnées.

Après cette victoire, Tiéba fait au capitaine une déclaration solennelle de son dévouement aux Français et, à partir de ce jour, le capitaine Quiquandon et la mission sont l'objet des marques d'attention les plus délicates, même de la part de ceux qui naguère leur témoignaient le plus de défiance.

Quatre jours après la bataille, Koulila fait sa soumission, sincère cette fois. D'autre part, le découragement se met dans Loutana et les sofas commencent à déserter. Le capitaine les laisse libres. Des femmes arrivent aussi au camp. Le chef du village, Fantoni, qui se sent impuissant à obtenir de ses guerriers une soumission générale, essaye de sauver le village en se rendant lui-même. Il envoie à Tiéba son fils Suliman, âgé de huit ans. Le fama exige que tous les chevaux du village soient livrés, ainsi que quatre hommes de Kong et trois de Kinian qui se trouvent dans le village : ce qui est aussitôt fait.

Le 16 septembre, Fantoni, accompagné de quelques vieillards, vient se livrer lui-même. Il se présente à genoux devant Tiéba, qui le reçoit solennellement, entouré de ses guerriers et de la mission. Il avoue avoir cherché à attirer Tiéba dans son village pour le faire assassiner. A la demande du fama, et sur l'ordre de Fantoni, les habitants sortent du village. Les sofas de Tiéba, croyant qu'il n'y a plus personne, pénètrent alors sans armes dans le village pour le piller, mais ils sont reçus à coups de fusil. Tous les sofas n'ont pas répondu à l'appel de Fantoni. Un nouveau et terrible combat s'engage. Mais laissons encore la parole au capitaine Quiquandon.

« Il était deux heures de l'après-midi; au coucher du soleil le village n'était pas encore pris. Les gens de Loutana se défendaient en désespérés, reculant de case en case, ne cédant le terrain que pied à pied, achevant, avant de reculer, les vieillards et les enfants qui ne pouvaient pas suivre.

« La nuit venue, on fit des feux, d'abord avec les chapeaux de paille des greniers à mil, puis avec de la paille portée sur les terrasses et on continua à se battre. A minuit, deux cases pleines de poudre sautaient. C'était la fin.

« Si je n'avais constaté moi-même les faits, je n'aurais jamais cru à une résistance aussi farouche. Tiéba m'avait demandé du fulmi-coton pour envoyer par-dessus les murs. Je lui avais fait préparer par ses forgerons des bombes en les bourrant de fulmi-coton et de balles et dans cette dernière attaque ces bombes furent envoyées au milieu des défenseurs sans parvenir à les démoraliser.

« Tuant les vieillards et les blessés avant de reculer, poussant leurs femmes et leurs enfants de case en case, ces malheureux, acculés, ne voulant pas se rendre, assommèrent leurs enfants contre les murailles, voulurent tuer leurs femmes affolées qui s'enfuirent et eux-mêmes s'entre-tuèrent.

« Entre cent, je ne citerai qu'un exemple. Dans une case, alignés les uns à côté des autres, quatre hommes avaient la gorge coupée ; à côté d'eux un cinquième gisait, le crâne broyé par un coup de fusil, sa main serrant encore le canon de l'arme. Ce dernier avait rendu aux autres le service de les égorger, puis, se servant d'un arc pour faire jouer la gâchette de son fusil, il s'était fait sauter la tête.

« A six heures du soir, Fantoni, voyant son village aux trois quarts pris et brûlé, lui qui ne s'était soumis que pour le sauver, fut pris de désespoir et, sans rien dire, au milieu de ses femmes qui ne s'en aperçurent que quand le sang fut bien apparent, par suite de son évanouissement, Fantoni, assis et courbé en avant, sans une plainte, s'était enfoncé un couteau dans le ventre.

« Prévenu, j'essayai de le sauver. Je le pansai comme je pus et lui parlai longuement, en lui disant que Tiéba m'avait juré que, voyant ce qu'il avait fait pour sauver son village, il avait de l'estime pour lui et avait tout oublié ; qu'il lui donnerait un commandement, etc. Tiéba, qui était près de moi et qui ne m'avait jamais rien promis, appuya mes paroles. Fantoni me remercia et je crus que, s'il revenait jamais de sa blessure, il serait fidèle. Mais le lendemain il envoyait à Tiéba un de ses hommes de confiance pour lui dire que la honte lui rendait la vie insupportable, qu'on lui avait enlevé tous ses couteaux, qu'il n'avait pu s'en procurer pour se tuer et que la plus grande grâce qu'il pouvait lui faire était de le faire exécuter. Cette demande de Fantoni était trop agréable au fama pour qu'il refusât d'y satisfaire. Il le fit exécuter aussitôt et me prévint après.

« Le 17, au matin, les vingt-cinq prisonniers qui avaient été pris les armes à la main furent exécutés. »

Après un repos de quelques jours à Sikasso, nécessité surtout par l'état de santé du capitaine Quiquandon, l'armée de Tiéba, toujours accompagnée de la mission française, se met en route pour aller assiéger Kinian, où Kouroumina a réuni toutes les forces dont il dispose encore. L'armée des assiégeants est grossie des contingents envoyés de Ségou par le capitaine Underberg et à la tête desquels se trouvent, avec notre protégé Bodian, fama du Ségou, le lieutenant Spitzer et le docteur Grall. Cette colonne est forte de trois mille hommes, ce qui porte à huit mille le nombre total des assiégeants. De plus elle possède, avec sept tirailleurs et quatre spahis, une pièce de 4, qui, aussitôt l'arrivée, le 17 octobre, est mise en batterie devant le village.

Cependant, bien que le capitaine Quiquandon, pour éviter les jalousies entre Tiéba et Bodian, ait pris lui-même la direction des opérations, ce n'est qu'après un siège de cinq mois et d'innombrables assauts que le village, dévasté par la famine, tombe au pouvoir de nos alliés.

« Si à Kinian, dit le capitaine Quiquandon, j'avais eu cinquante tirailleurs, la brèche eût été franchie du premier coup. Elle n'était pas défendue par plus de soixante indigènes armés de fusils médiocres et tous les sofas de Tiéba auraient suivi. Et si la brèche avait été franchie, de tous côtés on entrait à la fois. Il y avait là une barrière de superstition et de crainte à renverser chez les sofas, un charme à briser. « Un village de fama ne se prend pas comme cela, me disaient-ils. On ne sait jamais ce qu'il y a dans un village comme cela. Kouroumina a de forts gris-gris, etc. » Certes, je n'ai pas la prétention de prendre un village bambara comme Kinian avec cinquante tirailleurs, ni avec cent, ni même avec le double, sans qu'un tir sérieux et prolongé de l'artillerie ait suffisamment préparé l'assaut; mais cinquante tirailleurs lancés en avant, entraînés par des blancs payant d'exemple, eussent été, j'en ai la conviction, un puissant « contre-gris-gris ». La barrière qui semblait arrêter les sofas du fama eût été renversée....

« Ne disposant que de douze tirailleurs, en dehors de ceux de la pièce, je ne crus pas devoir lancer le lieutenant Spitzer. Il se serait fait tuer et c'eût été un désastre....

« Les sofas de Kouroumina furent splendides de bravoure. Ils étaient décidés à mourir et à vendre chèrement leur vie, car ils étaient convaincus que, pris, ils seraient égorgés. Je les ai vus maintes fois apparaître par le trou fait par un obus dans le tata, au milieu de la poussière, aussitôt après l'éclat, agiter l'indispensable queue de vache et crier : « Kalo ! kalo ! Ce n'est pas vrai ! ce n'est pas vrai ! » décharger leur arme et nous blesser quelqu'un. A la porte de Nouana, au moment où on faisait brèche, où, avec les obus, je sapais le tata par sa base, à droite et à gauche de la porte, un sofa ouvrit la porte, s'avança d'une vingtaine de mètres, nous tira dessus et, au milieu d'une grêle de balles, se retira tranquillement, fermant la porte derrière lui. La porte n'était pas fermée qu'un obus l'attrape en son milieu, la brise sans la jeter bas et éclate derrière. Le sofa, qui, je ne sais comment, n'a pas *été atteint*, rouvre la porte et, pour nous narguer, avance et se met à danser, en agitant son chasse-mouches d'une main et son fusil de l'autre. »

La même ardeur ne règne pas chez les assaillants et plus d'une fois il faut les ramener en avant à coups de plats de sabre, tant est grande la terreur superstitieuse que leur inspire la résistance désespérée de Kouroumina et de ses sofas. Tous les efforts tentés pour faire entrer les combattants dans le village échouent successivement. Vainement la pièce fait deux brèches, une pour les hommes de Ségou, une pour ceux du Kénédougou afin d'exciter l'émulation des uns et des autres ; les sofas s'arrêtent à 40 ou 50 mètres du village et se mettent à danser en agitant leur arme au lieu d'avancer.

Cependant le temps presse. Samory devient menaçant. Déjà

une colonne, envoyée par lui, s'est emparée du village d'Ouaila. C'est surtout parce qu'ils escomptent sa venue que les défenseurs de Kinian refusent de se rendre.

D'autre part, le Banninko est soulevé et le capitaine Underberg demande qu'on lui renvoie des troupes. Depuis le 8 janvier 1891, il y a plus de 12 000 combattants devant Kinian, 10 000 fantassins, 2000 cavaliers.

Mais la famine fait ce qu'on ne peut obtenir des hommes. La nouvelle que le colonel Archinard marche contre Samory contribue à décourager les défenseurs de Kinian. Malgré les menaces de mort de Kouroumina, chaque nuit quelques-uns de ses hommes désertent. Ce sont de véritables squelettes.

Le capitaine veut tenter un dernier assaut. Mais les famas s'y opposent. « Le village est fini, disent-ils. Quelques chefs de cases ont commencé à sortir. Ce soir, peut-être demain, la plus grande partie du village sera dehors, et alors ceux qui ne veulent pas se rendre sortiront et nous les aurons dehors sans grand mal, tandis que dedans ils nous tueront beaucoup de monde. »

Enfin Kouroumina, affaibli par les désertions et pressé lui-même par la famine, se décide à tenter une sortie. Le 7 mars, pendant la nuit, il se précipite au dehors avec quelques cavaliers et parvient à traverser nos lignes, pendant que les gens de Ségou se jettent dans le village. Kinian est pris, mais son chef nous échappe. Les cavaliers lancés à sa poursuite ne parviennent pas à l'atteindre. Il se retire à Kélé-Kélé, fort village du Bagoï, dont le chef est son ami.

Kinian est un immense village ayant un développement de murailles de 3200 mètres, enserré par une ligne de palanques de plus de 5600 mètres de façade et ayant 4000 habitants.

Le siège a coûté à la mission, 1 tué et 13 blessés, aux gens de Ségou 45 tués, 375 blessés, aux gens du Kenedougou 116 tués et 652 blessés.

Le pays de Kinian est partagé entre le Ségou et le Kénédougou, et, le 10 mars, la mission part avec Tiéba pour Sikasso. Elle en repart le 25 mars pour Ségou.

L'effet moral produit par la prise de Kinian a été considérable. « Kinian était d'une force telle, dit le capitaine, que tout noir pensait et non sans raison que ni le Ségou ni le Kénédougou ne resteraient sous ses murs et que, si Kinian a été serré, entouré, et si on s'est maintenu devant, c'est que les blancs étaient là, sans colonne c'est vrai, mais empêchant les autres de se retirer. »

LA MISSION CROZAT

La mission part de Sikasso le 1er août. Elle comprend vingt-trois personnes et dix animaux, dont cinq chevaux. Deux spahis et deux tirailleurs sous les ordres d'un caporal composent l'escorte. Un domestique du capitaine Quiquandon sert d'interprète et le fama Tiéba a donné un cavalier, chargé de conduire la mission jusqu'au delà de la frontière du Kénédougou, ainsi qu'un homme de confiance qui accompagnera le docteur Crozat jusqu'au Mossi. Dans ses bagages, le docteur emporte 56 pièces de calicot, 4 de bazin, un manteau, plusieurs colliers, divers objets de coutellerie, etc., et 600 francs en argent.

La première étape importante est Bobo Dioulassou. Pour y arriver, la mission, qui a quitté le bassin du Niger pour celui de la Volta, traverse un pays très accidenté. Les collines, ferrugineuses comme au Soudan, sont recouvertes d'une maigre végétation ; les ravins sont fréquents, il y a de nombreux marigots où l'eau croupit et des vallées profondes où le sentier défoncé par la pluie serpente au travers des flaques d'eau.

Des Sambelaws, des Toussias et les Bobos aborigènes composent la population. Bien que leur langue diffère, ils vivent volontiers mélangés. Ils ne portent aucun vêtement.

Les hommes, dit le rapport de l'explorateur, n'ont guère que quelques ornements dans les cheveux, aux bras, aux genoux et aux chevilles. Les femmes n'ont pour tout costume qu'une touffe de feuilles fraîchement cueillies qui sont attachées à une ficelle faisant le tour des reins. La plupart ont ainsi deux bouquets, l'un devant et l'autre derrière. S'habiller est très mal vu chez eux, et un Bobo se déshonorerait en mangeant du couscous préparé par une femme portant pagne. « Femme qui s'habille, disent-ils avec une curieuse logique, a quelque chose à cacher, et ce qu'on veut cacher ne saurait être qu'une infirmité ou une laideur. » Toute la coquetterie que l'usage leur permet consiste à s'oindre le corps avec du karité coloré en rouge par de l'hématite et à porter un gros cylindre de quartz blanc enchâssé dans la lèvre inférieure. Le poids du cylindre leur fait garder la bouche continuellement entr'ouverte et pendre la lèvre lamentablement.

Ils se livrent uniquement aux travaux des champs, dans lesquels ils paraissent exceller. Leurs griots (car ils ont des griots) fabriquent des objets de cordonnerie et de maroquinerie : sacs à balles, gibecières, etc., fort patiemment travaillés et qui s'exportent dans toute la boucle du Niger. Leur caractère est d'une timidité excessive et d'une incroyable pusillanimité. Ils ne s'éloignent jamais des environs de leurs habitations, et il est bien difficile de trouver un Sambelaw ou un Toussia qui consente à nous conduire jusqu'en vue du village voisin. Ils ne se battent pas, ne résistent jamais à qui les attaque, obéissent au premier venu, et s'effrayent de tout.

La densité de la population est faible. Les villages sont éloignés de 10 à 12 kilomètres et quelquefois davantage les uns des autres. La moyenne du chiffre des habitants d'un village est de 500 ou 600.

A côté des Toussias, des Sambelaws, des Bobos, vivent des Bambaras et des Markas, qui représentent l'élément étranger, l'envahisseur et le maître. Ces Bambaras et ces Markas ont sur les indigènes une autorité absolue. C'est à eux que ces derniers doivent leur travail et le produit de leurs champs. Ils sont à proprement parler captifs; cependant on ne les vend pas. Leurs usages ont été respectés au moment de la conquête et même leur organisation en villages, à la tête desquels se trouve un chef de leur race. En revanche, à côté du chef toussia ou bobo est un dioula chargé de représenter l'autorité du maître. Cela s'appelle surveiller les Toussias et les Bobos.

C'est au moment de la grande puissance de Kong et de Ségou que ces races guerrières se sont établies dans le pays. Ces deux empires tombés en décadence, les gouverneurs des provinces se les approprièrent et se firent la guerre entre eux. Ainsi Bobo-Dioulassou est en guerre avec Tiéba et la route de Bobo-Dioulassou, un des grands centres commerciaux du Niger, est absolument fermée, non seulement aux gens du Kénédougou, mais aussi partiellement à ceux plus éloignés de Ségou; or cette route est celle du Mossi et de Kong. Le docteur Crozat a pu la faire rouvrir en partie, mais non pas pour les gens de Tiéba; des deux côtés on se prépare à la guerre. « Une exécution est nécessaire, » a dit Tiéba.

A Bobo-Dioulassou, le docteur Crozat est bien accueilli. Pour mieux montrer leurs excellentes dispositions, les indigènes dépassent même quelquefois la limite des choses raisonnables. C'est ainsi que le chef de la mission ayant un jour exprimé le désir d'avoir quelques citrons, qui sont en abondance dans le pays, il en reçoit peu après une grande charge d'homme.

Bobo-Dioulassou est la ville la plus importante de tout le territoire des Bobos-Dioulas. Sa population, tant fixe que flottante, est de 4000 âmes environ. Il n'y a pas de tata, mais, de même que dans tout le pays jusqu'au Mossi, les maisons sont reliées entre elles et construites de façon à former vers l'extérieur une enceinte, interrompue seulement au niveau des sentiers d'accès. Le pays est fertile et bien cultivé.

Sur le conseil fréquemment renouvelé des nombreux amis d'un jour que je m'étais faits sur la route, raconte le docteur Crozat, j'avais demandé l'hospitalité à Guimbi-Ouattara, de la famille des Ouattaras de Kong. Guimbi est la fille de Makoko-Ouattara, aujourd'hui décédée, qui fut l'hôtesse de Binger lors du séjour de ce dernier à Bobo-Dioulassou. La froideur, peut-être la timidité du premier jour, fit bientôt place chez Guimbi à la plus grande cordialité. Tout le temps que j'ai passé dans sa maison, soit à l'aller, soit au retour, j'ai trouvé en elle non seulement un hôte empressé, mais un guide précieux, un conseiller intelligent et dévoué, aplanissant les petites difficultés qui s'élèvent toujours et mettant à mon service toute l'influence que lui donnaient son nom, son âge et sa fortune. Grâce à elle, je me fis vite de nombreux amis parmi cette population paisible, industrieuse et commerçante, curieuse des choses des blancs et désireuse de trouver de nouveaux débouchés à ses produits. Grâce à Guimbi, également, plus heureux que Binger, je pus voir le chef et l'almamy du village. Je fus reçu chez l'un et chez l'autre au milieu d'un grand concours de marabouts ou de notables et avec une certaine solennité. Je n'eus pas de peine à les faire revenir sur le compte des blancs dont ils avaient une terreur superstitieuse, à les réconcilier avec nous et à les convaincre des nombreux avantages que nous leur apporterions s'ils voulaient faire amitié avec nous et nous accepter chez eux.

Après s'être approvisionné de vivres et de cauris, la mission quitte Bobo-Dioulassou et se dirige vers le nord-est. Entre Dougou-Birama et Bassora, elle rencontre l'itinéraire du capitaine Binger, parti de Dioulassou pour Bassora par une autre route et dont le docteur Crozat suit l'itinéraire pendant trois jours de marche au delà de Bassora. « Grâce aux bons souvenirs que le capitaine Binger a laissés à Bassora et auxquels je suis heureux de rendre témoignage, dit M. Crozat, grâce aussi à la recommandation de Guimbi, le fameux Mahmadou et ses frères me reçurent avec empressement. »

Le docteur Crozat fait en ces termes le portrait du fama Mahmadou-Sanou, qui est le chef de tout ce pays des Bobos-Dioulas.

C'est un vieillard encore vert, à l'abord avenant, aux manières simples, aux habitudes modestes. Il habite en plein village, comme le premier venu de ses sujets, une case que rien ne distingue de ses voisines. Il est très ami des Dioulas et même des simples voyageurs. « Ce sont, dit-il, les étrangers qui font la grandeur des rois en portant leur nom chez les peuples lointains, et les commerçants sont la fortune même d'un pays. » Aussi les favorise-t-il de tout son pouvoir et n'ai-je pas été peu surpris de voir, aux environs de Bassora le sentier de Ouoroukoy bien entretenu, élargi et prenant les proportions d'une vraie route. D'un autre côté, si le chef des Bobos Dioulas a choisi Bassora, un village frontière peu important, comme lieu ordinaire de sa résidence, c'est qu'il est mieux placé là pour surveiller les agissements des Bobos indépendants, qui désolent par leurs pillages la route de Ouoroukoy.

Ces faits de pillage se voient très souvent. Il s'en était passé d'assez graves quelques jours seulement avant mon arrivée. Les coupables appartenaient au village de Sara, qui est situé à une vingtaine de kilomètres dans l'Est. Ces pillages sont la désolation de Mahmadou; lorsqu'ils se produisent, il fait des remontrances et menace de sa colère ses turbulents voisins. Le débonnaire monarque ne pousse pas ordinairement plus loin la répression, mais les pourparlers qui s'engagent, les négociations qui s'entament, prennent du temps. Pendant ce temps, les pillards, toujours un peu effrayés, se tiennent cois et les caravanes en profitent pour passer sans être inquiétées, du moins par le même village.

Les relations engagées avec Mahmadou-Sanou et les Bobos sont assez bonnes pour qu'à son retour le docteur Crozat croie pouvoir traiter avec le fama. Il est fait bon accueil à ses avances et il propose un accord mettant le territoire des Bobos-Dioulas sous le protectorat exclusif de la France, garantissant à nos nationaux et à nos protégés la liberté complète de voyager, de commercer et de se fixer dans le pays, comme nous l'assurions en retour aux Bobos-Dioulas dans toutes nos possessions africaines, et laissant la France libre d'entretenir un résident chez les Bobos-Dioulas lorsqu'elle jugerait la chose opportune.

Continuant sa marche vers le nord-est, la mission se rend à Ouoroukoy, « grande ville cosmopolite, où se donnent rendez-vous de nombreux étrangers ».

Les cases bobos sont insuffisantes à les abriter, et au milieu des soukhalas, à côté de l'ancien campement peul, s'est élevé un véritable village haoussa. *Le chef bobo commande toujours en apparence, mais le tribut à* payer aux Peuls de Barani devient de jour en jour plus pesant. Pas plus qu'à Bobo-Dioulassou, on ne trouve à Ouoroukoy de marchandises européennes, autrement que par hasard et en quantité insignifiante. L'ambre, le cuivre, l'argent, les étoffes blanches y sont très prisés.

La mission ne reste que deux jours à Ouoroukoy, le temps de s'approvisionner. Elle en repart le 28 août pour aller à Lanféra. De là le docteur Crozat espère qu'il pourra se rendre à Bossé, où se trouve le fameux almamy Ali-Kari, qui fit le voyage de La Mecque en compagnie du marabout Mahmadou-Lamine, notre ancien ennemi, détruit par le colonel Galliéni. Le docteur Crozat a pour lui de nombreuses recommandations, et il en attend la meilleure aide pour le succès de sa mission. Mais, à mesure qu'il approche, au lieu d'un marabout aux idées larges, hospitalier, ami des étrangers, se souvenant que les blancs de la côte orientale avaient aidé son arrivée à La Mecque et leur en gardant reconnaissance, l'officier français n'entend parler que d'un homme ambitieux, orgueilleux et égoïste, redouté plus qu'il n'est respecté, qui achète des armes, entretient une armée et menace ses voisins inquiets.

La mission pénètre dans le pays des Bobos indépendants. Comme ceux de Bobo-Dioulassou, ils sont surtout cultivateurs et cultivateurs habiles. Leurs maisons sont plus confortables. La salle est vaste, à plafond élevé, divisée par des cloisons en plusieurs pièces; les portes sont larges et hautes, le sol est recouvert d'une sorte de ciment. Plusieurs maisons ont devant la porte une sorte de véranda. Par suite des croisements avec les Peuls, qui semblent devoir être les futurs conquérants de ces régions, la race est belle. On rencontre fréquemment des jeunes filles aux formes admirables. Leurs mœurs sont dissolues, elles ignorent la vertu et leur seule honte est la stérilité, qui les condamne au célibat. Le mariage, en effet, ne commence chez les Bobos que le jour où la jeune fille va devenir mère. Jusque-là elle va d'un homme à l'autre, cherchant à acquérir la preuve de sa fécondité. Le jeune homme qui la prend doit payer 20 cauris pour sa dot, et le premier-né du nouveau ménage appartient aux parents de la jeune mère. Celle-ci se trouvant alors remplacée dans sa famille, les époux peuvent aller fonder un foyer.

Les villages des Bobos et des Samohos sont indépendants les uns des autres. Les batailles qu'ils ont entre eux consistent généralement en enlèvements de femmes et de travailleurs attardés. L'autorité est exercée dans chaque village par un chef héréditaire, appelé Mansaka. Cette autorité, très respectée en général, ressemble beaucoup à celle d'un chef de famille. Il n'y a pas à proprement parler de chef du pays dans le Dafing. Mais, par crainte, les villages payent quelquefois des tributs, sous forme de présents, aux chefs des pays voisins dont ils redoutent les attaques. Ces contributions n'impliquent d'ailleurs nullement, dans l'esprit de celui qui s'y soumet, un signe de dépendance ou de vassalité.

Les Bobos et les Samohos sont pillards.

Piller les caravanes, dit Crozat, est leur droit en principe; ils en usent quand bon leur semble et contre qui leur déplait. Il n'est pas de vexations qu'ils n'inventent pour avoir des prétextes à pillage. Certains sentiers, même en plein village, sont un beau jour proclamés interdits aux étrangers, barrés, coupés. Malheur au malavisé qui s'y aventure! Il est frappé d'une amende, qui est toujours aussi forte que possible; un voyageur monte-t-il sur la terrasse d'une maison bobo sans avoir pris la précaution d'enlever ses sandales, il est mis à l'amende. A l'amende encore tout porteur qui, passant dans un village, soulève par un geste familier aux noirs fatigués son fardeau au-dessus de sa tête, ou qui, l'ayant posé à terre, ne s'assoit pas lui-même dessus. Si un âne laisse tomber son chargement ou tombe lui-même, l'âne et le chargement sont confisqués. Et, pour amener la chute de l'âne ou celle du chargement, les Bobos ne se privent pas d'aider au hasard par de petits artifices pleins d'ingéniosité. Ils creusent des trous au milieu du sentier; ils placent de grosses poutres en travers du chemin; à quelque détour où la route est plus étroite, ils bordent le sentier de deux palissades, qui vont se rapprochant de plus en plus, comme les parois d'une nasse. L'âne s'engage là dedans, le chargement vient bientôt buter à la fois contre les deux palissades; la bête ne peut avancer ni reculer, et les Bobos joueraient bien de malheur si, dans les efforts qu'elle fait pour se dégager, elle ne renversait pas son chargement, ou ne tombait pas elle-même. Enfin, dans certains villages, certaines marchandises sont l'objet de prescriptions particulières. Ainsi, à Fakéna, tout morceau de sel qui touche le sol du village est acquis au village.

Dans toutes ces disputes de villages, dans ces batailles entre indigènes et Dioulas, l'arme à peu près exclusivement employée est la flèche. Les armes à feu sont très rares et les lances ou javelots ne se trouvent guère qu'aux mains des Peuls ou des Mossis. Les Bobos et les Samohos sont toujours armés de leurs flèches. Dans ces pays un homme ne sort pas de son village sans avoir l'arc éternellement bandé à l'épaule et au flanc le carquois dont l'une des flèches sort à moitié, prête à être saisie et lancée.

Ces flèches sont empoisonnées; leurs effets sont réellement terribles et j'ai eu l'occasion plusieurs fois de voir des blessures de flèches, d'aspect insignifiant, amener une mort presque foudroyante. On prépare le poison avec l'extrait aqueux des semences d'un arbuste que les Bambaras appellent *rouna* (amertume). Dans le Kénédougou, dans le Bendougou, dans le Dafing, chez les Bobos indépendants, on le cultive précieusement — et probablement à tort, la culture lui enlevant peut-être une partie de sa vertu — aux alentours et même dans l'intérieur des villages. C'est lui qui bien certainement forme la base de tous les poisons à flèches de la boucle du Niger.

A Lanfiéra, le docteur Crozat tente vainement de se mettre en relations avec l'almamy de Bossé, Ali-Kari. Celui-ci ne répond aux ouvertures du chef de la mission que par des fins de non-recevoir.

Il ne veut même pas accepter les lettres que le docteur Crozat a pour lui. Il défend sa porte à l'envoyé de l'officier français, refuse de l'écouter, lui intime l'ordre de sortir de Bossé immédiatement, malgré la nuit venue, sans lui permettre de manger et de prendre du repos. « Il ne pouvait pas, disait-il, lui serviteur de Dieu, recevoir sous son toit le serviteur d'un infidèle, d'un *Nazara*, ni passer la nuit dans le même village. »

L'explorateur renonce en conséquence à son premier projet de se présenter au Mossi sous le patronage du fanatique Ali-Kari. Il obtient avec peine un guide de l'almamy de Lanfiéra, dont la bienveillance est acquise aux blancs, mais qui subit la pression exercée sur lui par son entourage et il quitte Lanfiéra, non sans que son départ ait provoqué une sorte d'émeute de la population, excitée contre la mission par un chef turbulent, le frère de l'almamy.

Dans cette journée du 4 septembre, en effet, dit le docteur Crozat, une violente querelle avait éclaté à mon sujet entre l'almamy et son frère N'Zénika-Karamoko, le même qui m'avait si cordialement reçu l'avant-veille. J'étais allé dans la matinée du 3 voir le fleuve Bagué; N'Zénika m'accusait d'avoir peut-être jeté un mauvais sort au Bagué, qui est très poissonneux, et il reprochait à son frère de m'avoir donné un guide pour m'y rendre.

« Le Bagué appartient aux Somonos, disait-il, et l'almamy n'avait pas le droit de me le laisser voir. » L'altercation avait lieu en ma présence, dans la cour de la mosquée; elle fut très violente et parut dégénérer en rixe.

A un moment N'Zénika se rua sur son frère resté assis et assez calme ; celui-ci se leva à son tour. On parvint à s'interposer avant qu'ils en vinssent aux mains et l'on emmena N'Zénika. L'instant d'après, il revenait et se précipitait sur un guide de la veille au Bagué, qui était accroupi aux pieds de l'almamy, le renversait et le frappait violemment. Le malheureux n'eut que le temps de s'enfuir. N'Zénika fut de nouveau emmené hors de la cour de la mosquée, mais la querelle continua, car, comme je m'étais levé, moi aussi, je l'aperçus, par-dessus le mur, qui s'était emparé d'un de ces larges couteaux que les noirs portent à leur ceinture et qui menaçait quelqu'un, l'arme haute. Il revint une troisième fois, et se tournant vers moi, dans un accès de fureur : « Toi, dit-il, les routes du Mossi ne te sont pas encore ouvertes ! »

L'altercation continua dans la soirée, au milieu d'une agitation considérable de marabouts. N'Zénika se démasqua complètement. Maintenant qu'Ali-Kari n'avait pas voulu me recevoir, que toutes les portes des marabouts allaient se fermer désormais sur le passage du blanc, Lanfiéra n'allait pas se singulariser en me traitant bien, en gardant mes animaux et mes caisses en mon absence et en me donnant un guide.

La discussion se prolonge dans la nuit et N'Zénika parvient à rallier à son avis la plupart des marabouts de l'entourage de l'almamy. Le lendemain, aucun guide ne se présente. Le docteur Crozat n'hésite pas à se rendre auprès de l'almamy, qu'il retrouve dans la cour de la mosquée. Là il lui reproche vivement son manque de parole.

« Tu as raison, me répond brusquement l'almamy en me prenant la main, j'ai failli manquer à ma parole, moi un marabout, et tu fais bien de me le reprocher. Tu partiras pour le Mossi, je garderai tes animaux et tes caisses. Je ne puis te donner un guide jusqu'à Ouagadougou, je n'en trouverais pas, mais je vais te faire accompagner par deux de mes hommes jusqu'à Kougui. Tu peux partir, je vais te faire montrer la route, mes hommes te rattraperont. A Kougui, tu trouveras un de mes anciens élèves ; à ma demande il te donnera un guide jusqu'à Mossi. S'il arrive malheur à Lanfiéra à cause de cela, que la volonté de Dieu soit faite ! Nous verrons si Ali-Kari osera venir en ennemi dans la maison où je l'accueillis autrefois, attaquer son ancien maître, aujourd'hui un vieillard. »

La mission s'éloigne, malgré les marabouts qui essayent de la retenir, sous prétexte qu'elle ne peut partir tant que le désaccord régnera entre les deux frères.

Après mon départ, reprend le docteur Crozat, la population, excitée par les marabouts furieux, s'ameuta. La cour où étaient enfermés mes animaux fut envahie : mes animaux furent détachés, battus, poussés sur le chemin que je venais de prendre. Leurs bâts furent arrachés, éventrés et jetés çà et là sur le bord de la route. Le gardien ne fut pas épargné dans la bagarre ; on le bousculait, on lui criait : « Que fais-tu ici, toi ? va-t'en retrouver ton blanc ! » Il me rejoignit sous la pluie, à trois heures du soir, au village de Guinn où une tornade m'avait forcé de m'arrêter, avec ses animaux blessés, fourbus, sans bâts.

Disons en passant qu'à son retour du Mossi le docteur Crozat, repassant par Lanfiéra, trouva la paix rétablie entre les deux Karamokos. L'almamy le reçut avec effusion, lui rendit ses caisses, et lui donna un homme de confiance pour l'accompagner jusque chez Tiéba dont il désirait faire la connaissance et auquel il écrivit une lettre où il se disait l'ami des Français.

La mission approche maintenant du Mossi. Chemin faisant, le docteur Crozat constate que la route traverse, dans le Dafing, d'immenses plateaux de même niveau, sans pente sensible, brûlés en saison sèche et où l'eau croupit durant l'hivernage. En général, ces plateaux sont parfaitement cultivés; on y rencontre notamment de vrais bois d'arbres à beurre, de la plus grande taille. Le pays est peuplé et les villages, assez importants, sont peu éloignés les uns des autres. Ils sont toujours séparés par une zone laissée sans culture.

Après avoir traversé une région broussailleuse, une sorte de forêt soudanienne avec des arbres rabougris, des hautes herbes et beaucoup de clairières, la mission pénètre dans le Mossi. Le pays change. Le sol, toujours aussi plat, est moins humide, moins marécageux, plus franchement sablonneux, aussi bien cultivé et plus fertile. La population, plus nombreuse, a dû chercher quelquefois fort loin de son village un emplacement propre à la culture, en sorte que les lougans, groupés autour des habitations dans le Dafing et chez les Bobos, s'étendent au Mossi fort avant dans la brousse et vont jusqu'à toucher ceux des villages voisins. On rencontre sur la route des travailleurs sans armes, se rendant à leurs champs ou portant leurs denrées au marché voisin. Les cases carrées des Bambaras, les souterrains des Bobos disparaissent. On ne rencontre plus de soukhalas massifs ni d'amas de maisons entassées sur un mamelon au milieu des marais. Ici, les cases rondes à toit de chaume des pays malinkés se retrouvent, éparpillées par groupes de cinq ou six au milieu des cultures. Les villages ont plusieurs kilomètres de tour et on arrive au centre sans s'en apercevoir. Il n'existe aucune enceinte commune; toutefois les cases de chaque groupe sont reliées entre elles par un mur formant tata. Une cour est au centre. Chacun de ces groupes est la demeure d'une famille de Mossis ou de Markas sédentaires et cultivateurs. La case du Mossi est plus haute que celle du Malinké, mais la porte en est étroite et basse comme chez les Peuls du Fouta-Djallon. Elle donne régulièrement sur la cour intérieure où de petits murs font écrans devant les portes, tracent d'étroits couloirs ou isolent certaines cases des autres. Dans un coin de cette cour, à 80 centimètres au-dessus du sol, s'élève un terrassement circulaire où sont fixés de petits blocs de granit poli. Là les femmes viennent écraser le mil, entre la pierre fixe et une pierre mobile qu'elles appuient vigoureusement sur la première, en lui imprimant un vif mouvement de va-et-vient. On ne connaît pas encore au Mossi le mortier et le pilon.

Le Mossi comprend, assurent ses habitants, trois cent trente-trois provinces et le Naba, le chef de Ouagadougou, prétend commander à trois cent trente-trois rois. L'histoire assure que le premier Naba, sans doute le conquérant du pays, eut trois cent trente-trois fils. Ils se partagèrent son héritage à sa mort et devinrent tous Nabas. Ils transmirent eux-mêmes le pouvoir à leur descendance directe et, contrairement à l'usage des noirs, ce fut le fils aîné du premier qui mourut qui hérita, tous les frères étant déjà Nabas. Ce mode de transmission s'est conservé dans presque toutes les provinces du Mossi.

Le fils aîné du premier roi mossi avait eu en partage la province de Ouagadougou, en même temps qu'il exerçait sur ses frères une sorte de suzeraineté. Cette autorité s'est conservée à sa descendance, mais le temps et les circonstances l'ont considérablement amoindrie. Aujourd'hui, le Naba de Ouagadougou n'est considéré par les autres Nabas que comme le premier d'entre eux et le chef de leur famille. Ils ne lui obéissent guère, tout en lui reconnaissant cependant le droit de commander dans certaines circonstances.

Il y a une hiérarchie parmi ces Nabas, dit le docteur Crozat. L'apanage primitif de chacun des fils du conquérant a dû être morcelé à diverses époques et pour divers motifs, de telle sorte qu'il n'y a guère aujourd'hui de petit village qui n'ait son Naba et que chacun de ces Nabas est à la fois suzerain et vassal. Le Naba de Yako, par exemple, reconnait l'autorité du Naba de Ouagadougou, mais il commande au Naba de Gnoû et à celui de Goundiri, qui ont eux-mêmes d'autres Nabas sous leurs ordres. Il y a aussi des préséances. Après le Naba de Ouagadougou, vient le Naba de Boussona, puis celui de Yatenga, puis celui de Yako. Ces quatre chefs jouissent du privilège de ne pas avoir à tendre la main lorsqu'un égal, un grand marabout par exemple, vient les saluer. Si l'une des trois cent trente-trois branches vient à disparaître complètement, c'est le Naba de Ouagadougou qui hérite seul. Ce droit de retour est à peu près le seul que les Nabas de Ouagadougou aient pu conserver intact.

Ces chefs ont d'ailleurs la main prompte :

Ils mandent le malheureux qui a eu la mauvaise chance de leur déplaire ou même le font enlever. On lui passe une bande de coton autour du cou et deux hommes tirent aux deux bouts, chacun de son côté. Le jeune Naba de Yako a ainsi supprimé tout récemment deux de ses oncles dont il convoitait les biens. Entre mes deux passages à Doumsé, il fit assassiner, sans l'interroger, un marabout voyageur qu'il soupçonnait de porter à un de ses oncles quelque talisman contre lui. L'oncle lui-même n'échappa qu'à grand'peine; il sera du reste évidemment étranglé un de ces jours, étant très riche.

La mission arrive le 17 septembre à Ouagadougou, après quarante-huit jours de voyage et un parcours de 735 kilomètres. Il est vrai que l'itinéraire n'est pas direct et que l'explorateur a dû faire deux crochets considérables, l'un vers le sud pour atteindre Bobo-Dioulassou, l'autre vers le nord pour aller à Lanfiéra. La distance directe de Ouagadougou, capitale du Mossi, à Sikasso, capitale des États de Tiéba, n'est guère de plus de 500 kilomètres. Tout le pays parcouru par la mission a un avenir commercial certain, et le fleuve qui l'arrose, le Baoulé, en est le gage. Cette rivière, en effet, semble échapper en partie à la loi des biefs successifs, qui est commune aux rivières africaines. De Liri à la hauteur de Salaga, c'est-à-dire sur une grande partie de son parcours, le Baoulé ne présenterait ni chutes ni rapides. A Liri, sa largeur est d'une trentaine de mètres environ aux basses eaux et sa profondeur est suffisante pour que l'on soit obligé en tout temps de le traverser en pirogue. Il serait donc navigable, croit le docteur Crozat, pour les bateaux de petit tonnage au moins jusqu'à Liri. Des chaloupes à vapeur vont déjà à la hauteur de Salaga, et ce serait au commencement de la bonne saison que l'on pourrait le plus facilement le remonter.

Les forêts rabougries du Dafing ne semblent pas susceptibles d'une exploitation rémunératrice. On y trouve cependant l'ébène et le kanifing ou poivre de Ségou, dont l'écorce sert à fabriquer les pagnes. Les lougans sont bien tenus. Ils consistent en plantations de mil, de sorghos divers, de maïs, de pistaches, de méboguertis, en diverses espèces de haricots et de coton, en piment, ail, ignames, et rarement en manioc. Les plantations de palmiers abondent aux environs de Dioulassou. Au Dafing et chez les Bobos on trouve du tabac en quantité. Quant aux animaux, les panthères pullulent dans les environs du Baoulé, surtout près de Liri, et les éléphants sont nombreux dans la région boisée qui sépare le Mossi du Dafing.

Ouagadougou, capitale du Mossi, qui n'est en réalité qu'un village de culture un peu plus grand que les autres, porte le nom de la province. Le docteur Crozat y est reçu avec une réserve défiante. Avant lui déjà le capitaine Binger avait été l'objet, à Ouagadougou, d'une réception assez froide. Heureusement encore, le Naba actuel est ce même Bocary-Naba qui a été à Banéma l'hôte cordial de Binger, alors qu'il n'était que le frère exilé de son prédécesseur au trône du Mossi. Il doit de régner au fait que son frère est mort sans laisser d'enfant mâle. Mais le docteur Crozat dépeint le nouveau souverain « timide, trembleur, vivant confiné au fond de son palais avec ses serviteurs et ses femmes, ne se hasardant pas au dehors, passant ses journées à consulter les marabouts qui le tiennent en tutelle, usant ses revenus à se faire confectionner les gris-gris les plus étranges et les plus coûteux, mourant continuellement de la peur d'être assassiné ».

La crainte de déplaire au roi est si grande à Ouagadougou, que personne n'ose donner l'hospitalité à l'explorateur et ne veut prendre la responsabilité de lui indiquer la case royale. L'officier français se décide à s'adresser à l'almamy, qui est dans ces pays le second personnage du village, le conseiller ordinaire du Naba, et exerce le plus souvent le véritable commandement. Il trouve auprès du chef un accueil réservé, sinon malveillant. Cependant l'almamy lui fait donner des cases, les mêmes qui avaient servi au capitaine Binger.

Le lendemain de son arrivée, 18 septembre, le docteur Crozat eut une audience du Naba. Le chef de la mission est accompagné du frère de l'almamy, chargé de le présenter, de l'interprète, des deux tirailleurs, des deux spahis, d'un homme chargé de porter les cadeaux et d'un Mossi engagé à Bobo-Dioulassou.

Devant le groupe des cases royales qui sont entourées d'un petit tata, raconte le docteur Crozat, s'étend une grande cour demi-circulaire, à sol battu et entretenu très soigneusement. En face de la porte, le sol se relève et forme comme une petite terrasse, haute d'environ 30 centimètres et également demi-circulaire. La porte, par son étrangeté, en tant que porte de palais, vaut la peine qu'on la décrive. Elle montre que la somptuosité du décor préoccupe moins les rois du Mossi que le soin exagéré de leur sécurité. C'est l'extrémité d'un petit couloir, très étroit, parallèle à la façade, délimité par deux murs qui forment en même temps une partie de l'enceinte, une sorte de chemin de ronde ménagé dans l'épaisseur d'un tata dont les dimensions seraient exagérées. L'ouverture de la porte est ainsi perpendiculaire à la direction de la façade; elle n'a pas 80 centimètres de large.

Le Naba donne ses audiences sur la terrasse, où il reçoit ses familiers, les notables, les marabouts et les Dioulas étrangers venant procéder à la grande salutation hebdomadaire. C'est là que le docteur Crozat lui est présenté.

On me fait asseoir sous le seul arbre qui ombrage la cour. Le diatiké est allé prévenir de mon arrivée et j'attends. Je n'attends que quelques instants. Des griots installés en face de la porte, à l'autre extrémité de la cour, annoncent par des coups précipités de tam-tam que le Naba va paraitre. Une cinquantaine de familiers, de serviteurs, de parents et de notables, qui déjà m'entouraient curieusement, se lèvent à ce signal et se précipitent vers la terrasse, marchant très vite, le dos fléchi. Le Naba parait et, tandis que les tam-tam accélèrent leur mesure, chacun à genoux, la tête dans la poussière et la poitrine touchant le sol, murmure, avec de curieux gestes rythmés des bras, éloignant et rapprochant successivement du corps les coudes fléchis, l'humble salutation, symbole de servitude absolue : « Naba ! Naba ! Naba ! »

Le Naba répond par un geste bref, s'accroupit à l'extrémité du couloir, juste dans l'embrasure de la porte, restant caché pour la plupart des assistants et allongeant à peine, en deçà de l'extrémité du mur antérieur, une tête cauteleuse, mobile et inquiète.

C'est un homme d'une cinquantaine d'années ; il est vêtu très simplement d'étoffes du pays ornées de quelques broderies. Sa coiffure, couverte de talismans, ne ressemble pas mal à une toque d'avocat. Deux serviteurs l'accompagnent, ils sont assis à côté et un peu en avant du roi, comme pour le protéger. Ce sont des Mossis de race pure, aux cheveux soigneusement peignés et dressés en cimier, comme ceux des femmes noires de certaines races ; ils sont jeunes, de figure imberbe et avenante. Leurs poignets et leurs bras sont chargés de bracelets de laiton et d'argent, et leur jambe est complètement emprisonnée, comme dans une molletière, dans un étroit manchon de cuivre jaune. Pour vêtements, ils ont une grande couverture du pays, à raies bleues sur fond bleu, dans laquelle ils sont drapés à l'antique, un bras nu jusqu'à l'épaule, l'autre replié sous le manteau. Ils n'ont pas d'arme; leur fonction, au moment d'un palabre, paraît surtout consister à faire claquer le pouce et l'index en courbant la tête chaque fois que le Naba parle, tousse, crache, fait un signe d'approbation ou de désapprobation.

Invité à faire connaître ce qu'il avait à dire, le docteur Crozat s'exprime ainsi :

« Je suis envoyé vers toi par le chef blanc qui commande tout le pays noir situé entre Bamakou et Kayes, du Fouta-Djallon au Kaarta. Je viens en son nom et au nom du chef de tous les Français te saluer, te féliciter sur ton avènement au trône, et te remercier d'avoir bien accueilli mon camarade, le blanc qui est venu au Mossi il y a deux ans. Mon chef m'a dit de rester quelques jours chez toi pour t'apprendre à connaître les blancs, qui ne sont pas mauvais, et te demander d'être notre ami.

— Tu es le bienvenu, répond le Naba; je suis heureux de te voir à Ouagadougou et je remercie les chefs qui ont songé à t'envoyer chez moi. »

Puis ce fut la remise des cadeaux; tous, mais surtout le manteau et l'argent, ont fait le plus grand plaisir au Naba. L'argent a été immédiatement envoyé chez le forgeron pour être transformé en bijoux; le manteau, Bocary l'a revêtu dès sa rentrée dans sa case, et il ne l'a point quitté de la journée. Il désirerait vivement posséder aussi un bonnet rouge et un sabre : il demandera ces deux objets au chef des Français, lorsqu'ils seront devenus tout à fait amis.

La seconde audience se fait plus longtemps attendre. Le Naba ne paraît pas pressé de conclure. Heureusement pour le docteur Crozat, une fille du Naba, femme déjà d'un certain âge, donnée depuis longtemps en mariage à un parent de l'hôte de l'officier français, s'intéresse à l'explorateur. Elle transmet au Naba, auprès duquel elle a ses entrées facultatives, les arguments que le docteur lui fait entendre. D'ailleurs la situation de la mission n'est pas mauvaise. Le nombre considérable de notables de toute espèce qui défilent chez lui prouve à l'officier que sa présence à Ouagadougou ne déplaît pas au Naba. Crozat profite de ces délais pour étudier le pays.

De même que sur tout le parcours effectué par la mission, il y a au Mossi deux races distinctes : l'une, la race mossi, autochtone ou tout au moins plus ancienne dans le pays; l'autre, les Markas, d'importation récente. Ces derniers, ayant trouvé une autorité solidement établie, se sont institués marabouts et conseillers royaux. Ils sont ignorants et vains; leur science consiste surtout à épeler le Koran dans une langue qu'ils ne comprennent pas. Ce qui les afflige et les désespère, c'est d'ignorer le nom de la mère de Moïse, d'*Annabi Moussa*. Ce nom, disent-ils, est un talisman universel ; il fait la force des blancs qui le cachent. Les Markas qui vont à La Mecque ne se préoccupent aucunement d'en rapporter des notions de la civilisation et des connaissances théologiques ; ils y cherchent seulement d'infaillibles recettes et des gris-gris puissants.

Exclusivement cultivateurs et de mœurs sédentaires, les Mossis ne pratiquent aucun commerce et sont peu guerriers. Toute leur industrie consiste dans la fabrication de grossiers tissus de coton blanc ou teint à l'indigo. Ils ont des marchés, ordinairement placés au milieu des lougans, sur une place plantée d'arbres, à portée de deux ou trois villages voisins. On n'y trouve guère que des vivres.

Les relations extérieures du roi du Mossi avec ses voisins sont à peu près nulles. Il est en bons termes avec le Gourma et fait quelques affaires avec les négociants blancs qui, à chaque saison sèche, montent jusqu'à Salaga. Bocary-Naba, qui leur a envoyé des chevaux à échanger contre de l'argent, prétend n'avoir pas eu à se louer de leur probité. L'argent qu'on lui a envoyé contient trop de cuivre. Parfois les traitants qui montent jusqu'à Ouagadougou apportent des marchandises de provenance allemande.

Enfin, Bocary se décide à donner au docteur Crozat une audience solennelle. L'explorateur a préparé un grand discours, où il démontre au Naba la nécessité d'établir des relations avec les Français et lui promet, en même temps que l'appui des blancs, de merveilleux cadeaux. Mais il se trouve que ce discours, qui devait être traduit deux fois avant d'être compris par le roi, dure un peu longtemps pour la patience de Bocary. Le Naba interrompt tout à coup l'interprète, en disant : « C'est bien, j'ai compris; tu peux te retirer, » et il rentre dans sa case. « Cela, déclare Crozat, fut dit tranquillement, sans malveillance, sans sécheresse, et, tandis que le Naba rentrait et que les familiers commentaient ses paroles à haute voix, je m'éloignai, ne sachant trop comment interpréter cette brusquerie. J'ai su plus tard que j'avais en effet commis la faute d'être trop long dans mon discours. »

Ce n'est que plusieurs jours après et non sans avoir eu de nouveau recours à l'entremise de l'officieuse Baouré, que le docteur obtint une réponse, d'ailleurs assez satisfaisante. Bocary, qui, de même que tous ses sujets, croit à l'inviolabilité du Mossi, considère comme chimérique les craintes d'une invasion des blancs du Sud. Néanmoins il ne repousse pas l'amitié des Français du Soudan. Elle peut lui être utile pour le commerce. Ce qu'il aime par-dessus tout, c'est l'argent, et s'il fait alliance avec les Français, c'est qu'il espère en retirer beaucoup d'argent. « N'oublie pas, répète-t-il à Crozat, de dire à ton chef que j'aime beaucoup l'argent. » Il ne veut signer aucun traité, parce que tout le monde lui dit que, si son nom va au pays des blancs, ceux-ci pourront lui jeter un sort et le tuer quand ils voudront. Il considère d'ailleurs ce traité écrit comme inutile. Deux hommes qui font amitié ont-ils besoin d'écrire cela sur un papier ? Il charge son diatiké de prier l'officier français de dire ceci aux chefs qui l'ont envoyé :

« Le Naba déclare faire alliance et amitié avec les Français. Ta venue à Ouagadougou lui a fait plaisir. Avec plaisir également, il reverra d'autres Français venir ici, à condition toutefois qu'ils ne soient pas trop nombreux. Quant à vos Dioulas noirs et aux commerçants français, ils peuvent venir en toute sécurité trafiquer au Mossi, il ne leur sera fait aucun mal. De même le Naba enverra des gens du Mossi dans vos possessions. »

Le diatiké ajoute que la mission est maintenant libre de partir lorsqu'elle voudra et par où elle voudra. Quatre hommes l'accompagneront jusqu'à la frontière.

Ma mission, dit en terminant le docteur Crozat, avait donc réussi dans une large mesure.

Je crois le Naba sincère dans les promesses qu'il m'a faites et les assurances qu'il m'a données. Sa vanité et sa cupidité, les deux défauts des noirs par excellence, se sont trouvées à la fois satisfaites. Les gens qui l'entourent, ses confidents et ses conseillers, ceux qui ne recevraient rien ou qui ne recevraient que des miettes, étaient loin d'être du même avis. Tous ceux-là, Markas parasites vivant du Mossi, marabouts ou hommes de confiance, sentent bien que le jour où l'influence blanche s'élèverait à côté d'eux dans l'esprit du roi, leur règne serait fini.

Tout le long de ma route, j'ai donc trouvé, partout devant moi, cette race tortueuse et égoïste des Markas, bien rarement favorable, tantôt au contraire ouvertement hostile, comme à Bossé, tantôt hypocrite et menteuse. Ce sont les Markas, malheureusement, qui sont les maîtres de toutes ces populations sœurs, Mossis, Samohos ou Bobos ; quelquefois les maîtres apparents, toujours les maîtres réels. Ce sont eux qui tiendront le plus longtemps notre influence en échec, par fanatisme religieux parfois, le plus souvent par intérêt privé.

Les autochtones, au contraire, rois, chefs de villages, simples particuliers, ne demanderaient qu'à venir vers nous. Exploités par les marabouts, les diatikés, les confidents, les marchands de gris-gris, pillés et faits captifs par les faux prophètes convertisseurs à main armée, ils viendraient avec empressement se réfugier sous une autorité capable de les protéger, de les défendre, de les garantir, et qui ne les violenterait pas. J'ai dit le bon accueil qui m'a été fait presque partout par le pouvoir civil, chef de village ou chef du pays. Quant aux particuliers, ils pensaient en général comme ce Bobo de Ouoroukoy qui disait : « Le karamoko blanc est bien meilleur pour nous que les marabouts, et nous l'aimons bien. Il boit du dolo comme nous, et ne cherche pas à nous obliger par la force à faire salam ».

Le 20 novembre, le docteur Crozat est de retour à Sikasso.

LA SECONDE MISSION MIZON

ET LES PUISSANCES EUROPÉENNES DANS L'AFRIQUE CENTRALE

I

DE FRANCE AU MOURI

A peine de retour en France, M. Mizon n'avait eu souci que de repartir au plus vite pour l'Afrique centrale, afin d'assurer les résultats de son premier voyage. Il avait, cette fois encore, été chargé par le gouvernement de remplir une mission scientifique et politique. D'autre part, une Société commerciale, la Compagnie française de l'Afrique centrale, avait été formée sous ses auspices pour l'accompagner et tenter des opérations commerciales dans l'Adamaoua. M. Mizon avait pour auxiliaires MM. Albert Nebout, — le second de Crampel ; — Bretonnet, enseigne de vaisseau ; Ward, médecin ; Chabredier, adjudant, et les compagnons de son premier voyage. La mission commerciale était dirigée par M. Wehrlin, que secondait M. Hünzbuchler.

Les missions, embarquées en août 1892 à Bordeaux, à bord d'un paquebot des Chargeurs-Réunis, devaient trouver, à l'embouchure du Niger, deux petits vapeurs à bord desquels elles remonteraient le Niger et la Bénoué : la *Mosca*, mandée par télégramme, de Buenos-Ayres, et le *Sergent-Malamine*, venu du Gabon.

Si court qu'eût été le séjour de M. Mizon en France, si rapide que fût son départ, les deux missions se trouvaient pourtant bien juste dans les délais pour arriver sur la Bénoué avant la baisse des eaux. Un fâcheux contretemps vint rendre la situation plus difficile : durant le long séjour que fit le paquebot des Chargeurs-Réunis à Kotonou, pour débarquer le matériel nécessaire à l'expédition du Dahomey, M. Mizon apprit que ce paquebot ne pourrait pas le débarquer à Akassa. Il fut obligé de mander à Kotonou le *Sergent-Malamine*, de louer un autre petit vapeur, le *Gaiser*, et d'opérer au Dahomey le transbordement qui ne devait avoir lieu qu'à Akassa. Cela prit un temps considérable. Ce n'est que le 26 septembre que le *Sergent-Malamine*, la *Mosca* et le *Gaiser* se trouvèrent dans le Niger et qu'après de nouveaux transbordements et arrangements préparatoires, la mission put être véritablement organisée.

Avant de remonter le Niger, M. Mizon va rendre visite à M. Flint, agent général des territoires de la Compagnie anglaise. Ce fonctionnaire prétend faire acquitter des droits de douane pour l'entrée des marchandises dans l'Adamaoua, qu'il affirme être territoire de la *Royal Niger Company*. M. Mizon refuse, maintenant que l'Adamaoua est territoire français. Finalement, M. Flint cède, disant que le litige devra être réglé par les gouvernements respectifs.

Le 29 septembre, la *Mosca* et le *Sergent-Malamine* se mettent en marche. Mauvais début : le second bateau s'échoue. Dégagé, le lendemain il s'échoue encore.

En passant à Onitcha, M. Mizon reprend les objets provenant de sa première mission qu'il avait déposés chez les Pères.

Jusqu'au 13 octobre, malgré divers légers accidents de machine ou d'ancrage qui ralentissent la route, les deux vapeurs remontent le fleuve. Une chaloupe de la Compagnie, le *Rattler*, les accompagne pour les surveiller et, contrairement aux promesses de M. Flint, leur fait refuser combustible ou huile dans les stations.

Le 12, la mission est à Lukodja.

La montée de la Bénoué commence. Heureusement les eaux sont encore hautes : la force du courant ralentit beaucoup la vitesse des bateaux.

Le 19 octobre, le *Sergent-Malamine*, qui a décidément trop de quille, s'échoue. Le 20 les missions sont à Ibi, le grand comptoir de la Compagnie dans la Bénoué. L'organisation administrative de la Compagnie a été modifiée : il y a maintenant dans la Bénoué un commissaire spécial, M. Wallace.

A partir de ce moment, la navigation de la Bénoué, malgré la hauteur des eaux, devient difficile pour le *Sergent-Malamine*, qui cale trop. Le 23, il s'échoue deux fois; le 25, deux fois encore, la dernière dans les conditions les plus défavorables.

Si j'insiste sur ces échouages successifs du *Malamine*, c'est parce que les agents de la *Royal Niger Company* ont accusé à diverses reprises M. Mizon d'avoir provoqué lui-même cet accident, afin de justifier son arrêt en face des États du sultan de Mouri. Est-il besoin de faire remarquer l'absurdité de cette accusation ? Les premiers échouages ont commencé dès le bas Niger; le *Sergent-Malamine* suivait la *Mosca*, montée par M. Mizon, et il était commandé par M. Bretonnet, qui faisait assurément tous ses efforts pour le bien guider.... Voici ce qu'écrivait M. Mizon au sujet du dernier échouage :

« 25 octobre. — Quand la *Mosca* a doublé la pointe de Zirou, je m'aperçois que le *Malamine* est échoué. J'accoste la *Mosca* à la berge et je redescends renflouer le *Malamine*. L'opération est facile et, après quelques manœuvres de machine, le navire flotte de nouveau. Je vais rejoindre la *Mosca* avec mon embarcation, mais à peine suis-je arrivé à la pointe de Zirou, que je vois le *Malamine* stopper, puis pivoter rapidement sur lui-même. Il est de nouveau échoué en travers d'un courant violent, causé par l'ouverture de la crique de Zirou, dans laquelle l'eau de la Bénoué se précipite. Les sondages faits autour du *Malamine* montrent que l'échouage est très mauvais et que, si l'eau descend, il y a peu de chances de le renflouer.

« Tous les efforts faits dans la soirée restent inutiles. Le pire est que le combustible se consomme inutilement dans toutes ces manœuvres et que, si le navire n'est pas à flot demain, il faudra perdre de nouveau vingt-quatre heures à faire du bois. L'eau de la Bénoué ne sort plus de son lit pour envahir les vastes plaines herbeuses et celles-ci commencent à se déverser dans la rivière. Tout indique que l'eau va baisser : les orages produisent plus de tonnerre que de pluie; le vent du sud-ouest cesse par instants et est remplacé par des bouffées chaudes d'harmatan venant du désert.

« 26-27 octobre. — Deux jours de travail opiniâtre pour essayer d'arracher le *Malamine* à son banc de sable. La *Mosca* a donné son charbon et son bois. Le navire commence à s'enliser, le courant qu'il divise accumule le sable en aval, les ancres tiennent peu sur ce sable mouvant et ne donnent pas de point d'appui sérieux. La Bénoué a baissé de près d'un pied dans ces deux jours. Toute espérance de remettre à flot le *Malamine* doit être abandonnée ; il ne reste plus qu'à prendre les dispositions pour passer ici la saison sèche et avertir le sultan du Mouri que nous sommes forcés de vivre pendant six mois sur sa terre, devant le village de Zirou, qui lui appartient. »

Ici commence — ou continue — la grande comédie jouée par les agents de la Compagnie du Niger. Le 28, un petit vapeur de la Compagnie, la *Bénoué*, apporte une lettre de M. Wallace, qui offre aux Français l'hospitalité « sur sa terre du Mouri ». A l'entendre, il aurait donné des ordres au sultan et à tous les indigènes pour qu'ils aient à respecter la mission et à lui fournir des vivres. C'est à peu près comme si le ministre d'Angleterre au Caire donnait ordre au Mahdi de faire bon accueil à des voyageurs français....

II

LE TRAITÉ AVEC LE MOURI

Dans le récit de sa première mission, M. Mizon a raconté quelles étaient les relations passées entre le sultan du Mouri et la Compagnie Royale : c'était, en résumé, l'état d'hostilité permanent. Notre compatriote n'ignorait pas que la Compagnie prétend avoir traité avec le Mouri, comme avec l'Adamaoua, etc. Mais il avait les plus sérieuses raisons de penser qu'il n'existait aucun traité — du moins politique — entre elle et le sultan du Mouri. Aussi résolut-il d'entrer en relations avec ce dernier.

Rien ne fut plus facile : dans cette circonstance comme dans d'autres, M. Mizon bénéficia des bons souvenirs que les anciennes Compagnies françaises de commerce avaient laissés dans la région.

Comme cela était arrivé au commandant Monteil, à Sokoto

et à Kano, M. Mizon reçoit à Zirou la visite d'un singulier personnage, moitié émissaire, moitié espion, qui avait été évidemment envoyé aux nouvelles par les agents de la Compagnie.

Du 25 octobre au 3 novembre, le personnel de la mission n'avait cessé de faire des efforts pour dégager le *Sergent-Malamine*. Tout avait été vain.

M. Mizon, résigné à un long séjour dans le Mouri, détache alors les compagnons de son premier voyage, le Chérif et Ahmed, pour porter une lettre au sultan, qui est installé dans un *sanguéré*, sorte de camp de guerre permanent. Ces envoyés sont reçus à bras ouverts, non seulement par le sultan, mais par tout le monde. Le sultan répond « que M. Mizon est le bienvenu sur sa terre du Mouri et qu'il est impatient de voir le chef de la mission française lui rendre visite au *sanguéré* ». Il a même envoyé à Maïraïnao des montures pour le voyage.

Tandis que M. Wehrlin, chef de la mission commerciale, commence la construction d'une factorerie sur le bord de la rivière, M. Mizon fait ses préparatifs de départ : il se met en route le 13 novembre et arrive à Maïraïnao, d'où le kachella est chargé de le faire conduire auprès du sultan. Là, on apprend que M. Wallace, cherchant à rétablir les relations entre la Compagnie et les gens du Mouri, a envoyé des cadeaux au sultan.

La mission arrive le 18 novembre en vue du sanguéré, où une magnifique réception lui est faite par les cavaliers foulanis. Dès le lendemain, elle est reçue par le sultan, qui lui expose en ces termes sa situation vis-à-vis des Anglais :

« Il y a environ huit ans, les Anglais sont venus à Ibi, sur la terre du Mouri et ils ont fait des présents au chef de Djibou pour obtenir des terrains et l'autorisation d'ouvrir les factoreries. Le chef, convaincu par les présents, donna l'autorisation ; puis il se rendit à Mouri pour remettre les cadeaux au sultan. Celui-ci lui reprocha vivement d'avoir agi sans son autorisation, mais cependant résolut de tolérer la présence des agents de la Compagnie à Ibi.

« Quelque temps après, les Anglais brûlaient Djibou, tuant un grand nombre d'habitants. A cette nouvelle, le sultan du Mouri se rendit à Djibou et fit demander pourquoi la Compagnie avait brûlé une de ses villes et tué ses hommes. La Compagnie répliqua que, dans un palabre, un homme de Djibou avait tué un serviteur de la factorerie et que, le chef de Djibou ayant refusé de livrer le prisonnier, ils avaient brûlé la ville. Le sultan protesta contre ce procédé sommaire et barbare, affirmant que lui seul avait droit de justice dans ses États et ordonnant aux Anglais d'évacuer son territoire. L'on traita : la Compagnie promit de soumettre, à l'avenir, ses griefs au sultan et celui-ci, à la demande de l'agent anglais, désigna l'Erima de Djibou comme chef de la contrée. L'année dernière, sans l'avoir prévenu, sans s'être plaint à lui, la Compagnie a de nouveau brûlé Djibou et tué de ses sujets. Il a alors ordonné à la Compagnie d'évacuer les factoreries qu'elle avait fondées sur son territoire. Il fut obéi, sauf en ce qui concerne Ibi, que les Anglais avaient fortifié et où ils avaient laissé en garnison les 300 hommes de troupes qui avaient opéré contre Djibou. La question en est là. »

Le sultan du Mouri se nomme Mohamed-ben-Abn-Boubakar ; il lit et écrit parfaitement l'arabe. Des pourparlers ne tardent pas à s'engager entre lui et M. Mizon au sujet d'un traité de protectorat ; le sultan du Mouri sait parfaitement ce dont il est question ; il a des traités avec ses voisins du Baoutchi, de l'Adamaoua et du Bornou ; il entretient même une correspondance politique avec des chefs protégés par lui.

Mis en possession du texte préparé par M. Mizon, Mohamed-ben-Abn-Boubakar s'exprime ainsi : « Ce que tu me proposes est juste et selon la loi. D'ailleurs, c'était écrit : tu allais voir Zoubir et lui porter la parole de ton maître ; tu ne voulais me voir que l'année prochaine. Dieu a manifesté sa volonté en retirant l'eau de la rivière et en arrêtant les navires près de mon camp. C'est lui qui t'a amené à moi pour le bien de son esclave et de son peuple. Que sa volonté soit faite, et puisse notre amitié durer aussi longtemps que l'univers. Tout le monde me connaît comme un souverain juste et pacifique, bien que les agents de la Compagnie me représentent comme un batailleur et un pillard ».

Le 23 novembre, le sultan signe les quatre exemplaires du traité, en arabe et en français : « Béni soit le Tout-Puissant, ajoute-t-il, qui t'a envoyé vers moi pour le bonheur de mon peuple. Ce papier est selon mon cœur et est en accord avec le Livre du

Gouvernement. J'exécuterai fidèlement ce traité, et je prie Dieu que mes serviteurs agissent de même. »

Le traité signé, M. Mizon devait immédiatement se préoccuper d'une question qui avait la plus haute importance au point de vue de notre nouveau protégé et au point de vue commercial.

III

DANS LE MOURI — LA PRISE DE KOANA

Le sultan du Mouri, avec qui M. Mizon venait de conclure un traité de protectorat, avait un gros souci : la révolte d'une tribu de païens fermait depuis longtemps la route commerciale qui traversait ses États et qui en faisait la prospérité. Cette grande artère allait de Kano à Baoutchi, Mouri, Echomo ou Bourmanda, sur la Bénoué, Gachka ou Koutaha, où les caravanes se divisaient pour aller à Bango, Tibati et Ngaoundéré. Les païens, concentrés dans une forte position, coupaient cette route, et c'est pour les réduire que le sultan avait installé son sanguéré aux environs.

En poussant une reconnaissance vers la place des païens, Koâna, M. Albert Nebout eut le bras traversé par une flèche.

Le sultan faisait les plus pressantes instances auprès de M. Mizon pour qu'il l'aidât à réduire ce nid de pillards et de coupeurs de routes. C'était presque une obligation du protectorat que la mission française venait d'accepter et c'était, même au point de vue humanitaire, le meilleur parti à prendre, la soumission des païens devant mettre fin à l'interminable guerre qui désolait cette région.

Pourtant, avant de prendre cette décision, M. Mizon résolut d'envoyer un émissaire aux gens de Koâna pour leur demander de rouvrir la route commerciale. La réponse fut un défi ; les païens déclaraient que le sort des armes seul déciderait entre les blancs et eux ; — qu'ils étaient même désireux de voir comment les blancs font la guerre et d'entendre tirer ces canons dont on leur avait tant parlé.

M. Mizon prit donc cette décision de venir en aide à son protégé dans une entreprise de guerre ; c'est ce qui a si fort excité l'indignation de la philanthropique Compagnie Royale du Niger — dont chaque étape est marquée par des bombardements de villages et des massacres. C'est parce qu'il a combattu aux côtés de son allié Mohamed-ben-Abn-Boubakar, comme on le fait aux quatre coins de l'Afrique, que le chef de la mission française a été traité de pirate et de flibustier par lord Aberdare !

Le 30 novembre, M. Mizon est de retour à son camp, au bord de la Bénoué. La factorerie de M. Wehrlin commence à faire des affaires. « La Compagnie Royale, écrit M. Mizon, avait autrefois un établissement prospère à Maïraïnao ; M. Wallace, dans ses pourparlers avec le sultan, insistait beaucoup pour la réouverture de cette factorerie, qui ferme la route de Baoutchi et de Kano. Délaissant l'ancien terrain abandonné aux hautes eaux, M. Wallace demandait au sultan la cession de la pointe ouest de l'embouchure de cette rivière, le seul terrain qui ne soit jamais inondé sur la rive de la Bénoué, à une grande distance en amont et en aval de Maïraïnao.

« Le sultan a donné ce terrain à la Compagnie française de l'Afrique centrale pour y fonder un établissement commercial. »

Le 17 décembre, M. Mizon se remet en route pour le sanguéré du sultan. Il emmène avec lui MM. Nebout, Chabredier, Ahmed, le Chérif, quatorze tirailleurs, avec le canon de 4 de montagne et ses munitions.

L'action qui va être entreprise contre Koâna aura la plus grande importance : « Les païens soumis au sultan de Baoutchi et ceux de la frontière de l'Adamaoua suivent la lutte avec intérêt. Un échec devant Koâna aurait probablement pour résultat une révolte générale des Moumiés, des Boulas et des Battas se joignant aux Koânas. Ce serait retourner en arrière de quatre-vingts ans, alors que les Foulanis ont entrepris la conquête des pays au sud de la Bénoué, et rouvrir une ère de guerres, de massacres et de pillages qui ne serait profitable ni aux Européens ni aux païens. »

Voici de curieux détails sur l'arrivée des contingents foulanis au sanguéré :

« Grande musique dans le lointain : clarinettes, tambours, tambourins, gongs, trompettes et hululements des femmes : c'est la troupe des Kiminis qui va atteindre le sanguéré. La fantasia dure proportionnellement au nombre des guerriers. Il y a, dans ce groupé, 60 cavaliers et 600 à 700 fantassins. A une heure, le contingent du Dongo fait son entrée ; une centaine de Foulanis, au type de la race et couleur café au lait, s'avancent vers la demeure du sultan, entourant leur chef. Ils chantent un chant de guerre ; le chef va saluer le sultan ; ils poussent un cri en brandissant leurs lances et se dispersent dans la ville. Tous, y compris le chef, sont à pied.

« On ne perd pas de temps, non plus, de l'autre côté. Trois grands villages païens sont venus s'enfermer dans l'enceinte de Koâna ; c'est ce que signalent les reconnaissances qui viennent de rentrer.

« Le sultan n'a appelé que les gens de la province de Mouri, laissant chez eux ceux de Bakoundi, de Djibou et du Woukari, pour surveiller la Compagnie. On nous affirme que, si le sultan appelait tout le monde à une autre époque que celle des semailles ou de la moisson, il réunirait 500 chevaux.

« ... Le vieux chef de Koâna fait dire au sultan qu'il est très pressé de voir ses amis blancs dont on parle tant, qu'il faut les lui amener devant son tata le plus tôt possible, qu'il est impatient de voir leur savoir-faire.

« 25 décembre. Noël. — A six heures, nous quittons notre demeure. Il y a déjà longtemps qu'une première troupe est partie et avec elle ce que nous appelons pompeusement « le matériel de siège », l'unique canon de montagne et ses munitions que portent les païens alliés. L'armée suit la route de Koâna à la file indienne, les cavaliers bousculant quelque peu les piétons; Foulanis, Haoussas, païens alliés, sont pêle-mêle. La marche est cependant très rapide jusqu'à une rivière que nous atteignons après une heure de marche. Au delà s'étend une longue plaine sans arbres, dont les hautes herbes ont été incendiées pour prévenir les embuscades. L'armée s'allonge dans la plaine, suivant plusieurs sentiers parallèles. Les cavaliers, par petits groupes, trottent jusqu'à la limite des herbes brûlées et n'aperçoivent personne. Les fantassins trottinent dans un flot de poussière et de cendre, s'appelant, se dépassant les uns les autres, s'arrêtant tout d'un coup en un groupe nombreux et forçant ceux qui suivent à passer à gauche et à droite du chemin.... Dans le lointain, sur le revers d'une colline, la troupe partie à cinq heures du matin suit la lisière d'un bois et commence à y entrer. Le sultan a rejoint, au pas de son merveilleux cheval, que les autres ne peuvent suivre qu'en trottant.

Il ordonne de prendre la route de droite, qui conduit directement à Koâna et de rappeler l'avant-garde.

« Deux heures après que nous avons quitté le camp, nous arrivons à un grand marais dont l'eau et la vase, qui se confondent, montent à la ceinture des hommes. Deux sentiers conduisent à ce passage et par celui de gauche débouche l'avant-garde que l'on a fait rallier. Le désordre est à son comble, hommes et bêtes pataugent dans la vase. Nous nous empressons de passer avant que le terrain ne soit tout à fait défoncé. L'allure de l'armée devient beaucoup plus lente; au fur et à mesure que l'on approche de Koâna, les contingents se réunissent par villages autour de leurs chefs.

« Bientôt l'armée est rassemblée en un groupe compact entourant le sultan. Il y a les 500 païens alliés auxquels nous avons donné des bandes d'étoffe et dont nous avons fait le dénombrement exact, environ 700 Foulanis fantassins ou esclaves de case, 120 cavaliers, la plupart matelassés, et 20 fusiliers en uniforme de bourre rouge, longues camisoles flottantes, pantalon à l'européenne et chéchia de même couleur. Ils sont armés de fusils Snider (donnés par la Compagnie du Niger). Il faut ajouter une vingtaine de musiciens et de serviteurs du sultan, en tout 1400 hommes. J'ai avec moi M. Nebout, l'adjudant Chabredier, Ahmed, le Chérif, 14 Sénégalais, 3 Pahouins et un domestique.

« Nous débouchons, d'une plaine herbeuse, à l'extrémité du cirque au centre duquel est situé Koâna. Le cirque se termine de ce côté par deux mamelons coniques et rocheux, élevés respectivement de 40 et 60 mètres. Un contrefort les relie à la chaîne principale. Avec mes jumelles, je compte distinctement sur le premier mamelon 54 hommes; sur le second, le nombre est supérieur à 100. Le contrefort, que franchit un sentier, route directe de Koâna au sanguéré du sultan, est occupé par une cinquantaine d'hommes ayant à côté d'eux des tas de pierres.

« Tout ce monde, immobile, dont les profils noirs se dessinent avec netteté sur le ciel, regarde passer à ses pieds l'armée foulanie, qui contourne les mamelons à 200 mètres. Les Koâna paraissent peu émus de l'arrivée de l'ennemi et, sûrs de l'impunité, insultent les Foulanis et se livrent à la chorégraphie la plus fantaisiste. Nous entrons dans le cirque, le sultan s'arrête sous un bouquet de grands arbres et l'armée prend position autour de lui. Tout le monde se repose et semble être venu là en promenade pour voir les murailles de Koâna. Personne ne paraît disposé à une attaque avant un long repos.

« Koâna n'est pas un village entouré de murs, c'est une réunion de villages occupant le fond du cirque, qui est fermé, d'une extrémité à l'autre, par un mur et un fossé semblables à ceux de toutes les villes murées de ces pays. La muraille s'appuie à l'ouest à une montagne escarpée dont les flancs sont parsemés de gros rochers noirs pouvant abriter des tireurs. Un petit village est bordé d'un côté par la montagne, de l'autre par la muraille. Celle-ci court de l'ouest à l'est en ligne droite sur une longueur de 1200 mètres et s'arrête brusquement à une petite rivière aux berges escarpées qui naît dans le fond du cirque et traverse les villages. Son lit a été barré par une forte palissade garnie de broussailles épineuses. La rive gauche est bordée par un pan de murailles de 50 mètres de long. Le mur tourne à angle droit, courant parallèlement aux montagnes de gauche et aux mamelons, qui sont occupés. Ceux-ci pouvant être enlevés, la muraille a été placée à une distance telle, que si l'ennemi parvenait à s'en emparer, il ne pourrait pas envoyer de flèches dans la place. Cette face de la fortification a environ 1500 mètres et va s'appuyer à une haute montagne. Dans l'angle est le principal village où demeure le chef de Koâna. Les créneaux de cette longue ligne sont tous garnis de défenseurs. L'on voit des hommes circuler entre les villages et la muraille; d'autres sont restés dans leur cour et tirent des coups de fusil inoffensifs. La garnison de la place est au moins aussi considérable que l'armée assiégeante.

« Nous cherchons un emplacement favorable pour faire une brèche à la muraille, vers l'angle que forme la face Nord-Sud et le pan de muraille en retour. La pièce est mise en position à 200 mètres des murailles et à 100 mètres du pied du second mamelon occupé par les Koânas. A part les fusiliers du sultan, qui dépensent leur poudre aux moineaux, devant la face Est-Ouest, personne ne bouge, attendant que l'on pratique la brèche. On ne nous couvre même pas du côté des mamelons, dont les Koânas commencent à escalader les pentes. L'un d'eux s'avance jusqu'à une double portée de flèche, au pied de la montagne. J'envoie M. Chabredier avec huit hommes de ce côté, pour faire remonter les Koânas, — ce qui n'est pas long. Ils reprennent leurs anciens postes derrière les rochers, au sommet des mamelons et ne nous inquiètent plus.

« Un Foulani s'avance, couvert par un large bouclier de cuir, et jette sa gourde au pied des murailles où il va la reprendre, puis il rentre parmi ses compagnons. Un Koâna saute par-dessus la muraille, vient à nous et exécute une danse avec sa lance et son bouclier. Un coup de feu le blesse à la jambe et il rentre à cloche-pied dans l'enceinte.

« La pièce est prête à tirer. Le sultan me fait montrer le groupe de cases du chef de Koâna et demande que le premier obus soit tiré dans cette direction. Il atteint son but et éclate en produisant de grands dégâts. Les trois premiers projectiles, tirés sur l'angle, ont produit peu d'effet; la muraille offre peu de résistance et les obus font un trou par lequel un homme pourrait à peine passer. Je n'ai que trente-deux projectiles et quatre boîtes à mitraille. Malheureusement, les gargousses, bonnes en apparence, ont été mouillées pendant le voyage en pirogue et sont très inégales. Le quatrième coup tombe à 50 mètres de la pièce, le cinquième à 60. Voyant avec quelle maladresse les Koânas usent de leurs fusils à silex, beaucoup moins dangereux pour nous que leurs flèches, je fais avancer la pièce à 90 mètres des murailles. C'est à peine si, dans ces conditions, je parviens, avec vingt-cinq projectiles, à pratiquer une brèche de 2 à 3 mètres de large, ayant encore un seuil de 60 centimètres. Des feux de salve et le tir précis de M. Chabredier forcent les défenseurs à abandonner la façade Sud-Ouest, enfilée de côté, jusqu'au village qui est situé vers son milieu. M. Nebout dégarnit également la face Nord-Sud. Mais l'angle reste toujours garni de défenseurs qui essayent de reboucher la brèche et qui y parviendront si on les laisse tranquilles. L'épaisseur de la banquette intérieure les a préservés des obus. J'envoie prévenir le sultan qu'il faut faire donner l'assaut avant que la muraille soit rétablie; il me fait répondre qu'il faut agrandir la brèche, ce qui m'est impossible, car je désire garder quatre obus à balles et quatre boîtes à mitraille en prévision de tout événement. Les Koânas continuent leur travail; nous courons le danger d'un insuccès qui détruirait notre prestige. J'ai assumé le protectorat du Mouri; il ne faut pas, pour la première fois que l'on fait appel à notre aide, nous montrer aussi impuissants que les Foulanis. Européens et Sénégalais me pressent de leur permettre de donner l'assaut; je les y autorise.

« Les 60 mètres qui séparent la petite troupe de la muraille sont rapidement franchis en tiraillant. Les défenseurs, surpris, ripostent peu et tout le monde arrive à se coller au pied de la muraille, du côté de l'angle opposé à la brèche. La volée de flèches et de sagaies n'a blessé qu'un homme, le Sénégalais Mahmadou, qui a reçu une flèche à la hanche.

« M. Chabredier utilise comme meurtrière le trou fait par le premier obus et tire dans les jambes des défenseurs qui cherchent à rallier la brèche. Ahmed, avec son fusil, et moi, avec mon revolver, empêchons les Koânas de se hausser au-dessus de la muraille et de larder les assaillants avec leurs sagaies. Ils restent cachés, se contentant de jeter des pierres qui passent par-dessus nous. Au commandement de: « En avant! » tout le monde abandonne l'angle et s'élance bravement par la brèche. L'armée, qui depuis un moment s'est rapprochée à la portée des flèches, s'élance en colonne pressée pour entrer à leur suite. Un Koâna est couché derrière le seuil de la brèche. Quand M. Chabredier la franchit, le premier, l'homme, surpris, veut se relever pour le frapper de sa sagaie; en sautant, M. Chabredier s'accroche des deux pieds à son cou et va rouler dans l'intérieur. Le Koâna, qui tombe également, essaye de lui décocher une flèche, mais il ne bande l'arc que faiblement et la flèche fait à l'épaule une blessure peu profonde. Il est payé d'un tel coup de crosse sur la tête, que le fusil est brisé. Tout ceci a duré quelques secondes à peine; les défenseurs de la brèche s'enfuient vers le grand village qui contient les cases du chef. Le flot des Foulanis se presse vers la brèche (on dirait une fourmilière) et se dirige, en poussant des cris, vers le grand village. Les cavaliers suivent en dehors le long des remparts, à la recherche d'une porte.

« Ahmadou, Mamadou-Filé et M. Chabredier ont été blessés; Abdul va l'être en entrant dans le village: quatre blessés sur dix-sept assaillants. M. Nebout, Ahmed et les tirailleurs courent au village du chef où les défenseurs des remparts se sont retirés et essayent de tenir. Dix Foulanis, dont le Serki Bendega, sont tués à coup de sagaies, un grand nombre sont blessés par les flèches. M. Nebout et Ahmed, qui n'ont plus que six tirailleurs, ont fort à faire pour défendre les Foulanis. Au moment où j'entre dans le village, l'incendie éclate. Le cirque est noyé dans la fumée et dans la poussière ; à la chaleur du soleil s'ajoute celle des incendies allumés de tous les côtés. Le pillage du village est commencé. Ce n'est que païens sortant, qui avec une chèvre ou un mouton, qui avec un cheval ou un veau. D'autres plient sous des charges d'épis de sorgho, de marmites en terre. »

Les païens se croyaient tellement inexpugnables, que, contrairement aux usages africains, les femmes et les enfants étaient demeurés dans les villages. Aussi les Foulanis firent-ils beaucoup de prisonniers, ce qui était d'ailleurs la revanche d'une défaite précédente où trois cents femmes leur avaient été enlevées.

Deux Sénégalais, Mahmadou-Filé et Ahmadou, meurent des blessures que leur ont faites les flèches empoisonnées.

Le sultan est dans la joie, et toute l'armée fait une ovation à la petite troupe française.

Tel est le récit exact de la prise de Koâna, qui n'est, comme on le voit, qu'un épisode d'une guerre parfaitement légitime, où M. Mizon a prêté son appui au sultan du Mouri, son protégé, pour rouvrir les routes commerciales que fermaient les païens. Il est intéressant de comparer ce récit aux accusations plus vagues encore que violentes de lord Aberdare.

IV

LES CONTESTATIONS AU SUJET DU MOURI

J'ai fait ressortir quel avait été le caractère véritable de l'expédition de Koâna, entreprise par M. Mizon. Ce qui suit achève d'en caractériser les conséquences :

« 28 décembre. — Le sultan m'annonce l'arrivée, dans la matinée, de sept envoyés de Koâna, pour traiter de la soumission. Dès qu'il les aura vus, il me les enverra, afin que je puisse leur parler. Les conditions que Mohamed-ben-Abn-Boubakar leur posera sont : liberté absolue des routes pour les commerçants musulmans ou païens allant dans le sud, démolition et promesse de ne pas reconstruire le tata, livraison immédiate des trente ou quarante chevaux qui restent aux Koânas. Si le vieux chef fait une soumission sincère et revient habiter Koâna, privé de ses fortifications, il aura le titre de Lamido pour les Koânas, c'est-à-dire de chef païen soumis administrant son peuple au nom du sultan du Mouri ; dans le cas contraire, un gouverneur musulman administrera les Koânas et fixera sa demeure dans la ville reconstruite.

« Ces conditions sont acceptables et je n'y fais pas d'objection. Il n'y a pas à parler de rendre les prisonniers. Ce n'est pas au lendemain de la signature du traité que je puis me lancer dans cette voie délicate. J'espère dans l'avenir, alors que les gens du Mouri verront qu'un homme peut en quelques jours récolter de la gomme pour une valeur supérieure au prix de cet homme sur un marché d'esclaves. C'est par le commerce et la culture que l'on combattra le plus efficacement l'esclavage.

« Parmi les délégués Koânas, les jeunes gens ne semblent pas tenir à la guerre ; ils admirent les Foulanis et voudraient les fréquenter et les imiter. Les vieillards se souviennent que leurs pères étaient indépendants, et le vieux sang se réveille en eux à la vue de l'ennemi de race et de religion. Les jeunes filles que j'avais vu emmener le jour de la prise de Koâna paraissaient plutôt joyeuses ; elles causaient et riaient avec ceux qui les emmenaient. Peut-être rêvaient-elles depuis longtemps des beaux habits et des perles des femmes foulanis. Comme je l'ai souvent constaté au cours de mes voyages dans l'Afrique païenne, la femme s'attache au plus fort ; le mariage dans ces contrées n'est d'ailleurs qu'une vente par le père, et celles qui aujourd'hui sont prises par les Foulanis qui en feront leurs femmes, allaient être vendues dans quelque village ou mariées, ce qui est la même chose, car le prix est le même dans les deux cas, et, dans les deux cas, c'est l'exil à tout jamais du village où elles sont nées et l'éloignement du seul être qu'elles affectionnent, leur mère. »

Il est facile de comprendre combien la prise de Koâna avait exalté la reconnaissance du sultan du Mouri. En même temps que M. Mizon écrivait au sultan de l'Adamaoua, Zoubir, pour lui faire part de l'arrêt forcé de la mission française à Zirou, lui envoyer un projet de traité définitif et lui annoncer sa visite lors de la prochaine montée des eaux, Mohamed-ben-Abn-Boubakar lui écrivait de son côté et lui faisait un véritable panégyrique des Français. Tel était le sincère attachement du sultan du Mouri pour M. Mizon, qu'il lui avait remis en fait la direction de ses Etats et ne faisait rien sans le consulter. Dans une grande assemblée qui eut lieu le 7 mars 1893, avant le commencement du carême musulman, Mohamed-ben-Abn-Houbakar annonça même à tous les chefs réunis qu'il ne désignerait pas de successeur, qu'à sa mort il laisserait sa famille et ses biens sous la protection de M. Mizon et lui léguerait sa terre du Mouri. Tous les chefs présents applaudirent et, dans cette assemblée de musulmans, il n'y eut pas de protestation à l'idée d'être gouvernés par un chrétien. Ainsi avait été faite, avec quatorze tirailleurs noirs et quelques collaborateurs blancs, la conquête politique et morale d'un royaume grand comme dix départements français et en état d'hostilité avec la *Royal Niger Company*.

Si les protectorats des puissances européennes en Afrique s'établissaient uniquement par des raisons morales, il en serait peu, assurément, d'aussi légitimes que celui de la France sur le Mouri. Aucun cependant n'a été aussi âprement contesté.

Dans une lettre en date du 28 février, M. Flint, agent général, annonçait à M. Mizon qu'il en référait des actes de la mission française au conseil de la Compagnie à Londres.

Les personnes qui ont lu avec attention ce qui précède se demanderont ce qui, dans le récit exact et impartial que je viens de faire, pouvait justifier les singulières violences auxquelles le président de la *Royal Niger Company* s'est livré dans des lettres communiquées aux journaux anglais. Qui ne se souvient de ces documents au bas desquels le nom d'un personnage tel que lord Aberdare produisait un effet si étrange, et au cours desquels la mission française était traitée de ramassis d'aventuriers, de flibustiers, de pirates et menacée d'être traitée par les procédés les plus sommaires!

Et tout cela pourquoi? Parce que la Compagnie prétendait sans valeur le traité de protectorat signé par M. Mizon. A l'aide de quels arguments justifie-t-elle sa thèse? Cela est difficile à discerner dans les lettres de lord Aberdare. Excipe-t-on d'un traité politique antérieur? Invoque-t-on la convention franco-anglaise ou des engagements plus récents qui auraient été pris par le gouvernement français?

Quoi qu'il en soit, notre gouvernement ne s'était jamais refusé à la discussion. Il subordonnait volontiers la ratification du traité du Mouri à un examen contradictoire préalable. Le quai d'Orsay fit plus : dès que les protestations de la *Royal Niger Company* lui furent officiellement connues, il consentit à mander M. Mizon afin de pouvoir discuter en connaissance de cause et que sa décision ne fût pas préjugée. Quant à la mission elle-même, qui, dans les instructions primitives, n'était pas destinée au Mouri, elle reprendrait l'exécution du programme fixé au départ, et remonterait à Yola.

Telles furent les instructions télégraphiées par le gouvernement français pour être, — conformément aux engagements pris par le gouvernement anglais, — confirmées par lettre, et M. Hoellé, agent commercial de la Compagnie française de l'Afrique centrale, devait porter cette lettre en allant remplacer M. Wehrlin. On sait que la Compagnie, usant de procédés qui paraissent lui être habituels fit remettre seulement à M. Mizon le télégramme de rappel et refusa de tenir les engagements pris en son nom au sujet du passage de M. Hoellé.

Tandis que le gouvernement français consentait à discuter la question du protectorat du Mouri et faisait évacuer le pays, la Compagnie agissait comme si la question était tranchée à son profit. Elle se trompe toutefois si elle pense que ce coup d'audace pourra influencer la décision définitive. La question du Mouri doit être réglée d'après le droit international, sur examen de tous les titres, et non d'après les coups de duplicité ou de force de la Compagnie.

V

DU MOURI A YOLA — LE TRAITÉ AVEC L'ADAMAOUA

C'est le 11 janvier que partirent de la Bénoué M. Ward, médecin de la mission, et M. Vaughan, aide-mécanicien, tous les deux très éprouvés par la maladie. Ils rapportaient le traité conclu avec le sultan du Mouri.

En dehors du comptoir commercial créé à Maïraïnao, M. Mizon

pensait à en établir un autre plus haut : une courte reconnaissance fit choisir Kounini, près du village de Djen. C'est là que fut installée la factorerie, en un point qui fut baptisé Ménardville, en souvenir du capitaine Ménard, mort au Soudan.

A cette époque — fin février — se place le voyage de MM. Nebout et Chabredier à la rencontre de la mission Maistre.

En mars eut lieu l'organisation définitive de Ménardville, où M. Nebout fut installé en qualité de résident, à la fin de mai.

Durant ces mois, M. Mizon eut encore, à diverses reprises, à venir en aide à son protégé, le sultan du Mouri, notamment dans une expédition contre les païens de Doulti.

L'époque de montée des eaux de la Bénoué approchait. Les deux bateaux avaient été mis autant que possible en état; le *Sergent-Malamine*, demeuré complètement à sec sur un banc de sable, fut entouré d'un fossé où l'eau fut amenée ; il put ainsi être remis à flot et conduit dans un bassin au moyen d'un chenal creusé dans le sable.

M. Mizon fit un voyage d'adieux au sanguéré; il remonta également à Kounini. La crue de la Bénoué atteignait $1^{m},50$. Le 18 juillet, les deux bateaux se mirent en route pour Yola. La situation dans le Mouri était alors la suivante : à Ménardville, un résident politique, M. Nebout, et un chef de factorerie noir, M Fowler; à Maïraïnao, la factorerie dirigée par M. Huntzbüchler.

Le 12 août, M. Nebout est avisé de l'arrivée sur la rivière des vapeurs anglais *Nupé* et *Benué*, montés par de nombreux soldats. Conformément aux instructions données par M. Mizon, il fait aussitôt préparer les armes pour résister à toute tentative de coercition. Mais une chaloupe se détache et il lui est donné connaissance : 1° d'une copie du télégramme officiel que l'administration des colonies devait envoyer à M. Mizon, enjoignant d'évacuer le Mouri; 2° de la lettre adressée au « Foreign Office » par le ministère des affaires étrangères et qui annonce que le Mouri va être évacué jusqu'au règlement de la contestation politique. M. Nebout amène son pavillon et prend passage à bord de la *Benué*, qui le remonte jusqu'à la *Mosca*, stationnée en amont.

Ici s'ouvre une nouvelle phase, au point de vue des prétentions de la *Royal Niger Company*. Le 19 août, les deux navires de la mission française sont arrivés sur la Bénoué, en face de Yola; le *Nupé* les y a précédés, et les officiers de la *Royal Niger Company* se livrent à toutes sortes de mesquines intrigues pour entraver la mission. Le 20 août, un « officier de douane » de la Compagnie vient à bord de la *Mosca* et réclame le payement des taxes dues pour l'autorisation de commercer à Yola. C'est donc bien la question de suzeraineté sur l'Adamaoua qui est maintenant posée; il ne s'agit plus du Mouri. M. Mizon, qui a entre les mains le traité définitif signé par Zoubir, répond que l'Adamaoua est pays de protectorat français et que, par conséquent, il n'a aucune taxe à payer. Il enjoint au *Sergent-Malamine*, plus spécialement affecté à la mission commerciale, de repousser par la force toute tentative de coercition.

Le 22 août, tandis que M. Mizon entretient les relations les plus cordiales avec son protégé, le sultan Zoubir, le *Nupé* descend la rivière pour procéder à la fermeture des factoreries françaises du Mouri. Les marchandises sont mises sous scellés et M. Huntzbüchler est ramené sur le *Kouka*, qui porte également la mission allemande d'Uechstritz, laquelle est destinée à remplacer à Yola la mission von Stetten, arrivée de Cameroun, après un combat livré à Tibati. M. von Stetten prétend être en possession d'un traité signé par Zoubir. Mais quels en sont les termes? En tout cas, il est postérieur au traité conditionnel Mizon de 1892, ratifié d'une manière définitive au printemps de 1893. La mission allemande le sent si bien que, lorsque, le 3 septembre, M. Mizon lui signifie officiellement son traité, M. d'Uechstritz se contente de protester en disant que ce document est contraire à la convention franco-allemande de 1885.

Quant à l'agent anglais, M. Wallace, il répond que la question de suzeraineté sur Yola sera jugée en Europe par les gouvernements intéressés.

Néanmoins, durant les premiers jours de septembre, M. Wallace fait annoncer que le *Sergent-Malamine* va être saisi pour refus de payer les droits de douane. Le 15, une démonstration est même faite et repoussée par M. Chabredier.

A ce moment, M. Mizon a accompli sa mission principale, qui était de faire ratifier et contresigner le traité avec le sultan de l'Adamaoua. Il faut profiter des hautes eaux et songer au retour en France, où la présence de M. Mizon est indispensable pour la reprise des négociations diplomatiques. Ahmed est installé, en qualité de résident de France, à Yola, avec huit tirailleurs. M. Huntzbüchler demeure à bord du *Sergent-Malamine*, transformé en ponton-comptoir. La mission française redescend la Bénoué à bord de la *Mosca* et prend en route M. Tréhot, resté à Maïraïnao.

Le *Nupé* redescendait également : à un moment, il feint une avarie et s'arrête. C'est une ruse, d'ailleurs bien superflue. La *Mosca* continuant sa route, le *Nupé* remonte et s'empare du *Sergent-Malamine* et des marchandises. M. Huntzbüchler, sans moyens de résistance, doit se soumettre. Le *Nupé*, armé en guerre, avec plusieurs canons, arrime alors le *Sergent-Malamine*, redescend la Bénoué, dépasse la *Mosca* et mouille le premier à Lukodja, où la mission française le rejoint bientôt. On est là en territoire incontestablement anglais. Aussi M. Mizon se conforme-t-il scrupuleusement aux exigences des agents de la *Royal Niger Company*. Il laisse même opérer — en se contentant d'en prendre acte — la saisie d'un stock d'ivoire embarqué à bord de la *Mosca* par la mission commerciale.

La seconde mission Mizon dans la Bénoué était terminée.

VI

L'ARRANGEMENT ANGLO-ALLEMAND

Au moment où des négociations allaient s'engager d'une part entre la France et l'Angleterre, d'autre part entre la France et l'Allemagne, on apprit subitement que le baron de Marshall, représentant l'Allemagne, et M. Martin Gosselin, représentant l'Angleterre, venaient de conclure à Berlin un accord dont voici l'analyse :

Du point extrême désigné par la convention de 1885, et situé sur la rive droite du Vieux-Calabar par 9° 8' de longitude est (Greenwich), la frontière suit une ligne droite qui se dirige vers le point central actuel de la ville de Yola. De ce point central, une ligne droite est tirée sur un point situé sur la rive gauche de la Bénoué, à environ 5 kilomètres de l'embouchure principale de la rivière Faro. De ce dernier point et au sud de la Bénoué, une circonférence sera tracée, dont le centre sera le centre actuel de la ville de Yola, et le rayon la ligne précédemment mentionnée, et elle sera continuée jusqu'au point d'intersection avec la ligne droite tracée à partir du Vieux-Calabar. Sur ce point, la frontière s'éloigne de la ligne droite et suit la périphérie du cercle jusqu'au point où elle atteint la Bénoué. Ce point sur la Bénoué sera considéré comme le point à l'Est, et dans le voisinage immédiat de la ville de Yola, qui a été prévu par la convention de 1883.

La frontière doit être continuée vers le Nord de la façon suivante : Du point situé sur la rive gauche de la Bénoué, une ligne sera tirée qui, traversant le fleuve, se dirigera en droite ligne sur le point d'intersection du 13e degré de longitude orientale (Greenwich) et du 10e de latitude Nord. De ce point, la frontière sera continuée en droite ligne vers un point de la rive sud du lac Tchad, situé à 35 minutes à l'est du méridien du centre de la ville de Kouka, correspondant à la distance entre le méridien de Kouka et le 14e degré de longitude Est de Greenwich, telle qu'elle est marquée sur l'atlas allemand de Kiepert (1891). Au cas où les données ultérieures montreraient que la fixation de ce point attribue à la sphère d'influence anglaise une plus petite portion de la rive sud du lac Tchad que la carte ne le marque, un nouveau point devra être fixé qui répondra aux intentions actuelles des parties.

En attendant, le point sur la rive sud du lac Tchad qui se trouve situé à 0° 35' à l'est du méridien qui passe par le centre de la ville de Kouka servira de point terminal. Des modifications peuvent d'ailleurs être faites par des conventions entre les deux puissances aux démarcations actuellement existantes par suite des conventions antérieures.

Les pays situés à l'ouest de la ligne de démarcation fixée par la présente convention et par les conventions antérieures tomberont dans la sphère d'intérêts anglaise ; ceux situés à l'est, dans la sphère d'intérêts allemande.

Il est également convenu que l'influence allemande ne combattra pas l'influence anglaise à l'ouest du bassin du Chari, et que les pays du Darfour, du Kordofan et du Bahr-el-Gazal, tels qu'ils sont délimités dans la carte de Justus Perthes, d'octobre 1891, seront exclus de la sphère d'intérêts de l'Allemagne, même au cas où il serait démontré que des affluents du Chari sont situés à l'intérieur des pays susmentionnés.

Les deux puissances contractantes prennent, à l'égard des nouvelles sphères d'influence, comme elles l'avaient pris à l'égard des sphères d'influence antérieures dans les conventions précédentes, l'engagement de s'abstenir mutuellement de tout empiétement sur leurs sphères d'influence réciproques. Chacune s'abstiendra de faire des acquisitions dans la sphère d'influence de l'autre, d'y conclure des traités, d'y établir des protectorats ou d'y gêner en aucune façon l'influence de l'autre puissance. La Grande-Bretagne reconnait tous ses engagements au sujet du Niger et de ses affluents situés dans les pays de sa souveraineté ou de son protectorat, et elle confirme les actes y relatifs de l'Acte général de Berlin de 1885 ; de son côté, l'Allemagne déclare se reconnaître liée pour les eaux qui la concernent par les mêmes articles.

Nous ne savons ce qu'il faut considérer comme le plus étrange, des termes de ce document ou des circonstances dans lesquelles il a été signé. C'est, en effet, une chose assez rare dans les annales diplomatiques de voir deux grandes puissances régler une question à laquelle une troisième est intéressée au moins autant qu'elles, sans tenir le moindre compte des droits de celle-ci, en la traitant comme une quantité négligeable.

Voici de longues années que la France lutte pour asseoir son influence dans la région du Tchad. Ses titres sont les plus sérieux qui aient été produits : elle a traité avec le Mouri, avec l'Adamaoua — et jusqu'ici nous n'avons pas connaissance d'autres traités qui puissent lui être opposés. Cela n'empêche pas l'Angleterre de s'attribuer le Mouri, Yola, le Bornou et la rive du Tchad sans même nous consulter.

M. Mizon est allé à Ngaoundéré ; M. Ponel y a traité ; nos postes sont dans la Sangha ; M. Maistre a traité dans la région du Chari. N'empêche : les Allemands, qui ne sont même pas allés dans ces pays, proclament : « Ceci est à nous ». Rien n'est plus commode.

L'ARRANGEMENT FRANCO-ALLEMAND

Il était évident que la France n'avait nullement à tenir compte d'une convention passée dans de pareilles conditions.

Elle avait pourtant intérêt à passer des accords avec l'Allemagne, afin de n'avoir plus devant elle qu'un adversaire, — le moins loyal et le moins conciliant, — l'Angleterre. Le gouvernement allemand, de son côté, tenait à assurer définitivement les limites de sa colonie de Cameroun.

C'est dans ces conditions que des négociations furent ouvertes à Berlin, le 6 décembre 1893, entre MM. Haussmann et le commandant Monteil, représentant le gouvernement français, et MM. Kayser et Dankelmann, représentant le gouvernement allemand. Elles furent très laborieuses. Les coloniaux allemands intervinrent à diverses reprises pour empêcher leurs représentants de consentir des concessions qu'ils considéraient comme inacceptables et pour formuler des prétentions exagérées. De leur côté, MM. Haussmann et Monteil avaient le précieux concours des renseignements que leur faisait transmettre de Paris M. Mizon, seul en état de parler en connaissance de cause des régions contestées.

Le 4 février, enfin, les quatre délégués parvenaient à se mettre d'accord et signaient le protocole suivant :

Les soussignés :

Jacques Haussmann, chef de division au sous-secrétariat d'État des colonies ;

Parfait-Louis Monteil, chef de bataillon d'infanterie de marine ;

Docteur Paul Kayser, conseiller privé actuel de légation, dirigeant les affaires coloniales au département des affaires étrangères ;

Docteur Alexandre, baron de Dankelmann, professeur ;

Délégués par le gouvernement de la République française et le gouvernement de l'Empire allemand à l'effet de préparer un accord destiné à régler les questions pendantes entre la France et l'Allemagne dans la région comprise entre les colonies du Congo français et du Cameroun et à établir la ligne de démarcation des zones d'influence respectives des deux pays dans la région du lac Tchad ;

Sont convenus des dispositions suivantes :

Article premier. — La frontière entre la colonie du Congo français et la colonie du Cameroun suivra, à partir de l'intersection du parallèle formant la frontière avec le méridien 12°40' Paris (15° Greenwich), ledit méridien jusqu'à sa rencontre avec la rivière Ngoko; la rive gauche de la rivière Sangа.

Elle suivra ensuite, en remontant vers le nord, sur une longueur de 30 kilomètres, la rive droite de la rivière Sanga; du point qui sera ainsi déterminé sur la rive droite de la Sanga, une ligne droite aboutissant sur le parallèle de Bania, à soixante-deux minutes (62') à l'ouest de Bania; de ce point, une ligne droite aboutissant sur le parallèle de Gaza, à quarante-trois minutes (43') à l'ouest de Gaza.

De là la frontière se dirigera en ligne droite vers Koundé, laissant Koundé à l'est, avec une banlieue déterminée, à l'ouest, par un arc de cercle d'un rayon de 5 kilomètres, partant, au sud, d'un point où il sera coupé par la ligne allant à Koundé, et finissant, au nord, à son intersection avec le méridien de Koundé.

De là la frontière suivra le parallèle de ce point jusqu'à sa rencontre avec le méridien 12°40' de Paris (15° Greenwich).

Le tracé suivra ensuite le méridien 12°40' Paris, 15° Greenwich, jusqu'à sa rencontre avec le parallèle 8°30', puis une ligne droite aboutissant à Lamé, en laissant une banlieue de 5 kilomètres à l'ouest de ce point ; de Lamé, une ligne droite aboutissant sur la rive gauche du Mayo-Kebbi à hauteur de Bifara. Du point d'accès à la rive gauche du Mayo-Kebbi, la frontière traversera la rivière et remontera en ligne droite vers le nord, laissant Bifara à l'est jusqu'à la rencontre du 10e parallèle ; elle suivra ce parallèle jusqu'à sa rencontre avec le Chari ; enfin le cours du Chari jusqu'au lac Tchad.

Art. 2. — Le gouvernement français et le gouvernement allemand prennent l'engagement réciproque de n'exercer aucune action politique dans les sphères d'influence qu'ils se reconnaissent par la ligne de démarcation déterminée à l'article précédent.

Il est convenu par là que chacune des deux puissances s'interdit de faire des acquisitions territoriales, de conclure des traités et accepter des droits de souveraineté ou de protectorat, de gêner ou de contester l'influence de l'autre puissance dans la zone qui lui est réservée.

Art. 3. — La France, en ce qui concerne la partie du Mayo-Kebbi, et des affluents de la Bénoué comprise dans sa sphère d'influence,

L'Allemagne, en ce qui concerne la partie des eaux de la Bénoué et de ses affluents comprise dans sa sphère d'influence,

Se reconnaissent respectivement tenues d'appliquer et de faire respecter les dispositions relatives à la liberté de navigation et de commerce énumérées dans les articles 26, 27, 28, 29, 31, 32, 33 de l'Acte de Berlin du 26 février 1885, de même que les clauses de l'Acte de Bruxelles relatives à l'importation des armes et spiritueux.

La France et l'Allemagne s'assurent respectivement le bénéfice de ces mêmes dispositions en ce qui concerne la navigation du Chari, du Logone et de leurs affluents et l'importation des armes et des spiritueux dans les bassins de ces rivières.

Art. 4. — Dans les territoires de leurs zones d'influence respectives, compris dans les bassins de la Bénoué et de ses affluents, du Chari, du Logone et de leurs affluents, de même que dans les territoires situés au sud et au sud-est du lac Tchad, les commerçants ou les voyageurs des deux pays seront traités sur le pied d'une parfaite égalité en ce qui concerne l'usage des routes ou autres voies de communication terrestres.

Dans ces mêmes territoires, les nationaux des deux pays seront soumis aux mêmes règles et jouiront des mêmes avantages au point de vue des acquisitions et installations nécessaires à l'exercice et au développement de leur commerce et de leur industrie.

Sont exclues de ces dispositions les routes et voies terrestres de communication des bassins côtiers de la colonie du Cameroun, ou des bassins côtiers de la colonie du Congo français, non compris dans le bassin conventionnel du Congo tel qu'il a été défini par l'Acte de Berlin.

Ces dispositions toutefois s'appliquent à la route Yola, Ngaoundéré, Koundé, Gaza, Bania, et *vice versa*, telle qu'elle est repérée sur la carte annexée au présent arrangement, alors même qu'elle serait coupée par des affluents des bassins côtiers.

Les tarifs des taxes ou droits qui pourront être établis de part et d'autre ne comporteront à l'égard des commerçants des deux pays aucun traitement différentiel.

Art. 5. — En foi de quoi les délégués ont dressé le présent protocole, sous la réserve de l'approbation de leurs gouvernements respectifs, et y ont apposé leurs signatures.

Fait à Berlin, en double expédition, le 4 février 1894.

Les délégues français :

HAUSSMANN, MONTEIL.

Les délégués allemands :

KAYSER, VON DANKELMANN.

ANNEXE.

I. — La ligne de démarcation des sphères d'influence respectives des deux puissances contractantes, telle qu'elle est décrite à l'article 1er du protocole du même jour, sera conforme au tracé porté sur la carte annexée au présent protocole, qui a été établie d'après les données géographiques actuellement connues et admises de part et d'autre.

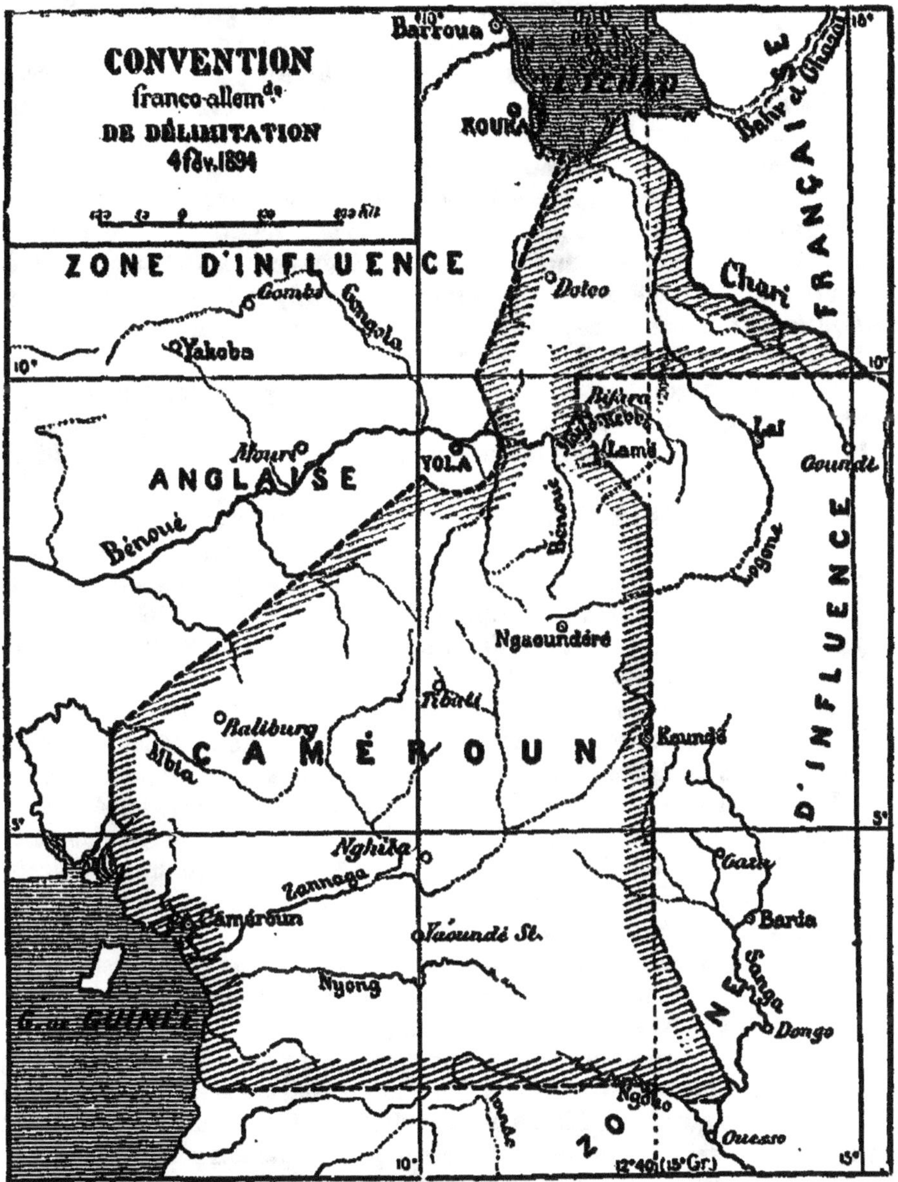

M. Chesneau, del.

CROQUIS SOMMAIRE.

Extrait des *Nouvelles géographiques*, donnant le tracé sommaire des limites territoriales résultant des conventions anglo-allemande et franco-allemande.

Il est bon de rappeler que la première délimitation n'engage pas la France et que la seconde n'engage pas l'Angleterre.

II. — Dans le cas où la rivière Ngoko, à partir de son intersection avec le méridien 12° 40′ Paris (15° Greenwich), ne couperait pas le deuxième parallèle, la frontière suivrait le Ngoko sur une longueur de 35 kilomètres à l'est de son intersection avec le méridien 12°40' Paris (15° Greenwich); à partir du point ainsi déterminé à l'Est, elle rejoindrait, par une ligne droite, l'intersection du 2° parallèle avec la Sanga.

III. — S'il venait à être démontré, à la suite d'observations nouvelles dûment vérifiées, que les positions de Bania, de Gaza ou de Koundé sont erronées et que par suite la frontière, telle qu'elle est définie par le présent protocole, se trouve reportée, au regard de l'un de ces trois points, d'une distance supérieure à 10 minutes de degré à l'ouest du méridien 12° 40' Paris (15° Greenwich), les deux gouvernements se mettraient d'accord pour procéder à une rectification du tracé de manière à établir une compensation équivalente au profit de l'Allemagne dans la région en question. Une rectification du même genre interviendrait en vue d'établir une compensation au profit de la France, s'il était démontré que l'intersection du parallèle 10° avec le Chari reporte la frontière à une distance de plus de 10 minutes à l'est du point indiqué sur la carte (longitude 14° 50' Paris = 17°10' Greenwich).

IV. — En ce qui concerne le point d'accès au Mayo-Kebbi, il demeure entendu que, quelle que soit la position définitivement reconnue pour ce point, la frontière laissera dans la sphère d'influence française les villages de Bifara et de Lamé.

V. — Dans le cas où le Chari depuis Goulfei jusqu'à son embouchure dans le Tchad se diviserait en plusieurs bras, la frontière suivrait la principale branche navigable jusqu'à l'entrée dans le Tchad, avec cette réserve que, pour que ce tracé soit définitif, la différence de longitude entre le point ainsi atteint par la frontière sur la rive sud du Tchad et Kouka, capitale du Bornou, pris comme point fixe, sera un degré.

Dans le cas où des observations ultérieures, dûment vérifiées, démontreraient que l'écart en longitude entre Kouka et ladite embouchure diffère de 5 minutes de degré (5') en plus ou en moins de celui qui vient d'être indiqué, il y aurait lieu, par une entente amiable, de modifier le tracé de cette partie de la frontière de manière que les deux pays conservent, au point de vue de l'accès au Tchad et des territoires qui leur sont reconnus dans cette région, des avantages équivalents à ceux qui leur sont assurés par le tracé porté sur la carte annexée au présent protocole.

VI. — Toutes les fois que le cours d'un fleuve ou d'une rivière est indiqué comme formant la ligne de démarcation, c'est le thalweg du fleuve ou de la rivière qui est considéré comme frontière.

VII. — Les deux gouvernements admettent qu'il y aura lieu, dans l'avenir, de substituer progressivement aux lignes idéales qui ont servi à déterminer la frontière telle qu'elle est définie par le présent protocole, un tracé déterminé par la configuration naturelle du terrain et jalonné par des points exactement reconnus, en ayant soin, dans les accords qui interviendront à cet effet, de ne pas avantager l'une des deux parties sans compensation équitable pour l'autre.

Vu pour être annexé au protocole du 4 février 1894.

Les délégués français :
Signé : Haussmann, Monteil.

Les délégués allemands :
Signé : Kayser, Von Dankelman.

Cette convention ne nous donne assurément pas satisfaction; elle nous enlève notamment la province de Ngaoundéré, sur laquelle le premier voyage de M. Mizon nous constituait véritablement des droits auxquels les Allemands ne pouvaient rien opposer. Elle laisse, d'autre part, un coin allemand enfoncé le long du Chari dans notre zone d'influence. Mais quoi! dans de pareilles négociations, on est bien obligé, pour aboutir, de consentir des concessions réciproques. En somme, la convention nous garantit définitivement l'accès au Tchad par le nord du Congo français; elle nous concède un point sur le Mayo-Kebbi; et enfin elle nous laisse face à face avec les Anglais, dans une position qui n'est pas désavantageuse. En effet, si nous n'avons pas reconnu la convention anglo-allemande, l'Angleterre n'a pas reconnu davantage, de son côté, la convention franco-allemande. Mais elle est impuissante à en empêcher les effets, justement parce que la convention qu'elle a signée avec l'Allemagne se retourne contre elle et forme une barrière qui nous protège. L'Angleterre n'aurait plus d'autre moyen de nous empêcher d'accéder au Tchad que d'y venir elle-même de la côte orientale. Cela sera au moins difficile.

Au contraire, nos revendications contre elle, à l'est du Cameroun, demeurent entières. Nous revendiquons, en vertu des traités de M. Mizon, Yola et le Mouri; nous persistons à considérer le Bornou comme indépendant. Autant d'éléments du gros compte africain que nous avons à régler avec l'Angleterre.

La Compagnie française de l'Afrique centrale, de qui relevait la mission commerciale qui accompagnait M. Mizon, a saisi de son côté le gouvernement français d'une demande en indemnité.

L'erreur du gouvernement anglais a été de penser qu'il pouvait, sans inconvénient, déléguer les droits et les obligations qu'il avait contractés à Berlin à une Compagnie à charte. Celle-ci, étant elle-même commerçante, devait se trouver ainsi juge et partie, et il est évident qu'elle ne pouvait vraiment guère s'inspirer de l'Acte de Berlin et favoriser le commerce de ses concurrents. Ce serait là une abnégation qu'on ne saurait demander à une Compagnie de trafiquants. Il est aujourd'hui démontré que la Compagnie royale du Niger non seulement n'observe pas les prescriptions de l'Acte de Berlin, mais qu'elle se comporte de la manière la plus intolérable et la plus odieuse à l'égard de tous ses concurrents — même de ses concurrents anglais.

Dans ces conditions, le gouvernement britannique n'a qu'un parti à prendre : c'est de déposséder la Compagnie de sa charte, comme il s'en est réservé le droit et comme il en a le pouvoir.

S'il ne le fait pas, ce sera le devoir du gouvernement français de provoquer une réunion de mandataires des puissances signataires de l'Acte de Berlin, soit pour abroger cet instrument, soit pour en faire respecter les dispositions.

LE
CONGO FRANÇAIS

En 1891, j'ai fait un exposé suffisamment détaillé de la constitution de notre colonie du Congo. Je n'y reviendrai pas. Aussi bien ai-je assez à dire sur son présent. Durant ces deux dernières années, la politique d'expansion a été poursuivie, il faut le reconnaître, avec une nouvelle vigueur, concurremment par l'administration et par le Comité de l'Afrique française; M. de Brazza, reprenant en personne l'œuvre de M. Fourneau, a occupé fortement la Haute-Sanga. Il a poussé ses avant-postes jusqu'à Gaza, dans l'Adamaoua. M. Liotard, venu après M. Gaillard dans le Haut-Oubangui, s'est maintenu aux Abiras, près de l'embouchure du M'Bomou, faisant face aux difficultés qu'occasionne le voisinage des Belges de l'État indépendant. Voilà pour les entreprises officielles. J'ai raconté celles que poursuivirent MM. Dybowski et Maistre au nom du Comité de l'Afrique française.

Dans cette expansion vers le Nord, nous sommes arrivés au contact avec le Baguirmi et le Ouadaï. C'est maintenant à ces puissances musulmanes que nous aurons affaire; toutefois la difficulté n'est pas immédiate.

Il en est autrement au nord-ouest et au nord-est, où notre marche nous a mis aux prises avec les prétentions de l'Angleterre, de l'Allemagne et de l'État indépendant.

Je viens de résumer la situation que les événements et les dernières conventions anglo-allemande et franco-allemande nous ont faite au nord-ouest.

La situation au nord-est est plus grave et plus compliquée.

C'est ce qu'on a appelé improprement la question du M'Bomou. Il y avait là, en effet, deux questions distinctes : celle du M'Bomou qui n'était qu'une contestation territoriale relativement peu importante avec l'État indépendant, et celle du Haut-Nil qui était capitale. La principale erreur de la diplomatie française a été justement de trop faire dépendre notre politique sur le Haut-Nil de la solution de l'incident du M'Bomou.

QUESTIONS DU M'BOMOU ET DU HAUT-NIL.

La convention du 29 avril 1887, qui confirmait à la France le droit de préemption sur l'État indépendant, au cas où celui-ci voudrait réaliser ses territoires, ajoutait :

Depuis son confluent avec le Congo, le thalweg de l'Oubangui formera la frontière jusqu'à son intersection avec le 4e parallèle Nord.

L'État indépendant du Congo s'engage, vis-à-vis du gouvernement de la République française, à n'exercer aucune action politique sur la rive droite de l'Oubangui, au nord du 4e parallèle.

Le gouvernement de la République française s'engage, de son côté, à n'exercer aucune action politique sur la rive gauche de l'Oubangui, au nord du même parallèle, le thalweg formant, dans les deux cas, la séparation.

En aucun cas, la frontière septentrionale de l'État du Congo ne descendra au-dessous du 4e parallèle Nord, limite qui lui est déjà reconnue par l'article V de la convention du 5 février 1885.

A l'époque où cette convention fut signée, le cours de l'Oubangui n'était pas encore connu. Chose singulière, au cours des négociations, ce furent les diplomates belges qui affirmèrent l'identité de l'Oubangui et de l'Ouellé, niée par les Français. Quand cette identité fut établie par les voyages du capitaine Van Gèle et de M. Roget, les conséquences de la lettre de cette convention apparurent clairement. Si l'Ouellé était bien le cours supérieur de l'Oubangui, comme il redescendait au-dessous du 4e parallèle Nord, l'État indépendant se trouvait limité au nord par ce parallèle, jusqu'à son intersection avec la rivière.

Cette conséquence imprévue de la convention du 29 avril 1887 parut particulièrement cruelle au roi souverain : ses envoyés Van Gèle, Roget, etc., avaient les premiers exploré le Haut-Oubangui et la région comprise entre l'Ouellé et le M'Bomou. Arrivés difficilement par l'Oubangui, plus aisément par le Roubi, ils s'étaient installés à Djabbir, puis à Bangasso. Ils s'étaient trouvés là en contact avec des populations nouvelles, à la fois riches en ivoire et propres à fournir des contingents guerriers. La tentation était grande. Voyant que les Français demeuraient immobiles, ne dépassant point Bangui, le roi, tablant sans doute sur la valeur incontestable et reconnue des occupations effectives en Afrique, lança hardiment ses officiers au delà de l'Ouellé. Ils dépassèrent Bangasso, signèrent des traités avec d'autres chefs encore plus puissants, Rafaï, Semio. Bientôt ils furent installés en maîtres dans toute la région, jusqu'à la ligne de partage des eaux des bassins du Nil et du Congo.

Mis en goût par cette campagne hardie, l'État indépendant conçut le dessein audacieux de pousser jusqu'au Nil, vers Wadelaï et Lado, au sud de l'ancienne province d'Emin, à travers le pays des Monbouttous. Ce fut le capitaine Van Kerckove qui fut chargé de cette difficile entreprise. On ne sait encore exactement quels en ont été les résultats définitifs. Mais si ce brillant officier remporta d'abord d'éclatants succès, il le dut précisément aux contingents indigènes prêtés à l'État par Rafaï et Semio. Cela n'était point pour faire abandonner au roi ces précieux protégés.

Tandis que les Belges déployaient au nord de l'Ouellé cette remarquable activité, le Congo français paraissait se désintéresser complètement du Haut-Oubangui. J'étais à peu près seul à protester contre le traité signé par le capitaine Van Gèle avec Bangasso. Il fallut le passage de Crampel pour que le gouvernement sortît de cette léthargie : un de ses fonctionnaires, M. Gaillard, remonta durant l'été de 1891 au delà de Dioukoua-Mossoua jusqu'à Yacoma, au confluent du M'Bomou et de l'Ouellé. Après lui, ce fut le tour de M. Liotard, qui devait s'établir au poste des Abiras, d'où il n'a plus bougé depuis cette époque, faisant face à des difficultés de toute nature, avec une ténacité et un dévouement auxquels il faut rendre hommage.

C'est seulement au printemps de 1892 que les diplomates européens se préoccupèrent de la contradiction qui s'était établie sur le Haut-Oubangui, entre la possession de fait et la possession de droit. Il s'en fallut de peu qu'on ne tombât d'accord presque immédiatement : ce n'est pas qu'on prît au sérieux en France les raisons successivement invoquées par l'État indépendant à l'appui de ses prétentions : que le prolongement de l'Oubangui n'était pas l'Ouellé, mais bien le M'Bomou; qu'en tout cas il y avait entre l'Ouellé et l'Oubangui la même différence qu'entre la Garonne et la Gironde et que la convention, ne parlant pas de l'Ouellé, ne pouvait s'appliquer qu'à l'Oubangui jusqu'au confluent, etc.

Mais les Belges avaient mieux que cela en leur faveur : ils avaient l'occupation effective, les efforts considérables faits par eux et notre inertie. *Ils avaient surtout notre propre intérêt.*

Tant par la voie de la presse qu'en m'adressant à ceux qui ont charge de nos intérêts coloniaux, j'ai bien souvent expliqué, depuis le commencement de 1892, une situation qui s'est nettement caractérisée depuis et j'ai prédit, dès le début, ce qui est arrivé :

La question de savoir si la France et l'État indépendant posséderaient un peu plus ou un peu moins de territoires entre l'Ouellé et le M'Bomou me paraît avoir une médiocre importance : ce qui aurait une bien autre portée, ce serait l'établissement de postes français sur le Haut-Nil, ce qui nous eût permis d'opposer une solide barrière à la politique envahissante de l'Angleterre et de peser d'un poids nouveau dans le règlement inéluctable de la question égyptienne — pour la reconnaissance et la sauvegarde définitives des droits de l'Égypte et de la Turquie.

En cette circonstance, comme presque partout et toujours d'ailleurs, nous avons devant nous un adversaire tenace, résolu, persévérant dans ses desseins : l'Angleterre. Notre politique africaine devrait consister à l'isoler. Elle a été tout le contraire : à l'ouest, le Foreign Office a réussi un moment à se coaliser avec les Allemands contre nous. A l'est, tous nos efforts ont tendu à jeter l'État indépendant dans les bras des Anglais.

Si, dès le printemps de 1892, nous avions eu le sens de nos véritables intérêts, nous aurions conclu, en abandonnant une partie de nos droits légitimes, un arrangement avec l'État indépendant, et, grâce à cet arrangement, le drapeau français flotterait aujourd'hui sur le Haut-Nil et sur la région du Bahr-el-Ghazal, ce qui impliquerait pour l'Angleterre l'obligation assez rapide de tenir ses engagements. Mais, hélas! c'est une tout autre politique qui a été adoptée, sans que d'ailleurs ceux qui en furent les défenseurs aient obéi à d'autres sentiments que le désir de sauvegarder les intérêts français. Ils ne manquaient pas de patriotisme, mais ils manquaient de clairvoyance. Au Congo même, nos agents, voyant les choses de trop près, en myopes, et bornant leurs appréciations aux faits quotidiens, ne songeaient qu'à défendre nos droits théoriques contre des empiétements flagrants. Un antagonisme bien naturel, mais bien regrettable aussi, se produisait entre les représentants des deux pays.... A Paris, l'administration centrale, avec ses directions successives, son défaut de stabilité, était impressionnée par le rapport de ses agents et par cette crainte de paraître « reculer », qui est toujours si dangereuse dans une démocratie.

LA CONVENTION ANGLO-CONGOLAISE.

Brusquement, au milieu de mai 1894, peu de temps après le dernier échec des négociations franco-congolaises, on apprit qu'un accord avait été conclu entre le souverain du Congo et le gouvernement britannique.

Voici le texte de ce document important :

Les soussignés, M. van Eetvelde, officier de l'ordre de Léopold, grand-croix des ordres du Portugal, de Saint-Grégoire le Grand et de la Rédemption africaine, secrétaire d'État de l'intérieur de l'État indépendant du Congo, agissant au nom de l'État indépendant du Congo,

Et

L'honorable sir Francis Richard Plunkett, chevalier grand-croix de l'ordre de Saint-Michel et Saint-Georges, envoyé extraordinaire et ministre plénipotentiaire de Sa Majesté Britannique auprès du roi des Belges, agissant au nom du gouvernement britannique, dûment autorisés par leurs gouvernements respectifs, sont convenus comme suit :

Sa Majesté le roi des Belges, souverain de l'État indépendant du Congo, ayant reconnu la sphère d'influence britannique telle qu'elle est déterminée dans l'arrangement anglo-allemand du 1er juillet 1890, la Grande-Bretagne s'engage à donner à bail à Sa Majesté certains territoires situés dans le bassin Ouest du Nil, aux conditions spécifiées dans les articles suivants :

Article 1er. — A. Il est convenu que la sphère d'influence de l'État indépendant du Congo sera limitée au nord de la sphère allemande, dans l'Est africain, par une frontière suivant le 30e méridien Est de Greenwich, jusqu'à son intersection avec la crête de partage des eaux du Nil et du Congo, et cette crête de partage dans la direction du Nord et du Nord-Ouest.

B. La frontière entre l'État indépendant du Congo et la sphère britannique au nord du Zambèze suivra une ligne allant directement de l'extrémité du cap Akalunga, sur le lac Tanganika, situé au point le plus septentrional de la baie de Cameron, par environ 8° 15' latitude Sud, à la rive droite de la rivière Luapula, au point où cette rivière sort du lac Moëro. La ligne sera ensuite prolongée directement jusqu'à l'embouchure de cette rivière dans le lac; toutefois, vers le sud du lac, elle déviera de façon à laisser l'île de Kilwa à la Grande-Bretagne. Puis elle suivra le « thalweg » de la Luapala jusqu'au point où cette rivière sort du lac Bangwelo. Elle suivra ensuite, dans la direction du Sud, le méridien de longitude passant par ce point jusqu'à la crête de partage du Congo et du Zambèze, puis cette crête de partage jusqu'à la frontière portugaise.

Art. 2. — La Grande-Bretagne donne à bail à S. M. le roi Léopold II, souverain de l'État indépendant du Congo, les territoires ci-après déterminés, pour être occupés et administrés par lui, aux conditions et pour la période de temps ci-après stipulées :

Ces territoires seront limités par une ligne partant d'un point situé à la rive occidentale du lac Albert, immédiatement au sud de Mahagi et allant jusqu'au point le plus rapproché de la frontière définie au paragraphe *A* de l'article précédent. Cette ligne suivra ensuite la crête de partage des eaux du Congo et du Nil jusqu'au 25° méridien Est de Greenwich, et ce méridien jusqu'à son intersection avec le 10° parallèle Nord; puis elle longera ce parallèle directement vers un point à déterminer au nord de Fachoda. Elle suivra ensuite le thalweg du Nil dans la direction du Sud jusqu'au lac Albert, et la rive occidentale de ce lac jusqu'au point indiqué ci-dessus au sud de Mahagi.

Ce bail restera en vigueur pendant la durée du règne de S. M. Léopold II, souverain de l'État indépendant du Congo.

Toutefois, à l'expiration du règne de Sa Majesté, il restera en vigueur de plein droit en ce qui concerne toute la partie des territoires mentionnés plus haut situés à l'ouest du 30° méridien Est de Greenwich, ainsi qu'une bande de 25 kilomètres d'étendue en largeur, à déterminer de commun accord, se prolongeant de la crête de partage des eaux du Nil et du Congo jusqu'à la zone occidentale du lac Albert, et comprenant le port de Mahagi.

Ce bail prolongé restera en vigueur aussi longtemps que les territoires du Congo resteront, comme État indépendant, ou comme colonie belge, sous la souveraineté de Sa Majesté et des successeurs de Sa Majesté.

Pendant toute la durée du présent bail, il sera fait usage d'un pavillon spécial dans les territoires donnés à bail.

Art. 3. — L'État indépendant du Congo donne à bail, à la Grande-Bretagne, pour être administrée quand elle l'occupera, sous les conditions et pour la période ci-après déterminées, une bande de terre d'une étendue de 25 kilomètres en largeur, se prolongeant du port le plus septentrional sur le lac Tanganika, lequel port est compris dans la bande, jusqu'au point le plus méridional du lac Albert-Édouard.

Ce bail aura la même durée que celui qui s'applique aux territoires situés à l'ouest du 30° méridien Est de Greenwich.

Art. 4. — S. M. le roi Léopold II, souverain de l'État indépendant du Congo, reconnaît qu'il n'a et ne cherche à acquérir d'autres droits politiques, dans les territoires qui lui sont cédés à bail dans le bassin du Nil, qu'en conformité du présent arrangement.

De même, la Grande-Bretagne reconnaît qu'elle n'a et ne cherche à acquérir d'autres droits politiques, dans la bande de territoire qui lui est cédée à bail entre le lac Tanganika et le lac Albert-Édouard, qu'en conformité du présent arrangement.

Art. 5. — L'État indépendant du Congo autorise la construction à travers ses territoires, par la Grande-Bretagne ou par une Compagnie dûment autorisée par le gouvernement anglais, d'une ligne télégraphique reliant les territoires anglais de l'Afrique du Sud à la sphère d'influence anglaise au Nil. Le gouvernement de l'État du Congo aura toutes facilités pour relier cette ligne à son propre système télégraphique.

Cette autorisation ne confère ni à la Grande-Bretagne, ni à aucune Compagnie, personne ou personnes, déléguées aux fins de construire la ligne télégraphique, aucuns droits de police ou d'administration dans le territoire de l'État du Congo.

Art. 6. — Dans les territoires donnés à bail par le présent arrangement, les nationaux de chacune des parties contractantes jouiront réciproquement des droits et immunités des nationaux de l'autre partie, et ne seront soumis à aucun traitement différentiel.

En foi de quoi les soussignés ont signé le présent arrangement, et y ont apposé le sceau de leurs armes.

Fait en double, à Bruxelles, ce douzième jour de mai 1894.

(S.) Edm. van Eetvelde.
(S.) Fr. Plunkett.

A la suite de la publication de ce document, je fis paraître les articles suivants dans le *Journal des Débats*.

I

Nous publions le texte de la convention passée entre l'Angleterre et l'État indépendant du Congo, pour la délimitation de leurs possessions respectives dans le Haut-Nil. Avant de dire notre sentiment sur la portée de ce document, il n'est peut-être pas inutile de tâcher de rendre un peu plus claires, pour le lecteur, ses dispositions compliquées.

L'Angleterre obtient d'abord, — c'est la base même de la convention, — la reconnaissance par l'État indépendant de la convention anglo-allemande du 1er juillet 1890. L'arrangement actuel, — dont la portée est heureusement limitée, — n'irait, d'autre part, à rien moins qu'à reconnaître à l'Angleterre la possession de tout le sud de l'ancien Soudan égyptien.

L'Angleterre obtient encore de l'État indépendant ce qu'elle avait ardemment désiré, une route de 25 kilomètres de large au nord du Tanganika, qui, avec la ligne télégraphique que la convention l'autorise à établir à l'ouest du Tanganika, lui permet de faire communiquer ses possessions du Sud africain avec ses futures possessions du Nord et, plus tard, avec l'Égypte. C'est un grand pas fait vers la réalisation du rêve de M. Cecil Rhodes. La convention parle, il est vrai, d'un « bail » ; mais, comme la durée de ce bail n'est pas déterminée, il est permis de considérer cette expression comme purement théorique.

En ce qui concerne les avantages faits à l'État indépendant, il faut distinguer.

Durant la vie du roi Léopold, l'Angleterre concède à *bail* à l'État indépendant toute la rive gauche du Haut-Nil, depuis un point situé au nord de Fachoda, au nord, jusqu'à la limite d'influence allemande, au sud du lac Albert-Edouard. Cette vaste zone est limitée, d'autre part, au nord, par le 10° parallèle, à l'ouest et au sud-ouest par le 25° méridien (Greenwich) et par la ligne de partage des eaux entre le bassin du Nil et le bassin du Congo. En un mot, l'Angleterre « donne » à *bail* au roi Léopold tout le Bahr-el-Ghazal, la moitié de l'ancienne province égyptienne de Fachoda et ce qui se trouvait à l'ouest du Nil des deux anciennes provinces égyptiennes de Lado et de la province Équatoriale, — c'est-à-dire la presque totalité.

Ceci est personnel au roi Léopold. A sa mort, l'État indépendant est réduit à la portion congrue. C'est-à-dire que l'Angleterre lui laisse la plus grande partie du Bahr-el-Ghazal, lui reprend toute la rive gauche du Nil jusqu'au 30° méridien Est (Greenwich), en lui abandonnant toutefois une bande de 25 kilomètres de large « à déterminer d'un commun accord, se prolongeant de la crête de partage des eaux du Nil et du Congo jusqu'à la zone occidentale du lac Albert et comprenant le port de Mahagi ».

Ces « dons », faits par l'Angleterre au roi Léopold ou à l'État indépendant de territoires qui d'ailleurs ne lui appartiennent aucunement, ne sont constitués qu'à *bail*, tout comme la zone du Tanganika. C'est là une méthode assez nouvelle dans les arrangements territoriaux entre puissances.

Le bail n'est valable qu'autant que l'État indépendant demeure dans sa forme actuelle ou qu'il sera devenu une colonie belge. Par conséquent, il serait annulé si, par exemple, la France était amenée à exercer son droit de préemption.

D'une manière absolue et en dehors de ces baux, l'Angleterre ne reconnait à peu près rien de plus à l'État indépendant que ce qu'il possédait déjà antérieurement en vertu d'actes précédents ou en vertu de la simple occupation de fait. La convention substitue simplement aux limites théoriques du 30° méridien Est (Greenwich) et du 4° parallèle la limite naturelle et, par conséquent, plus rationnelle de la chaîne de partage des eaux entre le bassin du Nil et le bassin du Congo.

Au premier abord, ce document suscite les observations suivantes :

1° Si les négociations qui durent depuis deux ans entre la France et l'État indépendant avaient abouti, la convention anglo-belge n'aurait pu être signée, car elle contient des clauses incompatibles avec certaines dispositions qui étaient acceptées d'un commun accord par les délégués belges et français. C'est donc à défaut d'une entente avec la France que le roi Léopold a passé une pareille convention avec l'Angleterre.

2° « Les parties contractantes déclarent, dans des lettres distinctes de la convention, qu'elles connaissent les revendications de la Turquie et de l'Égypte sur le Haut-Nil. »

Mais elles les connaissent pour n'en tenir aucun compte et pour violer les droits de la Turquie et de l'Égypte.

3° La France ne saurait à aucun degré reconnaître un acte qui viole les droits de la Turquie et de l'Égypte. Elle ne saurait attacher aucune valeur à un document par lequel l'Angleterre dispose de territoires sur lesquels elle n'a ni droits légaux, ni même les avantages de l'occupation.

4° L'État indépendant se trouvant maintenant lié par des engagements que nous ne pouvons et que nous ne pourrons jamais reconnaître, toute entente directe avec lui devient impossible. Un arbitrage pourrait seul trancher le conflit qui s'est élevé entre lui et nous relativement aux territoires situés entre l'Ouellé et le M'Bomou.

Quant aux territoires situés dans le bassin du Nil, l'État indépendant lui-même reconnait par la convention qu'ils ne lui appartiennent pas, puisqu'il les accepte à bail d'un autre qui ne les possède pas davantage.

C'est donc vis-à-vis de l'Angleterre que nous aurons à débattre la question des territoires du bassin du Haut-Nil. C'est un nouveau facteur dans la question d'Égypte. Il n'a rien d'imprévu pour ceux qui, depuis l'occupation de l'Égypte et l'expédition de Stanley, observent attentivement la politique méthodique de l'Angleterre dans cette partie du monde.

II

Certains de nos confrères français semblent être fort irrités contre le roi Léopold, en raison de la signature de la convention anglo-belge. Quelque étonnement que certains en puissent ressentir, il faut rappeler que le roi Léopold est Belge, et que son droit et même son devoir sont de se préoccuper uniquement des intérêts belges. Nous avons surtout à nous en prendre à nous-mêmes, si nous avons, du fait même de la signature de la convention, subi une sorte d'échec dans l'Afrique orientale.

Aussi longtemps que le roi Léopold a pu considérer comme possible une entente avec la France, il l'a cherchée, non pas pour nous être agréable, mais parce que cela était son véritable intérêt. Cela est tellement vrai, que, lors des derniers pourparlers qui eurent lieu à Bruxelles en avril 1894, les délégués des deux puissances tombèrent de nouveau, dès le début, d'accord sur certains principes qui auraient rendu impossible la convention signée plus tard avec l'Angleterre. Mais l'accord, malheureusement, ne se faisant pas, le roi chercha de l'autre côté du détroit l'appui qu'il aurait voulu trouver de celui-ci.

La vérité est que, par la faute surtout de notre instabilité gouvernementale, nous n'avons pas de ligne de conduite déterminée dans cette partie de l'Afrique, où nous nous trouvons en présence de la politique la plus stable, la plus patiente, la plus persévérante qui soit au monde : celle du Foreign Office.

On pouvait s'arrêter à deux partis : ou s'entendre avec l'État indépendant du Congo, moyennant l'abandon partiel de nos revendications territoriales. C'était un bien léger sacrifice, puisqu'il s'agissait de régions où nous ne sommes jamais allés. C'était, à notre avis, le meilleur parti, car il nous conduisait à très bref délai sur la rive gauche du Haut-Nil, non pour y conquérir des territoires appartenant légitimement à la Turquie et à l'Égypte, mais pour les protéger contre l'absorption complète par l'Angleterre et amener par voie de conséquence naturelle l'évacuation de l'Égypte.

A défaut de cette ligne de conduite, on pouvait en adopter une autre : Réclamer entre l'État indépendant et nous la médiation que prescrit l'Acte de Berlin. En même temps, masser des troupes aux Abiras et, aussitôt après la décision de la puissance médiatrice, agir énergiquement.

Mais ce qui n'était pas une politique, ce qui ne pouvait aboutir à rien autre chose qu'à un résultat négatif, ce fut tantôt d'entamer des négociations sans le dessein arrêté de conclure, tantôt de faire des déploiements de forces platoniques, d'envoyer aux Abiras des troupes qui ne devaient jouer aucun rôle actif.

Voilà l'histoire du passé, dans lequel la bonne volonté de tous, — car nous n'incriminons personne, — a abouti aux plus tristes échecs, par cette raison qu'au milieu des interpellations quotidiennes et des renversements semestriels de ministères il est impossible de suivre une politique coloniale sérieuse, une telle politique exigeant une éducation préalable, une connaissance approfondie des questions, des difficultés qu'on a devant soi, des desseins que poursuivent les adversaires, ainsi que la ferme volonté, — et aussi le temps, — de poursuivre avec persévérance un plan déterminé, sans s'inquiéter des contradictions qui peuvent exister entre ce plan et l'opinion contraire de personnes bien intentionnées, mais qui n'en comprennent pas la portée.

Tandis que la presse française fait à la convention l'accueil que nous signalions plus haut, les journaux coloniaux belges paraissent en général très satisfaits. Nous croyons qu'à la réflexion ils estimeront comme nous que cet arrangement est beaucoup moins profitable au roi Léopold qu'à l'Angleterre.

En effet, le domaine, *définitivement* reconnu par l'Angleterre à l'État indépendant, n'est accru que de parcelles provenant d'une rectification de frontières au niveau du lac Albert et du bassin du M'Bomou. Or ce dernier appartient en droit à la France et il n'est pas à prévoir que la médiation ou l'arbitrage désormais inévitable puisse laisser grand'chose à l'État indépendant en compensation de l'occupation effective, étant donné surtout qu'il a tenté de s'assurer à l'avance des compensations dans le bassin du Nil.

D'autre part, le bail consenti par l'Angleterre pour des territoires qui ne lui appartiennent pas ne saurait être que provisoire. Les avantages positifs que le souverain du Congo peut trouver dans l'exploitation de ce fermage, durant un temps probablement assez court, compenseront-ils les inconvénients que présentent le voisinage des anciens mahdistes et le mécontentement de la France et de la Turquie? Cela paraît au moins douteux.

L'Angleterre tire donc seule, à notre avis, un réel bénéfice de la convention que sa diplomatie a si savamment préparée. Au moyen de la bande de 25 kilomètres qu'elle s'est réservée, elle fait un grand pas dans la voie des conceptions de M. Cecil Rhodes. Étant donné, d'autre part, la neutralité des eaux du Tanganika et la ligne télégraphique qu'on lui concède le droit de construire à l'ouest de ce lac, on peut dire que les communications sont désormais assurées entre les possessions anglaises dans le sud de l'Afrique et l'Ouganda, en attendant qu'elles le soient avec l'Égypte. D'autre part, par le fait même qu'il les prend à bail, le souverain de l'État indépendant reconnaît à l'Angleterre un droit sur les territoires des anciennes provinces égyptiennes de Bahr-el-Ghazal, de Fachoda, de Lado et Équatoriale. Cette reconnaissance par l'État indépendant d'une possession qui n'était appuyée jusqu'ici sur aucun titre, pas même sur une occupation de fait, si faible fût-elle, n'a naturellement qu'une valeur limitée. Rien n'empêche l'Angleterre de concéder au même titre tous les territoires qu'aucune puissance européenne n'occupe en Afrique.

Cette série de pas successifs en avant dans le bassin du Haut-Nil, l'occupation de l'Ouganda, déclarée possession de la couronne, l'envahissement de l'Ounyoro, la reprise de Wadelaï, les prétentions sur les anciennes provinces égyptiennes, affirmées par la nouvelle convention, — jointes à cette considération que les troupes égyptiennes (commandées par des officiers anglais), cantonnées à Wadi-Halfa, pourraient aisément reprendre Kartoum et ne le font pas, — tout cela dessine clairement le plan que l'Angleterre poursuit dans toute l'Afrique orientale avec une énergie, une activité et une persévérance qui font le plus grand honneur à son gouvernement.

Cette activité, cette énergie, cette persévérance, s'exercent précisément, — sauf en ce qui concerne l'Afrique méridionale, — contre les droits de la Turquie et de l'Égypte et contre nos intérêts primordiaux. C'est également des intérêts français qui sont menacés sur le Niger, comme au Siam, comme dans le Sud algérien, comme au Harrar, comme presque partout, par la politique coloniale anglaise. Si le Foreign Office veut éviter que cette querelle générale, par la simplicité même des termes où elle se pose, ne prenne une extrême gravité, il fera sagement d'envisager dès maintenant le moyen de mettre fin à un si dangereux antagonisme, par un arrangement qui donne satisfaction aux ambitions de deux grands peuples auxquels leurs immenses domaines coloniaux actuels suffiraient, et qui n'auraient plus aucune raison de se quereller, si, après entente, ils avaient le ferme dessein d'être l'un vis-à-vis de l'autre loyaux et sincères pour en appliquer les termes.

III

Nous avons fait précédemment l'historique exact des négociations internationales qui ont été subitement interrompues par la publication de la convention anglo-congolaise. Nous avons du même coup signalé les irrégularités et les dangers de cette convention.

Nous avons appris que le gouvernement français avait fait à ce sujet les plus expresses réserves à Londres et à Bruxelles, de même qu'il protestait à Rome contre le protocole anglo-italien du 5 mai relatif au Harrar.

En ce qui concerne la convention anglo-congolaise, voici, à ce qu'il nous semble, sur quels points nos réserves doivent porter.

Nous n'avons pas reconnu le traité anglo-allemand du 1er juillet 1890. Par conséquent, nous ne pouvons lui reconnaître des conséquences ayant pour résultat de confisquer, au profit de l'Angleterre, des territoires qui sont officiellement partie intégrante de l'Empire Ottoman depuis le firman du 13 février 1841, lequel ne faisait que consacrer une occupation effective de la Nubie, du Darfour, du Kordofan, du Sennaar et de leurs dépendances, — c'est-à-dire des provinces Équatoriales, — par le gouvernement égyptien. Ces droits ont été maintenus par le firman du 14 août 1870 et récemment encore, 14 avril 1892, par le firman d'investiture du khédive Abbas II, auquel les ministres de France et d'Angleterre au Caire ont adhéré.

Les puissances européennes n'ont-elles pas, d'autre part, garanti l'intégrité du territoire ottoman? Comment donc pourrait-on admettre la confiscation pure et simple tentée par la Grande-Bretagne? Cela est d'autant moins admissible que les territoires donnés à bail à l'État indépendant eussent-ils été complètement libres, qu'elle n'aurait, à les revendiquer, aucun droit de fait fondé sur une occupation quelconque.

Nos réserves, en ce qui concerne les engagements de l'État indépendant, sont, s'il est possible, encore plus justifiées. On se souvient que c'est au cours des conférences tenues à Berlin en février 1885 que fut signifiée la transformation de l'Association internationale du Congo en État indépendant. M. le baron de Courcel, qui représentait la France à ces conférences, prit acte de cette notification. Mais il eut soin en même temps de rappeler que le nouvel État, ainsi reconnu, était « territorialement constitué dans des limites précises ». Or ces limites étaient déterminées par les conventions signées précédemment avec les puissances, et auxquelles était jointe une carte. Cette carte fixe pour limites de l'État indépendant, à l'est, le 30ᵉ méridien Est de Greenwich; au nord, le 4ᵉ parallèle. L'État indépendant n'a donc, de par sa constitution même, aucun droit à sortir de ces limites, qui ont été la condition même de son existence. Encore moins a-t-il le droit de s'étendre, lui État neutre, dans des régions dont la neutralité n'a été reconnue par personne.

C'est probablement en s'appuyant sur les mêmes considérations que le gouvernement allemand a fait comme nous des réserves visant la convention anglo-congolaise.

On peut objecter à ce qui précède que, au cours des négociations franco-congolaises, la France a admis que l'État pût sortir, dans une certaine mesure, des limites reconnues à Berlin. Cela est exact; mais, si la France, dans des conditions déterminées, consentait à approuver une extension des territoires de l'État, cela n'engageait qu'elle et demeurait soumis à la ratification des autres puissances. De même, à l'heure actuelle, un arrangement de même genre pris par l'État indépendant avec un autre pays que la France ne saurait se passer de la ratification de toutes les puissances représentées à Berlin en 1885, — et par conséquent de la France elle-même.

Depuis le 23 avril 1884 nous avons un droit formel de préemption sur les territoires de l'Association internationale du Congo et, par conséquent, sur l'État indépendant. On peut dire que la reconnaissance de ce droit a été une des conditions de la naissance de la nouvelle puissance africaine. Or ce droit de préemption semble incompatible avec la concession à bail que l'État a faite à l'Angleterre d'une bande de 25 kilomètres au nord du Tanganika[1]. Ce bail pourrait sans doute être admis s'il avait une durée limitée raisonnable. Mais il en est autrement d'un bail à durée illimitée qui constitue une véritable cession déguisée et qui est, par là même, en contradiction formelle avec notre droit de préemption.

IV

La convention anglo-congolaise a fait, le 7 juin 1894, l'objet d'un important débat à la Chambre française : de remarquables discours ont été prononcés par M. Étienne, président du groupe colonial de la Chambre, par M. François Deloncle, enfin par M. Hanotaux, ministre des affaires étrangères.

M. Hanotaux a surtout parlé de la défense de nos droits contre l'État indépendant. Il a annoncé l'envoi de nouveaux renforts sur le Haut-Oubangui et le départ du commandant Monteil pour les opérations dans cette région.

Nous continuons de croire, pour notre part, que l'entente avec l'État indépendant peut se faire aisément. La question qui nous divise n'est pas d'une haute gravité.

Ce qui est autrement important et ce qu'il ne faut pas perdre de vûe, c'est la question du Haut-Nil. Tandis que nous allons négocier avec le Foreign Office, le colonel Colville continuera de remonter de l'Ouganda et de l'Ounyoro vers le Nord, et si nous n'y prenons garde, nous allons nous trouver en présence de faits

1. Depuis lors, sur les représentations de l'Allemagne, cet article de la convention a été supprimé.

accomplis. Nous protesterons assurément, l'Angleterre renouvellera cette déclaration qu'elle n'ignore pas les droits de l'Égypte sur le Haut-Nil.... Et elle y demeurera. Que pouvons-nous faire? Nous n'avons à l'heure actuelle aucun argument *direct* de droit ni de fait à opposer aux Anglais.

Les Italiens, de leur côté, viennent de s'installer à Kassala. Nous en sommes réduits à plaider platoniquement en faveur des intérêts de l'Égypte et de la Turquie.

Il existe pourtant encore un moyen, un seul, de gagner la colossale partie qui est engagée dans l'Afrique orientale et de sauver notre situation politique en Orient. C'est de répondre par des *actes* à la marche du colonel Colville. C'est d'aller au Nil. Il le faut à tout prix. Jamais peut-être la situation respective de l'Angleterre et de la France dans le monde n'aura dépendu comme aujourd'hui d'une simple expédition facile à organiser. Voici trois années que je n'ai cessé de montrer le danger que nous courions et d'indiquer le moyen de le conjurer. Bientôt il sera trop tard....

Il ne s'agit pas bien entendu de faire ce que nous reprochons aux autres et de spolier l'Égypte et la Turquie à notre profit. Il s'agit au contraire d'une mesure conservatoire de nature à préserver les droits du sultan et à empêcher que la situation illégitime créée en Égypte ne soit encore aggravée sur le Haut-Nil.

ORGANISATION INTÉRIEURE DU CONGO FRANÇAIS.

La situation intérieure du Congo français n'est pas moins étrange que sa situation politique : Tout cet immense pays, dont les diverses parties sont dans des états de formation si divers, est placé actuellement sous la direction d'un homme qui devrait séjourner au Gabon, mais qui est en réalité occupé depuis des années au fond d'une rivière à faire œuvre d'explorateur. Je tiens en passant, ayant suffisamment prouvé mon indépendance vis-à-vis de M. de Brazza, à rendre hommage à la persévérance avec laquelle il poursuit son œuvre dans la Sanga, menant l'existence la plus rude, la plus militante et faisant preuve dans cette entreprise des qualités de résistance et de ténacité qui ont fait sa popularité.

Quand même le gouverneur du Congo français serait à Libreville, il serait encore en mauvaise posture pour bien administrer son empire. Lorsqu'on a pensé à diriger une action contre les Belges sur le M' Bomou, on a dû charger le commandant Monteil du commandement de l'intérieur et lui donner des pouvoirs qui établissaient son indépendance et son autorité. Cette mesure de circonstance correspond à une nécessité permanente : il faudrait au Congo deux directions : l'une s'occupant de mettre en valeur la partie occupée de longue date, c'est-à-dire le Gabon et les bassins de l'Ogooué et du Niari Kouilou; l'autre, ayant par exemple Brazzaville et Bangui comme bases, continuant la politique de pénétration par la Sanga, par l'Oubangui et ses affluents et poursuivant l'établissement de la France sur le Tchad et vers le Nil. Il est nécessaire que les communications entre ces deux fractions de notre empire congolais deviennent plus faciles; cela résultera de la construction du chemin de fer de Matadi au Pool et de celle du chemin de fer de M. Le Châtelier, s'il réussit, comme je le souhaite. En attendant, on a proposé l'établissement d'une ligne télégraphique; elle est en effet indispensable. Peut-être y aura-t-il lieu, maintenant ou plus tard, de maintenir un lien politique entre le gouverneur du Congo maritime et celui du Congo intérieur, lequel pourrait être d'ailleurs un lieutenant-gouverneur. Mais dans tous les cas ce dernier, ayant un rôle tout d'activité et d'initiative, doit jouir d'une large autonomie.

L'importance de l'œuvre d'expansion vers le Tchad et vers le Nil est suffisamment indiquée par toutes les considérations précédentes; mais ce qui doit présenter pour nous, à l'heure actuelle, un égal intérêt, c'est la mise en valeur de la région maritime. M. Delcassé, à l'initiative et à la fermeté duquel on ne saurait trop rendre justice, a pris à ce propos des décisions qui seront bien propres à nous tirer de l'ornière où nous enlizait l'échec des Compagnies à charte. On sait que le projet de grandes Compagnies a échoué en France devant la force d'inertie des uns, les exigences des autres, qui ne conçoivent pas qu'on ne puisse mettre en œuvre quelque chose qui ne soit pas absolument parfait. Plus on discutait, plus on perdait de temps, et plus l'établissement de chartes devenait difficile, car il s'était créé partout des intérêts, modestes sans doute, mais qu'il aurait fallu indemniser. M. Delcassé prit, comme on dit, le taureau par les cornes : il concéda, au Congo, des domaines territoriaux importants à des Sociétés sérieusement constituées.

Le principal objectif de M. Le Châtelier est, dit-on, de créer un chemin de fer, de la côte à Brazzaville, par la vallée du Kouilou. Je ne sais s'il pourra aisément l'atteindre, mais il est déjà méritoire de le tenter. En outre, M. Le Châtelier, qui est jeune, intelligent, énergique, saura trouver dans des exploitations agricoles et minières d'autres aliments à son activité.

Une concession a été également accordée à la maison Daumas, l'une des plus anciennes maisons de commerce françaises africaines et la plus importante du Congo; elle a trait aux territoires de l'Ogooué, jusqu'ici demeurés fermés au commerce.

Ces concessions sont faites dans des conditions particulièrement intéressantes : obligation pour les bénéficiaires de constituer un capital sérieux, sans faire appel au public par voie d'émission; obligation de nommer un conseil d'administration entièrement français; au bout d'un temps déterminé, retour à l'État des territoires non mis en exploitation régulière.

Quoique le fait puisse paraître singulier, il a fallu un certain courage à M. Delcassé pour entrer dans une pareille voie : la suspicion s'attache aujourd'hui avec tant de facilité à tout ce qui touche aux intérêts particuliers!

Et pourtant comment coloniser sans faire intervenir les intérêts?

Ni le commerce, ni les mines, ni les plantations ne se font par philanthropie. Les capitalistes veulent bien risquer leur argent dans des entreprises toujours aventureuses en pays neufs; mais c'est à la condition aussi de courir certaines chances de succès et d'avoir certaines garanties. Quant au bénéfice du pays, il est évident, puisque au bout de quelques années il a, sans bourse délier, le profit de tout ce qui a été créé, suscité par les concessionnaires.

M. Delcassé était heureusement de ceux que la suspicion ne peut pas atteindre ; le temps aura vite démontré la valeur de sa décision : nous verrons ce que seront devenus, dans quelques années, ces pays qui étaient depuis si longtemps français de nom sans que l'aspect en eût changé, sans qu'il y eût la moindre tentative d'établissement durable. Et pourtant, on ne saurait trop le répéter, c'est là qu'est l'avenir en Afrique, dans les exploitations minières et agricoles; le commerce d'ivoire n'aura qu'un temps, et je doute même qu'il ait été un précieux élément de civilisation.

Il y aurait encore beaucoup d'autres questions à examiner, en ce qui touche le Congo français; il faudrait d'abord discuter les droits de douane, qui sont plus élevés que ceux de nos voisins et qui ont pour conséquence de dériver les produits, notamment vers Cameroun et la Mouni, dont j'ai expliqué la situation.

Le moment serait venu, d'autre part, d'assimiler tous les agents du Congo à ceux des autres colonies, afin de pouvoir, après des années de labeur épuisant, les envoyer sous un climat moins débilitant, moins dangereux.

Mais l'examen détaillé de ces questions m'entraînerait trop loin. Je tenais seulement à signaler ce qui est à mon sens d'importance capitale et urgente pour l'avenir de notre magnifique colonie.

Tandis que je corrigeais les épreuves de ce livre, plusieurs décisions importantes ont été prises en ce qui touche les questions qui précèdent.

SÉPARATION DU HAUT-OUBANGUI ET DU GABON

Le *Journal officiel* a publié le décret du 13 juillet 1894, qui divise « provisoirement » notre colonie du Congo français en deux colonies nouvelles. L'une, le Congo français, comprenant les bassins côtiers, le Bas-Congo et le Bas-Oubangui; elle continuera d'être administrée par M. de Brazza, ou plutôt, — car M. de Brazza, excellent explorateur, n'est guère administrateur que de nom, — par M. Dolisie. L'autre, le Haut-Oubangui, est placée sous un commandement militaire.

Cette décision est excellente. Depuis la signature de la convention franco-allemande, nous n'avons plus, en effet, à accomplir dans l'ancien Gabon et le Bas-Congo qu'une œuvre d'études, de développement économique, de mise en valeur.

Au contraire, la mission confiée au commandant du Haut-Oubangui est toute d'initiative. Outre l'action qu'il doit exercer dans la région de M'Bomou, avec le poste des Abiras pour base d'opérations, il devra continuer d'étendre l'influence française au nord-ouest et au nord de l'Oubangui, dans le Baguirmi et vers le Ouadaï. Pour cette entreprise considérable, le commandant du Haut-Oubangui a assurément besoin de jouir d'une grande liberté. Il ne saurait être astreint à attendre des directions de la côte.

Il est probable que le « provisoire » qui vient d'être établi sera assez long. J'espère même qu'il n'est qu'un acheminement vers une autre organisation tout à fait rationnelle et qui correspondrait exactement à la situation politique et économique des territoires. On constituerait, sous le nom de colonie du Gabon, ou mieux de l'Ogooué, une possession avec Libreville pour chef-lieu, qui comprendrait tous les territoires des bassins côtiers exclus du bassin conventionnel du Congo et échappant, par conséquent, aux dispositions de l'Acte de Berlin.

Une seconde colonie, celle du Congo français, ou de l'Oubangui, comprendrait au contraire les territoires du bassin conventionnel du Congo et ceux de la zone d'expansion au Nord. Elle aurait pour chef-lieu Brazzaville sur le Stanley-Pool et pour points principaux d'occupation Bangui et les Abiras.

Cette organisation présenterait de nombreux avantages et il est vraisemblable qu'on sera amené à l'adopter.

L'ARRANGEMENT FRANCO-CONGOLAIS.

Nous avons dit que, sur les démarches du gouvernement allemand, l'article de la convention anglo-congolaise visant la concession à bail d'une bande de 25 kilomètres au nord du Tanganika avait été supprimé.

L'article 3 disparait virtuellement à son tour, à la suite de la signature de l'arrangement franco-congolais dont voici le texte :

Les soussignés, Gabriel Hanotaux, ministre des affaires étrangères de la République française, officier de l'ordre de la Légion d'honneur, etc.,

Et Jacques Haussmann, directeur des affaires politiques et commerciales au ministère des colonies, officier de l'ordre de la Légion d'honneur, chevalier de l'ordre de Léopold de Belgique, etc.,

Joseph Devolder, ancien ministre de la justice et ancien ministre de l'intérieur et de l'instruction publique de S. M. le roi des Belges, vice-président du Conseil supérieur de l'État indépendant du Congo, officier de l'ordre de Léopold de Belgique, grand officier de l'ordre de la Légion d'honneur, etc.,

Et le baron Constant Goffinet, chevalier de l'ordre de Léopold de Belgique, chevalier de l'ordre de la Légion d'honneur, etc.,

Plénipotentiaires de la République française et de l'État indépendant du Congo délégués à l'effet de préparer un accord relatif à la délimitation des possessions respectives des deux États et de régler les autres questions pendantes entre eux, sont convenus des dispositions suivantes :

ARTICLE 1er. — La frontière entre l'État indépendant du Congo et la colonie du Congo français, après avoir suivi le thalweg de l'Oubangui jusqu'au confluent du M'Bomou (1) et du Ouellé, sera constituée ainsi qu'il suit :

1° Le thalweg du M'Bomou jusqu'à sa source ;

2° Une ligne droite rejoignant la crête de partage des eaux entre les bassins du Congo et du Nil.

A partir de ce point, la frontière de l'État indépendant est constituée par la dite crête de partage jusqu'à son intersection avec le 30° de longitude Est Greenwich (27° 40' Paris).

ART. 2. — Il est entendu que la France exercera, dans des conditions qui seront déterminées par un arrangement spécial, le droit de police sur le cours du M'Bomou, avec un droit de suite sur la rive gauche. Ce droit de police ne pourra s'exercer sur la rive gauche qu'exclusivement le long de la rivière, en cas de flagrant délit, et autant que la poursuite par les agents français serait indispensable pour amener l'arrestation des auteurs d'infractions commises sur le territoire français ou sur les eaux de la rivière.

Elle aura, au besoin, un droit de passage sur la rive gauche, pour assurer ses communications le long de la rivière.

(1) Les termes de « M'Bomou » et « Sources du M'Bomou » se rapportent aux indications contenues dans la carte de Junker (Gotha, Justus Perthes, 1888).

ART. 3. — Les postes établis par l'État indépendant au nord de la frontière stipulée par le présent arrangement seront remis aux agents accrédités par l'autorité française au fur et à mesure que ceux-ci se présenteront sur les lieux.

Des instructions à cet effet seront concertées immédiatement entre les deux gouvernements et seront adressées à leurs agents respectifs.

ART. 4. — L'État indépendant s'engage à renoncer à toute occupation et à n'exercer, à l'avenir, aucune action politique d'aucune sorte à l'ouest et au nord d'une ligne ainsi déterminée :

Le 30° de longitude Est de Greenwich (27° 40' Paris) à partir de son intersection avec la crête de partage des eaux des bassins du Congo et du Nil, jusqu'au point où ce méridien rencontre le parallèle 5° 30', puis ce parallèle jusqu'au Nil.

ART. 5. — Le présent arrangement sera ratifié et les ratifications en seront échangées à Paris dans le délai de trois mois au plus tôt, si faire se peut.

ART. 6. — En foi de quoi les plénipotentiaires ont dressé le présent arrangement et y ont apposé leurs signatures.

Fait à Paris, en double exemplaire, le 14 août 1894.

G. HANOTAUX, J. DEVOLDER,
J. HAUSSMANN, BARON GOFFINET.

Cet arrangement met fin à toute espèce de contestation entre la France et l'État indépendant; on peut même dire que la bonne volonté qui a été mise de part et d'autre à consentir des concessions doit resserrer les liens qui ont existé depuis le début entre les deux pays et que la communauté presque complète de leurs intérêts autant que les bonnes relations entre la France et la Belgique, en Europe, doivent rendre de plus en plus solides.

En ce qui concerne les droits de l'Égypte et de la Porte Ottomane, dont nous n'étions autorisés à prendre la défense que dans la limite où nous étions en même temps lésés, ils sont, par voie de conséquence, presque entièrement sauvegardés grâce au récent arrangement. En effet, l'État indépendant du Congo n'en prenant plus aucune partie à bail de durée indéterminée, les prétentions anglaises que la convention anglo-congolaise affirmait tombent du même coup. On peut considérer que cela est suffisant pour le point de vue de droit. Mais pour le point de vue de fait, je persiste à réclamer que la France ne permette pas à l'Angleterre de s'établir dans les anciennes provinces égyptiennes du Haut-Nil. Une extension du domaine anglais dans cette direction ne saurait être admise qu'avec le consentement de la Porte Ottomane et si le gouvernement britannique, se conformant à ses engagements dix fois répétés, évacuait l'Égypte. Aussi longtemps que l'Égypte sera occupée illégitimement, l'opinion publique en France n'admettra pas que l'Angleterre fasse un pas sur le Haut-Nil pour spolier l'Égypte, sans que la France en fasse deux pour la protéger.

OBOCK

S'il est une région où les complications internationales soient embrouillées, presque inextricables, c'est bien le nord-est de l'Afrique. Le traité d'Ucciali, conclu entre le souverain de l'Abyssinie, Menelick, et le gouvernement italien, aurait pu apporter un élément de clarté dans les arrangements relatifs à ces pays, s'il avait été reconnu par les puissances et quelque peu durable. Mais ce traité n'a pas, d'une part, été reconnu par certaines puissances et, d'autre part, l'empereur Menelick l'a lui-même d'abord contesté, puis dénoncé.

On sait que le souverain de l'Abyssinie et le gouvernement italien n'ont jamais été d'accord sur le sens de l'article 17 du traité. Dans une lettre adressée en septembre 1890 par Menelick au roi d'Italie, il déclare que le texte italien de l'article 17 du traité n'est pas conforme au texte amara. Le texte italien dit que Menelick *doit* passer par l'intermédiaire du gouvernement italien pour traiter avec les puissances étrangères, ce qui équivaudrait à une reconnaissance du protectorat italien. Le texte amara dit simplement que Menelick *peut* faire usage de son entremise. Dans la lettre précitée, le souverain éthiopien conclut que, d'après l'article 19, le traité d'Ucciali ne peut être valable que si les deux textes italien et amara sont conformes.

Enfin le roi Menelick a dénoncé définitivement le traité d'Ucciali par la curieuse lettre suivante adressée au roi Humbert :

Lion vainqueur de la tribu de Juda, Menelick II, élu du Seigneur, roi des rois d'Éthiopie, à S. M. Humbert Ier, roi d'Italie, salut !

Dans le but de fortifier l'amitié qui existe entre l'Ethiopie et l'Italie, j'ai consenti au traité de commerce et d'amitié signé à Ucciali le 25 miazzia 1881

(25 mai 1889). Peu après, des difficultés sont survenues qui m'ont profondément attristé.

Ayant découvert que l'article 17 de ce traité n'était pas conforme dans le texte amara et dans le texte italien, je vous en ai immédiatement avisé, et j'ai été bien vivement peiné de ne recevoir, tout d'abord, aucune réponse à mes réclamations. Enfin, lorsque vous m'avez envoyé le comte Antonelli avec vos pleins pouvoirs pour résoudre ces difficultés survenues, il fut convenu que, pour mettre un terme à tout malentendu entre nos gouverneurs du Tigré, les frontières des territoires que je vous avais concédés seraient immédiatement délimitées.

Je vous ai confié dans ce but mon dedjazmatch Machacha-Worké. Vous me l'avez renvoyé couvert d'injures et maltraité d'une façon outrageante pour mon empire, tandis que vos gouvernants traitaient directement avec tous les ennemis de mon autorité, avec tous les révoltés, foulant mes frontières au mépris de notre traité et cherchant à soulever contre moi les provinces environnantes.

J'ai été péniblement attristé de tous ces événements, qui m'obligent à demander le bénéfice de l'article de notre traité autorisant chacun de nous à le résilier à cette date présente, et je viens vous déclarer par cette lettre que je dénonce complètement ce traité du 25 miazzia 1881 (25 mai 1889), ainsi que les annexes signées le 22 septembre suivant. Ce traité prendra donc définitivement fin le 24 miazzia 1886 (24 mai 1894).

Mon intention n'est pas de renoncer à toute amitié. J'espère, au contraire, que lorsque ce traité n'existera plus, nos relations d'amitié redeviendront aussi étroites que par le passé. Je suis persuadé que Dieu vous montrera de quel côté est la justice et que vous jugerez vous-même, selon la vérité, les actes de vos gouverneurs.

J'espère que vous accepterez comme moi le bienfait de cet article du traité, et que vous me répondrez promptement en m'accusant réception de ma déclaration.

Je fais des vœux pour que Dieu vous conserve en bonne amitié.

Écrit à Addis-Abbeba, le 7 yékatit de l'an de grâce 1885 (12 février 1893).

A l'heure actuelle, le royaume d'Éthiopie tout entier doit donc être considéré comme un pays complètement indépendant. Cependant, par une série de protocoles, 24 mars 1891, 15 avril 1891, 5 mai 1894, le gouvernement britannique a reconnu à l'Italie une zone d'influence à délimitations très compliquées, qui, partant de notre colonie d'Obock jusqu'à Ras-Kasar sur la mer Rouge, englobe tout le royaume éthiopien, comprend les hautes vallées orientales du Nil, jusqu'au 35e longitude Est de Greenwich, a ensuite pour limites au nord-ouest le 6e parallèle et la rivière Djouba ; à l'est, la côte depuis l'embouchure de la Djouba jusqu'à l'intersection de la côte avec le 49e Est de Greenwich, puis ce méridien; au nord, une ligne allant de Gildessa près de Harrar au 8e latitude Nord, suivant ensuite ce parallèle jusqu'au 48e Est Greenwich et remontant de là au point d'intersection du 9e latitude Nord avec le 49e Est Greenwich.

Ces conventions passées entre l'Angleterre et l'Italie, outre qu'elles violent entièrement les droits du roi Menelick, soulèvent plusieurs observations : Le protocole du 15 avril 1891 reconnait directement à l'Italie des territoires qui appartiennent à l'Égypte et à la Turquie. Bien plus, le gouvernement britannique reconnait à l'Italie le droit d'occuper, — provisoirement il est vrai, — « Kassala et la contrée attenante jusqu'à l'Atbara », territoires égyptiens, situés au droit et dans le voisinage de Khartoum.

L'Italie vient de s'emparer de Kassala par la force.

Mais ce n'est pas tout : la dernière convention, du 5 mai 1894, par laquelle l'Angleterre reconnait à l'Italie l'Abyssinie et une partie des territoires du Harrar, est en contradiction formelle avec les articles 3 et 4 de la convention anglo-française du 8 février 1888, dont voici le texte :

ART. 3. — Les deux gouvernements s'interdisent d'exercer aucune action ou intervention, le gouvernement de la République à l'est de la ligne ci-dessus, le gouvernement de Sa Majesté Britannique *à l'ouest de la même ligne.*

ART. 4 — Les deux gouvernements s'engagent à ne pas chercher à annexer le Harrar ou à le placer sous leur protectorat. En prenant cet engagement, les deux gouvernements ne renoncent pas au droit de s'opposer à ce que toute autre puissance acquière ou s'arroge des droits quelconques sur le Harrar.

Le gouvernement britannique prétendra sans doute qu'il n'a cherché ni à annexer le Harrar, ni à le placer sous son protectorat, — puisque justement il l'a reconnu à l'Italie. Il peut encore ajouter que, s'il n'a pas renoncé au droit de s'opposer à l'immixtion d'une autre puissance dans le Harrar, il n'a pas renoncé non plus au droit de ne pas s'y opposer; qu'enfin l'arrangement franco-anglais n'a pas prévu le cas où, sans violer les conventions, une des puissances signataires aiderait une troisième puissance à faire ce qu'elle-même s'interdit.

Mais tout cela est terriblement subtil et les termes bizarres des conventions récemment passées par l'Angleterre avec l'Italie et l'État indépendant ne produiront assurément pas une favorable impression sur des hommes politiques de bonne foi, quelle que soit la nation à laquelle ils appartiennent.

LE

SOUDAN FRANÇAIS

Au cours de mon précédent volume, après avoir raconté l'œuvre accomplie dans le Soudan occidental par notre armée, j'écrivais :

« J'ai dit mon opinion sur l'œuvre du colonel Archinard. Elle est favorable. On peut discuter le plan d'ensemble de ses campagnes. Je n'oserais pas dire qu'il était le meilleur qu'on pût adopter. Mais il faut louer sans réserve la façon dont le commandant supérieur l'a exécuté, son activité, son énergie, sa prodigieuse force morale. »

Cette opinion, je l'ai hautement proclamée au cours d'une série de conférences faites devant des publics nombreux, dans les principales villes de France: à Paris, à Lille, au Havre, à Nancy, à Lyon, à Valence, à Montpellier, à Toulouse, à Bordeaux, à Moulins, etc. Partout je me suis élevé contre le préjugé qui dénie toute utilité à l'intervention des militaires dans les colonies.

J'ai affirmé qu'on ne pouvait pas poser de règles générales en la matière la plus diverse qui soit, faite d'éléments disparates et de situations sans analogie. Il est très rare qu'une colonie quelconque ait été fondée dans un pays déjà peuplé sans que la civilisation ait eu à lutter à un moment donné pour sa propre sauvegarde — et peut-être vaut-il mieux que ce moment soit au début de l'entreprise. En outre, nous sommes tellement lents à mettre en valeur nos possessions, que le personnel administratif demeure presque toujours, pendant une assez longue période, le seul élément français. Vaut-il donc mieux, pour cette période transitoire, improviser des administrateurs civils, le plus souvent assez mal choisis, dont le passé présente peu de garanties, qui ont des exigences pécuniaires coûteuses et qui sont hors d'état, le cas échéant, d'organiser une défense sérieuse ? N'est-il pas, au contraire, plus simple et plus sage d'ériger en administrateurs les officiers qui ont conquis la colonie nouvelle et qui sauront au besoin la défendre ? Où trouverait-on, pour des soldes aussi minimes, un personnel présentant de pareilles garanties d'éducation, d'instruction, d'honorabilité, et ce minimum d'esprit de justice que développe l'habitude du commandement ?

Toutefois il tombe sous le sens qu'*une organisation administrative militaire ne peut être qu'un état transitoire*. Car, d'une part, si nos colonies ne devaient pas se peupler de Français commerçants et agriculteurs, ce ne serait vraiment pas la peine de les avoir et elles ne justifieraient point les sacrifices initiaux qu'elles occasionnent. D'autre part, si ces colonies se peuplent, il vient un moment où le régime militaire — dont je viens de montrer les avantages, mais qui a aussi ses inconvénients — ne saurait plus être continué.

Ce moment était-il venu au Soudan il y a deux ans ? Je ne le crois pas. Il me semble que non seulement la politique d'expansion active ne peut être abandonnée aussi longtemps que des territoires pourront être acquis avant nous par nos rivaux, mais encore que les dangers d'une agression extérieure redoutable ou d'un soulèvement ne sont pas tellement écartés, que des fonctionnaires civils puissent être substitués sans risque aux militaires. Quant aux établissements commerciaux ou agricoles, ils sont si peu nombreux au Soudan, qu'on ne peut prétendre sérieusement qu'ils soient gênés par l'administration militaire.

Seulement une autre question, de la plus haute importance, a été mêlée, au Soudan, à la question de l'administration militaire : c'est la question de savoir si la politique à appliquer répondra aux vœux du Parlement, si elle sera dirigée par le gouvernement ou si elle sera simplement le résultat des conceptions locales de certains officiers distingués. Depuis le général Faidherbe, nous avons fait sans interruption au Soudan de la politique de conquête. Encore une fois, je ne suis pas de ceux qui le regrettent. Nul ne sait, à l'heure actuelle, quels sont les territoires africains auxquels est réservé le sort le plus prospère. Il y a eu, à ce point de vue, de telles variations dans l'histoire, qu'il serait bien téméraire de se hasarder à des affirmations. Un peuple prévoyant doit donc prendre le plus possible durant la période des partages, quitte à faire ensuite des échanges ou même des abandons. J'ajoute que nous devons encore être prêts à l'heure actuelle à consentir de lourds sacrifices durant les années qui vont suivre, parce que nous abordons justement la période décisive où les derniers territoires vacants en Afrique seront attribués aux nations civilisées. Il y a toutefois une restriction à formuler : la conquête coloniale, comme toute entreprise, exige des mises de fonds considérables. Pour éviter que ces avances ne risquent de ruiner le pays colonisateur, il est nécessaire de les proportionner à ses ressources. Ce soin incombe au gouvernement de la métropole. Lui seul a qualité pour juger si l'activité de l'expansion doit être hâtée ou ralentie, suivant les exigences d'autres nécessités d'ordre supérieur.

A tort ou à raison, le gouvernement avait estimé en France que nous avions dans les diverses parties du monde trop d'entreprises en cours pour continuer avec la même hâte la coûteuse marche en avant au Soudan. Il fallait marquer le pas, au moins un moment, et tâcher de mettre en valeur les pays occupés. Ce n'était point l'opinion du colonel Archinard, et cela n'est pas surprenant. Mais les soldats ne doivent être que des instruments d'exécution. Où puiseraient-ils le droit d'avoir une politique autre que celle de leur gouvernement ?

Le sous-secrétaire d'État des colonies avait pour le colonel Archinard les égards que méritaient sa vaillance et ses réels services. Mais il tenait en même temps à ce que ses vues, qui étaient celles du Parlement, fussent suivies au Soudan. C'est alors qu'il rédigea ces instructions — reproduites plus haut — que le colonel Archinard accepta de remplir. Et, afin de bien marquer ses intentions, le gouvernement, nommant le colonel Archinard gouverneur du Soudan, détaché du Sénégal, lui interdisait d'organiser lui-même des colonnes et d'entreprendre des expéditions. Il indiquait enfin sa ferme volonté de ne pas poursuivre actuellement les conquêtes de vive force.

J'ai raconté comment ces instructions furent observées. Dès son arrivée au Soudan, le colonel confia bien, comme il avait été prescrit, le commandement de la colonne régulière destinée à opérer contre Samory au colonel Combes; mais il prépara en même temps une autre action contre le Macina : de sorte qu'au lieu d'une seule colonne, il y en eut deux!

Il n'est pas surprenant qu'à la suite de ces faits le colonel Archinard n'ait pas été renvoyé au Soudan. Si je partage l'ardent désir des militaires, d'étendre à tous les territoires vacants du Soudan la domination française, je ne puis admettre que cela soit entrepris contre les instructions du gouvernement et les vœux du Parlement. J'estime même que cette façon de procéder irrégulière a aliéné nombre de bons esprits à la politique d'expansion, et qu'elle a été le germe de l'opposition qui a été soulevée contre les militaires au Soudan. Elle est essentiellement contraire à l'idée même de la politique africaine, qui exige des conceptions d'ensemble, lesquelles ne sauraient être modifiées par des agents d'exécution.

Quoi qu'il en soit, à la suite des incidents que je viens de rapporter, le gouvernement a nommé au Soudan un gouverneur civil. On sait ce qui a suivi : le départ — encore contraire aux instructions officielles reçues — du colonel Bonnier pour Tombouctou, l'occupation de cette ville, le massacre de nos soldats, etc. Cela n'a pas été pour rendre plus aisée la tâche du gouverneur civil.

Pourtant, grâce à ses qualités de droiture et d'énergie, M. Grodet a su triompher de difficultés de toute nature et remplir sa mission. Il conviendrait sans doute maintenant de le charger de constituer une sorte de zone intérieure provisoire, comprenant les territoires les plus récemment occupés. Cette zone serait essentiellement militaire, mais je ne verrais, pour ma part, que des avantages à ce que la direction en demeurât néanmoins confiée à un gouverneur civil, qui, s'il n'intervenait point dans le détail des opérations, suivrait du moins une politique conforme aux vues du gouvernement. Cette zone engloberait d'abord le Ségou, Tombouctou, le Macina, les États de Tiéba et les anciens États de Samory. Le siège du commandement serait à Bamakou. Il pourrait ensuite être déplacé et reporté au centre de la boucle du Niger, en abandonnant successivement aux gouvernements civils de la côte les territoires où la sécurité serait absolue et où la colonisation européenne aurait pris quelque développement.

Ainsi les gouvernements de la côte seraient peu à peu progressivement prolongés vers l'intérieur : le *Sénégal* s'annexerait tout le Haut-Fleuve jusqu'à Bamakou ; la *Guinée française* englobérait le Fouta-Djallon et s'étendrait jusqu'au Haut-Niger ; la *Côte d'Ivoire* comprendrait les pays de Kong et de Bondoukou. Chaque colonie côtière ouvrirait des routes vers l'intérieur, puis des voies ferrées et développerait par tous les moyens en son pouvoir les transactions et les exploitations agricoles. Le Sénégal et la Guinée française, confinant uniquement à la zone militaire et protégés par elle, n'auraient qu'à pourvoir à leur sécurité intérieure. Au contraire, la Côte d'Ivoire et le Dahomey devraient — concurremment avec le commandant de la Boucle — poursuivre l'œuvre de pénétration qui doit définitivement détruire la puissance dévastatrice de Samory, enclore la colonie allemande de Togo, la colonie anglaise de Cap Coast Castle et donner à la France la totalité des territoires encore libres de toute ingérence européenne entre la côte et le Niger.

LA
COTE D'IVOIRE

On sait quelle part le capitaine Binger a eue dans la constitution de notre colonie de la Côte d'Ivoire. Le gouvernement lui ayant offert la direction de cette colonie, le capitaine Binger quitta l'armée et partit avec le titre de gouverneur.

Conformément aux instructions qu'il avait reçues, il procéda immédiatement à la prise de possession de la partie de la Côte d'Ivoire située entre le Rio Fresco et la rivière Cavally. A la fin de l'année 1893, l'occupation était un fait accompli. Des postes d'administrateurs furent créés à l'embouchure de la rivière Sassandra, à la rivière San Pedro, au pays des Bérébis, et à Tabou, près du Cavally. Ces quatre administrateurs ont chacun sous leurs ordres deux ou trois postes de douane. L'occupation s'est faite tout pacifiquement; le gouverneur et ses auxiliaires ont réussi à faire admettre par les indigènes et les négociants la perception régulière des droits de douane. La région s'organise et nous n'aurons guère à craindre, pour l'avenir, que les petites difficultés inhérentes à toutes les colonies africaines.

Les paquebots touchent assez régulièrement sur la côte; la Compagnie Frayssinet fait une escale quasi régulière tous les mois à Béréby, où vient de s'installer une maison française. En attendant, le service postal s'effectue par l'aviso colonial *Capitaine Ménard*, qui appartient à la colonie et qui est entretenu par elle.

Les postes d'administrateurs ont été placés, comme on l'a vu, aux débouchés des routes commerciales de terre ou fluviales; les administrateurs vont procéder incessamment à l'organisation des routes vers l'intérieur et nous amener de nouveaux débouchés.

La même activité a régné dans l'ancienne colonie de Grand-Bassam : le poste de Dabou, dans la grande lagune, a été réparé et mis en état; un noyau mobile de 125 miliciens y tient garnison.

Sur le Comoë, le gouverneur a installé un administrateur à Bettié, à 100 kilomètres de Grand-Bassam ; le poste, construit entièrement en pierre, est occupé par un détachement de 25 miliciens. L'occupation de Bettié constitue le premier pas vers l'ouverture des routes de Bondoukou et de Kong; des postes auxiliaires vont être créés incessamment dans l'Indénié et poussés jusqu'à la limite des États musulmans. Ils sont destinés à assurer la libre circulation des caravanes du haut pays jusqu'à nos comptoirs de la côte.

Sur le Bandamma, un administrateur a été installé à Tiassalé, avec un poste qui détache au cœur du Baoulé, à une centaine de kilomètres au nord, un poste secondaire, destiné à tirer un parti immédiat des avantages obtenus par le passage du capitaine Marchand dans le Baoulé. Plusieurs caravanes du Diammala et du Haut-Baoulé sont déjà venues à Tiassalé et à Lahou. On sait que, d'autre part, le lieutenant Braulot a déjà obtenu des résultats analogues sur le Comoë, en faisant envoyer de Kong et des pays voisins des ambassades à Grand-Bassam.

Les gros travaux d'organisation de la colonie seront terminés à la fin de 1894. Le gouverneur espère consacrer la prochaine campagne à l'installation des lignes télégraphiques terrestres destinées à relier les postes du littoral et de l'intérieur au chef-lieu de la colonie. La section télégraphique Grand-Bassam-Jacqueville-Lahou sera terminée cette année.

En résumé, tout est en voie de progrès dans la colonie; la situation financière est bonne : les recettes budgétaires, qui s'élevaient en 1892 à 550 000 francs, atteindront probablement le million en 1894 ou en 1895.

Il n'est d'ailleurs pas utile que cette progression aille trop vite, car il y a avantage à favoriser le commerce en ramenant les droits à un tarif modéré. D'une part, en effet, cela est de nature à attirer le trafic de l'intérieur vers la partie française de la côte; d'autre part, il faut éviter de porter atteinte à la prospérité des entreprises privées, tout insuccès sur la côte d'Afrique pouvant actuellement se traduire par un arrêt général dans le mouvement de colonisation.

Il existe cependant un point noir à l'horizon : les dernières nouvelles qui parviennent de l'intérieur et du capitaine Marchand signalent la présence de Samory sur les bords du Bandamma, au nord du pays de Lahou. Traqué par nos colonnes expéditionnaires du Soudan français, le chef dévastateur cherche des pays plus riches à exploiter. Malheureusement, l'arrière-pays de la Côte d'Ivoire n'est pas habité par des populations guerrières; elles ne sauront pas opposer de résistance aux bandes de Samory, et l'œuvre si laborieusement commencée par nos explorateurs risque d'être pour longtemps compromise. Où passe Samory, c'est la ruine, le désert, les communications avec l'intérieur interrompues. Or le maximum de rendement que peut donner le littoral sera bien vite atteint; ce sont surtout les communications avec l'intérieur qui permettent d'escompter l'avenir; le but des explorateurs qui ont parcouru ces régions a toujours été d'ouvrir les routes, d'attirer à nos comptoirs le commerce de Kong et du Bondoukou, d'une part ; du Baoulé, du Ouorodougou, du Tagouano et du Diammala, de l'autre. Avec Samory dans le haut pays, ce plan ne serait plus réalisable. Il est donc nécessaire que le gouvernement prenne des mesures urgentes pour préserver la jeune colonie qui autorise de si belles espérances.

LE
SUD ALGÉRIEN

La « question du Touat », que j'ai bien des fois exposée depuis 1891, se présente sous un aspect extrêmement simple, qu'on peut résumer ainsi : « La France a affirmé officiellement sa souveraineté sur les oasis du Touat, du Gourara et du Tidikelt. Elle n'a presque rien fait pour la rendre effective. Le sultan du Maroc, au contraire, n'a cessé depuis 1887 de faire des tentatives pour créer, au mépris de nos droits, des liens entre les oasis et lui. »

Je n'ai pas à exposer de nouveau la question du Touat. Je m'en tiens aux paroles prononcées à la Chambre, au nom du pays, par M. Ribot, et sanctionnées par un vote : *Les oasis sont françaises et la question du Touat est une question algérienne*. Cela est très bien. Mais, pour que ces paroles correspondissent à une réalité, pour que, lors du partage inévitable du Maroc, les autres puissances européennes ne vinssent pas nous offrir ironiquement comme part ce qui est déjà notre bien, il fallait que notre autorité fût reconnue à In-Salah, à Timmimoun. Rien n'était plus facile que d'arriver à ce résultat, les neuf dixièmes des habitants des Ksours étant toujours prêts à se ranger sous la loi du plus fort. Il suffisait d'envoyer une colonne créer un point d'occupation à Igli, dans l'Oued-Messaoura. On a craint des difficultés diplomatiques, qui ne pouvaient résulter que de notre faiblesse. On a renoncé à ce projet, qui était le plus simple et le meilleur. Afin de donner pourtant un semblant de satisfaction à l'opinion des gens compétents, on a voté un projet de prolongement du chemin de fer d'Aïn-Sefra jusqu'à Djenan-Bou-Reszg, d'une part, et de renforcement de la garnison d'El-Goléa, d'autre part.

Depuis lors il s'est joué dans les ministères à Paris une comédie qui atteste une fois de plus combien nos changements perpétuels de cabinets entraînent d'incohérences et de maladresses dans la conduite de nos affaires extérieures. Dix fois nous avons été sur le point d'agir ; il y a eu même des commencements d'exécution. Et dix fois tout a été remis en question, puis ajourné, tantôt parce qu'il était nécessaire de demander des crédits et que personne ne voulait en courir les risques ; tantôt parce que les ministres avaient changé ; tantôt parce que, plus simplement, l'un d'eux ne comprenait pas le premier mot de la question — ou qu'il craignait qu'une initiative quelconque lui valût quelque ennui parlementaire. Il faut enfin dire les choses comme elles sont, afin que les fautes du passé nous servent au moins de leçons pour l'avenir : au lieu d'agir dans le Sud Algérien avec la fermeté qu'exigeait la situation, on a eu le tort d'envoyer une espèce d'ultimatum au sultan du Maroc, l'invitant à mettre fin à ses menées. C'eût été fort bien si cette démonstration avait été suivie d'une sanction quelconque. Mais le sultan n'a tenu aucun compte de nos injonctions ; il s'est au contraire livré à des entreprises plus précises sur les oasis. Et nous n'avons rien dit ni rien fait qui attestât publiquement notre volonté de rappeler ce barbare au sentiment exact de la situation.

Je désire qu'il n'y ait aucune méprise sur ma pensée : le gouvernement de l'Algérie ne saurait porter en aucune façon la responsabilité des fautes qui ont été commises : il n'a cessé au contraire de faire connaître à Paris la situation dans les oasis. Partisan convaincu d'une politique d'expansion dans le Sud, il a usé de tous les moyens en son pouvoir pour la servir : nous lui devons le rétablissement des relations avec les Touareg; il a prêté un concours éclairé, généreux, aux missions Méry, Foureau d'Attanoux; il a non seulement approuvé le prolongement du chemin de fer de Biskra à Ouargla, renforcé la garnison d'El-Goléa, mais il a créé une ligne d'extrêmes avant-postes encore plus au sud (construction des forts Mac-Mahon, à mi-route entre El-Goléa et Timmimoun, et Miribel, au tiers de la route entre El-Goléa et In-Salah); grâce à la collaboration de M. de La Martinière, qui connaît à merveille la question marocaine, il a pu renouer les anciennes relations — si inconsidérément suspendues — avec le chérif d'Ouezzan, amener le vieux chérif dans le Sud Oranais et ensuite, après sa mort, son fils et successeur, à Alger. Enfin, le gouvernement de l'Algérie a sans cesse réclamé l'intervention, que sa parfaite connaissance de la question lui faisait juger indispensable.

Peut-on dire même que tel ou tel doit porter spécialement la responsabilité des fautes commises? Hélas! il serait à souhaiter que dans chacune de ces entreprises africaines si mal conduites nous n'eussions à vaincre que les mauvaises dispositions ou les timidités d'un homme. Mais le mal est plus profond : il est dans l'absence souvent signalée d'une politique éclairée, patiente, poursuivant des desseins à longue échéance. De pareilles questions ne se traitent pas au jour le jour, suivant le hasard d'incidents qu'on n'a pas prévus et auxquels on doit pourtant parer....

Depuis quelque temps, les Anglais se sont établis au cap Juby, s'efforçant de drainer par là le commerce des oasis. Installés à Gibraltar, ils surveillent les événements marocains, et il est à prévoir qu'ils tâcheront de se servir contre nous des Espagnols, comme ils se sont servis ailleurs de l'État indépendant, des Italiens ou des Chinois....

La mort subite du sultan du Maroc Moulaï-Hassan, les compétitions qui pourront surgir contre le nouvel empereur Abd-el-Aziz, rendent la situation délicate. L'Espagne a des droits incontestables au Maroc ; l'Angleterre n'en a acquis que parce qu'elle a affirmé sa volonté de participer au partage éventuel. Quant à nous, nos droits sont anciens. Au moment même où nos troupes remportaient la victoire d'Isly, notre marine, après une lutte sanglante, occupait le port de Mogador et indiquait par là jusqu'où devait s'étendre notre action vers l'ouest : nous ne devons pas l'oublier. Mais nous n'obtiendrons ce qui nous est dû que si nous sommes prêts, quand le jour décisif sera venu, à agir à la fois par mer et par terre avec décision, suivant un plan arrêté à l'avance.

LES
CABLES SOUS-MARINS

I

Divers incidents ont récemment appelé l'attention sur les câbles sous-marins et sur le rôle qu'ils peuvent être appelés à jouer au moment où se produiraient des difficultés internationales. Il suffira de rappeler les incidents de Bangkok, au cours desquels des interruptions extraordinairement opportunes pour la politique anglaise se produisirent sur l'*Eastern Telegraph*, de telle sorte que l'électricité semblait être devenue l'un des plus dangereux adversaires de notre diplomatie. Reproduisons encore cette dépêche Havas, relative à la mort du sultan du Maroc, et qui est éloquente dans sa brièveté:

Madrid, 13 juin, 9 h. 20.

Les journaux se plaignent que le câble anglais, le seul qui fonctionne entre Tanger et l'Europe par suite de la rupture du câble espagnol, ait été accaparé, durant toute la nuit d'avant-hier, par le ministre anglais pour communiquer avec le Foreign Office.

Les journaux se demandent quelle peut-être, dans ces conditions, la sécurité des intérêts des autres nations, si l'Angleterre, détenant toutes les sources d'informations, peut ainsi suspendre à son gré les communications qui ne sont pas les siennes.

On pourra se poser la même question avec infiniment plus d'anxiété, lorsqu'on sera exactement renseigné sur l'importance du réseau sous-marin anglais et lorsqu'on aura réfléchi aux conséquences que peut avoir un pareil monopole résidant entre des mains médiocrement respectueuses des intérêts d'autrui.

Les grandes Compagnies télégraphiques anglaises se divisent en trois groupes importants :

1° Le GROUPE AMÉRICAIN NORD, qui comprend : la Compagnie *Anglo-American Telegraph*, propriétaire, quoique anglaise, de l'un des câbles transatlantiques qui aboutissent à Brest ; cette Compagnie possède en outre trois câbles anglais entre l'Europe et l'Amérique ; son réseau en service a un développement de 15200 kilomètres.

La Compagnie *Direct United States Telegraph*, qui possède un câble transatlantique.

La Compagnie *Commercial Cable*, qui est une entreprise américaine, propriétaire de deux câbles reliant l'Irlande à l'Amérique ; cette Compagnie fait poser en ce moment un troisième câble, toujours entre l'Irlande et l'Amérique : elle a dès à présent un réseau de 12700 kilomètres.

2° Le GROUPE AMÉRICAIN SUD, comprenant :

La Compagnie *Brazilian submarine Telegraph*, qui relie l'Europe au Brésil par deux lignes sous-marines. Cette Compagnie exploite un réseau de 13800 kilomètres.

La Compagnie *Western and Brazilian Telegraph*, qui dessert la côte Atlantique de l'Amérique du Sud de Para à Buenos-Ayres, avec un réseau de 10000 kilomètres de câbles.

3° Le GROUPE D'ORIENT ET D'EXTRÊME-ORIENT, comprenant :

La Compagnie *Eastern Telegraph*, qui occupe la Méditerranée, la mer Rouge et la mer des Indes, avec un réseau de 47000 kilomètres.

La Compagnie *Eastern extension Australasia and China Telegraph*, qui n'est que le prolongement de la Compagnie Eastern vers l'Extrême-Orient. Cette Compagnie possède un réseau de 28000 kilomètres.

La Compagnie *Eastern and South African Telegraph* est un prolongement de la Compagnie *Eastern Telegraph*, le long de la côte occidentale d'Afrique jusqu'au cap de Bonne-Espérance.

C'est cette Compagnie qui vient de poser le câble de Zanzibar à l'île Maurice (1), moyennant une subvention du gouvernement

(1) Des démarches avaient été faites pour obtenir que nos colonies de la Réunion et de Madagascar fussent également desservies par cette ligne, que les journaux anglais eux-mêmes qualifient couramment de « stratégique ».

anglais, de 750 000 francs. Elle dessert aujourd'hui un réseau de plus de 12 000 kilomètres.

Ces trois Compagnies ne forment d'ailleurs qu'une seule entreprise, dont les lignes, partant de Londres, rayonnent dans tout l'Orient et l'Extrême-Orient, en desservant au passage le littoral de la Méditerranée et même Marseille, grâce à un fil anglais qui traverse la France de Marseille à Calais.

En dehors de ces trois grands groupes, il existe un certain nombre de Compagnies moins importantes, qui occupent la côte occidentale d'Afrique, l'Amérique Centrale, les Antilles, les côtes du Pacifique ; toutes ces Compagnies, qui ne se font pas concurrence, sont liées entre elles et obéissent à la même impulsion anglaise.

Voici le tableau exact des capitaux énormes engagés dans les entreprises anglaises de câbles sous-marins :

EUROPE.	
Direct Spanish Telegraph	4 500 000 fr.
Spanish National Telegraph	16 000 000
Black Sea Telegraph	2 000 000
Europe and Azores Telegraph	5 000 000
AMÉRIQUE.	
Anglo-American Telegraph	175 000 000
Direct United States Telegraph	32 000 000
Commercial Cable	50 000 000
Halifax and Bermudes Telegraph	4 250 000
Cuba submarine Telegraph	5 500 000
West India and Panama Telegraph	34 000 000
Mexican Telegraph	10 500 000
Central and South American Telegraph	30 000 000
West Coast of America Telegraph	11 500 000
Brazilian submarine Telegraph	35 000 000
Western and Brazilian Telegraph	47 000 000
South American Telegraph	20 000 000
Pacific Telegraph	50 000 000
AFRIQUE.	
West African Telegraph	17 500 000
African Direct Telegraph	13 500 000
Eastern and South African Telegraph	34 000 000
A reporter	597 250 000 fr.

ORIENT ET EXTRÊME-ORIENT.

Report	597 250 000 fr.
Eastern Telegraph	152 000 000
Eastern Extension Australasia and China	78 000 000
Indo-European Telegraph	11 500 000
Total	838 750 000 fr.

Les Compagnies télégraphiques anglaises possèdent en résumé un réseau de câbles sous-marins de plus de 250000 kilomètres, s'étendant sur le monde entier, et un capital de plus de 800 millions de francs.

Les recettes réalisées annuellement par les principales de ces compagnies ont atteint les chiffres suivants :

Anglo-American Telegraph	8 206 000 fr.
Commercial Cable	9 800 000
Brazilian submarine Telegraph	7 945 000
Western and Brazilian Telegraph	5 248 000
Eastern Telegraph	18 495 000
Eastern Extension Australasia and China	12 584 000

Ces six Compagnies réalisent donc à elles seules une recette annuelle qui dépasse 62 millions de francs ; l'on peut évaluer à plus de 110 millions le produit total de la taxe que perçoit annuellement l'ensemble des Compagnies télégraphiques anglaises sur les correspondances de tous les pays.

Il faut noter que ces Compagnies reçoivent encore à l'heure actuelle 5872500 francs de subventions du gouvernement anglais. C'est peu de chose si l'on songe au merveilleux instrument d'information et d'influence qu'elles placent entre ses mains.

II

On reste confondu d'étonnement quand on songe que c'est dans une courte période de trente années que les Anglais ont su constituer un réseau de câbles sous-marins de plus de 250000 kilomètres, représentant un capital de 800 millions. Il a fallu pour cela à la fois tout l'esprit d'initiative de nos voisins et la clairvoyante protection de leur gouvernement.

Ils avaient su discerner que la grande activité financière et industrielle développée par la construction des chemins de fer allait prendre fin avec l'achèvement des principaux réseaux. Qu'est-ce qui pourrait donner un meilleur aliment à ces forces sans emploi que la construction de câbles sous-marins qui doivent être renouvelés en moyenne tous les vingt-cinq ans?

Dès que la possibilité de correspondre à de grandes distances au moyen de câbles sous-marins a été démontrée pratiquement, le gouvernement anglais a compris, en effet, l'immense activité industrielle et financière, l'incontestable prépondérance commerciale et politique que pouvait lui assurer la création d'un réseau télégraphique. Il a favorisé de toutes ses forces l'établissement de ce réseau, en donnant sans conditions, moyennant de simples formalités de déclaration, toutes les autorisations d'atterrissement de câbles qui lui étaient demandées par les Compagnies télégraphiques; en aidant ces Compagnies dans leurs installations; en les autorisant à établir des stations dans tous les grands centres, et particulièrement à Londres; en les patronnant énergiquement auprès de tous les gouvernements étrangers.

Bien plus, le concours de l'Amirauté britannique est entièrement assuré à ces entreprises, et *la plupart des tracés de câbles sont étudiés à l'avance par la marine de guerre*. Si l'on examine de près les plus récentes cartes marines anglaises, on retrouvera facilement des lignes de sondages relevées d'avance autour de Malte, des Açores et des Bermudes et indiquant la route que suivront les nouveaux câbles destinés à faire de ces points des centres d'informations maritimes. J'ai dit que le gouvernement britannique, — quelle que fût la puissance financière des Compagnies, — intervenait encore pour aider par des subventions les lignes dont l'intérêt d'influence ou l'intérêt stratégique prédomine sur l'intérêt commercial. C'est ainsi que le câble qui relie la station maritime des Bermudes à Halifax a été payé en partie au moment de son établissement (1 150 000 francs) par le gouvernement et reçoit encore une subvention annuelle de 202 500 francs; c'est ainsi encore que, tout récemment, la nouvelle ligne qui relie Zanzibar aux Seychelles a été établie moyennant une subvention de 750 000 francs par an, alors que nous n'avons pas la moindre communication avec Madagascar.

Tout cela se fait d'ailleurs sans bruit, est considéré comme une nécessité qui intéresse la prospérité et la sécurité du pays. Même dans le cas où l'État subventionne les entreprises, il s'efforce encore de leur apporter des éléments de prospérité, il fait disparaître tout ce qui pourrait être une entrave officielle. Pour se rendre compte de l'esprit qui le guide dans l'étude de ces questions, rien n'est plus concluant que l'extrait suivant du cahier des charges appliqué aux câbles anglais de la côte d'Afrique, pour lesquels le gouvernement britannique paye une subvention annuelle de 475000 francs. Ce cahier des charges n'a que 13 articles, dont six de pure forme; les autres sont les suivants:

ART. 3. — *Le câble proposé ne doit, en aucune station, posséder d'employés étrangers; de même, les fils ne passeront dans aucun bureau et ne pourront être sous le contrôle d'un gouvernement étranger.*

ART. 5. — Le gouvernement de Sa Majesté ne prendra aucun engagement ni aucune responsabilité en ce qui regarde le câble au delà du payement du subside.

ART. 6. — Le subside sera accordé pendant vingt ans et payable à chaque période complète de douze mois, sous la condition que le câble sera maintenu en bon état et aura fait un bon service, et que ce service entre le Royaume-Uni et les colonies et protectorats anglais de la côte d'Afrique n'aura pas subi d'interruptions.

ART. 7. — *Les dépêches du gouvernement impérial et colonial doivent avoir la priorité* lorsqu'elle est demandée. Elles seront transmises à demi-tarif, qui n'excédera pas une somme à déterminer.

ART. 8. — Le total de tous les bénéfices produits par la transmission sur le câble appartiendra à l'entrepreneur, qui devra supporter les dépenses de fournitures et entretien, de même que les frais des stations nécessaires et du personnel.

ART. 9. — *En cas de guerre, le gouvernement pourra occuper toutes les stations du territoire anglais ou sous la protection de l'Angleterre et se servir du câble au moyen de ses propres employés.*

ART. 10. — La trésorerie nommera un représentant auprès du conseil d'administration, que l'entrepreneur devra accepter. Il aura mission de constater l'ouverture, l'entretien suffisant et l'exploitation de la ligne. La Compagnie lui devra toute assistance et la communication des renseignements nécessaires.

L'examen de ce cahier des charges si simple, si pratique, montre d'abord combien le gouvernement anglais a soin de ne pas entraver les grandes entreprises dans les mille liens d'un étroit formalisme administratif. De plus, il me semble accuser d'une manière saisissante ses vues stratégiques.

En temps ordinaire, la Compagnie télégraphique est un merveilleux instrument commercial, indispensable à toute puissance munie de colonies. Les câbles sous-marins ont à l'extérieur à peu près la même fonction que remplissent à l'intérieur le télégraphe, la poste et les chemins de fer. Leur tarif élevé constitue un véritable impôt prélevé sur l'ensemble des transactions, et si cet impôt est payé par un pays non britannique, on voit combien il contribue à la richesse générale de la Grande-Bretagne. De plus, ces stations créées partout, peuplées d'agents anglais, constituent un moyen d'influence précieux. Combien plus précieux encore dans des circonstances telles que les incidents siamois ou marocain, où des ruptures de câbles opportunes ou des encombrements miraculeux aboutissent toujours à ce résultat, que la diplomatie anglaise est la première ou la seule informée de choses que d'autres nations auraient un égal intérêt à connaître!

Ceci n'est rien relativement à ce qui se passerait en temps de guerre. On peut avec assez de justesse comparer à ce point de vue les lignes sous-marines aux chemins de fer stratégiques. Supposez deux pays ennemis disposant du même nombre de combattants, du même matériel de guerre, mais dont l'un serait dépourvu de ces voies militaires et des lignes télégraphiques qui les accompagnent. Comment pourrait-il résister, puisque l'ennemi serait toujours en état, grâce à ses informations et à ses chemins de fer, de lui opposer des forces supérieures sur un point déterminé. A quoi sert à une autre nation de posséder une flotte comparable à la flotte anglaise, si celle-ci, informée à chaque instant des moindres mouvements de l'ennemi, peut diriger contre ses navires un nombre très supérieur d'autres navires? Et n'est-ce pas en vue de cela qu'a été créé ce réseau, jeté au fond des mers comme un filet, ces employés anglais aux aguets dans toutes les stations, remplacés au besoin par des officiers, ces centres télégraphiques comme les Bermudes, les Açores, les Seychelles, tout ce système grâce auquel un bateau ne peut plus faire un mouvement sur les mers sans que sa puissance et sa direction soient immédiatement signalées à l'Amirauté?

Telles sont la force commerciale et la force navale formidables que, dans ces dernières années, l'Angleterre a su créer à son profit. Il n'est pas besoin de grande réflexion pour voir que cela constitue un danger pour toutes les puissances navales, pour toutes les nations coloniales. La première qui soit menacée est assurément la France, dont la rivalité avec l'Angleterre dans le monde devient de plus en plus générale, de plus en plus aiguë, la France, qui peut seule lui disputer l'empire des mers, — qui possède seule aussi assez de colonies et assez de capitaux pour qu'une concurrence télégraphique à l'Angleterre soit pour elle une chose nécessaire et soit en même temps une chose possible.

Voyons donc ce que la France a fait pour échapper à l'étreinte de ce monopole aussi dangereux au point de vue naval que redoutable au point de vue commercial.

III

S'il existe un pays qui soit placé géographiquement dans des conditions favorables pour se rendre indépendant du monopole télégraphique anglais et pour attirer à lui le trafic de l'Europe continentale, c'est assurément la France : dans les relations avec l'Amérique, notamment, elle devrait servir d'intermédiaire non seulement pour tous les pays qui sont limitrophes, mais même pour la Russie et la Turquie. Il n'en est rien cependant, car les 7/10 des correspondances de ces pays sont dirigées vers les lignes anglaises, bien qu'elles aient à subir un grand détour, comportant des retransmissions nombreuses par lignes terrestres et par câbles, pour arriver jusqu'à l'Irlande, d'où partent la plupart des lignes transatlantiques anglaises. Ce phénomène général est frappant surtout quand il s'agit de l'Espagne. Si l'on examine en effet une carte télégraphique, il semble que les correspondances de ce pays pour l'Amérique doivent être transmises de Madrid vers Brest, pour y passer par le câble transatlantique français; c'est la voie la plus directe et la moins coûteuse. Or il ne vient pas 1/20 du trafic hispano-américain sur les lignes françaises; ce trafic passe à peu près entièrement par le câble anglais qui relie Bilbao à la côte anglaise, malgré une surtaxe de 49 centimes par mot. Un million de mots environ échappent ainsi annuellement au réseau français, à qui ils devraient appartenir.

Cette défiance a plusieurs causes : elle provient en premier lieu du discrédit que les Compagnies télégraphiques anglaises s'attachent partout à jeter sur le réseau français ; elles prétendent que les dépêches y sont transmises très lentement, avec des pertes de temps. Ce discrédit est d'ailleurs immérité, car le réseau français est l'un des plus remarquablement construits et organisés qui existent ; mais ses représentants ne sont pas outillés pour lutter à l'étranger contre le syndicat anglais.

Une autre considération — mieux fondée celle-ci — contribue à détourner le trafic européen du réseau français : c'est que, tandis que nos lignes ne sont reliées directement avec l'Amérique que par un seul câble, l'Angleterre possède aujourd'hui dix lignes pour assurer ce service.

D'où vient donc l'insuffisance de notre outillage télégraphique sous-marin ? La France a pourtant été la première à favoriser les débuts de la télégraphie sous-marine ; elle a patronné activement l'établissement du premier câble de Calais à Douvres, en 1851, alors que l'opinion anglaise, chose singulière, s'opposait d'abord à l'établissement de câbles sous-marins entre l'Angleterre et l'Europe, avec la même ardeur qu'elle apporte aujourd'hui à repousser le tunnel sous la Manche.

A la vérité l'effort officiel français paraît s'être arrêté à ce beau début. Il faut arriver à 1869 pour relever l'établissement du premier câble entre la France et l'Amérique ; l'Angleterre en possédait déjà deux. Encore cette première ligne, établie avec des capitaux français, est-elle devenue anglaise presque dès ses origines, sous le nom de Compagnie *Anglo-American Telegraph*, dont le siège est à Londres, et dont les administrateurs et le personnel — même celui des stations françaises — sont tous anglais.

L'accaparement des lignes télégraphiques par l'Angleterre se dessinait dès cette époque dans des conditions déjà inquiétantes. La Compagnie anglaise dont nous venons de parler a joui, en effet, jusqu'à 1890 d'un droit de préférence exorbitant : en vertu de ce droit, elle recevait de l'administration française toutes les dépêches pour l'Amérique sur lesquelles l'expéditeur n'avait pas indiqué la voie à suivre — c'est-à-dire à peu près le tiers du trafic passant en France. Un semblable privilège devait, en fait, rendre impossible l'existence d'une autre ligne vraiment française. Aussi lorsque, dix ans plus tard, en 1879, un second câble reliant Brest à Saint-Pierre Miquelon et à New-York fut établi, cette entreprise ne put lutter efficacement contre la concurrence que les Compagnies anglaises lui faisaient en France même dans des conditions privilégiées. Il fut asservi à ces Compagnies dont il dut accepter la tutelle, et en réalité, durant plus de dix années, le service des correspondances entre la France et l'Amérique a été laissé aux mains des Compagnies télégraphiques anglaises. Aujourd'hui encore, malgré l'intérêt qu'il y aurait à ce que ces correspondances ne fussent pas confiées à des Compagnies étrangères, il n'existe que deux entreprises de câbles françaises et il n'y a qu'une seule ligne télégraphique entre la France et l'Amérique qui ne passe pas par l'Angleterre.

Cette regrettable infériorité provient non seulement de la situation que l'*Anglo-American Telegraph* avait réussi à prendre en France, mais plus encore du régime appliqué à ces sortes d'entreprises.

Tandis qu'en Angleterre il suffisait de remplir certaines formalités de simple déclaration pour obtenir le droit d'atterrir des câbles, en France les précautions les plus minutieuses et les plus compliquées étaient prises à l'égard de toute demande d'autorisation d'atterrissement. Bien qu'il ne s'agît que d'une autorisation ne constituant aucun privilège et n'imposant aucune charge à l'État, on réclamait une adjudication régulière avec ses délais et ses formes; les demandeurs devaient verser des cautionnements atteignant jusqu'à 500000 francs et se soumettre à toutes les clauses d'un cahier des charges qui venaient s'ajouter aux règles de service et de contrôle appliquées par l'administration elle-même. Aussi les demandes d'autorisation ont-elles été très rares, personne n'osant affronter un si redoutable formalisme. MM. Mackay et Bennett, qui seuls ont eu cette audace depuis 1879, ont bien vite renoncé à leur projet de faire atterrir leurs câbles transatlantiques en France, lorsqu'ils ont connu la situation créée chez nous aux entreprises de câbles. Après avoir, à l'origine, proposé de venir en France, ils ont préféré transférer l'atterrissement de leurs lignes en Angleterre, et c'est pour cela que la *Commercial Cable Company*, créée en 1884 sous leurs auspices, a fait atterrir tous ses câbles à Waterville (Irlande), d'où part seulement une petite ligne annexe, chargée de desservir la France par le Havre.

IV

Si le régime administratif dont j'ai parlé a suffi pour paralyser l'établissement des câbles transatlantiques en France, à plus forte raison a-t-il empêché la création de tout câble français desservant nos colonies. Ces câbles ne peuvent en effet, *au début*, compter que sur un trafic très limité; ils présentent surtout un intérêt politique, et ne peuvent être établis sans une participation de l'État, semblable à celle qu'il donne déjà aux services maritimes postaux.

Diverses tentatives ont cependant été faites pour arriver, avec le concours de l'État, non pas seulement à poser quelques bouts de câbles pour relier nos colonies au réseau des Compagnies anglaises, mais à constituer des réseaux importants permettant de rattacher ces colonies à la métropole dans des conditions qui donnent plus de sécurité aux correspondances.

Ces tentatives, faites à trois reprises, ont successivement échoué devant le Parlement. La première remonte à 1886 : elle avait pour objet l'établissement de câbles télégraphiques entre la côte d'Afrique, Madagascar et la Réunion; elle devait ainsi créer, dans nos possessions est-africaines, un centre télégraphique qu'il aurait été possible de relier plus tard à Obock et à Marseille par Tunis. Ce projet n'est jamais sorti de la commission du budget.

La seconde tentative, faite en 1887, visait l'établissement de communications télégraphiques entre la Guyane, la Martinique, la Guadeloupe et la France par le câble transatlantique de New-York à Brest. Ce projet, combattu par toutes les influences dont pouvaient disposer les Compagnies anglaises, mal compris par des députés qui n'en saisissaient pas l'importance, échoua devant la Chambre elle-même.

Le troisième effort tenté pour sortir enfin de la dépendance où nous sommes vis-à-vis du monopole anglais, a été le câble des Açores, si lamentablement abandonné, après tant d'efforts, par suite des mêmes circonstances et des mêmes oppositions. Je ne reviendrai pas sur cette question, que j'ai traitée en son temps. La triste erreur qui a été commise à cette époque a eu du moins pour résultat d'ouvrir les yeux, après coup, à beaucoup de personnes autorisées.

Ce qu'il y a d'incompréhensible, c'est que, *tandis que ces divers projets qui intéressaient l'indépendance de nos relations*, — mais qui menaçaient le monopole télégraphique anglais, — *échouaient en commission ou devant la Chambre, les mêmes commissions et la même Chambre votaient sans hésitation, sans discussion, des subventions considérables en faveur des Compagnies télégraphiques anglaises.*

En 1883, le câble du Sénégal est posé par une Compagnie anglaise qui reçoit une subvention de 1 700 000 francs pour une ligne dont la construction et la pose n'ont coûté que 2 400 000 fr.

En 1884, un câble est établi pour relier Saïgon au Tonkin : la Compagnie *Eastern Extension Telegraph* en est chargée et reçoit une subvention annuelle française de 300 000 francs. Il est bon de faire remarquer ici que le câble de cette Compagnie qui reliait Saïgon à Hong-Kong était déjà vieux, et que le nouveau câble du Tonkin prolongé jusqu'à Hong-Kong a servi à remplacer ce fil, tout en procurant à la Compagnie anglaise une subvention extrêmement avantageuse, puisque en vingt-cinq ans elle aura touché 7 500 000 francs de subventions, pour un câble qui ne vaut pas 3 millions de francs. De plus, détail intéressant, le câble employé au Tonkin était en quelque sorte en détresse ; il avait été construit pour le Japon et, par suite de difficultés, était demeuré sans destination. Le gouvernement français, si peu accueillant pour les tentatives de ses nationaux, a donc rendu là un signalé service à une Compagnie anglaise.

En 1885, un nouveau contrat est conclu pour desservir nos possessions de Rio-Nuñez, de Grand-Bassam, de Porto-Novo et du Gabon. Le gouvernement français traite encore avec une Compagnie anglaise, l'*African Direct Telegraph*, qui doit recevoir 300 000 francs par an pendant vingt-cinq ans. On pouvait supposer que les points desservis par les nouveaux câbles subventionnés seraient rattachés directement au câble du Sénégal, qui existait déjà et qui pouvait offrir certaines garanties relatives. Au contraire, la pose des lignes a été exécutée de telle façon que toutes les correspondances officielles passent sous le contrôle anglais des stations de Sierra-Leone et de Bathurst, lesquelles sont soumises au régime que nous avons signalé dans notre étude des Compagnies anglaises. Il suffit de jeter un coup d'œil sur une carte télégraphique pour s'en rendre compte. Or, en temps de guerre, les stations anglaises doivent, comme on le sait maintenant, être occupées militairement à la première alerte. C'est dans ces conditions peu rassurantes que nos intérêts africains sont desservis et défendus. Qui ne se souvient d'ailleurs de la façon dont les stations anglaises transmirent en France les télégrammes de M. Mizon, lors de ses différends avec la Royal Niger Company?

Enfin, en 1889, un contrat est passé pour relier par un câble Obock à l'île de Perim, dans la mer Rouge. C'est encore une Compagnie anglaise, l'*Eastern Telegraph*, qui traite, à des conditions bien curieuses, puisque, pour une ligne de 90 kilomètres de longueur environ, formée d'un câble de réserve que la Compagnie promenait depuis plusieurs années sur ses navires de réparations, et qui ne valait pas plus de 200 000 francs, elle reçoit pendant vingt ans une subvention annuelle de 37 000 francs, soit en tout 750 000 francs. Notez qu'il n'y a ni frais d'exploitation, ni frais d'entretien, pour justifier ce chiffre élevé. Le service est fait à Obock par des agents français et la Compagnie bénéficie de toute la taxe entre Obock et Marseille. Nous subventionnons donc en quelque sorte cette Compagnie anglaise pour avoir le droit de lui procurer du trafic.

V

Tandis que la France subventionnait des lignes télégraphiques anglaises dans les conditions singulières que j'ai exposées, tous les projets destinés à créer des lignes françaises sont venus échouer devant les Chambres, et nous n'avons pas encore réussi à relier à la France la Réunion et Madagascar, malgré les incidents qui peuvent surgir dans cette direction.

Aussi en regard de la liste si suggestive des Compagnies anglaises ne puis-je mettre que deux noms d'entreprises françaises.

La *Société française des Télégraphes sous-marins* a créé d'elle-même en Amérique un réseau desservant nos colonies de la Martinique, de la Guadeloupe et de la Guyane, et reliant l'Amérique du Sud à l'Amérique du Nord par une voie directe qui pourrait se rattacher facilement au câble transatlantique de Brest et constituer une ligne française allant jusqu'au Brésil. Cette entreprise a obtenu des privilèges d'exploitation aux Antilles, au Vénézuela, dans les Guyanes et au Brésil ; elle a surtout acquis au Brésil une situation d'un intérêt primordial en s'assurant le droit exclusif de relier à l'Amérique du Nord tout le littoral atlantique de l'Amérique du Sud et en comblant une lacune télégraphique qui obligeait les correspondances du Brésil à passer par l'Europe pour arriver à New-York.

Mais il est à craindre que cette entreprise, comme jusqu'à présent toutes les entreprises de câbles françaises, enserrée par la concurrence des Compagnies anglaises, ne puisse conserver longtemps son indépendance. Dans ce cas, l'effort tenté de ce côté pour rompre le monopole anglais serait perdu et ne serait probablement plus renouvelé.

La seconde entreprise française de télégraphie sous-marine est la *Compagnie française du Télégraphe de Paris à New-York*, qui relie Brest à New-York et qui possède l'unique communication française existant aujourd'hui entre l'Europe et l'Amérique du Nord.

Les autres câbles transatlantiques, comme nous l'avons dit, appartiennent tous, en effet, à des Compagnies anglaises ou anglo-américaines, et le seul d'entre eux qui, partant également de Brest, soit direct, celui de la Compagnie *Anglo-American*, dont nous avons parlé, est rompu depuis le 4 avril 1893. Ce câble, qui avait plus de vingt-cinq ans, ne peut être réparé et est, dès à présent, abandonné ; de telle sorte qu'en dehors de la ligne française appartenant à la *Compagnie du Télégraphe de Paris à New-York*, il ne peut être échangé de correspondances avec l'Amérique du Nord qu'*en les faisant passer par l'Angleterre*.

La Compagnie française, — qui a malheureusement été, dans le passé, administrée d'une façon très critiquable, — est donc dans une situation d'autant plus intéressante qu'elle doit soutenir une lutte acharnée contre le syndicat de tous les câbles transatlantiques anglais. L'appui que l'administration télégraphique lui donne bienveillamment est forcément limité. Il faudrait, pour que cette Compagnie fût sérieusement en état de lutter contre le monopole anglais, qu'elle eût en Amérique des débouchés et des affluents qui lui apportassent du trafic.

A côté de la question de construction des lignes, se pose celle de la fabrication des câbles. Il ne faut pas oublier que ceux-ci sont considérés comme matériel de guerre. C'est pour cette raison qu'en 1870 nous ne pûmes obtenir livraison du câble qui devait servir à créer un réseau côtier pendant l'occupation.

Lors des tentatives de 1886 et de 1887 pour établir un réseau français, les cahiers des charges préparés contenaient tous l'obligation, pour les adjudicataires, de construire des usines de câbles. Les échecs des projets n'empêchèrent pas le gouvernement français de prodiguer les encouragements aux futurs entrepreneurs. De sorte que deux Sociétés, convaincues par les avantages qu'on faisait luire à leurs yeux, créèrent des usines à Calais et à Saint-Tropez. La France allait donc pouvoir échapper au monopole anglais. L'industrie dont on avait tant souhaité la création existait ; il ne restait plus qu'à lui fournir un aliment.

Ces bonnes dispositions n'ont malheureusement pas été de longue durée : lorsqu'il s'est agi, en 1891, d'établir deux nouveaux câbles pour relier Marseille à Oran et à Tunis, tout l'effort de l'administration a porté sur la création d'une usine et d'un matériel d'État. Toutefois les Chambres et le gouvernement, malgré l'avis des services administratifs, comprirent que, les câbles télégraphiques étant destinés, sauf de rares exceptions, à relier des territoires étrangers et pouvant être considérés comme matériel de guerre, il était inadmissible qu'un État songeât pratiquement à fournir des câbles à d'autres États. Il ne parut y avoir, dans la création d'une usine d'État, qu'un luxe inutile, de nature à décourager définitivement toute initiative privée. Depuis 1891, les usines créées à grands frais pour fournir à la France un moyen de lutter contre le monopole anglais sont demeurées sans emploi, supportant des frais généraux considérables, de sorte que les Sociétés qui les ont créées, ne pouvant plus faire fonds sur les promesses officielles, se demandent si elles ne vont pas transformer leur outillage en vue d'autres destinations....

Voilà notre logique : quand nous n'avions point d'usines de

câbles, nous en réclamions instamment la création. Et maintenant qu'elles existent, nous ne les utilisons point.

Tel est le lamentable exposé comparatif de ce qui a été fait en Angleterre et en France au point de vue des communications télégraphiques sous-marines. C'est l'évidence même que l'existence d'un monopole anglais est à la fois pour la Grande-Bretagne une source de richesses et de puissance, un sûr moyen de maintenir sa suprématie navale. Il n'est pas moins certain que cet état de choses est non seulement préjudiciable aux intérêts français, mais menaçant pour notre sécurité. Et quand on réfléchit que nous possédons tous les éléments nécessaires pour le modifier, que nous pouvons même compter au dehors sur l'appui de ceux que gêne ou menace l'hégémonie anglaise, on ne peut véritablement comprendre que la question soit traitée chez nous avec une pareille incohérence, une telle indifférence, et qu'il ne se trouve personne, soit au gouvernement, soit dans le Parlement, pour signaler le péril et le conjurer.

QUELQUES REMARQUES

LE RÔLE DU COMITÉ DE L'AFRIQUE FRANÇAISE.

J'éprouve le besoin de répéter, en terminant, que cet ouvrage est simplement un livre de vulgarisation, où ma seule ambition a été de raconter des faits exacts pouvant servir plus tard à l'histoire de la conquête de l'Afrique, et d'exprimer quelques idées que je crois justes.

Les personnes qui ont lu mon précédent ouvrage, *A la Conquête du Tchad*, pourront se rendre compte du rôle important qui a été joué, dans l'expansion française africaine, par les explorateurs, — et notamment par ceux qu'envoyait ou qu'encourageait le Comité de l'Afrique française. Lors de la constitution de ce Comité, le projet de Crampel : « réunion sur les rives du Tchad de nos possessions de l'Algérie-Tunisie, du Soudan et du Congo français », était ignoré de presque tous en France, et considéré comme une pure utopie par ceux qui le connaissaient. Je crois avoir le droit de rappeler ici que, lorsque j'indiquai, dans le programme originaire du Comité, le prolongement du Congo français jusqu'au Tchad comme l'objectif principal à poursuivre, cela suscita, dans le sein même de cette réunion d'hommes convaincus, quelques sourires. On maintint pourtant cette rédaction, parce que, disait-on, « il faut prétendre à plus pour obtenir moins ». Et l'on grava, pour la mettre en tête du *Bulletin*, une carte où le domaine de la France était tracé en blanc tranchant sur le noir des autres territoires africains. On avait cru faire une large part non seulement à nos droits, mais encore à nos prétentions.

Trois années se sont écoulées : comme tout cela semble loin

de nous ! Ce ne sont plus seulement des programmes qui visent le prolongement du Congo français jusqu'au lac Tchad, sa jonction avec notre grand domaine du Nord — Algérie-Tunisie et Soudan. *Ce sont des traités* qui le consacrent. Le plan de Crampel est réalisé.

Non seulement le Congo prolongé remonte jusqu'au Tchad, mais nous possédons un point sur la Bénoué et les prétentions que les traités de Mizon nous donnent le droit d'émettre sur le Mouri et sur Yola ne sauraient être sans résultat. Le Bornou est demeuré libre de toute influence européenne.

Il nous a fallu faire graver une autre carte pour le *Bulletin* du Comité : le blanc français ne s'étendait pas assez loin au nord de l'Oubangui. Les utopies de jadis sont devenues les réalités d'aujourd'hui. Ce passé glorieux nous permettra sans doute de concevoir d'autres « utopies », que nous réaliserons encore.

Chose admirable et signe des temps, le Comité de l'Afrique française a été récemment accusé de tiédeur et pour ainsi dire de « modérantisme » par ceux qui traitaient, il y a trois ans, son initiative de folie et d'imprudence ! Combien nous nous réjouissons de ces conversions, sans attacher trop d'importance à l'ignorance des difficultés qui accompagne souvent les récents enthousiasmes.

Quand les historiens étudieront plus tard, beaucoup plus tard, ce curieux phénomène de l'expansion soudaine des Européens dans un continent négligé pendant une longue suite de siècles, ils ne pourront constater sans admiration la merveilleuse activité qui fut déployée par la France et ils ne pourront refuser une marque d'estime aux quelques hommes qui se donnèrent alors la mission de consacrer leurs forces à cette grande œuvre. Ils jugeront sans doute que le *Comité de l'Afrique française* a joué dans cette vaste entreprise nationale un rôle beaucoup plus important encore par la popularité qu'il a su donner à l'expansion française en Afrique, par la direction précise qu'il a imprimée à notre politique coloniale, — que par l'effort pourtant considérable qu'il a directement exercé.

Il s'en faut d'ailleurs que son œuvre soit terminée : en dehors des régions où son activité peut se manifester directement, dans le Sud Oranais, dans la boucle du Niger, au nord du Dahomey, au

Bornou, au nord et au nord-est de l'Oubangui, etc., le Comité doit continuer de suivre de près les efforts de nos rivaux sur le continent africain et de les signaler soit au gouvernement, soit à l'opinion, par l'organe de son *Bulletin*. Il doit enfin étudier et tâcher de résoudre les difficultés qui se rattachent au grand et permanent problème de la Colonisation.

L'un des plus intéressants côtés de ce problème est assurément celui dont je viens de poser les termes sous la forme d'une étude des Compagnies de câbles sous-marins. Une étude analogue doit être faite au sujet des routes et des chemins de fer de pénétration. Ce sont là les instruments primordiaux de toute entreprise de colonisation.

Voici quelques autres idées, dont je revendique personnellement la responsabilité :

NÉCESSITÉ DES COMPAGNIES A CAPITAUX PUISSANTS EN AFRIQUE.

Il n'est pas douteux que, dans un avenir lointain, les territoires que nous venons de conquérir en Afrique feront l'objet d'exploitations fructueuses. Mais, en attendant, la conquête et l'organisation en coûtent fort cher, et si l'on veut continuer la marche en avant, désirée par les coloniaux, il est de toute nécessité de commencer par mettre en valeur les pays déjà occupés et de diminuer par là ou, tout au moins, de justifier les charges de la métropole. Ce sont ces considérations qui ont fait naître l'idée de constituer de grandes Compagnies à charte, à l'exemple de ce que nous avons fait dans le passé et à l'exemple de ce que font encore d'autres peuples. Il y eut, durant une certaine période, un réel mouvement d'opinion en faveur des grandes Compagnies de colonisation. Mais lorsqu'on voulut légiférer, on se trouva en présence de difficultés qu'on n'avait pas suffisamment prévues : d'une part, il semblait difficile d'accorder aux représentants de simples Compagnies commerciales certains droits prétendus régaliens; d'autre part, si rares que fussent encore les entreprises privées dans l'Afrique française, il est malaisé de concéder de vastes territoires sans indemniser les personnes qui peuvent y avoir des intérêts antérieurs. Enfin, les expériences de Compagnies à charte, actuellement poursuivies en Afrique par des Sociétés anglaises, ne paraissaient pas donner des résultats très encourageants.

Que faire pourtant? Les entreprises commencées actuellement dans nos colonies africaines avec des capitaux insuffisants sont vouées à des échecs irrémédiables. Le moment des petites entreprises viendra, assurément, mais plus tard, lorsque des routes, des chemins de fer, des ports, des agglomérations auront été créés, lorsque la propriété reposera sur des bases un peu plus solides, lorsque le trafic aura pris, pour ainsi dire, une allure normale et qu'il ne se produira plus de ces énormes mécomptes que de grandes entreprises seules peuvent supporter.

Justement, il n'est pas de meilleur moyen de provoquer la création des voies de communication et des marchés — sans que cela pèse lourdement sur les budgets de la métropole — que d'en confier le soin à des Sociétés puissantes, disposant de capitaux considérables. Mais pour provoquer la formation de ces Sociétés, pour attirer ces capitaux, il est de toute nécessité de leur concéder certains privilèges, en échange des charges qu'on leur impose et des conditions qu'elles auront à remplir. On peut affirmer nettement qu'il n'existe pas actuellement d'autre moyen de mettre rapidement en valeur nos territoires africains. Livrés à l'impuissance de faibles capitaux, nos colonies verront végéter et péricliter de petites maisons françaises de trafiquants sans avenir, à côté du développement de certaines grosses entreprises hollandaises, allemandes ou anglaises. Si, au contraire, des concessions sont données à des Sociétés françaises disposant de capitaux suffisants, jouissant de privilèges de quelque durée, elles pourront se livrer à des entreprises de longue haleine, agricoles ou industrielles, créer des voies de communication, faire de bonnes affaires, — ce qui est essentiel pour que l'œuvre de colonisation ne se décourage pas, — et remettre, au bout d'un certain nombre d'années, à l'État des territoires productifs et prospères, en échange des déserts ou des forêts qu'elles auront reçus.

C'est ce que comprit parfaitement M. Delcassé lors de son premier passage à la tête de l'administration des colonies. Aussi ne saurait-il être trop loué d'avoir eu le courage et le discernement d'accorder des concessions à une époque où la suspicion est tellement habituelle, qu'il semble que des commerçants et des industriels soient coupables lorsque en aventurant leurs capitaux, ils ont la prétention de gagner de l'argent au lieu d'en perdre.

Mais ce n'est pas assez de donner des concessions; il faut encore avoir la volonté de faire qu'elles soient sérieuses, que le contrat soit réellement bilatéral, qu'en échange des conditions qu'il impose, le gouvernement exécute loyalement ses propres engagements.

Il y a là de grosses difficultés à prévoir : d'abord les traditions administratives, comme le disait M. Delcassé au banquet de l'Union coloniale, « les règlements trop étroits, les vieux préjugés » qui poussent trop souvent les fonctionnaires à entraver, par des tracasseries et des vexations, les entreprises dont ils devraient être les protecteurs naturels et bienveillants. Puis les basses jalousies des déclassés ou des aventuriers qui, hors d'état de rien faire par eux-mêmes dans les pays neufs, ne peuvent supporter l'idée que d'autres réussissent là où ils ont échoué. Enfin, il est nécessaire d'empêcher que les conseils élus ou les gouverneurs des colonies n'empêchent, par une fiscalité exagérée, l'essor des entreprises coloniales. Sans doute il est louable de tâcher qu'une colonie ne devienne point une charge pour la métropole et que ses propres ressources suffisent à tous ses besoins. Mais si, au début, ces ressources sont obtenues au moyen de charges écrasantes pour le commerce, c'est, à proprement parler, tuer la poule aux œufs d'or et tarir la source même d'où la colonie peut tirer sa prospérité et son indépendance budgétaire.

C'est d'ailleurs ce qu'a encore fort bien compris M. Delcassé et ce qu'il a exprimé dans la circulaire suivante, adressée, le 20 juin 1894, aux gouverneurs des colonies :

Monsieur le Gouverneur,

Les questions coloniales ont pris, depuis quelques années, dans les préoccupations de l'opinion publique, une importance et un développement qui imposent au gouvernement et à l'administration, à tous ses degrés, un redoublement d'efforts et de sollicitude.

Grâce à l'énergie de nos soldats et de nos explorateurs, grâce à l'heureuse ténacité des hommes d'État qui ont eu foi dans l'expansion de la France au dehors, malgré l'impopularité dont semblaient frappées, à une époque encore récente, les entreprises lointaines, notre domaine colonial s'est considérablement accru. Le Parlement, le pays, ont compris la nécessité des dépenses considérables qu'exigeait l'accomplissement de cette grande œuvre.

Il reste aujourd'hui à justifier les sacrifices du passé et ceux que réserve l'avenir par les résultats qui seront obtenus.

Mettre en valeur les vastes territoires qui nous sont acquis, y créer des exploitations agricoles, développer la force productive des colonies et, par cela même, accroître leurs relations commerciales avec la France; améliorer ou créer les voies de communication et de pénétration, tel est, dans ses grandes lignes, le problème qui s'impose et dont la solution intéresse et préoccupe un nombre de jour en jour plus grand d'hommes dévoués à la cause de l'expansion coloniale.

Dans cette œuvre, le rôle principal appartient à l'initiative privée. Mais l'initiative privée a besoin d'être encouragée et soutenue par le gouvernement et par ses agents.

C'est sur cette question si délicate et si importante des relations entre l'administration et les colons que je tiens à appeler, d'une façon toute particulière, votre attention.

On a dit fréquemment que la France n'avait que des colonies de fonctionnaires et de soldats. On s'est plaint, et l'on se plaint encore de l'accueil peu encourageant que reçoivent aux colonies ceux de nos concitoyens qui veulent s'y installer; des difficultés, des vexations de toute nature qu'ils rencontrent; des entraves qu'apporte au développement des affaires une réglementation routinière et trop fiscale : on oppose volontiers à l'attitude de nos fonctionnaires celle des représentants des pays étrangers, toujours empressés, dit-on, à servir les intérêts de leurs nationaux, à faciliter leurs entreprises, à prendre fait et cause pour eux toutes les fois qu'ils ont besoin d'être soutenus ou défendus.

Je sais la part d'exagération qu'il y a dans ces récriminations. Je n'ignore pas que le souci de faire respecter la loi et d'assurer au budget les ressources qui lui sont indispensables ne permet pas de donner satisfaction à tous les desiderata du commerce et de l'industrie.

Mais, tout en restant fidèlement attachée à son devoir professionnel, j'estime que l'administration peut et doit se considérer comme l'auxiliaire et la protectrice désignée des hommes de bonne volonté qui consacrent leur énergie, leurs forces et leurs capitaux à la mise en valeur de notre domaine d'outre-mer.

L'administration doit avoir à cœur de les aider, de les renseigner, de leur faciliter leur tâche, de briser les entraves que des règlements trop étroits, des préjugés, la routine ou de fausses considérations fiscales peuvent encore opposer au développement et à la vie même des entreprises naissantes.

C'est de cet esprit que vous devrez vous inspirer dans les propositions que vous aurez à me soumettre, soit en vue d'amender la réglementation actuellement en vigueur, soit dans l'examen des demandes et des projets sur lesquels vous serez appelé à formuler un avis.

Je vous prie, d'autre part, de donner aux agents placés sous vos ordres des instructions très précises pour qu'ils se conforment scrupuleusement aux indications qui précèdent.

Vous voudrez bien, par un contrôle incessant, par les enquêtes personnelles que vous ferez sur les plaintes dont vous serez saisi, en brisant au besoin par des mesures de rigueur des résistances qui, je l'espère, ne se produiront pas, tenir fermement la main à ce que mes recommandations ne restent pas à l'état de lettre morte.

Je vous prie de m'accuser réception de la présente circulaire et de me tenir au courant, par des communications fréquentes, des mesures que vous croiriez utile de prendre ou de provoquer pour répondre à ces vues, en favorisant le développement économique de la colonie dont le gouvernement vous a été confié.

LE RELÈVEMENT MORAL DES COLONIES PAR LA MODIFICATION DES REPRÉSENTATIONS ÉLECTIVES.

Si la place ne m'était ici mesurée, il me serait facile de montrer, par une série d'exemples saisissants, comment et pourquoi la *représentation de certaines colonies au Parlement français est une source flagrante et permanente d'immoralité politique et administrative.*

Il est à remarquer d'abord que les députés et sénateurs des colonies ne sont pas en possession d'un mandat sérieux. Élus tantôt par un petit nombre de fonctionnaires, tantôt par des contingents indigènes que conduisent de tout autres mobiles que l'intérêt général, ces députés, ces sénateurs, ne sont finalement que les représentants et mandataires de quelques intérêts particuliers. Ils n'ont donc aucun titre véritable à intervenir au Parlement dans la discussion des intérêts généraux de la France. Ce qui ne les empêche pas d'ailleurs de jouer un rôle manquant entièrement de la discrétion que devraient leur imposer leurs origines. N'est-ce pas un spectacle extraordinaire, par exemple, que de voir M. Blancsubé, mandataire de quelques douzaines de fonctionnaires cochinchinois, déposant sur le bureau de la Chambre une proposition d'établissement d'une mairie centrale à Paris ? Et ces élections de l'Inde, notoirement conduites par deux hommes qui tiennent dans leurs mains des milliers d'indigènes ignorants qu'ils sont prêts à céder au plus offrant et dernier enchérisseur, ces tripotages de bureaux de vote dont les dernières vérifications de pouvoirs nous ont retracé le tableau invraisemblable ! Cela empêche-t-il l'élu de l'Inde de prendre une part active aux débats qui ne concernent en aucune façon ses commettants ?

Quoique élus dans des conditions qui exciteraient en France la stupeur et l'indignation publiques si elles étaient bien connues, les représentants coloniaux votent comme les autres députés et sénateurs, et à ce titre ils ne peuvent être des quantités négligeables pour le gouvernement. Celui-ci doit tenir compte de leurs suffrages, qui peuvent être — et qui sont souvent — l'appoint de majorités hostiles dans les moments difficiles. Il achète pour ainsi dire au moyen de faveurs spéciales — qui constituent de criantes injustices et en tout cas un dol perpétuel pour l'État — la bienveillance ou tout au moins la neutralité des représentants coloniaux. Le passage de M. Lebon au sous-secrétariat d'État des colonies a jeté quelques lueurs singulières sur ces pratiques qu'il faut avoir le courage de dénoncer. De pénibles incidents nous ont montré certaines colonies — la Réunion, par exemple — où, grâce à l'effort permanent et persévérant de ses représentants, le budget de l'État était mis régulièrement en coupe réglée pour la satisfaction d'intérêts particuliers dans cette colonie. De telle sorte qu'on pouvait dire avec quelque vérité que la France semblait devenir une colonie de la Réunion. Le sans-gêne était poussé à ce point, que les Français de France étaient traités là-bas d'*étrangers* qu'il est nécessaire d'exclure des fonctions publiques rétribuées....

Il suffit d'ailleurs de lire attentivement pendant quelque temps les journaux d'une colonie quelconque pour apprécier combien ce qui s'y passe est contraire aux principes élémentaires d'une bonne administration. Partout l'autorité du gouverneur est méconnue, diminuée. Alors qu'il ne communique avec son gouvernement que par des lettres nécessairement réservées, les politiciens ont à Paris auprès du pouvoir des agents actifs, agissants, habiles à profiter de toutes les circonstances. Ce sont leurs députés et sénateurs. Ce sont presque toujours eux qui l'emportent, et les scandales qui surgissent à chaque instant montrent que leur intervention n'a pas eu pour résultat de relever le niveau des institutions qui régissent nos colonies et du personnel qui les applique....

Il me serait facile d'énumérer ici des exemples nombreux et lamentables à l'appui de ce que je viens de dire. A quoi bon? La faute n'en est pas à tels hommes plutôt qu'à tels autres. Elle est dans l'institution elle-même. *La représentation des colonies françaises au Parlement par des députés et des sénateurs est un non-sens et une cause permanente de démoralisation*. Il ne devrait y avoir dans nos colonies — je n'y comprends pas, bien entendu, l'Algérie, qu'il faut considérer comme un prolongement de la France, — qu'une autorité, d'autant plus forte et respectée que celle de la métropole qu'elle représente est plus lointaine : l'autorité du gouverneur. Elle ne saurait assurément demeurer sans contrepoids. Il est nécessaire que les administrés, blancs ou indigènes, puissent faire au besoin entendre leur voix à Paris. C'est à quoi répondrait merveilleusement l'institution des *délégués coloniaux*, si cette institution était sérieuse. Actuellement elle ne l'est pas. Il y a même quelque chose de ridicule — et par conséquent d'insupportable pour un grand pays comme la France — dans l'existence de ce « Conseil supérieur » des colonies, où siègent quelques délégués élus, Dieu sait comment ! au milieu de centaines de personnes qui ne représentent rien du tout. La seule excuse de ce ridicule *Conseil supérieur* est qu'il ne se réunit jamais (1). Sans quoi, que pourrait-il sortir d'une pareille assemblée, dont nul ne connaît d'ailleurs ni la composition, ni le but, et dont on semble nommer membres les personnes qu'on ne peut plus décorer du ruban d'officier d'académie !

Rien ne serait au contraire plus utile qu'un Conseil supérieur des colonies, sérieusement constitué, d'abord par des délégués élus des colonies en nombre suffisant, ensuite par quelques personnes autorisées, peu nombreuses, indépendantes de l'administration. Il est évident qu'une pareille assemblée ne pourrait être que consultative, mais les vœux qu'elle émettrait après examen, aussi bien sur des questions particulières que sur les questions coloniales générales, constitueraient un utile contrepoids à l'autorité des gouverneurs. C'est là que serait la véritable place des représentants élus des colonies, qui n'interviendraient plus au Parlement dans des questions pour lesquelles ils ne sont pas qualifiés et qui, n'ayant plus le moyen de se faire payer la rançon de leurs votes, ne déchaîneraient plus, dans les colonies, un tel courant d'appétits et un tel concours de politiciens.

(1) Élu en août 1891 pour représenter le Congo français au Conseil supérieur des colonies, je n'ai jamais, depuis lors, été convoqué une seule fois. J'exercerai vraisemblablement pendant trois ans mon *mandat* (!!) sans avoir jamais été convoqué.

LE MINISTÈRE DES COLONIES.

C'était véritablement un paradoxe qui ne pouvait durer que de confier à un simple sous-secrétaire d'État, sans autorité suffisante, la direction d'un empire colonial aussi important que le nôtre. Cette situation paralysait tout : les affaires les plus graves, dont la solution était la plus urgente, demeuraient en suspens entre un ministre autorisé, mais que son incompétence rendait hésitant, et un sous-secrétaire d'État parfois compétent, mais toujours sans autorité.

Depuis longtemps de bons esprits avaient résolu de porter remède à une situation aussi préjudiciable aux intérêts du pays ; mais ils rencontraient devant eux la résistance des ignorants qui ne voulaient voir dans cette grave question que la satisfaction d'ambitions personnelles, et des économes peu clairvoyants qui, en évitant la petite dépense que devait occasionner la création d'un nouveau ministère, ne voyaient pas qu'ils laissaient se perpétuer un état de choses infiniment plus dommageable pour le pays.

Heureusement, la force des choses fit tomber toutes ces résistances : M. Lebon, sous-secrétaire d'État aux colonies, démissionna, déclarant qu'il ne se sentait pas l'autorité nécessaire pour continuer d'administrer les intérêts coloniaux de la France. Par un scrupule exagéré, M. Lebon déclarait que, tout en jugeant indispensable la création d'un ministère des colonies, il déclinait à l'avance l'honneur de l'occuper. C'est dans ces circonstances que M. Boulanger, sénateur, fut pourvu le premier du portefeuille de ministre des colonies. Ce fut sous son ministère que fut signé le décret d'organisation qui avait été préparé par le Conseil d'État.

Ce n'est pas ici le lieu de discuter ce document important. Certaines de ses dispositions étaient excellentes ; certaines autres qui étaient critiquables ont été heureusement modifiées depuis par un nouveau décret que prépare M. Delcassé.. Il était, par exemple, peu rationnel de séparer la « politique » de l'« administration » des colonies, d'établir des procédés de fournitures et de transports pour les fonctionnaires civils et d'autres pour les militaires. Il est dangereux de constituer au nouveau ministère une organisation de la défense telle, qu'elle constitue un troisième ministère militaire....

M. Boulanger avait surtout commis une autre grave erreur, et capitale celle-ci, car elle allait à l'encontre de ce que je considère pour ma part comme le fondement essentiel de toute politique coloniale. Cédant à je ne sais quelles influences obscures, qu'on ne saurait en tout cas trop nettement blâmer, il avait précisément écarté des directions importantes qu'il venait de créer les personnes que leur passé, leur expérience, leur valeur personnelle, appelaient naturellement à les remplir.

Or justement l'utilité, le grand mérite des directions, — comme celles qui existent dans les autres ministères, — c'est de remédier à l'instabilité qui est la conséquence inévitable de notre organisation politique. C'est de perpétuer une tradition, de maintenir sous les yeux du ministre que les hasards de la politique appellent au pouvoir, un exposé exact, impartial, des questions, fondé sur une connaissance approfondie du sujet, afin d'éviter les imprudences que pourraient entraîner les objurgations de publicistes bien intentionnés, mais insuffisamment renseignés, ou les démarches d'hommes politiques intéressés.

Cette tradition existe dans toutes les administrations, et elle est salutaire. Il est de mode, en France, de dire du mal des « bureaux » et les critiques de détail qu'on leur adresse sont souvent justifiées. Mais la tradition qu'ils représentent est nécessaire, et si, au milieu des incohérences politiques que nous avons traversées, notre organisation administrative est demeurée en somme honnête et saine, c'est à leur action persévérante qu'on le doit.

Le rôle des directions, qu'il était indispensable de créer au ministère des colonies, est parfaitement compatible avec l'action du ministre, à laquelle il ne saurait être apporté d'entraves. Il est nécessaire que le ministre qui doit porter la responsabilité de décisions souvent graves, soit, avant tout, exactement informé de la portée et des inconvénients de ces décisions. C'est là le rôle de ses auxiliaires supérieurs. Et quant à prétendre que le ministre n'a aucun besoin de ces renseignements, qu'à lui seul il peut connaître toutes les questions, c'est une affirmation qui fera sourire non seulement ceux qui ont passé par cette haute situation, mais ceux qui, après des années d'études coloniales constantes et appliquées, se rendent compte que bien des lacunes existent encore dans leurs connaissances en ces matières changeantes et compliquées.

FIN

TABLE DES MATIÈRES

TABLE DES GRAVURES

6016-94. — Corbeil. Imprimerie Ed. Crété

www.ingramcontent.com/pod-product-compliance
Lightning Source LLC
Chambersburg PA
CBHW070619270326
41926CB00011B/1739
* 9 7 8 2 0 1 2 5 9 1 1 7 2 *